Panorama 15/10/07
40,00 €
AF855273

PHP 5 /MySQL 5

BIBLIOTHEQUE DE L'UNIVERSITE
DE NICE - SOPHIA ANTIPOLIS
Section Sciences
Parc Valrose - B.P. 2053
06101 NICE CEDEX 2
Tél. 04 92 07 60 50 Fax 04 92 07 60 67

MANUEL

005.133 PHP5 Boi

pilon - bon pour don/revente solidaire

27 795.09_A

Copyright

© 2007 Micro Application
20-22, rue des Petits-Hôtels
75010 Paris

2ème Édition - Septembre 2007

Auteurs

François-Xavier BOIS, Fabrice METAYER, Thierry THAUREAUX DE LEVARE, avec la collaboration de Pierre-Emmanuel BOIS

Toute représentation ou reproduction, intégrale ou partielle, faite sans le consentement de MICRO APPLICATION est illicite (article L122-4 du code de la propriété intellectuelle).
Cette représentation ou reproduction illicite, par quelque procédé que ce soit, constituerait une contrefaçon sanctionnée par les articles L335-2 et suivants du code de la propriété intellectuelle.
Le code de la propriété intellectuelle n'autorise aux termes de l'article L122-5 que les reproductions strictement destinées à l'usage privé et non destinées à l'utilisation collective d'une part, et d'autre part, que les analyses et courtes citations dans un but d'exemple et d'illustration.

Avertissement aux utilisateurs

Les informations contenues dans cet ouvrage sont données à titre indicatif et n'ont aucun caractère exhaustif voire certain. A titre d'exemple non limitatif, cet ouvrage peut vous proposer une ou plusieurs adresses de sites Web qui ne seront plus d'actualité ou dont le contenu aura changé au moment où vous en prendrez connaissance.
Aussi, ces informations ne sauraient engager la responsabilité de l'Editeur. La société MICRO APPLICATION ne pourra être tenue responsable de toute omission, erreur ou lacune qui aurait pu se glisser dans ce produit ainsi que des conséquences, quelles qu'elles soient, qui résulteraient des informations et indications fournies ainsi que de leur utilisation.
Tous les produits cités dans cet ouvrage sont protégés, et les marques déposées par leurs titulaires de droits respectifs. Cet ouvrage n'est ni édité, ni produit par le(s) propriétaire(s) de(s) programme(s) sur le(s)quel(s) il porte et les marques ne sont utilisées qu'à seule fin de désignation des produits en tant que noms de ces derniers.

ISBN : 978-2-7429-8450-3

Tous les produits cités dans cet ouvrage sont protégés, et les marques déposées par leurs titulaires de droits respectifs.
Cet ouvrage n'est ni édité, ni produit par le(s) propriétaire(s) de(s) programme(s) sur le(s)quel(s) il porte.

Photo en couverture : © GettyImages™

MICRO APPLICATION
20-22, rue des Petits-Hôtels
75010 PARIS
Tél. : 01 53 34 20 20 - Fax : 01 53 34 20 00
http://www.microapp.com

Support technique
disponible sur
www.microapp.com

Retrouvez des informations sur cet ouvrage !

Rendez-vous sur le site Internet de Micro Application **www.microapp.com**. Dans le module de recherche, sur la page d'accueil du site, entrez la référence à 4 chiffres indiquée sur le présent livre.
Vous accédez directement à sa fiche produit.

Avant-propos

Destinée aussi bien aux apprentis qu'aux utilisateurs chevronnés, la collection *Référence Micro Application* aborde l'ensemble du sujet traité. Privilégiant toujours l'aspect pratique, elle vous permet de progresser pas à pas depuis la découverte d'un logiciel, d'un langage ou d'une technologie, jusqu'à sa maîtrise avancée. Complète, elle délivre de nombreux exemples pratiques, des trucs et astuces et des conseils de professionnels pour tirer le meilleur parti de votre apprentissage.

Toujours à la pointe de l'actualité informatique, ces ouvrages vous permettront d'acquérir une parfaite maîtrise des derniers logiciels et technologies utilisés sur le marché, pour des résultats à la mesure de vos attentes.

Conventions typographiques

Afin de faciliter la compréhension des techniques décrites, nous avons adopté les conventions typographiques suivantes :

- **gras** : menu, commande, boîte de dialogue, bouton, onglet.
- *italique* : zone de texte, liste déroulante, case à cocher, bouton radio.
- `Police bâton` : instruction, listing, adresse Internet, texte à saisir.
- ✂ : indique un retour à la ligne volontaire dû aux contraintes de la mise en page.

Au cours de votre lecture, vous rencontrerez les encadrés suivants :

A FAIRE	Vous indique une procédure ou une technique conforme.
A NE PAS FAIRE	Vous met en garde contre une erreur fréquemment commise ou une mauvaise procédure.
ASTUCE	Propose des trucs pratiques.
ATTENTION	Met l'accent sur un point important qu'il ne faut négliger à aucun prix.
CD-ROM	Mentionne un fichier exemple ou un programme disponible sur le cd d'accompagnement de l'ouvrage.
DÉFINITION	Donne en quelques lignes la définition d'un terme technique ou d'une abréviation.
INTERNET	Renvoi à un site où vous trouverez des infos complémentaires ou des outils à télécharger.
REMARQUE	Il s'agit d'informations supplémentaires relatives au sujet traité.

Contenu en un clin d'œil

Sommaire

Sommaire

CHAPITRE

1

Introduction

CHAPITRE

1

Introduction

Dans cet ouvrage, vous allez découvrir le langage de programmation PHP 5 et le système de gestion de bases de données open source MySQL 5. L'un et l'autre sont très puissants et populaires. Ils offrent des outils et des fonctions permettant la réalisation d'applications en ligne complexes et variées tout en fournissant aux utilisateurs finaux, les internautes pour la plupart du temps, des interfaces souples et ergonomiques, au cœur du Web 2.0.

1.1 Les applications en ligne

Les applications en ligne sont des programmes ou logiciels s'exécutant ou accessibles en ligne, c'est-à-dire directement via Internet.

Votre ordinateur représente, lorsqu'il n'est pas connecté à Internet, le monde "hors ligne". Il contient toutes les informations nécessaires et suffisantes à son bon fonctionnement. Il est ainsi possible de l'utiliser pour rédiger des documents avec Microsoft Word ou Open Office, de jouer à des jeux ou de visionner des films une fois le programme adéquat préalablement installé via un CD-Rom ou par téléchargement.

Par opposition, est qualifié d'application en ligne, tout utilitaire qui ne s'installe pas sur votre ordinateur mais auquel vous accédez via un navigateur Internet (Microsoft Internet Explorer, Mozilla Firefox, Safari…). Ainsi, en vous connectant à Internet, vous allez utiliser un site ou une partie d'un site pour répondre à votre besoin. Par exemple, un site de vente en ligne de livres est une application permettant de consulter un catalogue, d'ajouter des livres à un panier virtuel, de créer un compte client et de régler des achats par carte bleue en indiquant une adresse de livraison.

Il existe beaucoup d'applications en ligne ou de sites Internet avancés, proposant divers services. Vous pouvez entre autres :

- envoyer vos photos, les retoucher, créer un album en ligne à partager entre amis ou en commander une impression papier ;
- composer des courriers postaux depuis un site et sélectionner des options comme le recommandé avec accusé de réception (l'entreprise proposant ce service va imprimer la lettre et l'adresser via la Poste à son destinataire et vous envoyer un accusé de réception) ;
- déclarer vos revenus en ligne.

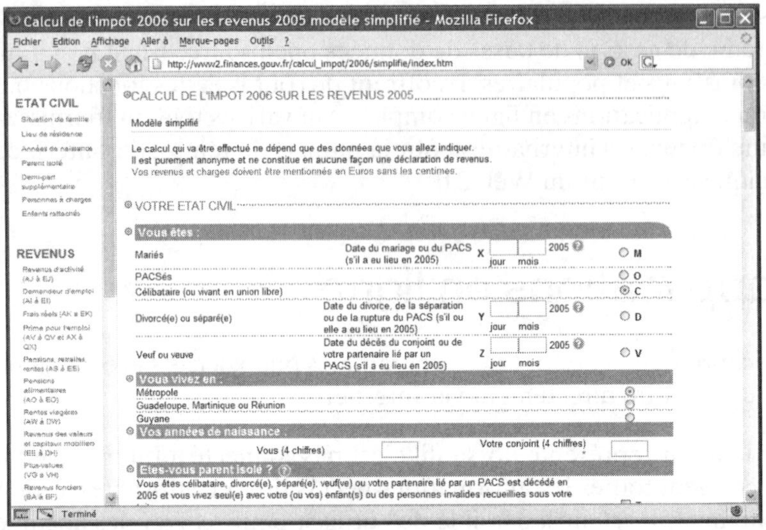

Figure 1-1 : *Site permettant le calcul de l'impôt en France (http://www2.finances.gouv.fr/calcul_impot/2006/simplifie/index.htm)*

Ces exemples d'applications en ligne concernent plutôt les particuliers. Dans le monde professionnel, elles sont omniprésentes et vous les utilisez parfois tous les jours sans les appeler "applications en ligne". Ainsi, la plupart des sites intranets et extranets sont des applications en ligne permettant de recueillir des informations en provenance des collaborateurs d'une entreprise (annuaire en ligne, demande de congés, déclaration des frais…) et d'échanger des informations avec les partenaires et clients (espace collaboratif d'échange de fichiers, de rédaction de documentation, de suivi de commandes ou de consultation d'une situation comptable…).

PHP 5, MySQL 5 et les applications en ligne sont des sujets très liés. PHP 5 et MySQL 5, l'un et l'autre open source, partagent beaucoup de points communs que nous détaillerons plus loin. Ils sont le cœur d'une très grande partie des applications en ligne utilisées aujourd'hui ou qui verrons le jour dans les mois et années à venir. Les nouvelles versions de PHP et MySQL en fond des acteurs incontournables du domaine des applications en ligne, dans lequel figurent des langages de programmation célèbres comme Java (Sun) au sein de J2EE et C# au sein de .NET (Microsoft), et des SGBD, systèmes de gestion de bases de données, pas moins populaires, comme Oracle, SQL Server (Microsoft) ou PostgreSQL.

> DÉFINITION
>
> **Open source**
>
> Les logiciels sont qualifiés d'open source lorsque leurs codes sources sont lisibles, modifiables et librement redistribuables sous certaines conditions définies dans une licence. Lorsque cette licence est très ouverte et permissive, le logiciel est alors qualifié de libre.

1

1.2 Le Web 2.0

Internet a été créé au début des années 90. Internet, depuis sa création à nos jours, est qualifié de Web 1.0. Globalement, durant ces quinze années, peu d'évolution ont eu lieu et la vocation des sites Internet était de diffuser du contenu aux internautes et de générer le plus de trafic possible pour satisfaire leur modèle économique. Depuis un peu plus d'un an, nous sommes les témoins d'une évolution majeure d'Internet : le recentrage du Web sur l'utilisateur et la mise en place d'espaces collaboratifs accessibles à tous.

Les internautes se sont réappropriés Internet et créent désormais de l'information pour les autres internautes sur ce qu'ils sont, ce qu'ils souhaitent, ce qu'ils ont testé, et donc aimé ou détesté, là où ils sont allés.

Ce nouveau profil d'Internet est appelé Web 2.0 et est avant tout social. Il permet de partager, mais aussi et surtout, de qualifier de l'information dans le but de la diffuser en réseau. Ainsi, la nouvelle utilisation d'Internet repose sur le marquage par des "tags" de tout ce que consulte ou diffuse un internaute. Il s'agit ici d'une indexation qui n'est pas comparable à celle produite par un moteur de recherche tel Google car elle est suggestive et qualitative et destinée à des "proches", des membres du réseau de l'internaute. C'est ainsi que le Web 2.0 transforme, d'un point de vue utilisateur, Internet en un outil des internautes pour les internautes.

DÉFINITION

Tag

Les tags sont des balises. Ils sont courants sur Internet car le langage HTML, standard de création des pages web, repose sur les balises. Mais dans le cadre des mots-clés et du Web 2.0, les tags s'apparentent plus à des balises maritimes et servent effectivement de repères dans le volume gigantesque d'informations proposées chaque jour.

Le Web 2.0 trouve ses premières concrétisations dans les blogs et leur notoriété croissante, les applications en ligne telle que Wikipédia, encyclopédie mondiale gratuite, collaborative et ouverte à tous, ou Flickr, qui permet de partager des photos.

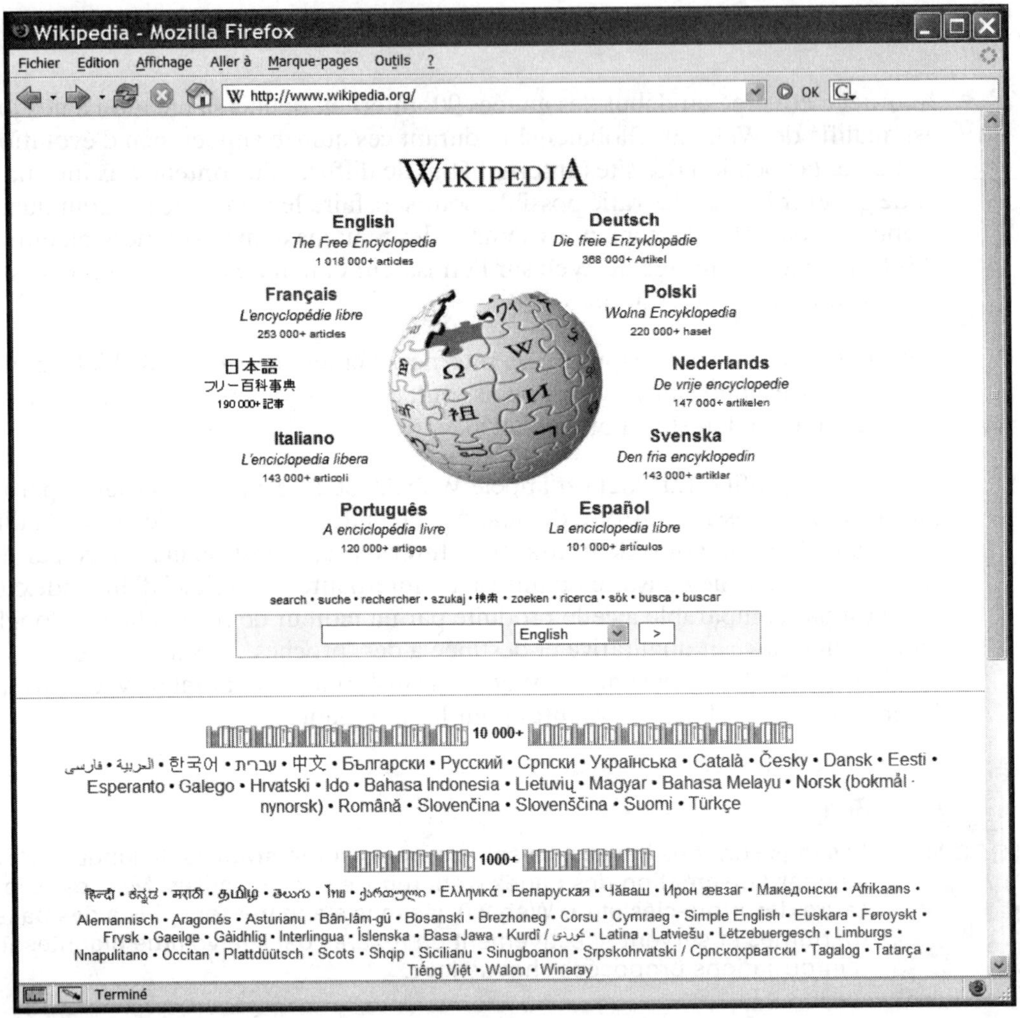

Figure 1-2 : *Site Internet de Wikipédia (www.wikipedia.org)*

Cette évolution est rendue possible par des progrès technologiques importants permettant, d'un côté, aux applications en ligne d'être plus puissantes, communicantes et interopérables et, d'un autre, de rendre "simple" l'utilisation et la contribution sur Internet (Ajax, Wiki...). Les pages web sont maintenant systématiquement dynamiques : elles se construisent en temps réel, regroupe des objets que l'internaute choisit et personnalise.

Votre point d'entrée sur Internet est une page web programmée, en PHP par exemple, et paramétrable : elle est composée de vos sites favoris classés selon vos "tags", de blocs de consultation de vos e-mails en ligne, des horaires de films de votre cinéma préféré selon vos critères, d'indicateurs sur les personnes de votre réseau également connectées, d'un moteur de recherche vous permettant de rechercher parmi vos informations qualifiées, celles de votre réseau puis sur l'ensemble d'Internet. Toutes ses personnalisations sont centralisées, par exemple dans une base de données MySQL.

1.3 PHP 5 et MySQL 5

PHP 5

Le langage PHP a vu le jour en 1995 et a beaucoup évolué depuis création. En 2004 est sortie la version 5.

Cette version du langage est issue d'un long processus de maturation et de contrôle qualité et marque une rupture importante avec les versions précédentes. PHP 5 affiche à la fois une interface de programmation de scripts rapide et efficace, et une plateforme de développement d'applications en ligne aux nombreux modules.

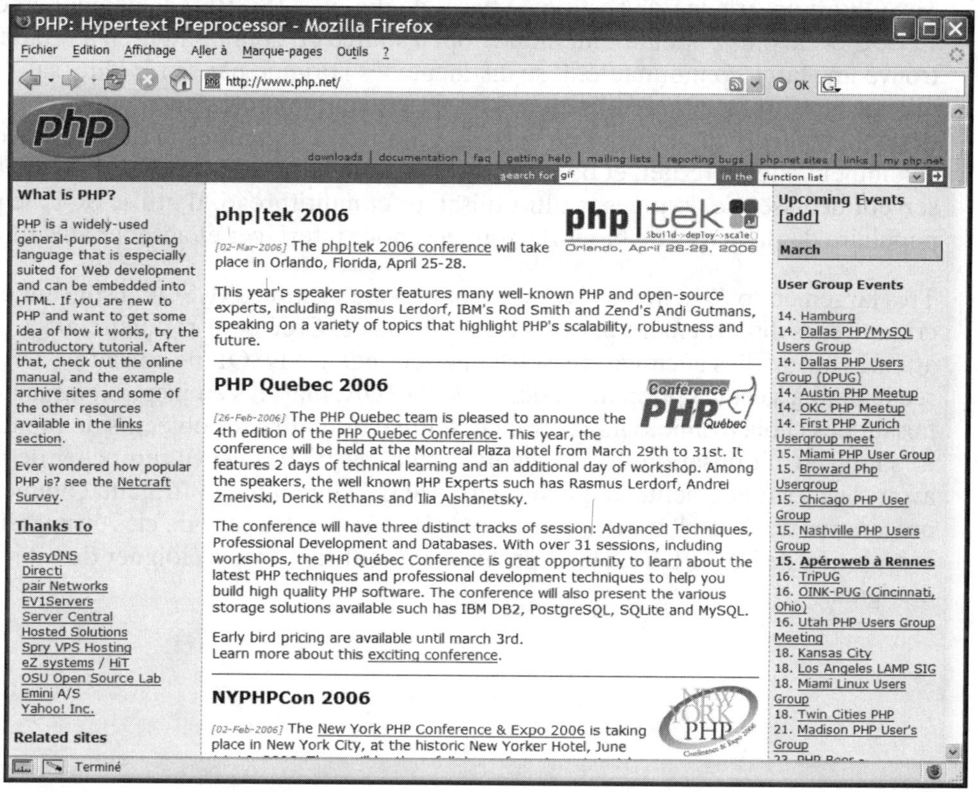

Figure 1-3 : *Site Internet officiel de PHP (www.php.net)*

PHP a souvent été qualifié de langage rapide et facile permettant de réaliser une maquette ou un prototype d'application… avant de passer à un autre langage pour les choses "sérieuses". En le considérant ainsi, on met en relief son avantage considérable, mais on fait preuve d'une discrimination infondée ! Certes, ce langage permet d'avoir rapidement des résultats visibles et est abordable assez facilement. Il est surtout extrêmement riche et bien fait, robuste et performant, permettant la réalisation d'applications en ligne très complexes, tout en restant économiquement très intéressant car il repose sur des environnements open source, gratuits pour la plupart. Par ailleurs, les compétences PHP sont nombreuses sur le marché. La version 4 de PHP n'offrait pas de programmation orientée objet (POO). Ce point a longtemps été souligné comme une lacune de PHP par ses concurrents. La version 5 apporte la POO et, "cerise sur le gâteau", offre les deux interfaces : script et objet !

Donc, pour en finir avec les préjugés, sachez que PHP 5 est l'un des meilleurs langages de programmation pour la réalisation d'applications en ligne.

MySQL 5

MySQL est un système de gestion de bases de données (SGBD) également créé vers 1995. C'est le plus populaire du monde open source et, comme PHP, il a rapidement trouvé une large communauté. Il se distingue dès l'origine par sa rapidité, sa robustesse et sa facilité d'utilisation. MySQL a avant tout été conçu pour le développement d'applications en ligne, la gestion et l'organisation de données de volumineux sites Internet, et pour des systèmes embarqués. MySQL est un véritable serveur de bases de données, multi-utilisateur et multithread. Il utilise SQL, le plus populaire des langages de bases de données, pour interfacer et accéder aux données.

Très largement plébiscité par la communauté open source, MySQL a souvent été critiqué sans discernement par les acteurs en place. Créé pour répondre à des attentes auxquelles aucun autre SGBD ne répondait, MySQL ne suivait pas réellement à sa conception le modèle des SGBDR, mais il s'en inspirait largement, faisant des choix technologiques tranchés afin d'atteindre ses objectifs de rapidité et de simplicité d'utilisation. De là, régulièrement, MySQL s'est vu reprocher de ne pas avoir tous les fondamentaux que les autres SGBD du marché offraient, comme les procédures stockées, l'imbrication de requêtes, les contraintes de clés étrangères. L'évolution de MySQL s'est faite progressivement sans trop s'éloigner des objectifs d'origine.

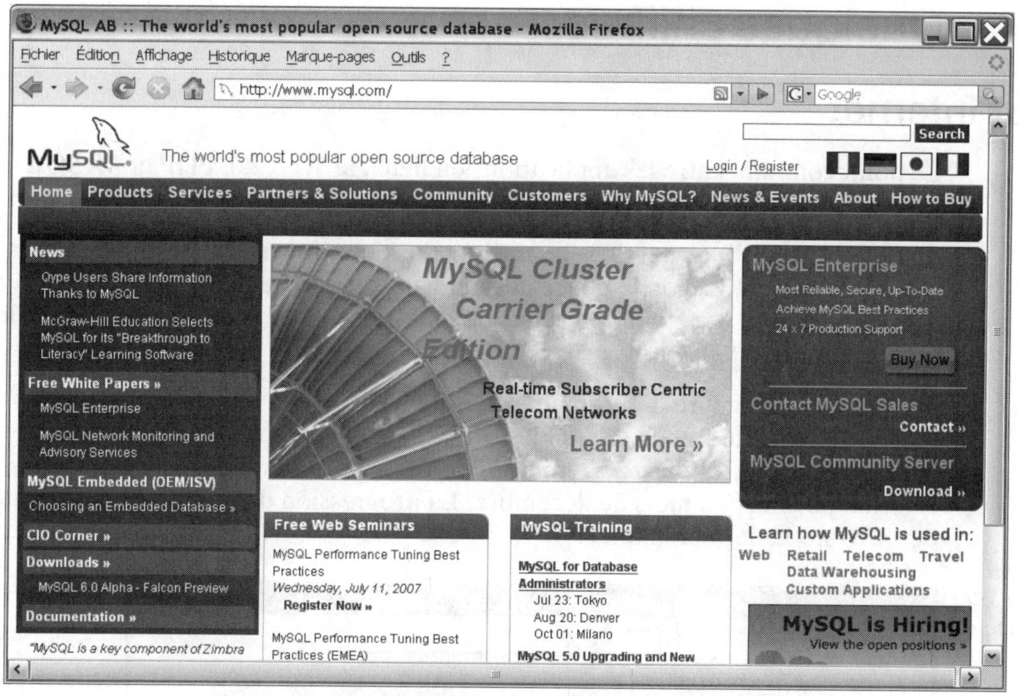

Figure 1-4 : *Site Internet de MySQL AB (www.mysql.com)*

La version 5, récemment mise à disposition, apporte de nouvelles fonctionnalités exceptionnelles et devrait forcer les détracteurs à renouveler leurs éternelles rengaines au profit de critiques objectives et constructives. Cette nouvelle version apporte des innovations importantes dans les domaines de la gestion des transactions, la gestion des données et de leur intégrité, la gestion du SGBD et son déploiement dans des applications. MySQL 5 marque un point de maturité important, de manière comparable à la version 5 de PHP, et devrait s'imposer plus largement dans le secteur des bases de données, et notamment dans les entreprises. Les millions de téléchargements enregistrés depuis sa mise à disposition semblent confirmer son succès.

REMARQUE

MySQL et MySQL AB

MySQL AB est la société possédant MySQL et assurant sa promotion. C'est une société suédoise a but lucratif qui a développé une expertise dans la gestion des données et l'optimisation des systèmes de bases de données.

1.4 Quelques chiffres

Sur Internet

Le point commun entre les applications en ligne, le Web 2.0, PHP et MySQL est Internet.

La pénétration d'Internet dans les entreprises et les foyers est très forte depuis ces dernières années. La convergence des médias, téléphonie, télévision et Internet, accélère d'autant cette omniprésence de matériel connecté en France et dans le monde entier.

Concernant le nombre d'internautes dans l'Hexagone, la barre des 50 % (52,5 % précisément) a été franchie selon les chiffres de décembre 2005 fournis par Médiamétrie NetRatings. 27,2 millions de Français se seraient donc connectés à Internet au cours du mois de décembre. La progression du nombre d'internautes est de 14 % sur la dernière année.

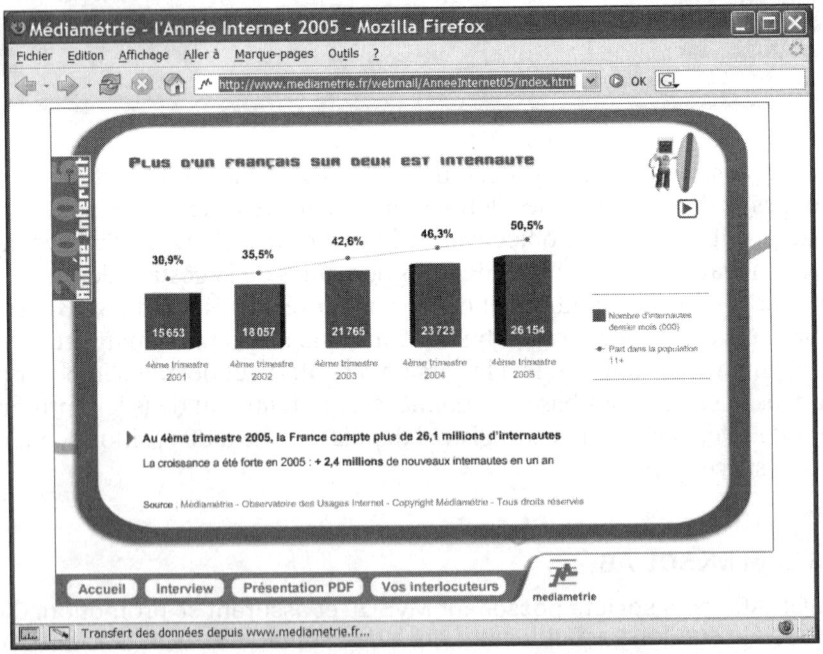

Figure 1-5 : *Statistiques Médiamétrie (www.mediametrie.fr/webmail/AnneeInternet05/index.html)*

Au 31 décembre 2005, la France comptait 9,46 millions d'abonnements Internet haut débit, selon les derniers chiffres publiés par l'ARCEP (Autorité de régulation des communications et des postes). Cela représente 15,9 millions d'internautes haut débit. Le nombre d'abonnés haut débit a progressé de 45 % sur la dernière année.

En termes de visiteurs uniques (applications Internet exclues), c'est toujours Google qui mène la danse avec 14,5 millions de visiteurs uniques, devant MSN et Wanadoo.

La tendance au "tout en ligne" est elle aussi très forte. Les entreprises étudient les possibilités d'évolution de leurs systèmes et processus actuels vers le média Internet. Ce dernier apporte les réponses attendues aujourd'hui par les clients et fournisseurs en termes de réactivité, d'économie de gestion, de déploiement et d'évolution.

Sur le plan économique, les derniers chiffres sur l'e-commerce parlent d'eux même. Ainsi, Médiamétrie et l'ACSEL estiment que pour l'année 2005, la croissance de l'e-commerce est supérieure à 50 % et indiquent qu'au troisième trimestre, 53 % des internautes déclarent avoir déjà réalisé des achats en ligne et 56 % affirment avoir confiance dans ce mode d'achat.

Nos voisins britanniques ne sont pas en reste et leurs ventes en ligne, selon une étude de l'Interactive Media in Retail Group, ont progressé de 34 % en un an (27,9 milliards d'euros). La progression des ventes en ligne en ligne pour Noël 2005 aux États-Unis (+25 %) et au Royaume-Uni (+50 %) ainsi que l'envolée des soldes en ligne en France début 2006 indiquent clairement la place importante dans l'économie mondiale que prennent Internet et les applications en ligne de type e-commerce, achats en ligne et suivi de commande, relations interentreprises et logistique.

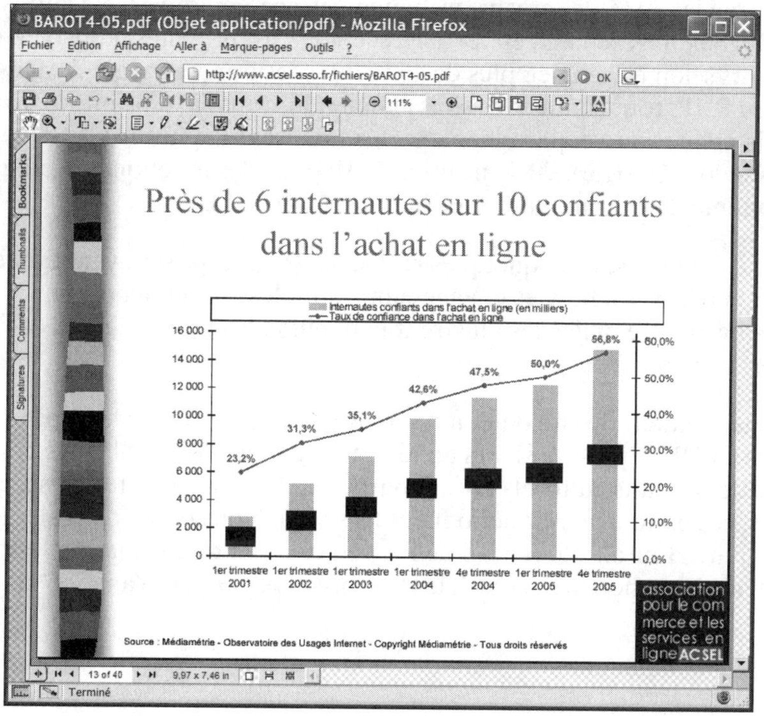

Figure 1-6 : *Statistiques ACSEL (www.acsel.asso.fr/fichiers/BAROT4-05.pdf)*

Enfin, selon une étude eMarketer, les annonceurs publicitaires d'Europe de l'Ouest auraient investi en 2005 2,7 milliards d'euros sur Internet. Cela ne représente qu'un quart de ce qui a été investi aux États-Unis dans ce domaine pour la même année. Les enjeux économiques sont très importants. L'ensemble des systèmes de publicité en ligne, bannières et liens commerciaux, reposent sur des applications en ligne complexes et extrêmement sollicitées (plusieurs dizaines de millions de requêtes par jour). Il s'agit pour les éditeurs de faire les bons choix technologiques : robustesse et performances sont de rigueur.

Sur MySQL et PHP

MySQL et PHP sont souvent cités dans le cadre de plateformes web complètes, telles Wamp (Windows Apache MySQL PHP) et Lamp (Linux Apache MySQL PHP). Indépendamment du système d'exploitation (Microsoft Windows ou Linux), PHP, MySQL et Apache forment un tiercé que l'on retrouve régulièrement sur Internet et les applications en ligne.

Apache est le serveur web le plus populaire. Selon NetCraft, en février 2006, presque 70 % des sites Internet reposent sur Apache et près de la moitié de ces derniers utilisent PHP. Cela représente plus de 21 millions de domaines et presque 1,3 millions d'adresses IP. Parmi les 30 % de serveurs web "non Apache", on retrouve d'autres instances de PHP. Selon Nexen.net, en février 2006, PHP est présent sur 36,51 % des sites web. Toujours selon Nexen.net, plus de 46 % des sites français, ayant l'extension *.fr*, présentent du PHP, tout comme les sites allemands ayant l'extension *.de*. Enfin, toujours selon la même source, parmi les sociétés totalisant le plus de visites (Microsoft, Wanadoo, Google), 90 % utilisent PHP pour des fonctions spécifiques telles que le traitement de formulaires, le chat, etc. (voir fig. 1-7).

Pour compléter ces chiffres, voici quelques références d'entreprises ayant fait le choix de PHP et/ou de MySQL. Ces engagements dont les conséquences économiques peuvent être majeures illustrent la fiabilité, les performances et la pérennité de ces technologies.

Dans la presse, lemonde.fr, le site de l'un des plus grands quotidiens français, repose sur un framework PHP depuis plusieurs années, tout comme le site alapage.com, cybermarchand de produits culturels faisant partie des leaders des sites français. Du côté utilisateurs, ces plateformes fonctionnent très bien. Nous pouvons également citer le cybermarché Houra.fr, le portail de l'Assedic, le site d'information le Journal Du Net, le moteur de recherche Yahoo!, les fournisseurs d'accès Wanadoo et Club Internet.

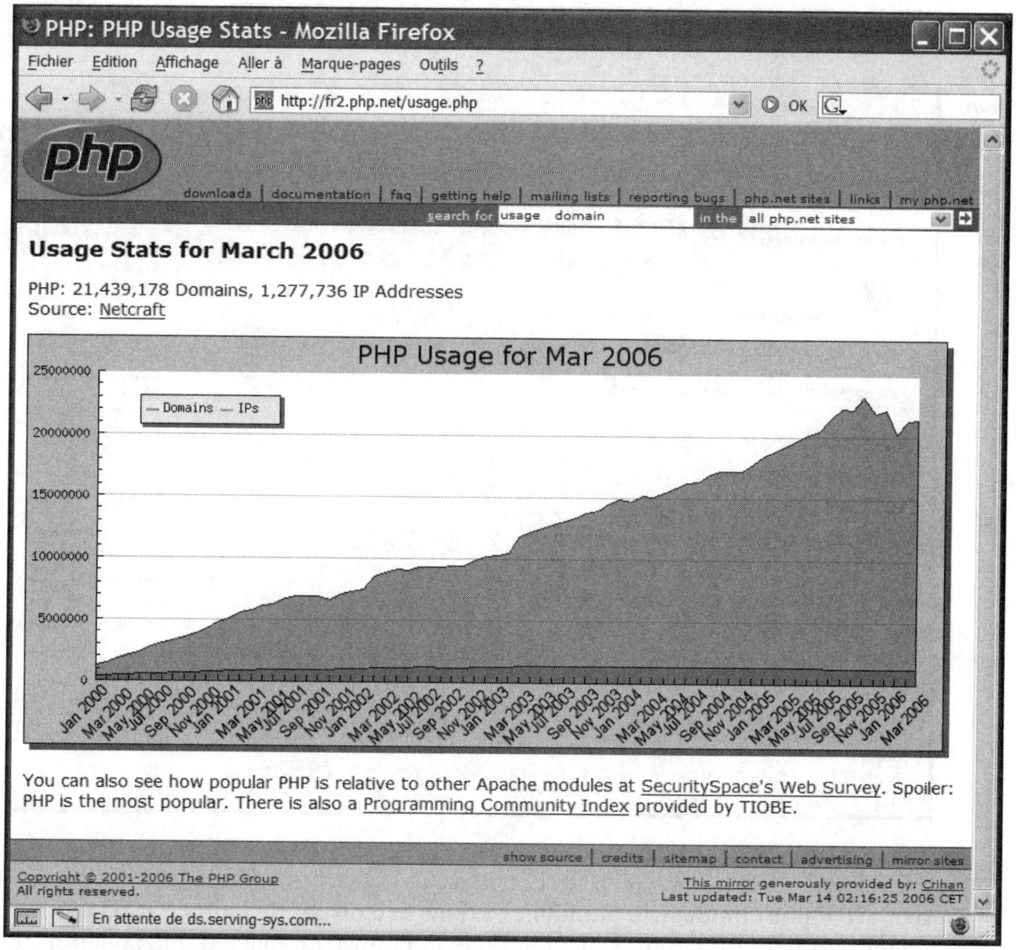

Figure 1-7 : *Utilisation de PHP (http://fr2.php.net/usage.php)*

La société Cox Communications, le quatrième plus gros opérateur de télévision par câble des États-Unis, a récemment retenu MySQL pour la base de données au cœur de son impressionnante application de gestion de données : 6,3 millions de clients et plus de 2 milliards de lignes dans la base de données. Friendster est une société Internet très connue et le plus gros réseau social en ligne avec près de 60 millions de pages vues par jour. Elle a également choisi MySQL et son applicatif en ligne se développe sur une plateforme Lamp.

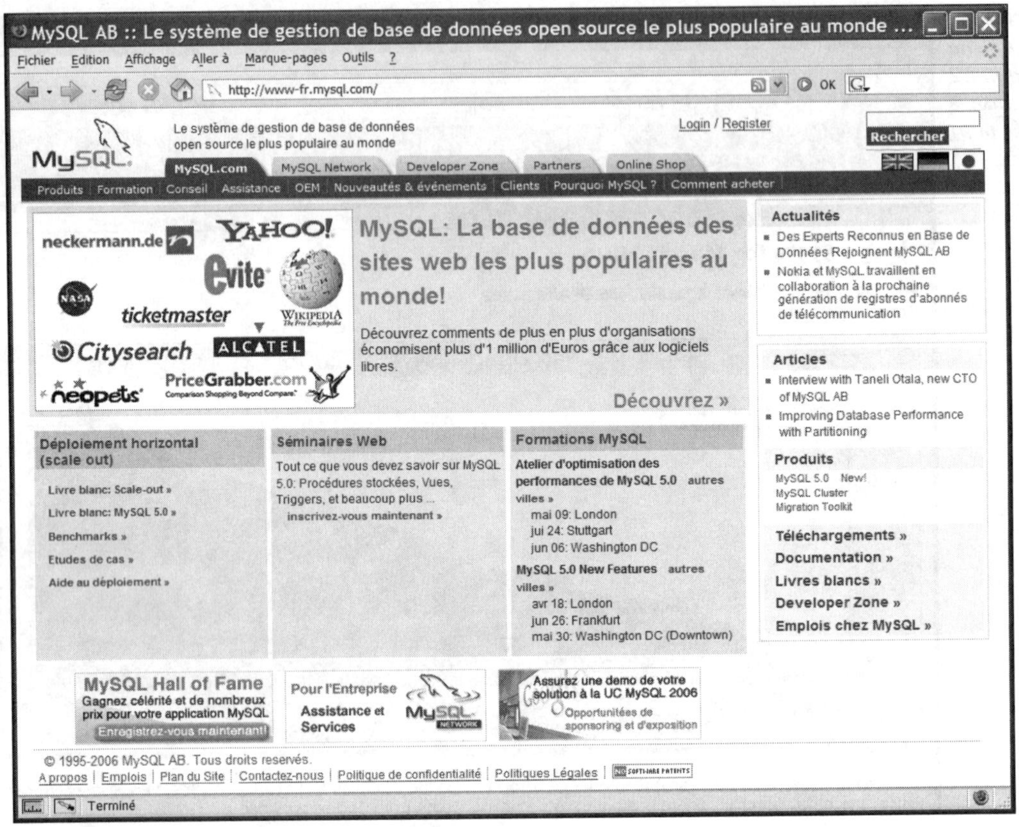

Figure 1-8 : *Références de MySQL (www-fr .mysql.com)*

Dans l'industrie, la société SAP, le plus grand éditeur et fournisseur de progiciels type ERP pour l'industrie mondiale, a dans le courant de l'année 2005 amorcé l'intégration de PHP dans sa technologie et la mise en place d'une collaboration soutenue avec Zend.

La presse spécialisée présente régulièrement des annonces d'entreprises plébiscitant la plateforme PHP ou le SGBD MySQL. Ainsi, récemment, 20six, important éditeur français de blogs, et le groupe Girard, leader européen du transport de meubles, ont abandonné leurs plateformes en place au profit de PHP. TV5, pour son offre de vidéo en ligne dans le cadre de laquelle les internautes visionnent tous les mois 26 000 heures de programmes sur le site tv5.org, ce qui représente 7 500 Go de bande passante, adopte une plateforme Lamp pour une partie de son site.

Enfin, la société Evite, qui propose un système gratuit en ligne d'organisation d'événements, gère par le biais de son site 6 millions d'utilisateurs et envoie 9 millions d'invitations par mois. Face à son succès et à son évolution, Evite a remis en cause son choix technologique initial et a rapidement adopté MySQL, qui lui permet, lors de pics de fréquentation, d'une part de répondre à 10 millions de requêtes et de délivrer 5 millions de pages, et d'autre part, de faire des économies importantes par rapport à l'ancien système.

1.5 Plan de l'ouvrage

Vous allez étudier précisément le langage PHP 5 et le SGBD MySQL 5.

La première partie de l'ouvrage est consacrée au langage PHP : sa présentation, son installation et sa syntaxe. Puis vous étudierez l'organisation du code, les tableaux, les expressions régulières, les formulaires et leur contrôle avec les scripts JavaScript. Vous aborderez également la programmation orientée objet (POO), les sessions et cookies ainsi que la gestion de fichiers et des formats singuliers, mais souvent utiles (images, PDF, Flash, Excel, XML). Vous terminerez par les web services.

MySQL est le sujet de la deuxième partie du livre : présentation du SGBD, de SQL et de la modélisation de données. Vous étudierez en détail le langage SQL au sein de MySQL, sa syntaxe et sa mise en œuvre, les requêtes et fonctions, la manipulation des tables et bases de données. Vous découvrirez ensuite l'administration du SGBD, puis les fonctions avancées et nouvelles de MySQL 5.

Dans le cadre des applications en ligne et du Web 2.0, la dernière partie de ce livre abordera les bonnes pratiques et optimisations en termes de programmation et de construction d'applications et de bases de données. Vous aurez également l'occasion de découvrir des outils de gestion de contenu tels que SPIP et Typo 3. Vous finirez par les notions importantes et critiques que sont l'authentification et la sécurité web.

À la fin de cet ouvrage, vous retrouverez toutes les références sur les fonctions et variables nécessaires à votre utilisation quotidienne de PHP et de MySQL, ainsi qu'une webographie et des compléments utiles dans les annexes.

CHAPITRE

2

PHP

CHAPITRE

2 PHP

Ce chapitre est une présentation générale du langage PHP. Vous découvrirez le rôle de ce langage, son fonctionnement, son origine, ses forces et faiblesses et ses concurrents.

L'étude du langage à proprement parler commencera, quant à elle, au chapitre suivant, consacré à la syntaxe de PHP.

2.1 Présentation

PHP est un langage de programmation conçu pour les besoins des développeurs web. Un programme écrit en PHP permet de réaliser des tâches complexes, entre autres :

- l'accès à une base de données ;
- l'envoi d'un e-mail ;
- la lecture du contenu d'un fichier ;
- la compression d'une donnée ;
- la génération d'une image ou d'un fichier PDF ;
- la validation d'un paiement en ligne.

Souvent associés, PHP et HTML n'ont cependant pas le même rôle. HTML est un langage permettant de construire des pages, de créer des tableaux, d'inclure des images, de spécifier la couleur des caractères, etc. PHP peut donc se servir de ce langage mais, en aucun cas, le remplacer. Un développeur web doit, par conséquent, connaître à la fois HTML pour construire ses pages et PHP pour apporter du dynamisme et des fonctionnalités au site.

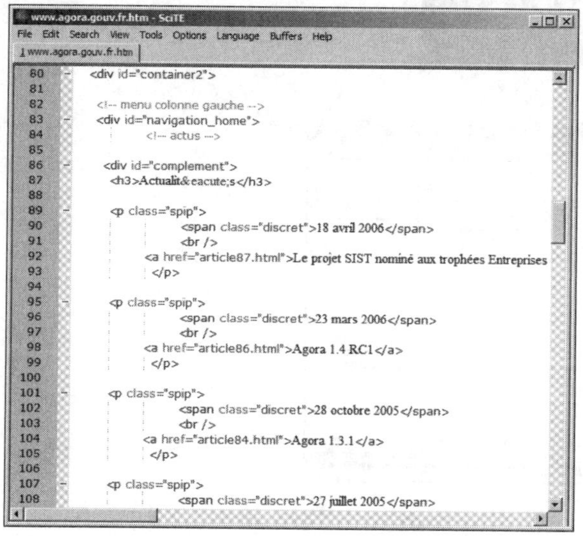

Figure 2-1 : *Code HTML*

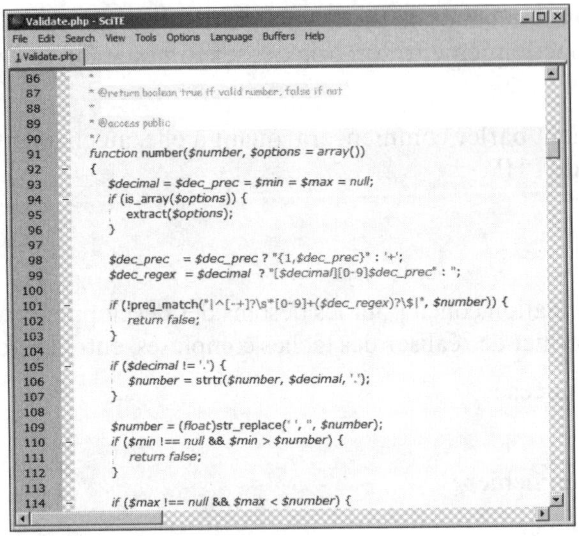

Figure 2-2 : *Code PHP*

Vous pouvez également utiliser PHP en ligne de commandes ou pour construire des interfaces graphiques (**http://gtk.php.net**).

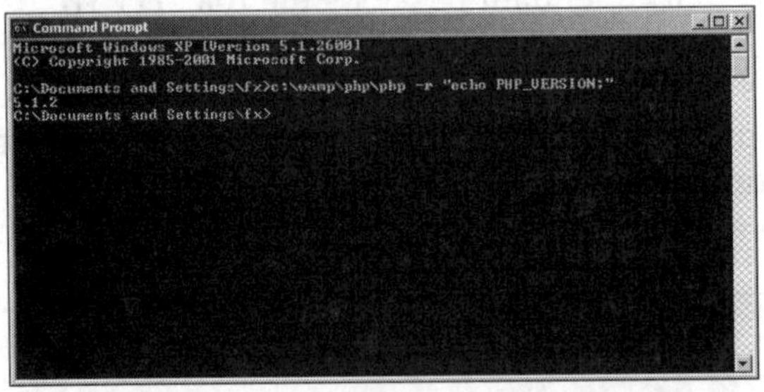

Figure 2-3 : *Exécution en ligne de commandes*

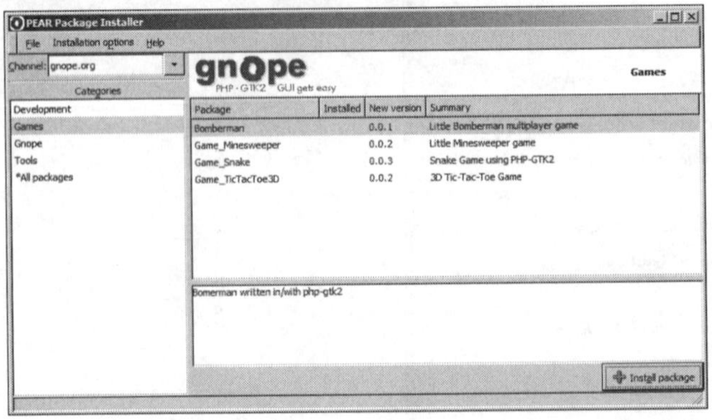

Figure 2-4 : *Application graphique créée avec PHP*

2.2 Historique

PHP a été conçu en 1994 par le développeur Rasmus Lerdorf, qui ne parvenait pas, à l'époque, à trouver un langage lui permettant de traiter facilement ses formulaires. Avant de devenir PHP Hypertext Preprocessor, PHP s'appelait PHP/FI (Personal Homepage Tools/Form Interpreter).

Souffrant de nombreuses limitations, PHP a été réécrit en 1997 avec l'aide de deux développeurs israéliens (Zeev Suraski et Andi Gutmans), alors en quête d'un langage pour réaliser un site d'e-commerce. L'engouement rapide pour ce langage a poussé bien vite ces jeunes ingénieurs à créer la société Zend (*Ze*ev & *A*n*d*i) puis à récrire le langage. Deux réécritures complètes ont été effectuées : l'une en 2000, qui a donné naissance à PHP 4, et l'autre en 2004, qui a conduit à la version actuelle, PHP 5.

Cette dernière version est cruciale dans l'évolution du langage car, pour la première fois, les créateurs du langage ont pris conscience qu'il était temps de se mettre à jour par apport aux besoins de l'industrie informatique. PHP 5 apporte ainsi :

- une dimension objet largement améliorée ;
- la prise en charge des formats XML et XSLT ;
- la gestion des web services ;
- l'unification des accès aux bases de données avec l'extension PDO.

PHP est aujourd'hui utilisé par 20 millions de sites dans le monde. Avec un marché d'environ 4,5 milliards d'euros, des sociétés telles que Oracle, Intel ou IBM n'ont pas hésité longtemps avant de soutenir ce langage. Des sites parmi les plus visités au monde utilisent tous les jours ce PHP (par exemple, Yahoo!, qui emploie désormais R. Lerdorf). Pas moins de 87 % des sociétés du CAC40 font confiance à ce langage. Même le gouvernement français le soutient en conseillant la plateforme PHP : SPIP Agora (**www.agora.gouv.fr**).

2.3 Les aspects techniques

PHP fait partie de la famille des langages interprétés, qui diffèrent des langages compilés dans la façon d'exécuter les programmes. En langage interprété, un programme, aussi appelé "script", est exécuté à l'aide d'un logiciel extérieur (l'interpréteur), qui se charge de convertir et d'exécuter chaque ligne du script. Chaque appel à un script déclenche son interprétation par un interpréteur.

REMARQUE

Différence par rapport aux langages compilés

Les langages compilés tels que C, C++ nécessitent eux aussi un programme extérieur pour convertir les sources des programmes dans un format directement interprétable par la machine. Ce programme extérieur est appelé "compilateur". La compilation, qui a lieu une fois pour toutes, génère un binaire qui peut être exécuté directement sur la machine.

Dans son utilisation la plus classique, PHP vient se greffer à un serveur web tel que Apache. Dès qu'un internaute fait une requête sur une page dont l'extension est *.php* (*.php3*, *.phtml*…), le module PHP prend la main, interprète le script et retourne le résultat de l'interprétation.

REMARQUE

Langage serveur

PHP exécute les scripts au niveau du serveur et l'internaute ne reçoit que le résultat de cette interprétation. Il diffère en cela des scripts JavaScript, des applets Java et autres animations Flash, qui s'exécutent, quant à eux, au niveau du navigateur de l'internaute (par exemple, Firefox ou Internet Explorer).

2.4 Les forces et faiblesses

Tableau 2-1 : Qualités et défauts de PHP

Force	Faiblesse
Gratuit, libre et peu consommateur de ressources, PHP est un langage pouvant être mis en œuvre à moindres frais.	Le manque de normalisation ne pousse pas les grands acteurs de l'industrie informatique à investir massivement dans ce langage.
Langage conçu avant tout le Web, PHP facilite énormément le travail des développeurs d'applications en ligne.	Langage généraliste jusqu'à un certain point, PHP manque d'outils aussi essentiels tels que la gestion des threads, des processus, etc.
Langage à la fois objet et procédural permettant de contenter à la fois les débutants et les développeurs chevronnés.	PHP reste encore largement inférieur à d'autres langages dans sa dimension objet, bien que cet aspect se soit amélioré avec la version 5.

2

Tableau 2-1 : Qualités et défauts de PHP	
Force	**Faiblesse**
Les fondamentaux du langage sont simples à acquérir.	Le faible niveau des développeurs PHP conduit souvent à des outils de qualité moindre (conception, sécurité), qui donnent une mauvaise image du langage.
Quantité importante d'extensions permettant à PHP d'interagir avec un grand nombre de bases de données (MySQL, PostgeSQL, SQLite, SQL Server, Oracle), de formats de fichiers (XML, PDF, images, zip…), de protocoles (SOAP, FTP, SNMP, IMAP, COM…).	Redondance de certains développements conduisant à un manque de clarté et à une perte d'énergie (par exemple, accès aux bases MySQL, prise en charge de XML).
Nombreux éditeurs de code gratuits.	Aucun environnement majeur de développement incluant des fonctionnalités avancées telles que le débogage, la gestion de tests unitaires, un éditeur complet (complétion, code folding). L'extension PHP d'Eclipse viendra peut-être combler cette lacune d'ici un à deux ans.
Fonctionne avec un grand nombre de plateformes (Linux, Windows, MacOSX, Apache, IIS…).	
Résistance importante aux montées en charge.	
La société Zend assure un soutien économique et donne au langage un côté officiel indispensable pour le marketing et la mise en place de partenariats.	PHP ne repose pas sur une organisation puissante de la dimension de l'Apache Software Foundation. Les clés du langage restent encore entre les mains des fondateurs de Zend, société commerciale.
PHP fait désormais partie des cinq langages de programmation les plus populaires selon l'index Tiobe (www.tiobe.com/tpci.htm). Le recrutement d'un développeur PHP ne pose aujourd'hui aucun problème.	
Large communauté de développeurs faisant évoluer le langage rapidement grâce à un système évolué d'extensions.	La plupart des développeurs n'étant pas payés, les travaux les plus ingrats (documentation, tests unitaires) sont rarement réalisés avec le professionnalisme nécessaire. La communauté remplaçant l'industrie, l'interopérabilité avec des applicatifs métier tels que SAP a tendance à manquer.

2.5 Les concurrents

Le marché des applications web a littéralement explosé ces dernières années. Face à cette montée en puissance, certains langages ont été créés et d'autres se sont adaptés à ce type de développement.

Tableau 2-2 : Concurrents de PHP

Langage	Force	Faiblesse
Ruby	Véritable langage objet. Disponibilité de la plateforme RAILS pour réaliser des applicatifs web en Ajax	Peu répandu.
Java/JSP	Langage solide, abouti et normalisé. Le soutien de toute l'industrie informatique (Sun, IBM, BEA, SAP, les SSII…) a permis d'obtenir une interopérabilité maximale avec tous les systèmes. Puissance des conteneurs web tels que Tomcat.	Lent et extrêmement consommateur de ressources. Complexe à mettre en œuvre.
Python	Dimension objet très aboutie. Langage dynamique évoluant très vite.	Syntaxe quelque peu déroutante.
Perl	Nombreux modules disponibles. Importante communauté de développeurs.	N'a pas su évoluer assez vite et se retrouve aujourd'hui dépassé. Syntaxe complexe pour les débutants. Dimension objet relative.
C#/ASPX	C# est un magnifique langage, qui a su s'inspirer de ses prédécesseurs (Java, SmallTalk).	Reposant sur les outils Microsoft, une solution complète peut se révéler extrêmement coûteuse. Langage propriétaire.

2.6 En bref

- PHP est un langage de programmation conçu dès son origine pour le Web.
- PHP fait partie de la famille des langages interprétés.
- Les scripts PHP sont exécutés au niveau du serveur web.
- PHP est un langage simple disposant de fonctionnalités évoluées.

CHAPITRE

3

Mise en œuvre d'un environnement de travail

CHAPITRE

3

Mise en œuvre d'un environnement de travail

L'objectif ici est de mettre en place sur votre machine un environnement de travail permettant de tester les exemples présentés dans la suite de l'ouvrage. À l'issue de ce chapitre, vous disposerez d'un serveur web capable d'interpréter des scripts PHP, d'un système de gestion de bases de données (MySQL) et d'un outil permettant d'interagir avec ce dernier : phpMyAdmin.

Nous présenterons également pour chaque système d'exploitation un éditeur permettant d'écrire les exemples.

3.1 Sous Windows

Bien que Apache, MySQL et PHP puissent être installés séparément sous Windows, le choix se portera ici sur un outil capable d'automatiser tout ce processus.

Installer Wamp Server

Wamp Server peut être téléchargé sur le site **www.wampserver.com** sous la rubrique *Download*.

1. Double-cliquez sur l'archive que vous venez de télécharger.

La fenêtre d'installation se lance et vous présente la version de Wamp téléchargée. Cette version est sans rapport avec les versions des outils qu'elle contient (Apache, PHP ou MySQL).

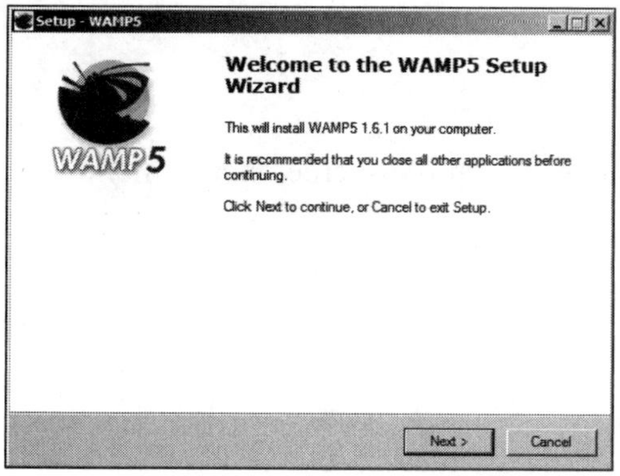

Figure 3-1 : *L'installation de Wamp5*

L'étape suivante précise la version des composants qui vont être installés.

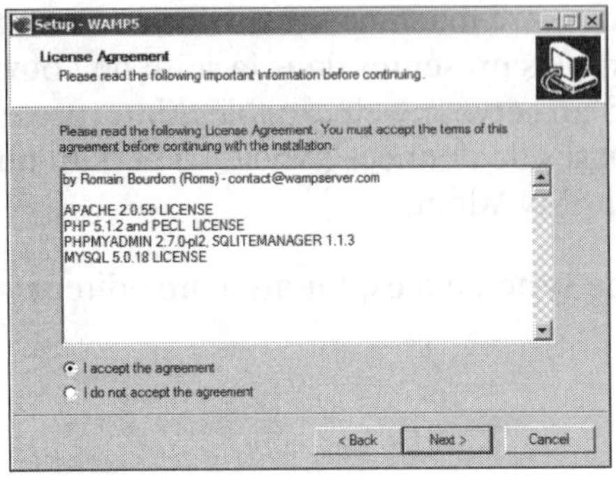

Figure 3-2 : *Acceptez…*

2. Précisez le répertoire qui contiendra l'ensemble des composants ainsi que vos sources.

Ce répertoire contiendra approximativement 100 Mo de données. N'hésitez pas à sélectionner un autre disque si l'espace libre de votre partition *C:* vous semble trop juste. Un changement d'emplacement dans un deuxième temps est compliqué.

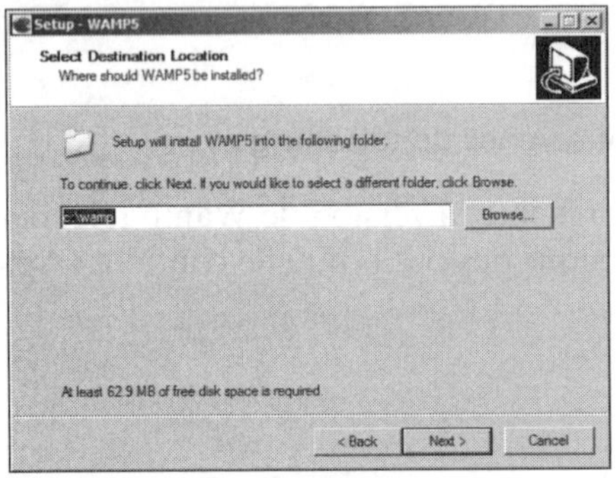

Figure 3-3 : *Indiquez le répertoire*

À l'étape suivante, indiquez le nom du groupe qui sera créé dans le menu **Démarrer/Tous les programmes**.

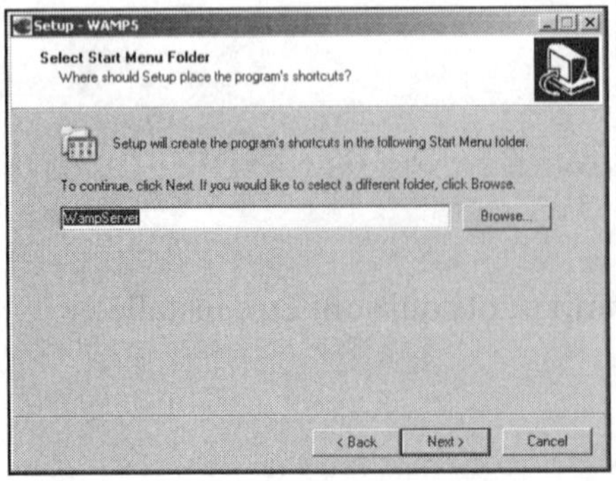

Figure 3-4 : *Indiquez le nom du raccourci*

3. Configurez Wamp de manière que Apache et MySQL soient lancés automatiquement lors de chaque démarrage de votre machine.

Un environnement Wamp complet occupe plusieurs dizaines de mégaoctets en mémoire vive (RAM). Par conséquent, si votre machine est lente, il est peut-être préférable de décocher cette option et de démarrer Wamp manuellement.

Figure 3-5 : *Option de démarrage automatique*

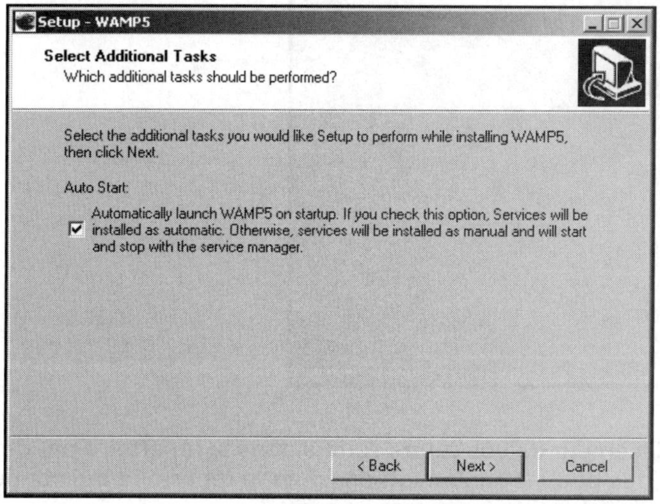

L'étape suivante résume les différents choix d'installation.

4. Il est encore temps de les modifier en revenant en arrière par le bouton < **Back.**

Figure 3-6 : *Résumé de l'installation*

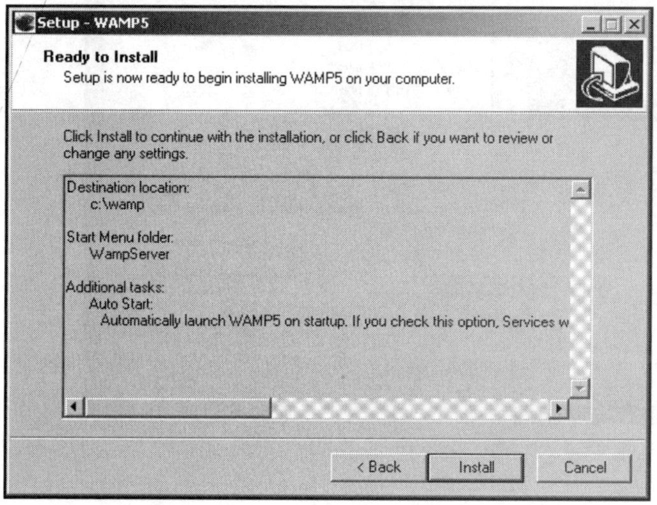

La prochaine étape correspond à l'installation physique des composants sur votre machine. Pas loin de deux mille fichiers seront installés dans le répertoire *C:\wamp*.

Figure 3-7 :
En cours…

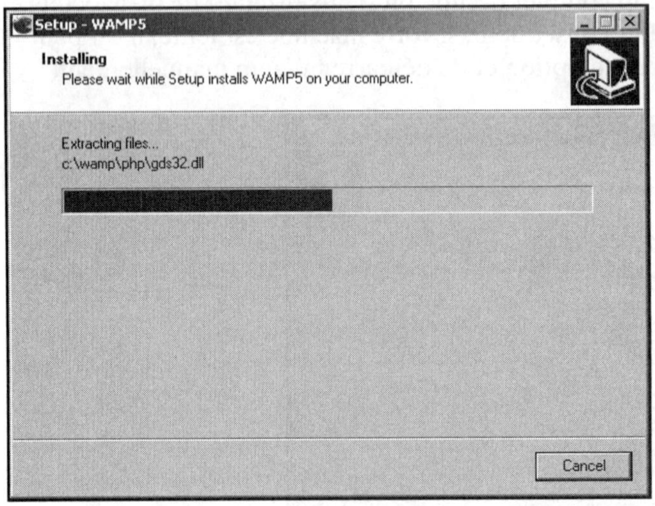

5. Confirmez l'emplacement de vos futurs scripts dans le répertoire par défaut *C:\wamp\www*. Vous pouvez également désigner le répertoire qui contient déjà votre projet d'application ou votre site web.

Figure 3-8 :
Répertoire

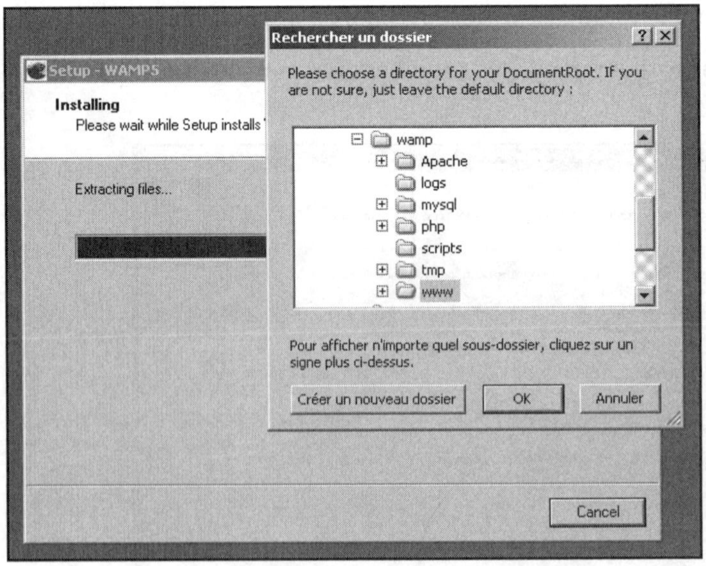

Des raccourcis disponibles dans le menu **Wamp** permettront d'accéder directement à certaines zones du serveur web.

6. Définissez le navigateur qui sera utilisé pour ouvrir ces pages.

Nous vous conseillons d'utiliser Firefox.

Figure 3-9 : *Emplacement de Firefox*

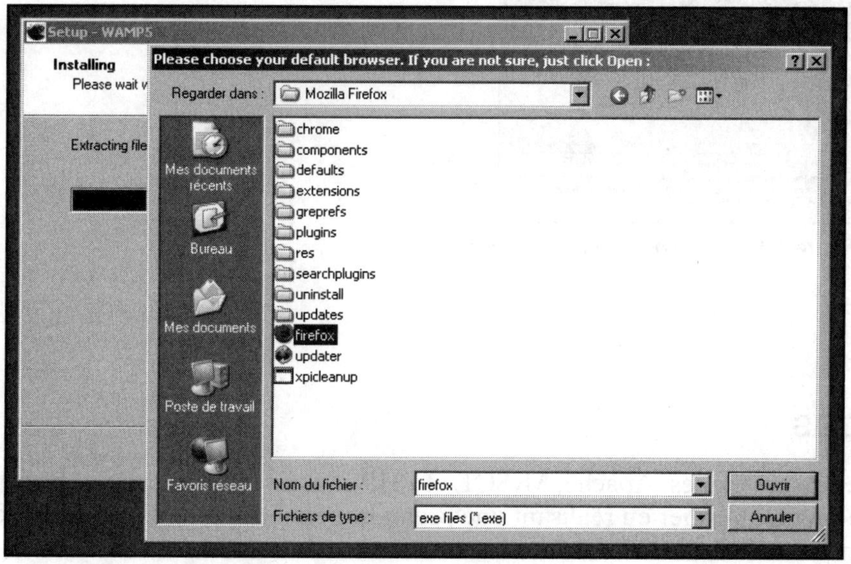

L'étape finale vous confirme que l'installation s'est bien déroulée et vous propose de démarrer sans plus attendre Wamp Server.

Figure 3-10 : *Installation terminée*

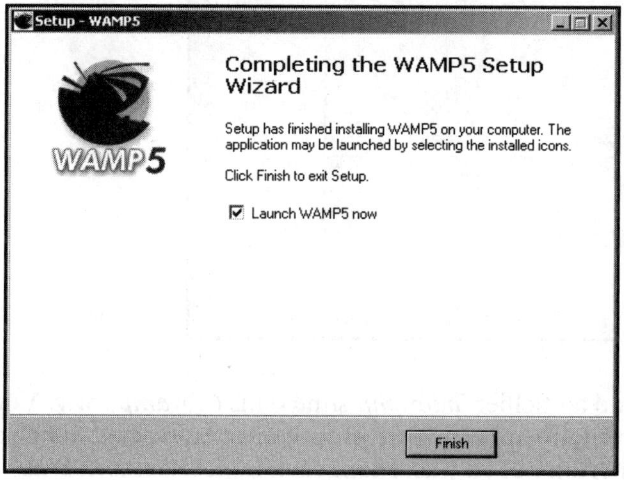

REMARQUE

Firewall

Si l'installation se déroule sous Windows XP, vous aurez peut-être besoin d'autoriser Apache à communiquer à travers le firewall.

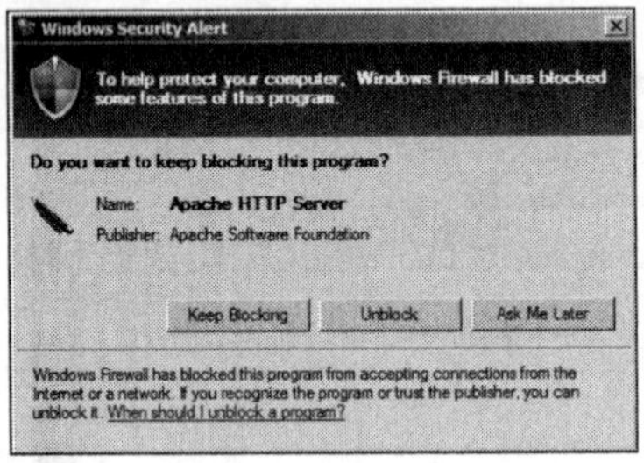

Figure 3-11 : *Déblocage du port Apache*

Premiers pas

À l'issue de ces étapes, Apache, MySQL et PHP sont installés sur votre machine. Vous pouvez le vérifier en réalisant une première requête sur le domaine associé à votre machine : **http://localhost**.

Figure 3-12 : *Tout fonctionne merveilleusement, Apache retourne la première page web*

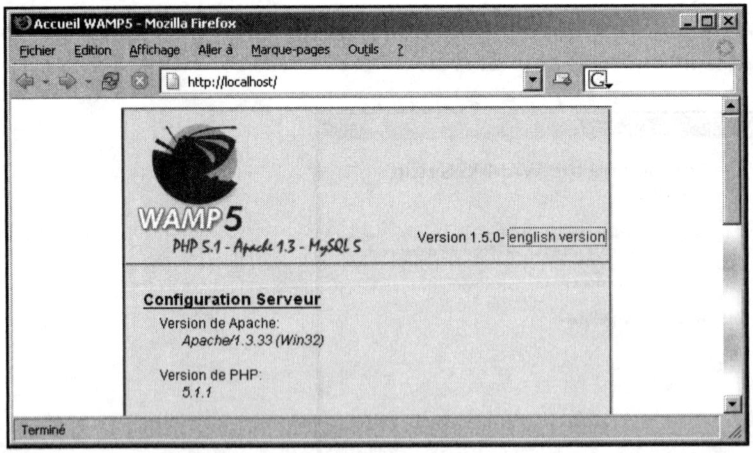

La page affichée correspond au fichier *index.php* situé dans *C:\wamp\www*. Vous pouvez de la même manière faire appel à votre propre page en plaçant le fichier *test.html* dans ce même répertoire et en y accédant via **http://localhost/test.html**.

Listing 3-1 : c:\wamp\www\test.html

```
<hr/>bonjour monde<hr/>
```

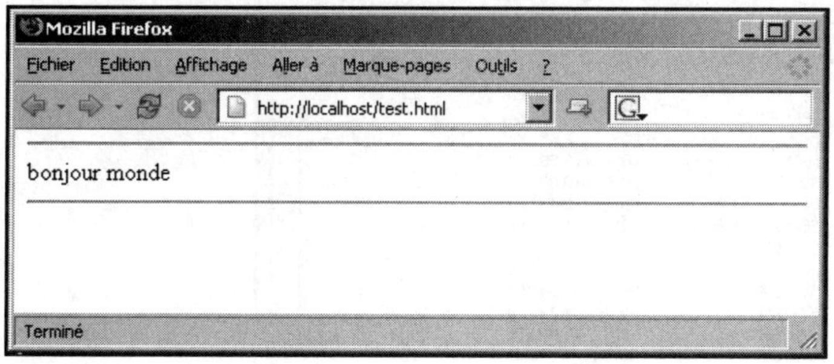

Figure 3-13 : *Les pages sont également accessibles*

Le démarrage de Wamp a enrichi votre System Tray d'une petite icône évoquant un compteur de vitesse. Cette icône peut prendre différentes couleurs en fonction de l'état des serveurs :

- Marron : aucun service n'est démarré.
- Jaune : un seul service est démarré.
- Blanc : les deux services sont démarrés.

Figure 3-14 : *Wamp est démarré, tout est OK*

Le gestionnaire de tâches de Windows confirme également que les programmes Apache (*Apache.exe*) et MySQL (*mysqld-net.exe*) résident bien en mémoire. La colonne *Util. mémoire* permet de quantifier la mémoire utilisée par ces services :

- 2 x *Apache.exe* : 20 Mo.
- 1 x *mysqld-nt.exe* : 10 Mo.
- 1 x *wamserver.exe* : 5 Mo.

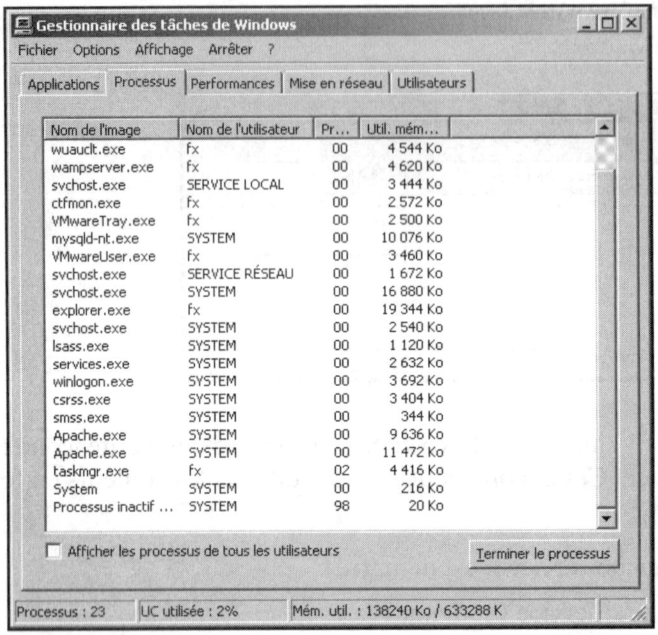

Figure 3-15 : *Gestionnaire de tâches Windows*

Si vous avez choisi de ne pas lancer Wamp Server automatiquement au démarrage, vous pouvez à tout moment l'activer via le menu **Démarrer/Tous les programmes/WampServer/start WampServer**.

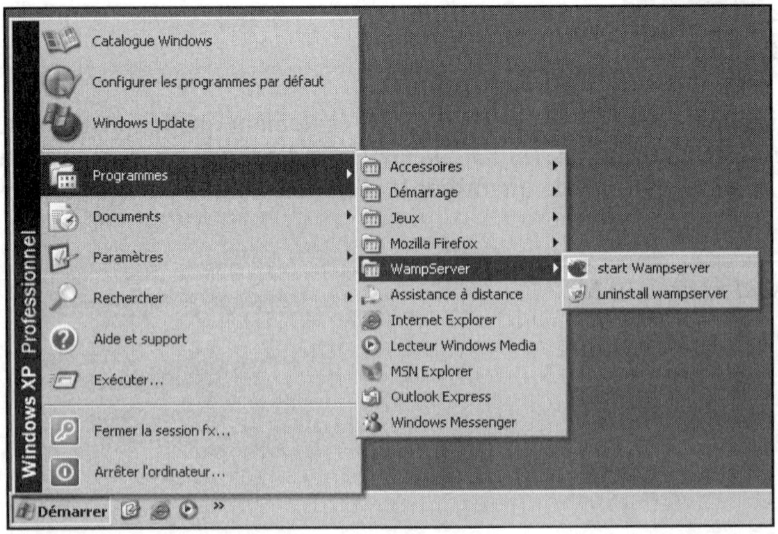

Figure 3-16 : *Menu d'accès*

Le menu de Wamp

En cliquant sur l'icône de Wamp, vous affichez un petit menu déroulant.

Figure 3-17 : *Actions accessibles depuis le menu Wamp*

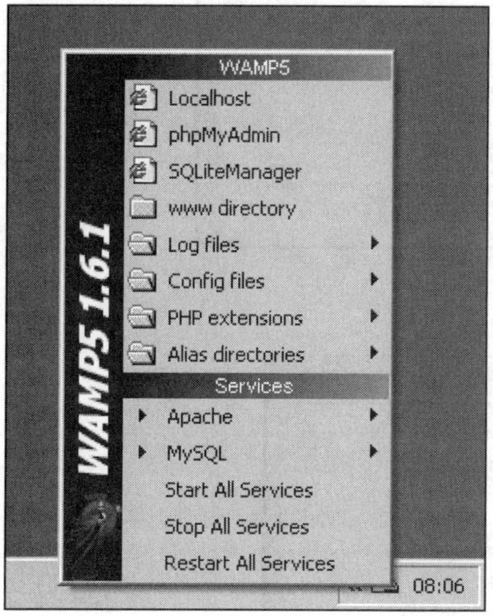

Ce menu permet :

- d'ouvrir directement des pages, notamment la page d'accueil et l'application phpMyAdmin ;
- d'ouvrir le répertoire *www* qui va contenir vos futurs scripts ;

Figure 3-18 : *Le répertoire racine du serveur web*

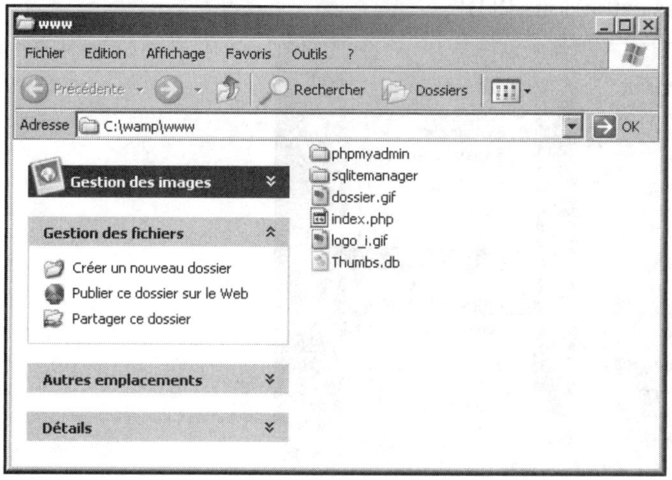

- de lire les fichiers *.log* d'Apache, de MySQL et de PHP ;

Figure 3-19 : *Un exemple de fichier .log : mysql_error.log*

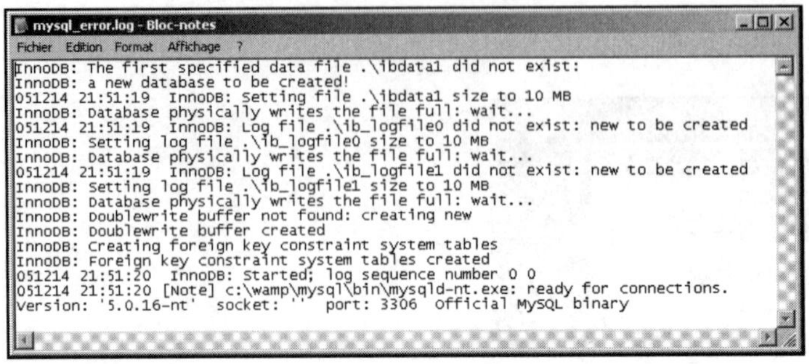

- d'éditer leur fichier de configuration ;

Figure 3-20 : *Un exemple de fichier de configuration : httpd.conf*

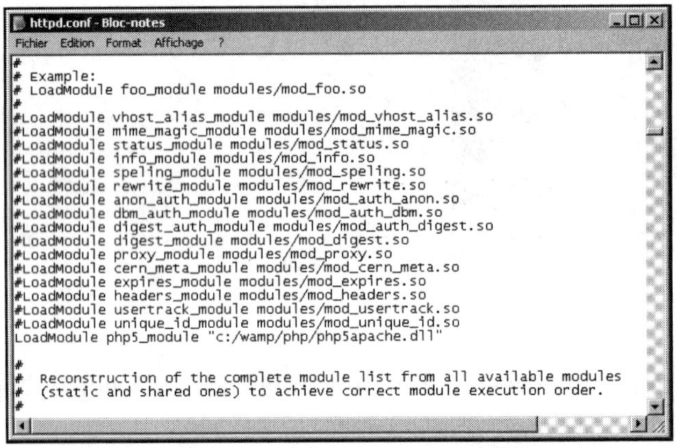

- de gérer les extensions PHP ;

Figure 3-21 : *Chargement, suppression d'extensions PHP*

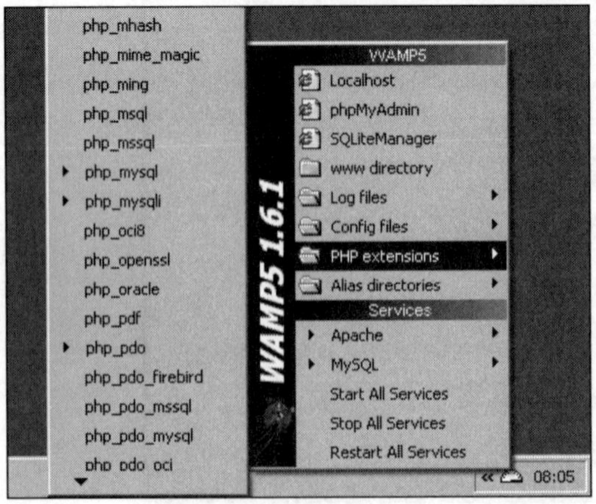

- d'arrêter, de démarrer et de redémarrer Apache et MySQL.

Figure 3-22 :
Menu d'Apache

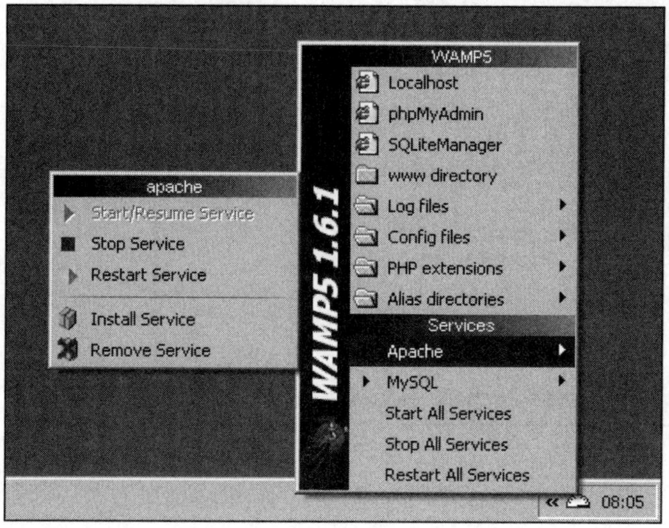

3

Les éditeurs

L'éditeur ConTEXT

Les éditeurs de code PHP pullulent sur le Net. Un site web leur est même consacré : **www.php-editors.com/review**.

Chacun d'eux dispose bien évidemment d'avantages et d'inconvénients. Notre choix se portera sur ConTEXT, qui est particulièrement adapté à nos besoins dans le cadre de cet ouvrage :

- Il est gratuit.
- Il est rapide.
- Il colorise le code (voir fig. 3-23).

Cet éditeur peut être téléchargé à l'adresse **http://context.cx**.

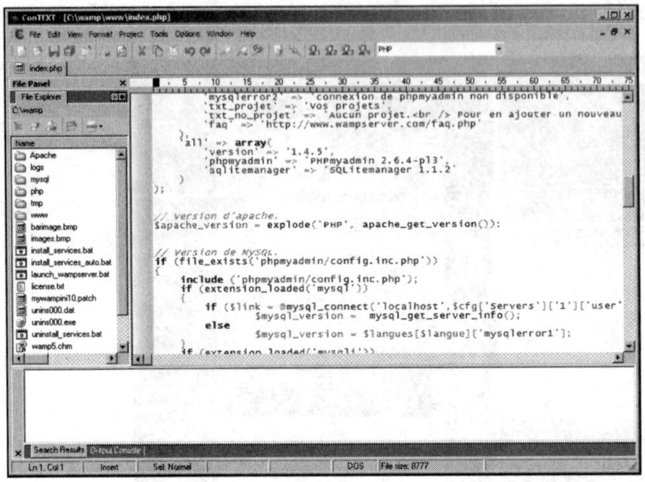

Figure 3-23 : *Édition de C:\wamp\www\index.php avec ConTEXT*

Scite

Scite est un éditeur aussi rapide que puissant, disponible à la fois sous Windows et Linux.

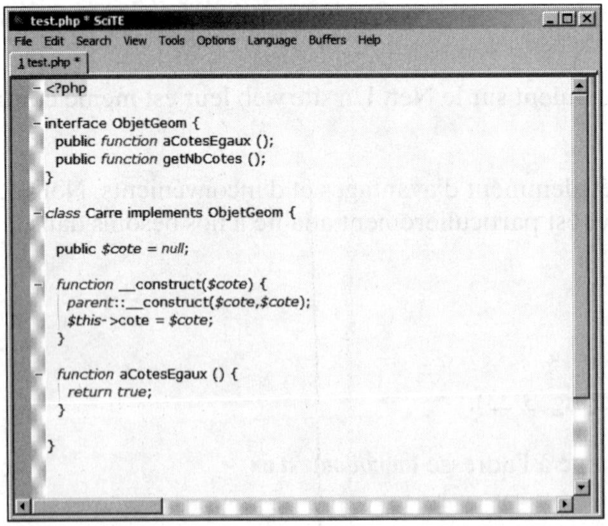

Figure 3-24 : *Éditeur Scite en action*

Scite gère la coloration syntaxique de plus d'une cinquantaine de langages.

Il peut être téléchargé gratuitement à l'adresse **/www.scintilla.org/SciTE.html**.

3.2 Sous Linux

Toutes les distributions Linux proposent désormais l'installation d'Apache, de MySQL et de PHP.

Le choix de la distribution se porte ici sur Fedora pour plusieurs raisons :

- Il s'agit de la distribution gratuite du leader du marché (Red Hat).
- L'installation est extrêmement aisée.
- Les outils de configuration existent et sont bien conçus.
- La communauté de développeurs et d'utilisateurs est importante.

La distribution Fedora peut être téléchargée sur le site **http://fedora.redhat.com/Download**. Choisissez les images de type i386, qui correspondent à celles d'un PC. Les amateurs de Torrent pourront également opérer le téléchargement avec ce protocole, ce qui permet d'accélérer le processus (la vitesse peut être multipliée par 10).

Installer Fedora

L'installation de Fedora est aussi naturelle que conviviale. Seules certaines étapes (décrites ci-après) doivent être surveillées.

1. Type d'installation : cochez l'option *Personnaliser* afin de pouvoir, lors de l'étape suivante, sélectionner les éléments que vous devez installer.

Figure 3-25 :
Installation de Fedora

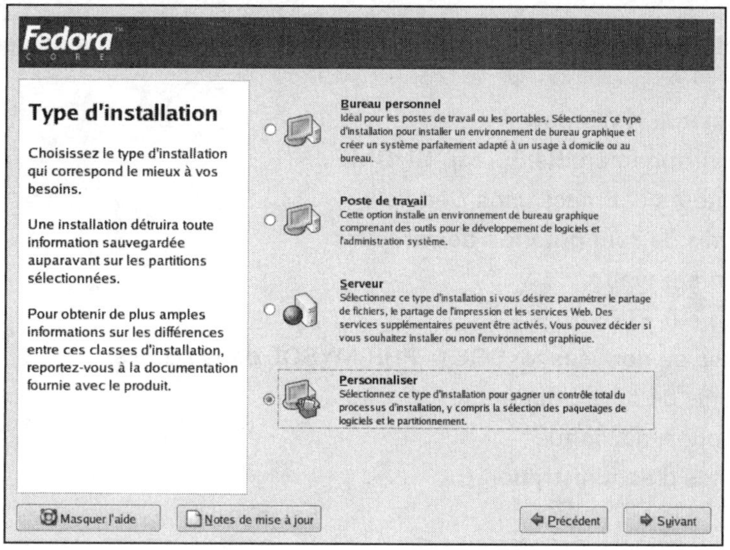

2. Configuration du pare-feu : si vous autorisez le pare-feu (firewall) et que vous souhaitiez accéder aux pages web depuis une autre machine, autorisez l'accès aux services HTTP, FTP et SSH.

Figure 3-26 :
Choix des options

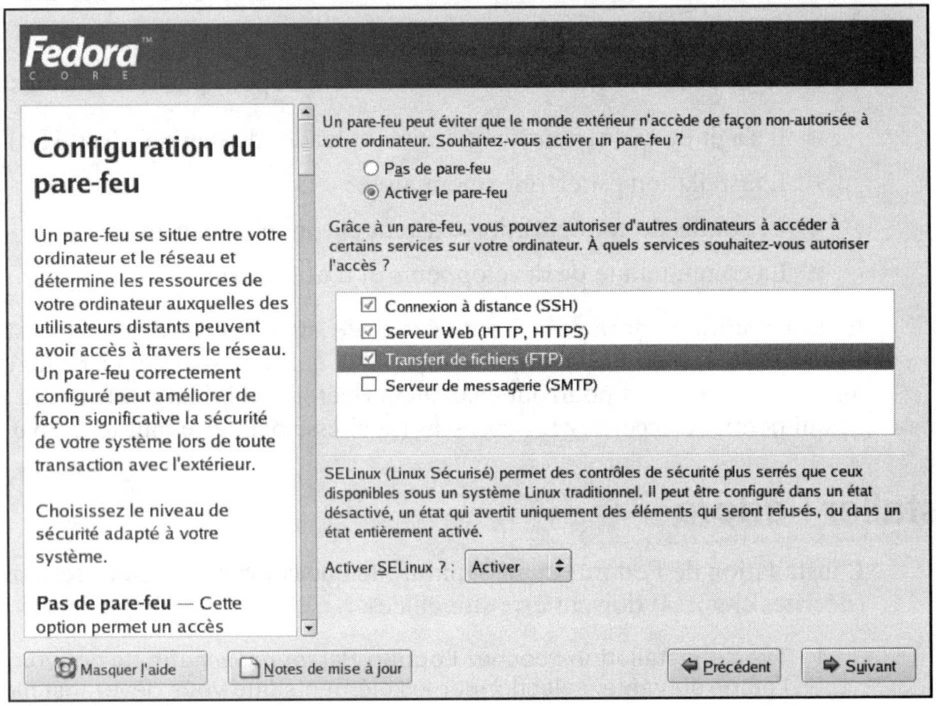

3. Sélection des groupes de paquetages : les groupes suivants doivent être installés...
   - système X Window ;
   - environnement de Bureau GNOME ;
   - éditeurs (+ Emacs dans *Détails*) ;
   - outils de configuration de serveur ;
   - serveur web ;
   - serveur FTP ;
   - base de données MySQL (+ PHP-MYSQL dans *Détails*) ;
   - outils de développement ;
   - support de langue ;
   - outils d'administration.

Figure 3-27 :
Options de la base

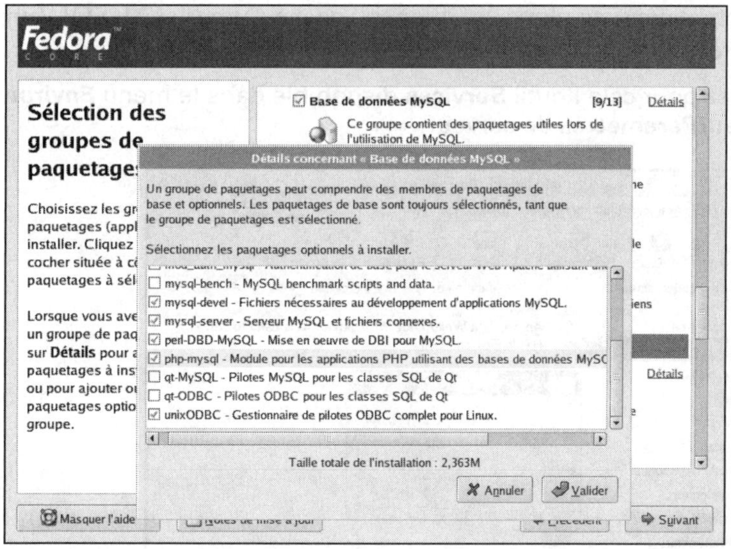

Une fois l'installation terminée et la machine redémarrée, précisez un nom d'utilisateur lorsque vous y serez invité.

Figure 3-28 :
Informations d'accès

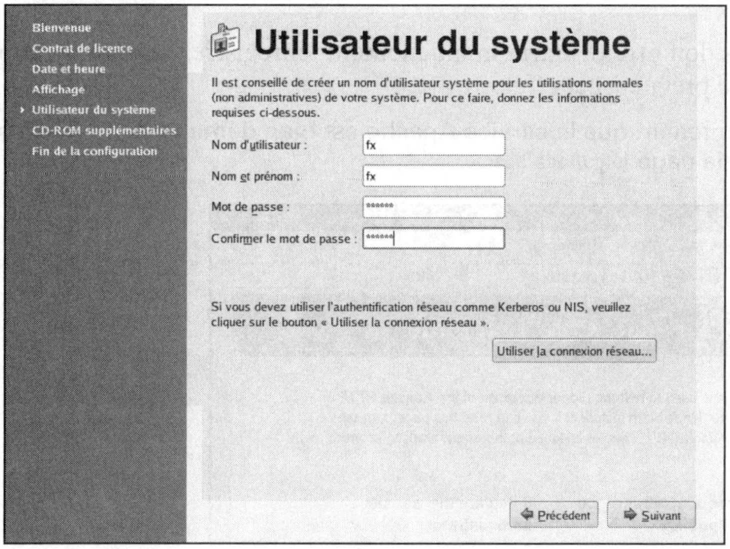

Premiers pas

Afin de ne pas vous perdre dans les méandres de la gestion des droits sous Linux, identifiez-vous en tant que super-administrateur, c'est-à-dire en tant que root. Votre première action consiste alors à vérifier si Apache (*httpd*) et MySQL (*mysqld*) sont bien démarrés.

1. Utilisez pour cela l'outil **Services** disponible dans le menu **Environnement de bureau/Paramètres de serveur.**

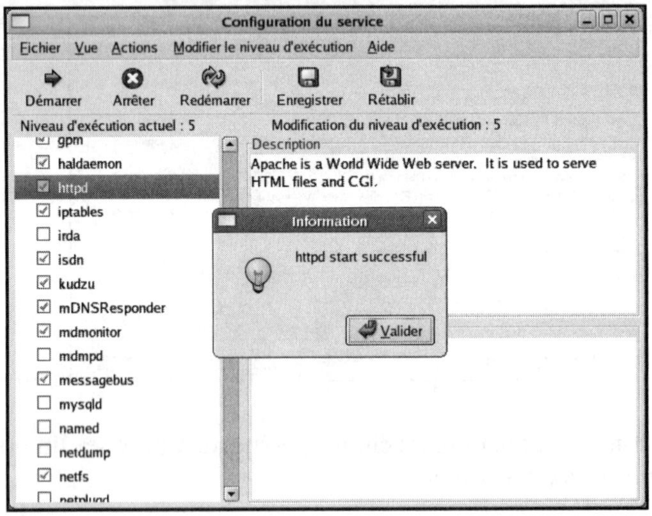

Figure 3-29 : *Service HTTP*

Si l'un des services doit être démarré manuellement, enregistrez les modifications en cliquant sur l'icône prévue à cet effet.

2. Vérifiez maintenant que le service Apache est bien démarré en réalisant une requête sur la page **http://localhost**.

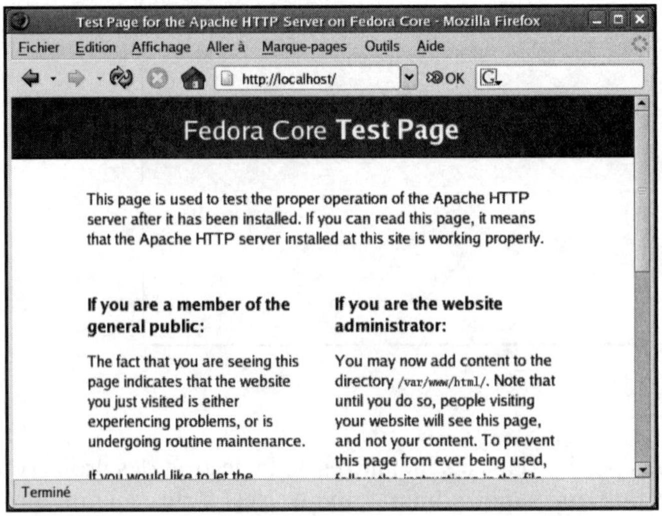

Figure 3-30 : *La page est disponible, Apache fonctionne donc bien*

Cette page indique que les pages web et les scripts PHP devront être placés dans le répertoire */var/www/html*.

3. Vérifiez-le en créant la page *test.html* et en y accédant par l'adresse **http://localhost/test.html**.

Figure 3-31 : *Édition de la page web avec l'éditeur Gedit*

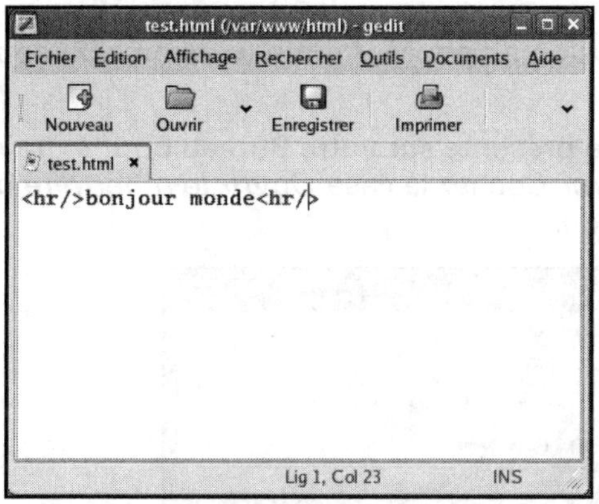

Figure 3-32 : *La nouvelle page est bien accessible*

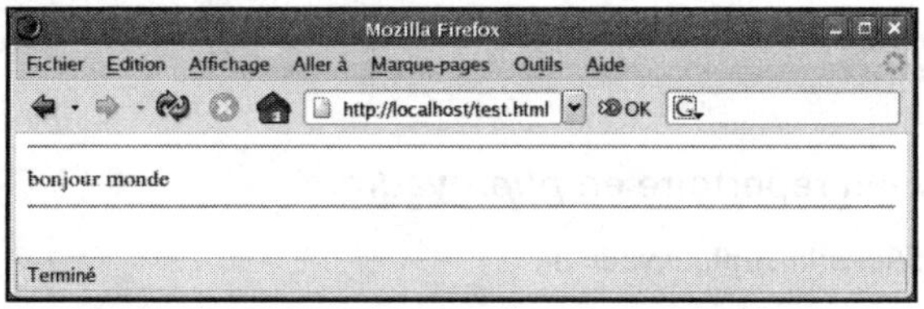

Gedit, disponible dans le menu **Applications/Accessoires**, est un éditeur de texte tout à fait suffisant pour modifier les scripts PHP. Il dispose par défaut d'un mode de colorisation PHP et gère parfaitement l'indexation.

Figure 3-33 : *Un script PHP colorisé*

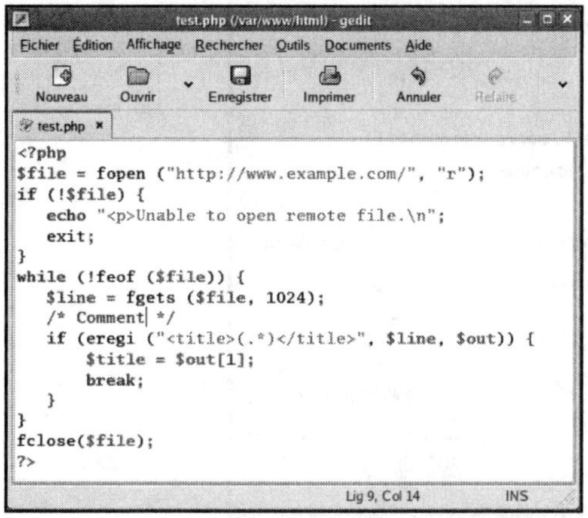

L'outil phpMyAdmin

L'outil phpMyAdmin, dont vous allez avoir besoin dans les chapitres consacrés aux bases de données, n'est pas installé par défaut avec Fedora. Cette installation est aisée.

1. Téléchargez la dernière version de phpMyAdmin (version bz2) depuis le site **www.phpmyadmin.net**.

2. Double-cliquez sur l'archive présente sur votre Bureau pour extraire son contenu dans */var/www/html*. Cochez la case *Ouvrir le répertoire de destination après l'extraction.*

Figure 3-34 : *L'archive présente sur le Bureau*

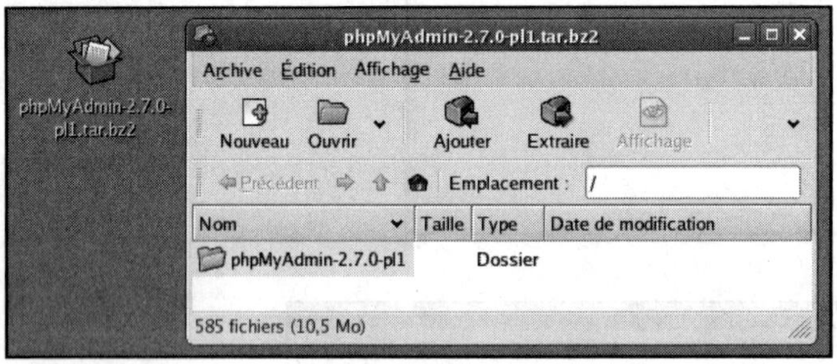

3. Renommez le nouveau répertoire en *phpmyadmin*.

4. Ouvrez la page **http://localhost/phpmyadmin**.

Figure 3-35 : *L'outil phpMyAdmin est disponible*

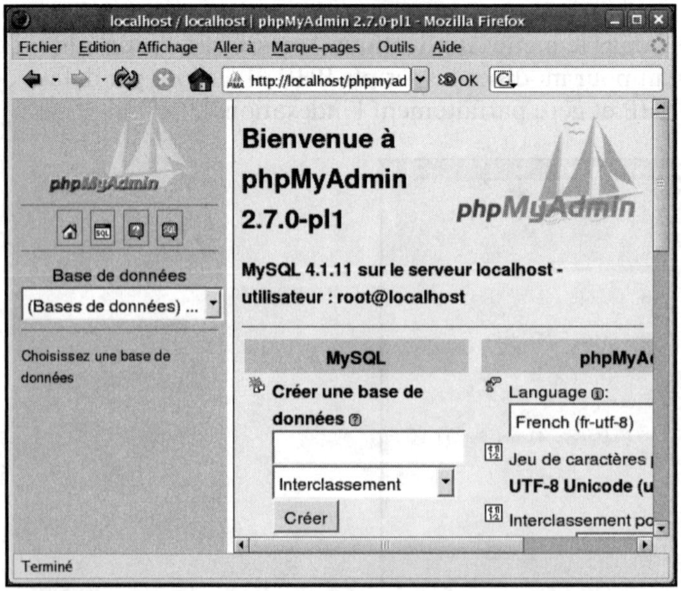

3.3 Le fichier php.ini

Au moment de sa mise en œuvre, PHP prend en compte un certain nombre de directives de configuration. Ces directives, placées dans le fichier *php.ini*, permettent de paramétrer :

- le parseur PHP ;
- la sécurité ;
- les rapports d'erreurs et les fichiers *.log* ;
- la compatibilité avec les versions précédentes ;
- les extensions.

Sous Windows, ce fichier peut être ouvert via l'icône *Wamp Server* au sein du menu **Config files**.

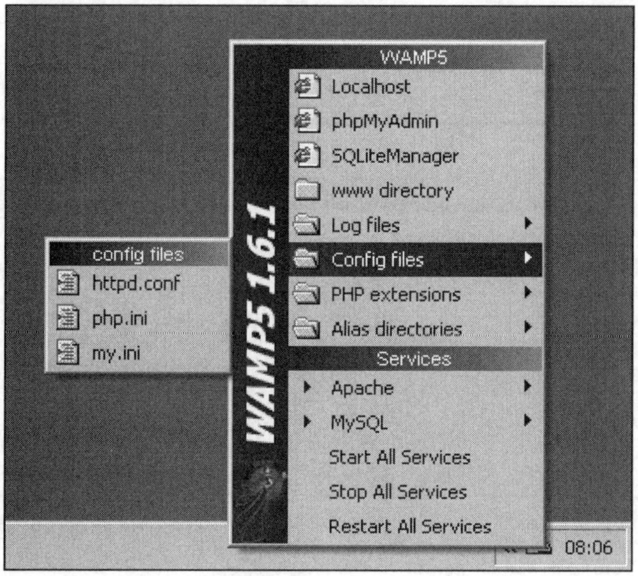

Figure 3-36 : *Le menu d'accès*

Le fichier se situe physiquement dans le répertoire *C:\wamp\Apache2\bin*.

ATTENTION

Autre emplacement de php.ini

Des versions précédentes de l'environnement Wamp plaçaient ce fichier dans *C:\wamp\Apache*.

Sous Linux, ce fichier est généralement situé dans le répertoire consacré aux fichiers de configuration : */etc*.

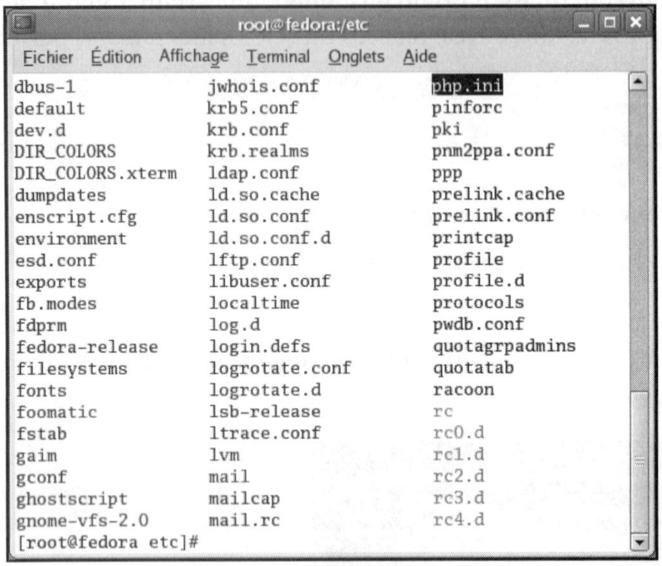

Figure 3-37 : *Répertoire /etc*

Tableau 3-1 : Paramètres de configuration de PHP dans php.ini

Paramètre	Valeur	Signification
allow_url_fopen	Booléen : On ou Off	Autorise l'ouverture de fichiers distants.
asp_tags	Booléen	Autorise les balises ASP de type <% %>.
default_mimetype	String	Permet de préciser le type de fichier retourné par défaut par PHP (par exemple "text/html").
default_charset	String	Permet de préciser l'encodage par défaut des caractères (par exemple "iso-8859-1").
display_errors	Booléen	Autorise l'affichage des erreurs.
doc_root	String	Définit le dossier racine.
engine	Booléen	Permet d'interdire l'usage de l'interpréteur PHP.
extension_dir	String	Permet d'indiquer le répertoire contenant les extensions (par exemple "c:/wamp/php/ext").

Tableau 3-1 : Paramètres de configuration de PHP dans php.ini		
Paramètre	**Valeur**	**Signification**
error_log	String	Définit le fichier dans lequel les erreurs sont "loggées".
error_reporting	Entier	Définit le niveau d'affichage des erreurs.
file_uploads	Booléen	Autorise ou non le transfert (upload) de fichiers.
include_path	String	Définit les répertoires dans lesquels les fonctions require() et include() vont chercher les fichiers (par exemple, sous Windows, .;c:\wamp\www\boutique ; sous Linux, .:/var/web/html/boutique).
log_errors	Booléen	Indique si les erreurs des scripts doivent être enregistrées dans le fichier *.log* du serveur.
magic_quotes_gpc	Booléen	Autorise l'échappement automatique des caractères ', ", \ et de NULL.
max_execution_time	Entier	Définit le temps maximal d'exécution d'un script (en secondes).
memory_limit	Entier	Définit la mémoire maximale que peut utiliser un script (par exemple 8M).
open_basedir	String	Restreint l'ouverture des fichiers à un répertoire spécifique.
register_globals	Booléen	Indique si les variables EGPCS doivent être initialisées en tant que variables globales.
safe_mode	Booléen	Permet de passer en mode "sécurisé« et de vérifier que le propriétaire d'un script est aussi propriétaire du fichier auquel il accède.
safe_mode_exec_dir	String	Répertoire contenant les binaires pouvant être exécutés en mode sécurisé.
safe_mode_gid	Booléen	Permet de vérifier que le groupe du propriétaire d'un script est aussi le groupe du fichier auquel il accède.
short_open_tag	Booléen	Autorise les balises raccourcies <? ?>.
upload_tmp_dir	String	Précise le répertoire qui sera utilisé pour stocker temporairement les fichiers »uploadés".

Tableau 3-1 : Paramètres de configuration de PHP dans php.ini		
Paramètre	**Valeur**	**Signification**
upload_max_filesize	Entier	Précise la taille maximale des fichiers uploadés (par exemple 4M).
variables_order	String	Définit l'ordre dans lequel PHP initialise ses variables globales ; la valeur "EGPCS" correspond à l'ordre suivant : $_ENV, $_GET, $_POST, $_COOKIE, $_SESSION.
zend.ze1_compatibility_mode	Booléen	Permet à PHP 5 de se comporter comme PHP 4 au cœur du système PHP.
zlib.output_compression	Booléen	Permet de compresser à la volée l'ensemble des données affichées par PHP.

Toute modification apportée au fichier *php.ini* doit être accompagnée du redémarrage du serveur HTTP.

REMARQUE

Le fichier httpd.conf

Ces valeurs peuvent également être précisées au sein du fichier de configuration d'Apache : *httpd.conf*. Il est même possible, en utilisant la directive Virtualhost, d'initialiser spécifiquement les différents sites présents sur la machine. Vous pouvez ainsi autoriser l'upload de fichiers pour un site, et l'interdire pour un autre.

```
<VirtualHost *:80>

  ServerName       www.site.com
  DocumentRoot     /var/web/site

  php_admin_flag   engine              on
  php_admin_flag   file_uploads       off

</VirtualHost>
```

3.4 En bref

- Wamp Server est un logiciel permettant d'installer facilement sous Windows les logiciels Apache, MySQL et PHP.
- Les distributions Linux disposent de ces briques logicielles par défaut.
- L'outil phpMyAdmin, écrit en PHP, permet de créer et de gérer les bases de données.
- Le fichier *php.ini* contient les directives de configuration de PHP.
- Une modification de ce fichier impose le redémarrage du serveur Apache.

CHAPITRE

4

Les bases de PHP

CHAPITRE

4

Les bases de PHP

Nous nous intéresserons dans ce chapitre à la syntaxe de PHP ainsi qu'aux différents éléments qui composent ce langage : les variables, les types de données, les fonctions et enfin les structures de contrôle. Ces éléments correspondent aux briques fondamentales qui permettront par la suite de réaliser des applications. Vous devez donc bien comprendre ce chapitre pour pouvoir passer sereinement aux chapitres suivants.

Avant d'entrer dans le vif du sujet, il est important de fixer un certain nombre de conventions. PHP est un langage de programmation interprété. En ce sens, un script écrit en PHP nécessite un autre composant pour être exécuté : l'interpréteur PHP. Par défaut, les systèmes d'exploitation les plus répandus (Windows, MacOS) ne disposent pas de tels interpréteurs. Il existe donc deux possibilités pour faire fonctionner un programme écrit en PHP :

- utiliser l'environnement mis en place dans le chapitre précédent ;
- placer le programme chez un hébergeur prenant en charge PHP.

Nous allons considérer dans les prochains chapitres que vous travaillez sur votre propre machine. Comme nous l'avons vu dans le premier chapitre, toute machine dispose d'un nom par défaut : ici, **localhost**. Ce serveur aura donc pour adresse **http://localhost**. Ainsi, pour exécuter un script *abc.php*, il faudra au préalable créer un fichier portant le nom *abc.php*, le placer dans le répertoire prévu à cet effet et saisir l'adresse **http://localhost/abc.php**.

Nous avons choisi le navigateur web Firefox pour illustrer les exemples. En l'espace de deux ans, ce navigateur a pris jusqu'à 20 % de parts de marché à Internet Explorer. Ses avantages sont nombreux et variés :

- respect des normes (passées, présentes et futures) ;
- avancées technologiques (XUL, CANVAS, SVG) ;
- outils utiles aux développeurs web (affichage du code source, console JavaScript) ;
- gratuité, sécurité et rapidité ;
- mises à jour fréquentes et automatiques ;
- nombreuses extensions.

INTERNET

Firefox en français

Firefox peut être téléchargé en langue française sur le site **www.mozilla-europe.org/fr/**.

4.1 La structure d'un programme

Un script écrit en PHP correspond à un fichier texte contenant des lignes de code (instructions). Ce fichier texte doit avoir une extension *.php* pour pouvoir être évalué.

Les lignes de code contenues dans un script PHP doivent être englobées entre les balises <?php et ?> : elles forment alors un bloc de code.

> REMARQUE
>
> **Les balises <% et %>**
>
> Il est possible de rencontrer les balises d'ouverture et de fermeture <% et %>. Cette notation n'est cependant pas très répandue et devrait être abandonnée avec PHP 6.

Écrivez, en suivant ce principe, votre premier programme PHP, à savoir *test.php*, un classique du genre.

Listing 4-1 : Votre premier programme PHP

```
<?php
print("bonjour monde");
?>
```

Il s'agit du programme le plus simple que l'on puisse imaginer. La première ligne, <?php, indique à l'interpréteur que les lignes qui vont suivre doivent être traitées comme du code PHP et qu'elles doivent donc être interprétées.

La deuxième ligne, print("bonjour monde");, est une instruction qui commande à l'interpréteur d'afficher à l'écran la phrase "bonjour monde". En PHP, chaque instruction doit être ponctuée d'un point-virgule (;). Au sein du bloc de code, les instructions sont exécutées les unes après les autres.

L'expression print() correspond à ce que l'on appelle en programmation une "fonction". Le rôle de cette fonction est d'afficher la donnée qui lui est passée en paramètre.

> RENVOI
>
> **Par défaut, PHP est livré avec un grand nombre de fonctions, qui sont décrites, pour la plupart, au chapitre 21 Les fonctions PHP.**

Ces fonctions permettent, notamment, de travailler sur les nombres, les chaînes de caractères (mots, phrases), les tableaux, d'accéder aux bases de données, de générer des images, etc.

Enfin, la dernière ligne de ce script, ?>, indique à l'interpréteur que les lignes qui suivent ne sont plus à interpréter. Elles peuvent donc être affichées telles quelles.

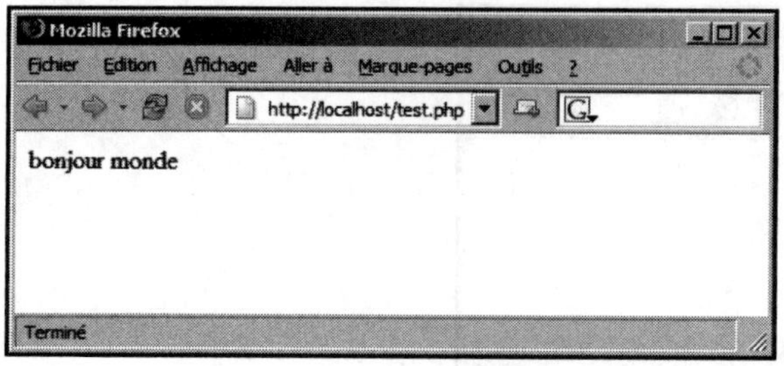

Figure 4-1 : *Le résultat de votre premier programme*

Si vous voulez maintenant afficher deux messages, placez deux instructions dans le bloc de code.

Listing 4-2 : Votre script contient deux instructions

```
<?php
print("instruction 1");
print("instruction 2");
?>
```

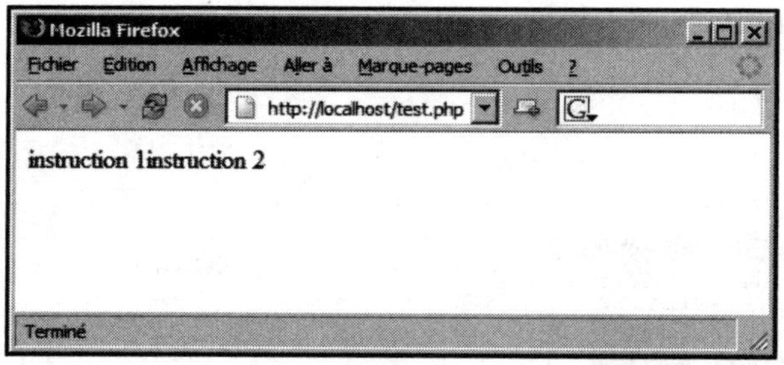

Figure 4-2 : *Résultat*

Le résultat peut vous surprendre, les deux phrases se trouvant en effet sur la même ligne. C'est cependant normal. La première instruction affiche la phrase "instruction 1" et la deuxième affiche "instruction 2". Votre navigateur va donc recevoir un fichier contenant "instruction 1instruction 2" et l'afficher tel quel. Si vous souhaitez avoir deux lignes différentes, rien de plus simple : ajoutez la balise HTML <br/>, qui permet de réaliser un saut de ligne.

Listing 4-3 : Deux instructions

```
<?php
print("instruction 1<br/>");
print("instruction 2");
?>
```

La page que le navigateur reçoit contient alors la ligne "instruction 1
instruction 2", ce qui permet d'avoir les deux lignes séparées.

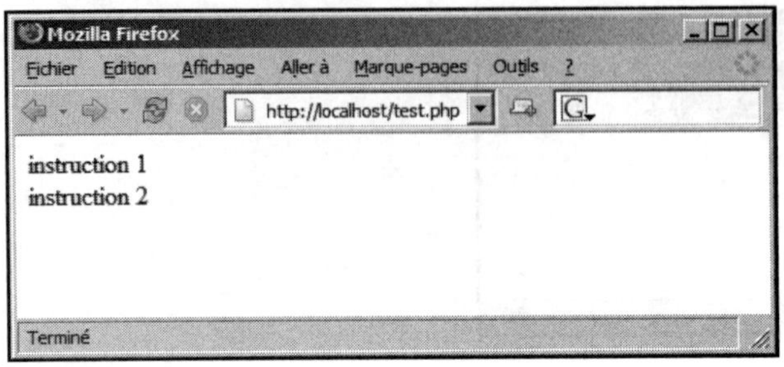

Figure 4-3 : *Le résultat correspond aux attentes*

L'expression phpinfo() est une autre fonction interne de PHP. Elle a pour rôle de donner des informations sur le PHP utilisé pour faire fonctionner votre script :

- version de PHP ;
- version des différents modules installés ;
- type de serveur web ;
- données système disponibles…

Listing 4-4 : La version de PHP est 5.1.2

```
<?php
phpinfo();
?>
```

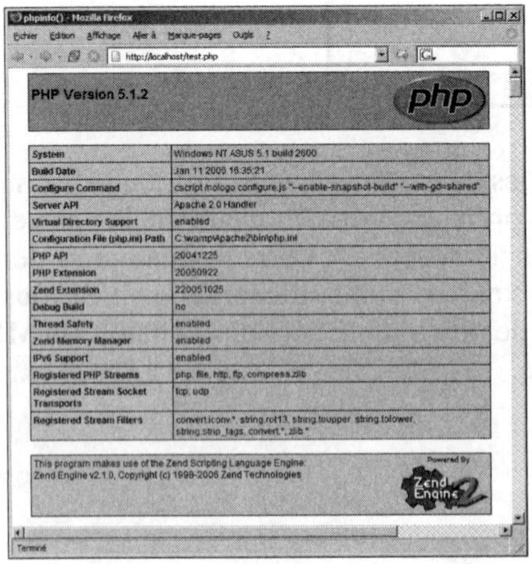

Figure 4-4 : *Informations retournées par la fonction phpinfo()*

Comme vous le voyez, les fonctions ont des rôles très variés. Une simple fonction peut réaliser des tâches plus ou moins complexes.

> REMARQUE
>
> **Le fichier test.php**
>
> Au lieu de créer pour chaque petit exemple un nouveau fichier (*test1.php, test2.php...*), réutilisez le fichier *test.php* à chaque fois.

Au sein d'un même script, les blocs de code peuvent être multiples et entrecoupés de "code" HTML. Toute zone non comprise entre les balises <?php et ?> est considérée comme du code HTML (ou tout du moins comme du texte brut). Elle est par conséquent directement retournée.

Listing 4-5 : PHP + HTML

```
<?php
print("premier bloc PHP");
?>

<hr>
partie <b>HTML</b>
<hr>

<?php
print("deuxième bloc <i>PHP</i>");
?>
```

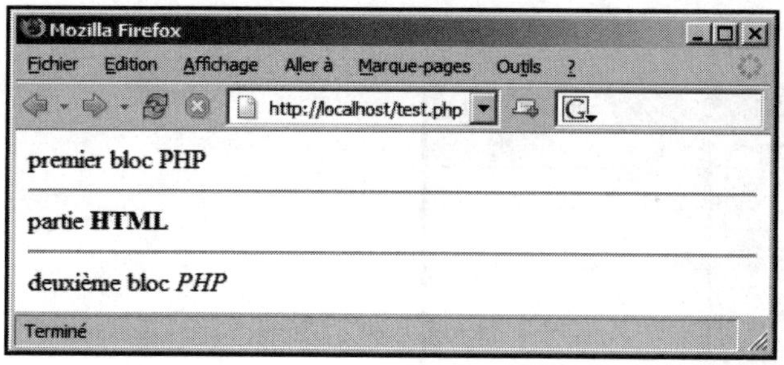

Figure 4-5 : *Du code PHP et du code HTML au sein d'un même script*

Au sein de ce script, les deux blocs suivants correspondent à du code PHP :

```
<?php
print("premier bloc PHP");
?>
```

```
<?php
print("deuxième bloc <i>PHP</i>");
?>
```

Ces blocs seront remplacés par le résultat de leur interprétation.

La partie suivante correspond, quant à elle, à du simple code HTML, qui est "retourné" tel quel par le serveur.

```
<hr>
partie <b>HTML</b>
<hr>
```

Dans le deuxième bloc de code sont affichées des données qui contiennent des balises HTML permettant la mise en italique d'un texte (<i>PHP</i>). C'est non seulement tout à fait autorisé, mais de plus très courant en PHP.

REMARQUE

HTML et PHP

Un fichier *.php* peut ne contenir que du code HTML. La page est alors retournée sans aucune modification. L'intérêt est cependant bien mince car vous ajoutez, dans ce cas, une étape entre le serveur web et vous. En effet, bien que la page ne contienne aucun bloc d'instructions, l'interpréteur est quand même mis à contribution.

En affichant les sources de la page, vous obtenez la preuve que le navigateur a bien reçu le résultat de l'interprétation du code par PHP et que la partie HTML n'a pas été modifiée.

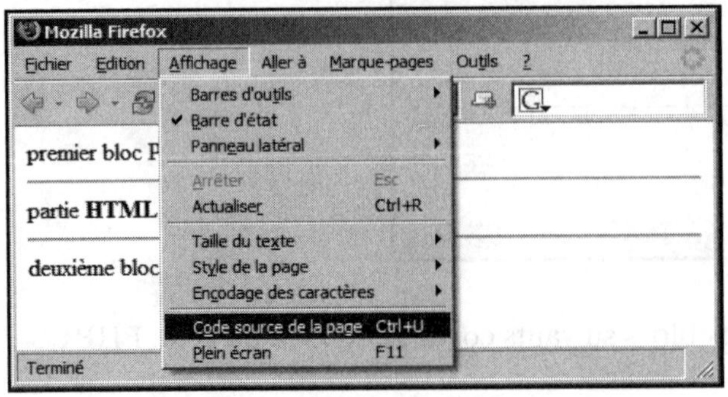

Figure 4-6 : *Sources*

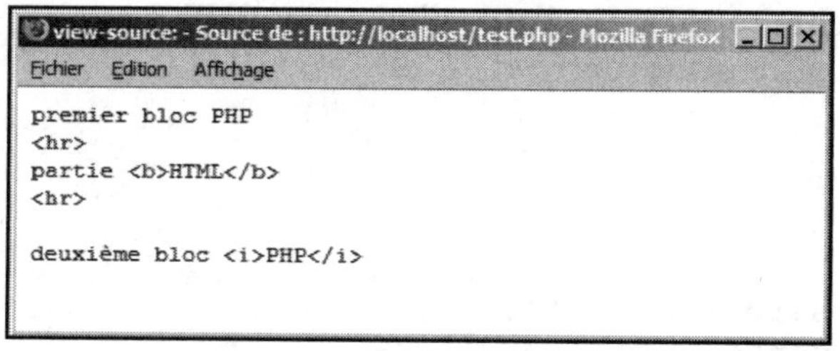

Figure 4-7 : *Les instructions PHP ont bien été interprétées*

4.2 Les commentaires

Un bloc de code peut contenir des commentaires. Ces derniers peuvent être ajoutés de différentes manières.

Listing 4-6 : Différentes syntaxes permettant d'insérer des commentaires

```
<?php

/* commentaires hérités
du C */

// commentaires hérités
// du C++

# commentaires hérités
# du SHELL

print("code commenté"); // commentaire de fin de ligne

?>
```

Ajouter des commentaires ne ralentit en rien l'exécution du code. Au moment de l'interprétation, PHP va tout simplement les supprimer.

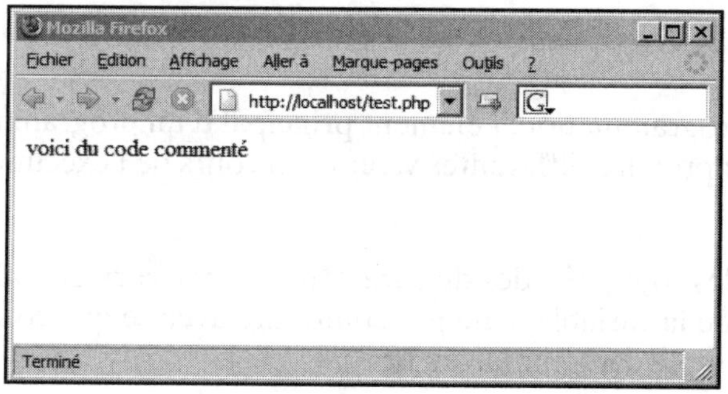

Figure 4-8 : *Les commentaires n'apparaissent pas*

Vous allez générer un commentaire HTML à l'aide d'un script PHP. Les commentaires HTML doivent être placés entre <!-- et -->.

Listing 4-7 : Commentaire HTML

```
<?php

print("voici un commentaire HTML : ");
print("<!-- message commenté -->");

?>
```

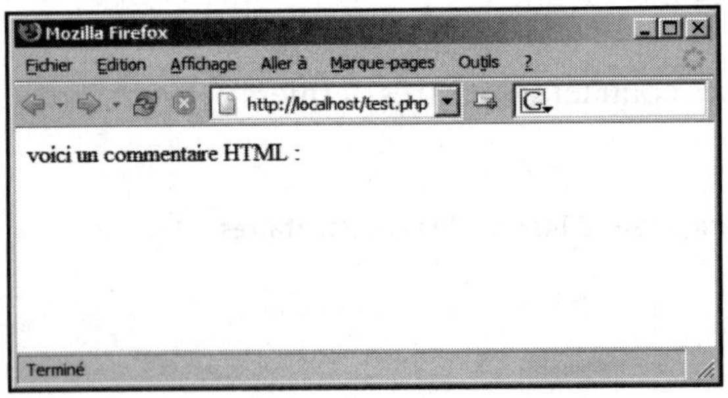

Figure 4-9 : *Code avec commentaires*

Bien qu'il soit invisible dans le navigateur, le commentaire HTML est bien présent dans les sources de la page.

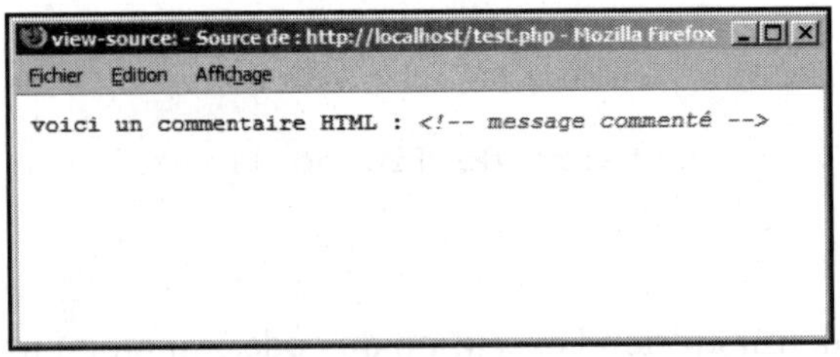

Figure 4-10 : *Sources*

4.3 Les variables

Quel que soit le langage de programmation, l'élément principal d'un programme est la variable. Une variable peut prendre différentes valeurs au cours de l'exécution d'un programme.

En PHP, les noms des variables sont précédés du caractère $: $abc correspond à la variable abc. $abc est le nom de la variable, à ne pas confondre avec ce que contient la variable ($abc peut par exemple contenir la valeur 3).

Précisément, pour donner la valeur 3 à la variable $abc, écrivez l'affectation suivante :

Listing 4-8 : Affectation de la valeur 3 à la variable $abc

```
$abc = 3;
```

> **REMARQUE**
>
> **Notation des exemples**
>
> Pour de petits exemples comme celui-ci, ne correspondant en fait qu'à une sous-partie de script, les balises <?php et ?> ne sont pas notées. Si vous voulez tester ce morceau de code, il convient bien évidemment de les ajouter.

Pour obtenir le contenu d'une variable, faites-y simplement référence.

Listing 4-9 : Affectation de différentes valeurs

```
valeur de la variable abc =
<?php
print($abc);
?>

<br/>valeur de la variable abc =
<?php
$abc = 3;
print($abc)
?>

<br/>valeur de la variable abc =
<?php
$abc = 12;
print($abc)
?>
```

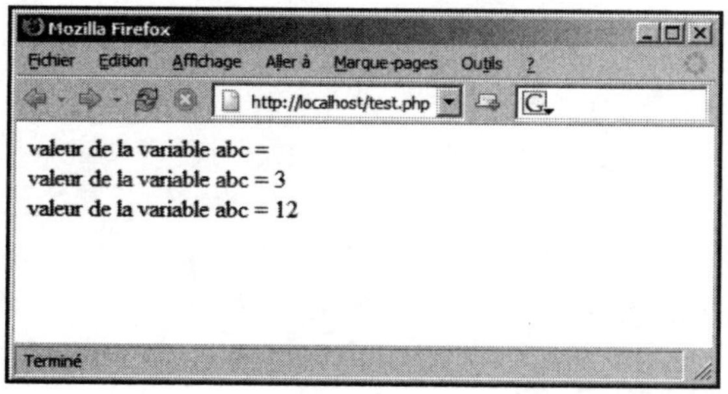

Figure 4-11 : *Différentes affectations de variables*

Avant qu'une valeur ne soit affectée à la variable, celle-ci n'existe pas. Elle peut ensuite prendre différentes valeurs lors de l'exécution du script.

Notez que la valeur d'une variable est conservée d'un bloc de code à l'autre.

La valeur d'une variable peut être affectée tout naturellement à une autre variable avec l'opérateur d'affectation =.

Listing 4-10 : La variable $abc contient la valeur de $d (2) à l'issue de l'affectation

```
<?php
$abc = 1;
$d = 2;
$abc = $d;
?>
```

Il existe différents moyens permettant d'affecter une valeur à une variable :

- soit directement : `$abc = 2;` ;
- soit en lui affectant le résultat d'une opération : `$abc = 1 + 3;` ;
- soit en lui affectant le résultat d'une fonction : `$abc = pow(2,4);` (c'est-à-dire la puissance 4 de 2).

Listing 4-11 : Différents types d'affectations

```
1- abc =
<?php
$abc = 2;
print($abc);
?>

<br/>2- abc =
<?php
$abc = 3 * 2;
print($abc)
?>

<br/>3- abc =
<?php
$abc = $abc + 1;
print($abc)
?>

<br/>4- abc =
<?php
$abc = pow(2,4);
print($abc)
?>
```

```
<br/>5- abc =
<?php
$abc = pow(2,4) - 7;
print($abc)
?>
```

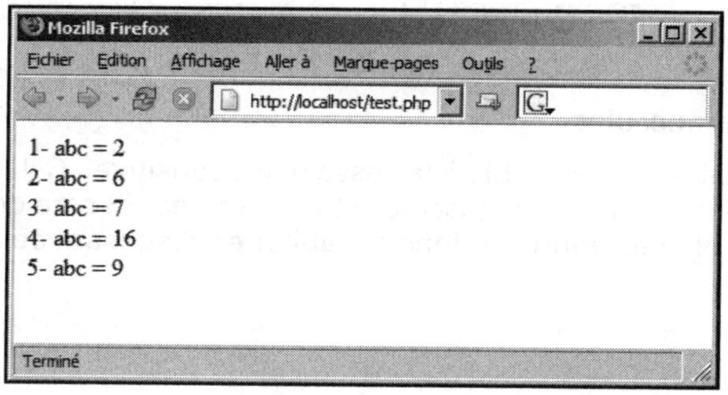

Figure 4-12 : *Différents types d'affectations*

L'instruction $abc = $abc + 1 indique que la variable $abc est égale à la valeur de la variable $abc augmentée de 1. Il est possible d'écrire plus succinctement cette affectation : $abc++.

L'opérateur ++ placé derrière une variable incrémente cette variable et, inversement, l'opérateur -- décrémente la valeur.

```
abc =
<?php
$abc = 4;
$abc--;
print($abc);
?>
```

RENVOI

Certains noms de variable sont interdits. Reportez-vous aux annexes pour obtenir plus de précisions sur ce sujet.

Il existe une autre notation, plus complexe, qui permet d'avoir accès aux variables : ${'nom_de_la_variable'}.

```
$x = 0;
${'x'} = 10; // affecte la valeur 10 à la variable x
print(${'x'}); // affiche : 10
print($x); // affiche : 10
$x = 5; // affecte 5 à la variable x
print(${"x"}); // affiche : 5

$y = "x";
print(${$y}); // affiche 5 car $x vaut 5
```

Ces deux notations sont complètement équivalentes. La deuxième est utile lorsque vous devez créer ou récupérer des variables à l'orthographe non standard ou des variables dont le nom est lui-même "variable". L'instruction suivante est valable, malgré la présence d'un espace dans le nom de la variable :

```
${"ma variable"} = "bonjour monde";
```

> ATTENTION
>
> **Majuscules et minuscules**
>
> Le nom des variables est sensible à la casse (case sensitive). Cela signifie qu'il y a une différence entre majuscules et minuscules. $a sera donc différente de $A et elles pourront donc cohabiter en disposant de leur propre valeur.

4.4 Les constantes

Les constantes peuvent être assimilées à des variables dont le contenu ne peut être modifié. La déclaration d'une constante repose sur la fonction define(), dont le premier argument correspond au nom de la constante, et le second, à sa valeur.

Listing 4-12 : Création de la constante VERSION_SITE

```
define("VERSION_SITE","v3.1");
```

À la différence des variables, les constantes ne nécessite pas la présence du caractère $ au début de leur nom.

Listing 4-13 : Utilisation de constantes au sein d'un site

```
<?php

define("NOM_SITE","Cool Site");
print(NOM_SITE);

define("VERSION_SITE",3.1);
$a = VERSION_SITE + 1;

?>
```

PHP dispose d'un certain nombre de constantes définies par défaut. La constante PHP_VERSION contient par exemple la version de l'interpréteur PHP.

Listing 4-14 : Utilisation d'une constante par défaut

```
<?php

print("Version de PHP : ");
print(PHP_VERSION);

?>
```

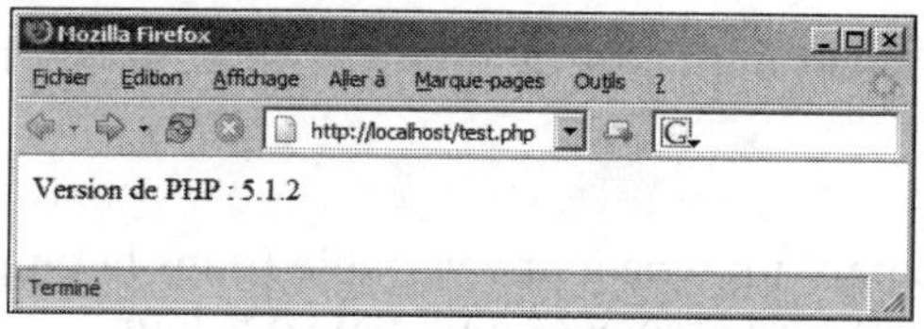

Figure 4-13 : *Version de PHP*

L'exécution du script suivant permet d'obtenir la liste de toutes les constantes définies par défaut par PHP.

Listing 4-15 : Plus de 700 constantes définies par PHP

```
<pre>
<?php
print_r(get_defined_constants());
?>
</pre>
```

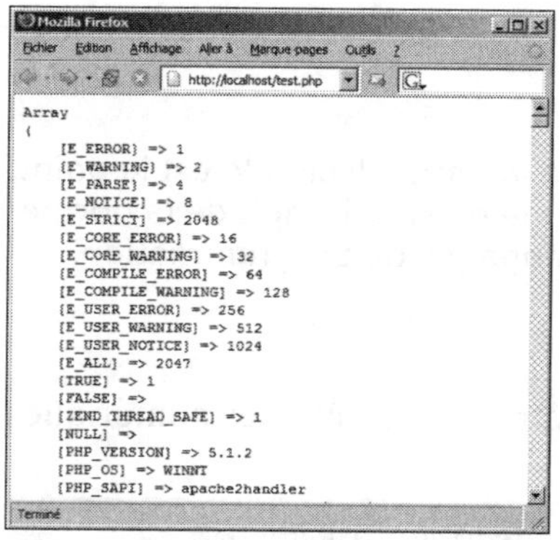

Figure 4-14 : *Les constantes PHP*

REMARQUE

Norme d'écriture

Les constantes sont généralement écrites en majuscules afin que l'on puisse les différencier des variables. Ce standard est partagé par une grande majorité de langages de programmation.

4.5 Les types de données

En informatique, les données sont souvent typées, en ce sens qu'elles contiennent une certaine catégorie d'informations. Il existe globalement deux principaux types de données : les variables contenant des chiffres et les variables contenant des lettres.

RENVOI

Les tableaux, qui correspondent également à un type de données, sont présentés au chapitre 5 Les tableaux.

PHP n'impose pas d'associer explicitement un type à une variable (dans la plupart des autres langages, les variables doivent être associées à un type dès leur initialisation au début du programme). Si vous affectez `3` à `$abc`, celle-ci prend de facto le type numérique. Si, en revanche, vous lui affectez la phrase `"bonjour monde"`, elle devient une chaîne de caractères (souvent appelée "string").

Examinons ces deux principaux types de données.

Les données numériques

Parmi les données numériques figurent les nombres entiers (`2`, `4`, `233`, `-12`) et les nombres flottants (`0.5`, `23.8`, `-123.4`).

ATTENTION

Écriture des nombres flottants

Le caractère séparant la partie entière de la partie décimale est le point. Si vous utilisez une virgule, vous obtenez une erreur. Il s'agit de la norme anglo-saxonne, employée par tous les langages de programmation.

Plusieurs opérateurs mathématiques peuvent être utilisés avec les numériques :

Tableau 4-1 : Les différents opérateurs mathématiques

Opérateur	Rôle
+	L'addition
–	La soustraction
*	La multiplication

Tableau 4-1 : Les différents opérateurs mathématiques	
Opérateur	**Rôle**
/	La division
%	Le modulo

L'exemple suivant illustre l'utilisation de tous ces opérateurs :

Listing 4-16 : Différents opérateurs mathématiques

```
< ?php
$a = 10 ;
$b = 5 ;
$c = 2;

$x = $a + $b; // la variable $x contient 15
$x = $x - $c ; // $x vaut 13
$x = $x * $x ; // $x vaut 169
$x = ($a / $b) + $c; // $x vaut 4
$x = 11 % $a ;
// $x vaut 1, le modulo correspond au reste de la
division 11 / 10
?>
```

L'ordre de priorité des opérateurs doit être respecté : les opérations *, / et % sont traitées avant les opérations + et –. L'expression 10 — 2 * 4 vaut ainsi 2, et non 32. La multiplication est en effet réalisée avant la soustraction.

Quand PHP doit interpréter la ligne $abc = 16 — 12 / 6 * 5 + 1;, il évalue l'expression de la manière suivante :

```
16 - 2 * 5 + 1
16 - 10 + 1
6 + 1
7
```

Utilisez des parenthèses pour être sûr d'obtenir l'évaluation souhaitée.

```
$abc = 16 - ( ( 12 / 6 ) * 5 ) + 1 ;
```

Afin de gagner du temps, des formes compactes existent pour certaines opérations. Ainsi, $abc = $abc + 2 ; est équivalent à $abc += 2 ;.

De la même manière, les raccourcis suivants sont valides : -=, *=, /= et %=.

Les booléens sont un type numérique à part. Seules deux valeurs booléennes existent : true (vrai), false (faux).

```
< ?php
$var = true ; // $var contient la valeur booléenne true
?>
```

Souvent, la valeur 0 est équivalente à false et la valeur 1 à true. Cet abus peut cependant se révéler dangereux lors de certains tests. Nous y reviendrons plus loin.

Les chaînes de caractères

Une chaîne de caractères (souvent appelée "string") doit être délimitée par des guillemets (") ou des primes (').

Les guillemets et les primes

Lorsque les caractères de délimitation sont des guillemets ("), la chaîne de caractères peut contenir des caractères ainsi que des variables. La variable est alors remplacée par son contenu.

Listing 4-17 : Une variable dans une chaîne de caractères

```
<?php
$n = 2;
$s = "valeur de la variable n = $n";
print($s); // affiche : "valeur de la variable n = 2"
?>
```

Quand les primes (') sont utilisées comme caractères de délimitation, les variables ne sont plus remplacées par leur contenu.

```
<?php
$n = 2;
$s = 'valeur de la variable n = $n';
print($s); // affiche : 'valeur de la variable n = $n'
?>
```

REMARQUE

Bien utiliser les guillemets et les primes

Si vous utilisez les primes ('), PHP ne remplace pas les variables par leur contenu, mais affiche directement et sans traitement la chaîne de caractères évaluée. Pour optimiser votre code, employez de préférence les primes

REMARQUE

quand une chaîne ne contient aucune variable. Par exemple, 'bonjour monde' est préférable à "bonjour monde".

L'affichage d'une chaîne de caractères peut également être réalisée avec la fonction echo(). Les syntaxes suivantes sont équivalentes :

- echo "bonjour";
- echo("bonjour");
- print("bonjour");
- print "bonjour";

REMARQUE

Syntaxe spéciale de echo()

echo() accepte une syntaxe spéciale, echo $var1, $var2;, qui affiche $var1 puis $var2. Aucune limitation n'existe quant au nombre de variables à afficher.

Le caractère d'échappement

Une question se pose : comment une chaîne de caractères peut-elle contenir des guillemets (") quand ses délimiteurs sont précisément des guillemets ?

Dans ce cas, il est nécessaire d'utiliser un caractère dit d'"échappement" : \. Ce caractère est nommé "barre oblique inversée" ou "antislash" (également "backslash"). Pour obtenir la phrase bonjour " monde, il est nécessaire d'écrire "bonjour \" monde". Le principe est le même pour la prime (') dans des strings délimitées par des primes.

Listing 4-18 : Échappement de caractères

```
print("bonjour \" monde"); // affiche : bonjour " monde
print('bonjour \' monde'); // affiche : bonjour ' monde
print('bonjour \" monde'); // affiche : bonjour \" monde
```

Les caractères \ et $ ont aussi besoin d'être précédés d'une barre oblique inversée pour être affichés dans une chaîne entre guillemets.

```
$i = 2 ;
print("\\ \$i vaut $i"); // affiche : "\ $i vaut 2"
```

L'opérateur de concaténation

L'opérateur de concaténation fonctionne sur les chaînes de caractères. Il permet de réunir deux chaînes : $str = $str1 . $str2 ; signifie que la variable $str contient la variable $str1 suivie de $str2.

Listing 4-19 : L'opérateur de concaténation

```
<?php
$var1 = "ui";
$var2 = "le temps est " .  "beau aujourd'h" . $abc;
print($var2); // affiche : "le temps est beau aujourd'hui"
print("cou" . 'cou'); // affiche : "coucou"
?>
```

Une version raccourcie existe : .=.

$abc = $abc . " coucou" ; est l'équivalent de $abc .= " coucou";.

En informatique, les chaînes de caractères sont souvent appelées "strings". Dans les exemples suivants, nous utilisons régulièrement la variable $str pour définir une variable de type chaîne de caractères.

REMARQUE

Nom de variable

En programmation, il est important de donner des noms pertinents aux variables. Si une variable doit contenir le nom d'une ville, nommez-la $ville plutôt que $x. Employez au besoin des noms "longs", plus évocateurs : $portefeuille_client est préférable à $prtfcl, même s'il est rébarbatif d'écrire un libellé aussi long. Votre code paraîtra ainsi clair et lisible si vous, ou une autre personne, devez le reprendre dans quelques mois.

Le type NULL

Ce type composé d'un seul élément, NULL, permet d'indiquer qu'une variable n'a pas de valeur.

Listing 4-20 : Une fois utilisée, la variable $str est passée à NULL

```
<?php
$str = "coucou";
print($str);
$str = NULL;
?>
```

Changement de type

PHP permet aux variables de changer de type si vous leur affectez des données de types différents au cours du programme.

Listing 4-21 : Changement de type

```
<?php
$abc = "1"; // $abc est une string contenant la chaîne "1"
$abc += 2; // $abc est maintenant un numérique contenant la valeur 3
?>
```

4

Dans cet exemple, la variable est d'abord une chaîne de caractères contenant la chaîne "1". Après l'opération d'incrémentation, elle est de type numérique et contient la valeur 3.

PHP propose également une opération de transtypage pour convertir les types de données. Cette opération, qui porte également le nom de "cast", utilise la syntaxe suivante :

```
$s = (string) 1; // $str contient maintenant la chaîne "1"
$n = (int) $s; // $n contient 1
$b = (bool) $n; // $b contient true
$n = (int) 1.8; // $n contient 1
$b = (bool) -3; // $b contient true
$b = (bool) 0; // $b contient false
$f = (float) "   1.45 "; // $f contient 1.45
```

REMARQUE

Autres types

Le transtypage fonctionne également avec les autres types de données étudiés dans la suite de l'ouvrage : les tableaux (array) et les objets (object).

PHP vous évite ainsi les problèmes de typage.

4.6 Les structures de contrôle

Les exemples précédents s'exécutent linéairement, ligne après ligne. Or dans la vie courante comme dans un programme informatique, il faut parfois réaliser certaines actions uniquement dans certains cas et, dans d'autres circonstances, répéter les mêmes opérations plusieurs fois. L'équivalent informatique de ces événements est la structure de contrôle.

Vous disposez, avec PHP, de toutes les structures de contrôle standard. Celles-ci sont généralement regroupées en deux catégories :

- Les conditions :

  SI test est vrai ALORS FAIRE action1 SINON FAIRE action2

  FAIRE DANS LE CAS 1 action1, DANS LE CAS 2 action 2, etc.

- Les boucles :

  FAIRE action TANT QUE test est vrai

  TANT QUE test est vrai ALORS FAIRE action

  POUR TOUS LES CAS SUIVANTS FAIRE action

Les conditions

Nous présenterons dans cette partie les expressions if… else, if… elseif… else et switch… case.

if… else

L'équivalent de SI test est vrai ALORS FAIRE action SINON FAIRE action est l'instruction if… else (if signifie "si" et else signifie "ou bien").

Écrivez un petit programme qui affiche "i est plus grand que 5" si la variable $i est plus grande que 5 et la phrase "i est plus petit que 5" dans le cas contraire.

Listing 4-22 : Le premier test

```
<?php

$i = 4;

if ($i > 5)
  print("i est plus grand que 5");
else
print("i est plus petit que 5");

?>
```

Dans ce cas, "i est plus petit que 5" apparaît à l'écran car vous avez initialisé la variable $i à 4.

Les tests sont réalisés avec des opérateurs de comparaison.

Tableau 4-2 : Les opérateurs de comparaison	
Opérateur	**Résultat**
$a == $b	Vrai si $a est égal à $b
$a === $b	Vrai si $a est égal à $b et si ces deux variables sont de même type
$a != $b	Vrai si $a est différent de $b
$a !== $b	Vrai si $a est différent de $b (en type ou en valeur)
$a > $b	Vrai si $a est supérieur à $b
$a < $b	Vrai si $a est inférieur à $b
$a >= $b	Vrai si $a est supérieur ou égal à $b
$a <= $b	Vrai si $a est inférieur ou égal à $b

Ces opérateurs renvoient une valeur booléenne, false ou true, suivant que la comparaison s'est bien déroulée ou non. Le test est en fait réalisé sur cette valeur de retour.

if ($a > $b) est équivalent à if (($a > $b) == true).

> ASTUCE
>
> **if ($i)**
>
> L'expression if ($i) est identique à if ($i != NULL). Cette version condensée est très souvent utilisée en informatique.

Dans cet exemple, une seule action est réalisée, celle associée au if ou celle associée au else. Si plusieurs actions doivent être réalisées, elles sont groupées entre accolades ({ et }) pour former un groupe d'instructions.

Modifiez votre script afin qu'il affiche deux lignes.

```
<?php

$i = 4;

if ($i > 5)
{
  print("nous sommes dans le IF … ");
```

```
  print("i est plus grand que 5");
}
else
{
print("nous sommes dans le ELSE … ");
  print("i est plus petit que 5");
}
?>
```

> ATTENTION
>
> **Les accolades { et }**
>
> Alors qu'elles sont facultatives quand il n'y a qu'une instruction, elles deviennent obligatoires dès qu'il y en a au moins deux.

Les tests peuvent se faire aussi bien sur des numériques…

```
if ($prix == 3.5)
```

… que sur des chaînes de caractères.

```
if ($prenom == "paul")
```

Attention, cependant, quand vous utilisez les opérateurs de supériorité et d'infériorité sur des chaînes de caractères ! Ainsi, le test if ($code > "9AEXB3") ne porte pas sur les longueurs respectives des deux chaînes. Il s'agit plutôt de comparer une à une les valeurs ASCII des caractères composant les deux chaînes en question. Chaque caractère possède en informatique un code ASCII. Celui du caractère 'a' est par exemple 97 et celui de '9' est 57 (vous pouvez utiliser la fonction ord() pour trouver la valeur ASCII d'un caractère : ord("A") retourne 98). Dans cette mesure, "abc" est supérieur à "9AEXB3" (car ord('a') est supérieur à ord('9')) et "def" est supérieur à "dc" (car ord('e') est supérieur à ord('c')).

Pour l'instant, les tests étudiés sont simples car vous ne testez qu'une seule valeur. Examinez le test suivant :

SI la personne a plus de 18 ans ALORS écrire "homme majeur" SI elle est de sexe masculin

Pour le transcrire en PHP, vous écrirez dans l'état de vos connaissances actuelles :

```
<?php

$age = 22;
$sexe = "masculin";

if ($age > 18)
```

```
{
  if ($sexe == "masculin")
print("homme majeur");
}

?>
```

La façon logique d'exprimer ce test est :

SI la personne a plus de 18 ans ET qu'elle soit de sexe masculin ALORS écrire "homme majeur"

Il s'agit là d'une double condition. L'opérateur && peut être utilisé pour signifier l'opérateur ET.

```
<?php

$age = 22;
$sexe = "masculin";

if (($age > 18) && ($sexe == "masculin"))
  print("homme majeur");

// affiche bien "homme majeur" car : (22 > 18) ET (masculin ==
✂ masculin)

?>
```

&& est un opérateur logique. Il en existe d'autres qui vont vous permettre de réaliser des tests plus ardus.

Tableau 4-3 : Opérateurs logiques

Opérateur	Résultat
$a and $b	Vrai si $a ET $b sont vrais
$a && $b	Vrai si $a ET $b sont vrais (identique à and)
$a or $b	Vrai si $a OU $b sont vrais
$a || $b	Vrai si $a OU $b sont vrais (identique à or)
$a xor $b	Vrai si $a OU $b sont vrais, mais pas les deux
! $a	Vrai si $a est faux

BIBLIOTHÈQUE UNIVERSITAIRE NICE SCIENCES

À partir de ces opérateurs logiques, il est possible d'écrire le test suivant :

SI la variable $a OU la variable $b est supérieure à 4, ET que la variable $c ne soit pas inférieure ou égale à 2 ALORS écrire OK

En PHP, cela devient :

```
if ((($a > 4) or ($b > 4)) and !($c <= 2)) print("OK");
```

Il est souvent possible de simplifier une expression : !($c <= 2) équivaut à ($c > 2). En effet, dire que $c n'est pas inférieur ou égal à 2 est une façon complexe de dire que $c est supérieur à 2.

Généralement, il est préférable, au début, de transcrire terme à terme une condition plutôt que d'essayer de la simplifier à outrance.

Un bon réflexe consiste à utiliser des parenthèses afin de regrouper les conditions interdépendantes. Les priorités, comme pour les opérateurs mathématiques, peuvent faire des ravages. Examinez le test suivant :

```
($b > 3) || ($c > 3) && ($c < 10)
```

Il ne signifie pas :

$b OU $c supérieurs à 3 ET $c inférieur à 10

… mais :

$b supérieur à 3 OU $c compris entre 3 ET 10

Dans cette mesure, il est préférable d'écrire ceci :

```
($b > 3) || (($c > 3) && ($c < 10))
```

RENVOI

Les annexes contiennent un tableau présentant l'ordre de priorité des différents opérateurs.

if… elseif… else

Examinez maintenant cet autre test :

si la couleur est rouge, jaune ou bleue, écrire "primaire"

si la couleur est noire, écrire "noire"

si la couleur est blanche, écrire "blanche"

sinon écrire "mélange"

En PHP, l'équivalent pourrait être :

```
if (($couleur=="rouge") || ($couleur=="jaune") || ($couleur=="bleue"))
  print("primaire");

if ($couleur == "noire") print("noire");

if ($couleur == "blanche") print("blanche");
else print("mélange");

}
```

Mais ce code est erroné car, si vous supposez que la couleur est rouge, deux messages vont s'afficher : "primaire" et "mélange".

Vous êtes donc obligé d'emboîter les if… else.

```
if (($couleur=="rouge") || ($couleur=="jaune") || ($couleur=="bleue"))
  print("primaire");
else
{
if ($couleur == "noire") print("noire");
  else
if ($couleur == "blanche") print("blanche");
    else print("mélange");
}
```

Il s'agit en fait d'un SI… SINON SI… SINON SI… SINON. PHP propose, pour ce genre de cas, la syntaxe suivante : if… elseif… elseif… else.

```
<?php

if (($couleur=="rouge") || ($couleur=="jaune") || ($couleur=="bleue"))
  print("primaire");
elseif ($couleur == "noire")
print("noire");
elseif ($couleur == "blanche")
print("blanche");
else
print("mélange");

?>
```

switch... case

Voyons comment écrire le test suivant :

si la couleur est rouge, écrire "R"

si la couleur est bleue, écrire "B"

si la couleur est jaune, écrire "J"

sinon écrire "?"

Dans ce cas, il est maladroit d'utiliser un if... elseif.... Imaginez, en effet, que la couleur soit jaune : il faudrait alors tester si la couleur est rouge, puis tester si la couleur est bleue et enfin tester si la couleur est jaune. Dans ce type de cas, où l'action à réaliser ne dépend que de la valeur d'une variable, il est préférable d'utiliser un switch.

```
switch ($couleur)
{
  case "rouge":
    print("R");
    break;
  case "bleue":
    print("B");
    break;
  case "jaune":
    print("J");
    break;
  default:
    print("?");
    break;
}
```

Il peut y avoir autant de case que nécessaire, mais il ne peut y avoir qu'un seul default (il n'est cependant pas obligatoire).

Un case peut contenir plusieurs instructions ; il faut alors les placer entre un case et un break.

```
switch ($couleur)
{
  case "rouge":
    print("couleur : ");
    print("R");
    break;
  case "bleue":
etc.
```

Les boucles

Un des principaux avantages de l'informatique, en général, est d'automatiser des tâches fastidieuses. Imaginez que vous vouliez écrire tous les entiers inférieurs à 5.

Il serait inélégant d'écrire :

```
print("0<br/>");
print("1<br/>");
print("2<br/>");
print("3<br/>");
print("4<br/>");
```


L'informatique a créé, pour ce genre de besoin, la notion de boucle.

while

while est la boucle qui permet d'écrire ceci :

TANT QUE test vrai FAIRE action

Dans le cadre de l'exemple, le test va être réalisé sur une variable ($i < 5) et l'action va consister à l'afficher et à l'incrémenter.

```
$i = 0;
while ($i < 5)
{
  print("$i<br/>");
  $i++;
}
print("<br/>fin de la boucle");
```

Que se passe-t-il au niveau de l'interpréteur PHP ?

1. La variable $i prend la valeur 0.
2. On entre dans la boucle.
3. Est-ce que $i < 5 ? Oui : le bloc d'expressions du while est alors exécuté.
4. Affichage de $i (0) et la valeur de $i augmente de 1.
5. On remonte alors au niveau du test du while.
6. Est-ce que $i < 5 ? Oui ($i vaut 1), alors on exécute le bloc.
7. Affichage de $i (1) et incrémentation de $i.
8. On continue ainsi jusqu'au moment où $i vaut 5.

9. On remonte alors au niveau du test, $i n'est plus strictement inférieur à 5.
10. On sort alors de la boucle et l'on passe à l'instruction suivant le bloc du while, c'est-à-dire l'affichage de "fin de la boucle".

> ATTENTION
>
> **Le danger du while**
>
> Faites attention, quand vous travaillez avec un while, à ne pas créer une boucle infinie. Cela aurait été le cas si vous aviez oublié la ligne $i++. En effet, la variable aurait gardé la valeur 0 et la boucle while aurait affiché "0" indéfiniment.

Comme pour les conditions, le test peut être complexe.

```
$i = 1;
while (($n != 121) && ($i < 100))
{
  $n = $i * $i;
  print("i = $i , n= $n<br/>");
  $i++;
}
```

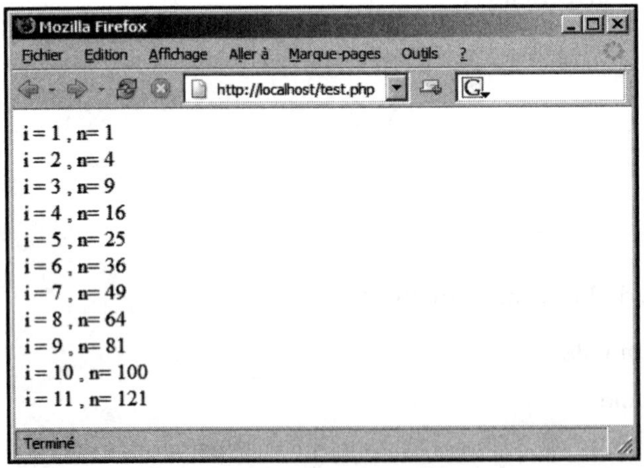

Figure 4-15 : *Boucle while*

Dans cet exemple, la condition d'arrêt de la boucle est double : la variable $n doit être différente de 121 et la variable $i doit être inférieure à 100.

do... while

do… while est une variante de while. Il ne s'agit plus d'un tant que… faire, mais d'un faire… tant que. Dans ce cas, le code de la boucle est donc au moins exécuté une fois.

```
$i = 6;
do
{
  print($i);
}
while ($i < 5);
```

Bien que $i contienne la valeur 6 et que le test soit $i < 5, le code est bien exécuté une fois.

for

La syntaxe de la boucle for est la suivante :

```
for (expression 1; expression 2; expression 3)
```

- expression 1 est l'instruction initiale exécutée avant la première itération.
- expression 2 est le test réalisé au début pour chaque itération.
- expression 3 est l'instruction exécutée à la fin de chaque itération.

Ainsi, l'équivalent de cette boucle while :

```
$i = 0;
while ($i <= 10)
{
  print("$i <br/>");
  $i++;
}
```

… est la boucle for suivante :

```
for ($i = 0; $i <= 10; $i++)
{
  print("$i <br/>");
}
```

Voyons maintenant comment afficher les nombres pairs inférieurs à 50.

```
for ($i = 0; $i <= 50; $i = $i + 2)
{
  print("$i <br/>");
}
```

La boucle for condense les principaux éléments d'une boucle sur une seule et même ligne.

Toutes les parties de la boucle for peuvent être vides. Ainsi, les deux boucles suivantes sont équivalentes :

Listing 4-23 : Version 1

```
for ($i = 0; $i <= 10; $i++)
{
  print("$i <br/>");
}
```

Listing 4-24 : Version 2

```
$i = 0;
for (;$i <= 10;)
{
  print("$i <br/>");
  $i++;
}
```

L'intérêt de cette notation alambiquée est cependant assez mince.

break et continue

Il est parfois nécessaire de terminer une boucle en plein milieu de son exécution. L'instruction break est alors utilisée.

La boucle suivante permet d'arrêter l'exécution du for dès que la variable d'incrémentation passe à la valeur 7.

Listing 4-25 : Le break permet de sortir de la boucle

```
for ($i=0;$i<=10;$i++) {
  if ($i==7) {
    print("<i>i contient 7, nous sortons de la boucle.</i>");
    print("<br/><br/>");
    break;
  }
  print("$i<br/>");
}
print("<b>fin de la boucle.</b>");
```

Figure 4-16 : *Sortie en plein milieu de la boucle*

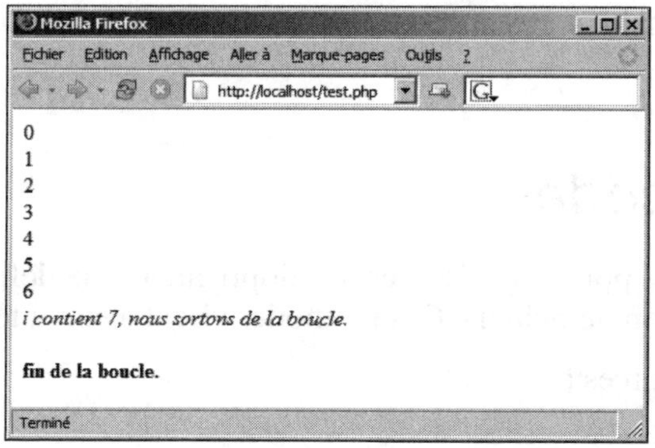

Le cousin de break est continue. continue permet de forcer le passage à l'itération suivante à n'importe quel niveau d'une boucle.

L'instruction continue permet, dans l'exemple suivant, de sauter l'affichage de la valeur 7 :

Listing 4-26 : Nous sautons le traitement de la valeur 7

```
for ($i=0;$i<=10;$i++) {
  if ($i==7) {
    print("<i>i contient 7, passage à l'itération suivante.</i>");
    print("<br/>");
    continue;
  }
  print("$i<br/>");
}
print("<br/><b>fin de la boucle.</b>");
```

Figure 4-17 : *Instruction continue*

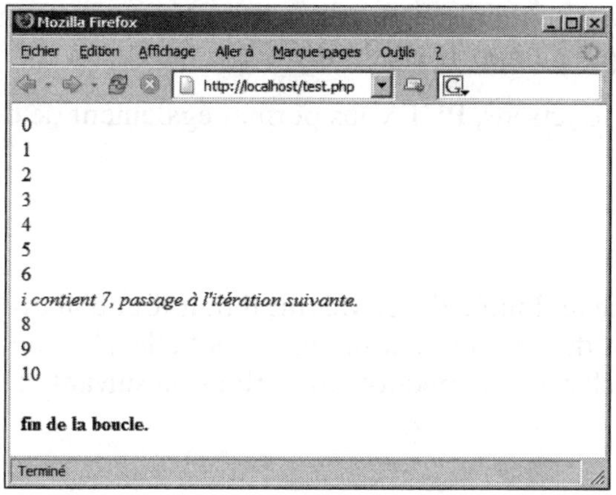

Ces deux instructions peuvent aussi bien être utilisées dans le cadre d'un for, d'un while ou d'un switch.

4.7 L'organisation du code

PHP propose différentes méthodes pour organiser les développements : la définition de fonctions utilisateur et l'inclusion de fichiers. Ces méthodes visent avant à tout à :

- améliorer la lisibilité des sources ;
- éviter la duplication de code.

Les fonctions

PHP permet de faire appel à des fonctions. Les exemples précédents ont illustré l'utilisation de la fonction print(), dont le rôle est d'afficher les données qui lui sont transmises.

La plupart des fonctions reçoivent des paramètres et retournent une valeur qui en dépend : on parle d'"arguments d'une fonction". La fonction print() prend par exemple un paramètre : une chaîne de caractères ou un chiffre. Sa signature est print($str).

La fonction de puissance prend, quant à elle, deux arguments, à savoir le nombre et la puissance à laquelle il doit être élevé : pow($n,$p).

```
$resultat = pow(2,4);
// $resultat contient 16
// qui correspond bien à 2 exposant 4
```

Ces deux fonctions, comme plusieurs centaines d'autres, sont incluses par défaut dans PHP. Vous pouvez y faire appel n'importe où dans votre code.

En plus de cette "bibliothèque" de fonctions, PHP vous permet également de définir vos propres fonctions.

Définir une fonction

Pour créer une fonction qui renvoie le double d'une valeur, il faut tout d'abord lui donner un nom, double(), et décider du nombre d'arguments dont elle a besoin : a priori, un seul. La syntaxe pour déclarer une fonction en PHP est la suivante :

```
function double($n)
{
  $resultat = $n * 2;
```

```
  return $resultat;
}
```

Nommer l'argument $n n'est pas du tout obligatoire. Vous auriez pu écrire la fonction ainsi :

```
function double($nimportequoi)
{
  $resultat = $nimportequoi * 2;
  return $resultat;
}
```


Il est cependant souvent intéressant de donner un nom d'argument en rapport avec le type de l'argument. Ainsi, si la fonction nécessite comme paramètre un booléen, il peut être judicieux de choisir $bool ; et s'il s'agit d'une chaîne de caractères, $str ou $ch peuvent être de bons choix.

Dans la majorité des cas, votre fonction retournera une valeur. En ce sens, utilisez l'instruction return.

```
return $resultat;
```

REMARQUE

L'instruction return

L'instruction return met fin à la fonction en renvoyant la donnée qui lui est passée en paramètre. Une fonction contenant des conditions peut donc avoir différentes instructions return.

Une fois votre fonction déclarée dans votre script PHP, vous pouvez l'appeler de n'importe où et autant de fois que nécessaire.

```
function double($n)
{
  $resultat = $n * 2;
  return $resultat;
}

$a = 2;
$b = double($a);
print("le double de $a est $b");
// affiche : "le double de 2 est 4"
```

Écrivez votre propre version de la fonction de calcul de puissance : pow(). Vous ne pouvez pas l'appeler pow() car il est interdit d'utiliser le nom d'une fonction existant déjà. Nommez-la puissance.

```
function puissance($n,$p)
{
  $resultat = $n;
  $i = 1;
  while ($i < $p)
  {
    $resultat *= $n;
    $i++;
  }
  return $resultat;
}

print(puissance(2,4)); // affiche comme prévu 16
```

Étudions maintenant un exemple dans lequel les fonctions rendent un vrai service. Le script suivant permet à un comptable de calculer le bonus de deux commerciaux selon une formule assez complexe :

```
si le CA est supérieur à 300 :

  bonus = (CA + 100) / 8.4

sinon

  bonus = (CA + 80) / 7.6
```

```
$ca_marcel = 350;
$ca_julien = 150;

if ($ca_marcel > 300)
  $bonus_marcel = ($ca_marcel + 100) / 8.4;
else
  $bonus_marcel = ($ca_marcel + 80) / 7.6;

print("Bonus de Marcel : ".$bonus_marcel."<br/>");

if ($ca_julien > 300)
  $bonus_julien = ($ca_julien + 100) / 8.4;
else
  $bonus_julien = ($ca_julien + 80) / 7.6;

print("Bonus de Julien : ".$bonus_julien."<br/>");
```

Passons à l'examen de ce code.

Vous avez écrit deux fois le même extrait de code :

```
if ($ca > 300)
  $bonus = ($ca + 100) / 8.4;
else
  $bonus = ($ca + 80) / 7.6;
```

C'est regrettable ! Tout d'abord, parce que saisir du code fait perdre du temps, d'autant plus s'il s'agit d'écrire plusieurs fois la même chose. Imaginez ensuite que vous vouliez modifier le taux 8.4 en 8.3. Il vous faudra non seulement le faire à différents endroits, mais, en plus, il conviendra de n'oublier aucune mise à jour. C'est précisément pour éviter ces difficultés qu'il est bon de créer la fonction calc_bonus(), qui calcule le bonus d'un commercial en fonction de son CA.

```
function calc_bonus($prenom,$ca)
{
  if ($ca > 300)
    $bonus = ($ca + 100) / 8.4;
  else
    $bonus = ($ca + 80) / 7.6;
  print("Bonus de ".$prenom." : ".$bonus."<br/>");
  return $bonus;
}
```

Le code devient donc :

```
function calc_bonus($prenom,$ca)
{
  if ($ca > 300)
    $bonus = ($ca + 100) / 8.4;
  else
    $bonus = ($ca + 80) / 7.6;
  print("Bonus de ".$prenom." : ".$bonus."<br/>");
  return $bonus;
}

calc_bonus("marcel",350);
calc_bonus("julien",150);
```

Cette modification permet aussi de rendre plus clair et plus lisible le code, ce qui n'est pas négligeable.

REMARQUE

Commentaires

Les commentaires sont autorisés au sein même de la définition d'une fonction.

Valeurs par défaut

Nous avons vu que la syntaxe pour déclarer une fonction est la suivante :

```
function nom_fonction($param1,$parma2)
{
  bloc_de_code;
}
```

Il est possible de donner des valeurs par défaut aux paramètres de la fonction en la déclarant ainsi :

```
function nom_fonction($param1 = "valeur_par_défaut")
{
  bloc_de_code;
}
```

Écrivez une fonction affiche_retour() et appelez-la de deux façons différentes.

```
<?php

function affiche_retour($url = "/")
{
  echo "<a href=$url>retour</a><br/>";
}

// version 1 : nous utilisons le paramètre par défaut
echo "merci de votre visite<br/>";
affiche_retour();

//version 2 : nous passons la valeur du paramètre
echo "merci de votre visite<br/>";
affiche_retour("/");

?>
```

Attention, si la fonction possède plusieurs paramètres, seul le dernier pourra prendre une valeur par défaut !

```
<?php

function affiche_retour($url,$nomlien = "retour")
{
  echo "<a href=$url>retour</a><br/>";
}

//version 2 : valeur par défaut pour le deuxième paramètre
echo "merci de votre visite<br/>";
```

```
affiche_retour("/");

//version 2 : nous passons les valeurs des 2 paramètres
echo "merci de votre visite<br/>";
affiche_retour("/","back");

?>
```

Récursivité

La factorielle de la valeur 5 se calcule ainsi :

facto(5) = 5 * 4 * 3 * 2 * 1

Une définition possible de facto(n) est la suivante :

facto(n) = n * n−1 * n−2 * ... * 3 * 2 * 1

Il est aussi possible de donner une définition récursive de la fonction factorielle :

facto(n) = n * facto(n−1)

avec facto(1) = 1

En effet, prenez n = 5 et développez :

facto(5) = 5 * facto(4)

facto(4) = 4 * facto(3)

facto(3) = 3 * facto(2)

facto(2) = 2 * facto(1)

facto(1) = 1 (d’après la définition)

Si vous remontez maintenant avec tous vos résultats intermédiaires, vous obtenez :

facto(2) = 2 * 1

facto(3) = 3 * 2 * 1

facto(4) = 4 * 3 * 2 * 1

facto(5) = 5 * 4 * 3 * 2 * 1

Vous parvenez donc bien au résultat escompté. Cette technique de programmation, où une fonction se rappelle elle-même, s'appelle la "récursivité". Il est possible en PHP d'utiliser cette technique.

Écrivez la fonction factorielle tout d'abord classiquement :

```
function facto($n)
{
  for ($resultat = 1; $n > 1; $n--)
  {
    $resultat *= $n;
  }
  return $resultat;
}

print(facto(5));
```

REMARQUE

Boucle for

L'indice $n diminue au sein de la boucle : $n−−.

Écrivez maintenant la version récursive en vous inspirant de la formule récursive vue précédemment.

```
function facto($n)
{
  if ($n == 1) return 1;
  else return $n * facto($n-1);
}

print(facto(5));
```

Dans le cadre d'un appel à facto(5), la fonction va se rappeler elle-même jusqu'à facto(1), et retourner alors la valeur 1. À partir de là, elle va faire le chemin inverse et remonter avec les valeurs intermédiaires.

Modifiez le programme afin qu'il affiche les étapes intermédiaires.

```
<?php

function facto($n)
{
  print "facto de $n<br/>";
  if ($n == 1)
  {
```

```
    print "<br/>facto 1 = 1<br/><br/>";
    return 1;
  }
  else
  {
    $r = $n * facto($n-1);
    print "> $r<br/>";
    return $r;
  }
}

$n = 5;

print("<hr>factorielle de $n = " . facto($n));

?>
```

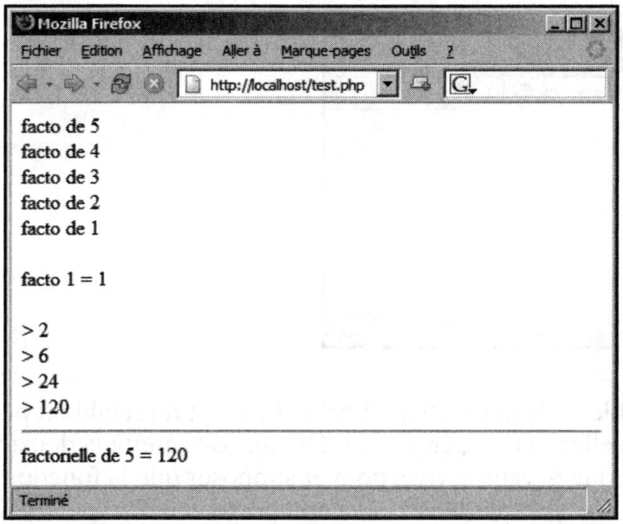

Figure 4-18 : *Factorielle*

RENVOI

Le parcours d'un répertoire de façon récursive est proposé dans le chapitre 21 Les fonctions PHP, dans la section concernant opendir().

Cette technique est loin d'être indispensable en programmation. Tout code récursif peut être exprimé de manière itérative avec de simples boucles for. Néanmoins, dans certains cas, une version récursive peut se révéler beaucoup plus simple à coder.

Variables globales

Observez l'exemple suivant :

```
function aff()
{
  $i = $i + 1;
  print($i);
}

for ($i = 1; $i <= 5; $i++)
{
  print("[$i] ");
  aff();
  print("<br/>");
}
```

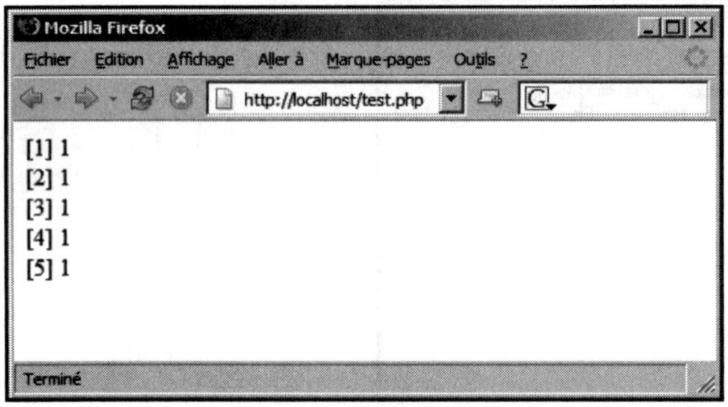

Figure 4-19 : *Fonction aff()*

Dans cet exemple, la variable $i de la fonction et celle du script ne semblent pas être reliées entre elles, alors qu'elles ont le même nom. Quand vous êtes à la deuxième itération de la boucle for et que $i vaut 2, vous pouvez supposer que la fonction aff() affiche 3 ($i + 1) et non 1. Ce n'est pas le cas et ce comportement est tout à fait normal. Les variables incluses dans une fonction sont locales par rapport à ladite fonction et n'ont rien à voir avec les éventuelles variables de même nom présentes dans le corps du script. Il est cependant possible, depuis une fonction, d'avoir accès aux variables du script en déclarant dans la fonction les variables dont vous avez besoin en tant que globales.

```
global $var1, $var2, …;
```

Modifiez la fonction aff() pour qu'elle utilise la variable $i contenue dans le script.

```
<?php

function aff()
```

```
{
  global $i;
  $i = $i + 1;
  print($i);
}

for ($i = 1; $i <= 5; $i++)
{
  print("[$i] ");
  aff();
  print("<br/>");
}

?>
```

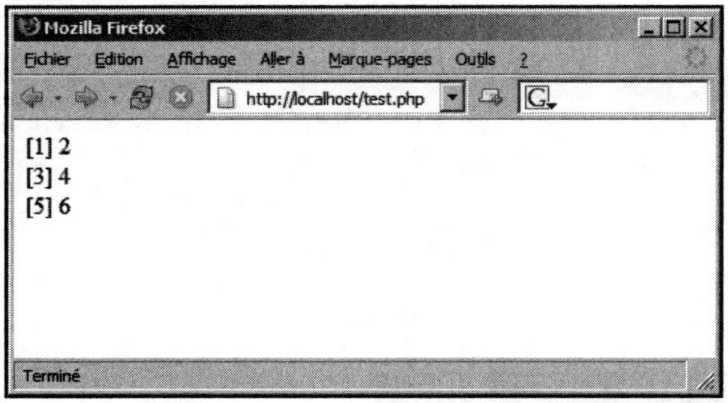

Figure 4-20 : *Exemple de fonction utilisant une variable globale*

Le résultat change. Déroulez les deux premières itérations du script étape par étape…

Première itération :

1. Entrée dans la boucle for : $i est initialisé à 1.
2. Affichage de $i : 1.
3. Appel de la fonction aff().
4. Récupération de la variable $i du script, qui vaut 1.
5. Incrémentation de 1, $i vaut maintenant 2.
6. Affichage de $i : 2.

Deuxième itération :

1. Incrémentation de la valeur de $i, qui vaut maintenant 3.
2. Affichage de $i : 3.

3. Appel de la fonction aff().
4. Récupération de $i : 3.
5. $i passe à 4.
6. Affichage de $i : 4, etc.

Voyez maintenant la modification suivante :

```
<?php

function aff($i)
{
  $i = $i + 1;
  print($i);
}

for ($i = 1; $i <= 5; $i++)
{
  print("[$i] ");
  aff($i);
  print("<br/>");
}

?>
```

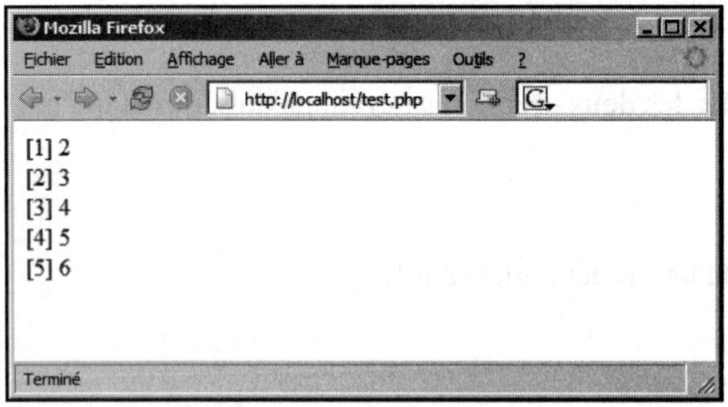

Figure 4-21 : *Résultat*

Dans ce cas, aff() utilise bien la valeur de la variable $i du script, mais ne modifie pas sa valeur au sein du script. Rien de plus logique car aff() reçoit en paramètre la valeur de $i, qu'elle stocke dans une variable locale : $i. Il ne s'agit en aucun cas d'une variable globale. Retenez que les paramètres des fonctions sont des variables locales de la fonction comme les autres.

Inclusion de fichier

Un script PHP peut à tout moment faire appel à d'autres scripts par l'intermédiaire de la fonction include(). Variables et fonctions sont partagées par l'ensemble des scripts inclus. Cette technique est extrêmement intéressante lorsqu'il s'agit de charger un fichier de configuration ou de construire une interface graphique en y incluant par exemple systématiquement un en-tête et un pied de page. La modification d'un de ces fichiers inclus est tout de suite répercutée dans l'ensemble du site.

include() prend en argument le chemin du script à inclure, qui peut être transmis de façon relative ou absolue.

Un chemin absolu correspond au chemin depuis la racine du serveur. Pour inclure le script *entete.php* présent dans le répertoire *www/interface* de Wamp, utilisez le chemin absolu "c:/wamp/www/interface/entete.php".

Un chemin relatif correspond, quant à lui, au chemin depuis l'emplacement du script appelé :

- include("entete.php") inclut un script présent dans le même répertoire que le script appelé.
- include("interface/entete.php") inclut un script présent dans le répertoire *interface*, qui est lui-même présent dans le répertoire contenant le script appelé.
- include("../entete.php") permet d'appeler un script situé dans le répertoire parent de celui contenant le script appelé.

ATTENTION

Inclusion d'inclusion

Si un fichier inclus inclut lui-même un autre fichier, le répertoire de référence pour les chemins reste celui du script appelé.

Le chemin relatif est généralement préférable car non dépendant de l'environnement de développement. Une application développée en relatif sous Windows peut tout à fait fonctionner dans un environnement Linux.

L'exemple suivant met en œuvre la fonction include() pour construire une structure de page composée d'un en-tête, d'un contenu et d'un pied de page. Le titre du site est contenu dans un fichier de configuration.

Listing 4-27 : entete.php

```
<html>

<title>
<?php
print($titre);
?>
</title>

<body>

<h1>
<?php
print($titre);
?>
</h1>

<hr/>
```

Listing 4-28 : piedpage.php

```
<hr/>
<center>
<i>contact - copyright - à propos de
<?php
print($titre);
?>
</i>
</center>

</body>

</html>
```

Listing 4-29 : config.php

```
<?php
$titre = "Cool Site";
?>
```

Listing 4-30 : test.php

```
<?php

include("interface/config.php");

include("interface/entete.php");
print("Bienvenue");
include("interface/piedpage.php");

?>
```

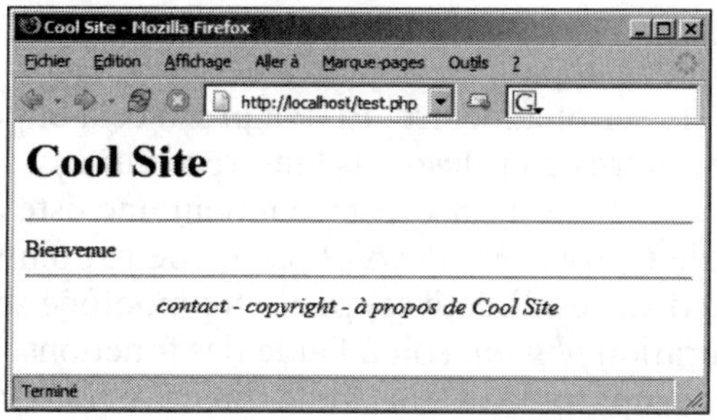

Figure 4-22 : *Modèle de page avec en-tête et pied de page*

La fonction include() peut également retournée une valeur si le code inclus utilise la fonction return(). Cette façon d'opérer est très utile pour savoir si l'exécution du code inclus s'est bien déroulée.

Listing 4-31 : Vérification de la valeur retounée par la fonction include()

```
if (include("script.php")==false) {
  die("Erreur");
}
```

REMARQUE

Extension du script inclus

PHP interprète tous les scripts inclus quelle que soit leur extension. Il est ainsi courrant d'utiliser l'extension *.inc* ou *.inc.php* pour nommer les fichiers inclus et les distinguer des scripts accessibles "directement".

PHP propose trois autres fonctions très proches de include() :

Tableau 4-4 : Fonctions "cousines" de include()

Nom de la fonction	Utilisation
include_once()	Le fichier n'est inclus que s'il ne l'a pas été auparavant.
require()	Cette fonction arrête le script si elle n'est pas parvenue à inclure le fichier passé en argument. La fonction include() se contente, quant à elle, d'afficher un avertissement et poursuit l'exécution du script.
require_once()	Le fichier n'est inclus que s'il ne l'a pas été auparavant. Cette fonction arrête le script en cas d'erreur lors de l'inclusion.

Avec l'expérience, vous constaterez que les fichiers inclus sont souvent regroupés dans une même arborescence. Il peut donc apparaître superflu de spécifier systématiquement le chemin complet du script à inclure. PHP a prévu cela et permet de spécifier un certain nombre de répertoires dans lesquels l'interpréteur essayera de trouver les fichiers à inclure. Cette directive, include_path, contient une liste de répertoires séparés par un point-virgule (;) sous Windows et par un deux-points (:) sous Linux/Unix. include_path (comme d'autres directives) peut être modifiée soit directement dans le fichier de configuration *php.ini*, soit à l'aide des fonctions ini_get() et ini_set(), qui permettent de récupérer la valeur d'une directive pour la première et de la modifier pour la seconde. L'exemple précédent peut ainsi être modifié de la façon suivante :

Listing 4-32 : Modification de la directive include_path afin de simplifier les inclusions

```
<?php

$tmp = ini_get("include_path").";interface";
ini_set("include_path",$tmp);

include("config.php");

include("entete.php");
print("Bienvenue");
include("piedpage.php");

?>
```

> REMARQUE
>
> **Inclusion de fichiers distants**
>
> La fonction include() autorise l'inclusion de fichiers distants. L'instruction include("http://www.google.com") est par conséquent tout à fait valide. Toutefois, vérifiez que la directive de configuration allow_url_fopen est bien à On.

4.8 En bref

- PHP est un langage procédural.
- Les noms de variable sont précédés d'un $.
- Un point-virgule doit être présent à la fin de chaque instruction.
- Un groupe d'instructions PHP doit être entouré des balises <?php et ?>.

- PHP n'impose pas le typage de variables en début de programme. Les types sont toutefois présents. Parmi les plus importants figurent les numériques et les chaînes de caractères.
- Les structures de contrôle permettent de restreindre l'exécution d'instructions à certains cas spécifiques.
- Les boucles permettent l'exécution répétitive de certaines instructions.
- Les fonctions permettent d'isoler des groupes d'instructions qui auraient été dupliqués dans le code. En plus des fonctions internes de PHP, le développeur peut créer ses propres fonctions.
- Les fonctions peuvent avoir accès aux variables du programme à l'aide du mot-clé global.
- Comme les fonctions, les fichiers inclus permettent de mieux organiser le code.

CHAPITRE

5

Les tableaux

CHAPITRE

5

Les tableaux

Les variables étudiées jusqu'à présent permettent de ne stocker qu'une seule valeur, qu'il s'agisse d'une chaîne de caractères, d'un numérique ou d'un booléen.

PHP propose également un type spécial de données donnant la possibilité à une variable de contenir une liste d'éléments. Ces variables sont appelées "tableaux" et sont associées au type array). Les tableaux peuvent être assimilés à des classeurs disposant d'un nombre variable d'emplacements pour stocker de l'information. On parle, pour qualifier ces emplacements, de cellules d'un tableau.

Ce chapitre va vous familiariser avec ce type de variable en présentant les opérations de création et de manipulation de tableaux. Nous étudierons également les différents opérateurs ainsi qu'un certain nombre de fonctions propres aux tableaux.

5.1 Présentation

Deux méthodes permettent de créer et d'initialiser un tableau.

La première consiste à utiliser la fonction array() en lui passant directement en argument la liste des éléments du tableau. La création d'un tableau $couleur contenant les éléments "rouge", "vert", "bleu" utilise la syntaxe suivante :

Listing 5-1 : Création d'un tableau $couleur

```
$couleur = array("rouge", "vert", "bleu");
```

L'autre méthode consiste à utiliser la fonction array() sans argument, afin de déclarer la variable en tant que tableau, puis à lui ajouter des éléments. L'ajout d'une cellule utilise la syntaxe $couleur[].

Listing 5-2 : Création du tableau $couleur en lui ajoutant 3 cellules

```
$couleur[] = "rouge";
$couleur[] = "vert";
$couleur[] = "bleu";
```

Les deux méthodes peuvent être cumulées. Dans l'exemple suivant, le tableau $couleur est créé avec deux cellules initiales puis complété avec trois nouvelles cellules :

Listing 5-3 : $couleur contient cinq cellules

```
$couleur = array("rouge","vert");
$couleur[] = "bleu";
$couleur[] = "jaune";
$couleur[] = "orange";
```

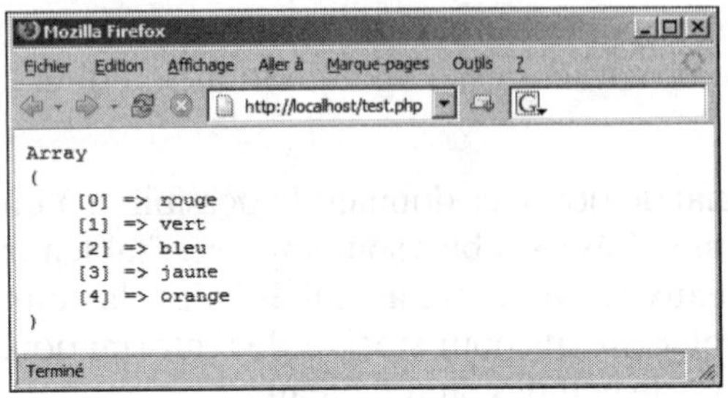

Figure 5-1 : *Tableau contenant cinq cellules*

Maintenant que vous êtes en mesure de créer des tableaux, l'étape suivante consiste à faire référence à leurs cellules. Nous allons pour cela présenter les deux grandes familles de tableaux : scalaires et associatifs.

Les tableaux scalaires

Dans le cadre d'un tableau scalaire, chaque élément est accessible par son numéro unique d'enregistrement, aussi appelé "index" ou "indice".

Par convention, le premier élément d'un tableau a pour index 0. $couleur[0] correspond donc à la première valeur du tableau, ici à "rouge".

Listing 5-4 : Accéder à un élément d'un tableau

```
$couleur = array("rouge", "vert", "bleu");
print("deuxième élément du tableau : $couleur[1]");
// affiche : "deuxième élément du tableau : vert"
```

Pour modifier un élément, il suffit de lui affecter une nouvelle valeur.

Listing 5-5 : Modifier une valeur d'un tableau

```
$couleur = array("rouge", "vert", "bleu");

// modification du premier élément du tableau couleur :
// il ne contiendra plus "rouge" mais "jaune"
$couleur[0] = "jaune";
```

L'association d'une valeur à une cellule dont l'indice n'existe pas permet de créer cette valeur.

```
$couleur = array("rouge", "vert", "bleu");

// ajoute la couleur orange au tableau couleur qui contenait 3
valeurs
$couleur[3] = "orange";
print("$couleur[3]") ; // affiche le quatrième élément du tableau
: orange
```

REMARQUE

Ordre des indices

PHP n'impose pas de suivre un ordre rigoureux dans le choix des indices du tableau. L'exemple suivant est valide :

```
$couleur = array();
$couleur[0] = "bleu";
$couleur[2] = "jaune";
$couleur[4] = "orange";
```

Il vous revient de trouver une logique à tout cela !

Les tableaux associatifs

Dans le cadre d'un tableau associatif, chaque cellule est identifiée, non plus par un indice numérique, mais par une clé de type chaîne de caractères. Cette clé, par nature, doit être unique afin qu'il soit possible de sélectionner chaque élément du tableau.

La création d'un tableau associatif utilise la syntaxe suivante :

```
array (clé1 => valeur1, clé2 => valeur2)
```

La création d'un tableau $personne dont les caractéristiques sont le nom, le prénom et l'âge peut être réalisée de la manière suivante :

```
$personne = array("nom"=>"Dupont","prenom"=>"Paul","age"=>23);
```

La syntaxe $personne["nom"] permet, quant à elle, d'accéder à la valeur de la cellule identifiée par la clé nom.

L'affectation d'une valeur à une cellule se fait comme dans les tableaux scalaires. Il suffit de remplacer l'indice par la clé : $personne["age"] = 34.

Si la clé n'existe pas, une nouvelle cellule est automatiquement créée.

Listing 5-6 : Le tableau contient désormais quatre cellules

```
$tab = array("nom"=>"Dupont","prenom"=>"Paul","age"=>23);
$tab["ville"] = "Paris";
```

ATTENTION

Majuscules et minuscules dans les clés

Les clés sont sensibles à la casse. Ainsi $personne['nom'] et $personne['Nom'] feront référence à deux cellules distinctes.

Les tableaux multidimensionnels

Les différents tableaux présentés précédemment sont à une dimension. Un index seul (ou une clé seule) donne la possibilité d'accéder à n'importe quel élément du tableau.

PHP permet également de créer des tableaux multidimensionnels. Un tableau de dimension 2, par exemple, peut être envisagé comme un échiquier. Deux informations sont nécessaires pour accéder à une case donnée : l'abscisse et l'ordonnée.

Pour accéder à l'élément d'abscisse 3 et d'ordonnée 5 du tableau $echiquier, utilisez la syntaxe suivante : $echiquier[3][5].

Des tableaux scalaro-numériques (à la fois scalaires et numériques) peuvent également être créés. Illustrons cela à l'aide d'un exemple.

Listing 5-7 : Création d'un tableau à 2 dimensions

```
$tab = array(
  0 => array("prenom"=>"pe",  "nom"=>"wood","age"=>12),
  1 => array("prenom"=>"fc",  "nom"=>"bosque","age"=>11)
  );
```

Ce tableau contient deux individus, chacun disposant d'un prénom, d'un nom et d'un âge.

Il est important ici de comprendre que chaque élément du tableau est lui-même composé d'un autre tableau. Le schéma suivant permet de mieux visualiser la structure interne de $tab :

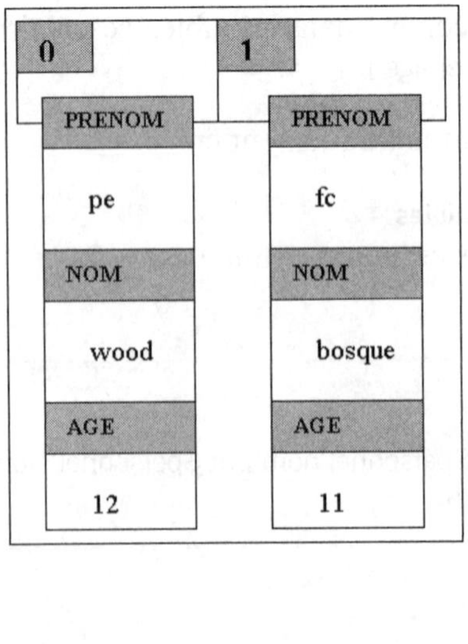

Figure 5-2 : *Tableau multidimensionnel*

Pour intégrer dans $tab un nouvel individu, ajoutez une cellule, qui est elle-même un tableau.

Listing 5-8 : Ajout d'une cellule à $tab

```
$tab[] = array("prenom"=>"jp", "nom"=>"siob", "age"=>13);
```

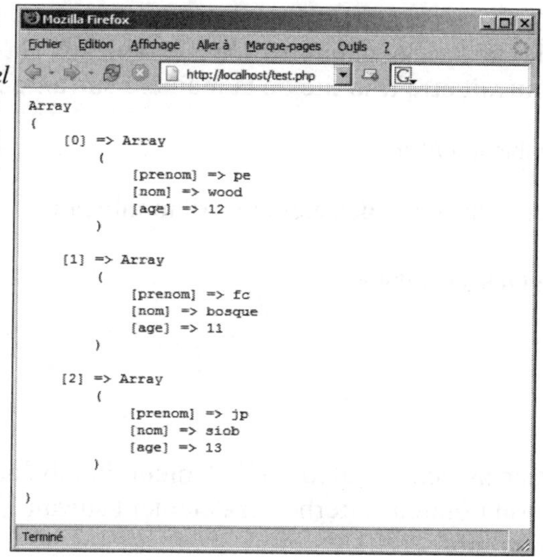

Figure 5-3 : *État du tableau multidimensionnel après l'ajout d'un nouvel individu*

Pour accéder au prénom de l'élève 3, écrivez $eleve[2]["nom"]. N'oubliez pas en effet que le premier élément a pour index 0.

ATTENTION

Affichage complexe

Faire référence à une cellule d'un tableau scalaire au sein d'une chaîne de caractères est autorisé.

```
print("premier élément : $tab[0]");
```

Il en va tout autrement pour les tableaux scalaires et les tableaux multidimensionnels, qui imposent une syntaxe dite "complexe". Deux accolades viennent alors entourer la référence à la cellule.

```
print("élément nom : {$tab['nom']}");
print("élément nom : {$tab[2]["nom"]}");
```

La solution consistant à utiliser l'opérateur de concaténation est bien évidemment toujours autorisée.

```
print("élément nom : " . $tab[2]['nom']);
```

5.2 Parcours d'un tableau

Diverses méthodes permettent de parcourir l'ensemble des valeurs d'un tableau.

La boucle foreach

PHP propose une variante des boucles for spécialement dédiée aux tableaux : la boucle foreach. Une boucle foreach pourrait être traduite de la manière suivante :

POUR chaque élément contenu dans le tableau FAIRE

La syntaxe suivante permet d'afficher l'ensemble des éléments d'un tableau :

Listing 5-9 : Affichage des éléments d'un tableau scalaire

```
$tab = array ("a", "b", "c", "d");
foreach ($tab as $val) {
  print("$val<br/>");
}
```

À chaque itération de la boucle, foreach associe la valeur de l'élément du tableau en cours à la variable $val puis déplace son pointeur interne sur l'élément suivant. Le nom de la variable est bien évidemment libre.

S'il s'agit d'un tableau associatif, la syntaxe est légèrement différente afin de permettre la récupération de la valeur associée à une clé.

Listing 5-10 : Affichage des éléments d'un tableau associatif

```
$tab = array ("prenom"=>"paul", "nom"=>"dupont");
foreach ($tab as $cle => $valeur) {
  print("$cle = $valeur<br/>");
}
```

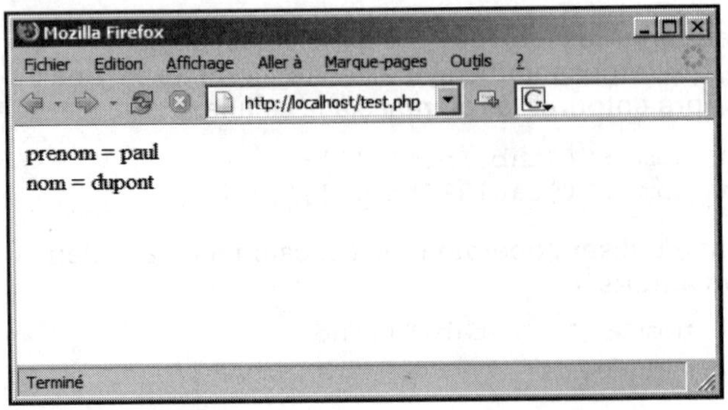

Figure 5-4 : *Boucle foreach*

REMARQUE

Écriture clé/valeur pour un tableau scalaire

L'écriture foreach ($tab as $cle => $valeur) est également possible pour les tableaux scalaires. La variable $cle contiendra alors l'indice (numérique) de l'élément.

L'utilisation d'une boucle while pour traverser un tableau est assez courante (surtout parmi les développeurs pratiquant le langage C). L'idée est ici de parcourir le tableau tant qu'il contient un élément.

Listing 5-11 : Parcours d'un tableau à l'aide d'une boucle while

```
$tab = array ("a", "b", "c", "d");
$i = 0;
while ($tab[$i]) {
  print($tab[$i]."<br/>");
  $i++;
}
```

Cette méthode trouve cependant sa limite avec un tableau $tab qui contient les valeurs suivantes : "a", "b", false, "c".

La boucle while s'arrête en effet à la troisième cellule lorsque $tab[$i] contient la valeur false. Une boucle foreach en revanche affiche bien les quatre éléments.

REMARQUE

break et continue

Les instructions break et continue peuvent également être utilisées dans le cadre d'un foreach.

Utilisation du pointeur interne

En plus des éléments qu'il contient, un tableau dispose également d'un pointeur interne sur l'élément courant. Le pointeur est placé par défaut sur le premier élément du tableau et peut être déplacé à l'aide d'une multitude de fonctions.

Tableau 5-1 : Fonctions permettant de manipuler le pointeur interne d'un tableau	
Fonction	**Rôle**
reset()	Place le pointeur au début du tableau et retourne la valeur du premier élément.
next()	Déplace le pointeur sur l'élément suivant et retourne sa valeur.
prev()	Déplace le pointeur sur l'élément précédent et retourne sa valeur.
key()	Retourne la clé de l'élément courant.
each()	Retourne un tableau contenant la paire clé/valeur de l'élément courant.
current()	Retourne la valeur de l'élément courant.
end()	Place le pointeur sur le dernier élément de la liste et retourne sa valeur.

Listing 5-12 : Déplacement du pointeur interne d'un tableau

```
$tab = array("rouge","vert","bleu","jaune");
echo end($tab)."<br/>";
echo prev($tab)."<br/>";
echo key($tab)."<br/>";
echo reset($tab)."<br/>";
echo current($tab)."<br/>";
print_r(each($tab))."<br/>";
```

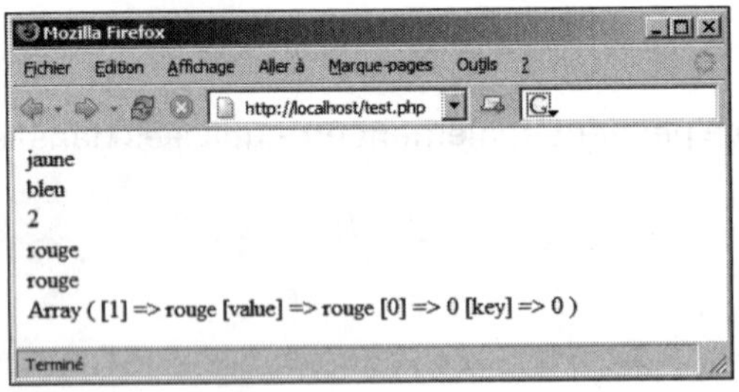

Figure 5.5 : *XXXXXX*

ATTENTION

Fonction end()

Cette fonction peut retourner la valeur null si le pointeur interne est déjà au bout du tableau ou si le dernier élément contient lui-même la valeur null. La boucle foreach reste donc le meilleur moyen de parcourir un tableau de façon sûre.

5.3 Les fonctions

Plus de soixante-dix fonctions consacrées aux tableaux sont mises à la disposition du programmeur PHP. Ces fonctions, aussi souples que puissantes, sont sans conteste une des grandes forces de ce langage.

RENVOI

Une liste plus complète de fonctions de manipulation de tableaux est proposée à la fin de cet ouvrage.

Suppression d'une cellule

La fonction unset() utilisée pour supprimer une variable sert également à supprimer des cellules d'un tableau.

Listing 5-13 : Suppression de la deuxième cellule du tableau

```
$tab = array("a","b","c");
unset($tab[1]);
```

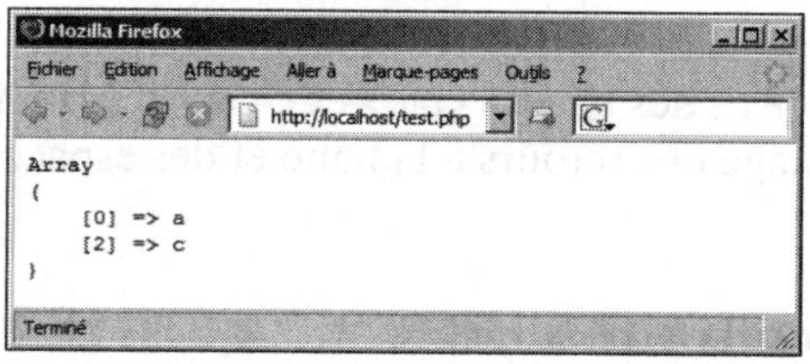

Figure 5-6 : *État du tableau après la suppression*

La logique est exactement la même pour des tableaux multidimensionnels.

Listing 5-14 : Suppression du prénom associé à Monsieur Wood

```
$tab = array(
  0 => array("prenom"=>"pe", "nom"=>"wood","age"=>12),
  1 => array("prenom"=>"fc", "nom"=>"bosque","age"=>11)
  );
unset($tab[0]['prenom']);
```

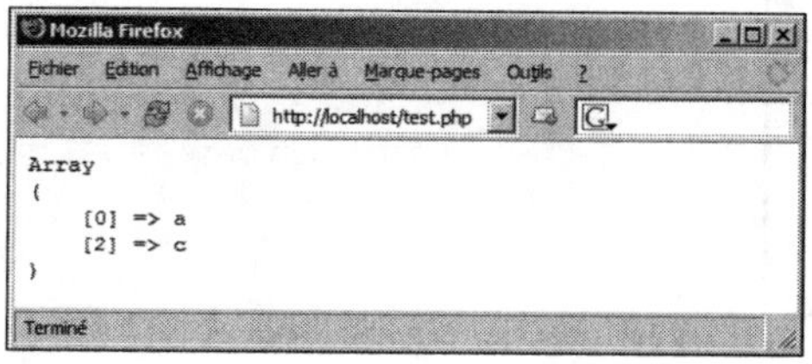

Figure 5-7 : *Seul le prénom du premier individu a été supprimé*

Affichage d'un tableau

La fonction print_r() permet d'afficher un tableau d'une manière lisible. Créons un tableau complexe afin de visualiser l'intérêt de cette fonction.

Listing 5-15 : Affichage d'un tableau complexe

```
$tab = array(
  0 => array("a","b",array("d","e","f")),
  1 => "i",
  2 => array("j","k"=>array("l"=>array("m","o"),"p"))
  );
print_r($tab);
```

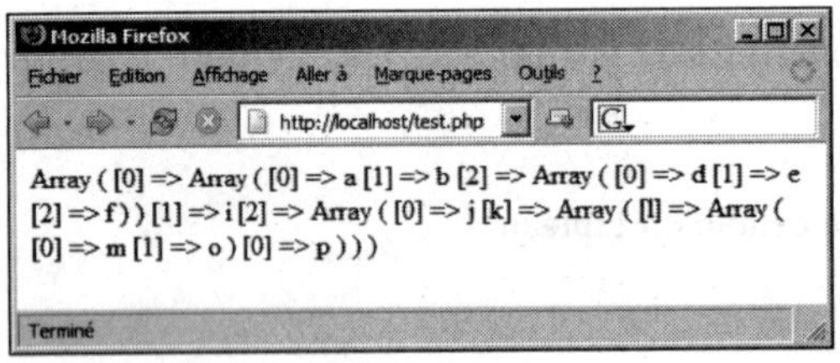

Figure 5-8 : *Utilisation de print_r() pour afficher le contenu de $tab*

Cet affichage révèle le contenu du tableau sans faciliter réellement sa lecture. L'erreur est ici de ne pas entourer le print_r() des balises <pre> et </pre>. Ces balises permettent en effet de conserver l'affichage des retours à la ligne et des espaces au sein d'un contenu HTML.

Listing 5-16 : Balises <pre> et </pre> autour de la fonction print_r()

```
$tab = array(
  0 => array("a","b",array("d","e","f")),
  1 => "i",
  2 => array("j","k"=>array("l"=>array("m","o"),"p"))
  );

print("<pre>");
print_r($tab);
print("</pre>");
```

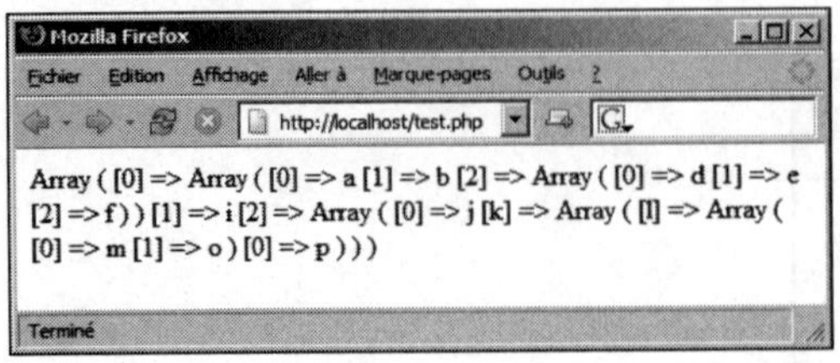

Figure 5-9 : *Amélioration de l'affichage du print_r() à l'aide des balises <pre> et </pre>*

Détermination de la taille d'un tableau

La taille d'un tableau peut être obtenue avec la fonction count(). Cette taille correspond au nombre d'éléments qu'un tableau contient, qu'il soit scalaire ou associatif.

```
$tab = array();
$n = count($tab);
print($n); // affiche : 0

$tab = array(1,2);
$n = count($tab);
print($n); // affiche : 2

$tab = array("a"=>"b");
$n = count($tab);
print($n); // affiche : 1

$tab = array("a"=>array(1,2,3),"b"=>array(4,5,6));
$n = count($tab);
print($n); // affiche : 2
```

La fonction count() peut également retourner la taille d'un tableau multidimensionnel si la valeur 1 est passée en second paramètre.

```
$tab = array("a"=>"b");
$n = count($tab,1);
print($n); // affiche : 1

$tab = array("a"=>array(1,2,3),"b"=>array(4,5,6));
$n = count($tab,1);
print($n); // affiche : 8
```

Le dernier exemple affiche 8 car il s'agit d'un tableau contenant deux cellules, qui elles-mêmes contiennent chacune trois cellules : 2 + 3 + 3 = 8.

REMARQUE

Fonction sizeof()

Vous pouvez également utiliser la fonction sizeof() pour obtenir la taille d'un tableau. Cette fonction correspond à un alias de la fonction count() qui est, de ce fait, recommandée.

Conversion chaînes/tableaux

Une liste d'éléments est régulièrement représentée en informatique par une chaîne de caractères contenant lesdits éléments séparés par une virgule, un point-virgule, une tabulation ou tout autre caractère de séparation.

Listing 5-17 : Variable contenant une liste de prénoms

```
$liste = "patrick,pascal,veronique,benedicte,gonzague,olivier";
```

Ce type de représentation est extrêmement pratique pour stocker une liste dans un fichier de configuration ou lors d'une transmission de données, mais se révèle peu manipulable au sein d'un script PHP. Dans une telle situation, la représentation en tableau est largement préférable. La fonction explode() permet de convertir une liste sous forme de chaîne de caractères en un tableau. Le premier argument de la fonction correspond au caractère de séparation et le second à la chaîne elle-même. L'élément de séparation est souvent un caractère unique, mais peut également être une chaîne de caractères telle que ",,", "##", etc.

Listing 5-18 : Conversion d'une chaîne en un tableau

```
$liste = "patrick,pascal,veronique,benedicte,gonzague,olivier";
print($liste);

$tab = explode(",",$liste);
print("<pre>");
print_r($tab);
print("</pre>");
```

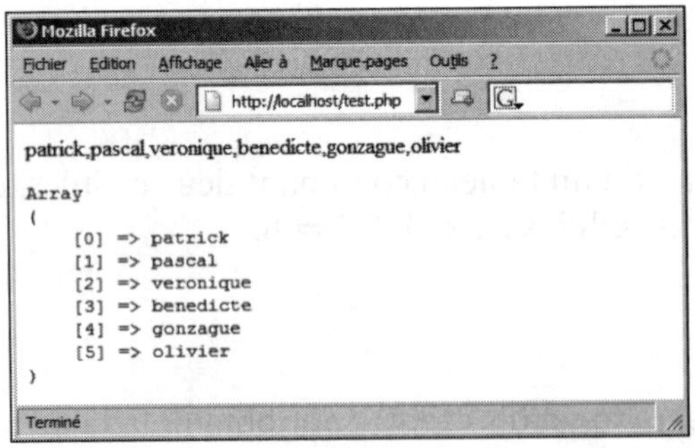

Figure 5-10 : *Représentation d'une liste sous la forme d'une chaîne puis d'un tableau*

L'opération inverse, consistant à passer d'un tableau à une chaîne, est réalisée par la fonction implode(), dont les deux arguments sont le caractère d'union et le tableau.

Listing 5-19 : Conversion d'un tableau en chaîne de caractères

```
$tab = array("patrick","pascal","veronique","benedicte",
✂ "gonzague","olivier");
print("<pre>");
print_r($tab);
print("</pre>");

$liste = implode(";;",$tab);
print($liste);
```

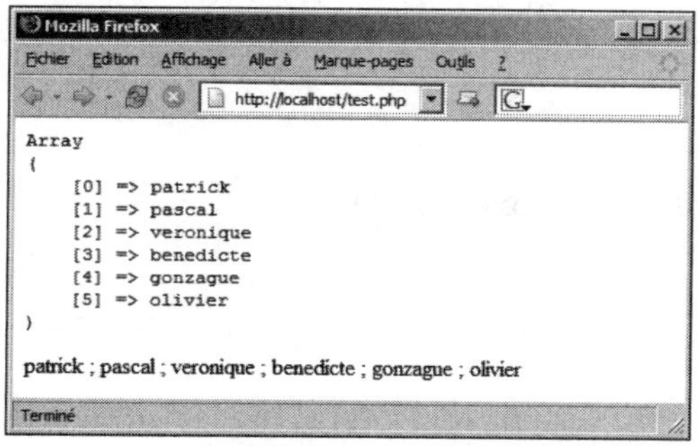

Figure 5-11 : *Deux caractères sont ici utilisés pour unir les éléments du tableau au sein de la chaîne*

Adjonction et suppression d'éléments

Certaines fonctions permettent d'ajouter ou d'enlever des éléments en début ou en fin de tableau.

Tableau 5-2 : Fonctions permettant d'ajouter et d'enlever des éléments d'un tableau

Nom de la fonction	Rôle
array_shift()	Retourne le premier élément du tableau et le supprime.
array_pop()	Retourne le dernier élément du tableau et le supprime.
array_unshift()	Ajoute un ou plusieurs éléments au début du tableau.
array_push()	Ajoute un ou plusieurs éléments à la fin du tableau.

Illustrons ces différentes fonctions à l'aide d'un exemple.

Listing 5-20 : Évolution du contenu d'un tableau

```
$tab = array("rouge","jaune","vert");

print("<pre>");
print("<b>Tableau initial :</b><br/>");
```

```
print_r($tab);

$elem = array_shift($tab);
print("<br/><b>Après array_shift() :</b><br/>");
print_r($tab);

$elem = array_pop($tab);
print("<br/><b>Après array_pop() :</b><br/>");
print_r($tab);

array_unshift($tab,"orange");
print("<br/><b>Après array_unshift() :</b><br/>");
print_r($tab);

array_push($tab,"marron","gris");
print("<br/><b>Après array_push() :</b><br/>");
print_r($tab);
print("</pre>");
```

Figure 5-12 : *Affichage du contenu du tableau à chaque étape*

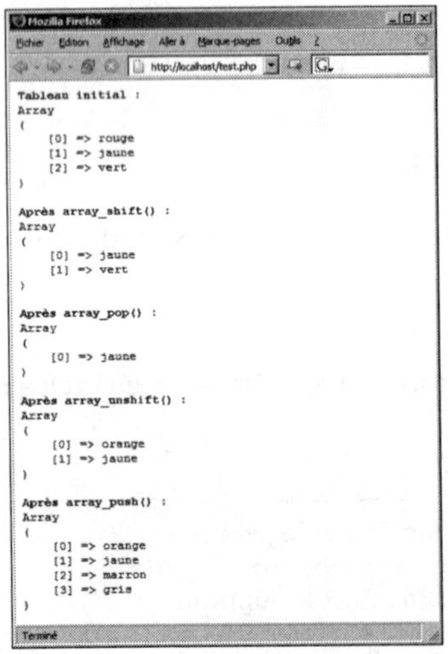

Tri

Les fonctions de tri sont nombreuses et permettent de satisfaire la quasi-totalité des besoins en la matière.

sort()

Cette fonction permet de trier un tableau en fonction de ses valeurs.

```
$tab = array("vert","bleu","jaune");
sort($tab);
```

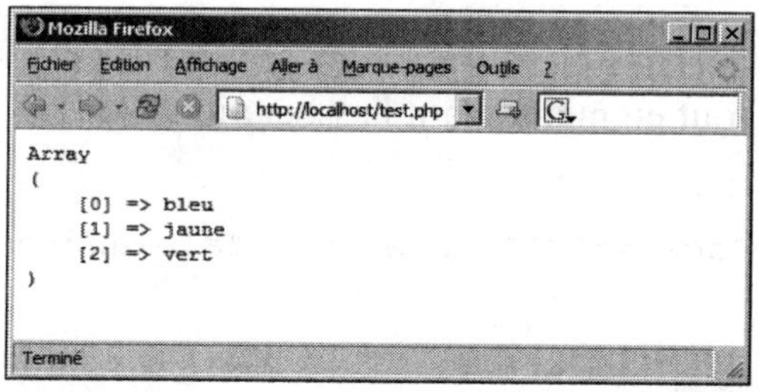

Figure 5-13 : *Tri du tableau $tab*

Si le tableau est associatif, les clés sont alors supprimées.

```
$tab = array("nom"=>"dupont","age"=>"21","prenom"=>"alexandre");
sort($tab);
```


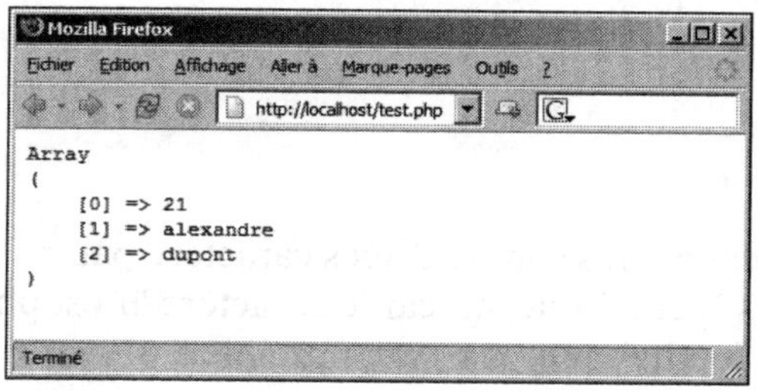

Figure 5-14 : *e tableau est trié mais les clés ont disparu*

asort()

Cette fonction permet de conserver l'association clé/valeur à l'issue du tri. Le tri porte sur les valeurs du tableau.

```
$tab = array("nom"=>"dupont","age"=>"21","prenom"=>"alexandre");
asort($tab);
```

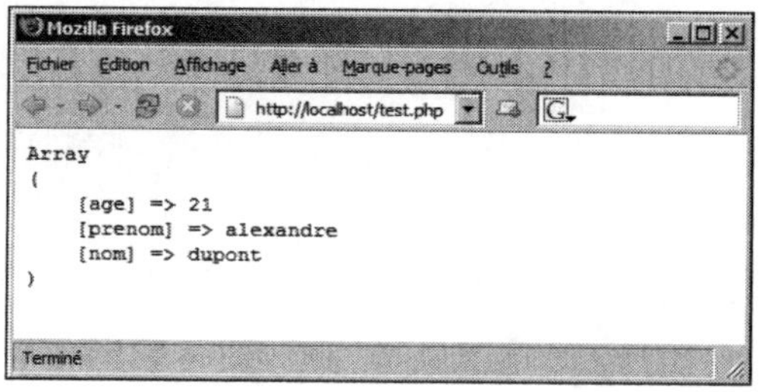

Figure 5-15 : *Les clés restent associées à leur valeur*

ksort()

Le tri s'effectue cette fois sur les clés tout en maintenant l'association avec les valeurs.

```
$tab = array("nom"=>"dupont","age"=>"21","prenom"=>"alexandre");
ksort($tab);
```

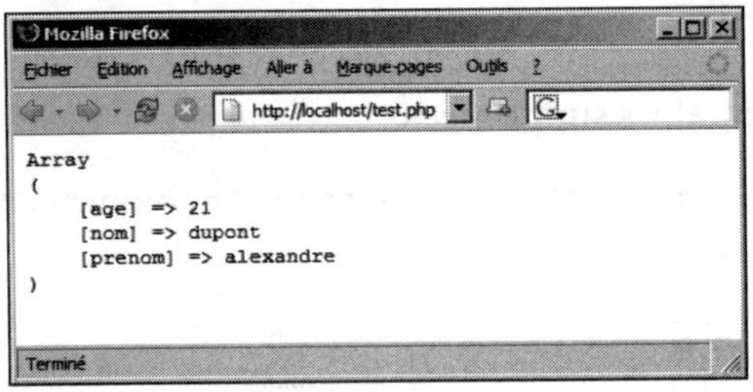

Figure 5-16 : *Tri sur les clés*

natsort()

Les comparaisons sur les chaînes de caractères sont réalisées caractère par caractère. Ainsi, la chaîne "ab" est plus "petite" que "ac" car le caractère 'b' est plus petit que 'c'. Par ailleurs, "ab" est plus "petite" que "aaa" car la première chaîne ne dispose pas de troisième caractère.

Ce mode de classement peut poser problème pour des valeurs contenant des chiffres. Par exemple, la chaîne "fichier10.jpg" est inférieure à "fichier2.jpg". La fonction natsort() est prévue pour ce type de situation et réalise un tri dit "naturel".

```
$tab1 = $tab2 = array("fichier100.jpg","fichier2.jpg",
                      "fichier21.jpg","fichier1.jpg");

sort($tab1);
print("<b>SORT</b><hr/>");
print("<pre>");
print_r($tab1);
print("</pre>");

natsort($tab2);
print("<br/><b>NATSORT</b><hr/>");
print("<pre>");
print_r($tab2);
print("</pre>");
```

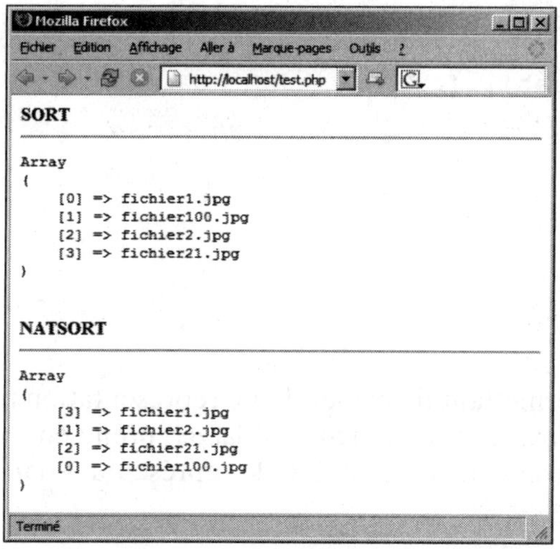

Figure 5-17 : *Différence entre tri standard et un tri naturel*

Tri en ordre inverse

La plupart des fonctions présentées précédemment disposent d'une fonction "cousine" permettant de réaliser un tri en ordre inverse. Ces fonctions contiennent un caractère r supplémentaire dans leur nom : arsort(), krsort(), rsort().

Vérification de la présence d'une valeur dans un tableau

La fonction in_array() permet de vérifier qu'une valeur donnée est bien présente au sein d'un tableau. Le premier argument de la fonction correspond à la valeur recherchée et le second au tableau dans lequel est réalisée la recherche.

Listing 5-21 : Vérification de la présence d'une valeur dans un tableau

```
$tab = array("thomas","henry");

if (in_array("thomas",$tab)) {
  print("Le prénom Thomas a été trouvé");
}
else {
  print("Le prénom Thomas n'a pas été trouvé");
}
```

Une fonction existe également pour vérifier la présence d'une clé au sein d'un tableau associatif : array_key_exists().

```
$tab = array("prenom"=>"thomas","nom"=>"henry");

if (array_key_exists("nom",$tab)) {
  print("Le nom est défini");
}
else {
  print("Le nom n'est pas défini");
}
```

Sérialisation

La sérialisation est une opération permettant de passer d'une représentation binaire d'une donnée à une représentation textuelle. La fonction serialize() prend en argument un tableau et retourne une chaîne de caractères le représentant dans sa version sérialisée.

Listing 5-22 : Exemple d'utilisation de serialize()

```
$tableau = array("couleur"=>array("rouge","jaune"),
                  1=>2);

print("<b>Affichage avec print_r()</b> :<br/>");
print("<pre>");
print_r($tableau);
print("</pre>");

print("<hr/>");

$tableau_s = serialize($tableau);
print("<b>Version sérialisée</b> :<br/><br/>".$tableau_s);
```

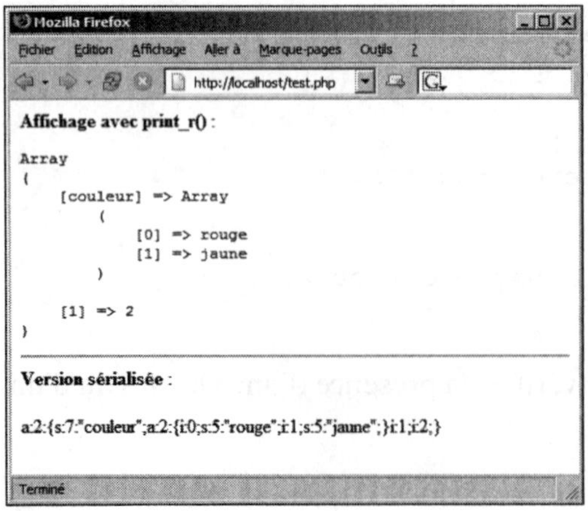

Figure 5-18 : *Deux représentations du tableau $tableau*

L'objectif, ici, n'est certainement pas d'analyser la syntaxe de la version sérialisée mais plutôt de comprendre que cette représentation peut tout à fait être placée au sein d'un fichier texte ou d'une base de données. Au lieu de passer par une présentation textuelle "bancale" de type CSV pour enregistrer le contenu d'un tableau, la représentation sérialisée a le triple avantage d'être normée, optimisée et de disposer d'une fonction de conversion inverse : `unserialize()`.

L'exemple suivant illustre l'opération de "désérialisation". La donnée contenue dans la variable `$str` peut provenir du contenu d'un fichier ou d'une requête SQL sur une base de données.

Listing 5-23 : Illustration de la fonction unserialize()

```
$str = 'a:2:{i:0;s:1:"a";i:1;s:1:"b";}';

$tableau = unserialize($str);

print("<pre>");
print_r($tableau);
print("</pre>");
```

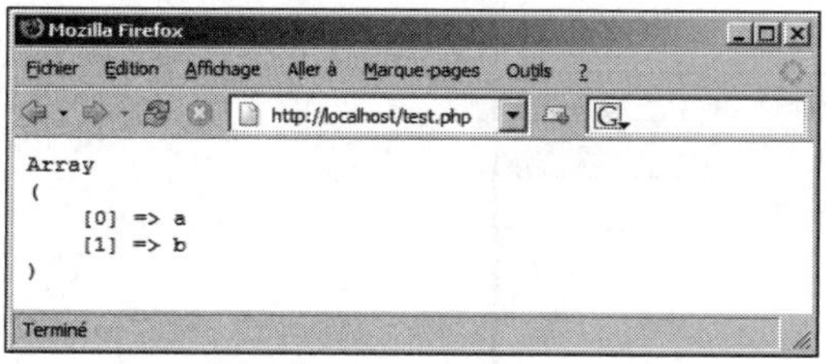

Figure 5-19 : *Opération de désérialisation*

5.4 Les opérateurs sur les tableaux

Bien que puissants, les opérateurs sur les tableaux sont assez peu connus.

Tableau 5-3 : Opérateurs sur les tableaux

Opérateur	Résultat
`$a + $b`	Union de `$a` et de `$b`.
`$a == $b`	Renvoie `true` si `$a` et `$b` sont composés des mêmes paires clé/valeur ; les tableaux sont alors dits "égaux".
`$a === $b`	Comme `==`, avec des vérifications en plus sur l'ordre et le type des données ; les tableaux sont alors dits "identiques".

Tableau 5-3 : Opérateurs sur les tableaux	
Opérateur	**Résultat**
$a != $b	Renvoie true si $a et $b ne sont pas égaux.
$a <> $b	Renvoie true si $a et $b ne sont pas égaux.
$a !== $b	Renvoie true si $a et $b ne sont pas identiques.

Illustrons l'utilisation de ces opérateurs par quelques exemples. Commençons par l'opérateur d'union.

L'opérateur d'union a cela de spécial que les clés éventuellement présentes dans $a et $b ne sont pas récrites.

```
$a = array("couleur1"=>"rouge","couleur2"=>"vert");
$b = array("couleur1"=>"jaune","noir","vert");
print_r($a+$b);
```

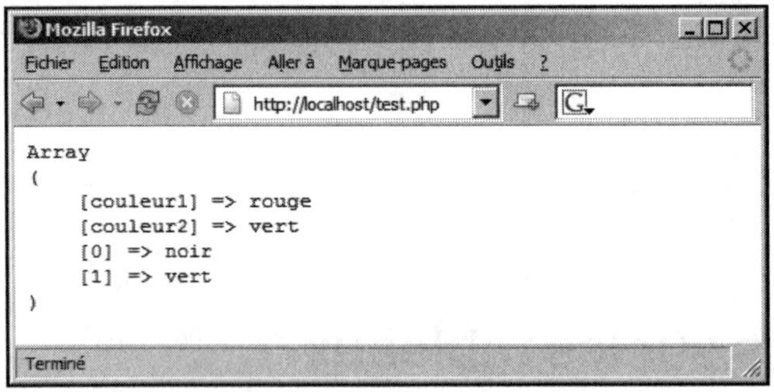

Figure 5-20 : *Union de $a et $b*

Arrêtons-nous maintenant sur les opérateurs de comparaison afin de mieux comprendre les différences entre identiques et égaux.

Tableau 5-4 : Différents tests de comparaison de tableaux			
Tableau 1	**Tableau 2**	**Égaux ?**	**Identiques ?**
array(1,2)	array(1,2,3)	Non	Non
array(1,2)	array('1','2')	Oui	Non
array(1,2)	array(0=>1,1=>1)	Oui	Oui

Tableau 5-4 : Différents tests de comparaison de tableaux			
Tableau 1	**Tableau 2**	**Égaux ?**	**Identiques ?**
array(1,2)	array(3=>1,4=>1)	Non	Non
array(1,2)	array(2,1)	Non	Non

5.5 En bref

- Le type associé aux tableaux est array.
- Les tableaux scalaires et associatifs correspondent aux deux grandes familles de tableaux.
- PHP est l'un des langages les plus souples en matière de gestion des tableaux : il ne demande pas de préciser un nombre de cellules à la création d'un tableau et chaque cellule peut contenir des données de types différents.

CHAPITRE

6

Les objets

CHAPITRE

6

Les objets

Les exemples étudiés jusqu'à maintenant étaient développés de façon procédurale. Fonctions et variables étaient mélangées au sein de vos sources, sans réelle cohérence ni logique.

La programmation orientée objet (POO) propose un nouveau paradigme en vous permettant de manipuler des entités disposant chacune de leurs propres informations et traitements. L'applicatif final consiste ensuite à faire fonctionner ces différents objets de façon collaborative et intelligente.

Cette façon d'opérer facilite à la fois :

- la modélisation ;
- la maintenance ;
- la relecture ;
- l'évolutivité.

Longtemps décriée, la dimension objet de PHP a gagné ses lettres de noblesse avec l'arrivée de la version 5 du langage. Cette évolution devenait indispensable dans une industrie informatique où tout applicatif d'envergure se doit d'être écrit en objet.

Parmi les évolutions majeures, la version 5 a apporté :

- une distinction claire entre la copie et la duplication d'objets ;
- la gestion des interfaces ;
- l'opérateur instanceof ;
- le mot-clé final ;
- les constantes de classe ;
- les méthodes abstraites ;
- les méthodes et les attributs statiques ;
- les constructeurs et destructeurs ;
- la syntaxe $monObjet->bonjour()->monde() ;
- les exceptions ;
- les itérateurs ;
- la possibilité de définir une fonction __autoload() ;
- l'apparition de différents niveaux de visibilité : public, protected, private.

Plus généralement, les concepteurs du langage tendent à rendre la plateforme PHP réellement objet en fournissant la plupart des nouvelles extensions sous forme de classes (exemple : PDO, XML, SOAP, etc.).

Cette "objectisation" correspond précisément au défi majeur que PHP devra relever dans les années à venir :

- devenir un véritable langage objet où tout élément est lui-même objet (types de données, I/O, etc.) afin d'attirer les développeurs chevronnés et les acteurs majeurs de l'industrie informatique (chasse gardée actuelle de Java et C#) ;
- ne pas perdre cette facilité d'accès inégalable qui lui a permis de devenir le premier langage de programmation web mondial.

6.1 Classes et objets

Deux notions sont fondamentales en POO : les classes et les objets.

Classes

Une classe peut être assimilée à un moule qui permet de créer des objets. Cette opération de création est appelée instanciation.

Déclaration d'une classe

Le mot-clé class est utilisé pour définir une classe :

Listing 6-1 : Définition de la classe Rectangle

```
class Rectangle {

}
```

Cette classe doit maintenant être complétée de fonctions et de données qui lui sont propres. En POO, les fonctions sont appelées méthodes et les données attributs. La classe Rectangle peut disposer par exemple :

- des méthodes surface()et perimetre() ;
- des attributs longueur, largeur et couleur.

Les méthodes surface() et perimetre() ont la possibilité d'accéder aux attributs de la classe par l'intermédiaire de la variable $this qui peut être assimilée à une référence à l'objet lui-même :

Listing 6-2 : Déclaration de la classe Rectangle

```
<?php

class Rectangle {
```

```
    public $longueur = null;
    public $largeur = null;
    public $couleur = "rouge";

    function perimetre() {
      if ($this->longueur!=null &&
          $this->largeur!=null) {
        return (2*$this->longueur+2*$this->largeur);
      }
    }

    function surface() {
      if ($this->longueur!=null &&
          $this->largeur!=null) {
        return ($this->longueur*$this->largeur);
      }
    }

  }
```


ATTENTION

Nom des méthodes

Il est vivement déconseillé de faire commencer le nom des méthodes par deux caractères _. PHP utilise en effet cette norme pour nommer ses méthodes "magiques".

Initialisation des attributs

Un attribut ne peut être initialisé qu'avec une valeur constante. Par conséquent, les initialisations suivantes ne sont pas valides :

Listing 6-3 : Initiation interdites

```
public $date = date();
public $id = "Paul"."Dupont";
```

La fonction array() peut cependant être utilisée si tous les éléments du tableau correspondent à des données statiques :

Listing 6-4 : Initialisation autorisée

```
public $tab = array("abc",123);
```

Objets

L'instanciation d'un objet utilise le mot-clé new. Un objet $rectangle peut être créé avec la syntaxe suivante :

Listing 6-5 : Instanciation d'un objet

```
$rect = new Rectangle();
```

Une fois l'objet créé, vous pouvez accéder à ses attributs et ses méthodes avec le séparateur -> :

Listing 6-6 : Récupération de la valeur d'un attribut et utilisation d'une méthode

```
$rect = new Rectangle();
echo $rect->couleur;

$rect->longueur = 3;
$rect->largeur = 5;
$tmp = $rect->perimetre();
```

PHP autorise également l'utilisation d'une variable pour spécifier un attribut derrière le séparateur -> :

Listing 6-7 : L'attribut est spécifié à l'aide d'une variable

```
$rect = new Rectangle(3,5);
$attr = "longueur";
$rect->$attr = 4;
```

> ASTUCE
>
> **Création dynamique d'attributs**
>
> PHP permet de créer des attributs à la volée :
>
> $monrect = new Rectangle();
>
> $monrect->toto = 1;
>
> L'objet $monrect contient désormais l'attribut $toto.

La fonction var_dump() permet de visualiser les attributs d'une classe :

Listing 6-8 : Utilisation de var_dump()

```
$rect = new Rectangle();
print("<pre>");
var_dump($rect);
print("</pre>");
```

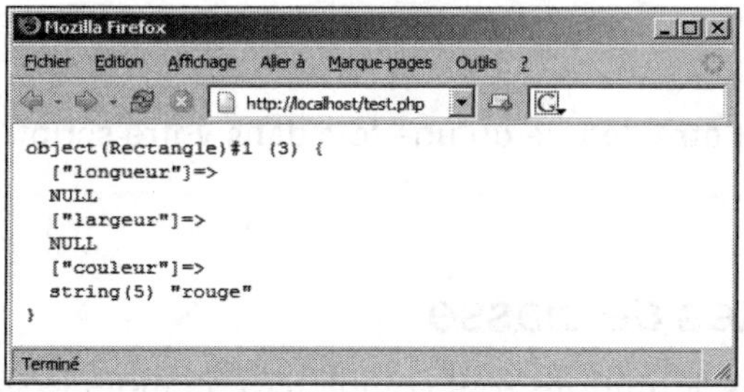

Figure 6-1 : *Contenu de l'objet $rect*

On peut vérifier qu'un objet correspond à l'instanciation d'une classe donnée en utilisant l'opérateur instanceof :

Listing 6-9 : Vérification qu'un objet est bien une instance d'une classe donnée

```
$rect = new Rectangle(3,5);

if ($rect instanceof Rectangle) {
  print("L'objet est un rectangle");
}
```


REMARQUE

Variables globales et classes

Le mot-clé global et la variable super globale $GLOBALS peuvent être utilisés au sein d'un classe pour faire référence aux variables globales du script.

Fonction __autoload()

PHP doit disposer, pour instancier un objet, de la définition de la classe associée. Les sources de la classe peuvent être placées au sein même du script ou dans un fichier extérieur inclus via la fonction require_once(). Cette seconde possibilité a l'avantage d'autoriser le partage de la classe avec d'autres scripts de l'applicatif.

L'inclusion d'un fichier de définition de classe est moins fastidieuse depuis PHP5. Si votre script dispose d'une fonction __autoload(), PHP y fera appel pour chaque instanciation d'objet dont il ne dispose pas de la classe :

Listing 6-10 : Définition de la fonction __autoload() qui ira chercher toutes les définitions de classe dans le répertoire class

```
function __autoload($nom_classe) {
  require_once("class/".$nom_classe.".php");
}
```

> **ATTENTION**
>
> **__autoload()**
>
> La fonction __autoload() ne doit être définie qu'une fois dans votre script.

Mot-clé static et constantes de classe

Les attributs et les méthodes dont les définitions sont complétées du mot-clé static peuvent être utilisés sans nécessiter l'instanciation d'un objet. Le séparateur :: remplace alors –> pour y accéder :

Listing 6-11 : Utilisation d'un attribut et d'un méthode static

```
class Rectangle {
  public static $nom = 'rectangle';
  static function presentation() {
    print("Bonjour je suis un rectangle");
  }
}

echo Rectangle::$nom;
Rectangle::presentation();
```

Une méthode (static ou non) ne peut utiliser la variable $this pour accéder à un élément static (attribut ou méthode) de la classe. En effet, vous n'êtes pas au niveau objet mais au niveau classe. Le mot-clé self est alors utilisé pour faire référence à la classe elle-même :

Listing 6-12 : Utilisation d'un attribut static au sein de la classe

```
class Rectangle {
  public static $nom = 'rectangle';
  static function presentation() {
    print("Bonjour je suis un ".self::$nom);
  }
}
```

Les constantes de classe diffèrent des attributs static uniquement du point de vue de leur syntaxe : le mot-clé const est utilisé pour leur déclaration et aucun $ ne les précède :

Listing 6-13 : Utilisation d'un constante de classe

```
class Rectangle {
  const NOM = 'rectangle';
  static function presentation() {
```

```
    print("Bonjour je suis un ".self::NOM);
  }
}

echo Rectangle::NOM;
```

Comme les attributs, ces constantes ne peuvent être initialisées qu'avec des valeurs statiques.

Conversion

PHP donne la possibilité de convertir un objet en tableau et inversement. Le moyen pour y parvenir consiste à utiliser une opération de cast :

Listing 6-14 : Conversion d'un objet en tableau.

```
class Test {
  public $a = 1;
  public $b = 2;
  function hello {}
}
$test = new Test();
$tab = (array) $test;
```

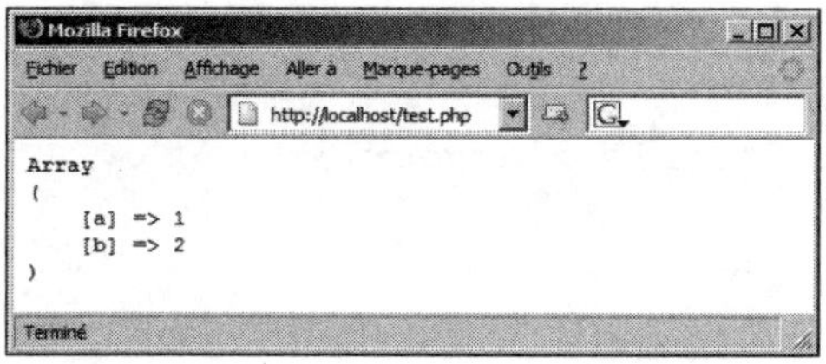

Figure 6-2 : *Tous les attributs sont conservés*

Listing 6-15 : Conversion d'un tableau en objet

```
$tab = array("a"=>1, "b"=>2);
$obj = (object) $tab;
var_dump($obj);
```

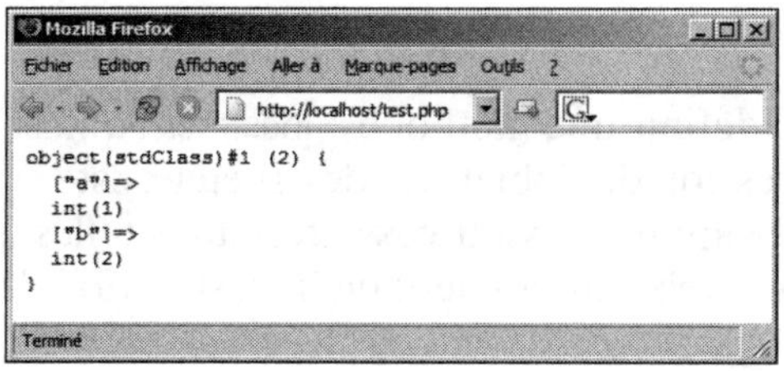

Figure 6-3 : *Résultat de la conversion*

Constructeur et destructeur

La classe Rectangle reposant sur deux attributs essentiels ($longueur et $largeur), la grande majorité des instanciations sera suivie de leur initialisation. Pour éviter cette situation, la POO prévoit l'utilisation d'une fonction spécifique : le constructeur. En PHP, le constructeur correspond à une méthode portant le nom __contruct(). Cette fonction est appelée au moment de l'initialisation de l'objet et reçoit les arguments transmis à la classe lors de l'instanciation de l'objet. L'initialisation des attributs de la classe reste l'utilisation principale d'un constructeur :

Listing 6-16 : Initialisation automatique de l'objet grâce au constructeur

```
class Rectangle {

  public $longueur = null;
  public $largeur = null;
  public $couleur = "rouge";
  const NOM = "Super Rectangle";

  function __construct($longueur,$largeur) {
    $this->longueur = $longueur;
    $this->largeur = $largeur;
  }

  function perimetre() {
    if ($this->longueur!=null &&
        $this->largeur!=null) {
      return (2*$this->longueur+2*$this->largeur);
    }
  }

  function surface() {
    if ($this->longueur!=null &&
        $this->largeur!=null) {
      return ($this->longueur*$this->largeur);
    }
  }

}
$rect = new Rectangle (3,5);
```

PHP prévoit également la possibilité de définir une méthode __destruct() qui, si elle existe, sera appelée juste avant la suppression de l'objet. Ce destructeur est extrêmement utile pour les objets employant des ressources extérieures telles qu'une base de données, un fichier ou un service web. Au moment de la destruction de l'objet, le destructeur se charge de nettoyer son environnement en fermant les ressources ouvertes :

Listing 6-17 : Appels au constructeur et au destructeur

```
class Rectangle {

  public $longueur = null;
  public $largeur = null;
  public $couleur = "rouge";
  const NOM = "Super Rectangle";

  function __construct($longueur,$largeur) {
    print("Hello ".self::NOM."<br/>");
    $this->longueur = $longueur;
    $this->largeur = $largeur;
  }

  function perimetre() {
    if ($this->longueur!=null &&
        $this->largeur!=null) {
      return (2*$this->longueur+2*$this->largeur);
    }
  }

  function surface() {
    if ($this->longueur!=null &&
        $this->largeur!=null) {
      return ($this->longueur*$this->largeur);
    }
  }

  function __destruct() {
    print("Bye bye ".self::NOM."<br/>");
  }

}

$rect = new Rectangle(3,5);
unset($rect);
```


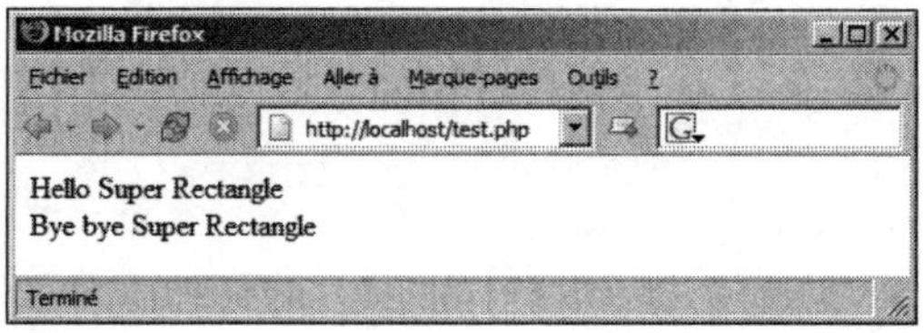

Figure 6-4 : *Les 2 fonctions sont bien appelées*

REMARQUE

Valeur null

Le destructeur est également appelé lorsque la variable $rect prend la valeur null.

6.2 Les méthodes magiques

Il s'agit de méthodes optionnelles normalisées par PHP et appelées suite à certains événements sur les objets. Les méthodes __construct() et __destruct() appelées lors de la création et la destruction d'un objet constituent de bons exemples de méthodes magiques.

__sleep() et __wakeup()

Les fonctions serialize() et unserialize() présentées dans le chapitre consacré aux tableaux peuvent également être utilisées sur des objets. Dans un tel cas, PHP appelle, si elles existent dans la classe, les méthodes __sleep() avant la sérialisation et __wakeup() après la désérialisation.

Cette fonctionnalité est particulièrement utile lorsque votre objet repose sur une connexion ou un fichier extérieur. La fonction __sleep() peut alors être utilisée pour fermer les connexions et __wakeup() pour les réouvrir.

__toString()

Cette méthode est appelée lorsque PHP doit afficher un objet avec print() ou echo() (l'objet doit être seul entre parenthèses). Si cette méthode existe, PHP affichera la valeur de retour de __toString() plutôt que le message Object id #X. Cette fonctionnalité est particulièrement utile pour déboguer vos scripts :

Listing 6-18 : Utilisation de la méthode __toString()

```
class Rectangle {

  public $longueur = null;
  public $largeur = null;
  public $couleur = "rouge";
  const NOM = "Super Rectangle";
```

```
  function __construct($longueur,$largeur) {
    $this->longueur = $longueur;
    $this->largeur = $largeur;
  }

  function __toString() {
    return (self::NOM." [".$this->longueur."x".
                              $this->largeur."]");
  }
}

$rect = new Rectangle(3,5);
print($rect);
```

Figure 6-5 : *La fonction print() affiche la valeur retournée par la méthode __toString()*

Surcharge des accesseurs

Lorsque la méthode __call() est incluse au sein d'une classe, PHP l'utilise pour chaque appel à une méthode non définie de l'objet. Le premier argument de __call() correspond au nom de la méthode appelée et le second argument, à un tableau des différents arguments de la méthode appelée :

Listing 6-19 : Utilisation de la méthode __call()

```
class Rectangle {

  public $longueur = null;
  public $largeur = null;
  public $couleur = "rouge";
  const NOM = "Super Rectangle";

  function __construct($longueur,$largeur) {
    $this->longueur = $longueur;
    $this->largeur = $largeur;
  }

  function __call($methode,$arguments) {
    return ("Appel à la methode ".$methode."() de ".self::NOM );
  }
```

```
  function surface() {
    if ($this->longueur!=null &&
        $this->largeur!=null) {
      return ($this->longueur*$this->largeur);
    }
  }

}

$rect = new Rectangle(3,5);
echo $rect->coucou()."<br/>";
echo $rect->surface();
```

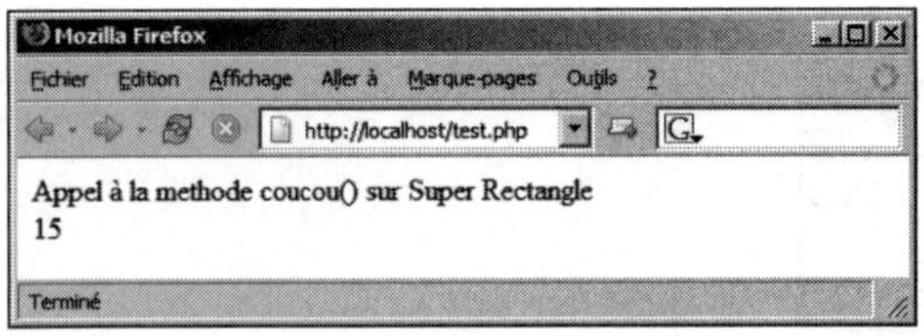

Figure 6-6 : *L'appel de la méthode coucou() conduit à un appel de __call()*

Associée à la fonction call_user_func(), la méthode __call() peut être utilisée pour tracer puis déléguer de façon générique les appels à des méthodes internes :

Listing 6-20 : Utilisation de __call() pour déléguer les appels de méthodes

```
class Rectangle {

  public $longueur = null;
  public $largeur = null;
  public $couleur = "rouge";
  const NOM = "Super Rectangle";

  function __construct($longueur,$largeur) {
    $this->longueur = $longueur;
    $this->largeur = $largeur;
  }

  function __call($methode,$arguments) {
    print ("Méthode [ ".$methode." ]<br/>");
    $tmp = '_'.$methode;
    return call_user_func(array($this,$tmp),$arguments);
  }

  function _perimetre() {
    if ($this->longueur!=null &&
        $this->largeur!=null) {
      return (2*$this->longueur+2*$this->largeur);
```

```
    }
  }

  function _surface() {
    if ($this->longueur!=null &&
        $this->largeur!=null) {
      return ($this->longueur*$this->largeur);
    }
  }

}

$rect = new Rectangle(3,5);
echo $rect->surface();
echo "<br/>";
echo $rect->perimetre();
```


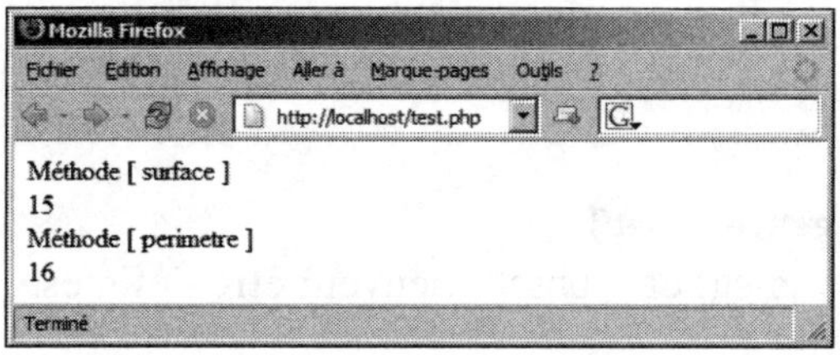

Figure 6-7 : *Chaque appel à une méthode est tracé*

Les méthodes __set() et __get() sont appelées lorsque vous souhaitez modifier ou récupérer des attributs qui n'existent pas. L'exemple suivant montre comment utiliser ces deux méthodes pour travailler avec l'attribut virtuel dim :

```
class Rectangle {

  public $longueur = null;
  public $largeur = null;
  public $couleur = "rouge";
  const NOM = "Super Rectangle";

  function __construct($longueur,$largeur) {
    $this->longueur = $longueur;
    $this->largeur = $largeur;
  }

  function __set($nom,$val) {
    if ($nom=="dim" && count($val)==2) {
      list ($this->longueur, $this->largeur) = $val;
    }
  }
```

```
  function __get($nom) {
    if ($nom=="dim") {
      return array($this->longueur,$this->largeur);
    }
  }

  function surface() {
    if ($this->longueur!=null &&
        $this->largeur!=null) {
      return ($this->longueur*$this->largeur);
    }
  }

}

$rect = new Rectangle(3,5);
$rect->dim = array(2,3);
$dim = join("x",$rect->dim);
echo "Surface d’un rectangle de $dim = ";
echo $rect->surface();
```

Listing 6-21 : Utilisation des méthodes __get() et __set()

Sur le même principe, les méthodes __isset() et __unset() peuvent être définies.

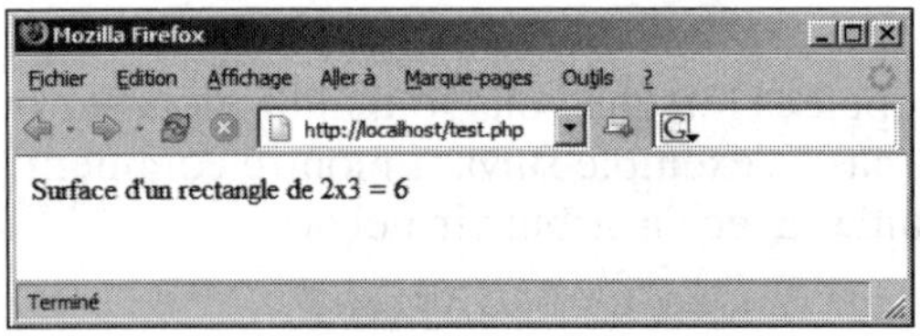

Figure 6-8 : *Le résultat final*

6.3 Polymorphisme

Le polymorphisme est un des principes les plus importants de la programmation objet. L’idée principale consiste à créer un lien d’héritage entre deux classes.

Principe général

En dérivant d’une classe mère, la classe fille hérite de ses méthodes et de ses attributs qui viendront s’ajouter à celles et ceux déjà définis. Encore plus intéressant, la classe fille peut redéfinir les attributs et les méthodes de la classe mère : elle les surcharge. En favorisant l’héritage entre vos classes, vous augmentez la généricité de vos classes et favorisez leur réutilisation. Tout le code générique est placé dans les classes parentes, et les codes spécifiques dans les classes filles.

Au niveau syntaxique, une classe B hérite de la classe A en utilisant le mot-clé extends :

Listing 6-22 : La classe B étend la classe A

```
class B extends A {

}
```

En considérant qu'un carré est un rectangle dont les côtés sont égaux, vous pouvez modéliser cette relation en déclarant une classe Carré qui étend la classe Rectangle.

Le mot-clé parent permet d'accéder aux méthodes et attributs de la classe mère. Il est particulièrement utile pour faire "remonter" les paramètres d'initialisation à la classe mère :

6

Listing 6-23 : La classe Carre hérite de méthode surface() de la classe Rectangle

```
class Rectangle {

  public $longueur = null;
  public $largeur = null;
  const NOM = "Rectangle";

  function __construct($longueur,$largeur) {
    $this->longueur = $longueur;
    $this->largeur = $largeur;
  }

  function surface() {
    if ($this->longueur!=null &&
        $this->largeur!=null) {
      return ($this->longueur*$this->largeur);
    }
  }

}

class Carre extends Rectangle {

  public $cote = null;
  const NOM = "Carré";

  function __construct($cote) {
```

```
    parent::__construct($cote,$cote);
    $this->cote = $cote;
  }

}

$carre = new Carre(5);
echo $carre->surface();
```

> REMARQUE
>
> **Mot-clé final**
>
> Le mot-clé final accolé à la définition d'une classe interdit que cette dernière soit étendue. Accolé à la définition d'une méthode, il interdit que cette méthode soit surchargée.

Visibilité

Une notion de visibilité peut être associée à la définition des méthodes et des attributs. La visibilité par défaut correspond à public et autorise un accès sans restriction. Les modes private et protected limitent, quant à eux, les accès de la façon suivante :

- private signifie que la méthode (ou l'attribut) ne peut être accédée que par la classe associée.
- protected signifie que la méthode (ou l'attribut) ne peut être accédée que par des classes disposant d'un lien d'héritage.

La visibilité doit précéder la définition de l'attribut ou de la méthode :

Listing 6-24 : Exemple de définition d'un attribut en mode protected et d'une méthode en mode private

```
protected $str = "";
private function maMethode() {}
```

PHP émet une erreur en cas de non-respect de la règle de visibilité :

Listing 6-25 : L'accés à une méthode protégée déclenche l'affichage d'une erreur

```
class Rectangle {

  private $longueur = null;
  private $largeur = null;
```

```
  function __construct($longueur,$largeur) {
    $this->longueur = $longueur;
    $this->largeur = $largeur;
  }

  protected function surface() {
    if ($this->longueur!=null &&
        $this->largeur!=null) {
      return ($this->longueur*$this->largeur);
    }
  }

}

$rect = new Rectangle(3,2);
echo $rect->surface();
```


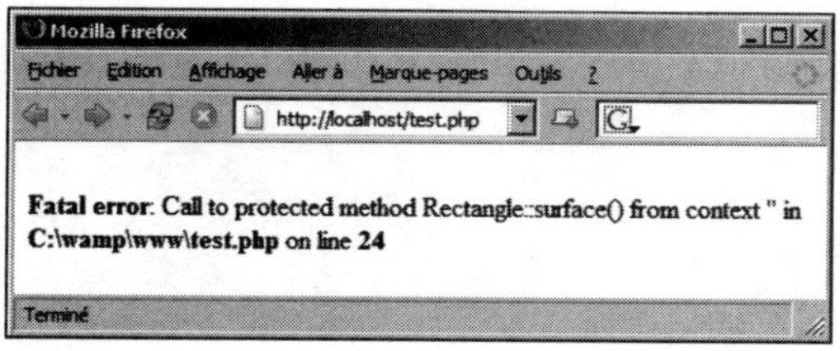

Figure 6-9 : *Erreur correspondant à l'accès à une méthode protégée*

6.4 Interfaces

Certains langages de programmation permettent à une classe d'hériter de plusieurs classes mères. Les concepteurs de PHP n'ont pas souhaité mettre en œuvre cet héritage multiple et ont préféré travailler sur la notion d'interface.

Une interface correspond à un ensemble de définitions de méthodes qu'une classe devra surcharger si elle souhaite l'implémenter. Une classe peut implémenter plusieurs interfaces.

La définition d'une interface utilise le mot-clé interface suivi d'un bloc contenant la définition des méthodes :

Listing 6-26 : Définition d'une interface

```
interface MonInterface {
  public function methode1 ();
  public function methode2 ();
  // etc.
}
```

Une classe implémente une interface en utilisant le mot-clé implements :

Listing 6-27 : Chaque classe doit implémenter la méthode aCotesEgaux()

```
interface ObjetGeom {
  public function aCotesEgaux ();
}

class Rectangle implements ObjetGeom{

  private $longueur = null;
  private $largeur = null;

  function __construct($longueur,$largeur) {
    $this->longueur = $longueur;
    $this->largeur = $largeur;
  }

  function aCotesEgaux () {
    if ($this->largeur==$this->longueur) {
      return true;
    }
    return false;
  }

}

class Carre extends Rectangle {

  public $cote = null;

  function __construct($cote) {
    parent::__construct($cote,$cote);
    $this->cote = $cote;
  }

  function aCotesEgaux () {
    return true;
  }

}
```

Toutes les méthodes des interfaces doivent être implémentées par la classe. Une erreur est déclenchée dans le cas contraire :

Listing 6-28 : La classe Carre n'implémente pas getNbCotes()

```
interface ObjetGeom {
  public function aCotesEgaux ();
  public function getNbCotes ();
}
```

```
class Carre implements ObjetGeom {

  public $cote = null;

  function __construct($cote) {
    parent::__construct($cote,$cote);
    $this->cote = $cote;
  }

  function aCotesEgaux () {
    return true;
  }

}
```

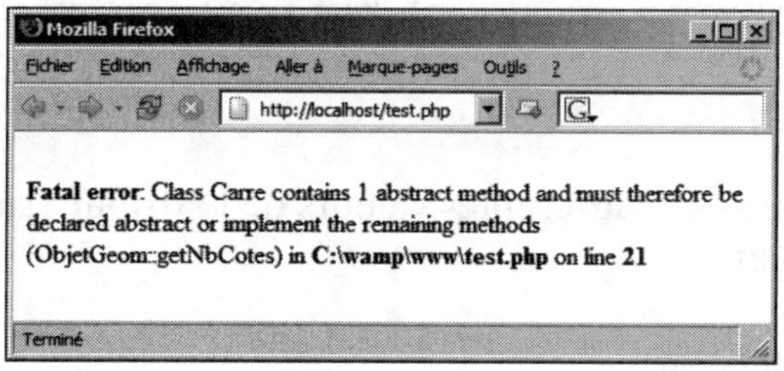

Figure 6-10 : *Toutes les méthodes n'ont pas été implémentées*

6.5 Itérateurs

La boucle foreach() peut être utilisée sur un objet afin d'afficher ses différents attributs :

```
$rect = new Rectangle(3,5);
foreach ($rect as $attr => $val) {
  print("$attr = $val<br/>");
}
```

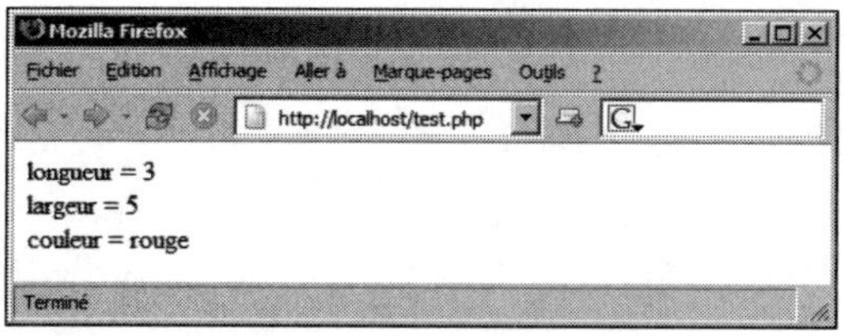

Figure 6-11 : *Affichage des différents attributs de l'objet $rect avec la boucle foreach()*

Le comportement par défaut consiste à passer, à chaque itération de la boucle, d'un attribut visible à l'autre.

PHP vous permet d'implémenter l'interface Iterator afin de définir vous-même le comportement de la boucle foreach() :

Tableau 6-1 : Différentes fonctions devant être implémentées pour définir votre propre itérateur

Méthode	Rôle
rewind()	retour au début de la liste
current()	valeur de l'élément en cours
key()	valeur de la clé de l'élément en cours
next()	passage à l'élément suivant
valid()	retour de false lorsque vous êtes à la fin de la ligne (true autrement)

L'exemple suivant permet d'itérer parmi les différentes valeurs de l'attribut $tab plutôt que parmi les attributs de l'objet :

Listing 6-29 : Définition de votre propre itérateur

```
class Rectangle implements Iterator{

  public $longueur = null;
  public $largeur = null;
  public $couleur = "rouge";
  public $tab = array("mm","cm","m");
  public $i = 0;

  function __construct($longueur,$largeur) {
    $this->longueur = $longueur;
    $this->largeur = $largeur;
  }

  public function rewind() {
    print("rewind<br/>");
    $this->i = 0;
  }

  public function current() {
    print("current<br/>");
    return ($this->tab[$this->i]);
  }

  public function key() {
```

```
    print("key<br/>");
    return ($this->i);
  }

  public function next() {
    print("next<br/>");
    $this->i++;
  }

  public function valid() {
    print("valid<br/>");
    if ($this->i<count($this->tab)) return true;
    return false;
  }

}

$rect = new Rectangle(3,5);

foreach ($rect as $attr => $val) {
  print("<b>$attr = $val</b><br/>");
}
```


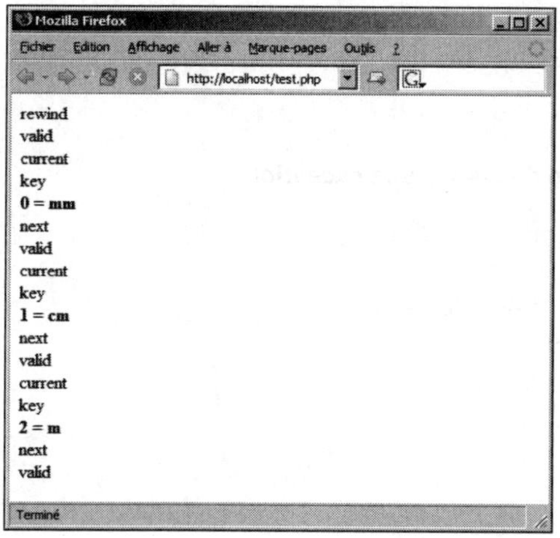

Figure 6-12 : *Trace des différents appels de PHP lors de la mise en œuvre d'un itérateur avec la boucle foreach*

6.6 Exceptions

La gestion d'erreurs en POO fait intervenir une notion supplémentaire : les exceptions. Ces dernières correspondent à des signaux pouvant être émis par une méthode et capturés ailleurs dans le code.

Principe général

L'émission d'une exception utilise le mot-clé throw :

Listing 6-30 : La méthode test() émet une exception lorsque $n est null

```
class MonObjet {
  function test($n=null) {
    if ($n==null) throw new Exception("La valeur ne convient pas");
    return true;
  }
}
```

> ATTENTION
>
> **Throw**
>
> L'émission d'une exception termine la méthode à la manière d'un return ().

La capture d'une exception fait intervenir la structure try { … } catch () { … }.

Le bloc try permet d'englober l'ensemble des appels aux méthodes susceptibles d'émettre des exceptions. Le bloc catch() se charge, quant à lui, de recevoir l'ensemble des exceptions émises par ces méthodes. Un bloc try doit obligatoirement être suivi d'un bloc catch() :

Listing 6-31 : Contrôle d'un code susceptible d'émettre une exception

```
$obj = new MonObjet();
try {
  // utilisation d'une méthode susceptible
  // d'émettre une exception
  $obj->test();
}
catch (Exception $e) {
  // traitement de l'exception
  print($e->getMessage());
}
```

> REMARQUE
>
> **De la bonne utilisation des exceptions**
>
> Les exceptions ne doivent en aucun cas remplacer une gestion standard d'erreur. Elles seront utilisées uniquement pour signaler des situations exceptionnelles.

L'exemple suivant montre comment émettre une exception quand la méthode surface() est appelée sur un rectangle invalide :

Listing 6-32 : Gestion d'une exception dans la méthode surface()

```
class Rectangle {

  public $longueur = null;
  public $largeur = null;

  function __construct($longueur,$largeur) {
    $this->longueur = $longueur;
    $this->largeur = $largeur;
  }

  function surface() {
    if ($this->longueur<1 ||
        $this->largeur<1) {
      throw new Exception("Valeurs incohérentes");
    }
    return ($this->longueur*$this->largeur);
  }

}

$rect = new Rectangle(-1,4);
try {
  echo $rect->surface();
}
catch (Exception $e) {
  print("<hr/>".$e->getMessage()."<hr/>");
}
```

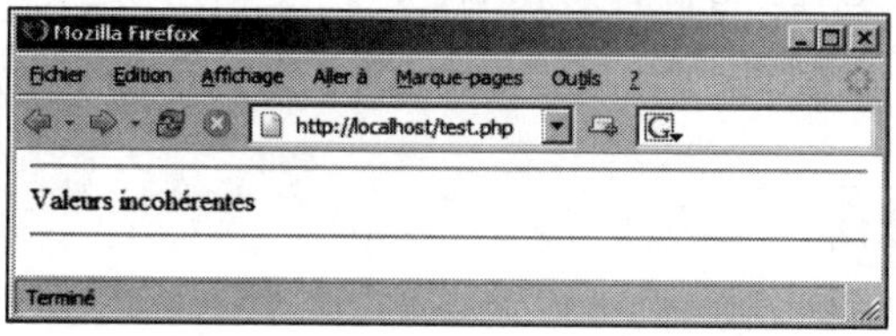

Figure 6-13 : *Affichage de l'exception*

Classe Exception

Une exception correspond à une instance de la classe Exception. Chaque nouvelle instance peut être initialisée avec un ou deux arguments. Le premier argument correspond au texte du message d'erreur et le second, optionnel, au code d'erreur.

Cette classe dispose d'un certain nombre de méthodes pouvant être très utiles dans une phase de débogage.

Tableau 6-2 : Méthodes proposées par la classe Exception

Méthode	Rôle
getMessage()	retour de la valeur du message
getCode()	retour de la valeur du code d'erreur
getFile()	retour du nom du fichier d'où l'exception a été émise
getLine()	retour du numéro de la ligne où l'exception a été émise
getTrace()	retour d'un tableau de la trace d'erreur
getTraceAsString()	retour d'une chaîne de caractères correspondant à la trace de l'erreur

Listing 6-33 : Utilisation de toutes les méthodes proposées par la classe Exception

```
$rect = new Rectangle(-1,4);
try {
  echo $rect->surface();
}
catch (Exception $e) {
  print("<hr/>".
    "<i>Message</i> : ".$e->getMessage()."<br/>".
    "<i>Code</i> : ".$e->getCode()."<br/>".
    "<i>File</i> : ".$e->getFile()."<br/>".
    "<i>Line</i> : ".$e->getLine()."<br/>".
    "<i>TraceAsString</i> :
    <br/><pre>".$e->getTraceAsString()."</pre>".
    "<hr/>");
}
```

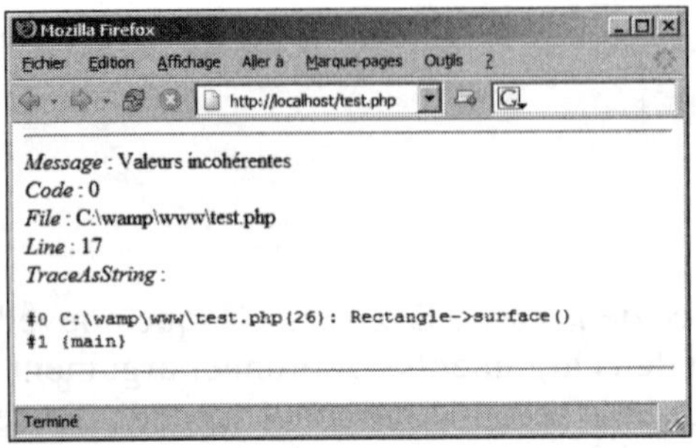

Figure 6-14 : *Affichage des valeurs retournées par les différentes méthodes*

Cette classe peut être étendue de façon à surcharger ses méthodes et attributs ou à les compléter avec les vôtres.

En définissant vos propres exceptions, vous vous donnez également la possibilité d'en capturer plusieurs émises dans un même bloc try :

Listing 6-34 :

```
try {
  // code susceptible d'émettre plusieurs exceptions
} catch (MonException $monexception) {
  ...
} catch (Exception $exception) {
  ...
}
```

ATTENTION

Constructeur et exceptions

Un constructeur ne pouvant retourner de valeur, les exceptions constituent la seule solution pour avertir d'une erreur.

6.7 Réflexion

PHP vous donne désormais la possibilité d'obtenir des informations sur la structure interne d'une classe. La classe mise en œuvre porte le nom Reflection :

```
<?php
class Rectangle {

  public $longueur = null;
  public $largeur = null;
  public $couleur = "rouge";
  const NOM = "Super Rectangle";

  function __construct($longueur,$largeur) {
    print("Hello ".self::NOM."<br/>");
    $this->longueur = $longueur;
    $this->largeur = $largeur;
  }

  function perimetre() {
    if ($this->longueur!=null &&
```

```
          $this->largeur!=null) {
        return (2*$this->longueur+2*$this->largeur);
      }
    }

    function surface() {
      if ($this->longueur!=null &&
          $this->largeur!=null) {
        return ($this->longueur*$this->largeur);
      }
    }

  }

  print("<pre>");
  Reflection::export(new ReflectionClass('Rectangle'));
```

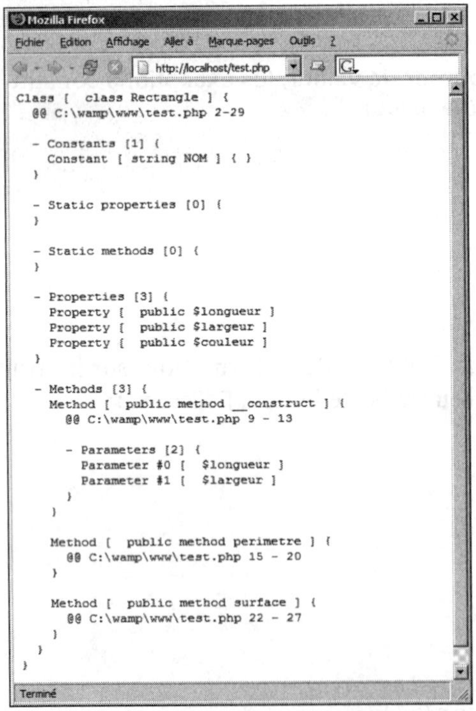

Figure 6-15 : *Affichage de la structure interne de la classe Rectangle*

Cette fonctionnalité est particulièrement intéressante pour créer automatiquement la documentation et obtenir des informations sur une classe pour laquelle vous ne disposez ni des sources, ni de l'API.

CHAPITRE

7

Les en-têtes HTTP et l'authentification

CHAPITRE

7

Les en-têtes HTTP et l'authentification

Le Web repose sur HTTP. Ce protocole permet à un navigateur comme Firefox de communiquer avec un serveur tel que Apache. Cet échange est bien évidemment normé et codifié.

Ce chapitre vise à vous permettre de mieux visualiser ces échanges et à vous démontrer qu'une bonne connaissance de HTTP permet de tirer parti de fonctionnalités avancées du serveur.

7.1 Les requêtes et réponses

La demande faite par un navigateur à un serveur web est appelée "requête" (HTTP Request). Une requête typique consiste à demander le contenu d'une page ou d'une image. Suite à cette requête, le serveur renvoie une réponse (HTTP Response). Requêtes et réponses sont composées d'une multitude d'instructions. Ce regroupement d'instructions est appelé "en-tête".

L'extension LiveHTTPHeaders

L'extension de Firefox LiveHTTPHeaders permet de visualiser les échanges HTTP entre un client et un serveur. Vous pouvez la télécharger gratuitement sur le site **http://livehttpheaders.mozdev.org** en utilisant les liens *Installation* puis *Install version ??? of LiveHTTPHeaders now*. Firefox vous propose alors d'ajouter ce site à sa liste de sites auquel il peut faire confiance.

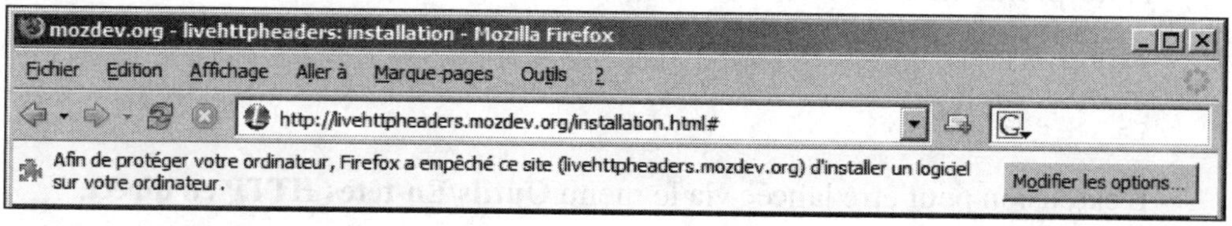

Figure 7-1 : *Utilisez le bouton Modifier les options*

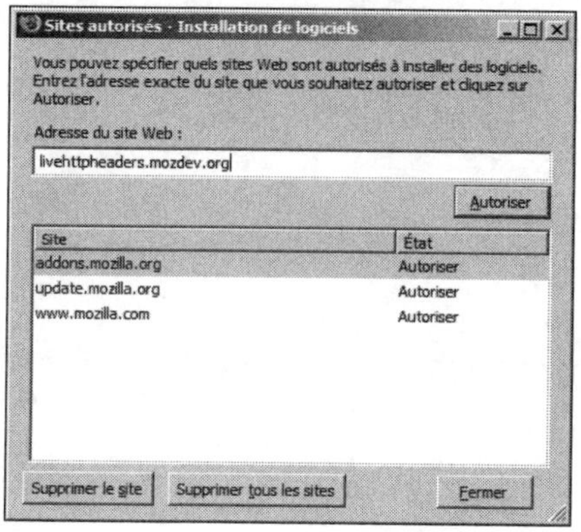

Figure 7-2 : *Utilisez le bouton Autoriser*

Une fois ce domaine ajouté, cliquez à nouveau sur le lien *Install version ??? of LiveHTTPHeaders now* pour installer véritablement l'extension.

Figure 7-3 : *Utilisez le bouton Installer une fois le décompte terminé*

Le navigateur doit ensuite être fermé puis de nouveau ouvert pour que soit prise en compte cette nouvelle extension.

La première utilisation de cet outil va permettre d'espionner l'échange suivant : le navigateur appelle l'URL **http://localhost/test.php** et le serveur retourne le résultat de l'interprétation de ce script. Ce script contient le code suivant :

```
<?php
print("ok");
?>
```

L'extension peut être lancée via le menu **Outils/En-têtes HTTP en direct**.

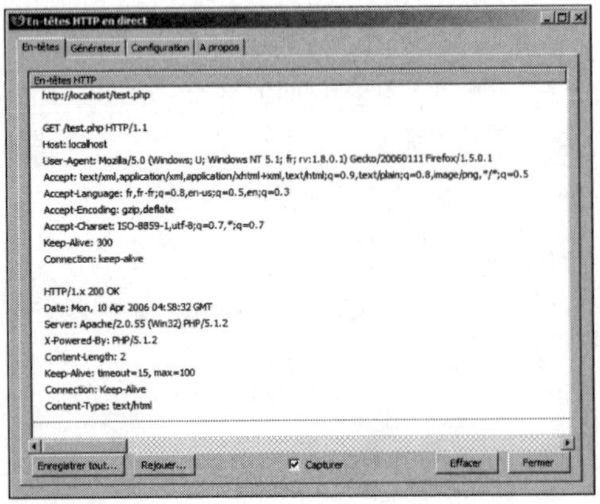

Figure 7-4 : *Visualisation d'un échange requête/réponse*

La requête

Trois catégories de données sont incluses dans l'en-tête de la requête :

- des informations sur la page cible et la version du protocole :

```
GET /test.php HTTP/1.1
Host: localhost
```

- des précisions sur le navigateur :

```
User-Agent: Mozilla/5.0 (Windows; U; Windows NT 5.1; fr;
✂ rv:1.8.0.1) Gecko/20060111 Firefox/1.5.0.1
Accept: text/xml,application/xml,application/xhtml+xml,text/
✂ html; q=0.9,text/plain;q=0.8,image/png,*/*;q=0.5
Accept-Language: fr,fr-fr;q=0.8,en-us;q=0.5,en;q=0.3
Accept-Encoding: gzip,deflate
Accept-Charset: ISO-8859-1,utf-8;q=0.7,*;q=0.7
```

- le type de la connexion :

```
Keep-Alive: 300
Connection: keep-alive
```

7

Ces informations peuvent être récupérées au sein du script à l'aide de la fonction getallheaders(), qui retourne un tableau contenant l'ensemble de données présentes dans l'en-tête.

Ces informations permettent au script d'ajuster son comportement en fonction du type du navigateur (User-Agent), des formats des fichiers acceptés (Accept), de la langue (Accept-Language). L'exemple suivant affiche un message de reconnaissance de votre navigateur :

Listing 7-1 : Détection du navigateur

```
$header = getallheaders();

if (strpos($header["User-Agent"],"Firefox")>0) {
  print("Vous utilisez Firefox");
}
elseif (strpos($header["User-Agent"],"MSIE")>0) {
  print("Vous utilisez Internet Explorer");
}
else {
  print("Navigateur non reconnu");
}

print("<br/><br/><i>".$header["User-Agent"]."</i>");
```

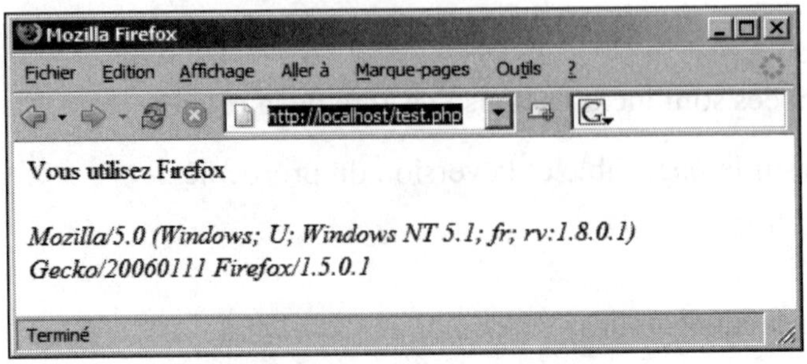

Figure 7-5 : *Détection de Firefox*

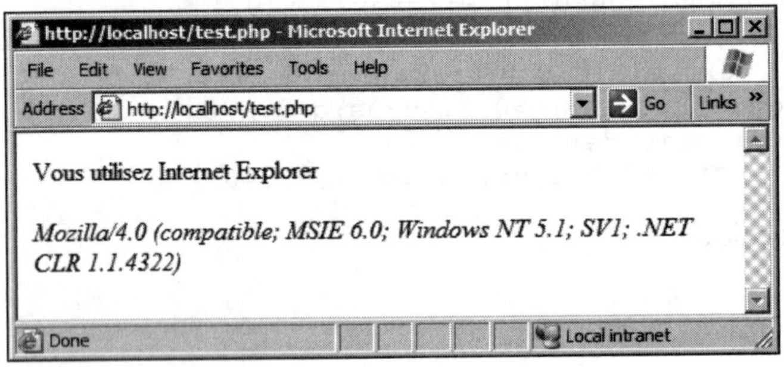

Figure 7-6 : *Détection d'Internet Explorer*

La réponse

L'en-tête de la réponse donne des informations sur :

- le code réponse :

```
HTTP/1.x 200 OK
```

- le serveur distant :

```
Date: Mon, 10 Apr 2006 04:58:32 GMT
Server: Apache/2.0.55 (Win32) PHP/5.1.2
X-Powered-By: PHP/5.1.2
```

- le contenu :

```
Content-Length: 2
Content-Type: text/html
```

- la connexion :

```
Keep-Alive: timeout=15, max=100
Connection: Keep-Alive
```

Le contenu à proprement parler fait suite à l'en-tête dans le message de réponse retourné par le serveur web.

La fonction apache_response_headers() retourne un tableau associatif contenant tous les éléments de l'en-tête de réponse.

7.2 La fonction header()

PHP permet de modifier l'en-tête de la réponse à l'aide de la fonction header(). L'emplacement de cette fonction au sein d'un script est extrêmement important : la fonction header() doit être placée avant le premier affichage de la page. Les deux scripts suivants affichent le message "Bonjour" avant de faire appel à header(). Ils provoquent par conséquent l'affichage d'une erreur.

Listing 7-2 : Exemples d'erreur avec la fonction header

```
Bonjour
<?php
header("Text: coucou");
?>
```



```
<?php
print("Bonjour");
header("Text: coucou");
?>
```

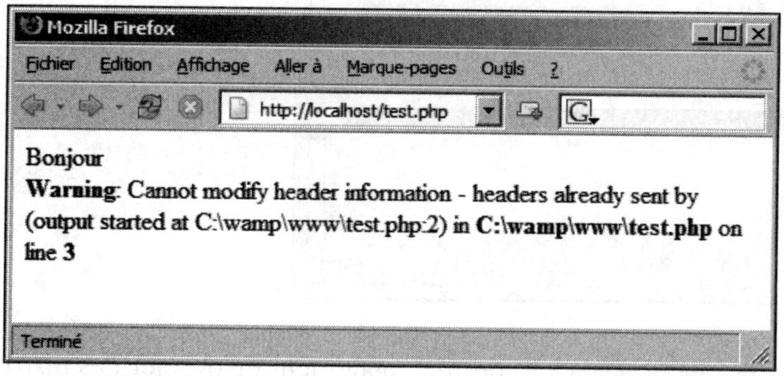

Figure 7-7 : *Erreur générée suite à un mauvais placement de la nction header()*

En plaçant l'affichage derrière la fonction header(), vous faites disparaître l'erreur et vous constatez que l'en-tête a bien été enrichi par votre instruction.

Listing 7-3 : Exemple valide

```
<?php
header("Text: coucou");
print("Bonjour");
```

```
?>
```

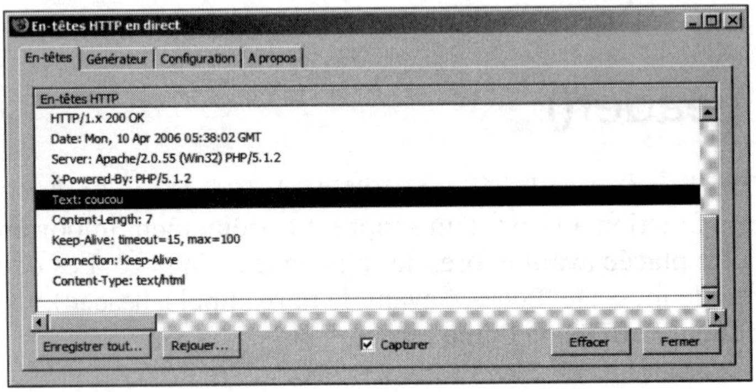

Figure 7-8 : *L'en-tête a bien été modifié*

Il est également possible de modifier le contenu des instructions en les écrasant.

Listing 7-4 : Modification de l'instruction X-Powered-By

```
<?php
print("Bonjour");
header("X-Powered-By: PHP/8 !!!");
?>
```

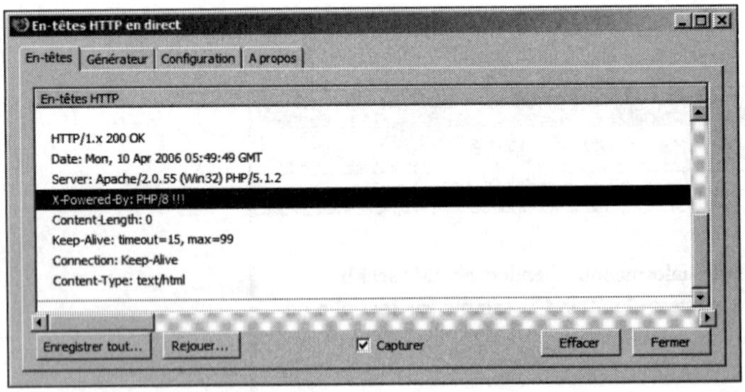

Figure 7-9 : *L'instruction a été modifiée*

De façon plus utile, la fonction header() permet également de donner des instructions telles qu'une demande de redirection avec l'instruction Location.

Listing 7-5 : Demande de redirection vers une autre page

```
<?php
header("Location: http://www.google.com");
?>
```

7.3 La page d'erreur

Le code retour 200 visualisé plus dans l'en-tête de réponse (HTTP/1.x 200 OK) signifie que le navigateur n'a rencontré aucun problème pour traiter la requête.

Si vous réalisez une requête sur une page qui n'existe pas sur le serveur, le code d'erreur passe à 404.

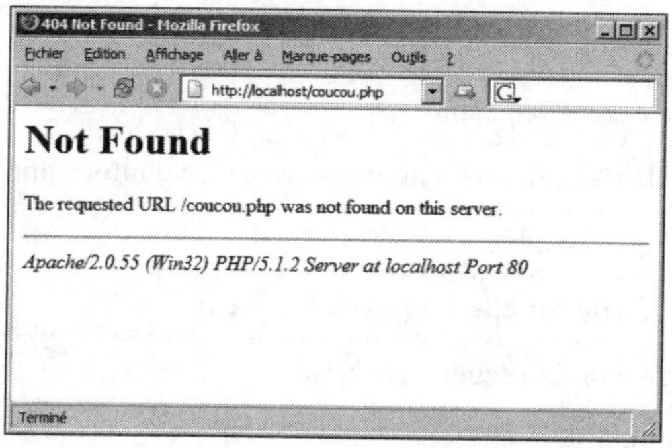

Figure 7-10 : *Page d'erreur affichée par le client*

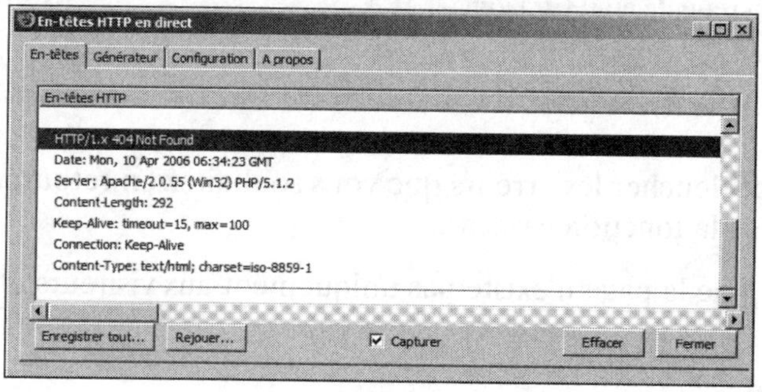

Figure 7-11 : *En-tête d'erreur*

Le protocole HTTP prévoit un certain nombre de codes d'erreur, sous la forme 4xx.

Tableau 7-1 : Codes d'erreur client

Code d'erreur	Signification
400	Erreur de syntaxe dans l'adresse du document.
401	Pas d'autorisation d'accès au document.
402	Accès au document soumis au paiement.
403	Pas d'autorisation d'accès au serveur.

Tableau 7-1 : Codes d'erreur client	
Code d'erreur	**Signification**
404	La page demandée n'existe pas.
405	Méthode de requête du formulaire non autorisée.
406	Requête non acceptée par le serveur.
407	Autorisation du proxy nécessaire.
408	Temps d'accès à la page demandée expiré.
409	L'utilisateur doit soumettre sa requête à nouveau avec plus d'informations.
410	Cette ressource n'est plus disponible.
411	Le serveur a refusé la requête car elle n'a pas de longueur.
412	La pré-condition donnée dans la requête a échoué.
413	La requête est trop grande.
414	L'URL de la requête était trop longue.
415	Type de média non géré.

Vous pouvez vous-même déclencher les erreurs que vous souhaitez en retournant la valeur du code d'erreur avec la fonction header().

L'exemple suivant indique que la page n'existe pas uniquement aux visiteurs utilisant Firefox :

```
$header = getallheaders();

if (strpos($header["User-Agent"],"Firefox")>0) {
  header("HTTP/1.0 404 Not Found");
  print("La page n'existe pas");
}
else print("Hello IE");
```

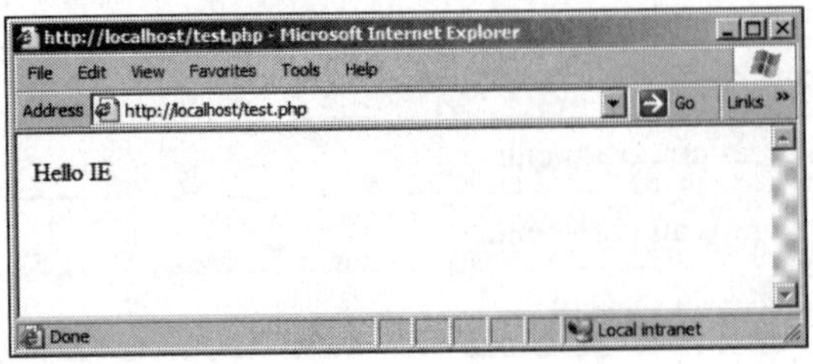

Figure 7-12 : *La page sans erreur avec Internet Explorer*

L'utilisation de Firefox en revanche déclenche l'affichage d'un message d'erreur.

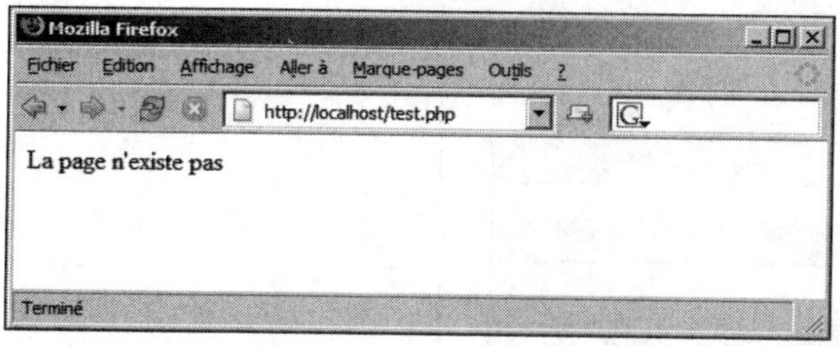

Figure 7-13 : *Avec Firefox, erreur...*

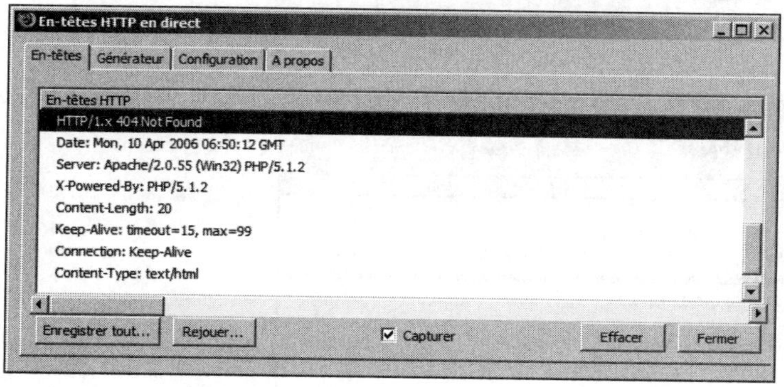

Figure 7-14 : *L'en-tête indique bien que la page n'existe pas*

7

7.4 L'authentification

Le protocole HTTP prévoit une gestion de l'authentification. Cette authentification met en œuvre le code retour 401. En recevant ce code retour, le navigateur sait qu'il doit ouvrir une petite fenêtre afin de permettre à l'utilisateur de saisir son identifiant et son mot de passe. En plus du code d'erreur, le serveur doit également préciser le nom de l'espace (realm) à protéger avec l'instruction WWW-Authenticate.

Une demande d'authentification peut donc être codée de la manière suivante :

Listing 7-6 : Demande d'authentification

```
header('WWW-Authenticate: Basic realm="Zone protégée"');
header("HTTP/1.0 401 Unauthorized"); (voir fig. 7-15)
```

Une fois que l'utilisateur a cliqué sur le bouton OK, Firefox transmet une requête contenant les informations d'identification. Cela se traduit par l'ajout au sein de l'en-tête d'une instruction Authorization correspondant l'encodage en base 64 de l'identifiant suivi du mot de passe.

```
identifiant:mot de passe (voir fig. 7-16)
```

Figure 7-15 : *Firefox propose de vous authentifier dans la "zone protégée"*

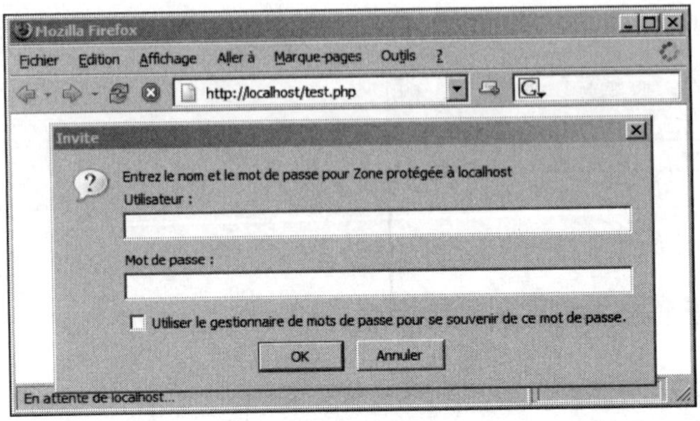

Figure 7-16 : *Transmission encodée de l'identifiant et du mot de passe*

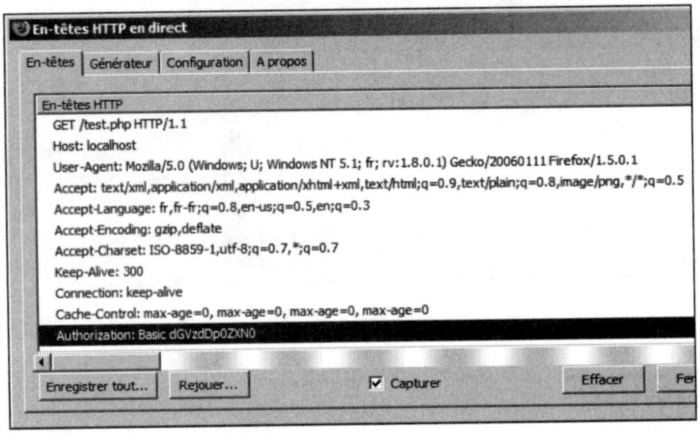

Vous pouvez vérifier qu'il s'agit bien d'un encodage en base 64 en utilisant la fonction base64_decode() sur la valeur associée à Authorization.

Listing 7-7 : Cette instruction affiche bien la chaîne "test:test"

```
echo base64_decode ("dGVzdDp 0ZXN0");
```

> ATTENTION
>
> **Syntaxe**
>
> Veillez à bien utiliser un B majuscule pour Basic et des guillemets pour entourer la valeur associée à realm. Dans le cas contraire, des problèmes d'incompatibilité avec les navigateurs pourraient survenir.

L'étape suivante consiste à vérifier si l'authentification s'est bien déroulée. Les données dont vous disposez pour réaliser cette authentification sont contenues dans la variable super-globale $_SERVER. Cette variable contient un certain nombre d'informations sur la requête, le script appelé et le serveur web.

RENVOI

Une liste de tous les éléments de $_SERVER est disponible en annexe.

Dans le cas d'une authentification, $_SERVER dispose de deux éléments en plus, $_SERVER["PHP_AUTH_USER"] et $_SERVER["PHP_AUTH_PW"], qui contiennent respectivement les valeurs de l'identifiant et du mot de passe.

Le principe consiste à utiliser ces deux valeurs pour vérifier qu'elles sont correctes. Deux cas de figure se présentent :

- La vérification a échoué et vous réitérez la demande d'authentification.
- La vérification a réussi et la suite du script est exécutée.

Listing 7-8 : Script d'authentification

```
if ($_SERVER["PHP_AUTH_USER"]!="test" ||
    $_SERVER["PHP_AUTH_PW"]!="test") {
  header('WWW-Authenticate: Basic realm="Zone protégée"');
  header("HTTP/1.0 401 Unauthorized");
  exit (0);
}
print("Bienvenue dans la zone sécurisée");
```

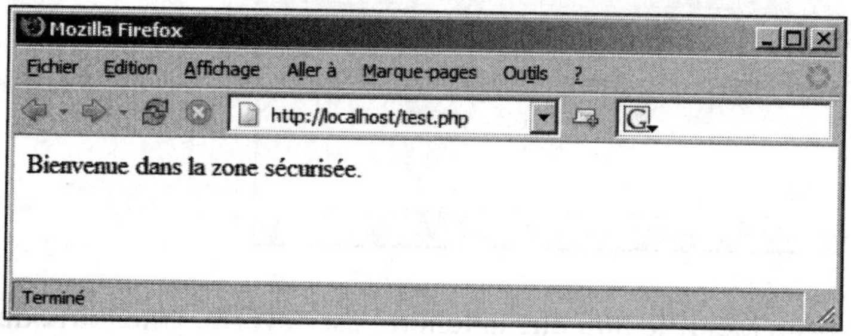

Figure 7-17 : *Message affiché en cas de succès*

En cas de succès, les différentes requêtes réalisées avec la même fenêtre de navigateur contiendront l'instruction Authorization. Libre à vous de vérifier pour toutes les pages du site que l'internaute est authentifié (en utilisant $_SERVER["PHP_AUTH_USER"] et $_SERVER["PHP_AUTH_PW"]). Il s'agit d'ailleurs d'une manière classique de protéger l'ensemble des scripts d'un site.

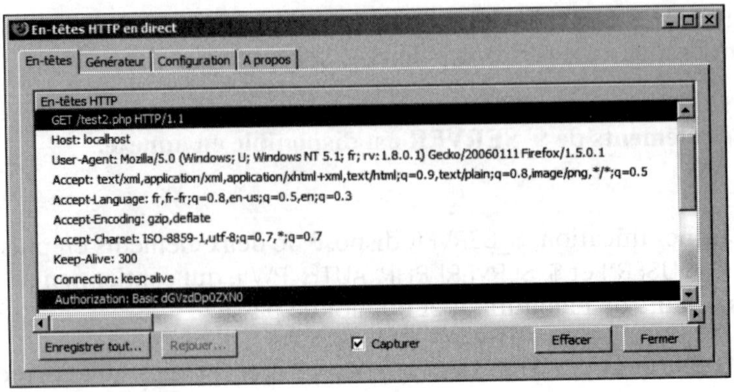

Figure 7-18 : *La requête sur le script test2.php contient bien l'identification*

Un internaute ne parvenant pas à s'authentifier peut à tout moment cliquer sur le bouton **Annuler** et obtenir un message d'aide. Ce dernier doit suivre l'envoi du code d'erreur 401.

Listing 7-9 : Précision d'un message d'aide

```
header('WWW-Authenticate: Basic realm="Zone protégée"');
header("HTTP/1.0 401 Unauthorized");
print("Veuillez contacter votre administrateur système ");
print("pour obtenir vos identifiants.");
```

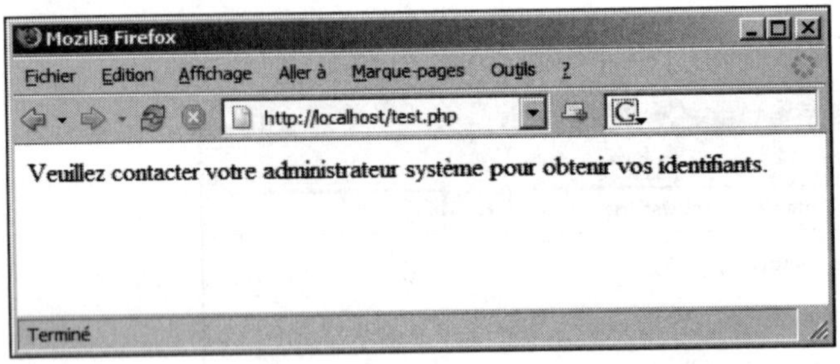

Figure 7-19 : *Message obtenu suite à un clic sur Annuler*

L'internaute reste identifié tant que la fenêtre est ouverte. Une porte de sortie doit donc être prévue pour lui permettre de se déconnecter. La technique pour y parvenir consiste à renvoyer un code d'erreur 401. L'exemple suivant propose un lien vers un script *quitter.php* chargé de réaliser cette déconnexion.

Listing 7-10 : test.php

```
<?php

if ($_SERVER["PHP_AUTH_USER"]!="test" ||
    $_SERVER["PHP_AUTH_PW"]!="test") {
```

```
    header('WWW-Authenticate: Basic realm="Zone protégée"');
    header("HTTP/1.0 401 Unauthorized");
    exit (0);
}
print("Bienvenue dans la zone sécurisée<br/><br/>");
print("<a href='quitter.php'>quitter l'application</a>");

?>
```

Listing 7-11 : quitter.php

```
<?php

header('WWW-Authenticate: Basic realm="Zone protégée"');
header("HTTP/1.0 401 Unauthorized");

?>
```

Une fois identifié, cliquez sur le lien pour basculer sur *quitter.php*. Vous constatez que la fenêtre d'authentification est bien proposée. Modifiez maintenant l'URL dans la barre de navigation : saisissez http://localhost/test.php. Vous constatez que la déconnexion a bien fonctionné. Le seul problème de cet exemple est de ne pas permettre une nouvelle authentification lorsque vous êtes sur la page **http://localhost/quitter.php**. La connaissance des sessions (présentées plus loin dans cet ouvrage) est nécessaire pour concevoir une solution.

7

7.5 En bref

- PHP permet de récupérer et de modifier les informations liées aux en-têtes HTTP.
- La fonction header() permet d'intervenir sur l'en-tête à la condition express de précéder les affichages du script.
- Les codes d'erreur envoyés par les réponses permettent la gestion des pages d'erreur et de l'authentification.

CHAPITRE

8

Les formulaires

CHAPITRE

8 Les formulaires

Nous nous intéresserons, dans le cadre de ce chapitre, aux formulaires HTML. Cette notion est absolument primordiale lors du développement d'un applicatif sur le Web. Ce sont en effet ces formulaires qui vont permettre aux internautes de transmettre des informations.

Vous étudierez donc la technique permettant de récupérer et de traiter au sein d'un script PHP des données issues d'un formulaire.

Nous nous arrêterons sur tous les types d'éléments qui peuvent composer un formulaire : zones de texte, cases à cocher, menus déroulants, etc.

8.1 Présentation des formulaires

Un formulaire peut être envisagé comme un questionnaire permettant aux internautes de transmettre des informations.

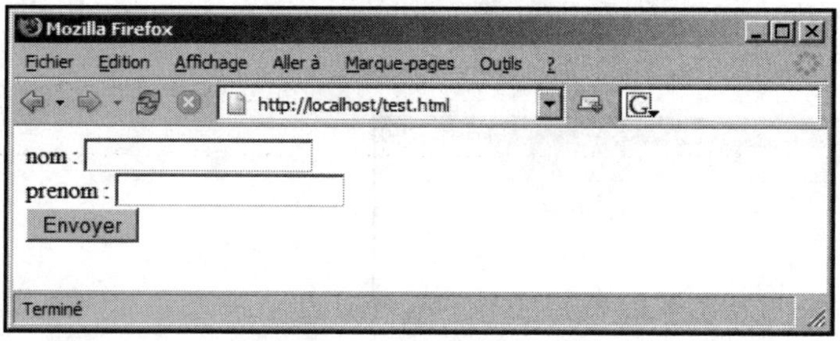

Figure 8-1 : *Exemple de formulaire*

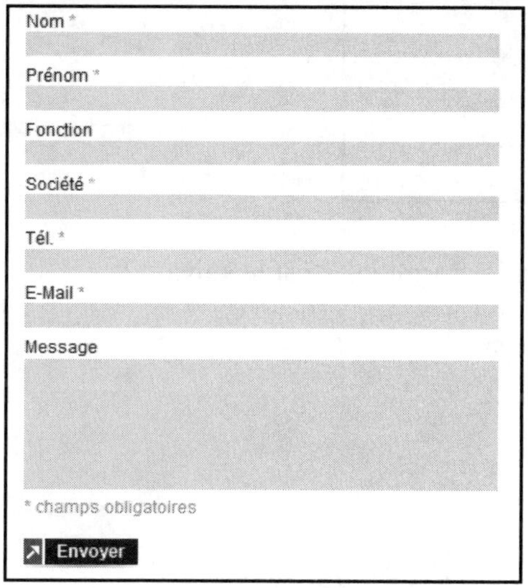

Figure 8-2 : *Formulaire plus complet*

Après la validation du formulaire, les données fournies par l'internaute sont transmises à un script cible. Ce dernier peut aussi bien être écrit en PHP qu'en ASP, en Perl, en Python, etc. Le traitement des données au sein du script pourra alors consister en un envoi d'e-mail, un enregistrement dans une base de données, la suppression d'un fichier, l'affichage d'une nouvelle page ou toute autre action pouvant être réalisée par le script.

Au niveau structurel, un formulaire est composé de champs. Le premier exemple propose un formulaire contenant deux champs : nom et prenom.

Au niveau HTML, un formulaire se construit ainsi :

- ouverture du formulaire avec la balise <form> ;
- définition des champs attachés à ce formulaire (champs de texte, menus, cases à cocher…) ;
- fermeture du formulaire avec la balise </form>.

Il est bien sûr possible de proposer plusieurs formulaires par page en multipliant les couples <form> </form>.

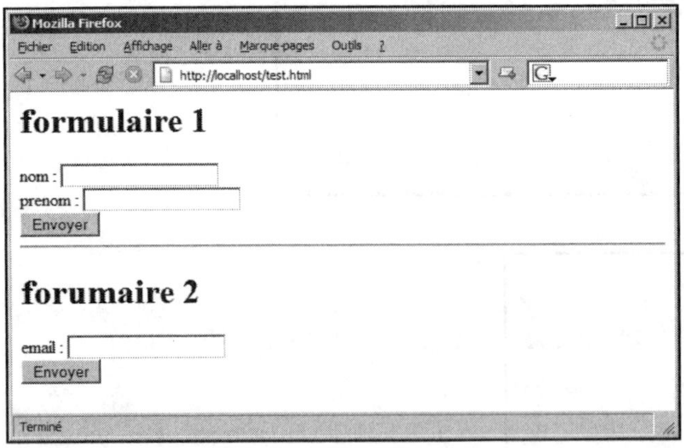

Figure 8-3 : *Deux formulaires*

Le code HTML correspondant à ce dernier formulaire est le suivant :

Listing 8-1 : Deux formulaires sur la même page

```
<html>
<body>

<h1>formulaire 1</h1>

<form>
 <label>nom :</label> <input type="text" /><br/>
```

```
 <label>prénom :<label> <input type="text" /><br/>
 <input type="submit" />
</form>

<hr/>

<h1>formulaire 2</h1>

<form>
 <label>email :<label> <input type="text" /><br/>
 <input type="submit" />
</form>

</body>
</html>
```

Seuls les éléments directement liés à un formulaire sont transmis par le bouton **Envoyer** du formulaire en question. Si le deuxième formulaire est validé, seul le champ email est transmis au serveur.

8.2 Les différents types de champs

Les champs d'un formulaire peuvent prendre différentes formes. On trouve par exemple des zones de texte, des menus, des cases à cocher, etc. En termes techniques, ces champs sont appelés des "widgets".

Un widget permet de transmettre une information. Chaque widget possède pour cela un nom auquel est associée une valeur.

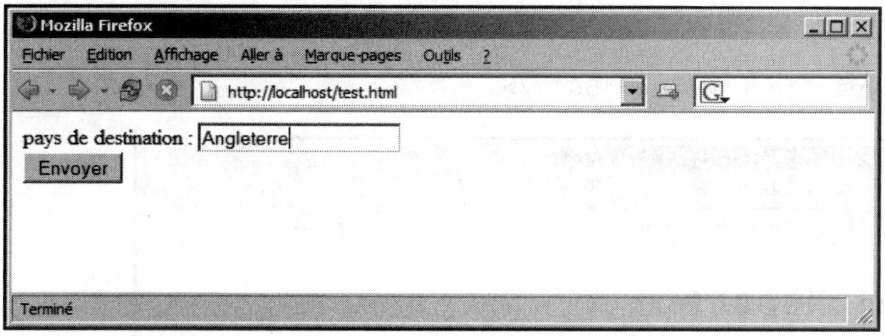

Figure 8-4 : *Le champ de texte*

Le code correspondant au champ de texte est le suivant :

```
<input type="text" name="pays" />
```

Une fois le formulaire validé par l'internaute, le script cible reçoit une variable pays contenant la valeur Angleterre.

Arrêtons-nous sur les différents widgets qui peuvent composer un formulaire.

input text

```
<input type="text" name="nom" />
```

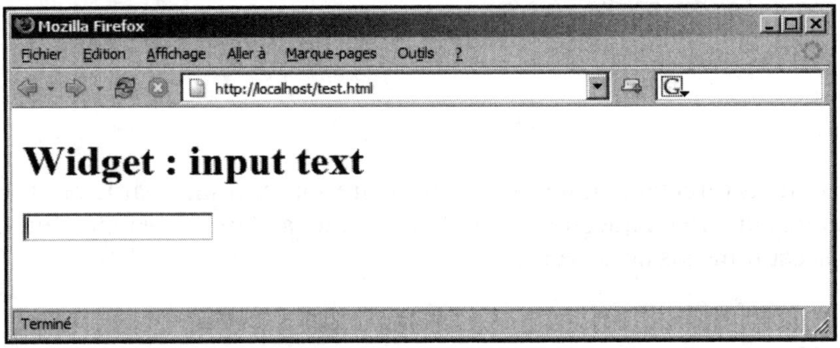

Figure 8-5 : *Widget text*

Un widget peut être accompagné d'un certain nombre d'attributs le plus souvent facultatifs. L'attribut value par exemple permet d'initialiser le champ de texte à une valeur donnée.

```
<input type="text" name="nom" value="Dupont" />
```

La dimension

Il est possible de forcer la dimension du champ avec l'attribut size.

```
<input type="text" size="50" />
```

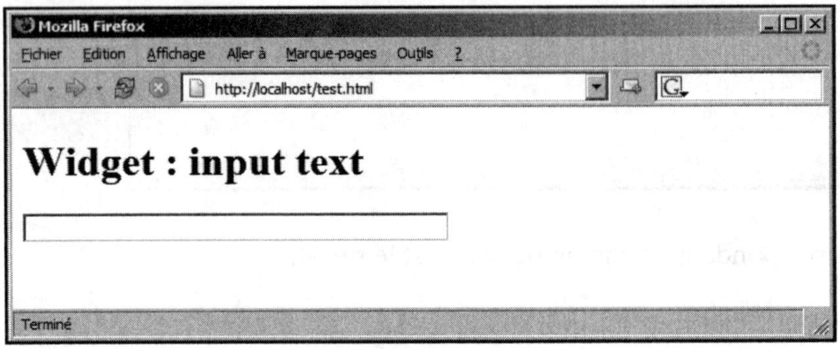

Figure 8-6 : *Widget text de taille 50*

La taille maximale

L'attribut maxlength permet de limiter le nombre de caractères qui peuvent être saisis.

```
<input type="text" maxlength="4" />
```

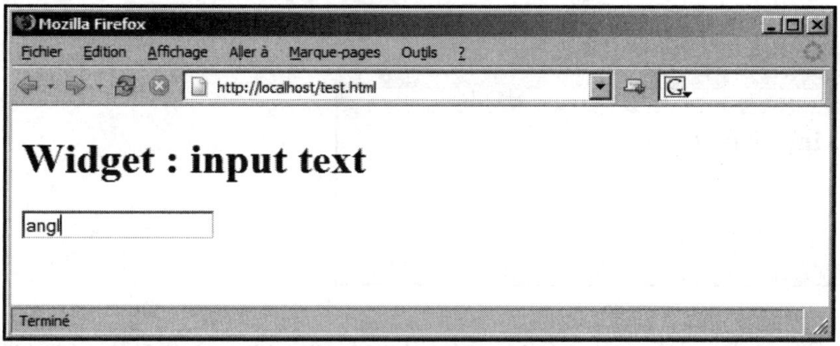

Figure 8-7 : *Avec une taille maximale de 4, il est impossible de saisir "angleterre"*

Cet attribut peut être intéressant pour interdire par exemple des identifiants de plus de n caractères.

La lecture seule

L'attribut readonly permet d'interdire la modification du contenu du widget.

```
<input type="text" value="donnée protégée" readonly="readonly" />
```

Cette propriété est également disponible pour le widget textarea présenté ci-après.

ATTENTION

Lecture/écriture

La valeur passée à readonly est optionnelle. Vous pouvez écrire readonly="yes", readonly="1", readonly="true" ou readonly tout court. Le seul moyen (en dehors d'un script JavaScript) d'indiquer qu'un widget est accessible à la fois en lecture et en écriture consiste donc à ne pas préciser dans la balise l'attribut readonly. Si vous précisez une valeur, votre code a l'avantage de rester compatible XHTML.

BIBLIOTHEQUE UNIVERSITAIRE NICE SCIENCES

Inaccessibilité

L'attribut disabled permet de rendre un widget inaccessible.

```
<input type="text" disabled="disabled" />
```

Cette propriété est disponible pour l'ensemble des widgets présentés ci-après.

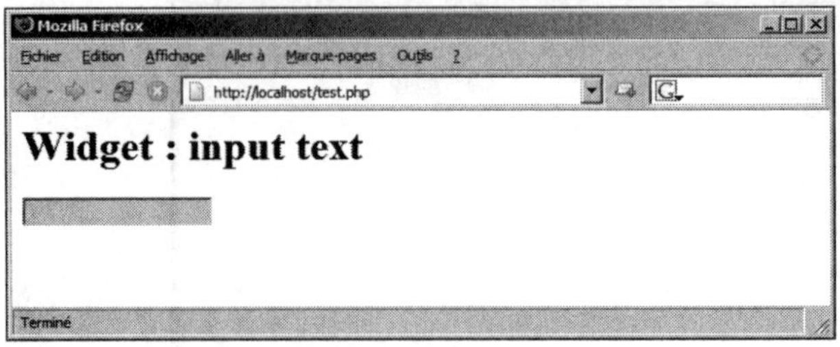

Figure 8-8 : *Un widget passé en mode "inaccessible" devient grisé*

Détail important, les éléments inaccessibles d'un formulaire ne sont pas transmis lors de la soumission.

> ATTENTION
>
> **Accessible/inaccessible**
>
> Comme readonly, disabled peut prendre toutes les valeurs que vous souhaitez. Ne précisez donc pas l'attribut disabled si vous voulez laisser un widget accessible.

Le mot de passe : password

Quand vous souhaitez qu'un internaute entre un mot de passe, préférez le type password au type text car les données saisies n'apparaissent pas en clair.

```
<input type="password" name="motdepasse" />
```

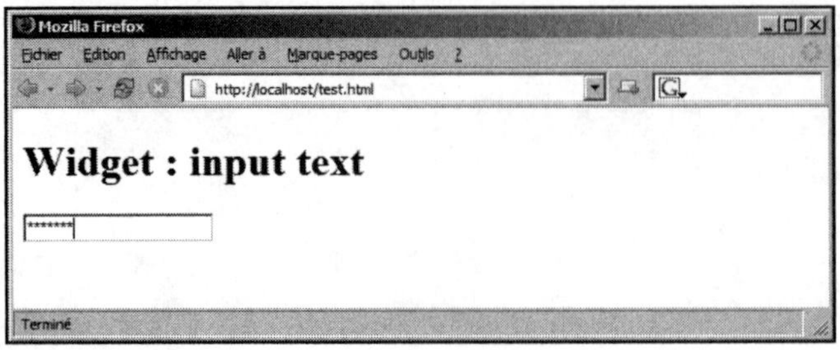

Figure 8-9 : *Avec le type password, les données sont cachées*

REMARQUE

XHTML

En HTML standard, les deux lignes suivantes sont équivalentes :

```
<input type="text">
<input type=text>
```

Cependant, la première est compatible avec le format XHTML, en passe de devenir le nouveau standard du Web. Il peut donc être bon, dès maintenant, de prendre de bonnes habitudes. Une autre obligation du XHTML est de fermer les balises "orphelines" :

```
<br /> <img src="pict.gif" /> <input type="text" />
```

Cela ne demande pas beaucoup de travail, ne change rien à l'apparence de votre site et vous assure une compatibilité avec les futurs navigateurs.

textarea


```
<textarea name="nom"></texarea>
```

Le widget textarea correspond à une zone de texte multiligne. Les données transmises par ce champ sont contenues entre les deux balises <textarea> et </textarea>.

```
<textarea name="test">ligne 1
ligne 2
</textarea>
```

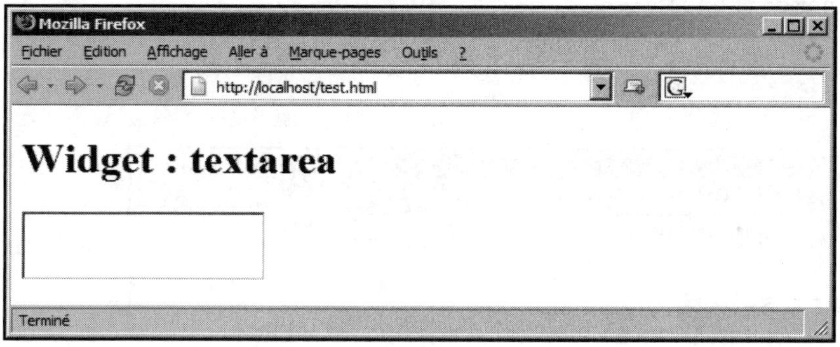

Figure 8-10 : *textarea*

Les attributs rows et cols

Le premier permet de fixer le nombre de lignes et le second le nombre de colonnes.

Voici un textarea de 8 lignes et de 50 colonnes :

```
<textarea name="test" rows="8" cols="50"></textarea>
```

L'attribut wrap

L'attribut wrap permet de définir le comportement d'un textarea lorsqu'une phrase est trop longue pour tenir en entier dans le widget :

- Avec wrap="off", un ascenseur horizontal apparaît et il est nécessaire de le faire défiler pour voir la fin de la phrase.
- Avec wrap="soft", la phrase tient sur plusieurs lignes.

Figure 8-11 : *textarea avec et sans wrap*

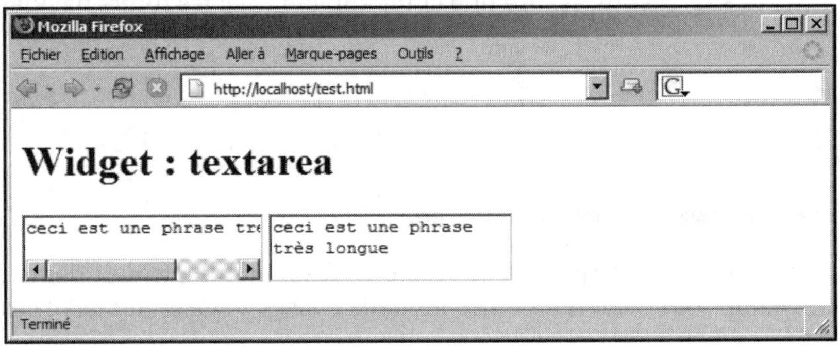

select

```
<select name="test">
 <option value="1">-- premier choix --</option>
 <option value="2">-- deuxième choix --</option>
</select>
```

Figure 8-12 : *Le menu déroulant*

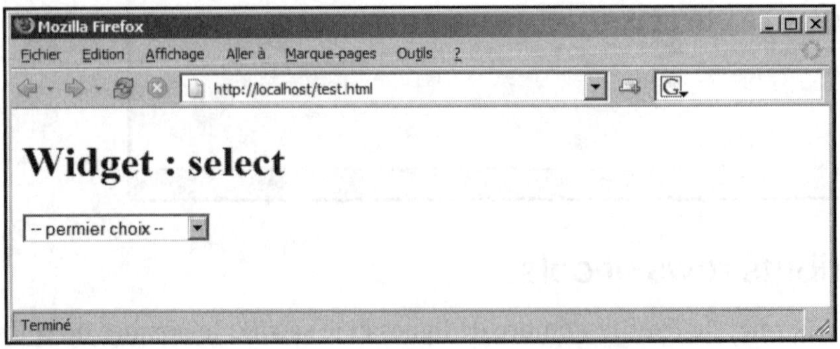

Le widget select permet de construire des menus déroulants. Le nom de la donnée est contenu dans la balise <select> et la valeur dans <option>. Seule la valeur sélectionnée est transmise.

La présélection

Il est possible d'initialiser le menu sur un autre choix que le premier. Il faut alors ajouter le mot-clé selected dans l'option souhaitée :

```
<select name="test">
 <option value="1">-- premier choix --</option>
 <option value="2" selected="true">-- deuxième choix --</option>
</select>
```

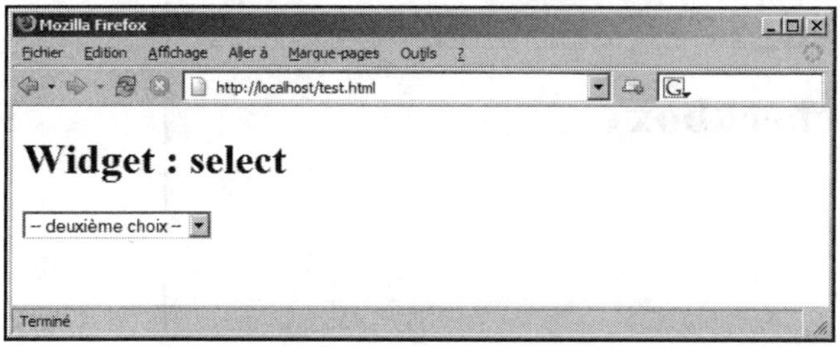

Figure 8-13 : *Le menu est initialisé sur le deuxième choix*

Le menu à choix multiples

Le mot-clé multiple permet de transformer le menu déroulant en menu à choix multiples. L'attribut associé size permet de définir la hauteur du select.

```
<select name="test[]" multiple="true" size="3">
 <option value="1">-- premier choix --</option>
 <option value="2">-- deuxième choix --</option>
 <option value="3">-- troisième choix --</option>
</select>
```

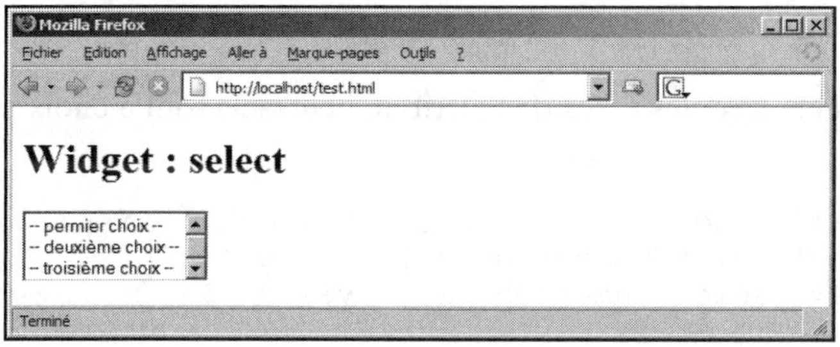

Figure 8-14 : *Menu à choix multiples*

Là encore, il est possible d'utiliser selected pour présélectionner plusieurs valeurs.

input checkbox

```
<input type="checkbox" name="nom" value="val" />
```

Ce widget permet de créer des cases à cocher.

```
choix 1 <input type="checkbox" name="choix[]" value="1" /> -
choix 2 <input type="checkbox" name="choix[]" value="2" /> -
choix 3 <input type="checkbox" name="choix[]" value="3" />
```

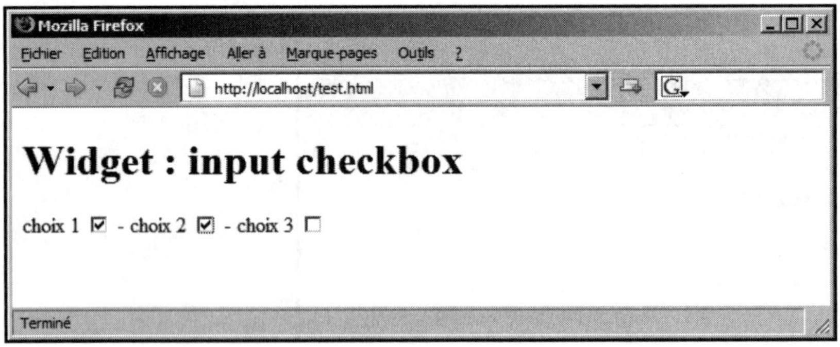

Figure 8-15 : *Les cases à cocher*

Seules les valeurs des cases cochées sont transmises.

Il est possible d'initialiser une case avec le mot-clé checked.

```
choix 1 <input type="checkbox" name="choix[]" value="1" /> -
choix 2 <input type="checkbox" name="choix[]" value="2"
✂ checked="true" /> -
choix 3 <input type="checkbox" name="choix[]" value="3" />
```

input radio

```
<input type="checkbox" name="nom" value="val" />
```

À la différence des "checkboxes", les cases de l'attribut input radio sont à choix unique :

```
choix 1 <input type="radio" name="choix[]" value="1" /> -
choix 2 <input type="radio" name="choix[]" value="2" /> -
choix 3 <input type="radio" name="choix[]" value="3" />
```

Figure 8-16 : *Les boutons radio*

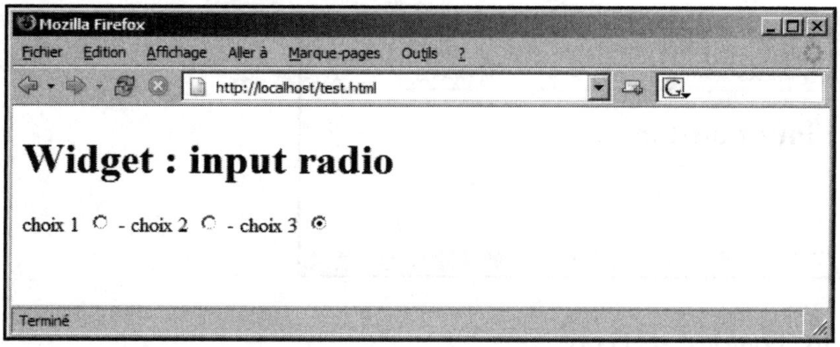

Pour en faire des cases à choix unique, il convient de bien spécifier le même nom pour tous les attributs input. Si vous donnez des noms différents, il devient possible de sélectionner toutes les options.

```
choix 1 <input type="radio" name="choix1" value="1" /> -
choix 2 <input type="radio" name="choix2" value="2" /> -
choix 3 <input type="radio" name="choix3" value="3" />
```

Figure 8-17 : *Des attributs input avec des noms différents ne s'excluent pas*

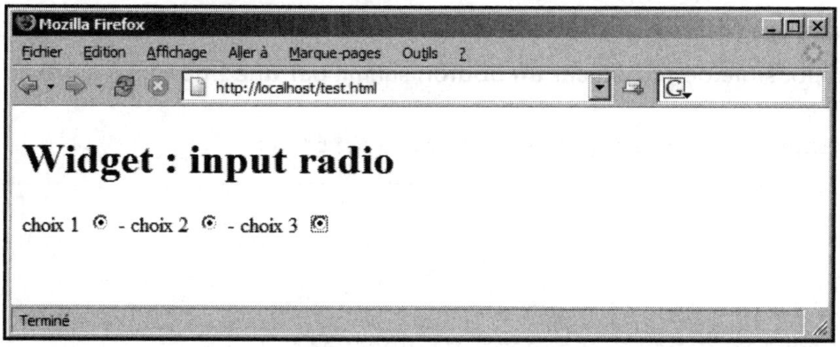

Le mot-clé checked est aussi valide avec ce widget.

input button

```
<input type="button" name="nom" value="val" />
```

Il s'agit du widget "bouton". L'intitulé du bouton est contenu dans value.

```
<input type="button" name="test" value="ceci est un bouton" />
```

Figure 8-18 :
Le bouton

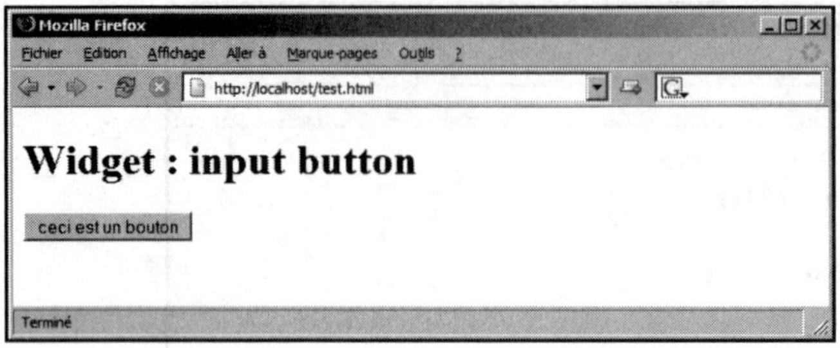

Il existe deux "boutons" spéciaux :

- submit : un clic sur un bouton de ce type déclenche l'envoi du formulaire.

```
<input type="submit" value="envoyer le formulaire" />
```

- reset : ce bouton permet d'effacer toutes les informations contenues dans le formulaire.

```
<input type="reset" value="effacer les informations" />
```

ASTUCE

Une image comme bouton d'envoi

Il est possible de remplacer un bouton submit par une image. La syntaxe est alors :

```
<input type="image" src="image.gif" />
```

input hidden

```
<input type="hidden" name="nom" value="val" />
```

Il s'agit d'un widget invisible. L'intérêt est de stocker une information que vous voulez transmettre avec le formulaire, mais qui n'a pas lieu d'être présentée à l'internaute.

8.3 Transmission des données à un script PHP

Vous êtes désormais en mesure de concevoir vos propres formulaires. Découvrons maintenant les différentes méthodes permettant de transmettre des données à un script PHP.

La variable $_GET

La balise <form> dispose également d'un certain nombre d'attributs, tous optionnels. Le premier que vous allez étudier est action. Il permet de préciser quel script sera appelé une fois le bouton submit du formulaire validé.

Si vous souhaitez transmettre les informations du formulaire au script *script.php*, vous devez écrire :

```
<form action="script.php">
```

> REMARQUE
>
> **<form> sans action**
>
> Si vous ne précisez pas la propriété action, le formulaire s'envoie les informations à lui-même. Vous verrez plus loin qu'il peut être intéressant de regrouper à la fois le formulaire et son traitement au sein d'un même fichier.

Un script situé sur un autre site peut également être appelé via l'attribut action. L'exemple suivant appelle le moteur de recherche Google en lui transmettant le mot-clé correspondant à la recherche :

Listing 8-2 : Appel direct du moteur de recherche Google

```
<form action="http://www.google.fr/search">
 <input type="text" name="q" />
 <input type="submit" value="nouvelle recherche" />
</form>
```

Figure 8-19 : *Formulaire permettant d'appeler le moteur de recherche Google*

En validant le formulaire avec le mot-clé "PHP", vous basculez sur le site de Google et vous obtenez le résultat de la recherche :

Figure 8-20 : *Résultat de la recherche*

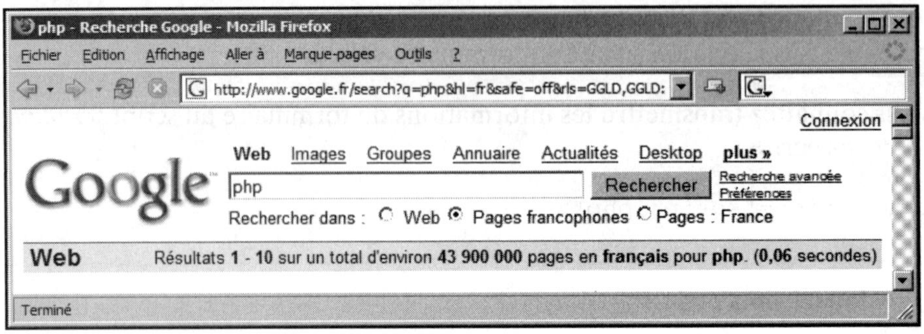

> ATTENTION
>
> **Utilisation de ressources**
>
> Le Web est de plus en plus réglementé. Les grandes heures d'Internet libre sont derrière nous. Le fait d'utiliser des ressources d'un autre serveur, comme vous venez de le faire, n'est pas toujours très apprécié.

Créez maintenant deux fichiers en y plaçant un formulaire (*form.html*) et un script PHP (*script.php*) et faites pointer le formulaire sur le script :

Listing 8-3 : form.html

```
<form action="script.php">
 <input type="text" name="x" />
 <input type="submit" value="envoyer" />
</form>
```

Listing 8-4 : script.php

```
<?php
print("valeur de x : ");
?>
```

Lorsque le formulaire est validé, le script affiche le message "bonjour monde". C'est certes sympathique, mais vous ne prenez pas en compte l'information qui a été transmise.

PHP rend la récupération des paramètres transmis extrêmement simple. Le principe consiste à passer par la variable prédéfinie $_GET, qui contient un tableau associatif dont chaque clé correspond au nom (attribut name) du widget. Dans le cas présent, $_GET['x'] contient la valeur de votre champ de texte.

Listing 8-5 : Votre script affiche maintenant la valeur qui lui a été transmise

```
print("valeur de x : "+$_GET['x']);
```

La variable $_GET est d'un type particulier qui lui permet d'être directement accessible au sein de fonctions sans passer par global. Le terme utilisé pour la qualifier est "super-globale".

Listing 8-6 : script.php

```
<?php

function affiche_param()
{
  print("valeur de x : "+$_GET['x']);
}

affiche_param();

?>
```

8

Le principe est le même, qu'il y ait un ou plusieurs champs et quel que soit le type du champ. Le formulaire suivant permet de travailler avec différents widgets :

Listing 8-7 : Un formulaire plus complet

```
<html>
<body>

<form action="script.php">

 nom
 <input type="text" name="nom" /><br/>

 prénom
 <input type="text" name="prenom" /><br/>

 adresse<br/>
 <textarea name="adresse" rows="3"></textarea><br/>

 sexe
 <input type="radio" name="sexe" value="h" checked="checked" /> H
 ✂ -
 <input type="radio" name="sexe" value="f" /> F<br/>
```

```
 yeux
 <select name="yeux">
  <option value="vert">verts</option>
  <option value="bleu">bleus</option>
  <option value="marron">marron</option>
 </select><br/>

 <input type="submit" value="transmettre" />

</form>

</body>
</html>
```

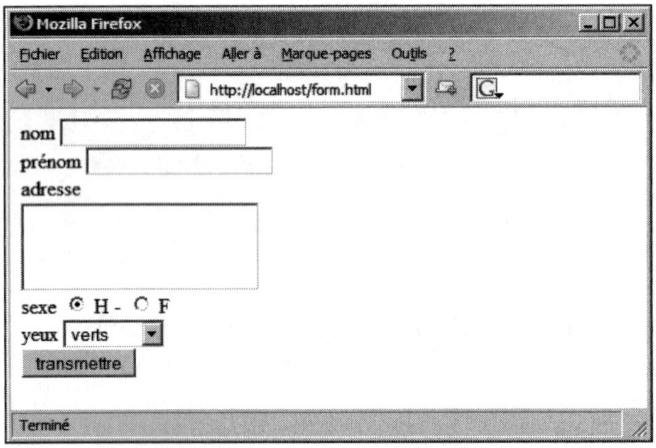

Figure 8-21 : *Formulaire complet*

Le script *script.php* doit être modifié de la façon suivante afin d'afficher toutes les données transmises par votre formulaire :

Listing 8-8 : script.php

```
<?php

print("<b>Nom</b> : ".$_GET['nom']."<br/>");
print("<b>Prénom</b> : ".$_GET['prenom']."<br/>");
print("<b>Adresse</b> : ".$_GET['adresse']."<br/>");
print("<b>Sexe</b> : ".$_GET['sexe']."<br/>");
print("<b>Yeux</b> : ".$_GET['yeux']."<br/>");

?>
```

Figure 8-22 : *Affichage des données*

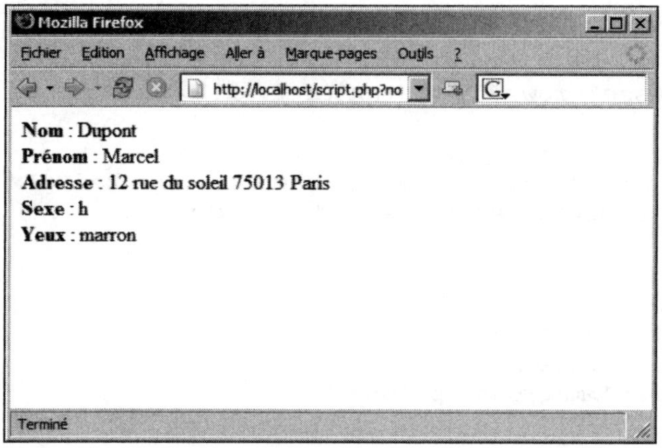

ASTUCE

Ouverture dans une autre fenêtre

Il est possible en HTML d'ouvrir un lien dans une autre fenêtre avec l'attribut target.

```
<a href="http://www.google.fr" target="_blank">google</a>
```

Cela fonctionne de la même manière avec les formulaires.

```
<form action="script.php" target="_blank">
```


Le formulaire n'est composé pour l'instant que de widgets à choix unique. Or il existe des widgets permettant de sélectionner plusieurs valeurs : les input de type checkbox et les select multilignes. L'association une variable/plusieurs valeurs évoque tout naturellement les tableaux ! La technique permettant à PHP d'initialiser un tableau plutôt qu'une variable simple consiste à mettre des crochets au sein de l'attribut name : écrivez name="val[]" au lieu de name="val".

Modifiez *form.html* afin d'y intégrer des widgets à choix multiples.

Listing 8-9 : Un formulaire avec des champs à choix multiples

```
<html>
<body>

<form action="script.php">

 nom
 <input type="text" name="nom" /><br/>

 prénom
```

```
<input type="text" name="prenom" /><br/>

adresse<br/>
<textarea name="adresse" rows="3"></textarea><br/>

sexe
<input type="radio" name="sexe" value="h" checked="checked" /> H -
<input type="radio" name="sexe" value="f" /> F<br/>

yeux
<select name="yeux">
 <option value="vert">verts</option>
 <option value="bleu">bleus</option>
 <option value="marron">marron</option>
</select><br/>

diplomes<br/>
<select name="diplomes[]" size="3" multiple="multiple">
 <option value="bac">bac</option>
 <option value="bts">bts</option>
 <option value="maitrise">maitrise</option>
 <option value="licence">licence</option>
</select><br/>

permis<br/>
<input type="checkbox" name="permis[]" value="aucun">aucun<br/>
<input type="checkbox" name="permis[]" value="a">permis A<br/>
<input type="checkbox" name="permis[]" value="b">permis B<br/>
<input type="checkbox" name="permis[]" value="moto">moto<br/>

<input type="submit" value="transmettre" />

</form>

</body>
</html>
```

Affichez le contenu de la variable $_GET afin de comprendre comment PHP organise la réception des données. Utilisez pour cela la fonction print_r(), qui permet d'afficher le contenu d'un tableau.

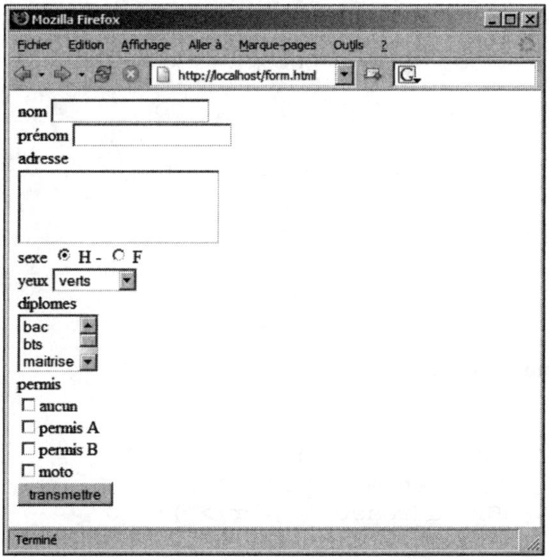

Figure 8-23 : *Formulaire avec des champs à choix multiples*

Listing 8-10 : Affichage de $_GET

```
<pre>
<?php
print_r($_GET);
?>
</pre>
```


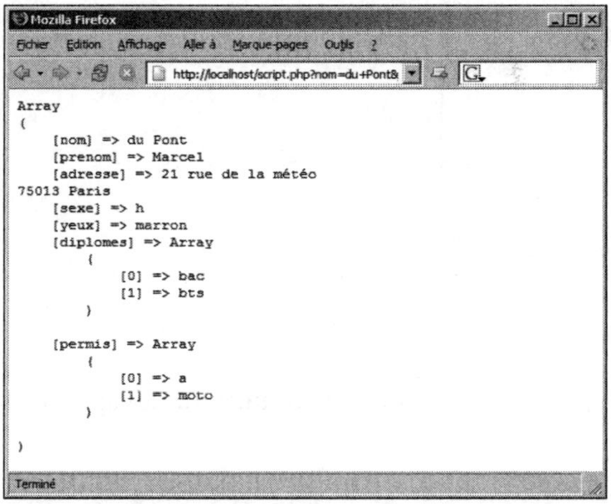

Figure 8-24 : *Contenu de la variable $_GET*

Vous obtenez la confirmation que les éléments $_GET['diplomes'] et $_GET['permis'] contiennent bien des tableaux. Il convient donc de trouver un moyen de les afficher au sein de votre script *script.php*. La fonction join(), qui convertit un tableau en chaîne de caractères, pourrait tout à fait convenir. Rappelons son utilisation à l'aide d'un exemple.

```
$ar = array('a','b','c');
$str = join(',',$ar);
print($str);
```

Ce code affichera a,b,c.

Votre script devient donc :

Listing 8-11 : Affichage des champs multivaleurs

```
<?php

print("<b>Nom</b> : ".$_GET['nom']."<br/>");
print("<b>Prénom</b> : ".$_GET['prenom']."<br/>");
print("<b>Adresse</b> : ".$_GET['adresse']."<br/>");
print("<b>Sexe</b> : ".$_GET['sexe']."<br/>");
print("<b>Yeux</b> : ".$_GET['yeux']."<br/>");
$str_diplomes = join(',',$_GET['diplomes']);
print("<b>Diplomes</b> : ".$str_diplomes."<br/>");
$str_permis = join(',',$_GET['permis']);
print("<b>Permis</b> : ".$str_permis."<br/>");

?>
```

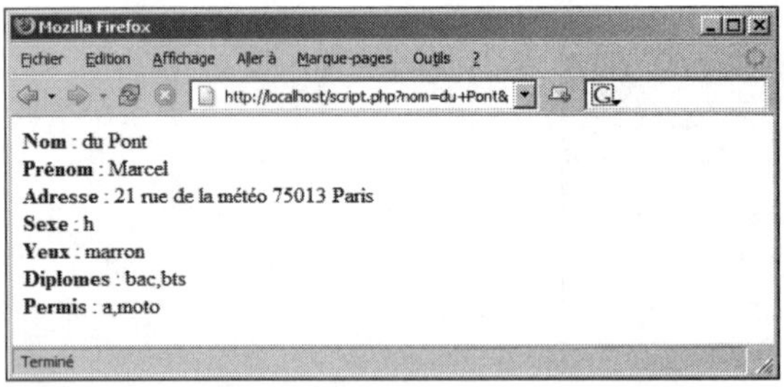

Figure 8-25 : *Affichage des valeurs*

La Query String

Arrêtons-nous un instant sur l'adresse (URL) affichée en haut du navigateur dans la barre de navigation.

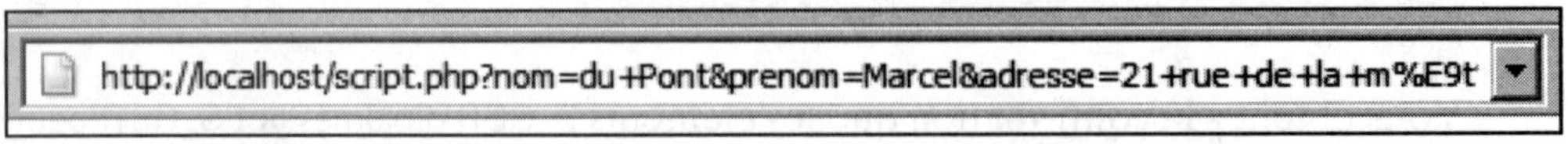

Figure 8-26 : *Affichage d'une URL*

Vous constatez que le formulaire appelle bien *script.php* et qu'il lui transmet en plus une longue chaîne de caractères assez étrange :

http://localhost/script.php?nom=du+Pont&prenom=Marcel&adresse=21+rue+de+la+m%E9t%E9o%0D%0A75013+Paris&sexe=h&yeux=marron&diplomes%5B%5D=bac&diplomes%5B%5D=bts&permis%5B%5D=a&permis5B5D=moto.

La caractéristique principale de la méthode GET est précisément de transmettre les paramètres du formulaire au sein même de l'URL. Cette chaîne de paramètres (dont le nom technique est Query String) est séparée du nom du script par le caractère ?. Sa syntaxe est nom1=valeur1&nom2=valeur2&nom3=valeur3...nomN=valeurN, où nom correspond à l'attribut name du widget et valeur correspond à la valeur associée, sélectionnée ou cochée par l'internaute. L'URL prise en exemple le confirme car vous y trouvez bien yeux=marron. En revanche, le caractère + dans nom=du+Pont montre que les valeurs subissent un codage. Ainsi, les espaces sont transformés en signes +, les crochets ([) en %5B, les caractères = en %3D, les é en %E9, etc. La fonction PHP urlencode() se charge de cette opération fastidieuse en retournant une chaîne urlencode à partir d'une chaîne "en clair".

```
$str = urlencode("a = é & 123");
// $str contient a+%3D+%E9+%26+123
```

ATTENTION

Encodage des données

À la fois les noms et les valeurs doivent être encodés dans l'URL.

8

Il est en fait possible de transmettre des données à votre script sans passer par le formulaire. Imaginez que vous vouliez transmettre les données suivantes :

Tableau 8-1 : Éric Durand

Nom	Valeur
Nom	Durand
Prénom	Eric
Adresse	Place des Victoires
Sexe	h
Yeux	bleu

Tableau 8-1 : Éric Durand	
Nom	**Valeur**
Diplômes	bac,bts
Permis	a,b

Écrivez le script *url.php* chargé de construire un lien permettant de transmettre à *script.php* les données liées à Éric Durand.

Listing 8-12 : Transmission de données au sein de l'URL

```
<?php

$url = 'http://localhost/script.php?';
$url  .= urlencode("nom").'='.urlencode("Durand").'&';
$url  .= urlencode("prenom").'='.urlencode("Eric").'&';
$url  .= urlencode("adresse").'='.urlencode("Place des
✂ Victoires").'&';
$url  .= urlencode("sexe").'='.urlencode("h").'&';
$url  .= urlencode("yeux").'='.urlencode("bleu").'&';
$url  .= urlencode("diplomes[]").'='.urlencode("bac").'&';
$url  .= urlencode("diplomes[]").'='.urlencode("bts").'&';
$url  .= urlencode("permis[]").'='.urlencode("a").'&';
$url  .= urlencode("permis[]").'='.urlencode("b");

print("<a href='".$url."'>Eric Durand</a>");

?>
```

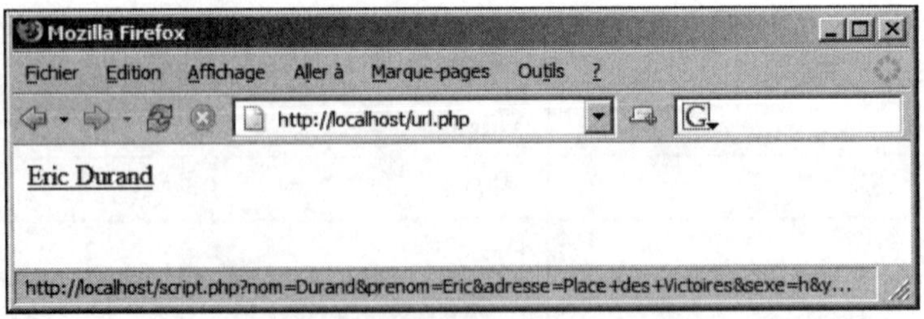

Figure 8-27 : *La barre d'état montre que l'URL a bien été construite*

Cliquez maintenant sur le lien et vous obtenez le résultat attendu.

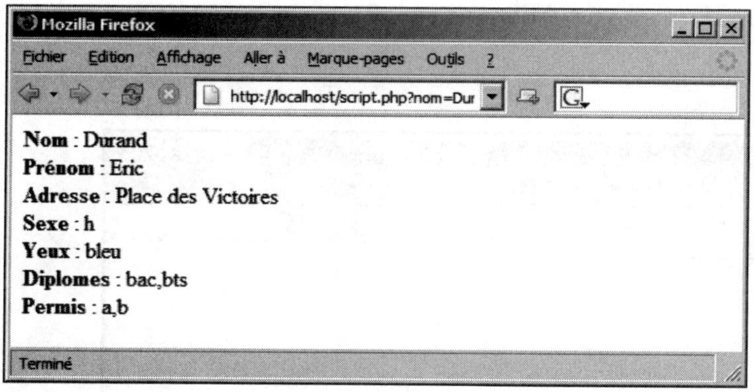

Figure 8-28 : *Affichage du résultat*

> REMARQUE
>
> **Transmission simple**
>
> Si les noms et les valeurs à transmettre ne contiennent que des caractères alphanumériques, l'étape d'encodage de l'URL devient superficielle. Pour x = 2 et y = "toto", le lien suivant peut directement être écrit : <a href="fichier.php?x=2&y=toto">transmission simple</a>.

Cette transmission par URL se révèle très pratique en programmation web car elle évite de mettre systématiquement en œuvre un formulaire pour transmettre une donnée.

La méthode POST

La méthode GET entraîne donc l'affichage en clair dans la barre de navigation des données fournies par l'internaute.

Vous comprenez donc la limitation d'une telle méthode dans le cas de la transmission d'un mot de passe.

Listing 8-13 : Un formulaire d'identification

```
<form action="auth.php">

 <label>identifiant</label>
 <input type="text" name="id" /><br/>

 <label>mot de passe</label>
 <input type="password" name="pass" /><br/>
```

```
  <br/><input type="submit" value="identification">

</form>
```

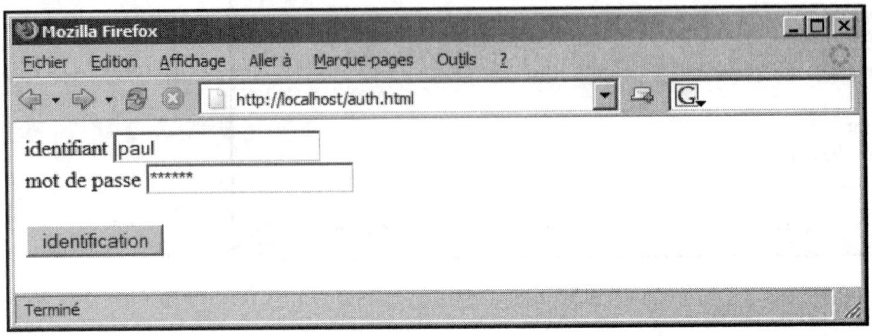

Figure 8-29 : *Formulaire d'identification disposant d'un widget password*

Listing 8-14 : auth.php

```
<?php

print("<b>Identifiant</b> : ".$_GET['id']."<br/>");
print("<b>Mot de passe</b> : ".$_GET['pass']."<br/>");

?>
```

En validant le bouton d'identification, vous basculez sur le script *auth.php* et vous aurez la surprise de voir dans la barre de navigation votre mot de passe en clair !

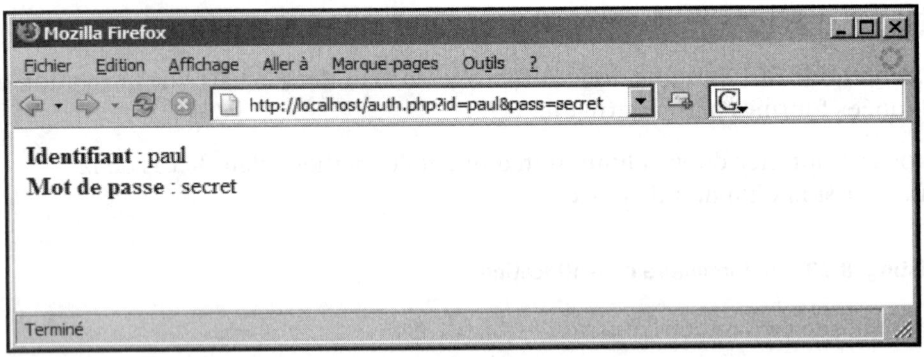

Figure 8-30 : *Il faut espérer qu'un collègue mal intentionné ne se trouve pas derrière !*

Heureusement, les formulaires peuvent également être envoyés avec la méthode POST !

Listing 8-15 : Le formulaire utilise désormais la méthode POST

```
<form action="auth.php" method="post">

 <label>identifiant</label>
 <input type="text" name="id" /><br/>

 <label>mot de passe</label>
 <input type="password" name="pass" /><br/>

 <br/><input type="submit" value="identification">

</form>
```

En termes fonctionnels, cela ne change presque rien pour vous : la variable `$_POST` est utilisée à la place de la variable `$_GET`.

```
<?php

print("<b>Identifiant</b> : ".$_POST['id']."<br/>");
print("<b>Mot de passe</b> : ".$_POST['pass']."<br/>");

?>
```

En revanche, les paramètres transmis n'apparaissent plus dans la barre de navigation.

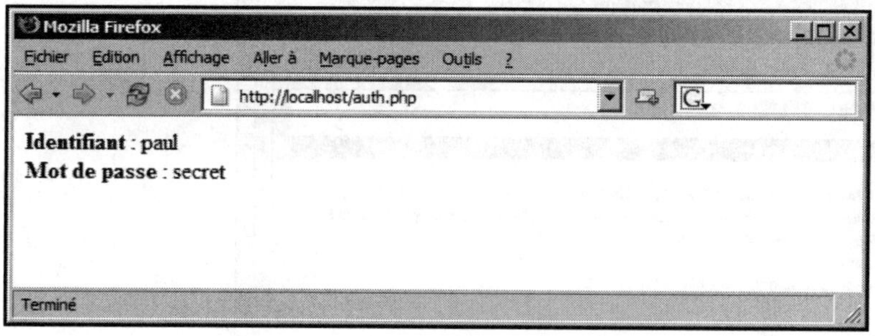

Figure 8-31 : *Le mot de passe n'apparaît plus dans la barre de navigation*

REMARQUE

Avantages et inconvénients de la méthode POST

Vous pouvez préférer la méthode POST à la méthode GET lorsque vous devez transmettre une quantité importante de données (plusieurs mégaoctets). Mais délaissez-la si l'internaute est susceptible de revenir en arrière en utilisant l'icône de retour (*back*). Vous risquez en effet, dans ce cas, d'être confronté à des problèmes de "cache" et de timeout.

Un changement de méthode (POST, GET) au niveau de la balise <form> entraîne une modification du script. La variable $_REQUEST permet d'éviter cela dans la mesure où elle contient à la fois les variables transmises en POST, les variables transmises en GET ainsi que les cookies (que vous étudierez plus loin). Dans la suite de l'ouvrage, nous utiliserons $_REQUEST.

Différence entre GET et POST

La méthode POST diffère de la méthode GET dans sa façon de transmettre les données. L'extension LiveHTTPHeaders permet de visualiser cette différence. Le formulaire envoyé est le suivant :

Listing 8-16 : Formulaire de référence

```
<form method="GET ou POST">
<input type="text" name="nom" /><br/>
<input type="text" name="prenom" /><br/>
<input type="submit" value="envoyer" />
</form>
```

Avec la méthode GET

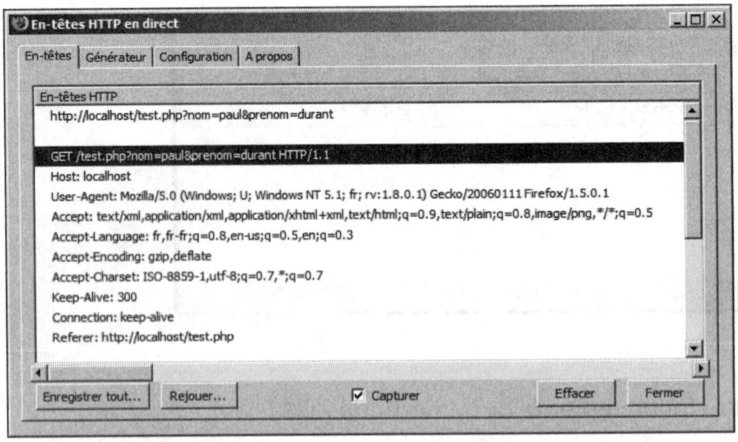

Figure 8-32 : *Méthode GET*

Les données sont transmises directement dans l'URL.

Avec la méthode POST

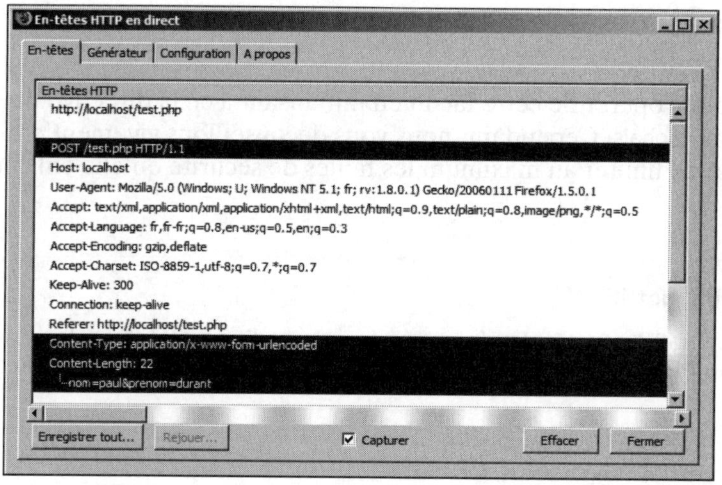

Figure 8-33 : *Méthode POST*

Les données sont ici transmises directement dans l'en-tête de la requête. Cette méthode a l'inconvénient d'entraîner des erreurs liées à l'expiration des données en mémoire.

La méthode POST vous permet en revanche de transmettre beaucoup plus de données que la méthode GET.

Le mode register_globals on

Avec les versions plus anciennes de PHP, la récupération des variables était encore plus simple. Des variables portant le nom des widgets étaient automatiquement initialisées.

Vous auriez écrit *script.php* de la manière suivante :

Listing 8-17 : Ancienne méthode pour récupérer les paramètres

```
<?php

print("<b>Nom</b> : ".$nom."<br/>");
print("<b>Prénom</b> : ".$prenom."<br/>");
print("<b>Adresse</b> : ".$adresse."<br/>");
print("<b>Sexe</b> : ".$sexe."<br/>");
print("<b>Yeux</b> : ".$yeux."<br/>");
$str_diplomes = join(',',$diplomes);
print("<b>Diplomes</b> : ".$str_diplomes."<br/>");
```

```
$str_permis = join(',',$permis);
print("<b>Permis</b> : ".$str_permis."<br/>");

?>
```

Il est encore possible d'opérer de cette façon en initialisant à on la directive de configuration register_globals. Cependant, nous vous déconseillons vivement d'utiliser cette technique afin de limiter au maximum les failles de sécurité qu'elle entraîne bien souvent.

REMARQUE

La fonction ini_get()

La fonction ini_get() permet de récupérer la valeur d'une directive de configuration PHP et ainsi de savoir si vous êtes en register_globals on ou off :

```
<?php

if (ini_get("register_globals")==1) {
 print("Vous êtes en register_globals=on");
}
else {
 print("Vous êtes en register_globals=off");
}

?>
```

ATTENTION

Obsolescence de register_globals

La directive register_globals ne sera plus disponible avec PHP 6.

8.4 Pré-remplissage d'un formulaire

Les exemples présentés jusqu'à maintenant permettaient de fournir des informations à partir d'un formulaire vide. Il est également possible d'utiliser un formulaire pour éditer des données issues d'un fichier ou d'une base de données. La méthode consiste alors à initialiser chaque champ à la bonne valeur. Chaque type de champ ayant sa spécificité, récapitulons les différentes méthodes d'initialisation.

Tableau 8-2 : Résumé des méthodes d'initialisation d'un formulaire

Type de champ	Méthode d'initialisation
input text	La valeur est associée à l'attribut value. La méthode est identique à l'input hidden.
textarea	La valeur est placée entre les balises <textarea> et </textarea>.
select	L'attribut selected est précisé au niveau de la balise <option> concernée. S'il s'agit d'un menu multichoix, plusieurs balises peuvent disposer de cet attribut.
radio/checkbox	L'attribut checked est précisé au niveau des balises <input> concernées.

L'individu suivant sera pris en référence :

- nom : Dupont ;
- prénom : Éric ;
- adresse : 12, rue Paul Morand 75005 Paris ;
- sexe : homme ;
- yeux : bleus ;
- diplôme : maîtrise ;
- permis : A, moto.

Modifiez maintenant le code HTML du formulaire afin d'afficher ce profil.

Listing 8-18 : Formulaire initialisé

```
<form action="script.php">

 nom
 <input type="text" name="nom" value="Dupont" /><br/>

 prénom
 <input type="text" name="prenom" value="Eric" /><br/>

 adresse<br/>
 <textarea name="adresse" rows="3">12, rue Paul Morand
75005 PARIS</textarea><br/>

 sexe
 <input type="radio" name="sexe" value="h"
        checked="checked" /> H -
 <input type="radio" name="sexe" value="f" /> F<br/>
 yeux
```

```
<select name="yeux">
 <option value="vert">verts</option>
 <option value="bleu" selected="selected">bleus</option>
 <option value="marron">marron</option>
</select><br/>

diplomes<br/>
<select name="diplomes[]" size="3">
 <option value="bac" selected="selected">bac</option>
 <option value="bts">bts</option>
 <option value="maitrise" selected="selected">maitrise</option>
 <option value="licence">licence</option>
</select><br/>

permis<br/>
<input type="checkbox" name="permis[]" value="aucun" />aucun<br/>
<input type="checkbox" name="permis[]" value="a"
       checked="checked" />permis A<br/>
<input type="checkbox" name="permis[]" value="b" />permis B<br/>
<input type="checkbox" name="permis[]" value="moto"
       checked="checked" />moto<br/>

<input type="submit" value="transmettre" />

</form>
```

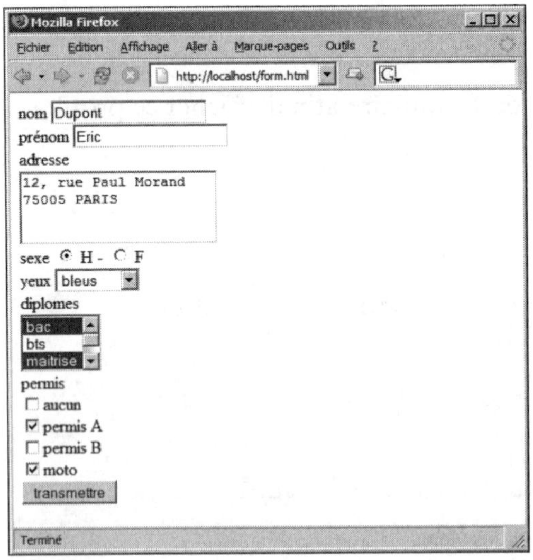

Figure 8-34 : *Formulaire pré-rempli*

Un formulaire peut aussi être initialisé dynamiquement. Au lieu d'écrire value="Dupont", il est possible d'utiliser une valeur transmise en paramètre : value="<?php echo $_REQUEST['nom']; ?>".

Un avantage de PHP réside dans la possibilité de faire référence à des variables qui n'existent pas. Il est ainsi possible de faire référence à $_REQUEST['nom'] même si aucun paramètre nom n'a été transmis. De cette manière, un seul et même code permet d'afficher le formulaire vierge et celui pré-rempli.

Listing 8-19 : Remplissage dynamique du formulaire

```
<form action="test.php">

 nom
 <input type="text" name="nom"
        value="<?php echo $_REQUEST['nom']; ?>" />
 <br/>

 prénom
 <input type="text" name="prenom"
        value="<?php echo $_REQUEST['prenom']; ?>" />
 <br/>

 adresse<br/>
 <textarea name="adresse" rows="3"><?php
 echo $_REQUEST['adresse'];
 ?></textarea>
 <br/>

 sexe
 <input type="radio" name="sexe" value="h"
 <?php
 if ($_REQUEST['sexe']!='f') echo 'checked="checked"';
 ?> /> H -
 <input type="radio" name="sexe" value="f"
 <?php
 if ($_GET['sexe']=='f') echo 'checked="checked"';
 ?> /> F<br/>

 yeux
 <select name="yeux">

  <option value="vert" <?php
if ($_REQUEST['yeux']=='vert')
  echo 'selected="selected"';
?> >verts</option>

  <option value="bleu" <?php
if ($_REQUEST['yeux']=='bleu')
  echo 'selected="selected"';
?> >bleus</option>
```

```
  <option value="marron" <?php
if ($_REQUEST['yeux']=='marron')
  echo 'selected="selected"';
?> >marron</option>

 </select><br/>

<?php
$_REQUEST['diplomes'] = (array) $_REQUEST['diplomes'];
?>

 diplomes<br/>
 <select name="diplomes[]" size="3" multiple="multiple">
  <option value="bac" <?php
if (in_array('bac',$_REQUEST['diplomes']))
  echo 'selected="selected"';
?> >bac</option>
  <option value="bts" <?php
if (in_array('bts',$_REQUEST['diplomes']))
  echo 'selected="selected"';
?> >bts</option>
  <option value="maitrise" <?php
if (in_array('maitrise',$_REQUEST['diplomes']))
  echo 'selected="selected"';
?> >maitrise</option>
  <option value="licence" <?php
if (in_array('licence',$_REQUEST['diplomes']))
  echo 'selected="selected"';
?> >licence</option>
 </select><br/>

<?php
$_REQUEST['permis'] = (array) $_REQUEST['permis'];
?>

 permis<br/>

 <input type="checkbox" name="permis[]" value="a" <?php
if (in_array('a',$_REQUEST['permis']))
  echo 'checked="checked"';
?> />permis A<br/>

 <input type="checkbox" name="permis[]" value="b" <?php
if (in_array('b',$_REQUEST['permis']))
  echo 'checked="checked"';
?> />permis B<br/>

 <input type="checkbox" name="permis[]" value="moto" <?php
```

```
if (in_array('moto',$_REQUEST['permis']))
  echo 'checked="checked"';
?> />moto<br/>

 <input type="submit" value="transmettre" />

</form>
```

La ligne `$_REQUEST['permis'] = (array) $_REQUEST['permis'];` vise à ne pas provoquer d'erreur avec la fonction `in_array()`. Le deuxième paramètre de cette fonction doit obligatoirement être un tableau. Or, lorsque vous appelez ce script pour la première fois, `$_REQUEST['permis']` n'est pas initialisé et ne correspond donc pas à un tableau.

8.5 Envoi d'un fichier

Le protocole HTTP prévoit la possibilité d'envoyer des fichiers au serveur distant par l'intermédiaire d'un formulaire. Cette opération, plus couramment appelée "upload", fait intervenir un nouveau type de champ : les `input file`.

input file

```
<input type="file" name="monfichier" />
```

Ce type de champ permet de sélectionner un fichier sur votre disque en vue de le transmettre au serveur distant.

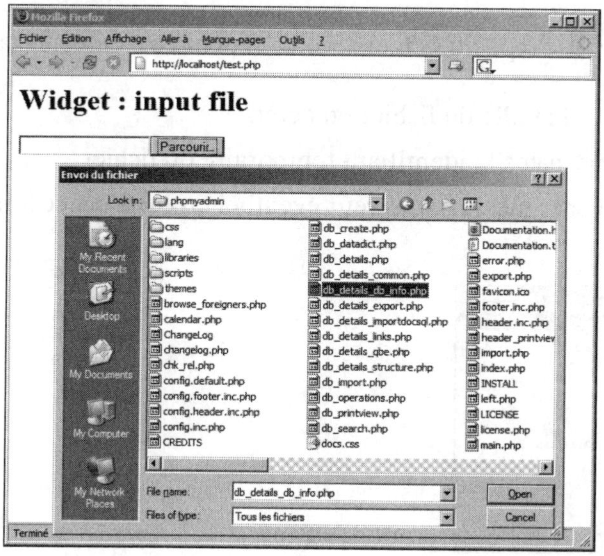

Figure 8-35 : *Sélection d'un fichier via l'input file*

Spécificité des formulaires d'upload

Deux contraintes au niveau de la définition du formulaire doivent être respectées pour permettre l'upload de fichiers :

- La méthode doit absolument être de type POST.
- L'attribut enctype="multipart/form−data" doit être spécifié afin de forcer l'algorithme d'encodage des données.

Listing 8-20 : Un formulaire type d'envoi de fichier

```
<form enctype="multipart/form-data" action="test.php"
✂ method="POST">
 <input type="file" name="monfichier" /><br/>
 <input type="submit" name="envoyer" />
</form>
```

Réception du fichier

Dès que le formulaire contient un champ de type fichier, le script destinataire dispose automatiquement d'une variable super-globale supplémentaire : $_FILES. Cette variable fait référence au fichier qui a été transmis par le formulaire. Dans le cadre de l'exemple précédent, le script cible (*test.php*) disposera d'une variable $_FILES contenant l'élément : $_FILES["monfichier"].

Cet élément correspond lui-même à un tableau associatif composé de cinq cellules :

- $_FILES["monfichier"]["name"] : nom du fichier que vous avez sélectionné sur votre disque dur.
- $_FILES["monfichier"]["type"] : type du fichier si celui-ci peut être détecté (par exemple image/gif).
- $_FILES["monfichier"]["size"] : taille du fichier en octets.
- $_FILES["monfichier"]["tmp_name"] : identifiant temporaire du fichier.
- $_FILES["monfichier"]["error"] : message d'erreur éventuel en cas d'échec lors de la transmission.

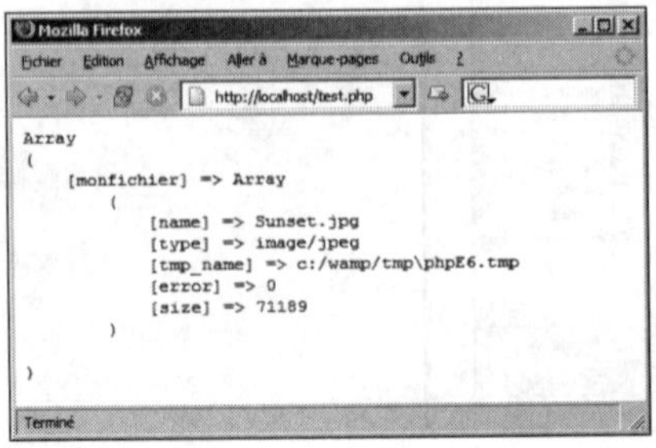

Figure 8-36 : *Contenu de $_FILES après l'envoi de l'image Sunset.jpg*

L'élément $_FILES["monfichier"]["tmp_name"] correspond au nom du fichier utilisé par PHP pour stocker le contenu du fichier uploadé. Ce fichier temporaire est placé dans un répertoire dont le chemin est précisé dans le fichier de configuration *php.ini*, *C:\wamp\tmp* dans le cas présent. PHP met à disposition la fonction move_uploaded_file() pour déplacer et renommer le fichier temporaire. Cette fonction attend deux paramètres : le nom du fichier temporaire et l'emplacement définitif du fichier (chemin + nom). Cet emplacement est relatif au répertoire dans lequel se trouve le script cible. Ainsi, pour déplacer le fichier temporaire dans un répertoire *mesfichiers* présent dans le même répertoire, la syntaxe est la suivante :

```
$origine = $_FILES["monfichier"]["tmp_name"];
$destination = "mesfichiers/".$_FILES["monfichier"]["name"];
move_uploaded_file($origine, $destination);
```

Si vous souhaitez déplacer le fichier dans le répertoire parent de *test.php*, la variable $destination contient alors "../".$_FILES["monfichier"]["name"]. Le paramètre de destination n'est pas contraint de faire référence au nom initial du fichier ($_FILES["monfichier"]["name"]). Vous pouvez choisir une valeur arbitraire afin de renommer le fichier transmis. Si vous choisissez la valeur "toto" pour $destination, le fichier est alors déplacé dans le même répertoire que *test.php* et est également renommé en *toto*.

8

ATTENTION

Remplacement de fichier

PHP ne prend pas la peine de vous avertir si la fonction move_uploaded_file() risque d'écraser un fichier déjà présent. Il est donc conseillé de réaliser cette vérification au préalable. La fonction file_exists() peut vous y aider.

La fonction is_uploaded_file() permet, quant à elle, de vérifier que le transfert s'est bien déroulé. Le nom temporaire du fichier est le seul paramètre attendu.

Utilisées de concert, ces deux fonctions permettent la gestion d'un transfert de fichier :

Listing 8-21 : Le fichier uploadé conserve son nom et est déplacé dans le même répertoire que le script.

```
if (is_uploaded_file($_FILES["monfichier"]["tmp_name"])) {
  if (move_uploaded_file($_FILES["monfichier"]["tmp_name"],
                         $_FILES["monfichier"]["name"])) {
    print("[".$_FILES["monfichier"]["name"]."] tranféré.");
  }
  else {
```

```
      die("Erreur : Le fichier ne peut être déplacé.");
    }
  }
  else {
    die("Erreur : Le fichier n'a pas été tansféré.");
  }
```

> **ATTENTION**
>
> **Droits sous Unix**
>
> Vous ne pouvez déplacer les fichiers uploadés que dans des répertoires sur lesquels vous avez des droits en écriture. La fonction is_writable() permet de vérifier que le répertoire envisagé est acceptable.

Transmission de plusieurs fichiers

Plusieurs input de type file peuvent être placés dans un même formulaire.

Listing 8-22 : Formulaire disposant de deux champs de fichier : monfichier, maphoto

```
<form enctype="multipart/form-data" action="test.php" method="POST">
 <input type="file" name="monfichier" /><br/>
 <input type="file" name="maphoto" /><br/>
 <input type="submit" name="envoyer" />
</form>
```

La variable $_FILES contient alors deux éléments ($_FILES["monfichier"] et $_FILES["maphoto"]) disposant chacun des cinq propriétés associées.

Configuration

Certaines directives de configuration du fichier *php.ini* sont liées à l'upload de fichier :

Tableau 8-3 : Directives liées à l'upload dans php.ini

Intitulé	Type	Valeur par défaut	Signification
file_uploads	Booléen	On	Autorise ou non l'upload de fichier.
upload_max_filesize	Entier		Taille maximale des fichiers envoyés (par exemple 2M pour limiter à 2 mégaoctets). La directive post_max_size doit être au moins égale à cette valeur.

Tableau 8-3 : Directives liées à l'upload dans php.ini

Intitulé	Type	Valeur par défaut	Signification
upload_tmp_dir	String	c:/wamp/tmp	Précise le répertoire de réception des fichiers temporaires.

8.6 Envoi d'un formulaire par e-mail

L'envoi par e-mail d'informations en provenance d'un formulaire est certainement l'opération la plus commune en programmation web.

Configuration requise

Alors que l'envoi d'e-mails ne nécessite aucune configuration particulière si vos scripts sont exécutés chez un hébergeur, il en va tout autrement s'ils sont situés sur votre machine. Arrêtons-nous un instant sur les adaptations à apporter à votre environnement de travail pour le rendre compatible avec l'envoi d'e-mails.

8

ATTENTION

Hébergements gratuits

Certains hébergeurs gratuits interdisent l'usage de la commande mail() afin d'éviter les abus de type spam. N'hésitez donc pas, avant de choisir un hébergeur, à vous renseigner sur l'étendue des limitations au niveau des fonctionnalités du langage.

En parcourant le fichier *php.ini*, vous découvrirez la section suivante :

Listing 8-23 : Section consacrée à l'envoi d'e-mails dans le fichier php.ini

```
[mail function]
; For Win32 only.
SMTP = localhost

; For Win32 only.
;sendmail_from = me@example.com
```

La ligne SMTP = localhost indique que PHP est paramétré pour utiliser votre propre machine (**localhost**) pour l'envoi des e-mails. Il s'agit là de la directive de configuration par défaut qui est loin de convenir.

Le serveur que vous devez utiliser est celui qui est proposé par votre fournisseur d'accès. Il s'agit du serveur SMTP par lequel vous passez également dans votre gestionnaire d'e-mails (par exemple, Outlook Express, Thunderbird…). Chez Free, le serveur SMTP a pour adresse **smtp.free.fr**. Cette norme est à peu près respectée par l'ensemble des FAI (fournisseurs d'accès à Internet). Citons à titre d'exemple **smtp.wanadoo.fr, smtp.noos.fr, smtp.club-internet.fr**.

Intéressons-nous maintenant à la ligne ;sendmail_from = me@example.com. Le point-virgule initial signifie qu'elle est commentée et qu'elle n'est donc pas prise en compte. Cette directive permet de préciser l'origine des e-mails envoyés depuis votre machine. Cette directive est importante dans la mesure où les serveurs d'e-mails "relais" refuseront de faire suivre votre message si son origine n'est pas précisée. Supprimez donc le point-virgule et indiquez votre adresse e-mail.

Une fois ces directives de configuration modifiées, le serveur Apache doit être redémarré.

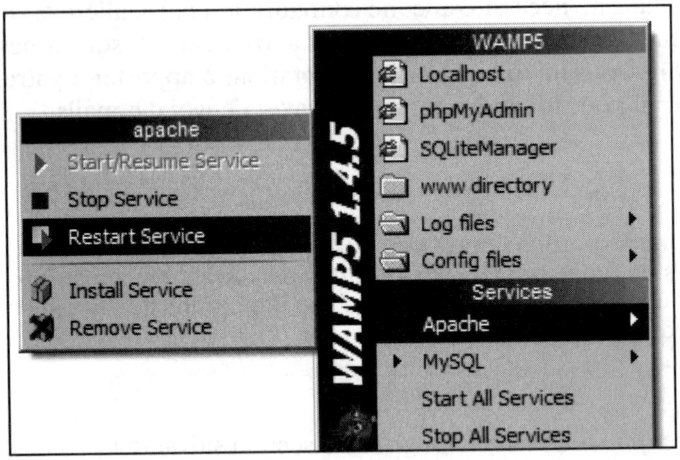

Figure 8-37 : *Redémarrage du service Apache*

ATTENTION

Accès restreints

Les FAI n'autorisent que leurs clients à utiliser leur serveur SMTP. Un client Wanadoo ne pourra en aucun cas passer par **smtp.free.fr**. Cette situation peut se révéler pénible si vous travaillez sur un portable et que le fournisseur d'accès change d'un lieu à l'autre. Une solution consiste à passer par un serveur SMTP gratuit qui vous autorisera à transmettre des e-mails quelle que soit votre connexion à Internet. Google propose désormais ce service à l'ensemble de ses clients Gmail (**www.gmail.com**).

Envoi d'e-mails au format texte

L'envoi d'e-mails en PHP est simple. Il suffit d'utiliser la fonction mail().

Les arguments de cette fonction sont :

- l'adresse de destination ;
- le titre du message ;
- le contenu du message ;
- d'éventuelles options.

La fonction mail() est généralement appelée de la manière suivante :

```
mail($destinataire,$titre,$message);
```

- $destinataire est l'e-mail de la personne qui va recevoir l'e-mail, par exemple $destinataire = "bill@domaine.fr";.
- $titre est le titre de l'e-mail, par exemple $titre = "réponse au formulaire";.
- $message est le corps du message qui va contenir toutes les informations.

La fonction mail() retourne un booléen qui indique si l'envoi s'est bien déroulé. Ce statut ne concerne que l'envoi ; il n'indique en aucun cas le fait que l'e-mail est bien arrivé dans la boîte du destinataire.

Commencez par construire ce message :

Listing 8-24 : Construction du contenu de l'e-mail

```
$message = "";
$message .= "Nom : ".$_REQUEST['nom']."\n";
$message .= "Prénom : ".$_REQUEST['prenom']."\n";
$message .= "Adresse : ".$_REQUEST['adresse']."\n";
$message .= "Sexe : ".$_REQUEST['sexe']."\n";
$message .= "Yeux : ".$_REQUEST['yeux']."\n";
$str_diplomes = join(',',$_REQUEST['diplomes']);
$message .= "Diplomes : ".$str_diplomes."\n";
$str_permis = join(',',$_REQUEST['permis']);
$message .= "Permis : ".$str_permis."\n";
```

La première ligne initialise la variable (=), les suivantes ajoutent des informations à la fin de la variable (.=).

Remarquez l'usage systématique de \n à la fin de chaque ligne. \n représente un saut de ligne.

8

Jusqu'à maintenant, vous utilisiez la balise <br/> pour effectuer des sauts de ligne car les informations générées par vos scripts s'affichaient dans un navigateur web. En HTML, un saut de ligne est représenté par la balise <br/>.

Dans le cas présent, c'est un lecteur d'e-mails (de type Thunderbird ou Outlook) qui va afficher l'information. Cette fois, les données sont considérées comme du texte brut. Le saut de ligne est alors représenté par \n (ou \r\n sous Windows). Il existe d'autres caractères spéciaux qui peuvent être utilisés dans du texte brut, par exemple \t qui correspond à une tabulation.

Votre script prend finalement la forme suivante :

```
<?php

$message = "";
$message .= "Nom : ".$_REQUEST['nom']."\n";
$message .= "Prénom : ".$_REQUEST['prenom']."\n";
$message .= "Adresse : ".$_REQUEST['adresse']."\n";
$message .= "Sexe : ".$_REQUEST['sexe']."\n";
$message .= "Yeux : ".$_REQUEST['yeux']."\n";
$str_diplomes = join(',',$_REQUEST['diplomes']);
$message .= "Diplomes : ".$str_diplomes."\n";
$str_permis = join(',',$_REQUEST['permis']);
$message .= "Permis : ".$str_permis."\n";

$destinataire = "fx@domain.com";
$titre = "réponse au formulaire";

if (mail($destinataire,$titre,$message)==true) {
  print("<hr/>Les informations ont bien été transmises.");
}
else {
  die("<hr/>L'envoi de l'e-mail a échoué.");
}

?>
```

ASTUCE

Présentation des e-mails en mode texte

Certains gestionnaires d'e-mails reconnaissent en mode texte des balises qui permettent d'enrichir visuellement le contenu. Un mot peut ainsi être passé en gras s'il est entouré d'astérisques (*), en souligné avec _ et en italique avec /.

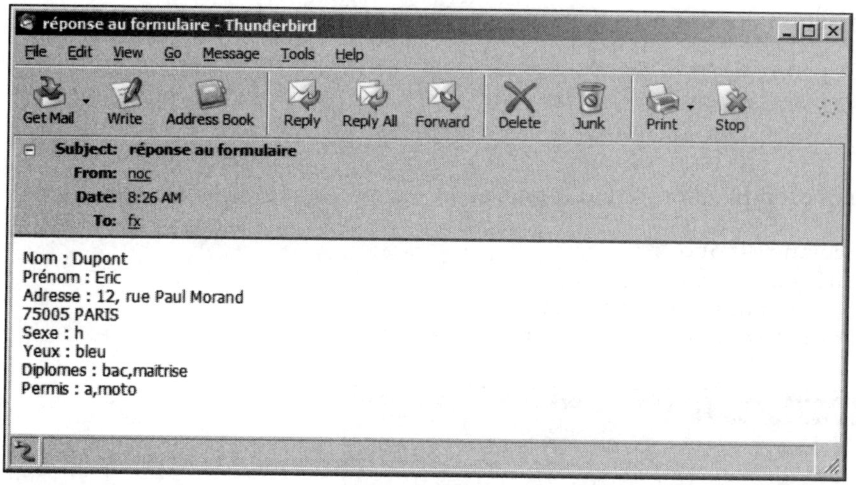

Figure 8-38 : *Message envoyé par le script et visualisé avec Thunderbird*

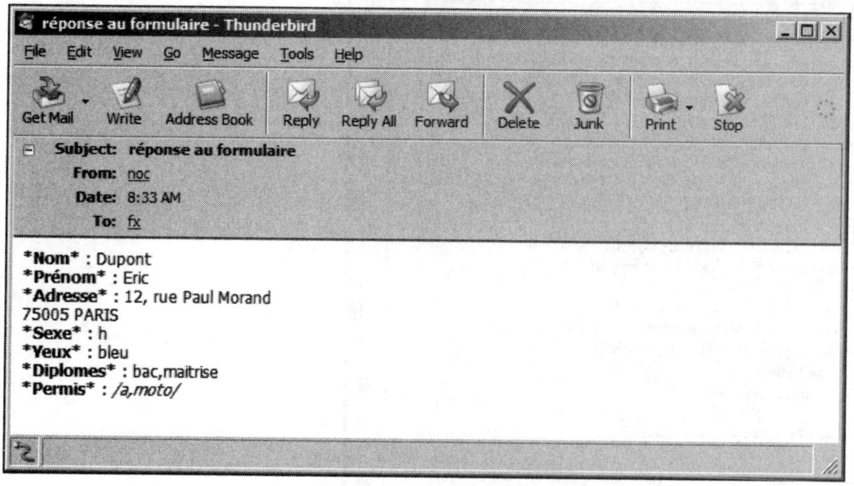

Figure 8-39 : *Mise en forme minimale dans un e-mail en mode texte*

Envoi d'e-mails au format HTML

Le script que vous venez d'écrire ne permet d'envoyer un e-mail qu'au format texte.

Mettre une page HTML dans le corps du message ne fonctionnerait pas. L'émission d'un e-mail au format HTML nécessite la mise en œuvre du quatrième paramètre de la fonction mail(). Ce paramètre est une chaîne de caractères contenant des informations qui seront ajoutées à l'en-tête (header) du message.

Un e-mail est composé de deux parties principales : l'en-tête et le corps du message. L'en-tête contient un certain nombre d'informations sur l'e-mail : son origine, le destinataire, le format, le sujet, l'heure d'envoi, le logiciel d'envoi.

L'organisation des données dans cet en-tête est très simple :

```
champs1: valeur1
champs2: valeur2
etc.
```

Voyez cet exemple d'en-tête d'e-mail :

```
From: michel@toto.fr
To: Paul@titi.fr
Subject: retour de vacances
X-Mailer: Microsoft Outlook Express
```

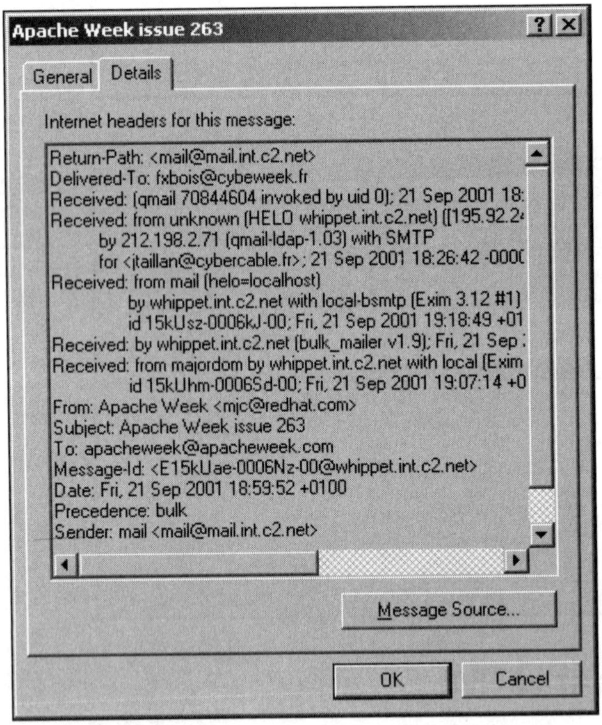

Figure 8-40 : *Partie de l'en-tête d'un e-mail (vu avec Outlook Express)*

La commande mail() compose donc un en-tête par défaut en intégrant les données passées en paramètres : le destinataire (To:), le sujet (Subject:). Le quatrième paramètre permet d'ajouter certaines informations à cet en-tête.

Il est courant qu'une personne recevant un e-mail émanant d'un script PHP ne sache pas qui lui a envoyé. Si vous ajoutez "From: michel@toto.fr" comme quatrième paramètre, le destinataire est en mesure de connaître l'origine de l'e-mail.

Les lignes contenues dans le quatrième paramètre doivent être séparées par des sauts de ligne : \n.

Ajoutez également une adresse de réponse (Reply–To) différente de l'adresse de l'émetteur (From) :

```
mail("paul@host.com","retour de vacances","excellent",
     "From: michel@toto.fr\nReply-To: eric@toto.fr");
```

C'est aussi grâce à l'en-tête que vous allez être en mesure de dire au gestionnaire d'e-mails que le message qu'il a reçu doit être considéré comme une page HTML. Les deux lignes suivantes dans l'en-tête indiquent que l'e-mail n'est pas du simple texte.

```
MIME-Version: 1.0
Content-Type: multipart/alternative; boundary=B97C1230
```

Le corps de l'e-mail doit lui aussi être construit de manière spécifique. Le contenu HTML doit être précédé de :

```
This is a multi-part message in MIME format.
--B97C1230
Content-Type: text/html; charset="iso-8859-1"
```

… et suivi de :

```
--B97C1230--
end of the multi-part
```

La valeur "B97C1230", que l'on retrouve en trois endroits, est à la fois aléatoire et unique. Il est possible de calculer une valeur unique en PHP de la façon suivante :

```
$val_unique = md5(uniqid(rand()));
```

Affichez une liste de vingt valeurs uniques par le biais de cette technique :

```
for ($i=1;$i<=20;$i++)
{
  $unique = md5(uniqid(rand()));
  print("$i - $unique<br>");
}
```

8

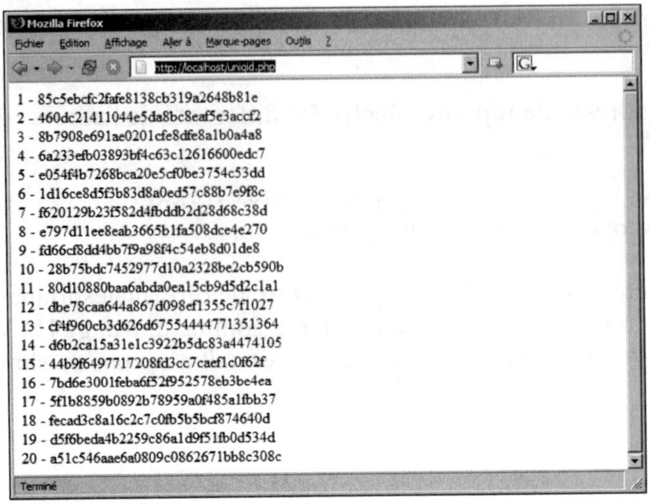

Figure 8-41 : *Liste de vingt valeurs uniques*

Envoyez votre premier e-mail au format HTML :

```
<?php

$boundary = md5(uniqid(rand()));

$header = "";
$header .= "From: php <test@mondomaine.com>\n";
$header .= "Reply-To: reply@mondomaine.com\n";
$header .= "MIME-Version: 1.0\n";
$header .= "Content-Type: multipart/alternative;
✂ boundary=$boundary\n";

$sujet = "test d'envoi HTML";

$html = "\nThis is a multi-part message in MIME format.";
$html .= "\n--$boundary.";
$html .= "\nContent-Type: text/html; charset=\"iso-8859-1\"\n\n";
$html .= "<html><body>\n";
$html .= "<br><br><center><h2>\n";
$html .= "<font color='red'>premier e-mail HTML</font>\n";
$html .= "</h2></body></html>\n";
$html .= "\n--$boundary--\n end of the multi-part";

mail("test@kernix.com",$sujet,$html,$header);

print("e-mail envoyé…");

?>
```

Le résultat correspond tout à fait à vos attentes.

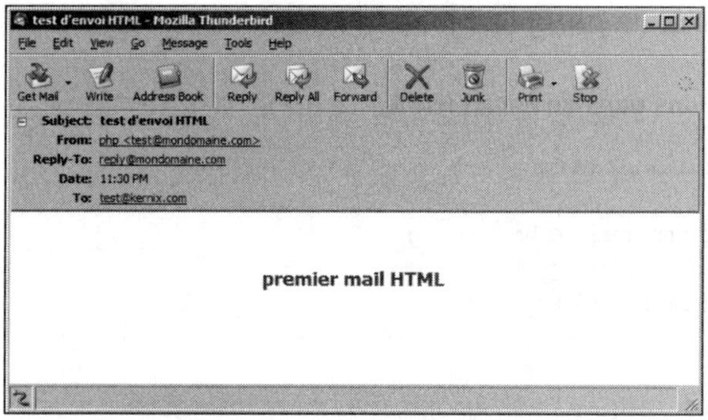

Figure 8-42 : *Un premier e-mail HTML*

Pour voir comment la fonction a organisé les données, vous pouvez afficher les sources de l'e-mail.

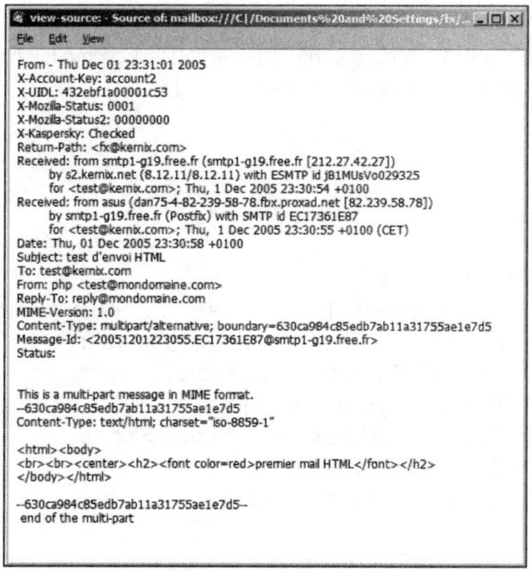

Figure 8-43 : *Sources de l'e-mail HTML*

Vous retrouvez bien tous les éléments transmis.

> **ATTENTION**
>
> **Images et e-mails**
>
> Il est possible de joindre des images dans le contenu même d'un e-mail. Cette méthode complexe n'est cependant pas obligatoire. Il est préférable de placer les images sur un serveur d'hébergement accessible sur le Net et d'y faire appel en utilisant le chemin absolu, par exemple : `<img src="http://monserver.com/images/newsletter1/titre.gif" />`.

Reprenez votre exemple d'envoi de profil en ajoutant la dimension HTML :

Listing 8-25 : Envoi des informations dans un e-mail HTML

```
$destinataire = "fx@kernix.com";

$titre = "réponse au formulaire";

$boundary = md5(uniqid(rand()));

$header = "";
$header .= "From: script php <test@mondomaine.com>\n";
$header .= "Reply-To: reply@mondomaine.com \n";
$header .= "MIME-Version: 1.0\n";
$header .= "Content-Type: multipart/alternative;
✂ boundary=$boundary\n";

$message = "";
$message .= "\nThis is a multi-part message in MIME format.";
$message .= "\n--$boundary\nContent-Type: text/html;
✂ charset=\"iso-8859-1\"\n\n";
$message .= "<html><body>\n";
$message .= "<b>Nom</b> : <font
✂ color='red'>".$_REQUEST['nom']."</font><br/>\n";
$message .= "<b>Prénom</b> :
✂ <i>".$_REQUEST['prenom']."</i><br/>\n";
$message .= "<b>Adresse</b> : ".$_REQUEST['adresse']."<br/>\n";
$message .= "<b>Sexe</b> : ".$_REQUEST['sexe']."<br/>\n";
$message .= "<b>Yeux</b> : ".$_REQUEST['yeux']."<br/>\n";
$str_diplomes = join(',',$_REQUEST['diplomes']);
$message .= "<b>Diplomes</b> : ".$str_diplomes."<br/>\n";
$str_permis = join(',',$_REQUEST['permis']);
$message .= "<b>Permis</b> : ".$str_permis."<br/>\n";
$message .= "</body></html>\n";
$message .= "\n--$boundary--\n end of the multi-part";

if (mail($destinataire,$titre,$message,$header)==true) {
  print("<hr/>Les informations ont bien été transmises.");
}
else {
  die("<hr/>L'envoi de l'e-mail a échoué.");
}
```

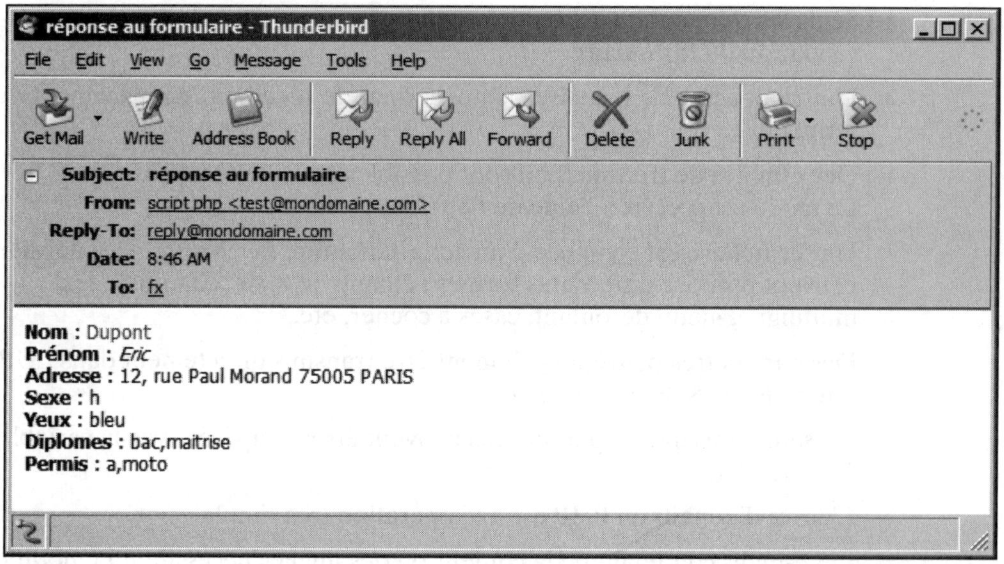

Figure 8-44 : *E-mail au format HTML*

Tous les champs sont maintenant bien remplis (voir le champ From).

> **REMARQUE**
>
> **Le cinquième paramètre**
>
> Les versions les plus récentes de PHP (supérieures à 4.0.5) ajoutent un cinquième paramètre optionnel à la fonction mail(). Ce paramètre permet de transmettre des "instructions" au logiciel qui va se charger d'envoyer l'e-mail sur le Net. Parmi les commandes intéressantes, on trouve essentiellement "–f$adr", où $adr correspond à l'adresse e-mail de la personne qui recevra un message d'erreur si l'e-mail ne peut arriver à destination. La fonction mail() s'utilise alors comme suit : mail($destinataire,$titre,$message,$header,"–f$adr");. Ce paramètre permet aussi d'éviter certaines erreurs avec les serveurs SMTP qui refusent les e-mails dont l'origine n'est pas précisée. Ce paramètre n'est pas disponible si PHP est configuré en safe_mode.

8.7 En bref

- Les formulaires permettent de récupérer des informations auprès des internautes et de les transmettre à un script PHP cible.

- Seuls les champs situés entre <form> et </form> sont transmis au moment de la validation du formulaire.
- L'attribut action de la balise <form> permet de spécifier l'emplacement du script cible.
- Deux modes de transmission sont possibles pour les formulaires : GET et POST. Le mode est précisé à l'aide de l'attribut method.
- Un formulaire est composé d'un certain nombre de champs. Ces derniers peuvent prendre différentes formes : champ de texte, champ de texte multiligne, menu déroulant, cases à cocher, etc.
- Des paramètres peuvent également être transmis directement dans l'URL. On parle alors de "Query String".
- Au sein du script, les paramètres peuvent être récupérés avec la variable $_REQUEST[].
- L'envoi d'e-mails en PHP est une opération très simple.
- Les e-mails contenant de la couleur ou des images nécessitent la modification de leur en-tête.
- L'en-tête d'un e-mail permet également de préciser son origine (From), l'adresse e-mail de retour et une multitude d'autres informations.
- Le cinquième paramètre de la fonction mail() est très utile pour récupérer les messages d'erreur.

CHAPITRE

9

Contrôle d'un formulaire

CHAPITRE

9

Contrôle d'un formulaire

Vous êtes désormais en mesure d'acquérir des informations auprès des internautes et de les envoyer à un script chargé de leur traitement.

L'étape suivante consiste à vérifier que les données du formulaire sont conformes à vos attentes, que tous les champs obligatoires ont bien été remplis et qu'ils contiennent le type de valeur que vous souhaitez. Ces vérifications pourront avoir lieu à la fois au niveau du navigateur (JavaScript) et du serveur (PHP).

9.1 Le formulaire de référence

Le formulaire à valider correspond à une fiche de DVD.

Listing 9-1 : Formulaire de référence

```
<form action="test.php">

<label>Titre du film</label>
<input type="text" name="titre" id="idTitre" /><br/>

<label>Année</label>
<input type="text" name="annee" maxlength="4" />
<br/>

<label>Genre</label>
<select name="genre[]" multiple="multiple" size="3">
 <option value="policier">POLICIER</option>
 <option value="sf">SCIENCE-FICTION</option>
 <option value="culte">CULTE</option>
</select><br/>

<label>Description</label>
<textarea name="description"></textarea><br/>

<label>Film en couleur</label>
<input type="radio" name="couleur" value="1"/> oui -
<input type="radio" name="couleur" value="0"/> non <br/>

<label>Pays</label>
<select name="pays">
 <option value=""></option>
 <option value="fr">FRANCE</option>
 <option value="us">USA</option>
 <option value="gb">ANGLETERRE</option>
</select><br/>

<label>Sous-titre</label>
```

```
<input type="checkbox" name="soustitre[]" value="fr"/>
français -
<input type="checkbox" name="soustitre[]" value="gb"/>
anglais -
<input type="checkbox" name="soustitre[]" value="es"/>
espagnol <br/>
<br/>

<input type="button" value="valider"/>

</form>
```

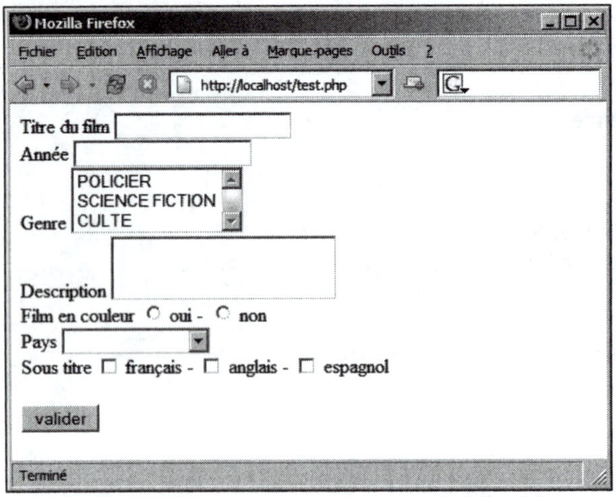

Figure 9-1 : *Le formulaire à remplir*

9.2 Présentation de JavaScript

Le langage JavaScript est créé en 1995 par Brendan Eich pour le compte de la société Netscape. Face au succès croissant du Web, Microsoft s'inspire bien vite du concept pour son nouveau navigateur (Internet Explorer) et crée le JScript en s'éloignant bien évidemment du langage initial. Le besoin évident d'un standard conduit néanmoins les principaux acteurs à définir une norme : l'ECMAScript.

La situation actuelle tend à être meilleure qu'il y a quelques années. Hormis Microsoft et sa mauvaise volonté coutumière, les principaux navigateurs du marché (Firefox, Safari, Konqueror) tendent à suivre parfaitement la norme et permettent d'écrire un code extrêmement portable. Face à ce mouvement, à la croissance rapide de Firefox, et à la grogne générale des développeurs, Microsoft va probablement rentrer d'avantage dans les rangs avec son Internet Explorer 7.

JavaScript est un langage qui continue à évoluer et qui a vu un accroissement rapide de sa popularité avec l'avènement des technologies Ajax et XML. La version 1.5 de Firefox propose dans ses nouveautés une évolution majeure du langage et son passage à la version 1.6.

DÉFINITION

Ajax (Asynchronous JavaScript and XML)

Ajax englobe un certain nombre de technologies qui permettent de s'affranchir du schéma classique : une action implique un rechargement de page. L'objet JavaScript XMLHttpRequest, qui est au cœur d'Ajax, permet en effet de transmettre des données au serveur et de récupérer le résultat. En traitant ce résultat et en s'appuyant sur les technologies DHTML/CSS, des interfaces graphiques avancées peuvent être mises en œuvre pour le plus grand confort de l'internaute. L'outil cartographique de Google (**http://maps.google.com**) est un des beaux exemples d'environnement Ajax.

L'objet de ce chapitre n'est certainement pas de rentrer dans les détails du langage. Il s'agit au contraire de présenter quelques fonctionnalités qui pourront se révéler utiles lors de la conception d'applications web. La syntaxe du langage ressemblant énormément à celle du PHP, nous ne nous étendrons pas sur le sujet.

Les fonctions

JavaScript est un langage interprété qui s'exécute au niveau du navigateur. Un code JavaScript se déclare entre les balises <script language="javascript"> et </script> et se situe le plus souvent dans l'en-tête de la page HTML (entre les balises <head> et </head>).

Un code JavaScript est généralement organisé en fonctions.

Listing 9-2 : Définition de deux fonctions JavaScript : message() et popup()

```
<html>
<head>
<script language="javascript">
function message(str)
{
  document.write(str);
}
function popup(str)
{
  alert(str);
}
```

```
</script>
</head>
<body>
...
```

Au lieu de placer tout le code JavaScript au niveau de l'en-tête (header), vous pouvez le centraliser dans un fichier extérieur.

Listing 9-3 : Fichier fonctions.js contenant la déclaration des deux fonctions

```
function message(str)
{
  document.write(str);
}
function popup(str)
{
  alert(str);
}
```

Ce dernier est ensuite inclus dans le fichier HTML de la manière suivante :

Listing 9-4 : Le code JavaScript est inclus depuis un fichier externe

```
<html>
<head>
<script language="javascript" src="fonctions.js"></script>
</head>
<body>
...
```

Une fois les fonctions créées et associées à la page, elles peuvent être appelées de différentes manières : soit directement dans le contenu de la page, soit en les liant à un événement.

REMARQUE

Similarités et différences entre PHP et JavaScript

Comme vous le constatez, PHP et JavaScript utilisent la même syntaxe pour déclarer des fonctions. D'autres éléments du langage sont également très proches : les structures de contrôle (if, while, for...), les opérateurs de contrôle (==, >=...), le caractère non typé des variables. Parmi les différences, citons :

- l'absence du $ devant les variables ;
- la nécessité d'initialiser les variables avant de les utiliser pour la première fois (par exemple, var n = 1;) ;
- des noms de fonction différents (par exemple, print() devient document.write()) ;

REMARQUE

- l'utilisation du signe plus (+) au lieu du point (.), comme opérateur de concaténation.

L'appel direct

Dans le corps de la page (<body>), ouvrez un deuxième bloc de code JavaScript pour faire appel directement aux fonctions définies précédemment.

Listing 9-5 : Exécution de la fonction message() par appel dans le corps de la page

```
<html>
<head>
<script language="javascript">
function message(str)
{
  document.write(str);
}
</script>
</head>
<body>
<script language="javascript">
message("message généré par une fonction JavaScript");
</script>
</body>
</html>
```

Comme en PHP, les éléments (fonctions, variables) définis dans les différents blocs de code sont accessibles dans les autres blocs.

Dans le cas présent, vous auriez pu définir les fonctions juste au-dessus de leur appel.

Listing 9-6 : Déclaration de la fonction et son appel dans le même bloc

```
<html>
<head>
<body>
<script language="javascript">
function message(str)
{
  document.write(str);
}
message("message généré par une fonction JavaScript");
</script>
</body>
</html>
```

Afin de faciliter la relecture, l'usage veut cependant de les laisser dans l'en-tête de la page.

Les événements

La nature des événements liés à une page web est assez variée. Un événement peut être lié à la page elle-même (ouverture, fermeture) ou à un champ (clic sur un lien, sur un bouton, focus sur un champ de texte, choix d'une option dans un menu déroulant).

L'exemple suivant ouvre une petite fenêtre (à l'aide de la fonction alert()) une fois la page chargée et une autre quand l'utilisateur ferme le navigateur. Les deux événements utilisés sont onLoad() et onUnload() liés à la balise <body>.

Listing 9-7 : Exécution de la fonction popup() à l'ouverture et à la fermeture de la page avec des paramètres différents

```
<html>
<head>
<script language="javascript">
function popup(str)
{
  alert(str);
}
</script>
</head>
<body onLoad="popup('ouverture de la page')"
      onUnload="popup('fermeture de la page')">
événements javascript
</body>
</html>
```

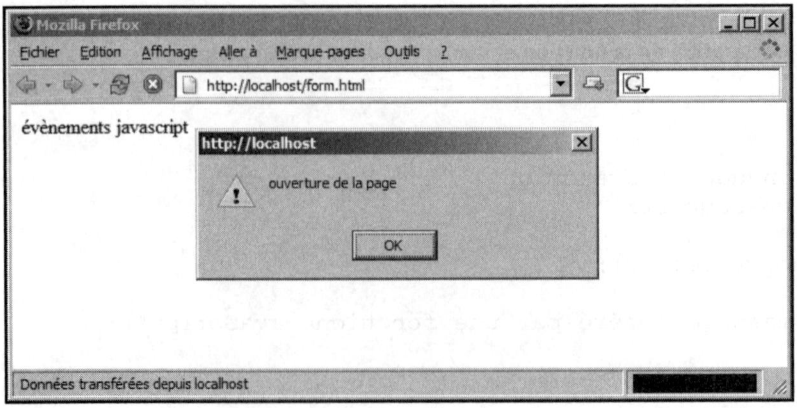

Figure 9-2 : *Affichage de la fenêtre pop-up une fois la page chargée*

Vous allez maintenant déclencher la fonction popup() suite à un clic sur un bouton.

Listing 9-8 : La fonction popup() est associée au clic sur le bouton

```
<html>
<head>
<script language="javascript">
function popup(str)
{
  alert(str);
}
</script>
</head>
<body>
<form>
<input type="button" value="cliquer ici"
       onClick="popup('événement associé au clic')" />
</form>
</body>
</html>
```

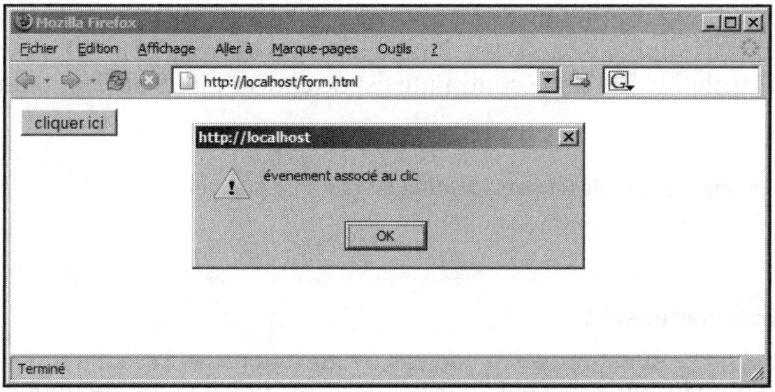

Figure 9-3 : *La fenêtre s'affiche à la suite d'un clic sur le bouton*

Au lieu de créer des fonctions dans l'en-tête, il est préférable, quand celles-ci sont simples, de mettre le code directement au niveau de l'événement.

Listing 9-9 : Le code responsable de l'ouverture de la fenêtre pop-up est directement placé au niveau de l'événement

```
<html>
<body>
<form>
<input type="button" value="cliquer ici"
       onClick="alert('événement associé au clic')" />
</form>
</body>
</html>
```

9

L'exemple suivant ouvre une fenêtre lorsque vous survolez (événement onMouseOver()) un lien :

Listing 9-10 : Affichage d'une fenêtre lorsque le pointeur de la souris passe au-dessus du lien

```
<html>
<body>
<a href="#" onMouseOver="alert('coucou')">lien</a>
</body>
</html>
```

Accès aux champs

JavaScript permet d'interagir avec tous les éléments d'un formulaire. Tout champ peut être initialisé, modifié et contrôlé. Les techniques permettant d'accéder aux valeurs des champs ont largement évolué depuis 1995. Nous présenterons ici la méthode la plus récente et la plus répandue aujourd'hui.

JavaScript dispose d'une fonction qui permet d'accéder à tout élément de la page : document.getElementById(). Cette fonction prend en argument l'identifiant de l'élément auquel vous souhaitez accéder. Tout élément d'une page HTML peut être identifié par un attribut id. La seule contrainte est de choisir un identifiant unique au sein de la page.

Listing 9-11 : Ce champ text est désormais identifié en tant que prénom

```
<input type="text" id="prenom" />
```

ATTENTION

Les attributs name et id

L'attribut id ne se substitue en aucun cas à l'attribut name. Lors de la validation d'un formulaire, seul l'attribut name est pris en compte pour la transmission des données.

La fonction document.getElementById() permet d'accéder à l'ensemble des attributs d'un élément : sa valeur (value), son nom (name), son identifiant unique (id), son type (type), etc.

Par exemple, pour accéder à la valeur (value) d'un input text dont l'id est p, écrivez :

```
document.getElementById('p').value;
```

L'accès aux autres attributs de l'élément suit le même principe :

Listing 9-12 : document.getElementById() permet d'accéder à l'ensemble des attributs du champ

```
<html>
<body>

<input type="text" name="prenom" id="p" value="paul" />
<br/><br/>
<input type="button" value="type"
       onClick="alert('type : '+document.getElementById('p')
       ✂ .type)" />
<br/>
<input type="button" value="name"
       onClick="alert('name : '+document.getElementById('p')
       ✂ .name)" />
<br/>
<input type="button" value="id"
       onClick="alert('id : '+document.getElementById('p').id)" />
<br/>
<input type="button" value="value"
       onClick="alert('value : '+document.getElementById('p')
       ✂ .value)" />
<br/>

</body>
</html>
```

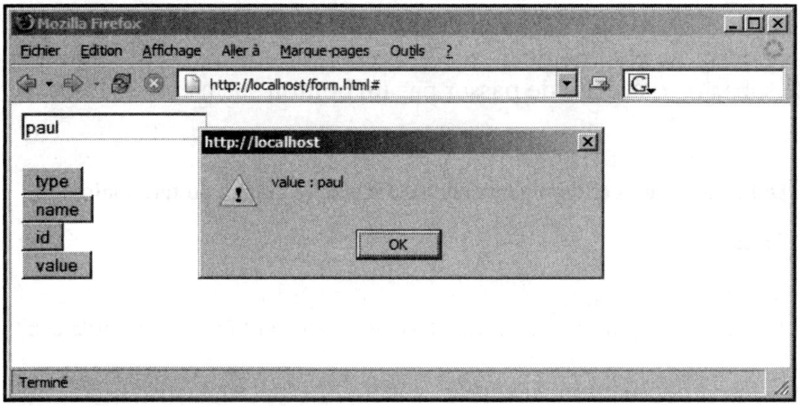

Figure 9-4 : *Chaque bouton permet d'accéder à un attribut*

Les méthodes associées aux éléments peuvent également être appelées. L'exemple suivant illustre l'utilisation de la méthode select(), qui permet de sélectionner le contenu des input text et des textarea.

Listing 9-13 : Sélection du contenu de l'input text

```
<html>
<body>

<input type="text" name="prenom" id="p" value="paul" />
<br/><br/>
<input type="button" value="selection du contenu"
      onClick="document.getElementById('p').select()" />
<br/>

</body>
</html>
```

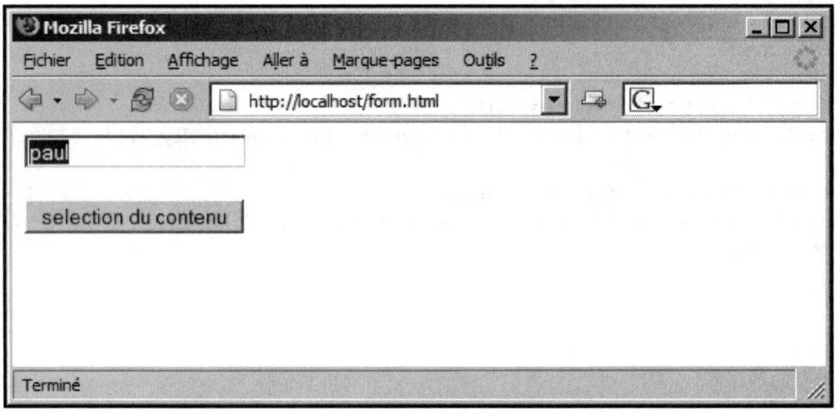

Figure 9-5 : *Sélection du contenu*

La balise <form> dispose elle-même d'un certain nombre de méthodes. L'appel direct à sa méthode submit() vous évite de passer par un bouton submit pour valider le formulaire.

Listing 9-14 : Le lien situé en dehors du formulaire déclenche l'envoi du formulaire

```
<form id="form1">
...
</form>
<a href="#" onClick="document.getElementById('form1').submit()">
```

JavaScript propose une fonction très utile : confirm(). L'appel à cette fonction déclenche l'affichage d'une petite fenêtre (comparable à celle de la fonction alert()), qui demande une confirmation (OK, **Annuler**) à l'internaute. S'il clique sur le bouton OK, confirm() retourne le booléen true. Associée à une structure de contrôle comme if, cette fonction permet d'exécuter différentes parties de code en fonction de la réponse de l'internaute.

Développez à l'aide de cette fonction un petit script qui demande une confirmation avant d'initialiser le contenu d'un champ de texte.

Listing 9-15 : Utilisation de la commande confirm()

```
<html>
<header>
<script language="javascript">
function ma_fonction()
{
  if (confirm("Vous souhaitez initialiser le champ text ?"))
    document.getElementById('p').value='abcdef';
}
</script>
</header>
<body>
<input type="text" id="p" /><br/><br/>
<input type="button" value="valider"
       onClick="ma_fonction()" /><br/>
</body>
</html>
```

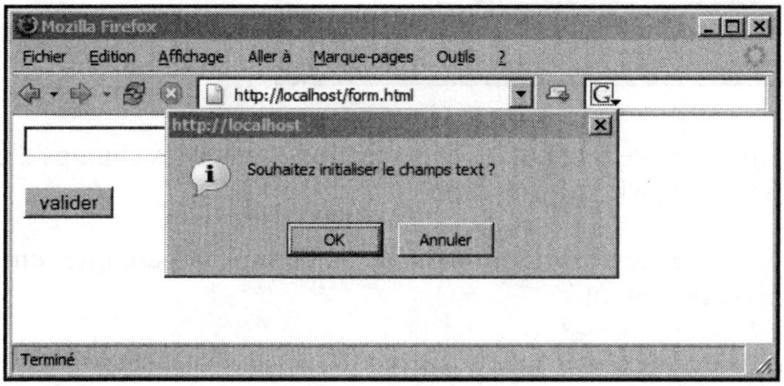

Figure 9-6 : *Utilisation de la fonction confirm()*

La fonction prompt() permet, quant à elle, de demander, durant l'exécution d'un script JavaScript, une donnée à l'internaute. Faites évoluer le script précédent en initialisant le champ text avec une donnée transmise par la fonction prompt().

Listing 9-16 : Utilisation de la commande prompt()

```
<html>
<header>
<script language="javascript">
function ma_fonction()
{
  if (confirm("Vous souhaitez initialiser le champ text ?")) {
```

```
    var str = prompt("Avec quelle valeur ?");
    document.getElementById('p').value=str;
  }
}
</script>
</header>
<body>
<input type="text" id="p" /><br/><br/>
<input type="button" value="valider"
       onClick="ma_fonction()" /><br/>
</body>
</html>
```

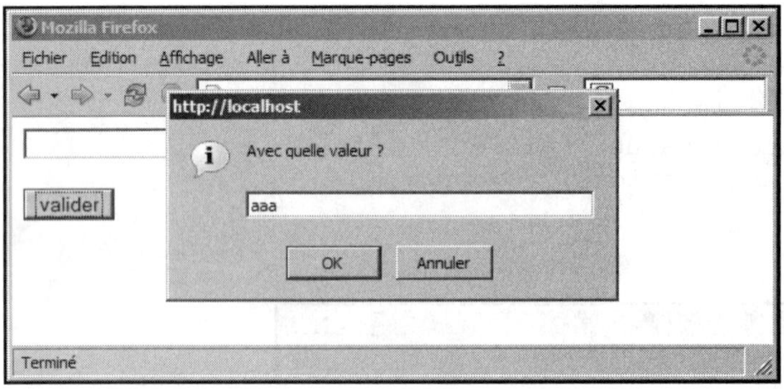

Figure 9-7 : *Utilisation de la fonction prompt()*

Nous progressons maintenant vers le but de cette section : tester les champs d'un formulaire avant de déclencher la transmission.

Il est facile de tester la présence d'une donnée dans un champ text, compte tenu de ce que vous avez vu précédemment.

Listing 9-17 : Vérification du contenu d'un champ text

```
<html>
<header>
<script language="javascript">
function verif()
{
  if (document.getElementById('p').value=='') {
    alert("Erreur");
  }
  else {
    alert("ok");
  }
}
</script>
```

```
</header>
<body>
<input type="text" id="p" /><br/><br/>
<input type="button" value="valider"
      onClick="verif()" /><br/>
</body>
</html>
```

La ligne alert('ok') aurait pu être ici remplacée par l'appel à la méthode submit() du formulaire monform.

ASTUCE

Débogage JavaScript

Le navigateur Firefox propose un outil très pratique pour les développeurs web : la console JavaScript. Cette console, qui peut être ouverte depuis le menu **Outils**, liste toutes les erreurs survenues dans le code et donne des indications sur leur origine. Cette fonctionnalité saura séduire les développeurs web qui n'affectionnent pas Firefox et fera oublier les messages d'erreur incompréhensibles d'Internet Explorer.

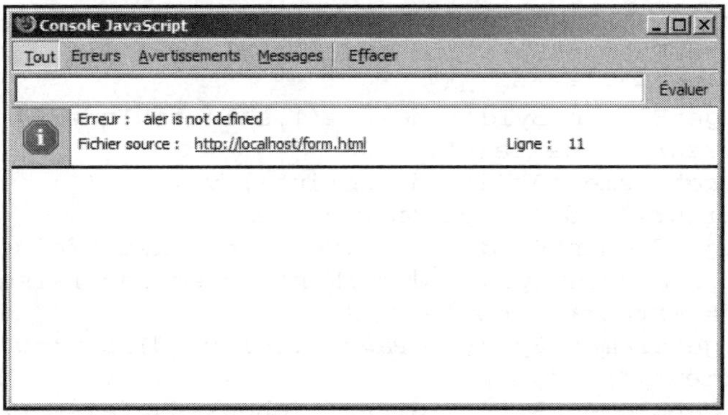

Figure 9-8 : *Une console JavaScript indiquant une mauvaise orthographe de la fonction alert()*

Les fonctions select, input radio et input checkbox doivent être testées différemment.

Les cases à cocher, qu'il s'agisse de radio ou de checkbox, ne dérogent pas à la règle d'unicité en ce qui concerne l'id qui leur est associé. La vérification de l'état "coché" se fonde sur la valeur (true/false) de l'attribut checked.

```
if (document.getElementById('c').checked==false)
  alert("Cette case n'est pas cochée");
```

Pour les fonctions select, l'attribut qui nous intéresse est selectedIndex. Il contient le numéro de l'option sélectionnée (la première a pour index 0). Ce principe conduit souvent à avoir comme premier élément du select une option vide qui force l'internaute à en sélectionner véritablement une. Dans le cas d'un select multiple, selectedIndex peut avoir la valeur –1 si aucune des options n'est sélectionnée.

Validez maintenant le formulaire mis en place dans le chapitre précédent. Vous en profiterez pour lui ajouter un champ annee que vous limiterez à quatre caractères. L'objectif est d'afficher un message d'erreur précisant les champs qui n'ont pas été remplis. Une fois le formulaire convenablement complété, une demande de confirmation est faite avant la transmission du formulaire à *test.php*.

```
<html>

<head>
<script language="javascript">
function verif()
{
  var erreur = "";
  if (document.getElementById('idTitre').value=='')
    erreur = erreur+"- titre\n";
  if (document.getElementById('idAnnee').value=='')
    erreur = erreur+"- année\n";
  if (document.getElementById('idGenre').selectedIndex==-1)
    erreur = erreur+"- genre\n";
  if (document.getElementById('idDescript').value=='')
    erreur = erreur+"- description\n";
  if (document.getElementById('idCoulOui').checked==false &&
      document.getElementById('idCoulNon').checked==false)
        erreur = erreur+"- couleur\n";
  if (document.getElementById('idPays').selectedIndex==0)
    erreur = erreur+"- pays\n";
  if (document.getElementById('idStFr').checked==false &&
      document.getElementById('idStGb').checked==false &&
      document.getElementById('idStEs').checked==false)
        erreur = erreur+"- sous-titre\n";
  if (erreur!="") {
    alert("Formulaire incomplet :\n"+erreur);
  }
  else if (confirm("Souhaitez-vous transmettre le formulaire ?")) {
    document.getElementById('monform').submit();
  }
}
</script>
</head>

<body>
```

```
<form action="test.php" id="monform">

<label>Titre du film</label>
<input type="text" name="titre" id="idTitre" /><br/>

<label>Année</label>
<input type="text" name="annee" id="idAnnee" maxlength="4" />
<br/>

<label>Genre</label>
<select name="genre[]"multiple="yes" size="3" id="idGenre">
 <option value="policier">POLICIER</option>
 <option value="sf">SCIENCE-FICTION</option>
 <option value="culte">CULTE</option>
</select><br/>

<label>Description</label>
<textarea name="description" id="idDescript"></textarea><br/>

<label>Film en couleur</label>
<input type="radio" name="couleur" value="1"
       id="idCoulOui" /> oui -
<input type="radio" name="couleur" value="0"
       id="idCoulNon" /> non <br/>

<label>Pays</label>
<select name="pays" id="idPays">
 <option value=""></option>
 <option value="fr">FRANCE</option>
 <option value="us">USA</option>
 <option value="gb">ANGLETERRE</option>
</select><br/>

<label>Sous-titre</label>
<input type="checkbox" name="soustitre[]" value="fr"
       id="idStFr" /> français -
<input type="checkbox" name="soustitre[]" value="gb"
       id="idStGb" /> anglais -
<input type="checkbox" name="soustitre[]" value="es"
       id="idStEs" /> espagnol <br/>
<br/>

<input type="button" value="valider" onClick="verif()" />

</form>

</body>
</html>
```

9

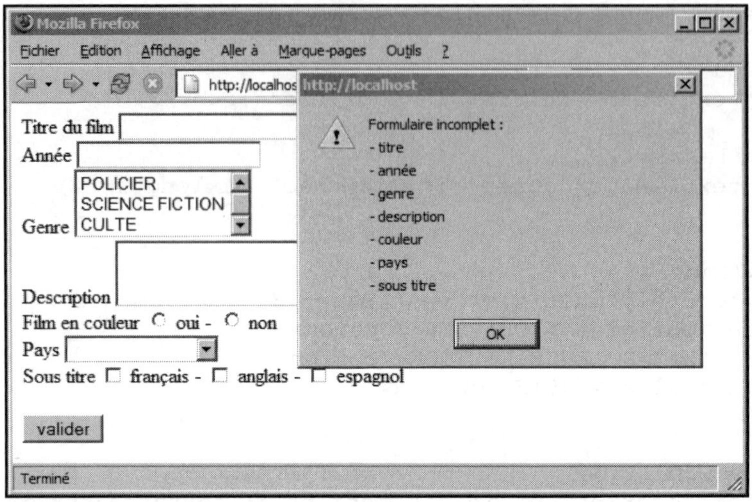

Figure 9-9 : *Validation des différents types de champs*

REMARQUE

Les accents

Le choix de l'identifiant idAnnee plutôt que idAnnée est volontaire. La gestion des accents est loin d'être parfaite dans la plupart des navigateurs, et cela risque d'être à l'origine d'erreurs.

9.3 Des vérifications simples en PHP

Les tests JavaScript ne doivent en aucun cas être considérés comme un gage de sécurité absolu. En effet, il est possible de composer soi-même un lien permettant de transmettre des données. Grâce à cette technique, l'utilisateur passe à travers les tests JavaScript et force la transmission des informations qui lui conviennent. En outre, la technologie JavaScript peut être désactivée au niveau du navigateur. En fait, vos vérifications JavaScript doivent plutôt être envisagées comme des avertissements. L'utilisateur est mis au courant que ses données risquent d'être refusées au niveau du script et qu'il lui faudra revenir en arrière afin de les modifier. Nous sommes là plus dans une idée de confort, d'ergonomie et de gain de temps.

Commençons par étudier les différentes fonctions de contrôle que propose PHP. Vous allez utiliser le formulaire présenté précédemment dans les exemples qui suivent.

La fonction empty() est de loin la plus importante. Elle retourne true si la variable passée en argument est vide ou inexistante. Elle peut être utilisée sur les champs titre, annee, description et pays.

```
if (empty($_REQUEST['titre'])==true)
{
  print("ERREUR : le champ titre n'a pas été rempli");
  exit();
}
```

Un if vérifie si l'expression est différente de false. Vous pouvez donc simplifier le test et faciliter sa lecture :

```
if (empty($_REQUEST['titre']))
{
  print("ERREUR : le champ titre n'a pas été rempli");
  exit();
}
```

ATTENTION

Allégement du code

Il convient de ne pas aller trop loin dans l'allégement du code. Une lisibilité accrue pour une relecture facile est largement plus importante qu'un code compact. De plus, en réduisant la taille de votre code, vous n'optimiserez pas ses performances.

La fonction exit() permet d'interrompre et de quitter définitivement le script. Vous pouvez aussi faire appel à la fonction die(), qui quitte également le programme tout en affichant la chaîne de caractères passée en paramètre.

```
if (empty($_REQUEST['titre']))
{
  die("ERREUR : le champ titre n'a pas été rempli");
}
```

REMARQUE

La fonction return()

Vous pourrez trouver sur le Web des scripts qui utilisent la fonction return() au lieu ces fonctions exit() ou die(). return() diffère des deux autres dans le sens où elle ne quitte que le script en cours. Or un script peut en inclure d'autres (nous y reviendrons). Pour être sûr de quitter définitivement le script, il vaut donc mieux utiliser exit() ou die().

Ce test n'est cependant pas très fiable car un titre ne contenant qu'un espace serait considéré comme valide. Cette remarque révèle l'importance de la préparation et du nettoyage préalables des données avant leur utilisation au sein d'un script. Dans la majorité des cas, il est conseillé de supprimer les caractères dits "blancs" (espaces, tabulations) situés aux extrémités d'un paramètre. La fonction trim() prévue à cet effet rend l'opération triviale.

```
$_REQUEST['titre'] = trim($_REQUEST['titre']);
if (empty($_REQUEST['titre']))
{
  die("ERREUR : le champ titre n'a pas été rempli");
}
```

Trois champs restent à tester : le genre, la couleur et le sous-titre. Ils ont la particularité de ne pas être propagés par le formulaire si aucune valeur n'est cochée ou sélectionnée. Le test ne porte donc plus sur le caractère vide ou non de la variable, mais sur son existence. La fonction isset() vous vient ici en aide en retournant true si une variable existe et false dans le cas contraire.

```
if (isset($_REQUEST['genre']))
{
  die("ERREUR : aucun genre n'a été sélectionné");
}
```

REMARQUE

Les fonctions empty() et isset()

Même si la fonction isset() peut, la plupart du temps, être remplacée par empty(), il est préférable d'être le plus précis possible dans le choix et l'utilisation des fonctions.

Vous êtes désormais en mesure de savoir si tous les champs ont été remplis. Vous n'avez cependant aucune information sur la validité des valeurs reçues. Dans l'état actuel du code, $_REQUEST['genre'] pourrait contenir la chaîne de caractères xx et passer les tests.

Vous allez donc aller plus loin dans la validation des paramètres et contrôler les points suivants :

- $_REQUEST['titre'] contient plus de deux caractères.
- $_REQUEST['annee'] est compris entre 1930 et 2006.
- $_REQUEST['genre'] contient au moins une des valeurs suivantes : policier, sf, culte.

- $_REQUEST['description'] contient entre 10 et 500 caractères.
- $_REQUEST['couleur'] vaut 0 ou 1.
- $_REQUEST['pays'] contient une des valeurs suivantes : fr, us, gb.
- $_REQUEST['soustitre'] contient au moins une des valeurs suivantes : fr, gb, es.

La fonction strlen(), qui retourne la taille d'une chaîne de caractères, est utilisée pour les tests sur le titre et la description.

Listing 9-18 : Validation du titre

```
if (strlen($_REQUEST['titre'])>2)
```

Listing 9-19 : Validation de la description

```
if( strlen($_REQUEST['description'])>10 &&
    strlen($_REQUEST['description'])<500)
```

Les tests sur l'année et la couleur peuvent se résumer à des comparaisons de type numérique.

Listing 9-20 : Validation du champ année

```
if ($_REQUEST['annee']>=1930 && $_REQUEST['annee']<=2006)
```

Listing 9-21 : Validation de la couleur

```
if ($_REQUEST['couleur']==0 || $_REQUEST['couleur']==1)
```

Le test sur le pays se résume, quant à lui, à des comparaisons sur les chaînes de caractères.

Listing 9-22 : Validation du pays

```
if ($_REQUEST['pays']=='fr' || $_REQUEST['pays']=='us' ||
    $_REQUEST['pays']=='gb')
```

Le principe de ce dernier test est correct, mais pose le problème d'allonger et de complexifier énormément le if dès que vous ajoutez une option. Une technique plus optimale consisterait à déclarer un tableau contenant toutes les valeurs possibles et à vérifier que la valeur de $_REQUEST['pays'] en fait bien partie. La fonction in_array() va vous permettre d'y parvenir. Son premier argument correspond à la valeur à tester et le second à un tableau contenant les valeurs de référence.

Listing 9-23 : Version plus élégante de la vérification du pays

```
$tableau_pays = array('fr','us','gb');
  if (in_array($_REQUEST['pays'],$tableau_pays)==false)
      $erreur .= "- le champ pays est mal rempli<br/>";
```

Les tests sur le genre et le sous-titre diffèrent du test sur le pays dans la mesure où $_REQUEST['genre'] et $_REQUEST['soustitre'] peuvent contenir plusieurs valeurs qui doivent toutes être valides. Vous devez appliquer fonction in_array() pour chacune de ces valeurs.

Listing 9-24 : Validation du genre

```
$tableau_genre = array('policier','sf','culte');
foreach ($_REQUEST['genre'] as $tmp) {
  if (in_array($tmp,$tableau_genre)==false)
      $erreur .= "- le genre $tmp n'est pas correct<br/>";
}
```

Listing 9-25 : Validation du sous-titre

```
$tableau_soustitre = array('fr','gb','es');
foreach ($_REQUEST['soustitre'] as $tmp) {
  if (in_array($tmp,$tableau_soustitre)==false)
      $erreur .= "- le sous-titre $tmp n'est pas correct<br/>";
}
```

Ces deux tests sont valides mais insuffisants car vous ne testez pas le fait que $_REQUEST['genre'] et $_REQUEST['soustitre'] sont bien des tableaux et qu'ils contiennent au moins un élément. Cette vérification est importante dans la mesure où foreach() génère une erreur lorsque la variable qui lui est passée en paramètre n'est pas un tableau. Renforcez la vérification en utilisant la fonction is_array(), qui indique si la variable transmise en paramètre est bien un tableau, et la fonction count(), qui retourne le nombre d'éléments contenus dans un tableau.

Listing 9-26 : Version plus complète de la validation du genre

```
if (is_array($_REQUEST['genre'])==false ||
    count($_REQUEST['genre'])<=1) {
  $erreur .= "- le genre n'est pas correct<br/>";
}
else {
  $tableau_genre = array('policier','sf','culte');
  foreach ($_REQUEST['genre'] as $tmp) {
    if (in_array($tmp,$tableau_genre)==false)
        $erreur .= "- le genre $tmp n'est pas correct<br/>";
  }
}
```

L'ensemble de ces tests vous informe de la validité des paramètres. Adaptez-les afin de détecter désormais s'ils sont valides et regroupez-les au sein d'une fonction : verif(). Cette fonction retourne true si aucune erreur n'est détectée et false dans le cas contraire.

Listing 9-27 : Fonction verif() de vérification des paramètres

```
<?php

function verif()
{
  $erreur = "";

  if (strlen($_REQUEST['titre'])<=2)
      $erreur .= "- le champ titre est mal rempli<br/>";

  if( strlen($_REQUEST['description'])<=10 ||
      strlen($_REQUEST['description'])>=500)
      $erreur .= "- le champ description est mal rempli<br/>";

  if ($_REQUEST['annee']<1930 || $_REQUEST['annee']>2006)
      $erreur .= "- le champ année est mal rempli<br/>";

  if ($_REQUEST['couleur']!=0 && $_REQUEST['couleur']!=1)
      $erreur .= "- le champ couleur est mal rempli<br/>";

  $tableau_pays = array('fr','us','gb');
  if (in_array($_REQUEST['pays'],$tableau_pays)==false)
      $erreur .= "- le champ pays est mal rempli<br/>";

  if (is_array($_REQUEST['genre'])==false ||
      count($_REQUEST['genre'])<1) {
    $erreur .= "- le genre n'est pas correct<br/>";
  }
  else {
    $tableau_genre = array('policier','sf','culte');
    foreach ($_REQUEST['genre'] as $tmp) {
      if (in_array($tmp,$tableau_genre)==false)
          $erreur .= "- le genre $tmp n'est pas correct<br/>";
    }
  }

  if (is_array($_REQUEST['soustitre'])==false ||
      count($_REQUEST['soustitre'])<1) {
    $erreur .= "- le sous-titre n'est pas correct<br/>";
  }
  else {
    $tableau_soustitre = array('fr','gb','es');
    foreach ($_REQUEST['soustitre'] as $tmp) {
```

9

```
      if (in_array($tmp,$tableau_soustitre)==false)
          $erreur .= "- le sous-titre $tmp n'est pas
          ✂ correct<br/>";
      }
  }

  if (!empty($erreur)) {
      print($erreur);
      return false;
  }

  return true;

}

if (verif()==false) exit(0);

print("<b>Titre</b> : ".$_REQUEST['titre']."<br/>");
print("<b>Année</b> : ".$_REQUEST['annee']."<br/>");
$str_genre = join(',',$_REQUEST['genre']);
print("<b>Genre</b> : ".$str_genre."<br/>");
print("<b>Description</b> : ".$_REQUEST['description']."<br/>");
print("<b>Couleur</b> : ".$_REQUEST['couleur']."<br/>");
print("<b>Pays</b> : ".$_REQUEST['pays']."<br/>");
$str_soustitre = join(',',$_REQUEST['soustitre']);
print("<b>Sous-titres</b> : ".$str_soustitre."<br/>");

?>
```

9.4 Les expressions régulières

Les expressions régulières (également appelées "regular expressions" ou "regexp") permettent de réaliser des tests complexes. L'idée ici est d'utiliser la fonction `ereg()`, qui retourne `true` si la variable passée en second paramètre "correspond" à l'expression régulière transmise en premier paramètre (appelée "pattern"). En termes techniques, il s'agit de vérifier si ces deux arguments correspondent. L'opération générale de recherche de correspondance est appelée "pattern matching".

> REMARQUE
>
> **Et le français dans tout cela ?**
>
> Comme vous pouvez le constater, il est fait un usage intensif de barbarismes franglais dans cet ouvrage. Le but est de vous présenter les termes le plus souvent utilisés dans la littérature informatique.

Un pattern est une simple chaîne de caractères qui vous permet de préciser finement ce que vous recherchez dans la variable à tester. Par exemple, pour vérifier que dans le contenu de la variable $str figure quelque part la chaîne "http", écrivez :

Listing 9-28 : Première utilisation de la fonction ereg()

```
if (ereg("http",$str)) print("str contient http");
else print("str ne contient pas http");
```

Si $str contient "blabla http blabla", la fonction ereg() retourne donc true. En revanche, si vous lui passez bla ht tp bla ou bla hTTp bla, ereg() retourne false. Cette fonction est en effet sensible à la casse (elle fait la différence entre les majuscules et les minuscules). Sa cousine eregi() réalise, quant à elle, une comparaison de type "case insensitive" (insensible à la casse).

Pour vérifier que "http" se trouve en début de chaîne, vous disposez de l'accent circonflexe (^), qui généralement correspond à un début de ligne.

Listing 9-29 : Première utilisation de la fonction ereg()

```
if (ereg("^http",$str)) print("str commence http");
else print("str ne commence pas http");
```

Dans le même esprit, le caractère $ correspond à une fin de ligne. Le pattern ^http$ permet par conséquent de vérifier que $str contient exactement la chaîne "http". Dans un tel cas, le test if ($str=="http") est largement plus rapide et pertinent que if (ereg("^http$",$str)).

REMARQUE

Expressions régulières et norme

Les expressions régulières sont aujourd'hui largement normalisées. Leur syntaxe est quasi la même qu'en C, Perl, etc.

Le point a aussi un rôle spécial au sein d'un pattern : il correspond à un caractère quel qu'il soit.

- ereg("ht.tp","htatp") retourne true.
- ereg("ht.tp","htap") retourne false.

Le pattern ^..$ est donc un moyen de tester que $str contient deux caractères. Le test if (strlen($str)==2) est cependant plus optimal pour ce type de vérification.

Pour vérifier que $str contient bien le point, vous devez le "protéger" avec la barre oblique inversée (\). Le pattern http://www\. permet de vérifier que $str contient "http://www." et non "http://www#". Utilisez également la barre oblique inversée pour protéger les caractères suivants : ' ^ [ ] $ ( ) | * + ? { \ '.

Ces caractères vont en effet permettre d'aller plus loin dans la construction des patterns. Avec les crochets par exemple, vous pouvez regrouper un ensemble de caractères qui doivent apparaître au moins une fois dans $str.

- ereg("[aeiouy]",$str) vérifie que $str contient au moins une voyelle.
- ereg("[aeiouy]r",$str) vérifie que $str contient au moins une voyelle suivie d'un r.

Certains regroupements de caractères peuvent être simplifiés par des expressions spéciales :

- [:alpha:] représente les lettres ;
- [:alnum:] représente les lettres ou les chiffres ;
- [:digit:] représente les chiffres ;
- [:blank:] représente les caractères d'espacement : \n,\t, et l'espace ;
- [:punct:] représente les signes de ponctuation.

Le pattern [:digit:][:digit:][:blank:][:digit:][:digit:][:blank:][:digit:][:digit:][:blank:][:digit:][:digit:][:blank:][:digit:][:digit:] permet de vérifier que $str correspond à un numéro de téléphone. Vous pouvez une nouvelle fois simplifier ce pattern en utilisant les expressions de fréquence suivantes :

- "(to)?" : la chaîne contient une fois au maximum "to".
- "(to)+" : la chaîne contient une fois au minimum "to".
- "(to)*" : la chaîne contient zéro ou plusieurs fois "to".
- "(to){2}" : la chaîne contient deux occurrences de "to" qui se suivent.
- "(to){2,5}" : la chaîne contient entre deux et cinq chaînes occurrences de "to" qui se suivent.

Le pattern "téléphonique" devient donc ([:digit:][:digit:][:blank:]){3}([:digit:][:digit:]).

Voici d'autres exemples :

- "^[[:alpha:]]+$" vérifie que $str ne contient que des lettres.
- "^[[:alnum:][:blank:],\.]+$" vérifie que $str n'est composée que de lettres, de chiffres, de caractères d'espacement, de points et de virgules.

Les crochets permettent également de définir des intervalles :

- [a–z] représente les lettres minuscules ;
- [A–Z] représente les lettres majuscules ;
- [0–9] représente les chiffres de 0 à 9 ;
- [0–5] représente les chiffres de 0 à 5 ;
- [d–g] représente les lettres minuscules de d à g.

Le caractère | au sein d'un pattern prend la signification d'un OU :

- "fr|gb|es" vérifie que la chaîne contient fr ou gb ou es.
- "^(fr|gb|es)$" vérifie que la chaîne est égale à fr, gb ou es.

À l'aide de vos connaissances, définissez le pattern pour tester qu'une chaîne est une adresse e-mail valide. Pour simplifier, considérez qu'une adresse e-mail est construite de la manière suivante : le nom de l'utilisateur (caractères alphanumériques ainsi que les caractères – _ .), l'arobase (@), le nom de domaine (caractères alphanumériques ainsi que les caractères – _ .), un point et l'extension du domaine (de deux à trois caractères).

- Étape 1 : ^[[:alnum:]\.–_]+.
- Étape 2 : @.
- Étape 3 : [[:alnum:]\.–_]+.
- Étape 4 : \..
- Étape 5 : [[:alpha:]]{2,3}$^.

9

Listing 9-30 : Validation d'une adresse e-mail

```
if (eregi("^[[:alnum:]\.-_]+@[[:alnum:]\.-_]+\.[[:alpha:]]
✂ {2,3}$",$str))
{
  print("Cet e-mail est valide.");
}
```

9.5 En bref

- Les scripts JavaScript sont exécutés au niveau du navigateur.
- L'exécution d'un script JavaScript fait suite à un événement sur la page web.
- Les scripts JavaScript permettent de vérifier si le formulaire a bien été rempli.

- Les données reçues par un script PHP doivent toujours être contrôlées avant d'être exploitées.
- Les contrôles JavaScript ne suffisent pas pour une validation sérieuse. Des contrôles PHP doivent systématiquement venir les compléter.
- Les expressions régulières permettent de vérifier précisément qu'une variable correspond à un modèle donné (pattern).

CHAPITRE

10

Les cookies et sessions

CHAPITRE

10

Les cookies et sessions

Cookies et sessions vous permettent à la fois d'associer des informations à chacun de vos visiteurs et de les propager d'une page à l'autre. Le terme "état" est alors souvent utilisé pour faire référence à cet environnement qui entoure l'internaute lors de sa visite sur votre site.

10.1 Les cookies

Les cookies correspondent à de petits fichiers texte stockés sur le disque dur de l'utilisateur. L'emplacement de ces fichiers est différent en fonction du navigateur qu'il utilise. Internet Explorer les place dans le répertoire *C:\Documents and Settings\VOTRE_COMPTE\Cookies*.

Figure 10-1 : *Répertoire contenant les ookies d'Internet Explorer*

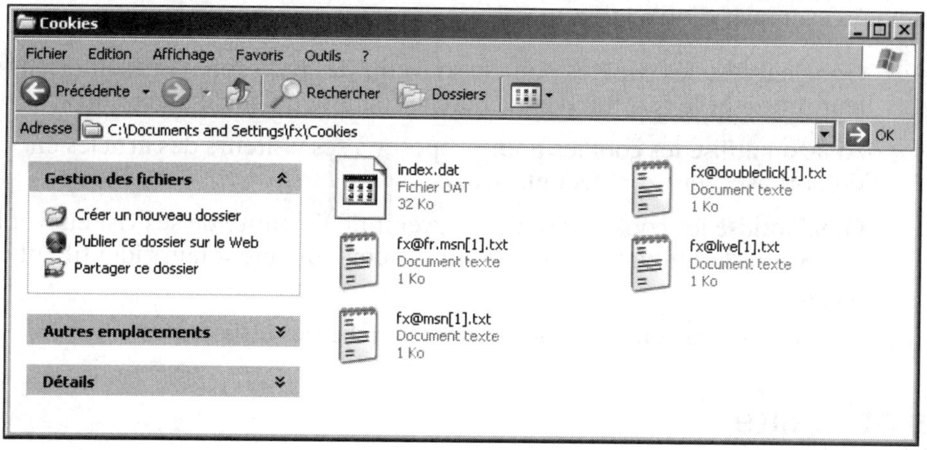

Firefox les enregistre quant à lui dans le fichier *C:\Documents and Settings\VOTRE_COMPTE\Application Data\Mozilla\Firefox\Profiles\XXXXX.default\cookies.txt*.

Figure 10-2 : *ichier contenant les cookies de Firefox*

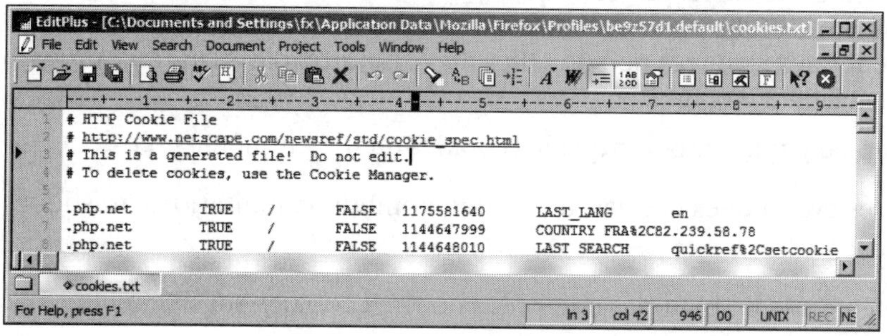

> ATTENTION
>
> **Partage des cookies**
>
> Les cookies ne sont pas partagés entre navigateurs. Un internaute visitant votre site avec Internet Explorer puis avec Firefox disposera de deux cookies sur son disque dur.

Ces fichiers sont créés par les différents sites que l'internaute visite. À partir du moment où un site A dépose un cookie sur un disque dur, le contenu de ce cookie est alors systématiquement transmis avec chacune des requêtes que l'utilisateur fait à ce même site A.

Dans la majorité des cas, les cookies visent à simplifier la vie des internautes. Citons quelques exemples d'utilisation :

- Google utilise les cookies pour se souvenir des préférences des internautes et leur proposer le résultat des recherches dans la langue de leur choix.
- Amazon utilise les cookies pour proposer à ses visiteurs des articles en rapport avec leurs précédents achats.
- Gmail utilise les cookies pour se souvenir de l'identité de ses visiteurs et leur éviter (s'ils le souhaitent) de fournir systématiquement leurs identifiant et mot de passe.
- PHP.net se souvient de la dernière recherche des utilisateurs.

Mythes et réalité

Les cookies ont longtemps été diabolisés et présentés comme l'instrument d'espionnage par excellence sur le Web. Il convient ici de clarifier les choses en insistant sur quelques points fondamentaux :

- Les cookies ne correspondent qu'à des données textuelles enregistrées sur le disque dur de l'internaute. Il ne s'agit en aucun cas d'un moyen pour un site d'accéder aux données personnelles du visiteur ou d'exécuter un programme sur la machine distante.
- Un site ne peut récupérer que les cookies qu'il a lui-même créés.

Pour éviter les éventuelles dérives, un certain nombre de limitations drastiques ont été édictées :

- Un même site ne peut pas créer plus de vingt cookies sur une même machine.
- La taille d'un cookie ne peut dépasser 4 Ko.

Compte tenu de ces derniers éléments, dire que les cookies gaspillent de la place sur les disques durs est complètement incongru. Vu la taille actuelle des disques durs, il faudrait qu'ils contiennent plusieurs millions de cookies pour que la perte d'espace commence à se faire ressentir.

De plus, tous les navigateurs permettent de supprimer l'intégralité des cookies stockés sur un disque. Sous Firefox par exemple, sélectionnez le menu **Outils/Options/Vie privée**, puis cliquez sur le bouton **Effacer les cookies** pour les faire disparaître.

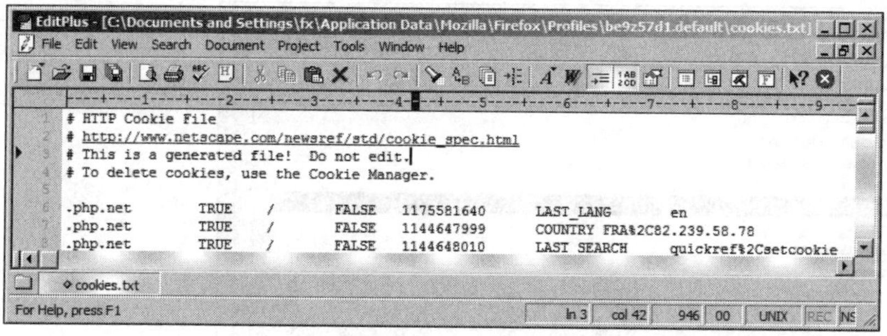

Figure 10-3 : *Suppression des cookies*

Les craintes liées aux cookies ont aujourd'hui quasiment disparues. L'obligation de les autoriser pour se rendre sur les sites les plus populaires du Web leur a rendu toute leur légitimité.

REMARQUE

Sans danger… mais quand même

En identifiant de manière unique les internautes, certains services tels que doubleclik.com (gestion de bannières publicitaires) ont constitué une base de données mondiale afin d'étudier les comportements des utilisateurs. Ils savent où vous êtes allé, quand et pendant combien de temps... "Big Brother" n'est pas loin ! Connaissant ces informations, 39 % des internautes américains effacent leurs cookies au moins une fois par mois, selon une étude américaine.

10

Fonctionnement

Les cookies reposent sur un échange de données au sein des en-têtes HTTP des requêtes et des réponses.

Pour qu'un cookie portant le nom cookietest et contenant la valeur bonjour soit créé, il faut qu'un script PHP ajoute dans l'en-tête HTTP de la réponse la commande

Set-Cookie: cookietest=bonjour. Le navigateur comprend alors qu'il doit créer le cookie correspondant sur le disque dur. Suite à cela, tous les en-têtes des requêtes réalisées par le navigateur sur les différentes pages du site contiendront la valeur du cookie.

L'extension LiveHTTPHeaders permet de visualiser ces différents échanges.

La première étape consiste à appeler le script *nouveau_cookie.php* chargé de créer un nouveau cookie.

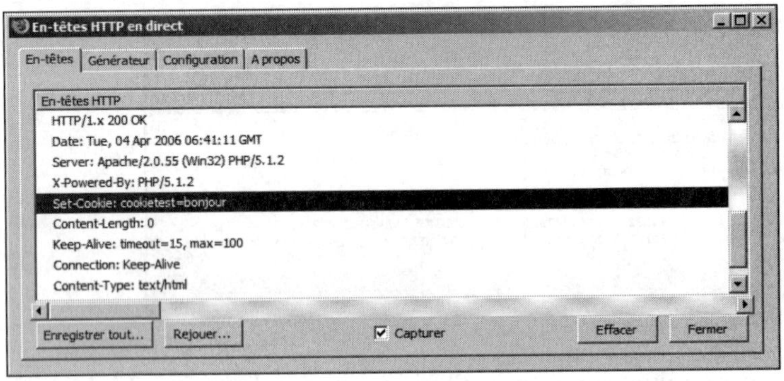

Figure 10-4 : *Réponse d'un script demandant la création d'un cookie*

L'en-tête contient bien une ligne Set-Cookie: cookietest=bonjour.

Pour obtenir la confirmation que le cookie a bien été créé, allez dans Firefox et listez les différents cookies à l'aide du menu **Outils/Options/Vie Privée/Cookies/Afficher les cookies**. Une recherche sur le domaine **localhost** affiche bien le cookie qui vient d'être créé.

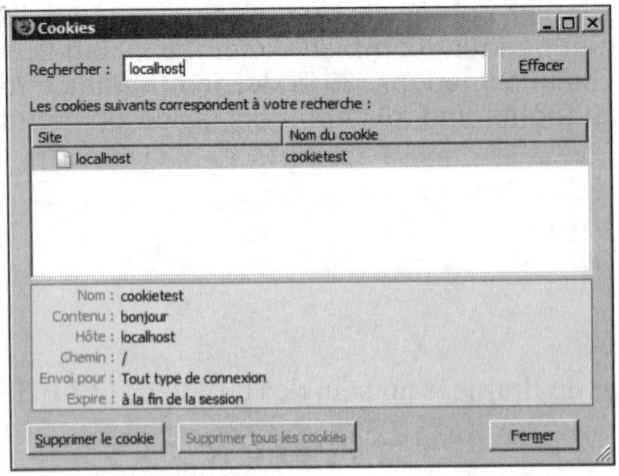

Figure 10-5 : *Affichage du nouveau cookie*

L'étape suivante consiste à visualiser comment votre navigateur va désormais transmettre ce cookie aux différentes pages du site. Une requête sur une page quelconque permet de d'obtenir la réponse.

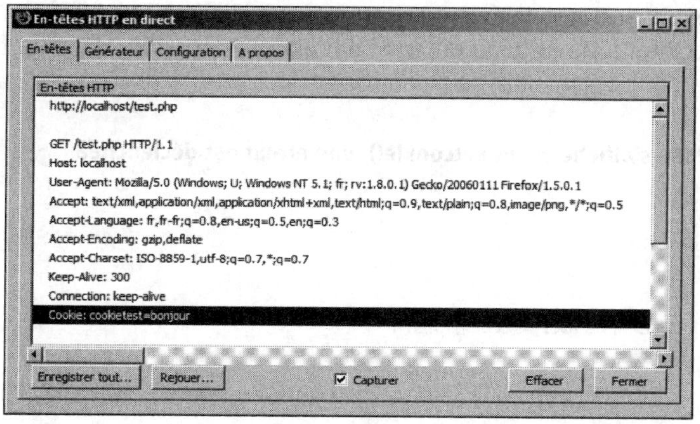

Figure 10-6 : *Affichage de l'en-tête d'une requête sur une page du site*

La requête à *test.php* contient dans son en-tête la commande Cookie: cookietest=bonjour. En la recevant, le script *test.php* sait qu'il doit donner accès à une variable cookietest contenant la valeur bonjour.

Manipulation d'un cookie

PHP ne vous impose pas de travailler directement sur l'en-tête HTTP.

La fonction setcookie() est utilisée pour la création et la modification des cookies. Dans son fonctionnement le plus basique, cette fonction prend trois paramètres :

- le nom du cookie ;
- sa valeur ;
- la date d'expiration.

Le script *nouveau_cookie.php* évoqué précédemment peut ainsi être écrit de la manière suivante :

Listing 10-1 : Création d'un cookie

```
setcookie("cookietest","bonjour",0);
```

La syntaxe est rigoureusement la même pour modifier le cookie et lui donner la valeur bonjour monde.

Listing 10-2 : Modification de cookietest

```
setcookie("cookietest","bonjour monde",0);
```

La fonction setcookie() impose une contrainte majeure. Aucun affichage ne doit avoir lieu au sein du script avant son appel. Cette contrainte est logique : une fois le premier caractère du contenu de la page envoyé, il n'est plus possible de modifier l'en-tête HTTP.

Listing 10-3 : Si une donnée s'affiche avant setcookie(), une erreur est déclenchée

```
Bonjour monde

<?php

setcookie("cookietest","bonjour",0);

?>
```

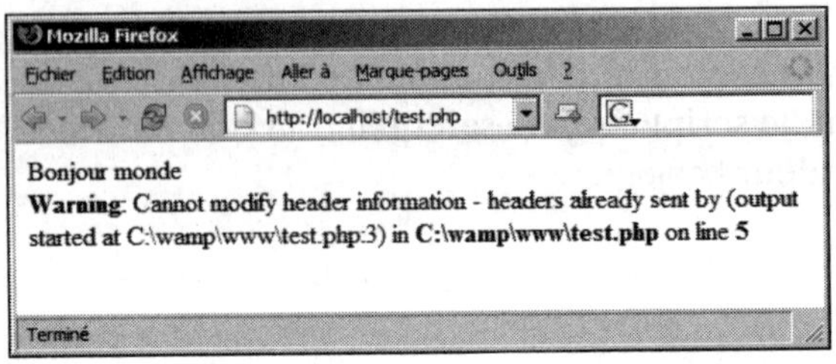

Figure 10-7 : *Message d'erreur indiquant qu'une fois envoyé, l'en-tête ne peut plus être modifié*

Pour récupérer le contenu d'un cookie, PHP met à disposition le tableau associatif $_COOKIE.

Listing 10-4 : Affichage de la valeur de cookietest

```
print($_COOKIE["cookietest"]);
```

> ATTENTION
>
> **Rôle du tableau $_COOKIE**
>
> Ce tableau associatif ne sert qu'à accéder à la valeur d'un cookie et ne permet en aucun cas d'en modifier la valeur.

Expiration

La date d'expiration permet de définir à quel moment le cookie doit être supprimé. Cette date est exprimée en secondes. Pour ne faire vivre un cookie que cinq secondes, utilisez la fonction time() (qui retourne la date courante exprimée en secondes) et ajoutez-lui la valeur 5.

Listing 10-5 : Création d'un cookie d'une durée de vie de 5 secondes

```
setcookie("cookietest","bonjour",time()+5);
```

Pour constater le bon fonctionnement de cette syntaxe, créez un script responsable de la création du cookie et un autre chargé d'afficher son contenu. En rafraîchissant ce dernier toutes les secondes, vous constaterez qu'il disparaîtra très vite.

REMARQUE

Cookie éternel ?

Aucun moyen ne permet de créer un cookie éternel. La technique utilisée pour s'en rapprocher consiste à définir une date d'expiration très éloignée dans le temps. time()+3600*24*365*10 correspond à une expiration dans 10 ans.

Si la date d'expiration n'est pas précisée (ou si elle est passée à la valeur 0), le cookie devient un cookie de session. Le terme "session" n'a ici aucun rapport avec le sessions décrites plus loin dans ce chapitre. Les cookies de session restent accessibles tant que le navigateur est ouvert.

ATTENTION

Suppression d'un cookie de session

La suppression d'un cookie de session n'a lieu que lorsque toutes les fenêtres (et les onglets) du navigateur sont fermées.

Ce comportement peut être illustré à l'aide d'un script affichant le nombre de pages vues durant une visite. En fermant le navigateur et en le rouvrant, vous constaterez que le compteur repart bien à 1.

Listing 10-6 : Compteur de pages vues

```
<?php
if (!isset($_COOKIE["compteur"])) {
  $num = 1;
  setcookie("compteur",$num);
}
else {
  $num = $_COOKIE["compteur"]+1;
  setcookie("compteur",$num);
```

```
}

print("Nombre de pages vues : ".$num);
?>
```

Exemple d'utilisation : pré-remplissage d'un formulaire

L'idée est ici d'éviter de demander à l'internaute de compléter un formulaire qu'il a déjà rempli.

Le formulaire appelle un script *action.php* chargé d'afficher un message de confirmation et de créer des cookies pour chacun des champs du formulaire. Le formulaire *form.php* initialise ses différents champs s'il détecte que les cookies correspondants existent.

Listing 10-7 : Formulaire form.php

```
<form action="action.php">

nom
<input type="text" name="nom" value="<?php print($_COOKIE["nom"]);
✂ ?>" />
<br/>
prénom
<input type="text" name="prenom" value="<?php
✂ print($_COOKIE["prenom"]); ?>" />
<br/>
genre
<select name="genre">
 <option value="h">homme</option>
 <option value="f" <?php if ($_COOKIE["genre"]=='f')
 ✂ print("selected"); ?>>femme</option>
</select>
<br/>
adresse
<textarea name="adresse"><?php print($_COOKIE["adresse"]);
✂ ?></textarea>
<br/>
<input type="submit" value="envoyer" />

</form>
```

Listing 10-8 : action.php

```
<?php

$expire = time()+3600*24*365;
```

```
setcookie("nom",$_REQUEST["nom"],$expire);
setcookie("prenom",$_REQUEST["prenom"],$expire);
setcookie("genre",$_REQUEST["genre"],$expire);
setcookie("adresse",$_REQUEST["adresse"],$expire);

?>

Enregistrement OK
<br/>
<a href="form.php">retour au formulaire</a>
```

Une fois les informations fournies et transmises à *action.php*, vous pouvez revenir sur le formulaire à l'aide du lien et constaté que les données sont bien présentes.

En revanche, vous constaterez un dysfonctionnement en indiquant de nouvelles valeurs et en validant le formulaire à nouveau. Quoi que vous saisissiez, ce dernier conserve les informations initiales. Le bogue vient de l'utilisation du tableau $_REQUEST. En plus de contenir les variables transmises en POST et en GET, $_REQUEST contient également les valeurs des cookies. Il s'avère que PHP prend en compte les cookies avant les variables GET et POST pour initialiser $_REQUEST. La ligne setcookie("nom",$_REQUEST["nom"],$expire) est par conséquent identique à setcookie("nom",$_COOKIE["nom"],$expire).

La solution consiste donc à utiliser la variable $_GET pour initialiser le cookie.

Listing 10-9 : Nouvelle version de action.php

```
<?php

$expire = time()+3600*24*365;
setcookie("nom",$_GET["nom"],$expire);
setcookie("prenom",$_GET["prenom"],$expire);
setcookie("genre",$_GET["genre"],$expire);
setcookie("adresse",$_GET["adresse"],$expire);

?>

Enregistrement OK
<br/>
<a href="form.php">retour au formulaire</a>
```

Les paramètres supplémentaires

Trois paramètres optionnels supplémentaires peuvent être transmis à la fonction setcookie() :

- un chemin (path) ;
- un domaine ;
- un flag de sécurité.

Le chemin permet de restreindre l'accessibilité d'un cookie aux seuls scripts présents dans ce répertoire.

Le principe est similaire pour le domaine. Si votre site fait intervenir plus d'un sous-domaine (par exemple **www.domaine.fr**, **intranet.domaine.fr**), il est possible d'indiquer qu'un cookie ne sera transmis que si le script appartient à un sous-domaine particulier.

Quand le troisième paramètre contient la valeur 1, le cookie ne peut alors être récupéré que si le protocole HTTP est sécurisé : HTTPS.

La ligne suivante crée un cookie qui ne sera accessible qu'aux scripts présents dans le répertoire *admin*.

```
setcookie("idUser","bob",time()+24*3600,"/admin");
```

Figure 10-8 : *Les paramètres d'expiration et de restriction de chemin apparaissent dans la commande Set-Cookie*

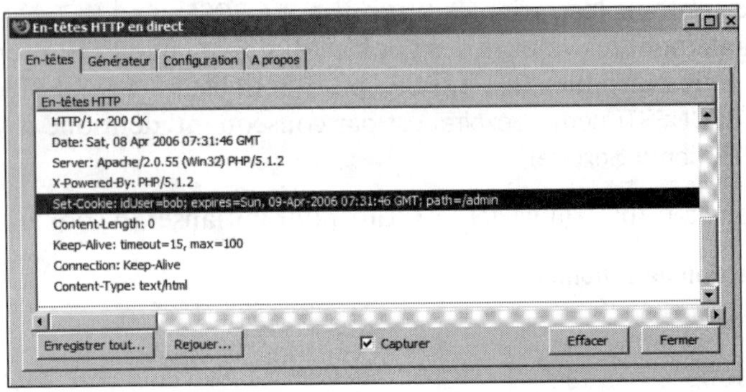

Si vous appelez *page.html* présente dans */admin*, l'extension LiveHTTPHeaders confirme que le cookie idUser est bien propagé.

Figure 10-9 : *En-tête de la requête sur la page /admin/page.html*

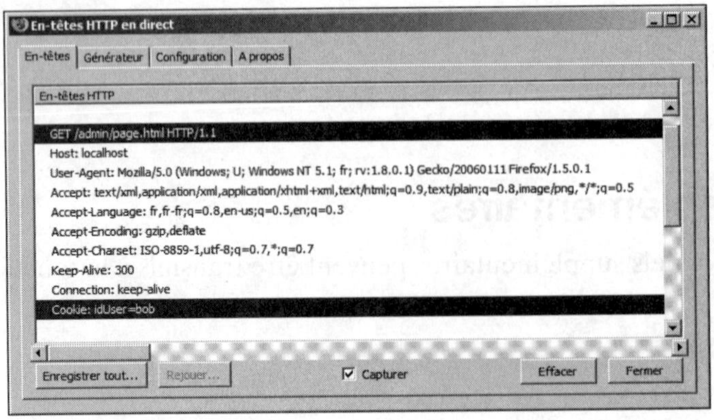

Si vous appelez maintenant une page à la racine, vous constatez que le cookie n'est plus propagé. Il devient par conséquent impossible d'accéder à sa valeur.

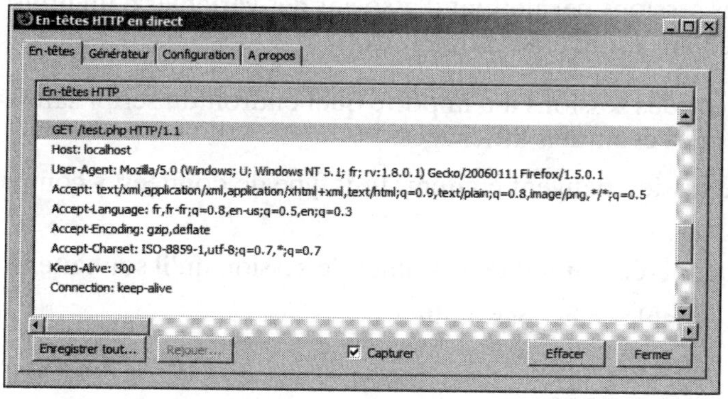

Figure 10-10 : *En-tête de la requête sur le script /test.php*

Suppression d'un cookie

Pour supprimer un cookie, transmettez une chaîne vide à setcookie().

Listing 10-10 : Suppression du cookie idUser

```
setcookie("idUser","");
```

Pour être sûr que le cookie est supprimé, il est généralement conseillé de passer à setcookie() une date passée en troisième argument.

```
setcookie("idUser","",time()-24*3600);
```

10

Si le cookie a été créé avec des paramètres supplémentaires, la suppression doit impérativement utiliser ces paramètres.

Listing 10-11 : Les paramètres supplémentaires sont obligatoires lors de la suppression

```
setcookie("idUser","",time()-24*3600,"/admin","intranet.domaine
✂ .fr",1);
```

Le script suivant permet d'effacer l'ensemble des cookies créés par le site, en l'occurrence **localhost** :

Listing 10-12 : Suppression multiple

```
foreach ($_COOKIE as $clef => $valeur) {
  setcookie($clef,"",time()-3600*4);
}
```

10.2 Les sessions

Comme les cookies, les sessions permettent d'associer des variables à un utilisateur. Les avantages sur les cookies sont assez nombreux :

- Vous pouvez créer des sessions à n'importe quel endroit du script sans avoir à vous préoccuper des éventuels affichages.
- Les variables de session peuvent contenir tout type de données, y compris des tableaux.
- Un même site peut créer autant de variables de session qu'il souhaite.
- La taille de ces variables n'est pas limitée.

Création, accès, suppression

L'utilisation des sessions doit toujours être précédée de l'appel à la fonction session_start(). Cette fonction (et seulement celle-ci) doit être appelée avant le premier affichage du script. Elle permet d'indiquer à l'interpréteur PHP de charger les variables de session.

Le tableau $_SESSION contient l'ensemble des variables de session du script. La création d'une nouvelle variable de session ne consiste donc qu'à ajouter un nouvel élément au tableau $_SESSION.

L'exemple suivant comptabilise le nombre de pages vues par un utilisateur :

Listing 10-13 : Compteur de pages vues

```
<?php

session_start();

if (isset($_SESSION["compteur"])) {
  $_SESSION["compteur"]++;
}
else {
  $_SESSION["compteur"] = 1;
}

print($_SESSION["compteur"]." page(s) vue(s)");
```

Les variables de session sont partagées par les différents scripts composant votre site. Ainsi, en dupliquant ce code et en le plaçant dans un script *test2.php*, vous pourrez constater que PHP a bien récupéré l'état de la variable $_SESSION["compteur"].

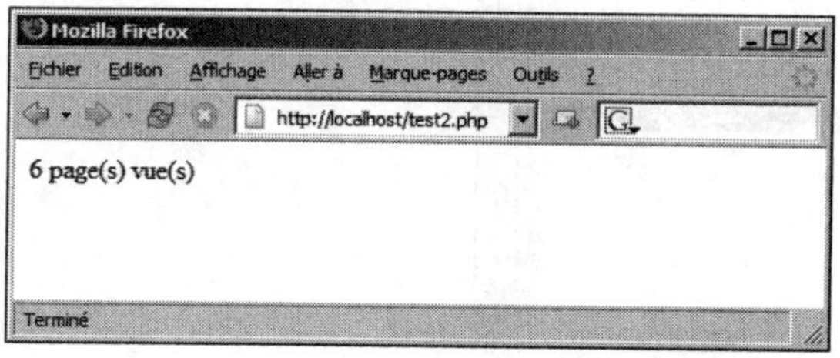

Figure 10-11 : *Les différents scripts du site localhost partage les mêmes variables de session*

La déclaration d'un tableau en tant que session repose exactement sur le même principe.

Listing 10-14 : Déclaration d'un tableau en tant que variable de session

```
session_start();
$_SESSION["tab"] = array("a","b");
```

La suppression d'une variable de session fait appel à la fonction session_unregister().

Listing 10-15 : Suppression de la variable de session $_SESSION["tab"]

```
session_unregister("tab");
```

ATTENTION

session_unregister()

C'est bien le nom de la variable ("tab") qui est passé à session_unregister(), et non la variable elle-même ($tab).

PHP donne également la possibilité de supprimer l'ensemble des variables de session à l'aide de la fonction session_destroy().

Les éléments techniques

Techniquement, les sessions reposent sur les cookies. À partir du moment où vous utilisez la fonction session_start(), PHP crée, si cela n'est pas déjà fait, un cookie nommé PHPSESSID.

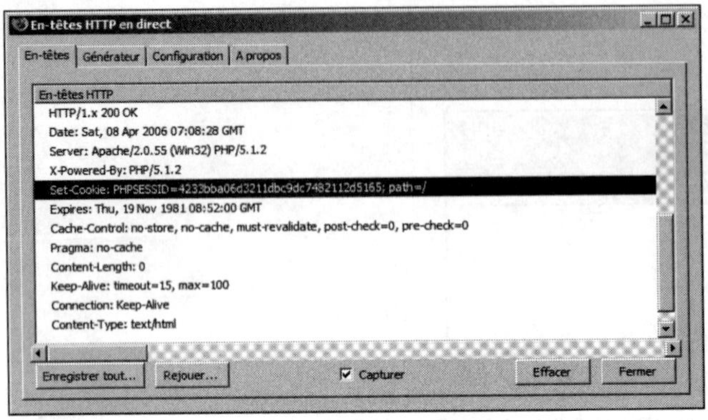

Figure 10-12 : *Cookie créé par la fonction session_start()*

Ce cookie contient l'identifiant unique de la session. Nous l'appellerons "session cookie" pour ne pas le confondre avec les cookies de session vus précédemment.

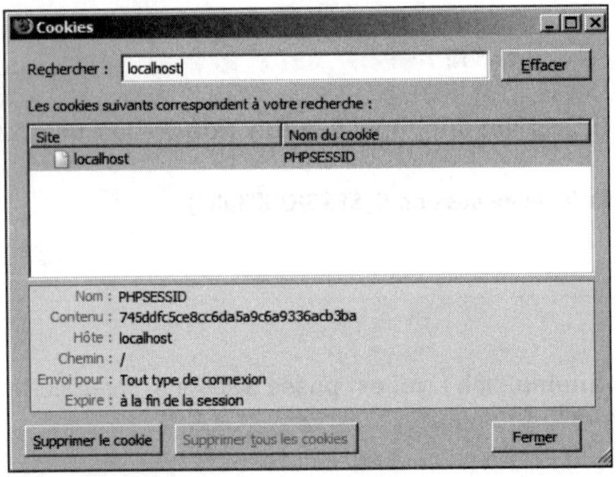

Figure 10-13 : *Affichage du contenu du cookie PHPSESSID*

L'identifiant de la session peut être obtenu à l'aide de la fonction session_id().

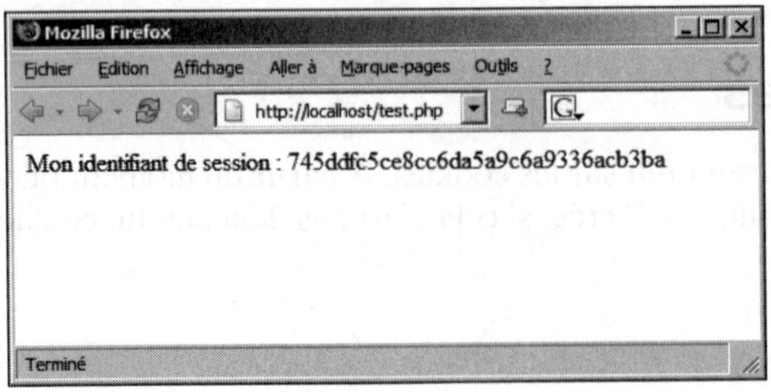

Figure 10-14 : *Identifiant de session*

Cet identifiant permet à PHP de charger en mémoire le contenu d'un fichier réunissant l'ensemble des variables de session. Dans l'environnement Wamp, ce fichier est situé dans le répertoire *C:\wamp\tmp*.

Figure 10-15 : *Répertoire contenant physiquement les sessions*

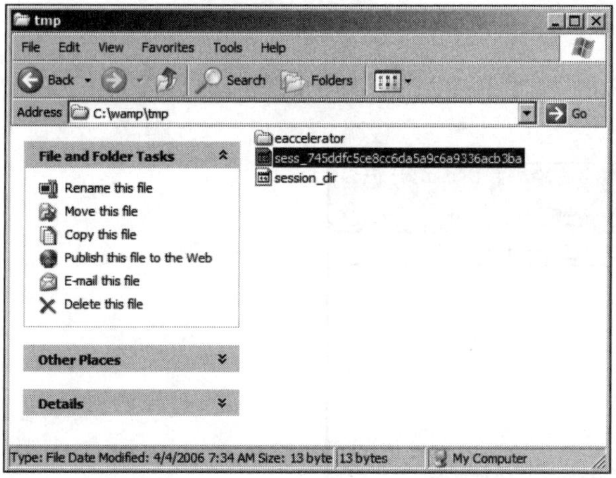

Chaque fichier est nommé suivant la même norme : *sess_* suivi de l'identifiant de session.

En éditant le fichier, vous constaterez qu'il contient bien les variables de session déclarées : le compteur et le tableau.

Figure 10-16 : *Les variables de session*

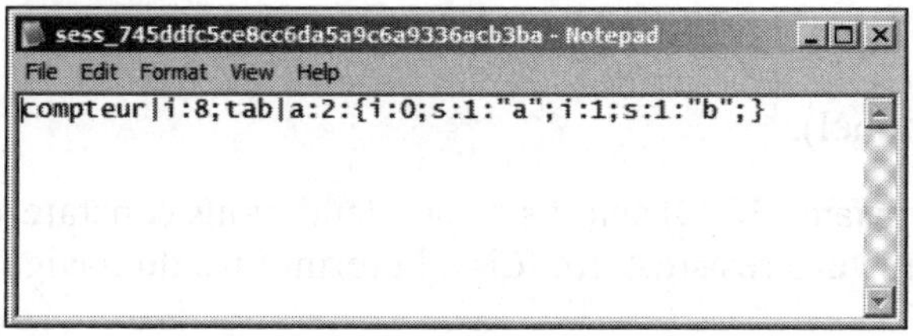

En fonctionnant sur ce modèle, les sessions ne sont pas soumises aux limites des cookies, que ce soit en termes de nombre et de taille.

REMARQUE

Les sessions… remède aux cookies ?

Les sessions reposant sur les cookies, elles ne rassurent en rien les internautes, qui les refusent. La seule solution à ce problème consiste à propager au sein des URL du site une variable représentant un identifiant unique de session.

10

Pour aller plus loin

En fermant et en rouvrant votre navigateur, vous constaterez que toutes vos variables de session ont été supprimées. Il s'agit là d'une démonstration que le cookie PHPSESSID créé par PHP est un cookie de session.

La fonction session_get_cookie_params() permet de récupérer les propriétés du cookie dans un tableau.

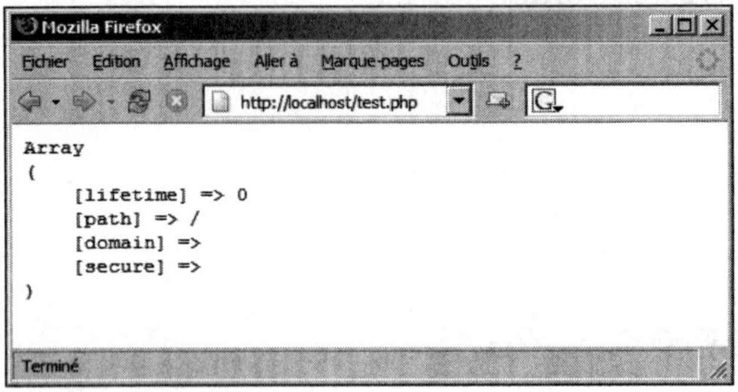

Figure 10-17 : *Affichage des propriétés du session cookie*

La fonction session_set_cookie_params() permet, quant à elle, de modifier les paramètres du session cookie. Les quatre paramètres sont :

- la durée de vie du cookie ;
- le chemin (optionnel) ;
- le domaine (optionnel) ;
- le flag de sécurité (optionnel).

En ajoutant session_set_cookie_params(3600) avant session_start(), vous constaterez que le script compteur de pages vues résiste cette fois à la fermeture du navigateur.

Listing 10-16 : Nouvelle version du compteur

```
<?php

session_set_cookie_params(3600);
session_start();

if (isset($_SESSION["compteur"])) {
  $_SESSION["compteur"]++;
}
else {
  $_SESSION["compteur"] = 1;
}

print($_SESSION["compteur"]." page(s) vue(s)");
```

ATTENTION

Modification des propriétés du session cookie

La fonction session_set_cookie_params() doit être appelé avant toutes les utilisations de session_start().

Vous pouvez modifier le nom du session cookie ainsi que l'identifiant unique de session en transmettant les nouvelles valeurs aux fonctions session_name() et session_id().

```
// changement du nom du session cookie
session_name("MySessId");

// changement de l'id de session
session_id("abcdefghijklm");
```

Comme session_set_cookie_params(), la fonction session_name() doit être appelée avant chaque appel à session_start().

Les directives PHP

Le comportement des sessions peut être modifié à l'aide d'un certain nombre de directives de configuration au sein du fichier *php.ini*.

Tableau 10-1 : Directives de configuration liées aux sessions

Intitulé	Type	Valeur par défaut	Signification
session.auto_start	Booléen (0 ou 1)	0	Permet d'éviter l'utilisation de la fonction session_start().
session.cookie_lifetime	Entier	0	Durée de vie du session cookie. Il s'agit par défaut d'un cookie de session.
session.name	String	PHPSESSID	Définit le nom du session cookie.
session.save_path	String	c:/wamp/tmp	Précise le répertoire de stockage du contenu des sessions.
session.use_cookies	Booléen	1	Indique si la propagation des sessions repose sur l'utilisation des cookies.

Figure 10-18 : *Section consacrée aux sessions dans phpinfo()*

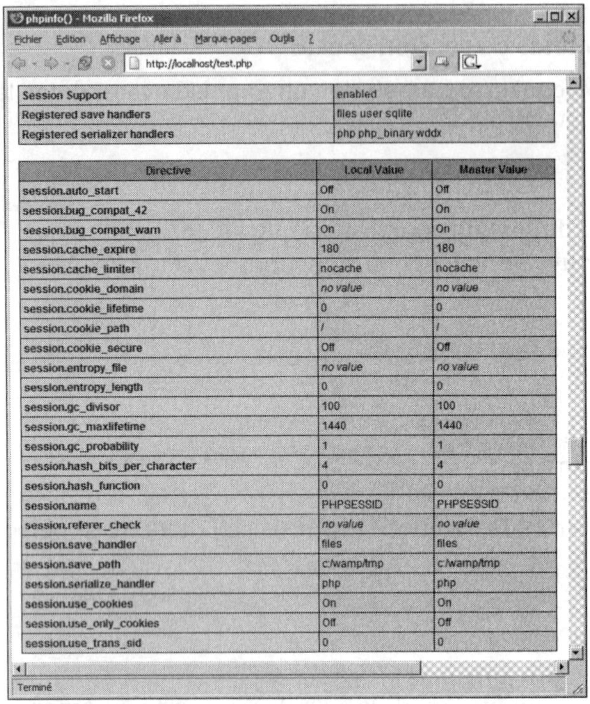

Session Support	enabled
Registered save handlers	files user sqlite
Registered serializer handlers	php php_binary wddx

Directive	Local Value	Master Value
session.auto_start	Off	Off
session.bug_compat_42	On	On
session.bug_compat_warn	On	On
session.cache_expire	180	180
session.cache_limiter	nocache	nocache
session.cookie_domain	*no value*	*no value*
session.cookie_lifetime	0	0
session.cookie_path	/	/
session.cookie_secure	Off	Off
session.entropy_file	*no value*	*no value*
session.entropy_length	0	0
session.gc_divisor	100	100
session.gc_maxlifetime	1440	1440
session.gc_probability	1	1
session.hash_bits_per_character	4	4
session.hash_function	0	0
session.name	PHPSESSID	PHPSESSID
session.referer_check	*no value*	*no value*
session.save_handler	files	files
session.save_path	c:/wamp/tmp	c:/wamp/tmp
session.serialize_handler	php	php
session.use_cookies	On	On
session.use_only_cookies	Off	Off
session.use_trans_sid	0	0

Session et authentification

Les sessions sont très utiles lorsque vous utilisez une authentification de type HTTP. Elles permettent de propager un statut indiquant si l'utilisateur doit se reconnecter ou pas. La mise en œuvre d'une déconnexion est la suivante :

Listing 10-17 : Gestion d'une déconnexion HTTP

```
<?php
session_start();

if ($_REQUEST['action']=='quitter') {
  $_SESSION['auth'] = true;
  print("<a href='test.php'>Connexion</a>");
  exit(0);
}

if ($_SESSION['auth']==true ||
    $_SERVER["PHP_AUTH_USER"]!="test" ||
    $_SERVER["PHP_AUTH_PW"]!="test") {
  unset($_SESSION['auth']);
  header('WWW-Authenticate: Basic realm="Zone protégée"');
```

```
   header("HTTP/1.0 401 Unauthorized");
   print("Veuillez contacter votre administrateur système ");
   print("pour obtenir vos identifiants.");
   exit (0);
}

print("Bienvenue dans la zone sécurisée<br/><br/>");
print("<a href='test.php?action=quitter'>quitter
✂ l'application</a>");

?>
```

1. Lors de la première visite, les variables $_SERVER["PHP_AUTH_USER"], $_SERVER["PHP_AUTH_PW"] et $_SESSION['auth'] n'existant pas, la fenêtre d'authentification s'ouvre afin que l'utilisateur puisse saisir son identifiant et son mot de passe.
2. Une fois l'identification réalisée, $_SERVER["PHP_AUTH_USER"] et $_SERVER["PHP_AUTH_PW"] contiennent la valeur "test" et $_SESSION['auth'] n'existe toujours pas. La demande d'authentification est donc évitée.
3. En utilisant le lien de déconnexion, l'utilisateur propage le paramètre action et on entre dans le premier if. La variable SESSION['auth'] passe alors true. L'astuce consiste ici à proposer un lien et à sortir au lieu de poursuivre l'exécution du script. La présence systématique du paramètre action dans l'URL conduirait en effet à une boucle infinie.
4. Quand l'utilisateur clique sur le lien *Connexion*, la valeur true de $_SESSION['auth'] déclenche à nouveau l'ouverture de la fenêtre d'authentification. Le code 401 provoque par la même occasion l'effacement des variables $_SERVER["PHP_AUTH_USER"] et $_SERVER["PHP_AUTH_PW"]. La variable $_SESSION['auth'] est tout de suite supprimée afin de ne pas provoquer une demande systématique d'authentification. La déconnexion a donc bien fonctionné.

10.3 En bref

- Les cookies et les sessions permettent de propager des données liées à un internaute durant toute la durée de sa visite.
- Les sessions ont l'avantage d'être plus simples à gérer que les cookies. Une session est composée d'un cookie contenant son identifiant et d'un fichier sur le serveur contenant les données.
- Les variables $_SESSION et $_COOKIE sont utilisées pour y avoir accès.
- Pour fonctionner, les sessions nécessitent que les internautes autorisent les cookies.
- Longtemps décriés, les cookies sont désormais entrés dans les mœurs du Web.

CHAPITRE

11

Les fichiers

CHAPITRE

11 Les fichiers

11

PHP permet de générer et de manipuler de nombreux formats de fichiers. Cette partie présente la manipulation de fichiers ainsi que des formats régulièrement utilisés dans le cadre d'applications en ligne. Des exemples pratiques et utiles illustreront ces propos au fur et à mesure.

La manipulation de fichier avec PHP peut se justifier et se traduire de multiples façons.

Vous étudierez plus loin dans ce chapitre divers formats de fichiers. Ces formats sont le plus souvent normés et utilisés pour le transfert d'informations ou la création de fichiers utilisables avec un logiciel de bureautique. Dans tous les cas, la mise en œuvre de ces fichiers est très utile dans le cadre de la généralisation de PHP pour la réalisation d'applications en ligne. En effet, ces dernières sont de plus en plus étendues et complexes, touchant ainsi un public toujours plus large. Donc, PHP doit pouvoir couvrir des besoins variés. C'est parfois par l'intermédiaire d'extensions ou de composants que PHP permet la gestion de ces formats particuliers et souvent binaires. Cependant, certains formats sont avant tout des formats texte organisés et structurés. C'est le cas de XML et de CSV par exemple. Les fonctions PHP que vous allez étudier ici vont vous permettre la gestion de ces formats.

De plus, la gestion de fichiers est utile à PHP pour :

- stocker des informations de manière alternative à une base de données ;
- créer des fichiers dits de cache permettant de réduire la charge d'un serveur (c'est-à-dire sa sollicitation) dans le cadre d'une application ou d'une partie d'application à fort trafic ;
- manipuler des fichiers existants au niveau du système de fichiers pour des opérations d'administrations ou une application d'échanges de fichiers en ligne ;
- donner la possibilité à des utilisateurs de créer des modèles de présentation d'informations, des *templates*, en conjuguant un langage connu (le HTML par exemple) et des balises spécifiques.

Vous allez également approfondir dans ce chapitre la fonction `header()` qui est liée à la gestion de fichiers et de leurs formats. C'est plus particulièrement sa définition `Content-type` et son interaction avec les navigateurs via le protocole HTTP qui retiendra votre attention.

Vous étudierez le format image et l'utilisation de la librairie GD, le format Flash et la librairie Ming permettant la réalisation d'animations, la librairie PDFlib et le format PDF, le plus populaire pour l'échange et la diffusion de documentations bien présentées. Enfin, la génération de fichiers compatibles avec Excel, au format CSV et au format natif d'Excel avec le composant `PEAR::Spreadsheet_Excel_Writer` vous seront présentés ainsi que le formant XML.

11.1 La gestion de fichiers

PHP est un langage de programmation qui présente toutes les fonctionnalités standard en termes de manipulation de fichiers. À ce titre, il permet la lecture et l'écriture, la copie et la suppression, le changement de nom et le déplacement.

Les fonctions les plus utilisées sont avant tout l'ouverture et l'écriture. L'ouverture d'un fichier se fait par l'intermédiaire de la fonction fopen(). Cette dernière prend deux arguments : le premier est le nom du fichier avec son chemin complet ; le second est un indicateur qui sous la forme d'une chaîne de caractères précise le mode d'ouverture du fichier.

```
$nom_fichier = "fichier.txt";
$fichier = fopen($nom_fichier, "r"));
```

Cet exemple renvoi un descripteur de fichier $fichier. C'est cette variable qui représente le fichier dans les manipulations à venir et les fonctions y feront référence. Le descripteur de fichier possède également un pointeur indiquant une position dans le fichier. C'est cette position qui définit l'endroit où commence une lecture ou une écriture. Le mode d'ouverture du fichier positionne ce pointeur. Ce dernier change également de position lors d'appel à une fonction de lecture, d'écriture ou de positionnement.

Concernant le fichier en lui-même, l'instruction précédente illustre l'ouverture de *fichier.txt*. L'utilisation directe du nom d'un fichier signifie que ce dernier est dans le répertoire courant du script.

REMARQUE

Répertoire courant

Le répertoire courant est le répertoire où se trouve le script PHP qui a été appelé. Pour toutes les fonctions de manipulation de fichiers, si l'argument correspondant au nom du fichier ne comporte pas une barre oblique (/), c'est que l'opération s'effectue dans le même répertoire que celui du script. Si le premier argument de fopen() est maintenant ../fichier.txt, cela indique que le fichier se trouve dans le répertoire parent de celui du script. Il s'agit dans ce cas d'une précision du chemin relatif du fichier.

Enfin, si l'argument est /test/fichier.txt, le fichier cible de fopen() est dans le sous-répertoire *test* à la racine du serveur web. Il s'agit alors d'un chemin absolu. La racine est indiquée dans le fichier de configuration du serveur web pour chaque site.

Les différents modes d'ouverture des fichiers sont les suivants.

Tableau 11-1 : Les modes d'ouverture d'un fichier avec la fonction fopen()

Mode d'ouverture	Signification
R	Ouvre le fichier en lecture seule, le pointeur de fichier est placé au début du fichier (r pour *read*).
W	Ouvre le fichier en écriture seule, le pointeur de fichier est placé au début du fichier. Si le fichier existe, ce mode écrase les données existantes. Si le fichier n'existe pas, ce mode permet de le créer (w comme *write*).
A	Ouvre le fichier en écriture seule, place le pointeur de fichier à la fin du fichier. Si le fichier n'existe pas, ce mode permet de le créer (a comme *append*).
X	Crée et ouvre le fichier en lecture seule, le pointeur de fichier est placé au début du fichier. Si le fichier existe déjà, fopen() échoue et génère une alerte PHP. Ce mode ne fonctionne qu'avec les fichiers locaux.
r+	Ouvre le fichier en lecture et en écriture, le pointeur de fichier est placé au début du fichier.
w+	Ouvre le fichier en lecture et en écriture, le pointeur de fichier est placé au début du fichier. Si le fichier existe, ce mode écrase les données existantes. Si le fichier n'existe pas, ce mode permet de le créer.
a+	Ouvre le fichier en lecture et en écriture, le pointeur de fichier est placé à la fin du fichier. Si le fichier n'existe pas, ce mode permet de le créer.
x+	Crée et ouvre le fichier en lecture et en écriture, le pointeur de fichier est placé au début du fichier. Si le fichier existe déjà, fopen() échoue et génère une alerte PHP. Ce mode ne fonctionne qu'avec les fichiers locaux.

Une fois le fichier ouvert, vous pouvez soit lire les données qu'il contient soit en écrire. Vous allez commencer par ce deuxième cas de figure.

Vous souhaitez, par exemple, écrire dans un fichier la date et l'heure de chaque connexion à une page donnée d'un site. Vous allez pour cela ouvrir un fichier avec fopen() et écrire avec fwrite().

```
<?php

// C11_Fichier_exemple_1.php
// Fichier Exemple : Chapitre 11 - Manipulation de fichiers
// PHP 5 et MySQL 5 / Micro Application - Collection Référence
```

```
// Définition du nom du fichier
$nom_fichier = "fichier.txt";

// Ouverture du fichier en écriture
$fichier = fopen($nom_fichier, "w");

// Définition de la date
$date = date("Y-m-d H:i:s");

// Ecriture de la donnée dans le fichier
fwrite($fichier, $date);

// Passage à la ligne
fwrite($fichier, "\n");

// Fermeture du fichier
fclose($fichier);

?>
```

Vous voyez ici la syntaxe de la fonction fwrite(). Elle est assez simple. Son premier argument est le descripteur de fichier $fichier. Le second est la chaîne que vous souhaitez inscrire dans le fichier. Cet exemple vous présente une fonction complémentaire qui est fclose() qui permet de fermer le fichier et de libérer la ressource représentée par le descripteur de fichier $fichier.

Ce script est placé dans la page que vous souhaitez surveiller. Chaque appel à ce script écrit une date différente dans le fichier *fichier.txt*, mais écrase l'information précédemment stockée. Cela est lié à l'utilisation de la méthode w. Pour que le script fasse ce que vous souhaitez, à savoir l'enregistrement de la date à chaque nouvel accès à la page tout en gardant l'historique, vous devez opter pour un mode a.

```
$fichier = fopen($fichier, "a"));
```

Vous remarquez également dans ce premier exemple l'ajout systématique en fin de ligne un retour chariot \n. Cela est utile à deux titres : tout d'abord le retour à la ligne est un séparateur presque universel sur lequel vous pouvez vous baser pour distinguer les informations du fichier. Ensuite, il rend le fichier lisible avec un éditeur de texte standard car il est structuré.

La fonction fopen() retourne la valeur false si elle n'a pas pu ouvrir le fichier dans le mode qui lui a été demandé. Ceci peut avoir de nombreuses origines : mode inadéquat, droits du fichier et droits du script incompatibles, chemin et/ou nom de fichier incorrect, etc. Pour se prémunir d'une erreur incongrue dans vos scripts, il est recommandé d'intégrer la fonction fopen() dans un test qui contrôle le retour et affiche une erreur que vous contrôlez en cas de problème.

```
<?php
…
// Ouverture du fichier en écriture
if ($fichier = fopen($nom_fichier, "a")) {
…
// Déroulement normal des opérations
…
} else {

// Erreur contrôlée
print("Impossible d'accéder au fichier $nom_fichier");

}
?>
```

Vous allez maintenant réaliser un script de lecture de fichier :

```
<?php

// C11_Fichier_exemple_2.php
// Fichier Exemple : Chapitre 11 - Manipulation de fichiers
// PHP 5 et MySQL 5 / Micro Application - Collection Référence

// Définition du nom du fichier
$nom_fichier = "fichier.txt";

// Ouverture du fichier en écriture
if ($fichier = fopen($nom_fichier, "r")) {

// Lecture des données dans le fichier
$contenu = fread($fichier, filesize(($nom_fichier));

// Fermeture du fichier
fclose($fichier);

} else {

// Erreur contrôlée
print("Impossible d'accéder au fichier $nom_fichier");

}

?>
```

BIBLIOTHÈQUE NICE SCIENCES UNIVERSITAIRE

La fonction utilisée pour la lecture d'un fichier est fread().Cette fonction prend deux arguments dont le premier est le descripteur de fichier. Cela sous-entend bien sûr que vous avez auparavant ouvert le fichier en lecture via le mode r par exemple. Le second argument correspond à la quantité de données (en octets) que vous souhaitez lire dans le fichier. Un moyen simple pour indiquer la bonne quantité est d'utiliser la fonction filesize() qui, à partir d'un nom de fichier retourne sa taille en nombre d'octets. Cette construction vous permet de lire l'intégralité du fichier en une seule fois. La fonction fread() retourne le contenu du fichier que vous stockez dans une variable $contenu pour vos futures manipulations.

La méthode vue ici concerne la lecture d'un fichier situé sur le même serveur que le script, c'est une lecture locale de fichier. Il est possible de faire une lecture distante d'un fichier. Pour cela, il faut utiliser une URL plutôt qu'un chemin de fichier avec la fonction fopen().

```
$fichier = fopen("http://localhost/fichier.txt", "r"));
```

Cette instruction permet de lire le contenu du fichier *fichier.txt* situé sur un serveur distant, *localhost* pour cet exemple. Dans cette configuration, le mode utilisé par fopen() ne pourra généralement pas être un mode d'écriture car les fichiers des serveurs web ont des accès restreints par soucis de sécurité.

L'utilisation faite lors de la lecture locale de la fonction filesize() est ici impossible. Il faut donc utiliser un autre principe pour lire l'intégralité du fichier. Cela se fait simplement par l'intermédiaire d'une boucle while() qui lit le fichier morceau par morceau et concatène chaque partie dans une chaîne de caractères. Voici le code correspondant à cette opération :

```
$contenu = "";
while($str = fread($fichier,16)) {
  $ contenu .= $str;
}
```

Pour cette boucle, c'est le descripteur de fichier qui garde en mémoire l'endroit où vous vous trouvez dans le fichier. La boucle s'arrête naturellement dès qu'il n'y a plus rien à lire dans le fichier.

C'est le descripteur de fichier qui garde en mémoire l'endroit où vous vous trouvez dans le fichier. La boucle s'arrête naturellement dès qu'il n'y a plus rien à lire dans le fichier.

Quelques fonctions permettent de déplacer la position de lecture ou d'écriture du descripteur de fichier. C'est par exemple le cas de la fonction rewind() qui

« rembobine » le fichier, en plaçant le pointeur de lecture du descripteur de fichier à son début, et vous permet de relancer une lecture intégrale.

Les fonctions fopen(), fread(), fwrite() et fclose() sont les plus standards dans le cadre de la manipulation de fichier. Vous allez maintenant aborder quelques fonctions intéressantes qui sont des aménagements ou des déclinaisons de ces fonctions élémentaires.

Commencez par file_get_contents(). Cette fonction permet en réalité de faire, en un seul appel PHP aux fonctions fopen(), fread() avec une boucle while() et fclose().

```
$contenu = file_get_contents("http://localhost/fichier.txt"));
```

Voici le code équivalent avec les fonctions élémentaires :

```
$fichier = fopen(http://localhost/fichier.txt, "r") ;
$contenu = "";
while($str = fread($fichier,16)) {
  $contenu .= $str;
}
fclose($fichier);
```

REMARQUE

Taille d'un fichier

Vous avez vu que la fonction filesize() retourne la taille d'un fichier. Vous pouvez également connaître cette dernière en évaluant la taille de la chaîne de caractères retournée par file_get_contents() ou issue de la boucle avec la fonction fread(). Cette taille se mesure grâce à la fonction strlen() qui renvoie un nombre de caractères, chaque caractère représentant 1 octet. Cela permet de connaître la taille en octet.

```
$taille = strlen($contenu);
```

Quelques fonctions complémentaires

copy()

Cette fonction permet de copier un fichier.

```
copy("fichier_source.txt", "fichier_destination.txt");
```

rename()

Cette fonction permet de renommer un fichier.

```
rename("fichier_ancien_nom.txt", "fichier_nouveau_nom.txt");
```

unlink()

Cette fonction permet de supprimer un fichier.

```
rename("fichier.txt");
```

fgetc()

Cette fonction retourne le premier caractère du fichier.

```
$caractere = fgetc($fichier);
```

fgetcsv()

Cette fonction retourne sous la forme d'un tableau les éléments des lignes scindées par un séparateur. Un exemple vous permettra de mieux comprendre.

Voici le fichier *fichier.txt* :

```
La journée est belle, la matinée est fraîche.
Le temps va, tout s'en va.
Colombe, oiseau à la blanche robe, dans la nuit tu te dérobes.
```

Voici les instructions PHP :

```
$fichier = fopen("fichier.txt","r");
$tableau_final = array();
while ($tableau = fgetcsv($fichier,1024,",")) {
  $tableau_final[] = $tableau;
}
```

La fonction fgetcsv() retourne une ligne du fichier, jusqu'à un retour à la ligne, ou, si la ligne fait plus de 1024 caractères, les 1024 premiers caractères. Cette ligne est ensuite scindée en plusieurs chaînes de caractères séparées par une virgule et placée chacune dans une cellule du tableau $tableau. Si vous souhaitez un séparateur différent que la virgule, vous pouvez le spécifier en troisième argument.

Voici le tableau équivalent qui résulte de ce traitement :

```
$tableau_final = array(
array("La journée est belle ", " la matinée est fraîche."),
array("Le temps va, tout s'en va."),
array("Colombe", " oiseau à la blanche robe", " dans la nuit tu
✂ te dérobes.")
) ;
```

file()

Cette fonction retourne sous la forme d'un tableau, ligne par ligne, l'intégralité du contenu d'un fichier.

```
$tableau = file("fichier.txt");
```

file_put_contents()

Cette fonction insère une chaîne de caractères dans un fichier.

```
file_put_contents("fichier.txt","texte à insérer");
```

fseek()

Cette fonction permet de déplacer le pointeur lié au descripteur de fichier.

```
fseek($fichier,56);
```

Ici, le pointeur est placé à la position 56 qui fait qu'une fonction telle que fread() retournera une chaîne dont le premier caractère sera le cinquante-sixième du fichier représenté par $fichier.

feof()

Cette fonction permet de vérifier que le pointeur du fichier, lié au descripteur de fichier, est positionné à la fin du fichier. Elle retourne true ou false et s'utilise le plus souvent pour un test avec if().

```
if (feof($fichier)) {
// Traitements avec le pointeur à la fin du fichier
}
```

file_exists()

Cette fonction permet de vérifier l'existence d'un fichier. Elle retourne true ou false et s'utilise le plus souvent pour un test avec if().

```
if (file_exists(("fichier.txt")) {
// Traitements avec le fichier existant
}
```

11.2 Header HTTP

Vous avez déjà étudié la fonction header(). Dans le cadre des fichiers, c'est plus particulièrement ses définitions Content–type et Content–Disposition qui vont vous intéresser.

La fonction header() permet de spécifier l'en-tête HTTP qui est renvoyé par le serveur lorsqu'il est interrogé par un client. HTTP est l'abréviation de *Hypertext Transfer Protocol*, « protocole de transfert hypertexte ». C'est un protocole de communication informatique client-serveur qui a été développé pour Internet. Il est utilisé pour transférer les documents (page HTML, image, feuille de style, etc.) entre le serveur HTTP, le serveur web Apache par exemple, et le client, le navigateur Firefox par exemple. C'est ce qu'il se passe à chaque visite d'une personne sur un site Internet.

L'en-tête du protocole HTTP contient un certain nombre de définitions précisant par exemple au navigateur la manière dont les données qu'il va recevoir sont encodées, le type de données, etc. Il permet également d'indiquer à des éléments entre le serveur et le navigateur, un serveur Proxy par exemple, des comportements à avoir vis-à-vis des données qu'ils précèdent.

Les scripts PHP que vous allez étudier dans la suite de ce chapitre permettent de générer des fichiers qui ne sont pas des pages HTML. Le comportement standard du PHP qui fonctionne de concert avec le serveur web est la restitution de pages web. Pour le cas présent, vous allez préciser au navigateur qu'il ne s'agit pas de page HTML, mais de formats différents. Pour cela, vous allez utiliser la fonction header() et indiquer dans l'en-tête HTTP quel type de contenu vous envoyez. Cela se fait via la caractéristique Content–type.

```
header("Content-type: text/x-csv");
```

Le type de flux renvoyé par le serveur est ici text/x–csv. Il s'agit de l'en-tête http utilisé avant d'envoyer au navigateur un fichier CSV. Ce dernier, informé de ce qu'il reçoit va généralement se comporter de la façon suivante : il va interroger l'utilisateur et lui demander s'il veut ouvrir ou enregistrer ce flux.

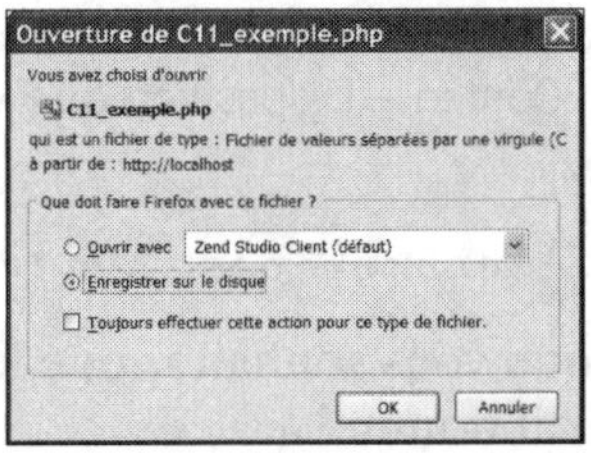

Figure 11-1 : *Le navigateur reçoit un autre flux que le HTML*

S'il s'agit d'un flux connu par l'ordinateur de l'utilisateur, il est associé à une application. De là, si le choix est l'ouverture, l'application se lance et affiche le contenu envoyer par le serveur. Si l'utilisateur a paramétré son navigateur pour que cela soit son comportement par défaut, ce dernier ne l'interroge pas et ouvre directement le flux via l'application.

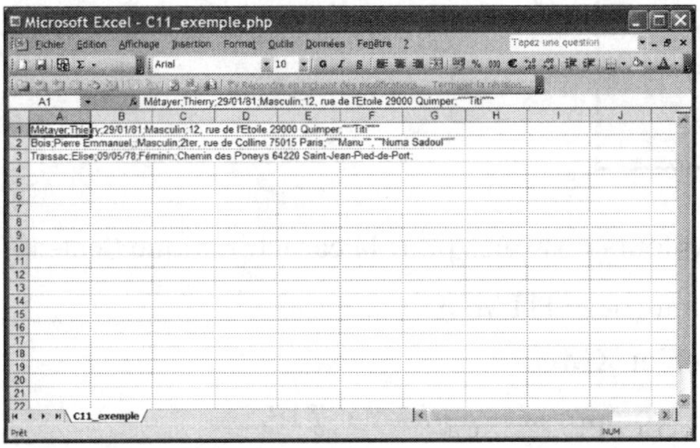

Figure 11-2 : *Lancement de l'application associée au flux*

L'alternative à l'ouverture est la sauvegarde sur le disque dur des données sous la forme d'un fichier.

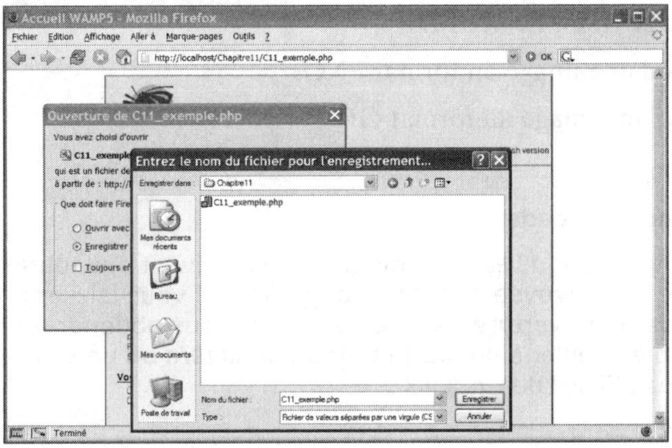

Figure 11-3 : *Sauvegarde du fichier*

Vous avez la possibilité de formater le fichier à sauvegarder au niveau de son nom et de son extension depuis votre script. C'est la définition Content–Disposition que vous allez à nouveau mettre en place via la fonction header().

```
header('Content-Disposition: attachement; filename="test.csv"');
```

Par cette instruction, vous avez indiqué au navigateur que vous souhaitez que le flux soit traité sous la forme d'un fichier et que ce dernier soit nommé *test.csv*.

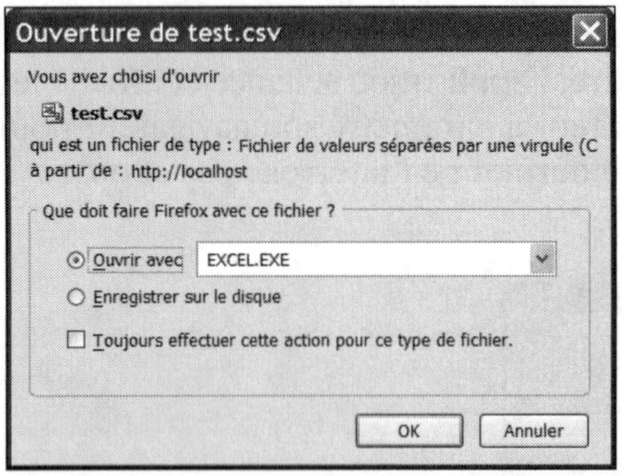

Figure 11-4 : *Instruction Content-Disposition prise en compte par le navigateur*

Voici maintenant une liste de valeurs possibles pour la caractéristique Content–type :

- text/html : format par défaut (page HTML).
- text/xml : données d'un fichier XML.
- application/x–zip : données compressées au format ZIP.
- application/x–gzip : données compressées au format GZIP.
- application/octetstream : données d'une application (programme *.exe* par exemple).
- application/x–shockwave–flash : données d'une animation Flash au format SWF.
- application/pdf : données d'un fichier PDF.
- image/png : données d'une image au format PNG.
- image/gif : données d'une image au format GIF.

REMARQUE

Utilisation de la fonction header()

Rappelez-vous que la fonction header() doit être utilisée avant que toute donnée soit affichée ou renvoyée par votre script PHP. Si vous laissez une simple ligne vide avant l'ouverture de la balise <?php, vous obtiendrez une erreur. Il faut donc bien veiller à ne pas laisser un caractère ou un saut de ligne, surtout si vous utilisez des include().

11.3 Les formats de fichiers

Après avoir étudié la manipulation des fichiers et les fonctions permettant de renvoyer via un script PHP des données correspondant à un type de fichier, vous allez maintenant étudier et approfondir plusieurs formats qui vont élargir les possibilités de vos applications en ligne.

Au programme : les images, les animations Flash, PDF, CSV et Excel, XML.

Les fichiers image

Une des fonctionnalités très utile de PHP et de ses extensions est sa capacité à générer des images à la volée. Grâce à la bibliothèque de fonctions images GD, presque rien n'est impossible en termes de création d'images et de graphiques pour le Web avec PHP. L'ensemble de ces fonctions conjuguées à la puissance de PHP et à vos talents de développeurs permet de réaliser des images en partant de rien ou de manipuler et de retravailler des photos envoyées sur le serveur.

De nombreux autres langages de programmation tels que Perl ou Python permettent d'interfacer GD. Développée prioritairement pour les environnements Unix/Linux en C, cette bibliothèque de fonctions existe aussi pour la plate-forme Microsoft Windows™ et peut donc permettre la génération d'images sur ce système.

Les fonctions offertes par GD vont vous permettre de générer le contenu de l'image, et c'est en utilisant la fonction `header()` et la caractéristique `Content-type` que vous indiquerez au navigateur que vous avez généré une image et son type.

GD est en mesure de générer différents formats d'images, chacun présentant des avantages et des inconvénients qu'il faut avoir en tête pour une utilisation optimale.

- JPEG : très bonne compression pour des images complexes (photos), très répandu.
- GIF : très bonne compression pour des images simples (aplats de couleurs et formes vectorielles, très répandu, gère la transparence.
- PNG : très bonne compression générale, gestion avancée de la transparence.
- WBMP : il s'agit d'un format utilisé pour le WAP.

Aujourd'hui, le format le plus complet est le PNG. C'est un format relativement récent et il n'est pas pris en charge par tous les types de navigateurs (c'est surtout vrai pour les versions assez anciennes). Cela peut aujourd'hui représenter un inconvénient, mais ce sera vite oublié.

REMARQUE

Versions de GD

Les hébergeurs sont équipés des versions 1.6 ou 2.x. La version la plus récente est la 2.0.33. Toute la série des versions 2.x a apporté de nombreuses améliorations en termes notamment de gestion des couleurs et de performance. Cependant, de la version 2.0.0 à la 2.0.28, GD n'acceptait plus le format GIF qui est un standard sur Internet. Cela était dû au fait que l'algorithme de compression (LZW) utilisé pour ce format n'était pas dans le domaine public. C'est ce qui a freiné son essor, poussant une partie des hébergeurs à garder la dernière version prenant en charge le format GIF, à savoir la 1.6. Cela fait maintenant longtemps que cet épisode s'est produit, et la version 2.x se généralise.

Prérequis : l'extension GD

Pour la manipulation de fichiers image, il faut que la bibliothèque GD soit installée. Il s'agit de l'extension *php_gd2.dll* dans le cadre de notre environnement WAMP et des plates-formes Microsoft Windows™. Sous Linux, c'est à la compilation de PHP qu'il faut préciser l'utilisation de GD.

Voici la procédure à suivre, et qui est valable quelle que soit l'extension PHP à mettre en place. Tout d'abord, vous devez vérifier que l'extension en question n'est pas déjà présente. Pour cela, cliquez sur la *tray icon* de WAMP. Dans la catégorie *PHP extension*, vous avez la liste des extensions installées.

REMARQUE

Extensions PHP précédés d'un triangle noir

Les extensions PHP précédées d'un triangle noir sont actuellement activées et donc accessibles en PHP.

REMARQUE

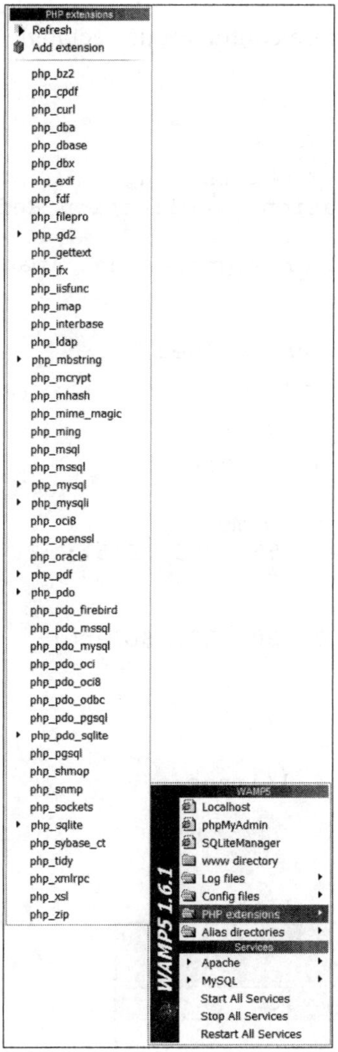

Figure 11-5 : *Extensions PHP de WAMP*

Dans ce cas, l'extension est installée et activée. Si elle n'a pas été activée, cliquez sur la *tray icon* de WAMP et, dans la catégorie *PHP extension*, cliquez sur *php gd2*. WAMP prend alors quelques instants pour activer le service et redémarrer le serveur web. Si vous revenez sur la liste des extensions, il doit y avoir un triangle noir devant *php_gd2*.

Premières images

Votre premier script va générer une image noire contenant un rectangle blanc :

```
<?php

// C11_Fichier_exemple_3.php
// Fichier Exemple : Chapitre 11 - Fichiers image
// PHP 5 et MySQL 5 / Micro Application - Collection Référence

// Modification de l'en-tête HTTP pour signaler une image
header("Content-type: image/png");

// Création d'une image aux dimensions voulues
$image = @imagecreatetruecolor(150, 150);

// Définition de la 1re couleur pour le fond
$noir = imagecolorcllocate($image, 0, 0, 0);

// Définition d'une couleur pour une forme
$blanc = imagecolorallocate ($image, 255, 255, 255);

// Dessin d'une forme
imagefilledrectangle ($image, 10, 10, 20, 20, $blanc);

// Rendu de l'image
imagepng($image);

// Libération des ressources liées à l'image
imagedestroy($image);

?>
```

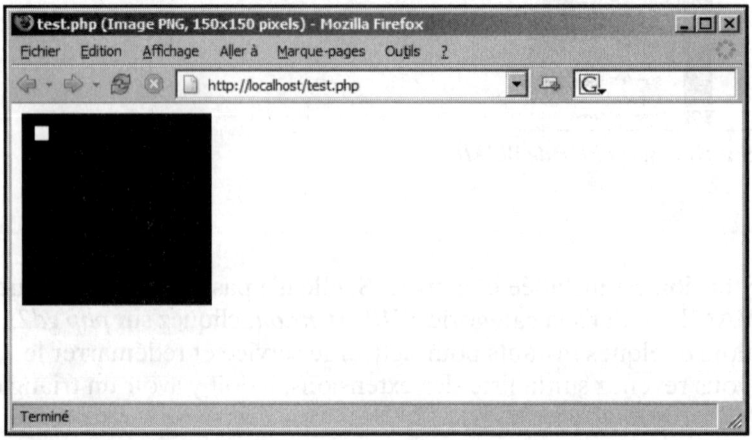

Figure 11-6 : *Génération d'une image noire contenant un rectangle blanc*

La création d'images est donc un processus assez simple dont voici les principales étapes :

1. Commencez par préciser que le fichier est de type image avec la commande header(). Dans ce cas, vous générez une image PNG en utilisant la directive Content–type: image/png. Si vous choisissez de générer une image JPEG, vous écrirez Content–type: image/jpeg, et Content–type: image/gif dans le cas d'une image GIF.
2. Créez ensuite l'image avec la fonction imagecreatetruecolor(). Vous transmettez à cette fonction la largeur et la hauteur et elle retourne un identifiant d'image : $image. La création d'une image peut également se faire via la fonction imagecreate() dans le cadre de l'utilisation d'une version inférieure à 2.0.1 de GD.
3. De là, définissez les couleurs utilisées dans l'image avec la fonction imagecolorallocate(). Le premier argument est l'image elle-même $image, les trois derniers arguments sont les composantes RVB (rouge, vert, bleu) de la couleur. La couleur noire est représentée par le triplet (0, 0, 0), la couleur blanche par (255, 255, 255) et la couleur rouge par (255, 0, 0). Cette manière de coder les couleurs est la même qu'en HTML, à la différence qu'ici les valeurs sont décimales, alors qu'en HTML les couleurs sont hexadécimales : le rouge s'écrit par exemple #FF0000 en HTML. La manière la plus simple de trouver les codes des couleurs est d'utiliser les palettes des outils de création graphique comme Adobe Photoshop™, Paint Shop Pro ou Gimp. Il faut savoir que la première couleur définie servira de couleur de fond pour l'image. Dans le cas présent, il s'agit de la couleur noire $noir.

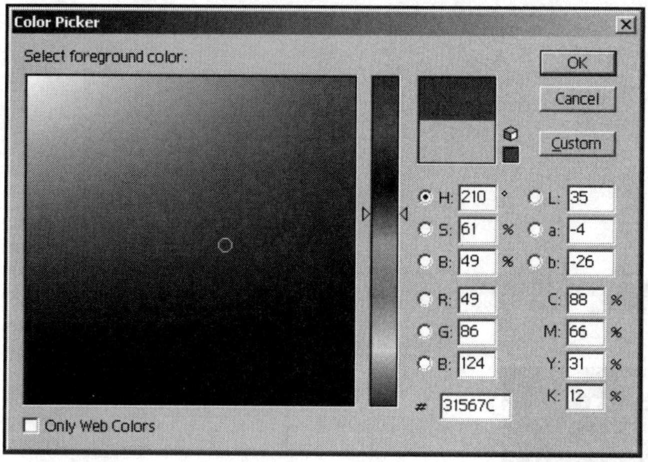

Figure 11-7 : *La palette d'Adobe Photoshop™ donne le codage RVB (ou RGB : Red, Green, Blue)*

4. Vous pouvez ensuite composer l'image avec tous ses éléments : formes géométriques, textes, morceaux d'autres images. Dans ce script, choisissez simplement un carré blanc placé dans l'angle gauche de l'image. Utilisez, pour cela, la fonction imagefilledrectangle() qui prend six arguments :

l'identifiant de l'image, les deux coordonnées de l'angle supérieur gauche, les deux coordonnées de l'angle inférieur droit et enfin la couleur du rectangle.

RENVOI

Une liste complète des fonctions est fournie dans le chapitre *Les fonctions PHP*.

La dernière étape consiste à générer le contenu de l'image avec la fonction imagepng(). Les fonctions imagegif(), imagejpeg(), imagewbmp() sont aussi disponibles pour les autres formats.

REMARQUE

Fonction imagedestroy()

La dernière instruction de votre script est en réalité imagedestroy($image). Cette instruction n'est pas indispensable, mais au même titre qu'il faut ranger ses affaires quand on a fini une activité, il est recommandé de libérer par cette instruction les ressources mémoires utilisées.

Dans l'exemple précédent, vous avez fait le choix d'appeler le script directement. Le navigateur n'affiche donc que l'image. Si vous souhaitez inclure l'image au sein d'une page web, il suffit de faire appel au script, *C11_Fichier_exemple_3.php* par exemple, depuis la balise <img>. Écrivez la page HTML suivante dans ce sens :

```
<html>
 <body>
  <hr/>
  <center>
   <img src="C11_Fichier_exemple_3.php"/>
  </center>
  <hr/>
 </body>
</html>
```

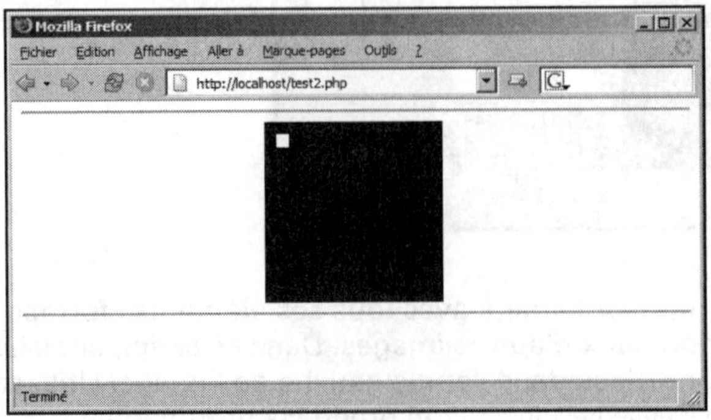

Figure 11-8 : *Image dans une page HTML*

Écrivez maintenant un deuxième exemple, où vous allez exploiter d'autres fonctionnalités de ce module (tracé de lignes, écriture) :

```
<?php

// C11_Fichier_exemple_4.php
// Fichier Exemple : Chapitre 11 - Fichiers image
// PHP 5 et MySQL 5 / Micro Application - Collection Référence

// Modification de l'en-tête HTTP pour signaler une image
header("Content-type: image/png");

// Création d'une image aux dimensions voulues
$image = @imagecreatetruecolor(250, 200);

// Définition de couleurs
$couleur1 = imagecolorallocate($image, 212, 208, 200);
$couleur2 = imagecolorallocate($image, 198, 193, 182);
$couleur3 = imagecolorallocate($image, 79, 78, 74);

// Tracé de lignes
for($i=0;$i<=200;$i+=10) {
  imageline($image, 0, $i, 250, $i, $couleur2);
}

// Tracé horizontal d'un texte
imagestring($image, 5, 10, 20, "B o n j o u r", $couleur3);

// Tracé vertical d'un texte
imagestringup($image, 4, 150, 60, "Monde", $couleur3);

// Rendu de l'image
imagepng($image);

// Libération des ressources liées à l'image
imagedestroy($image);

?>
```

Vous retrouvez dans cet exemple les principes vus plus haut.

La boucle for() permet de tracer des lignes tous les 10 pixels grâce à la fonction imageline(). Les arguments de cette fonction sont l'identifiant de l'image, les coordonnées du point de départ, les coordonnées du point d'arrivée et la couleur.

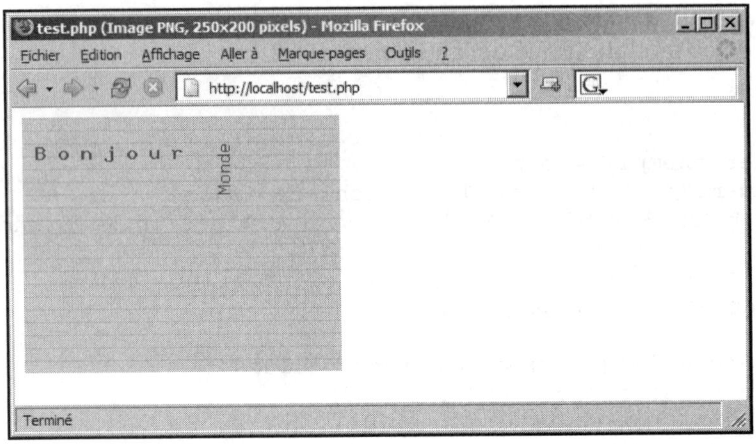

Figure 11-9 : *Autres fonctionnalités du module image*

Les textes sont, quant à eux, tracés avec les fonctions imagestring() et imagestringup() dont les arguments sont l'identifiant de l'image, la taille de la fonte, les coordonnées du point de départ, le texte et enfin la couleur. Le suffixe up dans imagestringup() signifie que le texte est tracé verticalement.

Comme vous pouvez vous en apercevoir, la police utilisée est très basique. Heureusement, d'autres fonctions permettent de spécifier la police du texte : imagettftext().

> ATTENTION
>
> **imagettfext() sous Linux**
>
> Pour pouvoir utiliser cette fonction, PHP doit avoir été compilé avec le support de la librairie Freetype. Il n'est donc pas assuré que vous puissiez l'utiliser.

Cette fonction prend huit arguments : l'identifiant de l'image, la taille de la police, l'angle, les coordonnées de l'origine, la couleur, le nom de la police et le texte. Une police doit donc être disponible sur le serveur pour pouvoir être utilisée. De nombreux sites web proposent le téléchargement gratuit de polices ; **www.fontfreak.com** ou **www.1001freefonts.com** en sont deux bons exemples.

```
<?php

// C11_Fichier_exemple_5.php
// Fichier Exemple : Chapitre 11 - Fichiers image
// PHP 5 et MySQL 5 / Micro Application - Collection Référence

// Modification de l'en-tête HTTP pour signaler une image
```

```
header("Content-type: image/png");

// Création d'une image aux dimensions voulues
$image = @imagecreatetruecolor(250, 200);

// Définition de couleurs
$couleur1 = imagecolorallocate($image, 212, 208, 200);
$couleur2 = imagecolorallocate($image, 198, 193, 182);
$couleur3 = imageColorAllocate($image, 79, 78, 74);
$blanc    = imageColorAllocate($image, 255, 255, 255);

// Tracé de lignes
for($i=0;$i<=200;$i+=10) {
  imageline($image, 0, $i, 250, $i, $couleur2);
}

// Tracé horizontal d'un texte
imagettftext($image, 20, 0, 5, 50, $couleur3, "font1.ttf", "B o n
✂ j o u r");

// Tracé vertical d'un texte
imagettftext($image, 70, 30, 60, 170, $blanc, "font2.ttf",
✂ "Monde");

// Rendu de l'image
imagepng($image);

// Libération des ressources liées à l'image
imagedestroy($image);

?>
```

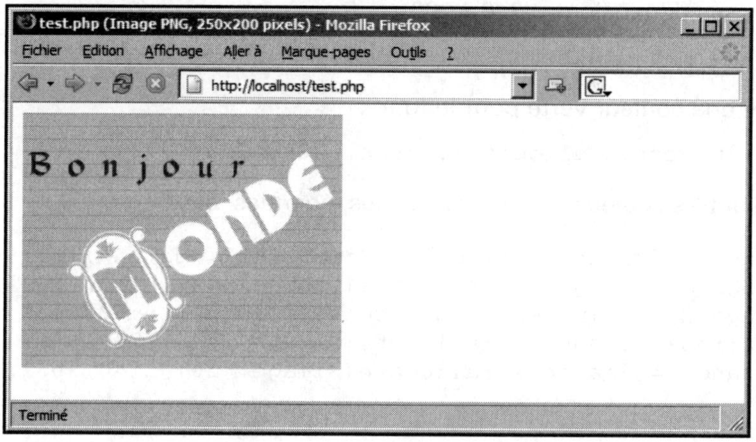

Figure 11-10 : *Des polices TrueType sont utilisées pour dessiner les textes*

Si la police se trouve dans un autre répertoire, par exemple *police*, il faut alors écrire police/font1.ttf.

Vous remarquez que l'écriture verticale est ici réalisée avec la même fonction que l'écriture horizontale. Vous vous contentez en fait de mettre un angle de 30 degrés.

> REMARQUE
>
> **Image transparente**
>
> Certains formats d'image prennent en charge la transparence. C'est le cas de GIF et PNG, mais pas de JPEG. La transparence signifie qu'une couleur est définie pour être transparente et que, donc, à l'endroit où cette couleur est présente, il est possible de voir ce qu'il y a sous l'image. Cette couleur peut être ajoutée à l'image pour indiquer les zones de transparences ou bien elle peut être une couleur existante de l'image.

```
$transparent_color = imagecolorallocate($image, 255, 0, 0);
imagecolortransparent($image, $transparent_color);
```

Créer un graphique

Vous allez, dans cette partie, réaliser un script qui permettra de voir l'évolution de la moyenne de la classe sur les trois trimestres. Le type du graphique que vous allez réaliser est bar chart. Voici la réalisation pas à pas…

1. Définissez l'image de type PNG :

   ```
   header("Content-type: image/png");
   ```

2. Définissez ses dimensions à 340 x 200 :

   ```
   $image = @imagecreatetruecolor(340, 220);
   ```

3. Définissez une couleur verte pour le fond :

   ```
   $fond = imagecolorallocate($image, 208, 216, 213);
   ```

4. Utilisez d'autres couleurs pour les axes, les légendes, etc. :

   ```
   $coul_axes = imagecolorallocate($image, 11, 62, 43);
   $coul_lignes = imagecolorallocate($image, 227, 235, 232);
   $coul_legendes = imagecolorallocate($image, 11, 62, 43);
   $coul_barres = imagecolorallocate($image, 42, 124, 94);
   $coul_orange = imagecolorallocate($image, 207, 140, 53);
   ```

5. Définissez deux axes, un vertical et un horizontal :

```
imageline($image, 30, 30, 30, 190, $coul_axes);
imageline($image, 30, 190, 320, 190, $coul_axes);
```

6. Terminez le script avec la génération de l'image :

```
imagepng($image);
```

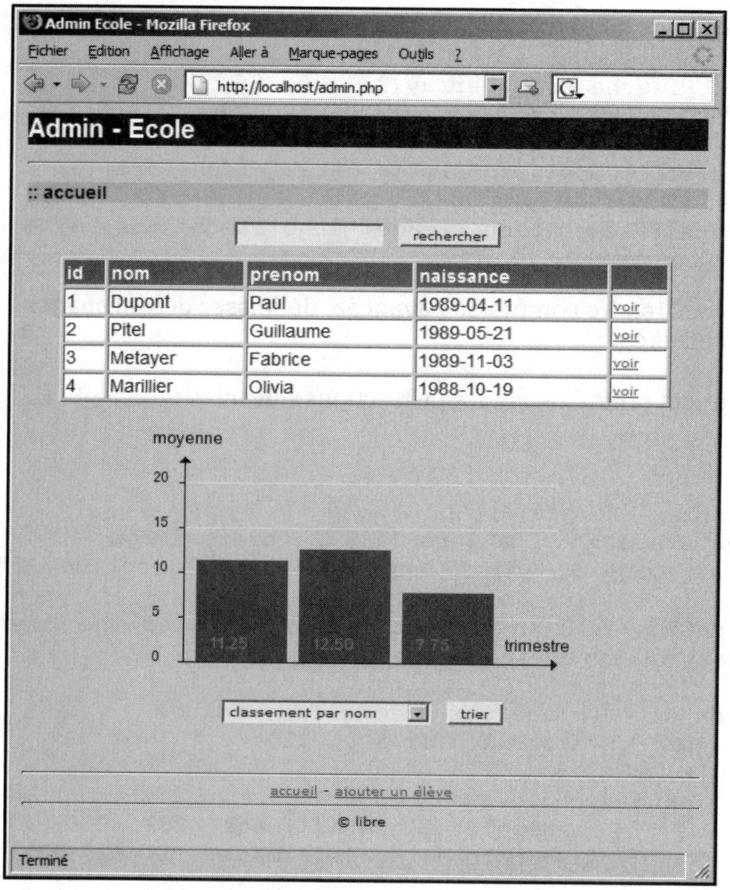

Figure 11-11 : *Génération d'un graphique*

ATTENTION

Origine d'une image

L'angle supérieur gauche de l'image a pour coordonnées 0,0. Les coordonnées vont donc de gauche à droite et de haut en bas.

7. Dessinez les flèches à l'extrémité des axes. Pour cela, vous devez utiliser la fonction imagefilledpolygon() qui permet de dessiner un polygone (une forme géométrique à n côtés). Cette fonction prend quatre arguments :
   - l'identifiant ;
   - un tableau contenant les coordonnées des différents points formant le polygone (x0, y0, x1, y1, etc.) ;
   - le nombre de sommets du polygone ;
   - la couleur du polygone.

```
$tab_fleche_ord = array(30, 30, 26, 34, 34, 34);
$tab_fleche_abs = array(320, 190, 316, 186, 316, 194);

imagefilledpolygon($image, $tab_fleche_ord, 3,
✂ $coul_axes);
imagefilledpolygon($image, $tab_fleche_abs, 3,
✂ $coul_axes);
```

8. Pour vous rendre compte de l'avancée, définissez des affichages intermédiaires.

Le script contient pour l'instant les instructions suivantes :

```
<?php

// C11_Fichier_exemple_6.php
// Fichier Exemple : Chapitre 11 - Fichiers image
// PHP 5 et MySQL 5 / Micro Application - Collection Référence

// Modification de l'en-tête HTTP pour signaler une image
header("Content-type: image/png");

// Création d'une image aux dimensions voulues
$image = @imagecreatetruecolor(340, 220);

// Définition des couleurs
$fond           = imagecolorallocate($image, 208, 216, 213);
$coul_axes      = imagecolorallocate($image, 11, 62, 43);
$coul_lignes    = imagecolorallocate($image, 227, 235, 232);
$coul_legendes  = imagecolorallocate($image, 11, 62, 43);
$coul_barres    = imagecolorallocate($image, 42, 124, 94);
$coul_orange    = imagecolorallocate($image, 207, 140, 53);

// Tracé des axes
imageline($image, 30, 30, 30, 190, $coul_axes);
imageline($image, 30, 190, 320, 190, $coul_axes);

// Tracé des flèches au bout des axes
```

```
$tab_fleche_ord = array(30, 30, 26, 34, 34, 34);
$tab_fleche_abs = array(320, 190, 316, 186, 316, 194);
imagefilledpolygon($image, $tab_fleche_ord, 3, $coul_axes);
imagefilledpolygon($image, $tab_fleche_abs, 3, $coul_axes);

// Rendu de l'image
imagepng($image);

?>
```

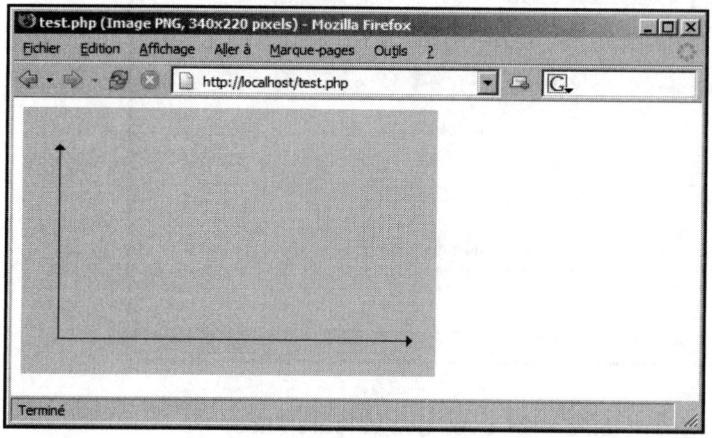

Figure 11-12 : *Affichage des axes*

9. Passez maintenant à l'affichage des légendes des axes :

```
imagettftext($image, 10, 0, 5, 20, $coul_legendes, "arial
✂ .ttf", "moyenne");
imagettftext($image, 10, 0, 280, 180,
✂ $coul_legendes,"arial.ttf","trimestre");
```

L'axe des ordonnées dispose d'une graduation de 0 à 20 degrés :

```
imageline($image, 26, 190, 30, 190, $coul_axes);
imageline($image, 26, 155, 30, 155, $coul_axes);
imageline($image, 26, 120, 30, 120, $coul_axes);
imageline($image, 26, 85, 30, 85, $coul_axes);
imageline($image, 26, 50, 30, 50, $coul_axes);
```

Les ordonnées sont indiquées au niveau de la graduation :

```
imagettftext($image, 8, 0, 6, 190, $coul_legendes, "arial.ttf", "0");
imagettftext($image, 8, 0, 6, 155, $coul_legendes, "arial.ttf", "5");
imagettftext($image, 8, 0, 6, 120, $coul_legendes, "arial.ttf", "10");
imagettftext($image, 8, 0, 6, 85, $coul_legendes, "arial.ttf", "15");
imagettftext($image, 8, 0, 6, 50, $coul_legendes, "arial.ttf", "20");
```

10. Pour faciliter la lecture des valeurs, affichez une trame horizontale légère :

```
imageline($image, 31, 155, 320, 155, $coul_lignes);
imageline($image, 31, 120, 320, 120, $coul_lignes);
imageline($image, 31, 85, 320, 85, $coul_lignes);
imageline($image, 31, 50, 320, 50, $coul_lignes);
```

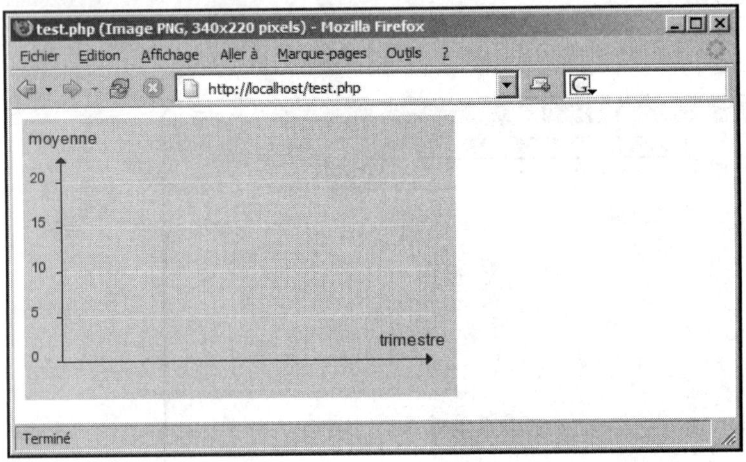

Figure 11-13 : *Ajout de la graduation et des légendes*

11. Affichez maintenant les barres avec des valeurs fixes.

Moyenne de la classe :

- Premier trimestre : 13,5.
- Deuxième trimestre : 12.
- Troisième trimestre : 16.

La difficulté est de trouver la hauteur des barres. Vous disposez de 140 pixels (190-50) pour afficher des données qui vont au maximum jusqu'à 20. Comme les coordonnées vont de haut en bas, c'est en fait la différence entre la note et la note maximale (20) qui doit vous intéresser. Une simple règle de trois permet ensuite de trouver l'ordonnée du sommet des barres : (20 – note) * 7 + 50.

```
imagefilledrectangle($image, 40, (20-13.5)*7+50, 110, 189,
✂ $coul_barres);
imagefilledrectangle($image, 120, (20-12)*7+50, 190, 189,
✂ $coul_barres);
imagefilledrectangle($image, 200, (20-16)*7+50, 270, 189,
✂ $coul_barres);
```

12. Affichez dans les barres la valeur de la moyenne :

```
imagettftext($image, 10, 0, 50, 180, $coul_orange, "arial
✂ .ttf", "13.5");
imagettftext($image, 10, 0, 130, 180, $coul_orange, "arial
✂ .ttf", "12");
imagettftext($image, 10, 0, 210, 180, $coul_orange, "arial
✂ .ttf", "16");
```

Voici maintenant le code complet de cet exemple :

```
<?php

// C11_Fichier_exemple_6.php
// Fichier Exemple : Chapitre 11 - Fichiers image
// PHP 5 et MySQL 5 / Micro Application - Collection Référence

// Modification de l'en-tête HTTP pour signaler une image
header("Content-type: image/png");

// Création d'une image aux dimensions voulues
$image = @imagecreatetruecolor(340, 220);

// Définition des couleurs
$fond           = imagecolorallocate($image, 208, 216, 213);
$coul_axes      = imagecolorallocate($image, 11, 62, 43);
$coul_lignes    = imagecolorallocate($image, 227, 235, 232);
$coul_legendes  = imagecolorallocate($image, 11, 62, 43);
$coul_barres    = imagecolorallocate($image, 42, 124, 94);
$coul_orange    = imagecolorallocate($image, 207, 140, 53);

// Tracé des axes
imageline($image, 30, 30, 30, 190, $coul_axes);
imageline($image, 30, 190, 320, 190, $coul_axes);

// Tracé des flèches au bout des axes
$tab_fleche_ord = array(30, 30, 26, 34, 34, 34);
$tab_fleche_abs = array(320, 190, 316, 186, 316, 194);
imagefilledpolygon($image, $tab_fleche_ord, 3, $coul_axes);
imagefilledpolygon($image, $tab_fleche_abs, 3, $coul_axes);

// Ecriture des légendes
imagettftext($image, 10, 0, 5, 20, $coul_legendes, "arial.ttf",
✂ "moyenne");
imagettftext($image, 10, 0, 280, 180,
✂ $coul_legendes,"arial.ttf","trimestre");

// Tracé des graduations
imageline($image, 26, 190, 30, 190, $coul_axes);
```

```
imageline($image, 26, 155, 30, 155, $coul_axes);
imageline($image, 26, 120, 30, 120, $coul_axes);
imageline($image, 26, 85, 30, 85, $coul_axes);
imageline($image, 26, 50, 30, 50, $coul_axes);

// Ecritures des ordonnées
imagettftext($image, 8, 0, 6, 190, $coul_legendes, "arial.ttf",
✂ "0");
imagettftext($image, 8, 0, 6, 155, $coul_legendes, "arial.ttf",
✂ "5");
imagettftext($image, 8, 0, 6, 120, $coul_legendes, "arial.ttf",
✂ "10");
imagettftext($image, 8, 0, 6, 85, $coul_legendes, "arial.ttf",
✂ "15");
imagettftext($image, 8, 0, 6, 50, $coul_legendes, "arial.ttf",
✂ "20");

// Tracé des lignes de trame
imageline($image, 31, 155, 320, 155, $coul_lignes);
imageline($image, 31, 120, 320, 120, $coul_lignes);
imageline($image, 31, 85, 320, 85, $coul_lignes);
imageline($image, 31, 50, 320, 50, $coul_lignes);

// Tracé du graphique
imagefilledrectangle($image, 40, (20-13.5)*7+50, 110, 189,
✂ $coul_barres);
imagefilledrectangle($image, 120, (20-12)*7+50, 190, 189,
✂ $coul_barres);
imagefilledrectangle($image, 200, (20-16)*7+50, 270, 189,
✂ $coul_barres);

// Ecriture des valeurs du graphique
imagettftext($image, 10, 0, 50, 180, $coul_orange, "arial.ttf",
✂ "13.5");
imagettftext($image, 10, 0, 130, 180, $coul_orange, "arial.ttf",
✂ "12");
imagettftext($image, 10, 0, 210, 180, $coul_orange, "arial.ttf",
✂ "16");

// Rendu de l'image
imagepng($image);

// Libération des ressources liées à l'image
imageclose($image);

?>
```

Dans la plupart des cas vous précéderez ce code de réalisation du graphique d'une portion de code vous permettant de récupérer les valeurs nécessaires dans une base de données.

Figure 11-14 : *Un graphique inclus dans la page*

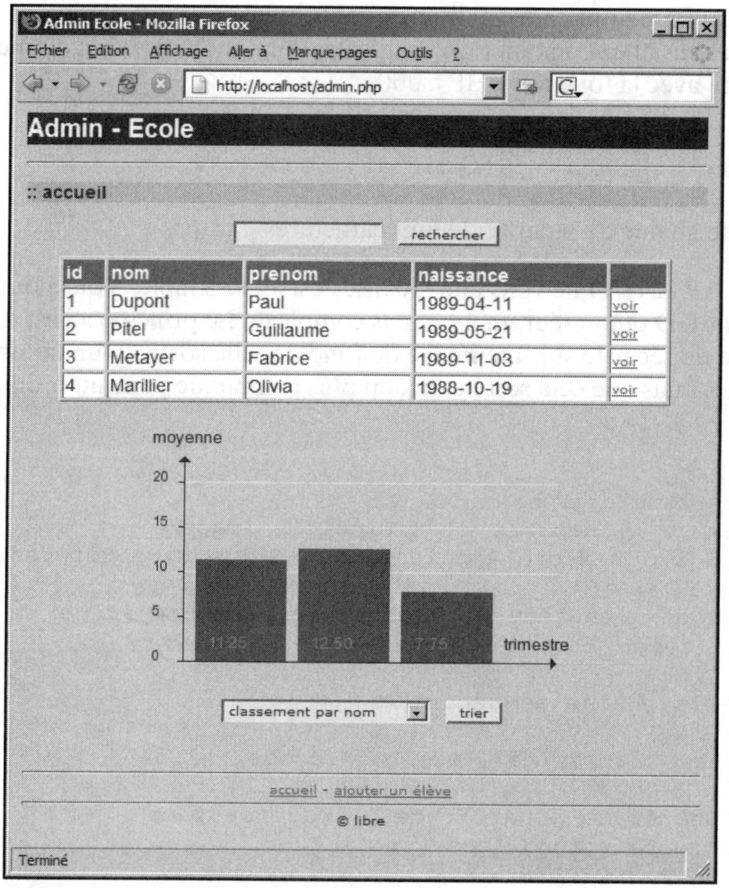

Créer une image de sécurité

Vous allez maintenant utiliser GD et le PHP pour générer une image de sécurité encore appelée CAPTCHA. Il s'agit de créer une image que vous ajoutez par exemple à la fin d'un formulaire sur un site Internet. Cette image affiche un texte de telle sorte que seul un utilisateur puisse le lire. Une image CAPTCHA permet donc de s'assurer que c'est une personne physique qui est en train de remplir le formulaire et non un programme qui réalise de la saisie automatique. En effet, la propriété de ces images est de pouvoir être « déchiffrée » par une personne, mais pas par un programme. C'est donc un système de sécurité qui est ajouté par exemple à un formulaire, suivi d'un champ ou l'utilisateur doit saisir la phrase présente dans l'image. Comme cette dernière a été générée dynamiquement, lors de l'envoi du formulaire, votre script pourra en comparant les chaînes s'assurer de la validité du formulaire.

La première chose à faire pour cette réalisation est la création d'une chaîne de sécurité. Pour cela vous allez combiner un tirage aléatoire, un mot secret et une réduction de chaîne avec la fonction PHP md5().

```
$code = rand(1,100);
$chaine_securite = substr(md5('ecirbaf'.$code), 2, 8);
```

Vous avez ainsi une chaîne de sécurité de huit caractères.

Le type d'image CAPTCHA que vous allez réaliser est assez simple. Vous pourrez exploiter plus avant GD pour créer un type plus complexe. Le principe ici est d'ajouter la phrase de sécurité sur une image de fond de telle sorte qu'un homme puisse la distinguer, mais que cela soit beaucoup plus compliqué pour un ordinateur.

```
<?php

// C11_Fichier_exemple_7.php
// Fichier Exemple : Chapitre 11 - Fichiers image
// PHP 5 et MySQL 5 / Micro Application - Collection Référence

// Modification de l'en-tête HTTP pour signaler une image
header("Content-type: image/png");

// Création de la chaîne de sécurité
$code = rand(1,100);
$chaine_securite = substr(md5("ecirbaf".$code), 2, 8);

// Création d'une image à partir de l'image de fond
$image = imagecreatefrompng("code.png");

// Définition d'une couleur pour la chaîne de sécurité
$couleur = imagecolorallocate($image, 200, 200, 200);

// Ecriture de la chaîne de sécurité sur l'image
imagestring($image, 5, 20, 13, $chaine_securite, $couleur);

// Rendu de l'image
imagepng($image);

// Libération des ressources liées à l'image
imageclose($image);

?>
```

Dans ce script vous utilisez une nouvelle fonction : imagecreatefrompng(). Cette fonction permet de créer une image dans votre script PHP à partir d'une autre image. C'est très utile notamment pour toutes les opérations permettant de modifier une image : changement de sa taille, application de filtres de couleurs, etc.

Voici l'image générée par ce script :

Figure 11-15 : *Image de sécurité*

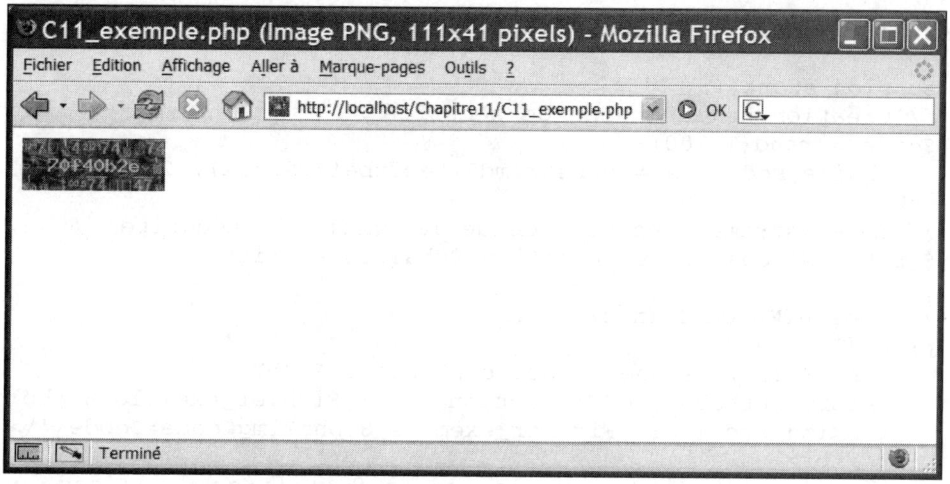

Pour exploiter une image CAPTCHA, il faut la placer dans un formulaire et la fait suivre d'une vérification. En voici un exemple simple :

```
<?php

// C11_Fichier_exemple_8.php
// Fichier Exemple : Chapitre 11 - Fichiers image
// PHP 5 et MySQL 5 / Micro Application - Collection Référence

if(isset($_GET['img'])) { // Code de génération de l'image

header("Content-type: image/png");
  $code = $_GET['code'];
  $chaine_securite = substr(md5("ecirbaf".$code), 2, 8);
  $image = imagecreatefrompng("code.png");
  $couleur = imagecolorallocate($image, 200, 200, 200);
  imagestring($image, 5, 20, 13, $chaine_securite, $couleur);
  imagepng($image);
  imageclose($image);

} elseif(isset($_POST['register'])) { // Code de vérification de
✂ la sécurité
```

```
session_start();
  print("<h2>");
  if($_POST['code']==$_SESSION['chaine_securite'])
    print("Sécurité correcte.");
  else
print("Sécurité incorrecte.");
  print("</h2>");

} else { // Formulaire

session_start();
// Création de la chaîne de sécurité
$code = rand(1,100);
  $chaine_securite = substr(md5("ecirbaf".$code), 2, 8);

// Enregistrement en session de la chaîne de sécurité
$_SESSION['chaine_securite'] = $chaine_securite;

// Code HTML du formulaire
print("
    <h2>Etes-vous une personne physique ?</h2>
    <form method=\"POST\" action=\"C11_Fichier_exemple_8.php\">
      <img src=\"C11_Fichier_exemple_8.php?img&code=$code\"\>
      <br>
      Saisissez ci-dessous le code à 8 chiffres de l'image :
<br>
      <input type=\"text\" name=\"code\">
      <input type=\"submit\" name=\"register\" value=\"vérification\">
    </form>");
}
?>
```

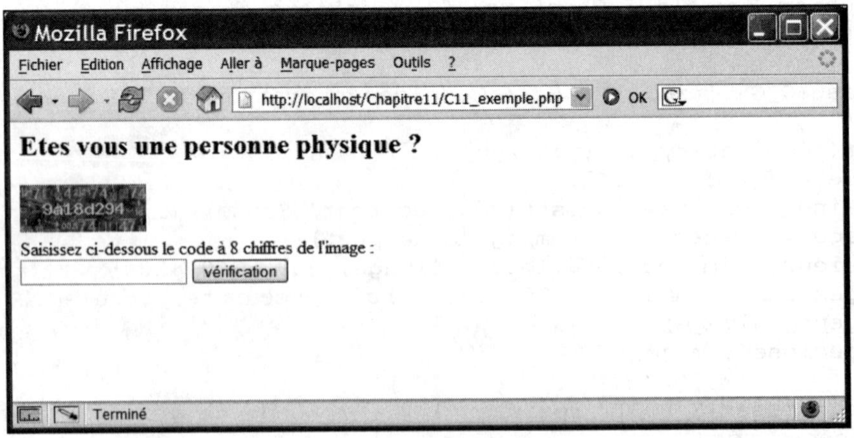

Figure 11-16 : *Formulaire avec une image de sécurité*

Au-delà de GD, ce script PHP vous présente quelques astuces de sécurité intéressantes. Tout d'abord, concernant la génération du code de sécurité, vous voyez que la méthode adoptée est un peu comme celle de la clé publique et de la clé privée utilisées dans le domaine du cryptage. En effet, le code généré aléatoirement $code représente la clé publique qu'un utilisateur averti peut découvrir en regardant les sources de la page. Mais ce code ne sert à rien tout seul car il est systématiquement combiné avec la chaîne secrète "ecirbaf" que personne ne peut connaître hormis vous. C'est ce couple qui assure la sécurité.

Vous pouvez également constater l'utilisation d'une session pour enregistrer le code de sécurité sur le serveur $_SESSION['chaine_securite'] . Cela permet de ne pas l'échanger entre le serveur et le navigateur et donc de garantir sa confidentialité.

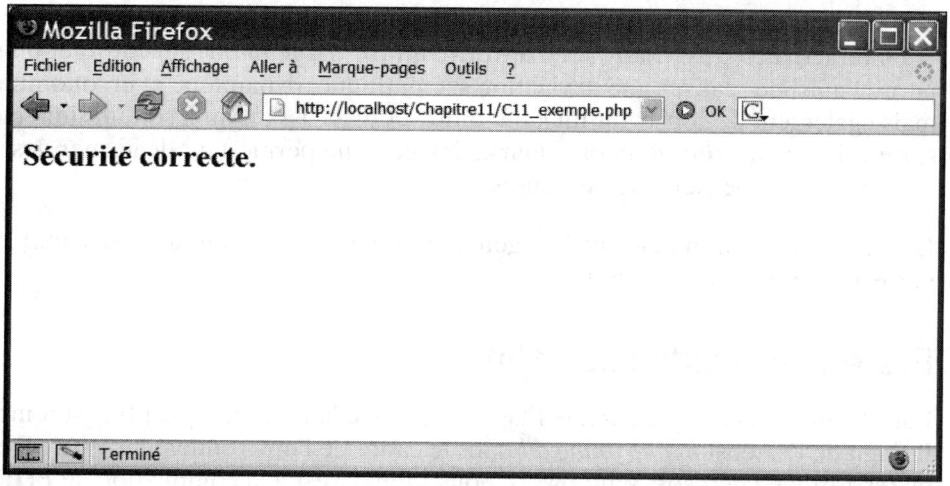

Figure 11-17 : *Résultat de la vérification avec le bon code*

Vous en avez fini avec le format image. GD est une bibliothèque de fonctions très intéressante et sa combinaison à PHP permet une création sans limite. GD est une très bonne réponse aux besoins graphiques de la programmation. Maintenant que vous avez à votre disposition un outil graphique puissant, vous allez rester dans le même thème et étudier un outil graphique d'animation : la génération d'animation Flash via la bibliothèque Ming.

Les fichiers Flash

PHP permet de réaliser des animations Flash. C'est possible par la bibliothèque Ming. Il suffit de l'installer, et il est immédiatement possible de créer des animations sans passer par un logiciel comme Macromedia Flash™. Les animations Flash sont maintenant très communes sur Internet. On peut les retrouver dans un site pour différentes fonctions : la gestion de la navigation, les bannières publicitaires, les jeux interactifs ou la diffusion de vidéo et de contenus multimédias. Pour afficher une animation Flash dans un navigateur, il faut installer un plug-in Flash. Cela se fait très rapidement et facilement. C'est ainsi qu'aujourd'hui près de 95 % des internautes utilisent des navigateurs prenant en charge Flash.

Les animations Flash ont un format bien spécifique, il s'agit du SWF. C'est un format vidéo et il permet donc naturellement de diffuser des animations composées d'images, de textes et de sons. Cependant, ce format vidéo possède des caractéristiques particulières qui le distinguent des autres formats tels qu'AVI ou VOB : il est interactif. C'est-à-dire qu'il a la possibilité de réagir en fonction du comportement de l'utilisateur. Si ce dernier a à sa disposition un clavier et une souris par exemple, l'animation s'adaptera aux mouvements ou aux clics de la souris et du clavier. SWF est ainsi un format qui permet d'allier les capacités multimédias et l'interactivité. C'est pourquoi il a trouvé un très large public sur Internet puisqu'il permet ainsi de réaliser une navigation sympathique, dynamique et ergonomique, mais également de concevoir un jeu ludique et divertissant qu'il soit un simple bonus sur un site ou au cœur d'un plan marketing en ligne permettant de gagner des cadeaux et de fidéliser les internautes.

Les animations Flash peuvent être générées à partir de nombreux outils dont PHP et c'est ce que vous allez étudier ici.

Prérequis : l'extension Ming

Pour la manipulation de fichiers Flash, il faut que la bibliothèque Ming soit installée. Il s'agit de l'extension *php_ming.dll* dans le cadre de l'environnement WAMP et des plates-formes Microsoft Windows™. Sous Linux, c'est à la compilation de PHP qu'il faut spécifier une option : `--with-ming`.

Voici la procédure à suivre pour la mise en place :

1. Tout d'abord, vous devez vérifier que l'extension en question n'est pas déjà présente. Pour cela, cliquez sur la *tray icon* de WAMP et dans la catégorie *PHP extension*, vous avez la liste des extensions installées (voir fig. 11-18).
2. L'extension est ici installée mais elle n'est pas activée. Pour l'activer, cliquez sur la *tray icon* de WAMP et dans la catégorie *PHP extension*, cliquez sur *php_ming*.

WAMP prend alors quelques instants pour activer le service et redémarrer le serveur web. Si vous revenez sur la liste des extensions, il doit y avoir un triangle noir devant *php_ming*.

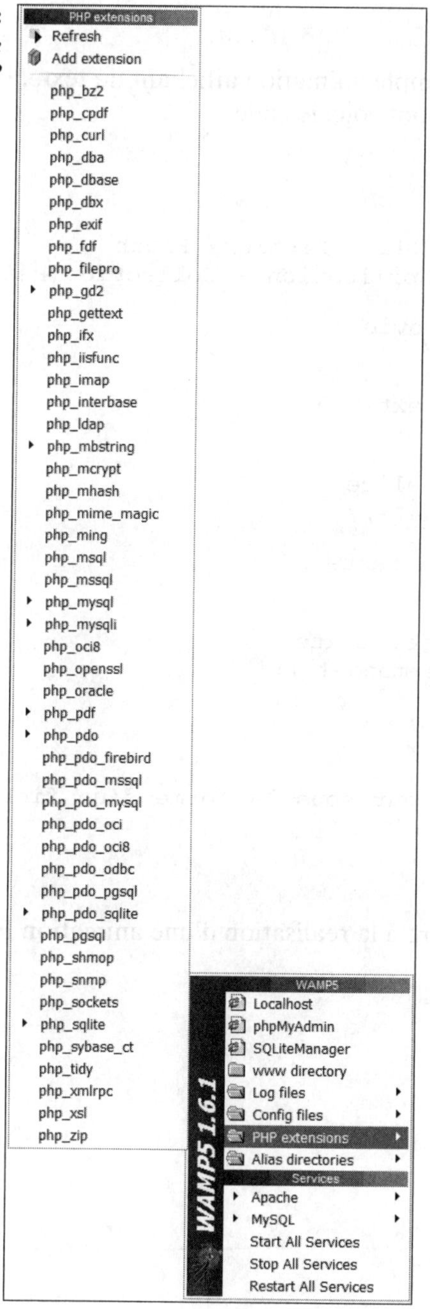

Figure 11-18 : *Extensions PHP de WAMP*

3. Testez immédiatement si cela fonctionne avec votre première animation Flash.

Premières animations

Vous allez maintenant réaliser une simple animation affichant du texte, le traditionnel « Bonjour le monde ! » dont voici le code :

```
<?php

// C11_Fichier_exemple_9.php
// Fichier Exemple : Chapitre 11 - Fichiers Flash
// PHP 5 et MySQL 5 / Micro Application - Collection Référence

// Instanciation de l'objet movie
$movie = new SWFMovie();

// Instanciation de l'objet texte
$texte = new SWFTextField();

// Instanciation de l'objet police
$police = new SWFFont("Verdana");

// Définition de la police du texte
$texte->SetFont($police);

// Ajout d'une chaîne à l'objet texte
$texte->addString("Bonjour le monde!");

// Ajout du texte à l'objet movie
$movie->add($texte);

// Enregistrement sur le serveur sous la forme d'un fichier
$movie->save("C11_exemple_9.swf");

?>
```

Il s'agit ici du code minimal nécessaire à la réalisation d'une animation Flash affichant un texte.

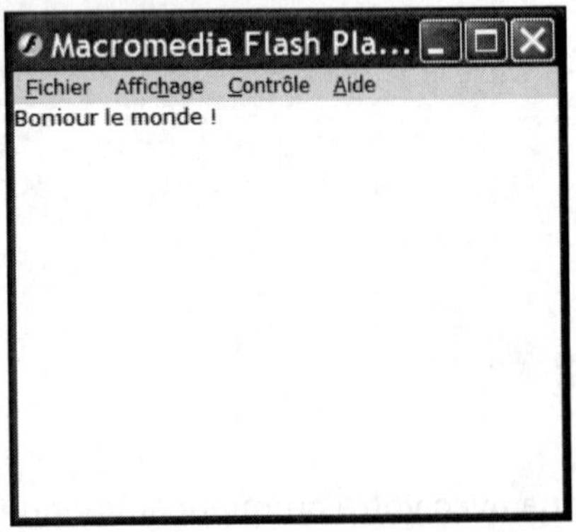

Figure 11-19 : *Première animation Flash*

Une animation commence par la création d'un objet de la classe SWFMovie. Le constructeur de cette classe renvoie un objet représentant l'animation Flash principale dans laquelle vous allez ajouter et animer d'autres objets. L'utilisation de Ming suit le principe du tout objet, c'est-à-dire que tous les éléments nécessaires à une animation sont des objets et que les méthodes prennent presque systématiquement des objets en arguments. Le court script précédent illustre déjà bien ce principe. L'animation Flash est un objet. Vous ajoutez un texte à cette animation, et c'est un objet qui, lui-même, est composé d'un objet pour la police de caractères.

Lorsqu'une animation Flash est créée avec Ming, deux finalités sont possibles. La première consiste à utiliser la méthode save() de la classe SWFMovie et d'enregistrer le résultat sous la forme d'un fichier SWF. C'est ce que vous avez réalisé dans le premier exemple.

REMARQUE

Lecteur de fichier SWF

Pour lire un fichier SWF, il existe plusieurs méthodes. La première et principale consiste à utiliser le navigateur web. Cela se fait par l'intermédiaire du plug-in Flash. Un plug-in est un petit programme complémentaire au navigateur qui étend ses possibilités. Le plug-in Flash est disponible gratuitement sur le site ce Macromedia (www.macromedia.com/fr/) et, généralement, si vous tentez de regarder une page web comprenant une animation Flash et si le plug-in n'est pas installé, le navigateur vous propose de procéder à son installation. Cela prend quelques secondes. Une animation Flash peut également être lue dans un lecteur Flash indépendant et *open source* : Gnash. Vous pouvez le télécharger à l'adresse www.gnu.org/software/gnash/. Macromedia distribue également un lecteur autonome en même temps que son éditeur de fichiers Flash.

La seconde solution consiste à envoyer directement le résultat au navigateur appelant le script sans stockage du résultat. Cela se fait par l'intermédiaire de la méthode output() qui diffuse le contenu sur la sortie standard. De là, pour envoyer l'animation à la volée, il faut formater le flux pour indiquer au navigateur faisant la requête qu'il s'agit bien d'une animation Flash. Cela se fait via la commande header() suivante :

```
header("Content-Type: application/x-shockwave-flash");
```

Dans ce cas, la fin du script de la première animation peut être réécrite ainsi :

```
// Envoi du header HTTP
header("Content-Type: application/x-shockwave-flash");
```

```
// Envoi des données de l'animation sur la sortie standard
$movie->output();

?>
```

Le script permet ainsi de générer un flux SWF à la demande. Vous pouvez faire directement appel à ce script depuis un navigateur. La méthode output() peut prendre en argument un entier compris entre 0 et 9 permettant de préciser le taux de compression du flux SWF à générer.

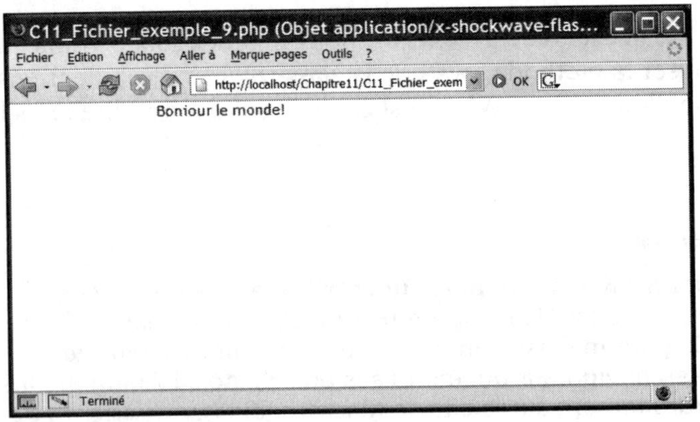

Figure 11-20 : *Première animation Flash*

Au-delà de ces deux méthodes de génération d'une animation Flash avec PHP et Ming, il existe deux possibilités de construction pour vos scripts. Vous pouvez soit distinguer intégralement la génération de l'animation de son affichage, soit les regrouper au sein d'un même script. Utiliser plutôt l'un que l'autre dépend principalement de l'utilisation prévue pour l'animation. Ainsi, dans le cadre de votre précédente animation, vous avez un script qui génère une animation Flash. Pour l'utiliser dans une page web d'un de vos sites, il faut y placer un appel à cette animation. Cela se fait par l'intermédiaire des balises <object> et <embed> placées entre les balises <body> et </body> du code HTML de votre page.

```
<object classid="clsid:D27CDB6E-AE6D-11cf-96B8-444553540000"
codebase="http://download.macromedia.com/pub/shockwave/cabs/flash/
✂ swflash.cab#version=6,0,0,0" width="480" height="60">
 <param name="movie" value="C11_Fichier_exemple_9.php" />
 <param name="quality" value="high" />
 <param name=FlashVars value="" />
 <embed flashvars="" src="C11_Fichier_exemple_9.php" width="480"
 ✂ height="60" quality="high" pluginspage="http://www.macromedia
 ✂ .com/go/getflashplayer"
 ✂ type="application/x-shockwave-flash"></embed>
</object>
```

REMARQUE

Pourquoi deux balises ?

L'histoire est longue, et ce n'est pas le sujet de ce livre. Retenez simplement que la mise en place de la balise <embed> au sein de la balise <object> assure une plus grande compatibilité avec les navigateurs Internet et vous assure une plus large diffusion. De là, n'oubliez pas dans vos scripts et dans la réalisation de vos pages de préciser les paramètres pour l'animation Flash via les balises <param> pour la balise <object> et, pour <embed>, au sein même de la balise. C'est illustré, par exemple, par le paramètre quality du script précédent.

Vous avez, avec ce principe, un script qui génère une animation sans stockage et une page web ou un script qui y fait appel. Pour réunir les deux au sein d'un même script, il s'agit d'enregistrer l'animation sous la forme d'un fichier sur le serveur et de faire suivre le script de création du code HTML d'une page web classique faisant appel au fichier. Voici le code pour illustrer ce propos :

```
<?php

// C11_Fichier_exemple_10.php
// Fichier Exemple : Chapitre 11 - Fichiers Flash
// PHP 5 et MySQL 5 / Micro Application - Collection Référence

// Instanciation de l'objet movie
$movie = new SWFMovie();

// Définition du fond de l'animation
$movie->setBackground(200, 200, 200);

// Définition de la taille de l'animation
$movie->setDimension(460,80);

// Instanciation de l'objet texte
$texte = new SWFTextField();

// Instanciation de l'objet police
$police = new SWFFont("Verdana");

// Définition de la police du texte
$texte->SetFont($police);

// Définition de la hauteur du texte
$texte->setHeight(42);

// Ajout d'une chaîne à l'objet texte
```

```
$texte->addString("Bonjour tout le monde !");

// Ajout du texte à l'objet movie
$movie->add($texte);

// Enregistrement sur le serveur sous la forme d'un fichier
$movie->save("C11_Fichier_exemple_10.swf");

?>
<html>
<head>
<title>Animation Flash 2</title>
</head>
<body>
<h3>Affichage de l'animation C07_Flash_2.swf</h3>
<object classid="clsid:D27CDB6E-AE6D-11cf-96B8-444553540000"
codebase="http://download.macromedia.com/pub/shockwave/cabs/flash/
✂ swflash.cab#version=6,0,0,0" width="480" height="60">
 <param name="movie" value="C11_Fichier_exemple_10.swf" />
 <param name="quality" value="high" />
 <param name=FlashVars value="" />
 <embed flashvars="" src="C11_Fichier_exemple_10.swf" width="480"
 ✂ height="60" quality="high" pluginspage="http://www.macromedia
 ✂ .com/go/getflashplayer"
 ✂ type="application/x-shockwave-flash"></embed>
</object>
</body>
</html>
```

Le script de génération présente quelques nouvelles méthodes concernant les objets $movie et $texte que vous allez étudier un peu plus tard. Voici le résultat de l'appel à ce script :

Figure 11-21 : *Animation Flash eu sein de la page HTML*

Petit historique de Ming

Ming est une bibliothèque codée en C. Elle permet de créer à la volée des animations SWF. SWF signifie *ShockWave Flash* et est un format vectoriel. La bibliothèque Ming n'est pas dédiée au PHP et peut être utilisée en C++, Python et Ruby par exemple. La version actuelle est la 0.3.0 qui a été finalisée et mise à la disposition du public le 15 février 2006.

Le site officiel de Ming est accessible à l'adresse **http://ming.sourceforge.net**.

Il est possible de réaliser des animations Flash avec PHP depuis sa version 4 et la bibliothèque libswf de Paul Haeberli. Cette bibliothèque présentait de nombreux inconvénients : code fermé, nécessité d'une bonne connaissance de Flash pour l'utiliser, incompatible avec certaines plates-formes. PHP s'est donc doté à partir sa version 4.0.5 de Ming qui a rapidement été plébiscité grâce à son approche objet, son interface conviviale et, bien sûr, son code open source. Autre avantage important : Ming est toujours en développement et évolue très régulièrement.

À ce propos, la version présentée ici est encore une version bêta et de nombreuses évolutions peuvent intervenir sur la syntaxe et les méthodes. Nous vous encourageons à consulter la documentation officielle si vous rencontrez ce type de problème.

Les objets et les méthodes Ming

Pour vous faire une présentation assez large de Ming et de ses possibilités, vous allez réaliser diverses animations Flash. Ainsi, vous aborderez les textes et les polices, les formes, les images, l'animation et les couleurs.

La taille, le fond et le rythme

L'objet principal d'une animation Flash avec Ming appartient à la classe SWFMovie. Ces principales caractéristiques sont sa taille, son fond et son rythme.

La taille de l'animation est définie par la méthode setDimension() et permet d'indiquer la taille à l'échelle 1:1 dans la scène où vont être animés les objets. Le format SWF est un format vectoriel et il permet d'agrandir ou de réduire une animation sans entamer sa qualité visuelle.

```
$movie->setDimension(468,60);
```

Vous définissez ainsi une taille de 468 pixels de largeur par 60 pixels de hauteur. Il s'agit de la dimension d'une bannière classique et reconnu par l'IAB (Interactive Advertising Bureau) qui est une association créée en 1998 et dont la mission est triple : structurer le marché de la communication sur Internet, favoriser son usage et optimiser son efficacité.

> REMARQUE
>
> **Les pixels des animations Flash Ming**
>
> La documentation officielle de PHP indique, concernant les pixels des animations Flash et Ming, que l'unité principale des distances au sein d'un SWF est le *twip*. Un pixel équivaut à 20 twips. Ming respectait ce format au départ, mais, petit à petit, c'est en pixels que s'est faite la gestion des dimensions. Dans tous les cas, SWF est un format vectoriel et les distances au sein des animations dans le cadre d'un affichage dans une page web sont relatives aux paramètres de largeur et de hauteur des balises HTML.

Après la taille, vous définissez le fond de l'animation. Il s'agit en réalité de donner une couleur de fond et cela se fait avec la méthode setBackground(). Cette méthode prend trois arguments correspondant aux codes RGB d'une couleur. Ces derniers peuvent être en décimal, de 0 pour le plus foncé à 255 pour le plus clair, ou en hexadécimal, de 0x00 à 0xFF. Les trois arguments sont donc les composantes rouge, vert, bleu permettant de définir une couleur.

```
$movie->setBackground(50, 150, 250);
```

Vous allez maintenant travailler sur le rythme de l'animation. Il s'agit du tempo qui se traduit dans une animation Flash par un nombre de frames par seconde. La méthode requise pour cela est setRate() qui prend en argument un entier. Une animation Flash, ou scène, est composée de cadres, ou *frames*, comparables à des diapositives. C'est l'enchaînement de ces cadres qui donne l'animation. Le rythme influe sur la vitesse d'exécution de l'animation : 100 cadres prendront moins de temps à être affichés à un rythme de 30 qu'à un rythme de 15. Il influe également sur sa fluidité : pour un temps donné, si vous augmentez le rythme et le nombre de cadres, vous allez multiplier le nombre de mouvements et donc lisser l'animation par opposition à une animation saccadée. Le principe est donc le même que celui concernant les images de film pour la télévision et le cinéma.

```
$movie->setRate(15);
```

Le texte et la police

Vous avez déjà remarqué que Ming est du type tout objet et qu'ainsi chaque élément composant une animation est un objet d'une des nombreuses classes de la bibliothèque. Il existe plusieurs classes pour un objet texte. Vous allez utiliser la plus standard qu'est SWFTextField.

```
$texte = new SWFTextField();
```

La méthode la plus importante, et indispensable, pour l'objet texte permet de lui attribuer une chaîne de caractères. Cela se fait simplement via la méthode addString().

```
$texte->addString("Ma première bannière");
```

Il s'agit ensuite d'ajouter des finitions à l'objet. Il en existe plusieurs types. Vous pouvez distinguer celles inhérentes à l'objet $texte de celles générées par l'intermédiaire d'autres objets tels que la police.

Concernant les propriétés « directes » de la classe SWFTextField, voici quelques méthodes intéressantes…

setHeight()

Cette méthode permet de définir la taille du texte en pixels.

```
$texte->setHeight(18);
```

setColor()

Cette méthode permet d'attribuer une couleur au texte. Tout comme setBackground(), la couleur est définie par trois arguments représentant les trois composantes RGB.

```
$texte->setColor(0,200,0);
```

setBounds()

Cette méthode permet d'associer une boîte ou un cadre à l'objet $texte. Ainsi, il est possible d'utiliser la méthode align() pour centrer le texte dans cette boîte.

```
$texte->setBounds(460,60);
```

align()

Cette méthode permet d'aligner le texte dans un cadre. L'argument est une valeur prédéfinie de la classe : SWFTEXTFIELD_ALIGN_CENTER, SWFTEXTFIELD_ALIGN_LEFT, SWFTEXTFIELD_ALIGN_RIGHT.

```
$texte->align(SWFTEXTFIELD_ALIGN_CENTER);
```

setFont()

La méthode setFont() permet d'attribuer à l'objet $texte un sous-objet de la classe SWFFont définissant la police et ses propriétés. Il s'agit ici d'une finition qui n'est pas directement dépendante de la classe texte.

Il existe deux cas de figure pour le chargement d'une police. Si c'est une police standard, vous pouvez la charger directement. C'est le cas des polices Arial, Verdana, Courrier, etc.

```
$police = new SWFFont("Verdana");
```

Pour utiliser une police plus exotique avec Ming, il faut qu'elle soit au format FDB (*Font Definition Block*). Ce n'est pas un format standard. C'est pourquoi la bibliothèque inclut un outil permettant de générer une police au format FDB à partir de son format FFT (*Final Form Text*). La plupart des polices sont au format TTF (*True Type Font*) et il existe un outil gratuit, *ttf2fft*, qui permet de convertir les polices TTF en FFT. Cet outil est téléchargeable sur le site de Ming à l'adresse **http://ming.sourceforge.net**.

```
$police = new SWFFont("Arial_Black.fdb");
```

Une fois l'objet $police créé, il faut l'attribuer à l'objet $texte.

```
$texte->SetFont($police);
```

La classe SWFFont offre quelques méthodes permettant de mesurer la police et de mieux la manipuler : getAscent(), getDescent(), getLeading() et getWidth().

Premières animations d'objet

Vous allez maintenant mettre en œuvre les notions Ming étudiées jusqu'ici. Vous avez déjà appréhendé les cadres ou frames lorsque vous avez étudié le rythme de l'animation. Vous savez donc qu'une scène est un enchaînement de frames au rythme défini par la méthode setRate().

De là, il faut attribuer à chaque frame un ou plusieurs objets. Vous allez commencer par animer un texte et donc ajouter l'objet $texte à la première frame de la scène.

```
$movie->add($texte);
```

La méthode add() retourne un objet de la classe SWFDisplayItem. C'est cette classe qui va permettre de déplacer et d'animer l'objet.

Par défaut, l'objet est ajouté à la position 0,0, c'est-à-dire dans l'angle supérieur gauche de la scène, et sur la première frame. Pour le déplacer, il faut récupérer l'objet retourné par add() et utiliser la méthode moveTo().

```
$texte_aff = $movie->add($texte);
$texte_aff->moveTo(10,10);
```

Cette instruction déplace sur la même frame le texte de 10 pixels sur la droite et 10 pixels vers le bas.

Pour animer un objet, il faut l'insérer sur un ensemble de frames en le déplaçant à chaque fois. Ainsi, pour une animation d'une seconde composée de six frames où un texte se déplace en diagonale en partant de l'angle supérieur gauche, le code est le suivant :

```
<?php

// C11_Fichier_exemple_11.php
// Fichier Exemple : Chapitre 11 - Fichiers Flash
// PHP 5 et MySQL 5 / Micro Application - Collection Référence

// Instanciation de l'objet movie
$movie = new SWFMovie();

// Définition du fond de l'animation
$movie->setBackground(50, 150, 250);

// Définition de la taille de l'animation
$movie->setDimension(468,60);

// Définition du rythme
$movie->setRate(6);

// Instanciation de l'objet texte
$texte = new SWFTextField();

// Instanciation de l'objet police
$police = new SWFFont("Tahoma");

// Définition de la police du texte
$texte->SetFont($police);

// Définition de la hauteur du texte
$texte->setHeight(18);

// Ajout d'une chaîne à l'objet texte
$texte->addString("Ma première bannière");
```

```
// Définition de la couleur du texte
$texte->setColor(30,40,50);

// Ajout d'un cadre au texte
$texte->setBounds(460,60);

// Définition d'un alignement du texte dans le cadre
$texte->align(SWFTEXTFIELD_ALIGN_CENTER);

// Ajout du texte à l'objet movie
$movie->add($texte);

// Passage à la frame suivante
$movie->nextFrame();

// Nouvel ajout du texte et récupération de l'objet
✂ SWFDisplayItem pour le manipuler
$texte_aff = $movie->add($texte);
$texte_aff->moveTo(10,10);
$movie->nextFrame();

$texte_aff = $movie->add($texte);
$texte_aff->moveTo(20,20);
$movie->nextFrame();

$texte_aff = $movie->add($texte);
$texte_aff->moveTo(30,30);
$movie->nextFrame();

$texte_aff = $movie->add($texte);
$texte_aff->moveTo(40,40);
$movie->nextFrame();

$texte_aff = $movie->add($texte);
$texte_aff->moveTo(50,50);
$movie->nextFrame();

// Envoi du header HTTP
header("Content-Type:application/x-shockwave-flash");

// Envoi des données de l'animation sur la sortie standard
$movie->output();

?>
```

Voici le résultat :

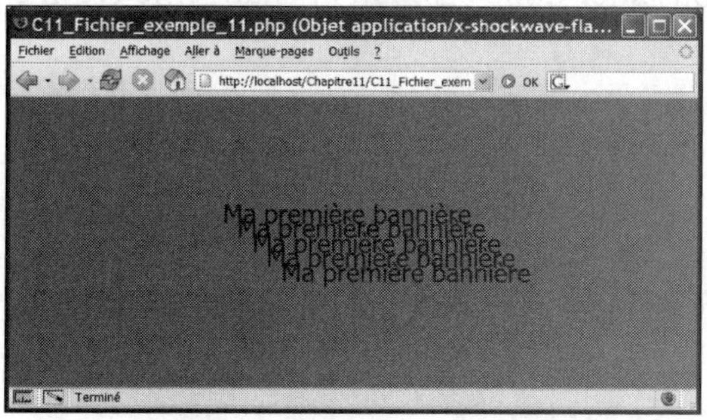

Figure 11-22 : *Texte animée*

Il est possible d'améliorer cette animation et le code PHP du script. Tout d'abord, pour le déplacement, il est possible d'utiliser une boucle.

```
for ($i=10;$i<=60;$i+=10) {
  $texte_aff = $movie->add($texte);
  $texte_aff->moveTo($i,$i);
  $movie->nextFrame();
}
```

Étant donné que les animations Flash reposent sur une très importante répétition d'actions, leur réalisation en PHP requiert une bonne maîtrise des boucles qui seront presque systématiquement utilisées pour réduire le nombre de lignes de vos scripts.

Pour obtenir un effet de mouvement du texte, il faut faire apparaître puis disparaître le texte à chaque position. Cela se fait par l'intermédiaire de la méthode remove(). Cette méthode permet de supprimer un objet de la scène. Dans le cas présent, il s'agit de supprimer l'objet affiché et donc $texte_aff. Il faut appliquer ce principe dès la première apparition du texte. Vous supprimez donc le premier ajout isolé de l'objet $texte pour le réintégrer dans la boucle.

```
for ($i=0;$i<=60;$i+=10) {
  $texte_aff = $movie->add($texte);
  $texte_aff->moveTo($i,$i);
  $movie->nextFrame();
  $movie->remove($texte_aff);
}
```

L'animation est maintenant plus proche de votre attente. Elle est cependant très saccadée. Pour corriger cela, vous allez augmenter le nombre d'occurrences du texte et réduire son déplacement en modifiant l'incrémentation de la variable $i initialement de 10 en 10 pour la passer de 1 en 1. Mais cette opération influe également sur la durée de l'animation qui, avec un rythme de six frames par seconde, est 10 fois plus longue. Vous allez donc également changer le rythme pour l'accélérer 5 fois.

```
<?php
…
// Définition du rythme
$movie->setRate(30);
…
// Boucle permettant d'afficher le texte et de simuler son
✂ déplacement
for ($i=0;$i<=60;$i++) {
  $texte_aff = $movie->add($texte);
  $texte_aff->moveTo($i,$i);
  $movie->nextFrame();
  $movie->remove($texte_aff);
}
…
?>
```

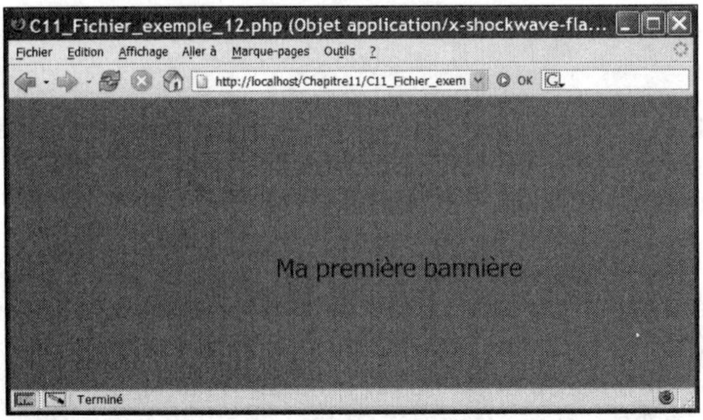

Figure 11-23 : *Animation améliorée du texte*

Cette première animation est finie. Vous allez maintenant étudier la manipulation d'objets graphiques afin d'enrichir vos créations.

Les dessins et les formes

Ming permet de réaliser des dessins et de créer de formes. L'intérêt est double. Tout d'abord, cela permet d'enrichir graphiquement les créations, et vous n'êtes pas limités à la manipulation de textes et d'images, que vous étudierez plus loin. La création de dessin permet par exemple de créer des formes géométriques, d'ajouter des bordures à d'autres objets, de créer des surfaces pour mettre en place des couleurs et des dégradés. Le deuxième intérêt des formes est qu'elles permettent de mettre en place l'interactivité avec l'utilisateur de l'animation. Le format SWF a cette particularité de pouvoir réagir par exemple au survol de la souris sur une surface définie d'une animation. C'est rendu possible par le dessin de formes.

Les dessins sont des objets de la classe SWFShape dont voici quelques méthodes.

SWFShape()

Il s'agit du constructeur de la classe qui renvoie un objet forme.

```
$forme = new SWFShape();
```

movePen()

La classe SWFShape est composée de deux éléments importants pour dessiner : un curseur virtuel et un repère d'origine. Le curseur se déplace au fur et à mesure du dessin. Le repère d'origine représente les coordonnées 0, 0 et est situé par défaut dans l'angle supérieur gauche de la scène. À la création d'un objet $forme, le curseur se trouve sur le repère d'origine. De là, à chaque utilisation d'une méthode de dessin, le curseur va se déplacer. Une fois qu'une ligne est tracée par exemple, la position du curseur est au bout de cette ligne. Cependant, selon les méthodes utilisées, le tracé peut être conclu par un changement du repère d'origine pour cette dernière position du curseur.

La méthode movePen() permet de déplacer le curseur sans faire de dessin. Cette méthode modifie également le repère d'origine et est qualifiée de relative. Par opposition, il existe une méthode dite absolue qui ne modifie pas le repère d'origine, il s'agit de movePenTo(). Ainsi, toutes les méthodes de tracé ou de déplacement du curseur existent en version relative et absolue se finissant alors par To. Voici un exemple pour bien comprendre. Si vous effectuez deux fois l'instruction movePen(100,100), le curseur est situé à la position 200, 200 par rapport au repère d'origine de la scène. Par contre, si vous effectuez deux fois l'instruction movePenTo(100,100), le curseur est situé à la position 100, 100.

```
$forme->movePen(50,50);
```

setLine()

Cette méthode permet de définir un sous-objet ligne à la forme et de lui attribuer une épaisseur, il s'agit du premier argument qui est un entier représentant un nombre de pixels, et une couleur via les trois derniers arguments représentant les trois composantes RGB.

```
$forme->setLine(2,0,0,255);
```

drawLine()

Cette méthode permet de tracer le sous-objet ligne précédemment défini. Le point de départ de la ligne est la précédente position du curseur. L'autre extrémité de la ligne est donc définie par les deux arguments de drawLine(), deux entiers représentant le nombre de pixels sur la droite et vers le bas par rapport à la première extrémité. Pour bien comprendre la différence entre les méthodes relatives et absolues, voici un exemple avec drawLine() et drawLineTo(). Vous souhaitez dessiner un carré avec un bord rouge, de 120 pixels de côté et dont l'angle supérieur gauche se trouve à la position 50, 50 de la scène. Voici la première solution avec movePen() et drawLine() :

```
<?php
...
$carre = new SWFShape();
$carre->setLine(1, 255, 0, 0);
$carre->movePen(50, 50);
$carre->drawLine(120, 0);
$carre->drawLine(0, 120);
$carre->drawLine(-120, 0);
$carre->drawLine(0, -120);
...
?>
```

Figure 11-24 : *Dessin d'un carré en relatif*

Voici maintenant le même carré en utilisant les méthodes movePenTo() et drawLineTo() :

```
<?php
...
$carre = new SWFShape();
$carre->setLine(1, 255, 0, 0);
$carre->movePenTo(50, 50);
$carre->drawLineTo(170, 50);
$carre->drawLineTo(170, 170);
$carre->drawLineTo(50, 170);
$carre->drawLineTo(50, 50);
...
?>
```

Le résultat est rigoureusement le même avec cette méthode absolue.

setRightFill() et setLeftFill()

La méthode setRightFill() permet de définir le remplissage de la forme obtenue par l'enchaînement du tracé de lignes dans le sens des aiguilles d'une montre. Pour un tracé dans un sens inverse, il faut utiliser la méthode setLeftFill(). Cette méthode prend en argument l'objet retourné par la méthode addFill(). Le remplissage d'une surface peut se faire par une couleur, un dégradé de couleurs ou une image. Vous étudierez la méthode addFill() un peu plus loin.

```
$forme->setRightFill($forme->addFill(0, 0, 255));
```

drawCurve()

Cette méthode est assez complexe à expliquer. Elle prend quatre arguments et permet de dessiner une courbe de Bézier. Voici un exemple d'utilisation de cette méthode pour dessiner un cercle selon les recommandations des créateurs de Ming eux-mêmes.

```
<?php
...
$cercle = new SWFShape();
$cercle->setLine(1, 0, 0, 0);

$rayon = 50;
$centre_x = 90;
$centre_y = 90;

$a = $rayon * 0.414213562; // = tan(22.5 deg)
$b = $rayon * 0.707106781; // = sqrt(2)/2 = sin(45 deg)
```

```
$cercle->movePenTo($centre_x+$rayon, $centre_y);

$cercle->drawCurveTo($centre_x+$rayon, $centre_y-$a, $centre_x+$b,
✂ $centre_y-$b);
$cercle->drawCurveTo($centre_x+$a, $centre_y-$rayon, $centre_x,
✂ $centre_y-$rayon);
$cercle->drawCurveTo($centre_x-$a, $centre_y-$rayon, $centre_x-$b,
✂ $centre_y-$b);
$cercle->drawCurveTo($centre_x-$rayon, $centre_y-$a,
✂ $centre_x-$rayon, $centre_y);
$cercle->drawCurveTo($centre_x-$rayon, $centre_y+$a, $centre_x-$b,
✂ $centre_y+$b);
$cercle->drawCurveTo($centre_x-$a, $centre_y+$rayon, $centre_x,
✂ $centre_y+$rayon);
$cercle->drawCurveTo($centre_x+$a, $centre_y+$rayon, $centre_x+$b,
✂ $centre_y+$b);
$cercle->drawCurveTo($centre_x+$rayon, $centre_y+$a,
✂ $centre_x+$rayon, $centre_y);
...
?>
```

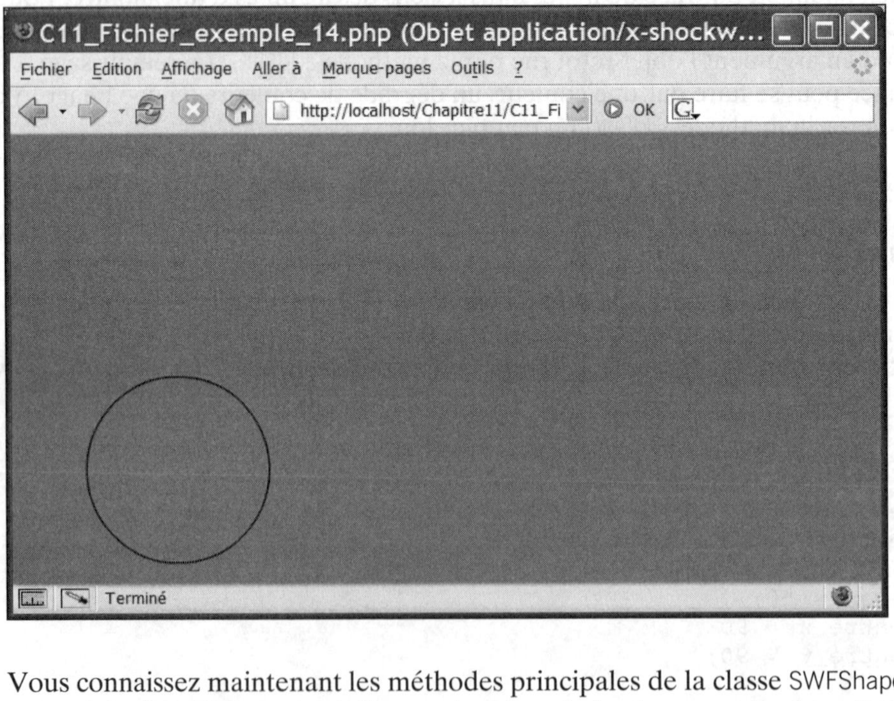

Figure 11-25 : *Dessin d'un cercle*

Vous connaissez maintenant les méthodes principales de la classe SWFShape et vous pouvez étudier l'interactivité d'une animation via les formes et la classe SWFButton.

L'interactivité

L'un des gros avantages du format SWF est sa capacité d'interactivité avec l'utilisateur. Pour l'illustrer, vous allez réaliser une animation qui, lors de son survol avec la souris, s'arrête. De plus, si un clic gauche est fait sur cette animation, cela ouvrira une page web et lorsque la souris quittera l'animation, cette dernière reprendra.

Voici tout d'abord le script de l'animation sans interactivité :

```
<?php

// C11_Fichier_exemple_15.php
// Fichier Exemple : Chapitre 11 - Fichiers Flash
// PHP 5 et MySQL 5 / Micro Application - Collection Référence

// Instanciation de l'objet movie
$movie = new SWFMovie();

// Définition du fond de l'animation
$movie->setBackground(50, 150, 250);

// Définition de la taille de l'animation
$movie->setDimension(468,60);

// Définition du rythme
$movie->setRate(30);

// Animation d'un texte défilant de manière verticale
$texte = new SWFTextField();
$police = new SWFFont("Arial");
$texte->SetFont($police);
$texte->setHeight(18);
$texte->addString("Vive le PHP !");
$texte->setColor(30,40,50);

// Boucle permettant d'afficher le texte et de simuler son
✂ déplacement
for ($i=-20;$i<=80;$i++) {
  $texte_aff = $movie->add($texte);
  $texte_aff->moveTo(100,$i);
  $movie->nextFrame();
  $movie->remove($texte_aff);
}

// Enregistrement sur le serveur sous la forme d'un fichier
$movie->save("C11_exemple_15.swf");
```

```
?>
<html>
<head>
<title>C11_Fichier_exemple_15.php</title>
</head>
<body>
<h3>Affichage de l'animation C11_exemple_15.swf</h3>
<object classid="clsid:D27CDB6E-AE6D-11cf-96B8-444553540000"
codebase="http://download.macromedia.com/pub/shockwave/cabs/flash/
✂ swflash.cab#version=6,0,0,0" width="468" height="60">
 <param name="movie" value="C11_exemple_15.swf" />
 <param name="quality" value="high" />
 <param name=FlashVars value="" />
 <embed flashvars="" src="C11_exemple_15.swf" width="468"
 ✂ height="60" quality="high" pluginspage="http://www.macromedia
 ✂ .com/go/getflashplayer"
 ✂ type="application/x-shockwave-flash"></embed>
</object>
</body>
</html>
```

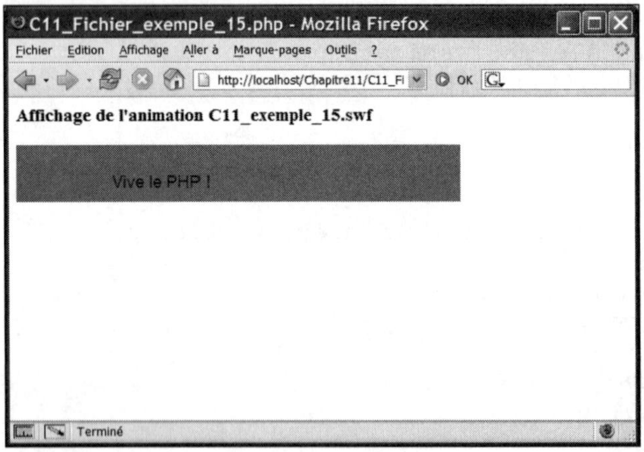

Figure 11-26 : *Bannière simple avec défilement vertical*

Il s'agit d'une simple bannière. Pour ajouter de l'interactivité à cette animation, vous allez créer un objet de la classe SWFButton. Cette classe permet de créer des boutons qui représentent en Flash les éléments chargés de l'interaction avec l'utilisateur. Pour créer un bouton vous utilisez le constructeur SWFButton() de la classe.

```
$bouton = new SWFButton();
```

L'objet $bouton doit être associé à une forme pour définir sa zone d'interaction. La forme sert ici uniquement de détecteur au bouton et n'apparaîtra pas visuellement. Ajoutez donc un objet $banniere.

```
$banniere = new SWFShape();
$banniere->setRightFill(0, 0, 0);
$banniere->drawLine(468, 0);
$banniere->drawLine(0, 60);
$banniere->drawLine(-468, 0);
$banniere->drawLine(0, -60);
```

REMARQUE

setRightFill() est indispensable !

Vous vous demandez peut-être pourquoi avoir rempli la surface avec la méthode setRightFill(). C'est tout simplement parce que c'est le seul moyen d'indiquer que la forme est bien une surface et non une succession de lignes. Sans cette instruction, la zone représentée par la bannière est nulle. Vous pouvez tenter l'expérience et, à la place de setRightFill(), définir une taille de ligne via la méthode setLine(). Vous verrez que la zone sensible sera limitée à la bordure de la forme.

Lors de l'association de l'objet de la classe SWFButton à une forme, il faut également signaler que la zone représentée par la forme est « sensible ». Cela se fait par une valeur prédéfinie : SWFBUTTON_HIT. En effet, le principe de l'interactivité est bien d'associer une action à une zone et un type d'événement. Dans la pratique, Ming permet cela en deux temps : tout d'abord, on identifie une zone sensible, puis on ajoute des actions à des événements : survol de souris, clic de souris, utilisation des flèches du clavier, etc. La méthode utilisée pour identifier la zone sensible est addShape().

```
$bouton->addShape($banniere, SWFBUTTON_HIT);
```

Vous avez ici rendu l'ensemble de l'animation sensible au clic de souris. De là, vous allez définir des couples actions/événements en rapport avec cette zone. Les événements sont nombreux ; nous vous renvoyons à la documentation officielle de Ming pour avoir la liste exhaustive. Dans le cas présent, vous utilisez SWFBUTTON_MOUSEDOWN pour l'action *clic gauche*, SWFBUTTON_MOUSEOVER pour l'action *survol par le curseur de la souris* et SWFBUTTON_MOUSEOUT pour l'action *le curseur de la souris quitte la zone sensible*. Concernant l'action, celle-ci s'exprime par l'intermédiaire d'un code ActionScript. Cette notion sera expliquée un peu plus loin, mais, en guise d'introduction, retenez qu'ActionScript est le langage de programmation inhérent au format SWF et qu'il est l'un des éléments rendant possible l'interactivité. Il va permettre d'arrêter l'animation lors du survol par le curseur de la souris et de la relancer lorsque ce dernier quitte la bannière. Il va également permettre d'ouvrir une fenêtre sur le site Ming lors d'un clic gauche sur la bannière.

L'ajout de couples actions/événements se fait par l'intermédiaire de la méthode addAction(). Les actions sont des objets de la classe SWFAction et la méthode addAction() prend deux arguments : le premier est un objet SWFAction et le second est un événement représenté par une valeur prédéfinie.

```
$action = new SWFAction("stop();");
$bouton->addAction($action, SWFBUTTON_MOUSEOVER);
$action = new SWFAction("play();");
$bouton->addAction($action, SWFBUTTON_MOUSEOUT);
$action = new
✂ SWFAction('this.getURL("http://ming.sourceforge.net");');
$bouton->addAction($action, SWFBUTTON_MOUSEDOWN);
```

Enfin, le bouton étant créé, il faut l'ajouter à l'animation pour activer l'interactivité de l'animation. L'ajout de l'objet $bouton se fait dans la première frame de l'animation.

Voici le code complet de cet exemple :

```
<?php

// C11_Fichier_exemple_16.php
// Fichier Exemple : Chapitre 11 - Fichiers Flash
// PHP 5 et MySQL 5 / Micro Application - Collection Référence

// Instanciation de l'objet movie
$movie = new SWFMovie();

// Définition du fond de l'animation
$movie->setBackground(50, 150, 250);

// Définition de la taille de l'animation
$movie->setDimension(468,60);

// Définition du rythme
$movie->setRate(30);

// Animation d'un texte défilant de manière verticale
$texte = new SWFTextField();
$police = new SWFFont("Arial");
$texte->SetFont($police);
$texte->setHeight(18);
$texte->addString("Vive le PHP !");
$texte->setColor(30,40,50);

// Création d'une forme de la taille de la bannière
$banniere = new SWFShape();
$banniere->setRightFill(0, 0, 0);
```

11

```
$banniere->drawLine(468, 0);
$banniere->drawLine(0, 60);
$banniere->drawLine(-468, 0);
$banniere->drawLine(0, -60);

// Instanciation de l'objet bouton
$bouton = new SWFButton();

// Association de la zone au bouton pour indiquer la zone
✂ sensible
$bouton->addShape($banniere, SWFBUTTON_HIT);

// Déclaration de chaque action et association à un évènement
$action = new SWFAction("stop();");
$bouton->addAction($action, SWFBUTTON_MOUSEOVER);

$action = new SWFAction("play();");
$bouton->addAction($action, SWFBUTTON_MOUSEOUT);

$action = new
✂ SWFAction('this.getURL("http://ming.sourceforge.net");');
$bouton->addAction($action, SWFBUTTON_MOUSEDOWN);

// Ajout de l'objet bouton à l'animation
$movie->add($bouton);

// Boucle permettant d'afficher le texte et de simuler son
✂ déplacement
for ($i=-20;$i<=80;$i++) {
  $texte_aff = $movie->add($texte);
  $texte_aff->moveTo(100,$i);
  $movie->nextFrame();
  $movie->remove($texte_aff);
}

// Enregistrement sur le serveur sous la forme d'un fichier
$movie->save("C11_exemple_16.swf");

?>
<html>
<head>
<title>C11_Fichier_exemple_16.swf</title>
</head>
<body>
<h3>Affichage de l'animation C11_exemple_16.swf</h3>
<object classid="clsid:D27CDB6E-AE6D-11cf-96B8-444553540000"
codebase="http://download.macromedia.com/pub/shockwave/cabs/flash/
✂ swflash.cab#version=6,0,0,0" width="468" height="60">
```

```
    <param name="movie" value="C11_exemple_16.swf" />
    <param name="quality" value="high" />
    <param name=FlashVars value="" />
    <embed flashvars="" src="C11_exemple_16.swf" width="468"
    ✂ height="60" quality="high" pluginspage="http://www.macromedia
    ✂ .com/go/getflashplayer"
    ✂ type="application/x-shockwave-flash"></embed>
  </object>
  </body>
  </html>
```

Figure 11-27 : *Bannière arrêtée lors du survol du curseur de la souris*

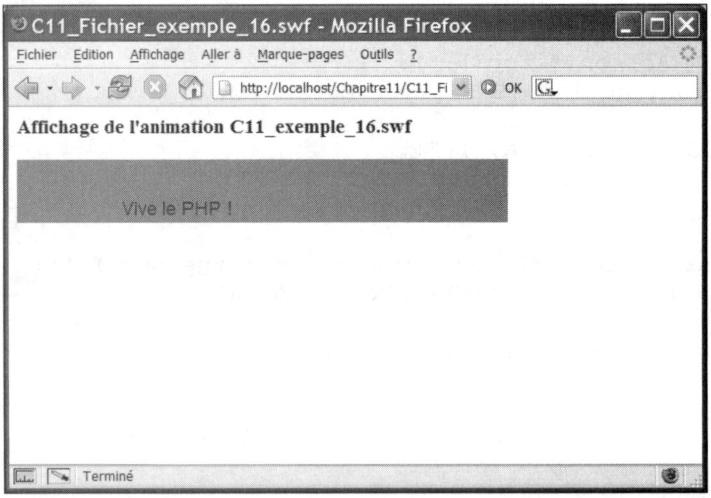

Figure 11-28 : *Page d'accueil du site Ming après un clic gauche avec la souris sur la bannière*

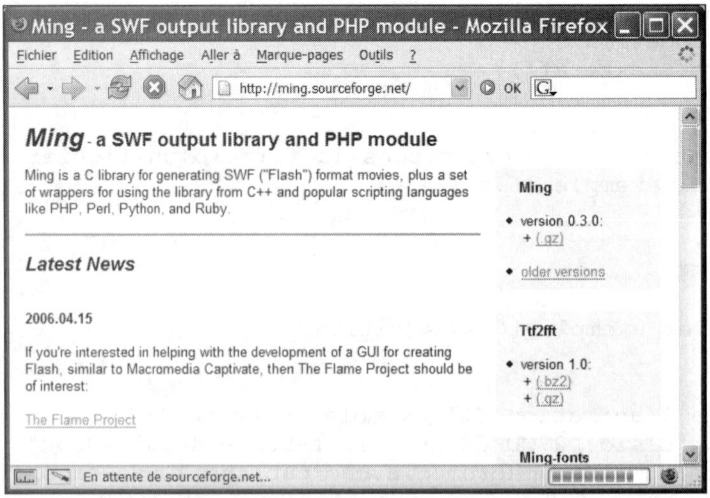

Les images, les sons et les couleurs

La librairie Ming permet de manipuler les images et les sons au sein des animations Flash, et permet ainsi de les créer de même que les couleurs.

Images

Le chargement et la manipulation de fichiers image avec Ming se font par l'intermédiaire de la classe SWFBitmap. Il suffit de faire appel au constructeur de la classe en spécifiant le fichier à ouvrir. Cependant, la méthode SWFBitmap() ne prend pas en charge l'appel direct à une image. L'argument de cette méthode est un indicateur de flux, le résultat de l'exécution de la fonction PHP fopen().

```
$flux_image = fopen("mon_image.jpg","r");
$image = new SWFBitmap($flux_image);
```

Ainsi, l'utilisation de la fonction fopen() permet l'ouverture en lecture de l'image. Cette fonction retourne un descripteur sur le fichier que la méthode SWFBitmap() utilise pour créer l'objet $image. Il est également possible de créer un buffer binaire contenant l'ensemble des données de l'image via la fonction fread(), puis de transmettre le résultat au constructeur de la classe SWFBitmap.

RENVOI

Vous trouverez plus de détails sur la manipulation de fichiers dans la partie *La gestion de fichiers* de ce chapitre.

Enfin, pour finir sur l'ouverture de l'image, sachez que vous pouvez directement faire appel à un fichier JPEG non progressif avec le constructeur sans passer par la fonction fopen(). Mais il s'agit là d'une exception et nous vous recommandons d'utiliser systématiquement la même méthode pour ne pas vous perdre dans des considérations inutiles.

Une fois que vous avez créé l'objet image, Ming vous offre deux méthodes permettant de mesurer la hauteur et la largeur. Il s'agit de getWidth() et getHeight().

L'objet image est ensuite intégré à l'animation comme tout autre objet. Voici un court un exemple :

```
<?php

// C11_Fichier_exemple_17.php
// Fichier Exemple : Chapitre 11 - Fichiers Flash
// PHP 5 et MySQL 5 / Micro Application - Collection Référence

// Instanciation de l'objet movie
```

```
$movie = new SWFMovie();

// Définition du fond de l'animation
$movie->setBackground(200, 200, 200);

// Définition de la taille de l'animation
$movie->setDimension(300,300);

// Définition du rythme
$movie->setRate(15);

// Ouverture du fichier
$flux_image = fopen("mon_image.jpg","r");

// Instanciation de l'objet image
$image = new SWFBitmap($flux_image);

// Ajout de l'objet
$movie->add($image);

// Envoi du header HTTP
header("Content-Type:application/x-shockwave-flash");

// Envoi des données de l'animation sur la sortie standard
$movie->output();

?>
```

L'appel à ce script donne le résultat suivant :

Figure 11-29 : *Image en Flash*

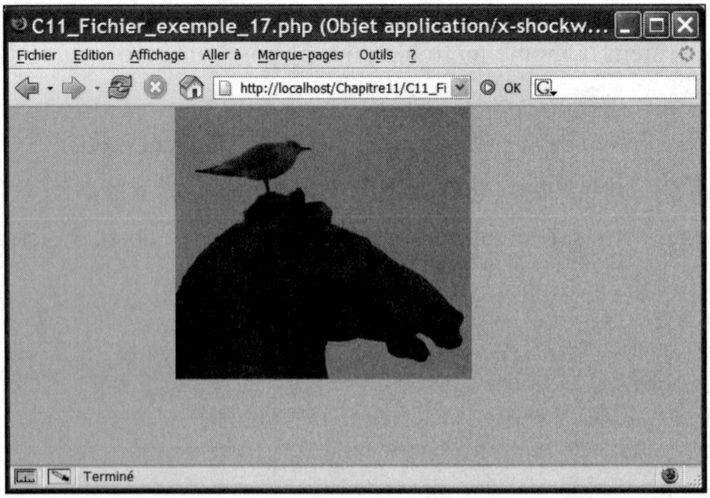

Sons

Le chargement et la manipulation de fichiers audio avec Ming peuvent se faire de deux manières.

Sous la forme de fichiers MP3, il n'y a pas de classe dédiée au son. Ming permet uniquement de diffuser un son MP3 par l'intermédiaire de la méthode streamMp3() de la classe SWFMovie. Là encore, l'utilisation est simple car il suffit dans un premier temps d'ouvrir le fichier MP3 avec la fonction fopen(), puis d'utiliser le descripteur de fichier retourné avec la méthode streamMp3().

```
$flux_son = fopen("mon_son.mp3","r");
$movie->streamMp3($flux_image);
```

Pour obtenir un fonctionnement correct, il faut que vous indiquiez la longueur de votre animation en fonction de votre fichier MP3. Ainsi, si votre musique dure 10 secondes et que vous avez défini un rythme de 15 frames par seconde, il faut que votre animation comporte 150 frames pour jouer toute la musique. Vous pouvez le faire par l'intermédiaire de la méthode setFrames() de la classe SWFMovie.

```
$movie->setFrames(150);
```

Voici un nouvel exemple qui permet simplement de jouer un morceau de musique MP3 :

```
<?php

// C11_Fichier_exemple_18.php
// Fichier Exemple : Chapitre 11 - Fichiers Flash
// PHP 5 et MySQL 5 / Micro Application - Collection Référence

// Instanciation de l'objet movie
$movie = new SWFMovie();

// Définition du fond de l'animation
$movie->setBackground(200, 200, 200);

// Définition de la taille de l'animation
$movie->setDimension(300,300);

// Définition du rythme
$movie->setRate(1);

// Ouverture du fichier son de 143 secondes
$flux_son = fopen("mon_son.mp3","r");

// Lancement de la musique
```

```
$movie->streamMp3($flux_son);

// Définition de nombre de frame de l'animation
$movie->setFrames(143);

// Envoi du header HTTP
header("Content-Type:application/x-shockwave-flash");

// Envoi des données de l'animation sur la sortie standard
$movie->output();

?>
```

Ming présente également une classe SWFSound qui permet de manipuler des fichiers WAV. Le constructeur de cette classe fonctionne comme celui de SWFBitmap et prend en argument un descripteur de fichier obtenu via la fonction fopen(). Cependant, il prend également en deuxième argument un entier permettant de qualifier le son. Cet entier se construit à partir de valeurs prédéfinies telles que SWF_SOUND_22KHZ, SWF_SOUND_16BITS, SWF_SOUND_MONO, etc.

```
$flux_wav = fopen("mon_wav.wav","r");
$sonwav = new Sound($flux_wav,
✂ SWF_SOUND_22KHZ|SWF_SOUND_16BITS|SWF_SOUND_MONO);
```

Pour utiliser ce son, le principe est d'ajouter cet objet à l'animation. L'ajout se fait par l'intermédiaire de la méthode startSound() qui retourne un objet de la classe SWFSoundInstance.

```
$son_instance = $movie->startSound($sonwav);
```

L'objet $son_instance permet notamment de définir le nombre de répétitions du son grâce à la méthode loopcount(). Par opposition à la méthode startSound() de classe SWFMovie, il existe une méthode nommée stopSound() qui permet l'arrêt de ce son.

```
$son_instance = $movie->stopSound($sonwav);
```

Couleurs

Vous allez aborder ici deux principes : le premier concerne le remplissage de surface par l'intermédiaire de la méthode addFill() ; le second porte sur la transformation des couleurs par l'intermédiaire de la méthode multColor().

Vous avez déjà rencontré la méthode addFill(). Cette dernière est utilisée pour alimenter la méthode setRightFill() qui permet de remplir une surface. Le remplissage d'une surface peut se faire simplement par une couleur unie. L'utilisation de la méthode addFill() se fait alors avec trois arguments représentant les trois composantes RGB.

```
$fill = $forme->addFill(0, 0, 255);
$forme->setRightFill($fill);
```

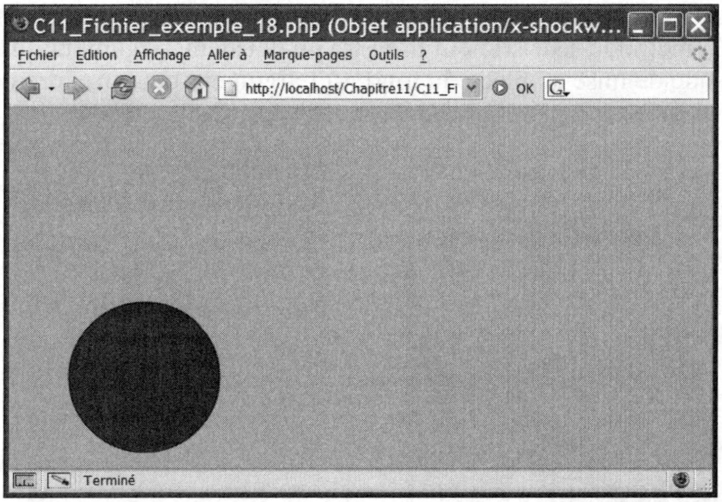

Figure 11-30 : *Forme avec un fond uni*

> REMARQUE
>
> **Position de l'instruction setRightFill() dans le code**
>
> Nous attirons ici votre attention sur l'importance de la position dans vos scripts de l'instruction setRightFill(). En effet, celle-ci ne peut se placer n'importe où. Par rapport aux exemples que vous avez déjà réalisés, vous pouvez essayer de la déplacer dans le code, en pensant que cela ne devrait rien changer… et constater le contraire. Pour vous éviter donc de chercher un bug lié au remplissage des formes dans vos codes PHP, placez systématiquement la méthode setRightFill() et toutes les instructions permettant de la créer juste après le constructeur de la forme.

La méthode addFill() permet de créer un objet de la classe SWFFill. Cette méthode peut prendre un quatrième argument qui permet d'influer sur la couche alpha. Cette couche permet notamment de régler la transparence. Ainsi, une valeur de 0 donne une couleur « invisible » tandis qu'une valeur de 1, celle par défaut, donne une couleur pleine.

```
$fill = $forme->addFill(0, 0, 255, 0.9);
```

Une surface peut également être remplie avec une image. Pour cela, il faut passer par un objet image.

```
$flux_image = fopen("mon_image.jpg","r");
$image = new SWFBitmap($flux_image);
$fill = $forme->addFill($image);
```

Dans ce contexte, la méthode addFill() peut prendre un deuxième argument qui correspond au masque de mise en place du fond. Cet argument peut prendre deux valeurs prédéfinies : SWFFILL_CLIPPED_BITMAP ou SWFFILL_TILED_BITMAP.

```
$fill = $forme->addFill($image, SWFFILL_CLIPPED_BITMAP);
```

Figure 11-31 : *Forme avec un fond composé d'une répétition d'images*

Enfin, si vous souhaitez réaliser un remplissage avec un dégradé de couleurs, vous allez utiliser la classe SWFGradient. Pour cela, il faut créer un objet qui va contenir les informations du dégradé.

```
$degrade = new SWFGradient();
```

C'est ensuite par l'intermédiaire de la méthode addEntry() que vous ajoutez des couleurs au dégradé.

```
$degrade->addEntry(0, 0, 0, 0);
$degrade->addEntry(1, 255, 255, 255);
```

Ces deux instructions définissent un dégradé du noir vers le blanc.

Il suffit ensuite d'ajouter cet objet.

```
$fill = $forme->addFill($degrade);
```

Là encore, dans ce contexte, la méthode addFill() peut prendre un deuxième argument qui correspond à la disposition du dégradé. Cet argument peut prendre deux valeurs prédéfinies : SWFFILL_RADIAL_GRADIENT ou SWFFILL_LINEAR_GRADIENT.

```
$fill = $forme->addFill($degrade, SWFFILL_RADIAL_GRADIENT);
```

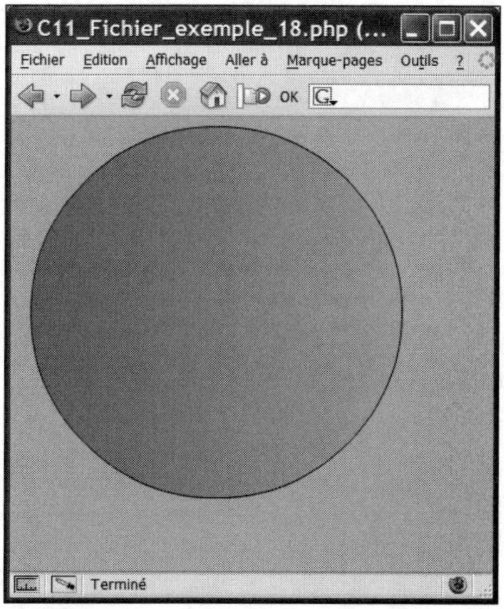

Figure 11-32 : *Dégradé noir et blanc*

Pour finir sur l'objet $fill, sachez qu'il est possible de le transformer et de le déplacer avec des méthodes comme moveTo(), rotateTo() ou scaleTo(). Cela vous donne une entière liberté de création !

Ming vous permet également de modifier un objet existant. Cela se fait par l'intermédiaire de la méthode multColor(). Cette dernière prend quatre arguments. Les trois premiers permettent de faire varier la saturation des composantes RGB d'un objet par l'application d'un coefficient. Le quatrième est optionnel et influe sur la couche alpha de l'objet permettant de gérer sa transparence dans la scène. multColor() est une méthode de la classe SWFDisplayItem.

Figure 11-33 : *Carré rouge*

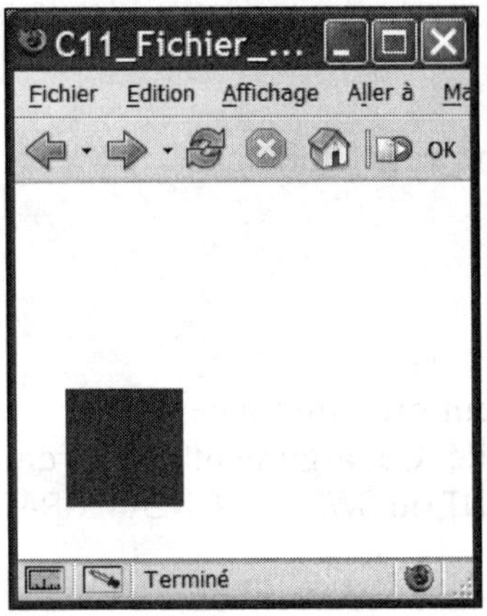


```
<?php
...
$forme= new SWFShape();
$fill = $forme->addFill(255, 0, 0);
$forme->setRightFill($fill);
$forme->movePenTo(50, 50);
$forme->drawLineTo(170, 50);
$forme->drawLineTo(170, 170);
$forme->drawLineTo(50, 170);
$forme->drawLineTo(50, 50);

$display_forme = $movie->add($forme);
$display_forme->multColor(0.5, 1, 1);
...
?>
```

Figure 11-34 : *Carré rouge transformé en carré marron*

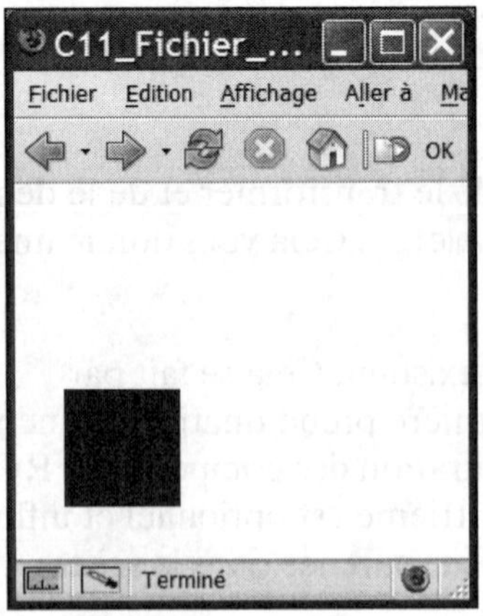

Il existe également une autre méthode, addColor(), qui permet d'ajouter à un objet une valeur fixe à une ou à plusieurs de ses composantes RGB.

```
<?php
...
$display_forme->addColor(0, 255, 0);
...
?>
```

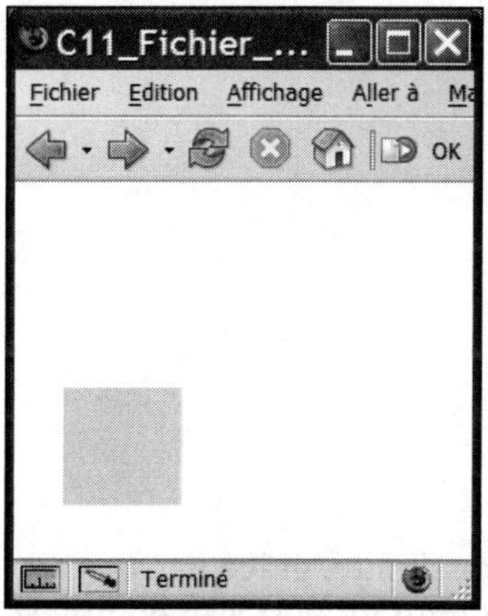

Figure 11-35 : *Carré rouge transformé en carré jaune*

Vous avez maintenant à votre disposition toutes les connaissances nécessaires à la réalisation d'animations plus complexes.

Autres animations

Depuis le début de cette partie consacrée à Flash, vous utilisez l'objet $movie de la classe SWFMovie et vous animez des objets. Mais Flash permet de définir des animations complètes, puis de les réunir et les orchestrer au sein d'une animation principale.

Pour cela, gardez l'objet $movie qui constitue l'animation principale, mais agrémentez-le d'animations complémentaires que sont des objets de la classe SWFSprite. Il s'agit, pour les utilisateurs familiers de Flash des *movie clips*. En voici un exemple, avec la création d'une forme carrée à laquelle vous donnez un mouvement de rotation et que vous ajoutez ensuite, comme n'importe quel autre objet, à l'animation principale :

```
<?php
...
$carre = new SWFShape();
$carre->setRightFill($carre->addFill(0, 0, 255));
$carre->movePenTo(-100, -100);
```

```
$carre->drawLineTo(100, -100);
$carre->drawLineTo(100, 100);
$carre->drawLineTo(-100, 100);
$carre->drawLineTo(-100, -100);

$anim_carre = new SWFSprite();
$display_carre = $anim_carre->add($carre);

for ($j=0; $j<90; $j++) {
  $anim_carre->nextFrame();
  $display_carre->rotate(-1);
  $display_carre->scale(0.01);
}

$swf = new SWFMovie();
$swf->setDimension(800, 600);
$swf->setBackground(255, 255, 255);

$swf->add($mc_carre)
...
?>
```

Ces quelques instructions mettent en évidence la possibilité, grâce à la classe SWFSprite et à l'objet $anim_carre, de réaliser des animations vastes et complexes. En effet, vous pouvez créer un scénario de votre animation et isoler toutes les parties qui peuvent fonctionner de manière autonome. Vous les traitez et les ajouter ensuite à l'animation principale. Cela permet de garder un script clair et de traiter les fonctionnalités par partie.

Vous avez également remarqué l'introduction dans la réalisation de cette animation de deux nouvelles méthodes d'animation de la classe SWFDisplayItem : rotate() et scale().

La méthode rotate() permet de faire pivoter un objet et prend un argument qui est un entier représentant en degrés l'angle de la rotation à effectuer.

Pour faire varier la taille de l'objet, c'est la méthode scale() qui est utilisée : vous lui passez un coefficient d'agrandissement ou de réduction selon qu'il est supérieur ou inférieur à 1.

Ming et ActionScript

L'une des grandes forces de Ming est la possibilité d'injecter du code ActionScript dans les animations créées en PHP. Cela permet d'utiliser ce langage de programmation fort utile pour les animations Flash.

DÉFINITION

ActionScript

ActionScript est le langage de programmation utilisé dans les animations Flash. Ce langage permet d'ajouter de l'interactivité aux animations en répondant aux actions de l'utilisateur, mais aussi de piloter tous les éléments qui composent un SWF : les *movie clips*, les différents objets multimédias, etc. Enfin, ce langage permet de programmer des fonctions pour du calcul, du traitement de données, etc.

Le sujet de ce livre ne porte pas sur le langage ActionScript et vous n'allez pas l'étudier ici. Cependant, il est intéressant d'illustrer cette possibilité offerte par Ming. Voici donc un code ActionScript qui, placé dans la première frame d'une animation Flash via un éditeur tel que Macromedia Flash MX™, permet de dessiner un triangle.

```
_root.createEmptyMovieClip('triangle',1);
with (_root.triangle) {
lineStyle(3,0xcc55dd,100);
 moveTo(150,150);
 lineTo(200,200);
 lineTo(100,200);
 lineTo(150,150);
}
```

Voici maintenant comment ce script peut être intégré à une animation Flash réalisée avec Ming :

```
<?php

// C11_Fichier_exemple_19.php
// Fichier Exemple : Chapitre 11 - Fichiers Flash
// PHP 5 et MySQL 5 / Micro Application - Collection Référence

// Définition de la version Flash du SWF pour le support de cet
✂ ActionScript
Ming_useSWFVersion(6);

// Instanciation de l'objet movie
$movie = new SWFMovie();

// Définition du fond de l'animation
$movie->setBackground(230, 230, 230);

// Définition de la taille de l'animation
$movie->setDimension(300,300);
```

```
// Définition du rythme
$movie->setRate(15);

// Définition de la commande en ActionScript
$actionscript = "
_root.createEmptyMovieClip('triangle',1);
with (_root.triangle) {
lineStyle(3,0xcc55dd,100);
 moveTo(150,150);
 lineTo(200,200);
 lineTo(100,200);
 lineTo(150,150);
}
";

// Création de l'objet action et formatage de la commande
✂ ActionScript
$objet_actionscript = new SWFAction(str_replace("\r", "",
✂ $actionscript));

// Ajout de l'objet
$movie->add($objet_actionscript);

// Envoi du header HTTP
header("Content-Type:application/x-shockwave-flash");

// Envoi des données de l'animation sur la sortie standard
$movie->output();

?>
```

L'appel à ce script donne le résultat suivant :

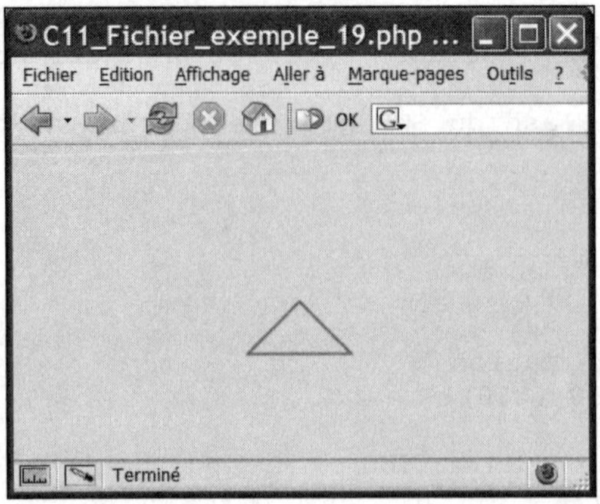

Figure 11-36 : *Dessin d'un triangle via ActionScript*

REMARQUE

Les exemples Flash utilisés

Les exemples de scripts réalisés dans cette partie sont disponibles en téléchargement sur le site de Micro Application, ainsi que les éléments utilisés dans les codes PHP et certains résultats.

Vous avez pu étudier de manière assez approfondie Ming et sa bibliothèque de fonctions. Elle est puissante et vous permet d'ajouter des fonctionnalités graphiques à vos applications. L'utilisation de Flash se généralise et il est possible avec Ming d'étendre vos applications en ligne en intégrant du Flash, de l'interactivité et de la vidéo.

Nous vous invitons à visiter le site officiel de Ming, accessible à l'adresse **http://ming.sourceforge.net/**, pour découvrir d'éventuelles mises à jour, la documentation complète ainsi que de nombreux exemples pertinents !

Les fichiers PDF

Le format de fichiers PDF est devenu depuis quelques années un standard pour les échanges de documents sur Internet. Le logiciel Acrobat Reader™, de la société Adobe, est en effet présent sur toutes les plates-formes (Windows, Mac, Unix). PHP donne la possibilité de créer à la volée des documents PDF. Cette technique est très intéressante si vous souhaitez créer des documents téléchargeables et bien présentés à partir de vos applications.

DÉFINITION

PDF signifie Portable Document Format

C'est un format reposant sur un standard ouvert développé par la société Adobe™. Il est donc possible pour tout développeur de contribuer au développement de ce format ou de l'adapter à ses propres besoins. Ce standard est cependant très volumineux et complexe. Prévoyez beaucoup de temps si vous souhaitez vous y plonger.

Il existe plusieurs solutions pour générer des fichiers PDF avec le PHP. Celle que vous allez approfondir est PDFLib. Il s'agit de la plus complète des extensions ainsi que de la plus performante. Les autres solutions pour générer du PDF sont FPDF, ClibPDF, EZPDF de R&OS, Panda, Yaps. Elles sont nombreuses comme vous pouvez le voir. Si la plus populaire est PDFLib, la bibliothèque ClibPDF et la classe FPDF sont régulièrement utilisées. PDFLib est une extension dont les sources sont disponibles, mais elle n'est pas gratuite. En effet, dans le cadre d'une utilisation commerciale, il est nécessaire de payer une licence dont le prix commence à 450 euros. Cependant, pour un projet non commercial, il n'y a pas de licence à payer, et PDFLib peut être distribué librement.

PDFLib a été créé par Thomas Merz et est exploité commercialement depuis 2000 par sa société allemande PDFLib Gmbh.

Prérequis : l'extension PDFLib

Pour la manipulation de fichiers PDF, il faut que la bibliothèque PDFlib soit installée. Il s'agit de l'extension *php_pdf.dll* dans le cadre de cet environnement WAMP et des plates-formes Microsoft Windows™. Sous Linux, c'est à la compilation de PHP qu'il faut préciser l'utilisation de PDFLib.

Voici la procédure à suivre pour la mise en place :

1. Tout d'abord, vérifiez que l'extension en question n'est pas déjà présente. Pour cela, cliquez sur la *tray icon* de WAMP et dans la catégorie *PHP extension*, vous obtenez la liste des extensions installées.

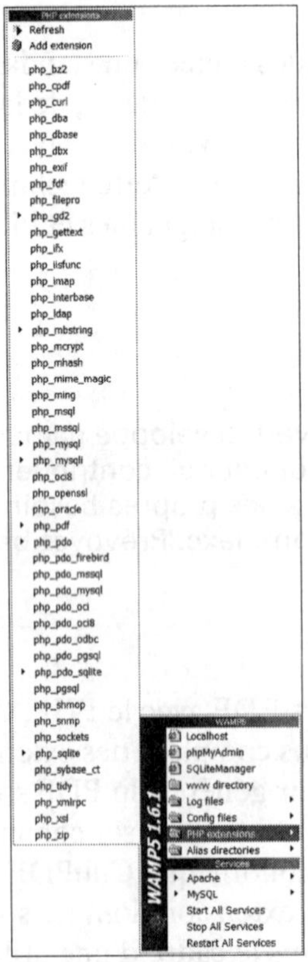

Figure 11-37 : *Extensions PHP de WAMP*

2. Dans ce cas, l'extension est installée, mais elle n'est pas activée. Pour l'activer, cliquez sur la *tray icon* de WAMP et dans la catégorie *PHP extension*, cliquez sur *php_pdf*. WAMP prend alors quelques instants pour activer le service et redémarrer le serveur web. Si vous revenez sur la liste des extensions, il doit y avoir un triangle noir devant *php_pdf*.

La version de PDFLib inclus dans la version de WAMP utilisée pour ce livre est la 5.0.3.

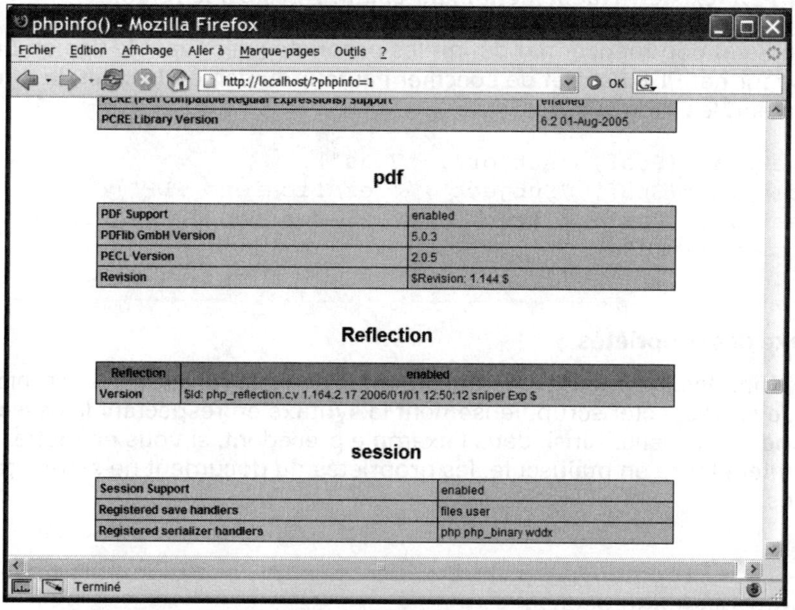

Figure 11-38 : *Extension PDF*

Les instructions suivantes sont compatibles avec cette version. Cependant, la dernière version de la bibliothèque PDFLib est la 6.0.3. La dernière génération de cet outil apporte de nombreuses évolutions dans la syntaxe et les fonctions. Nous vous recommandons de consulter le site officiel de PDFLib et sa documentation pour avoir les dernières informations sur la bibliothèque.

Premier fichier PDF

1. Pour commencer, vous allez déclarer un objet PDF en faisant appel à la fonction pdf_new().

```
$pdf = pdf_new();
```

La variable $pdf va être utilisée de la même manière que le descripteur de fichiers que vous avez étudié au début de ce chapitre. Il sera en permanence transmis aux fonctions pour indiquer le document PDF sur lequel vous travaillez.

2. Vous devez maintenant indiquer que l'objet est associé à un nouveau fichier via la fonction pdf_open_file().

```
pdf_open_file($pdf, "");
```

Votre fichier PDF existe virtuellement maintenant. Il reste à le remplir.

3. Vous pouvez commencer par définir les propriétés décrivant le fichier. En effet, le format PDF permet de spécifier l'auteur du fichier, le sujet, le titre, le générateur, les mots-clés, etc.

```
pdf_set_info($pdf, "Author", "Vous");
pdf_set_info($pdf, "Subject", "Les fichiers PDF");
pdf_set_info($pdf, "Title", "Créer des documents PDF à
✂ partir de PHP");
```

REMARQUE

Syntaxe des propriétés

Pour définir les propriétés d'un document PDF via la fonction pdf_set_info(), vous devez respecter scrupuleusement la syntaxe en respectant la casse de chacune d'entre elle. Ainsi, dans l'exemple précédent, si vous ne mettez pas la première lettre en majuscule, les propriétés du document ne seront pas définies.

Ces informations sont optionnelles.

4. Il faut maintenant créer une première page. Cela se fait par l'intermédiaire de la fonction pdf_begin_page().

```
pdf_begin_page($pdf, 450, 450);
```

Les deux derniers arguments de cette fonction correspondent, respectivement, à la largeur et à la hauteur de la page. L'unité dans les documents PDF n'est pas ici le pixel. Il s'agit du Postscript point et il représente 1/72 d'inch, ce qui correspond à 0,35 mm environ. Cela vous obligera à une certaine gymnastique de l'esprit pour réaliser exactement ce que vous souhaitez.

L'enchaînement logique pour votre premier fichier PDF est d'y écrire un petit mot.

5. Pour ajouter un texte à un fichier PDF, commencez par spécifier une police d'écriture. Cela se fait via la fonction pdf_findfont(). Cette fonction permet en réalité de localiser une police de caractères sur votre système. Vous pouvez

ensuite l'associer à votre fichier et spécifier sa taille. Voici les instructions nécessaires dans le cadre de la police Courier-Bold en corps 12 :

```
$font = pdf_findfont($pdf, "Courier-Bold", "host",0);
pdf_setfont($pdf, $font, 12);
```

6. Vous allez positionner le curseur d'écriture sur votre page PDF. L'origine de cette dernière possède les coordonnées 0, 0, ce qui représente l'angle inférieur gauche de la page. L'action consistant à écrire un texte revient à déplacer le curseur à la position souhaitée via la fonction pdf_set_text_pos(), puis à afficher une chaîne de caractères via la fonction pdf_show().

```
pdf_set_text_pos($pdf, 50, 450);
pdf_show($pdf, "Mon premier fichier PDF");
```

7. Vous allez maintenant finaliser votre document. Pour cela, commencez par fermer la page PDF et fermer le document.

```
pdf_end_page($pdf);
pdf_close($pdf);
```

8. Ensuite, vous allez récupérer le flux en mémoire correspondant au fichier PDF que vous venez de créer pour l'envoyer au navigateur, en indiquant via la fonction header() qu'il s'agit d'un flux PDF.

```
$contenu = pdf_get_buffer($pdf);
header("Content-Type: application/pdf");
print($contenu);
```

9. Vous finissez votre script en libérant les ressources utilisées.

```
unset($contenu);
pdf_delete($pdf);
```

Vous avez créé votre premier fichier PDF. Vous voyez que la mise en œuvre de PDFLib n'est pas très complexe. Vous connaissez maintenant les bases pour créer un fichier. Pour approfondir le sujet, vous allez voir comment on peut ajouter d'autres textes, des images, un marque-page, etc.

Avant de passer à la suite, voyez le script complet vous permettant de réaliser votre premier fichier PDF :

```
<?php

// C11_Fichier_exemple_20.php
// Fichier Exemple : Chapitre 11 - Fichiers PDF
// PHP 5 et MySQL 5 / Micro Application - Collection Référence

// Instanciation d'un objet PDF
$pdf = pdf_new();
```

```
// Création d'un nouveau fichier PDF
pdf_open_file($pdf, "");

// Définition des en-têtes du fichier PDF
pdf_set_info($pdf, "Author", "Vous");
pdf_set_info($pdf, "Subject", "Les fichiers PDF");
pdf_set_info($pdf, "Title", "Créer des documents PDF à partir de
✂ PHP");

// Création d'une page
pdf_begin_page($pdf, 450, 450);

// Repérage, définition et attribution d'une police
$font = pdf_load_font($pdf, "Courier-Bold", "host", "");
pdf_setfont($pdf, $font, 12);

// Positionnement du curseur d'écriture
pdf_set_text_pos($pdf, 50, 450);

// Ecriture d'un texte
pdf_show($pdf, "Mon premier fichier PDF");

// Fermeture de la page PDF courante
pdf_end_page($pdf);

// Fermeture du document PDF
pdf_close($pdf);

// Récupération du contenu PDF
$contenu = pdf_get_buffer($pdf);

// Envoi de l'en-tête http précisant au navigateur que c'est un
✂ flux PDF
header("Content-Type: application/pdf");

// Diffusion du flux
print($contenu);

// Libération propre des ressources
unset($contenu);
pdf_delete($pdf);

?>
```

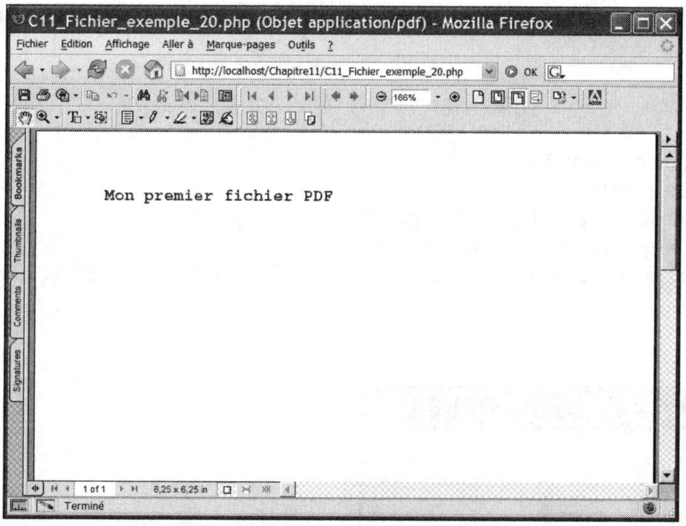

Figure 11-39 : *Premier fichier PDF*

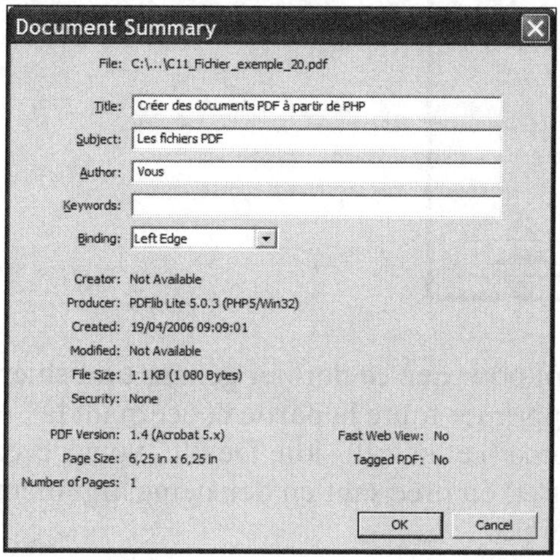

Figure 11-40 : *Propriétés du fichier PDF*

Un fichier sur le serveur ou à télécharger

Dans le script précédent, vous avez réalisé un exemple qui est un flux PDF envoyé au navigateur. La génération de ce flux s'est faite avec un simple appel à la fonction header() pour définir son type. Vous pouvez mettre ici en œuvre ce que vous avez étudié dans la gestion de fichiers pour affiner ce flux.

Vous pouvez notamment préciser la taille du fichier PDF que vous envoyez, son nom et son mode de diffusion, comme l'attachement pour que le navigateur vous propose de sauvegarder le fichier à l'appel de ce script. Voici le code correspondant à ses finitions :

```
<?php
...
$taille = strlen($contenu);
$fichier = "fichier.pdf";
header("Content-Type: application/pdf");
header("Content-Length: " . $taille);
header("Content-Disposition: attachement; filename=" . $fichier);
...
?>
```

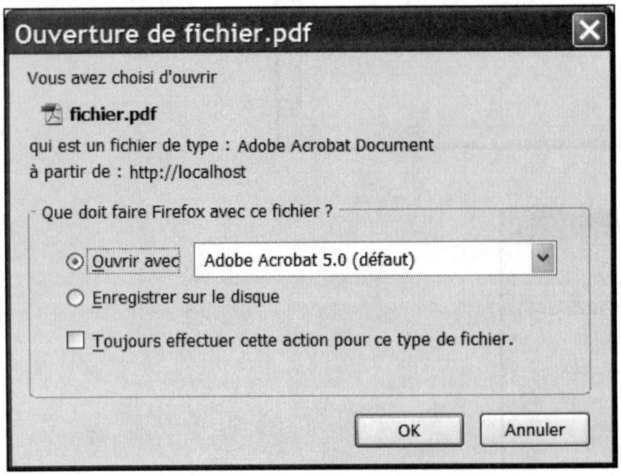

Figure 11-41 : *Fichier PDF joint*

Vous pouvez changer la finalité du script pour que ce dernier génère un fichier PDF sur le serveur. Pour cela, vous devez supprimer toute la partie concernant la récupération du contenu, la fonction header() et la diffusion. De plus vous devez modifier l'appel à la fonction pdf_open_file() en précisant en deuxième argument le nom du fichier que vous souhaitez générer.

REMARQUE

Chemin absolu sous Windows

Dans le cadre de la version de PDFLib mise en œuvre dans la configuration adoptée pour ce livre, c'est-à-dire WAMP 1.6.1, la fonction pdf_open_file() et les autres fonctions manipulant des fichiers prennent un chemin absolu pour l'argument désignant le fichier. Ainsi, dans l'exemple précédent, l'argument est C:\\wamp\\www\\Chapitre11\\fichier.pdf. L'utilisation de deux barres obliques inversées (\\) pour indiquer le chemin est une particularité de la plate-forme Microsoft Windows™.

Ainsi, le code complet de cet exemple devient ceci :

```
<?php

// C11_Fichier_exemple_21.php
// Fichier Exemple : Chapitre 11 - Fichiers PDF
// PHP 5 et MySQL 5 / Micro Application - Collection Référence

// Instanciation d'un objet PDF
$pdf = pdf_new();

// Création d'un nouveau fichier PDF
pdf_open_file($pdf, " C:\\wamp\\www\\Chapitre11\\fichier.pdf");

// Définition des en-têtes du fichier PDF
pdf_set_info($pdf, "Author", "Vous");
pdf_set_info($pdf, "Subject", "Les fichiers PDF");
pdf_set_info($pdf, "Title", "Créer des documents PDF à partir de
✂ PHP");

// Création d'une page
pdf_begin_page($pdf, 450, 450);

// Repérage, définition et attribution d'une police
$font = pdf_load_font($pdf, "Courier-Bold", "host", "");
pdf_setfont($pdf, $font, 12);

// Positionnement du curseur d'écriture
pdf_set_text_pos($pdf, 50, 450);

// Ecriture d'un texte
pdf_show($pdf, "Mon premier fichier PDF");

// Fermeture de la page PDF courante
pdf_end_page($pdf);

// Fermeture du document PDF
pdf_close($pdf);

?>
```

Fonctions avancées : image, dessin et police

Vous allez maintenant étudier des fonctions de PDFLib vous permettant la création de fichiers PDF bien présentés.

Les images

Voyez d'abord l'intégration d'une image dans un fichier PDF.

```
<?php

// C11_Fichier_exemple_22.php
// Fichier Exemple : Chapitre 11 - Fichiers PDF
// PHP 5 et MySQL 5 / Micro Application - Collection Référence

// Instanciation d'un objet PDF
$pdf = pdf_new();

// Création d'un nouveau fichier PDF
pdf_open_file($pdf, "");

// Définition des en-têtes du fichier PDF
pdf_set_info($pdf, "Author", "Vous");
pdf_set_info($pdf, "Subject", "Les fichiers PDF");
pdf_set_info($pdf, "Title", "Créer des documents PDF à partir de
✂ PHP");

// Création d'une page
pdf_begin_page($pdf, 450, 450);

// Repérage, définition et attribution d'une police
$font = pdf_load_font($pdf, "Courier-Bold", "host", "");
pdf_setfont($pdf, $font, 12);

// Ecriture d'un texte à une position donnée
pdf_show_xy($pdf, "Voici une image", 50, 400);

// Chargement d'une image
$image = pdf_load_image($pdf, "jpeg",
✂ "C:\\wamp\\www\\Chapitre11\\mon_image.jpg", "");

// Affichage de l'image
pdf_fit_image($pdf, $image, 50, 150, "");

// Fermeture de la page PDF courante
pdf_end_page($pdf);

// Fermeture du document PDF
pdf_close($pdf);

// Récupération du contenu PDF
$contenu = pdf_get_buffer($pdf);
```

```
// Envoi de l'en-tête http précisant au navigateur que c'est un
✂ flux PDF
header("Content-Type: application/pdf");

// Diffusion du flux
print($contenu);

// Libération propre des ressources
unset($contenu);
pdf_delete($pdf);

?>
```

Vous constatez ici que la mise en place d'image est relativement simple. Tout comme pour les polices, il faut d'abord charger une image via la fonction pdf_load_image(), puis la placer dans le document via pdf_fit_image().

Figure 11-42 : *Fichier PDF avec une image*

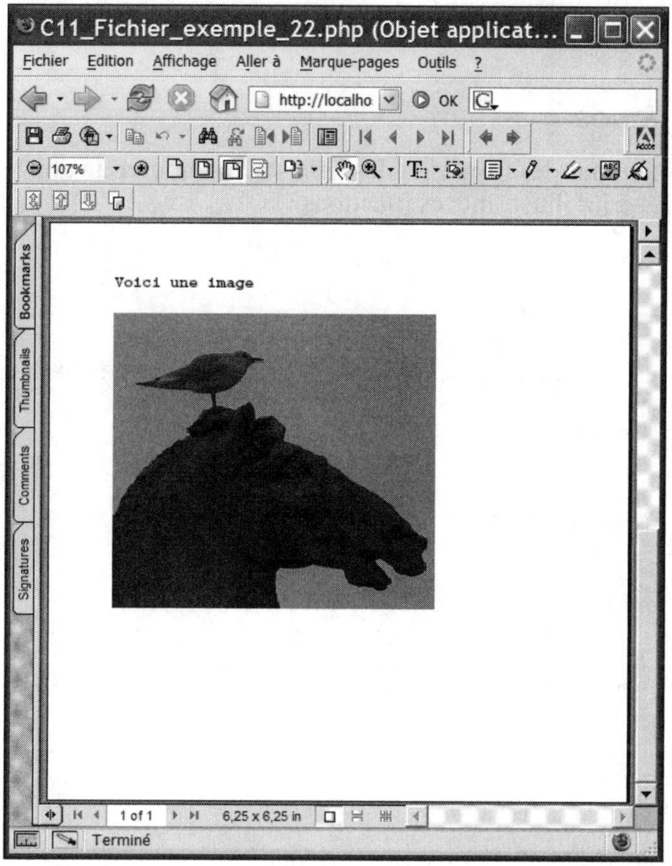

La fonction pdf_load_image() prend notamment en deuxième et en troisième argument le type de fichier à charger (GIF, JPEG, PNG, etc.) et le nom du fichier avec son chemin. Elle retourne un pointeur sur l'image chargée qui va servir à son affichage. Une image chargée peut alors être placée à plusieurs reprises dans un même document.

Pour la fonction pdf_fit_image(), notez bien que le deuxième argument est le pointeur sur l'image retourné par pdf_load_image() et que les deux arguments suivants permettent de préciser la position de l'angle inférieur gauche de l'image.

REMARQUE

Fonction pdf_show_xy()

Vous avez vu dans cet exemple une manière alternative d'écrire du texte grâce à la fonction pdf_show_xy() qui ne requiert pas un appel préalable pdf_set_text_pos() pour placer le curseur d'écriture.

Les formes et les lignes

Vous allez maintenant dessiner des formes et des lignes et les ajouter à votre document PDF. Voici le script illustrant ces fonctions :

```
<?php

// C11_Fichier_exemple_23.php
// Fichier Exemple : Chapitre 11 - Fichiers PDF
// PHP 5 et MySQL 5 / Micro Application - Collection Référence

// Instanciation d'un objet PDF
$pdf = pdf_new();

// Création d'un nouveau fichier PDF
pdf_open_file($pdf, "");

// Définition des en-têtes du fichier PDF
pdf_set_info($pdf, "Author", "Vous");
pdf_set_info($pdf, "Subject", "Les fichiers PDF");
pdf_set_info($pdf, "Title", "Créer des documents PDF à partir de
✂ PHP");

// Création d'une page
pdf_begin_page($pdf, 550, 650);

// Repérage, définition et attribution d'une police
```

```
$font = pdf_load_font($pdf, "Times-Roman", "host", "");
pdf_setfont($pdf, $font, 14);

// Ecriture d'un texte à une position donnée
pdf_show_xy($pdf, "Dessinons un peu !", 20, 620);

// Définition d'une couleur de remplissage RGB
pdf_setcolor($pdf, "fill", "rgb", 0.9, 0.8, 0.7, 0);

// Définition d'une couleur de bordure RGB
pdf_setcolor($pdf, "stroke", "rgb", 0, 0, 0, 0);

// Dessin d'un rectangle
pdf_rect($pdf, 20, 400, 200, 150);

// Colorisation de la forme
pdf_fill_stroke($pdf);

// Définition d'une couleur de remplissage CMYK
pdf_setcolor($pdf, "fill", "cmyk", 0, 1, 0, 0);

// Définition d'une couleur de bordure CMYK
pdf_setcolor($pdf, "stroke", "cmyk", 1, 0, 0, 0);

// Dessin d'un cercle
pdf_circle($pdf, 300, 300, 100);

// Colorisation de la forme
pdf_fill_stroke($pdf);

// Définition d'une couleur de bordure CMYK
pdf_setcolor($pdf, "stroke", "cmyk", 0, 0, 1, 0);

// Position de départ du curseur de tracé
pdf_moveto($pdf, 20, 150);

// Position de fin du curseur de tracé
pdf_lineto($pdf, 500, 150);

// Tracé de la ligne
pdf_stroke($pdf);

// Fermeture de la page PDF courante
pdf_end_page($pdf);

// Fermeture du document PDF
pdf_close($pdf);
```

```
// Récupération du contenu PDF
$contenu = pdf_get_buffer($pdf);

// Envoi de l'en-tête http précisant au navigateur que c'est un
✂ flux PDF
header("Content-Type: application/pdf");

// Diffusion du flux
print($contenu);

// Libération propre des ressources
unset($contenu);
pdf_delete($pdf);

?>
```

Pour commencer, vous utilisez la fonction pdf_setcolor() pour définir des couleurs à utiliser pour remplir une forme ou tracé une ligne. La gestion des couleurs dans un fichier PDF est un peu particulière. En effet, ce format de fichier est plus particulièrement fait pour l'impression et, dans ce domaine, la gestion des couleurs se fait plutôt selon la norme CMYK que RGB. De là, la fonction pdf_setcolor() permet de gérer ces deux modes de couleurs.

Vous devez avant tout indiquer le type de couleur que vous allez définir par l'intermédiaire du deuxième argument de la fonction :

- fill : couleur de remplissage.
- stroke : couleur de la bordure ou d'un trait.

Le troisième argument permet d'indiquer le mode de couleur utilisé en prenant la valeur rgb ou cmyk.

Le mode RGB, RVB en français, repose sur la décomposition d'une couleur en trois composantes : rouge, vert et bleu. Le CMYK ou CMJN repose sur quatre composantes : cyan, magenta, jaune et noir. De là, les quatre derniers arguments de la fonction permettent de définir la couleur. Dans le cadre du CMJN, il n'y a aucun souci : il faut un argument par composante. Pour le RGB, le dernier argument n'est pas utilisé, mais il doit être indiqué avec la valeur 0 (voir fig. 11-43).

Une fois la couleur définie, il faut dessiner. Vous allez voir que c'est simple. Pour réaliser un rectangle, vous utilisez la fonction pdf_rect() et précisez les coordonnées de l'angle inférieur gauche de la forme, puis sa largeur et sa hauteur.

Ce n'est pas compliqué ! Dessinez maintenant un cercle. Pour cela, vous utilisez la fonction pdf_circle() en précisant les coordonnées du centre du cercle ainsi que son rayon.

Figure 11-43 : *Fichier PDF avec des dessins*

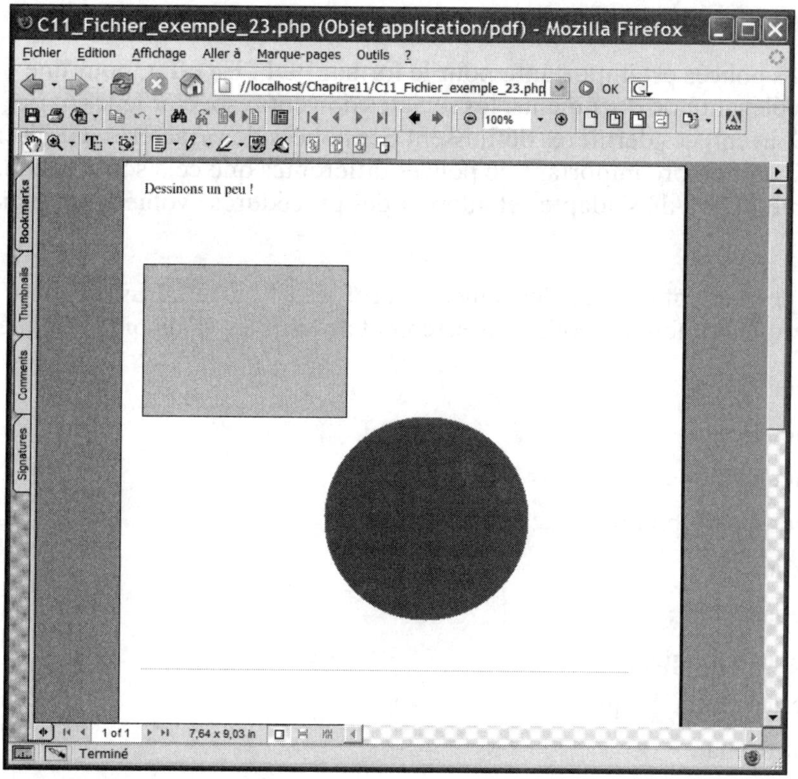

Le tour est joué !

Une fois la forme dessinée, vous pouvez la remplir via la fonction pdf_fill_stroke() qui se base, pour les couleurs, sur celles définies par les derniers appels à la fonction pdf_setcolor().

Pour finir sur cette rubrique, voici comment tracer une ligne en trois étapes :

1. **Utilisez la fonction** pdf_moveto() **pour définir le point de départ de la ligne.**
2. **Utilisez** pdf_lineto() **pour définir le point où se termine la ligne.**
3. **Utilisez** pdf_stroke() **pour tracer la ligne.**

Vous venez de voir quelques fonctions graphiques. PDFLib en propose d'autres, nous vous invitons à consulter la documentation officielle à l'adresse **www.pdflib.com**.

Les polices de caractères

La gestion des polices est importante pour le format PDF. En effet, pour une présentation élégante de documents, les sociétés doivent respecter leur charte graphique. Souvent, ces dernières définissent des polices de caractères à utiliser. Compte tenu du nombre important de polices différentes que cela sous-entend, un format comme PDF a dû s'adapter et adopter des procédures évoluées de gestion des polices.

La fonction permettant de gérer les polices est pdf_load_font(). PDFLib propose par défaut un certain nombre de polices directement accessibles via la bibliothèque :

- Courier ;
- Courier-Bold ;
- Courier-Oblique ;
- Courier-BoldOblique ;
- Helvetica ;
- Helvetica-Bold ;
- Helvetica-Oblique ;
- Helvetica-BoldOblique ;
- Times-Roman ;
- Times-Bold ;
- Times-Italic ;
- Times-BoldItalic.

Ce script vous montre à quoi cette fonction ressemble :

```
<?php

// C11_Fichier_exemple_20.php
// Fichier Exemple : Chapitre 11 - Fichiers PDF
// PHP 5 et MySQL 5 / Micro Application - Collection Référence

// Instanciation d'un objet PDF
$pdf = pdf_new();

// Création d'un nouveau fichier PDF
pdf_open_file($pdf, "");

// Définition des en-têtes du fichier PDF
pdf_set_info($pdf, "Author", "Vous");
```

```
pdf_set_info($pdf, "Subject", "Les fichiers PDF");
pdf_set_info($pdf, "Title", "Créer des documents PDF à partir de
✂ PHP");

// Création d'une page
pdf_begin_page($pdf, 450, 450);

// Définition d'un tableau listant toutes les polices inhérentes
✂ à PDFLib
$tableau_police = array("Courier", "Courier-Bold",
✂ "Courier-Oblique", "Courier-BoldOblique",
"Helvetica", "Helvetica-Bold", "Helvetica-Oblique",
✂ "Helvetica-BoldOblique",
"Times-Roman", "Times-Bold", "Times-Italic", "Times-BoldItalic");

// Définition d'un compteur de gestion de lignes
$hauteur = 420;
// Boucle d'affichage des polices ligne par ligne
foreach ($tableau_police as $police) {
  $font = pdf_load_font($pdf, $police, "host", "");
  pdf_setfont($pdf, $font, 12);
  pdf_show_xy($pdf, "Cette ligne est écrite avec la police"
  ✂ .$police, 20, $hauteur);
  $hauteur -= 20;
}

// Fermeture de la page PDF courante
pdf_end_page($pdf);

// Fermeture du document PDF
pdf_close($pdf);

// Récupération du contenu PDF
$contenu = pdf_get_buffer($pdf);

// Envoi de l'en-tête http précisant au navigateur que c'est un
✂ flux PDF
header("Content-Type: application/pdf");

// Diffusion du flux
print($contenu);

// Libération propre des ressources
unset($contenu);
pdf_delete($pdf);

?>
```

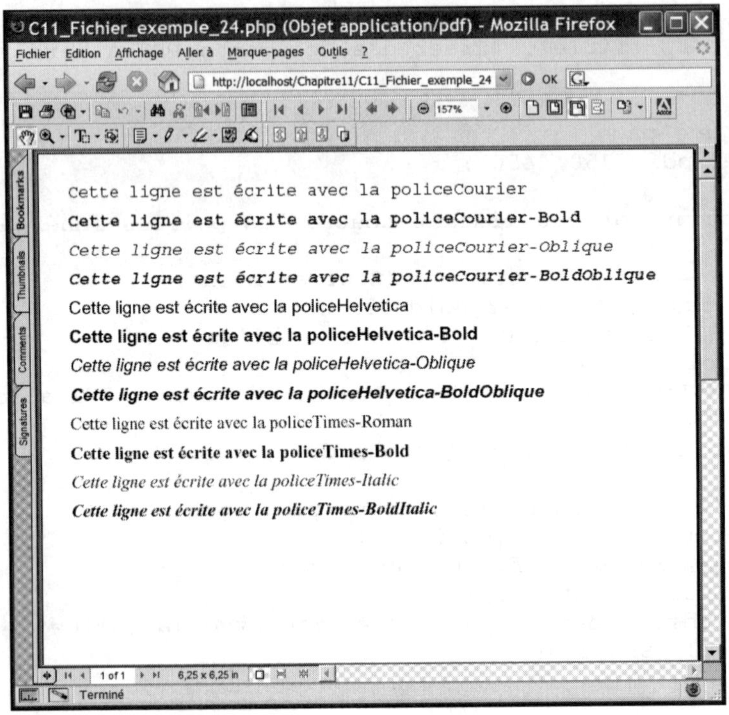

Figure 11-44 : *Les polices de PDFLib*

La fonction pdf_load_font() prend quatre arguments. Le premier est, comme d'habitude, le pointeur sur l'objet PDF. Le deuxième est le nom de la police. Le troisième concerne l'encodage de la police et ses valeurs possibles sont builtin, macroman, winansi, host. Il peut également être le nom d'une table de caractères standard ou définie par l'utilisateur.

La gestion des polices PDF est complexe et la documentation de PDFLib est très complète sur le sujet.

Des fichiers PDF complexes

Pour finir cette partie concernant PDF, vous allez étudier la création de fichiers PDF multipages et la gestion du marque-page.

Les fichiers multipages

Vous avez jusqu'ici réaliser des exemples de fichiers PDF ne comportant qu'une page. Pour leur mise en œuvre, vous commencez vos scripts par la fonction pdf_begin_page() et les terminez par pdf_end_page().

La réalisation de fichiers multipages repose tout simplement sur l'enchaînement de ces deux actions. Voici un exemple :

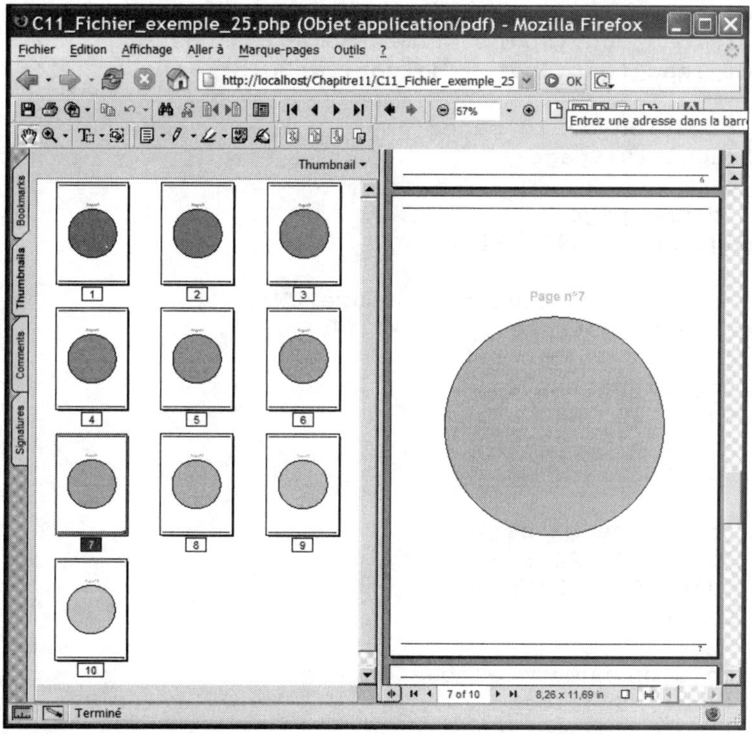

Figure 11-45 : *Fichier multi pages*

Pour réaliser ce fichier, vous devez écrire le script suivant :

```
<?php

// C11_Fichier_exemple_25.php
// Fichier Exemple : Chapitre 11 - Fichiers PDF
// PHP 5 et MySQL 5 / Micro Application - Collection Référence

// Instanciation d'un objet PDF
$pdf = pdf_new();

// Création d'un nouveau fichier PDF
pdf_open_file($pdf, "");

// Définition des en-têtes du fichier PDF
pdf_set_info($pdf, "Author", "Vous");
pdf_set_info($pdf, "Subject", "Les fichiers PDF");
```

```
pdf_set_info($pdf, "Title", "Créer des documents PDF à partir de
✂ PHP");

// Définition des polices utilisées
$police1 = pdf_load_font($pdf, "Times-Roman", "host", "");
$police2 = pdf_load_font($pdf, "Helvetica-Bold", "host", "");

// Boucle de création de 10 pages
for($page=1;$page<=10;$page++) {

  // Création d'une page
  pdf_begin_page($pdf, 595, 842);

  // Définition d'une couleur de bordure CMYK
  pdf_setcolor($pdf, "stroke", "cmyk", 0, 0, 0, 1);

  // Tracé d'une ligne haute
  pdf_moveto($pdf, 20, 820);
  pdf_lineto($pdf, 575, 820);
  pdf_stroke($pdf);

  // Tracé d'une ligne basse
  pdf_moveto($pdf, 20, 22);
  pdf_lineto($pdf, 575, 22);
  pdf_stroke($pdf);

  // Indication d'un numéro en bas de page
  pdf_setfont($pdf, $police1, 14);
  pdf_show_xy($pdf, $page, 560, 8);

  // Définition d'une couleur de remplissage RGB
  pdf_setcolor($pdf, "fill", "rgb", ($page/10), 0.8, 0.9, 0);

  // Définition d'une couleur de bordure RGB
  pdf_setcolor($pdf, "stroke", "rgb", 0, 0, 0, 0);

  // Dessin d'un cercle
  pdf_circle($pdf, 297, 421, 200);

  // Colorisation de la forme
  pdf_fill_stroke($pdf);

  // Ecriture du numéro de la page dans le dessin
  pdf_setfont($pdf, $police2, 24);
  pdf_show_xy($pdf, "Page n°".$page, 250, 650);

  // Fermeture de la page PDF courante
  pdf_end_page($pdf);
```

```
}

// Fermeture du document PDF
pdf_close($pdf);

// Récupération du contenu PDF
$contenu = pdf_get_buffer($pdf);

// Envoi de l'en-tête http précisant au navigateur que c'est un
✂ flux PDF
header("Content-Type: application/pdf");

// Diffusion du flux
print($contenu);

// Libération propre des ressources
unset($contenu);
pdf_delete($pdf);

?>
```

Vous voyez dans cet exemple que des pages créées mesurent 595 x 842. Ses dimensions n'ont pas été choisies au hasard. Elles correspondent au format de papier A4. Le tableau suivant récapitule quelques correspondances entre les formats de papier et les dimensions :

Tableau 11-2 : Tableau de correspondance des formats de papier et des dimensions PDF

Formats	**Dimensions**
A0	2380 x 3368
A1	1684 x 2380
A2	1190 x 1684
A3	842 x 1190
A4	595 x 842
A5	421 x 595
A6	297 x 421
B5	501 x 709
Lettre 8.5 x 11	612 x 792

Le bookmark

Les fichiers PDF présentent de nombreuses fonctionnalités pratiques. Vous allez étudier ici la mise en œuvre du marque-page.

La fonction utilisée est pdf_add_bookmark(). Elle compte quatre arguments.

> REMARQUE
>
> **Fonctions obsolètes**
>
> De nombreuses fonctions sont devenues obsolètes au passage de la version 5 à la version 6. Par exemple, la fonction pdf_add_bookmark() s'est transformée en pdf_create_bookmark().

Outre le premier argument qui correspond au pointeur sur l'objet PDF, nous nous intéresserons plus particulièrement aux arguments 2 et 3 : le deuxième permet d'indiquer le nom qui va apparaître dans le marque-page ; l'argument 3 sert à la hiérarchisation du marque-page. Ce dernier est un peu comme un sommaire dynamique, c'est-à-dire qu'il regroupe selon une organisation qui n'est pas obligatoirement celle du document des accès aux pages et permet en un clic de souris d'atteindre une page. Il peut être organisé avec une rubrique contenant des sous-rubriques, et ainsi de suite.

Voici le script mettant en œuvre cette notion :

```
<?php

// C11_Fichier_exemple_26.php
// Fichier Exemple : Chapitre 11 - Fichiers PDF
// PHP 5 et MySQL 5 / Micro Application - Collection Référence

// Instanciation d'un objet PDF
$pdf = pdf_new();

// Création d'un nouveau fichier PDF
pdf_open_file($pdf, "");

// Définition des en-têtes du fichier PDF
pdf_set_info($pdf, "Author", "Vous");
pdf_set_info($pdf, "Subject", "Catalogue produits");
pdf_set_info($pdf, "Title", "Créer des documents PDF à partir de
✂ PHP");


// Création d'une page d'en-tête

// Création d'une page
```

```
pdf_begin_page($pdf, 595, 842);

// Ajout d'un repère dans le bookmark
pdf_add_bookmark($pdf, "Catalogue", 0, 0);

// Ecriture du titre du document
$police = pdf_load_font($pdf, "Helvetica", "host", "");
pdf_setfont($pdf, $police, 30);
pdf_show_xy($pdf, "Catalogue des produits", 200, 410);

// Fermeture de la page PDF courante
pdf_end_page($pdf);


// Création des sous-pages

// Définition des polices utilisées
$police1 = pdf_load_font($pdf, "Times-Roman", "host", "");
$police2 = pdf_load_font($pdf, "Helvetica-Bold", "host", "");

// Boucle de création de 10 pages
for($page=1;$page<=5;$page++) {

  // Création d'une page
  pdf_begin_page($pdf, 595, 842);

  // Ajout d'un repère dans le bookmark
  pdf_add_bookmark($pdf, "Produit $page", 1, 0);

  // Tracé d'une ligne haute
  pdf_moveto($pdf, 20, 820);
  pdf_lineto($pdf, 575, 820);
  pdf_stroke($pdf);

  // Tracé d'une ligne basse
  pdf_moveto($pdf, 20, 22);
  pdf_lineto($pdf, 575, 22);
  pdf_stroke($pdf);

  // Indication d'un numéro en bas de page
  pdf_setfont($pdf, $police1, 14);
  pdf_show_xy($pdf, $page, 560, 8);

  // Chargement d'une image
  $image = pdf_load_image($pdf, "jpeg",
  ✂ "C:\\wamp\\www\\Chapitre11\\mon_image.jpg", "");

  // Affichage de l'image
  pdf_fit_image($pdf, $image, 200, 400, "");

  // Ecriture du produit
  pdf_setfont($pdf, $police2, 24);
```

```
    pdf_show_xy($pdf, "Produit n°".$page, 250, 650);

    // Fermeture de la page PDF courante
    pdf_end_page($pdf);
}

// Fermeture du document PDF
pdf_close($pdf);

// Récupération du contenu PDF
$contenu = pdf_get_buffer($pdf);

// Envoi de l'en-tête http précisant au navigateur que c'est un
✂ flux PDF
header("Content-Type: application/pdf");

// Diffusion du flux
print($contenu);

// Libération propre des ressources
unset($contenu);
pdf_delete($pdf);

?>
```

Vous obtenez le résultat suivant :

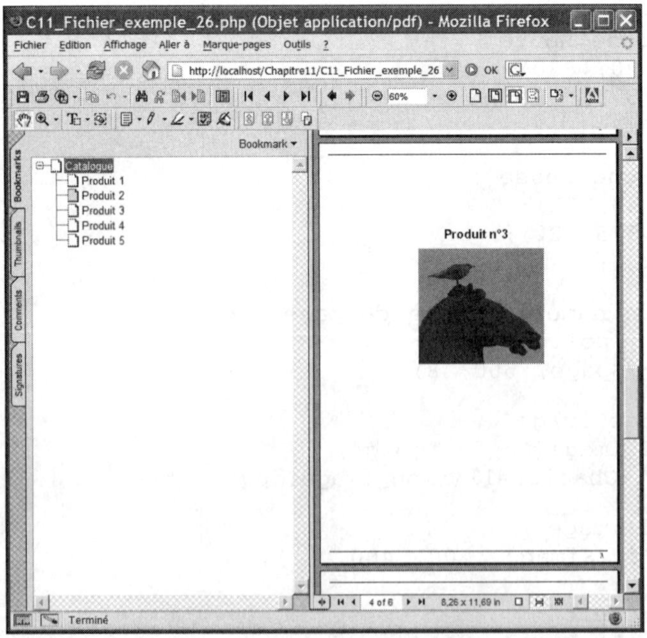

Figure 11-46 : *Fichier avec bookmark*

Vous avez maintenant toutes les connaissances nécessaires pour étoffer vos applications en ligne avec la manipulation et la création de fichiers PDF en PHP. Comme vous avez pu le constater, l'utilisation de PDFLib est simple. Cependant, cette bibliothèque présente de très nombreuses fonctionnalités et évolue régulièrement. Nous vous invitons donc à visiter le site officiel, accessible à l'adresse **www.pdflib.com** avant de la mettre en œuvre.

Les fichiers CSV et Excel

Cette partie est consacrée aux formats compatibles avec les logiciels de type Microsoft Excel™. Vous étudiez dans ce livre des technologies performantes permettant de programmer et de générer des outils puissants et optimisés. Cependant, au quotidien, l'informatique rime pour la plupart des utilisateurs avec la bureautique et l'utilisation d'outils ou de suites logicielles telles que Microsoft Office™. Microsoft Excel™ est un des composants de cette suite logicielle qui possède un quasi-monopole dans le monde professionnel. C'est un logiciel permettant de manipuler des données sous la forme de tableaux, de réaliser des tris, des calculs, des graphiques, etc. Microsoft Excel™ permet bien plus. C'est un outil puissant qu'il est possible de programmer à outrance ! Il n'est pas question ici de faire l'apologie de Microsoft Excel™, ni de son tutoriel. Ce logiciel est cependant omniprésent dans les entreprises et plus particulièrement dans tous les domaines liés aux finances. Des « standards » d'échange et de traitement de données ont découlé de l'utilisation massive de ce logiciel. Vous allez donc commencer par le format CSV qui est compatible avec de très nombreux logiciels dans le cadre d'échanges d'informations sous la forme de fichier texte formaté, puis vous étudierez le format natif de Microsoft Excel™.

REMARQUE

Microsoft Excel™ uniquement ?

Microsoft Excel™ n'est pas l'unique logiciel de tableur du marché. Par exemple, il faut citer ici une très bonne suite logicielle *open source* et gratuite : Open Office™. Cette dernière fonctionne très bien, évolue régulièrement et comprend notamment des logiciels concurrents de Microsoft Word™ et Microsoft Excel : il s'agit d'Open Office Write™ et un d'Open Office Calc™. Ces logiciels sont compatibles avec les formats propriétaires de Microsoft™. Ainsi, l'intégralité des exemples de ce chapitre est compatible avec Open Office Calc™.

Les fichiers CSV

Les fichiers au format CSV sont régulièrement utilisés pour l'échange de données entre applications. Ce format de fichier est devenu une sorte de standard par son utilisation massive entre les logiciels, tous éditeurs confondus. Le format standard et recommandé actuellement pour l'échange de données est le XML. Vous aurez l'occasion de l'étudier un peu plus loin dans ce chapitre.

Cependant, avant que le format XML ne s'impose, les CSV étaient un moyen simple ne nécessitant pas de compétences particulières pour échanger des données formatées entre des systèmes hétérogènes. Ils sont toujours beaucoup utilisés, et les nouvelles applications en ligne doivent les prendre en charge pour assurer une compatibilité avec les systèmes en place et parfois anciens.

DÉFINITION

CSV

CSV est l'abréviation de *Comma Separated Value,* « valeurs séparées par des virgules ». Il correspond à un fichier texte qui regroupe des valeurs séparées par des virgules et respectant un certain nombre de règles d'écriture, permettant ainsi d'être compris par des logiciels différents dans le cadre d'échanges de données.

Description du format CSV

L'exemple suivant reprend des informations issues d'une base de données que vous allez exporter sous la forme d'un fichier au format CSV :

Tableau 11-3 : Exemple d'enregistrements d'une base de données

Nom	Prénom(s)	Date de naissance	Sexe	Adresse	Surnom
Métayer	Thierry	29/01/81	Masculin	12, rue de l'Étoile 29000 Quimper	"Titi"
Bois	Pierre-Emmanuel		Masculin	2 ter, rue de la Colline 75015 Paris	"Manu", "Numa Sadoul"

Tableau 11-3 : Exemple d'enregistrements d'une base de données

Nom	Prénom(s)	Date de naissance	Sexe	Adresse	Surnom
Traissac	Élise	09/05/78	Féminin	Chemin des Poneys 64220 Saint-Jean-Pied-de-Port	

Voici maintenant les mêmes données dans un fichier CSV respectant les règles de ce format :

```
Métayer,Thierry,29/01/81,Masculin,"12, rue de l'Étoile 29000
✂ Quimper","""Titi"""
Bois,Pierre-Emmanuel,,Masculin,"2 ter, rue de la Colline 75015
✂ Paris","""Manu""","""Numa Sadoul"""
Traissac,Élise,09/05/78,Féminin,Chemin des Poneys 64220
✂ Saint-Jean-Pied-de-Port,
```

Il s'agit maintenant d'expliquer ce format et sa nomenclature « règle par règle ».

Un enregistrement par ligne

Le format CSV est un fichier texte composé de lignes. Chaque ligne est terminée par un caractère de retour à la ligne et correspond à un enregistrement. D'après une base de données, une ligne d'un fichier CSV correspond à une ligne d'une table. Dans le cadre de votre répertoire de contacts par exemple, une ligne représente une entrée de ce répertoire. Cette ligne est composée de l'ensemble des informations, les valeurs, sur une personne en particulier : nom, prénom, numéro de téléphone, adresse, etc.

REMARQUE

Retour à la ligne

Le retour à la ligne dans un fichier texte peut se traduire de nombreuses manières selon les plates-formes utilisées pour la génération ou la destination du fichier : Apple™ Mac, Microsoft Windows™, Linux, Unix, etc. Généralement, vous pouvez retenir qu'il se met en œuvre soit par un simple retour à la ligne via le caractère \n, soit par l'enchaînement d'un retour chariot et d'un retour à la ligne, ce qui donne la combinaison \r\n.

Dans l'exemple de la base de données précédente, il y a trois enregistrements (les trois lignes du tableau) composés chacun de six valeurs (les six colonnes du tableau). Dans le fichier CSV généré à partir de cette base de données, vous retrouvez bien trois lignes.

Des valeurs séparées par une virgule

Chaque valeur composant un enregistrement doit être séparée des autres par une virgule (,).

Il n'y a pas de virgule en début de ligne, ni en fin de ligne.

Pour un traitement impeccable et sans erreur, il est recommandé que chaque ligne comporte le même nombre de valeurs. Si une valeur d'une ligne n'existe pas, il faut signifier sa position par un enchaînement de deux virgules (,,). Si ce cas se présente pour la première valeur, la ligne commence alors par une virgule. De même, si le cas d'une valeur inexistante concerne la dernière position d'une ligne, la ligne se termine par une virgule.

Dans l'exemple de la base de données, il y a six colonnes. Cela signifie donc que dans le fichier CSV généré, vous devez retrouver six valeurs par ligne, séparées par des virgules, soit cinq virgules par ligne. Le premier enregistrement comporte bien six valeurs, mais les deux suivants n'en comportent que cinq. Vous pouvez constater que dans le fichier CSV généré à partir de cette base de données, il y a trois lignes et que, pour chaque ligne, les valeurs sont bien séparées par des virgules avec, pour la deuxième ligne, une succession de deux virgules.

```
Métayer,Thierry,29/01/81,Masculin,"12, rue de l'Étoile 29000
✂ Quimper","""Titi"""
Bois,Pierre-Emmanuel,,Masculin,"2 ter, rue de la Colline 75015
✂ Paris","""Manu"",""Numa Sadoul"""
Traissac,Élise,09/05/78,Féminin,Chemin des Poneys 64220
✂ Saint-Jean-Pied-de-Port,
```

Si vous ne vous fiez qu'au nombre de virgules, il n'y a pas six valeurs et cinq virgules par ligne car le contenu de certaines valeurs comporte des virgules. Ce cas et quelques autres exceptions ont été prévus. Cela explique également l'apparition dans le fichier CSV de caractères qui n'étaient pas présents dans la base de données. Il s'agit de la *double quote* (").

Exceptions et cas particuliers

Le format CSV a adopté un caractère pour gérer les cas particuliers. Il s'agit des *doubles quotes* (""). Quelques règles imposent leur utilisation…

- Valeur contenant une virgule : si une valeur contient une virgule (,), cette valeur doit être encadrée par des doubles quotes ("").

C'est le cas, dans la base de données présentée plus haut, de la colonne *adresse* de la première ligne et des colonnes *adresse* et *surnom* de la deuxième ligne.

```
Métayer,Thierry,29/01/81,Masculin,"12, rue de l'Étoile 29000
✂ Quimper","""Titi"""
Bois,Pierre-Emmanuel,,Masculin,"2 ter, rue de la Colline 75015
✂ Paris","""Manu"",""Numa Sadoul"""
```

- Valeur contenant des espaces : si une valeur contient des espaces au début ou à la fin et si vous souhaitez les conserver, cette valeur doit être encadrée par des doubles quotes ("").

Par exemple, si la base de données présente en première ligne un enregistrement contenant trois espaces avant et trois espaces après le prénom dans la deuxième colonne, la génération du fichier CSV donnera ceci :

```
Métayer,   Thierry   ,29/01/81,Masculin,"12, rue de l'Étoile
✂ 29000 Quimper","""Titi"""
```

L'importation de ce fichier par un logiciel standard prenant en charge le format CSV supprime ces espaces « inutiles » et traite cette ligne comme si elle était écrite ainsi :

```
Métayer,Thierry,29/01/81,Masculin,"12, rue de l'Étoile 29000
✂ Quimper","""Titi"""
```

Pour conserver ces espaces, il faut encadrer la valeur par des doubles quotes ("").

```
Métayer,"   Thierry   ",29/01/81,Masculin,"12, rue de l'Étoile
✂ 29000 Quimper","""Titi"""
```

- Valeur contenant une double quote : si une valeur contient une double quote ("), celle-ci doit être précédée par une autre double quote (") et cette valeur doit être encadrée par des doubles quotes ("").

Prenez la dernière colonne de la deuxième ligne de la base de données. La valeur est la suivante :

```
"Manu","Numa Sadoul"
```

Cette valeur doit tout d'abord être encadrée par des doubles quotes ("") pour gérer la présence d'une virgule (,) et la présence de double quote (").

```
""Manu","Numa Sadoul""
```

Cette syntaxe n'est pas correcte. Il faut, pour respecter l'information d'origine et permettre une bonne importation de ce fichier par un logiciel standard prenant en charge le format CSV, précéder chaque double quote du contenu par une autre double quote.

```
"""Manu"",""Numa Sadoul"""
```

- Valeur contenant un retour à la ligne tout comme dans le cas d'une virgule, si une valeur contient un retour à la ligne, cette valeur doit être encadrée par des doubles quotes.

Prenez la dernière ligne de l'exemple :

```
Traissac,Élise,09/05/78,Féminin,Chemin des Poneys 64220
✂ Saint-Jean-Pied-de-Port,
```

Ajoutez un retour à la ligne dans la 5e colonne.

```
Traissac,Élise,09/05/78,Féminin,Chemin des Poneys
64220 Saint-Jean-Pied-de-Port,
```

L'importation du fichier CSV sous cette forme par un logiciel standard prenant en charge le format CSV donne un résultat qui ne respecte pas l'information d'origine. Pour le rétablir, il faut donc encadrer la valeur par des doubles quotes.

```
Traissac,Élise,09/05/78,Féminin,"Chemin des Poneys
64220 Saint-Jean-Pied-de-Port",
```

- Noms des colonnes en première ligne : le format CSV autorise la déclaration du nom des colonnes en première ligne du fichier.

Ainsi, dans l'exemple en cours, vous pouvez ajouter cette première ligne :

```
Nom,Prénom(s),Date de naissance,Sexe,Adresse,Surnom
```

Cette première ligne doit respecter les mêmes règles de formatage que les autres lignes du fichier CSV. Il n'y a pas de système automatique permettant de détecter si un fichier CSV possède ou non une première ligne d'en-tête. C'est généralement géré par le processus d'importation.

CSV directement compatible avec Microsoft Excel™

Le logiciel Microsoft Excel™ adopte un comportement un peu particulier concernant les fichiers CSV. Pour ouvrir directement un fichier CSV dans Microsoft Excel™ et pour que ce dernier respecte exactement les informations du CSV sans manipulation particulière, il est recommandé de remplacer les virgules par des points-virgules.

Ainsi, toutes les règles évoquées précédemment sont valables, mais il faut considérer que le caractère de séparation des valeurs est le point-virgule et que la gestion des exceptions et des cas particuliers liés à la virgule porte alors sur le point-virgule.

Voici donc les mêmes données que les précédentes, dans un fichier CSV qu'il est possible d'ouvrir directement dans Microsoft Excel™ :

```
Métayer;Thierry;29/01/81;Masculin;12, rue de l'Étoile 29000
✂ Quimper;"""Titi"""
Bois;Pierre-Emmanuel;;Masculin;2 ter, rue de la Colline 75015
✂ Paris;"""Manu"",""Numa Sadoul"""
Traissac;Élise;09/05/78;Féminin;Chemin des Poneys 64220
✂ Saint-Jean-Pied-de-Port;
```

REMARQUE

Les champs d'adresses ne sont plus encadrés par des doubles quotes

En effet, le changement du caractère de séparation des valeurs a changé la règle concernant la gestion des valeurs comportant une virgule. La règle porte maintenant sur les valeurs comportant un point-virgule. Les valeurs comportant une virgule ne posent plus de problèmes et n'ont pas besoin d'être transformées ou encadrées par des doubles quotes. Ce devrait être également le cas de la pseudo-valeur de la deuxième ligne, mais, comme elle contient également des doubles quotes, il faut maintenir l'encadrement de la valeur par les doubles quotes !

Pour finir sur les particularités de Microsoft Excel™, il faut signaler le traitement du logiciel dans le cas d'une valeur commençant par un zéro. Microsoft Excel™ supprime les zéros en début de valeur numérique. Cela peut ne pas vous convenir. Il existe une astuce permettant de gérer ce cas. Prenez une valeur commençant par un zéro, par exemple le numéro de téléphone 0699001010. S'il est écrit tel quel dans un fichier CSV, Microsoft Excel™ affichera, quant à lui, 699001010. Pour conserver l'intégrité de l'information, il faut écrire la valeur ainsi : ="0699001010".

L'utilisation de cette astuce dans un fichier CSV rend ce dernier exclusivement compatible avec Microsoft Excel™. Il est donc recommandé de déterminer la cible d'utilisation du fichier avant de mettre en œuvre cette fonctionnalité.

Créer un fichier CSV

Vous allez maintenant créer le script PHP permettant de générer ce type de fichier.

Vous avez déjà étudié la fonction header() qui permet simplement d'indiquer à un navigateur le type des données que le script PHP va envoyer. Pour les fichiers CSV, voici la syntaxe requise :

```
header("Content-type: text/x-csv");
```

Complétez l'en-tête du fichier par l'instruction permettant d'indiquer que, lorsque le script PHP est appelé, le flux généré est un fichier nommé *C11_exemple_27.csv*.

```
header('Content-Disposition: attachement; filename="C11_exemple_27.csv"');
```

Reprenez maintenant le contenu de l'exemple étudié précédemment.

Tableau 11-4 : Exemple d'enregistrements d'une base de données

Nom	Prénom(s)	Date de naissance	Sexe	Adresse	Surnom
Métayer	Thierry	29/01/81	Masculin	12, rue de l'Étoile 29000 Quimper	"Titi"
Bois	Pierre-Emmanuel		Masculin	2 ter, rue de la Colline 75015 Paris	"Manu", "Numa Sadoul"
Traissac	Élise	09/05/78	Féminin	Chemin des Poneys 64220 Saint-Jean-Pied-de-Port	

Dans la plupart des cas, les données que vous souhaiterez exporter au format CSV seront issues d'une base de données. Pour cet exemple, les données sont issues de la table *MEMBRE*. Cette table appartient à la base de données *ASSOCIATION*.

Voici la partie du script permettant de faire appel à ces données :

```
$liendb = mysql_connect("localhost", "root", "");
mysql_select_db("ASSOCIATION");
$sql = "SELECT * FROM MEMBRE";
$resultat = mysql_query($sql);
while($membre = mysql_fetch_array($resultat)) {
  // TRAITEMENT DES DONNEES
}
```

Pour simplifier l'exemple, vous pouvez également utiliser comme source de données un tableau PHP que vous déclarez au début du fichier et qui correspond au résultat sous la forme d'un tableau de l'interrogation de la base de données :

```
$tableau_membre = array(
array("Métayer","Thierry","29/01/81","Masculin","12, rue de
✂ l'Étoile 29000 Quimper","\"Titi\""),
array("Bois","Pierre-Emmanuel","","Masculin","2 ter, rue de la
✂ Colline 75015 Paris","\"Manu\",\"Numa Sadoul\""),
array("Traissac","Élise","09/05/78","Féminin","Chemin des Poneys
✂ 64220 Saint-Jean-Pied-de-Port","")
);
```

Vous allez alimenter le flux avec les données en les faisant passer par une série de tests et fonctions permettant de respecter les règles de génération d'un CSV. La suite de ce script est générique et permet la génération de CSV, quelle que soit l'organisation des données sources. Les informations sont traitées valeur par valeur.

REMARQUE

Gestion de la compatibilité directe avec Microsoft Excel™

Vous avez vu dans ce chapitre que le logiciel Microsoft Excel™ gère le format CSV de manière un peu particulière et que, pour simplifier la vie des utilisateurs, la génération de fichiers CSV pouvant directement être ouverts dans Microsoft Excel™ repose sur des points-virgules à la place des virgules. Pour gérer cela, vous définissez dans le script une variable $separator qui pourra être initialisée soit avec une virgule ($separator = ","), soit avec un point-virgule ($separator = ";"), selon l'utilisation prévue pour le fichier CSV généré.

Vous allez ainsi vérifier les règles sur chaque valeur et en fonction de ces règles, modifierez la valeur ou positionnerez à 1 un indicateur, $dblquote_check, permettant en fin de traitement d'encadrer la valeur par des doubles quotes.

Ainsi, pour le traitement d'une valeur contenant une double quote ", voici l'instruction PHP :

```
if (ereg("\"",$valeur)) {
  $valeur = ereg_replace("\"", "\"\"", $valeur);
  $dblquote_check = 1;
}
```

Pour le traitement d'une valeur contenant le séparateur $separator, vous utilisez l'indicateur $dblquote_check :

```
if (ereg($separator,$valeur)) $dblquote_check = 1;
```

De même pour le traitement d'une valeur contenant un retour à la ligne \n :

```
if (ereg(chr(10),$valeur)) $dblquote_check = 1;
```

REMARQUE

\n et chr()

La fonction PHP chr() renvoie le caractère de la table ASCII identifiée par son numéro. Cela permet d'éviter toute confusion et l'éventuelle transformation de la valeur liée à la manipulation de chaînes de caractères.

Traitez ensuite la valeur en fonction de l'indicateur $dblquote_check :

```
if ($dblquote_check==1) $valeur = '"'.$valeur.'"';
```

Le traitement des valeurs d'un membre fini, vous les réunissez en une ligne séparée par le séparateur $separator :

```
$tableau_csv[] = implode($separator, $tableau_lignecsv);
```

Enfin, une fois l'ensemble des membres traité, vous réunissez chaque ligne par un retour chariot et un retour à la ligne \r\n :

```
$output = implode(chr(13).chr(10), $tableau_csv);
```

Voici donc le script dans son ensemble :

```
<?php

// C11_Fichier_exemple_27.php
// Fichier Exemple : Chapitre 11 - Fichiers CSV
// PHP 5 et MySQL 5 / Micro Application - Collection Référence

// Initialisation du tableau PHP contenant toutes les
✂ informations sources
$tableau_membre = array(
array("Métayer","Thierry","29/01/81","Masculin","12, rue de
✂ l'Étoile 29000 Quimper","\"Titi\""),
array("Bois","Pierre-Emmanuel","","Masculin","2 ter, rue de la
✂ Colline 75015 Paris","\"Manu\",\"Numa Sadoul\""),
array("Traissac","Élise","09/05/78","Féminin","Chemin des Poneys
✂ 64220 Saint-Jean-Pied-de-Port","")
);


// Utilisation de la fonction header permettant de déclarer le
✂ flux CSV, sa forme et le nom du fichier
header("Content-type: text/x-csv");
```

```
header('Content-Disposition:  attachement;
✂ filename="C11_exemple_27.csv');

// Initialisation du tableau PHP contenant toutes les lignes du
✂ fichier CSV
$tableau_csv = array();

// Initialisation de la variable définissant le séparateur des
✂ valeurs
$separator = ";";

// Boucle permettant le parcours du tableau des membres, membre
✂ par membre
foreach($tableau_membre as $membre) {
// Initialisation du tableau PHP temporaire (réinitialisé pour
✂ chaque membre) contenant toutes valeurs CSV d'un membre
  $tableau_lignecsv = array();
// Boucle permettant le parcours des informations de chaque
✂ membre, valeur par valeur
  foreach($membre as $valeur) {
// Initialisation de l'indicateur d'encadrement de la valeur par
✂ des douvles quote
    $dblquote_check = 0;
// Traitement d'une valeur contenant au moins une double quote
    if (ereg("\"",$valeur)) {
      $valeur = ereg_replace("\"", "\"\"", $valeur);
      $dblquote_check = 1;
    }
// Traitement d'une valeur contenant au moins une virgule
    if (ereg($separator,$valeur)) $dblquote_check = 1;
// Traitement d'une valeur contenant au moins un retour à la
✂ ligne
    if (ereg(chr(10),$valeur)) $dblquote_check = 1;
// Si l'indicateur d'encadrement de la valeur par des doubles
✂ quote a été positionné à 1, ajout des doubles quote avant et
✂ après la valeur
    if ($dblquote_check==1) $valeur = '"'.$valeur.'"';
// Enregistrement de la valeur "filtrée" d'un membre dans le
✂ tableau PHP contenant toutes valeurs CSV d'un membre
    $tableau_lignecsv[] = $valeur;
  }
// Génération de chaque ligne du fichier CSV en réunissant toutes
✂ les valeurs de chaque membre séparées par une virgule
  $tableau_csv[] = implode($separator, $tableau_lignecsv);
}
// Génération du flux CSV sous sa forme finale en réunissant
✂ toutes les lignes du tableau PHP séparées par un retour à la
✂ ligne
```

BIBLIOTHEQUE UNIVERSITAIRE NICE SCIENCES

```
$output = implode(chr(13).chr(10), $tableau_csv);
// Affichage du flux CSV sur la sortie standard permettant
✂ d'alimenter le fichier extraction.csv généré par ce script
print($output);

?>
```

L'appel du script se traduit ainsi :

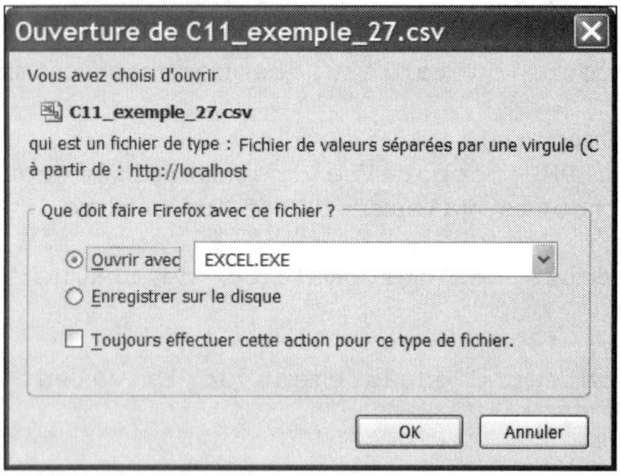

Figure 11-47 : *Appel du script PHP*

Et voici le résultat avec Microsoft Excel™ :

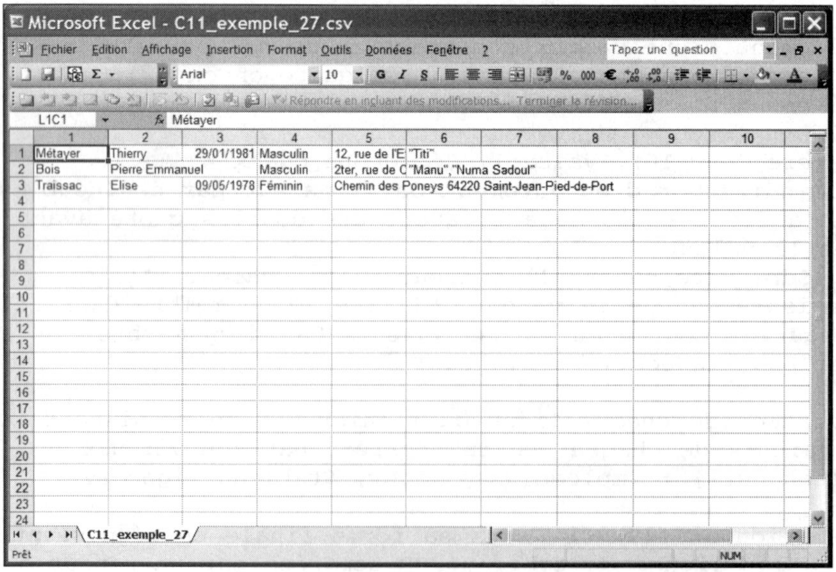

Figure 11-48 : *Fichier CSV sous Microsoft Excel™*

Les fichiers Excel

Le format de fichier CSV que vous venez d'étudier est un format d'échange de données issu de Microsoft Excel™. Il est très pratique et considéré comme un pseudo-standard. Cependant, il est limité à l'échange de données et ne permet par d'être exploité directement par un utilisateur final « béotien » sous Microsoft Excel™ ou pour une présentation. Les services comptables et financiers de votre entreprise par exemple apprécient que l'outil informatique mette à leur disposition des fichiers prêts à l'emploi qu'ils peuvent communiquer directement à leur direction par exemple.

La solution consiste donc à générer des fichiers au format Microsoft Excel™. Pour cela, il existe plusieurs solutions. Vous allez brièvement étudier une première solution, via l'objet COM de PHP dans un environnement Microsoft Windows™, puis vous focaliserez sur une seconde méthode basée sur le composant PEAR::Spreadsheet_Excel_Writer.

Le format des fichiers Excel est un format fermé et propriétaire. Cela signifie que la représentation et l'organisation des données sont opaques et que les spécifications de ce format ne sont pas dans le domaine public. Les fichiers Excel sont stockés sur le disque dur en BIFF (*Binary File Format*). Ce format permet de stocker dans un fichier toutes les données concernant un document Excel. Il est composé d'enregistrements de taille et de type variables en fonction de l'information : description d'une formule, taille et position de la feuille de calcul dans la fenêtre du logiciel Microsoft Excel™, format et taille d'une image au sein du document, etc.

L'objet COM

Vous allez maintenant étudier une première méthode pour générer des fichiers au format Microsoft Excel™ via l'objet COM de PHP. Cela suppose ici que vous soyez sur une plate-forme Microsoft Windows™ (ce qui est le cas dans le cadre de l'outil WAMP par exemple) et que sur cette plate-forme soit installé le logiciel Microsoft Excel™. Ce sont les seuls prérequis, aucune activation ou configuration particulière au niveau de PHP ou du serveur web n'est nécessaire.

Il faut signaler ici que les exemples de cette partie dédiés à COM fonctionnent parfaitement dans l'environnement WAMP d'une version inférieure (1.4.*) à celle utilisée pour la plus grande partie de cet ouvrage (1.6.1). Cela semble être dû à la version de PHP et à son intégration dans l'environnement Windows. Cela devrait être corrigé dans une prochaine version de WAMP.

DÉFINITION

COM

COM est l'abréviation de *Component Object Model*. Il s'agit d'une couche applicative orientée objet permettant à deux applications compatibles COM de communiquer entre elles. Cette couche peut être complétée par des services. Elle permet notamment à un code écrit dans un langage de communiquer avec un code écrit dans un autre langage. De plus, elle autorise un appel externe et " aveugle " de l'objet. Cela signifie qu'un objet COM, celui de Microsoft Excel™ dans ce cas, n'a pas à être inclus dans PHP et il n'est pas nécessaire que PHP connaisse son fonctionnement pour pouvoir l'appeler et l'utiliser.

Une partie de l'objet COM est connue sous le nom *OLE Automation*. Vous avez sûrement déjà rencontré dans l'environnement Microsoft Windows™ la notion d'objet OLE. Elle comprend une interface permettant, au sein de vos scripts PHP dans ce cas, de librement créer et manipuler des objets compatibles. Pour créer un objet Excel, il suffit de créer un objet COM et de l'instancier en tant qu'application Excel :

```
$EXCEL = new COM("Excel.application");
```

REMARQUE

Autres applications compatibles COM ?

Il y a de nombreuses applications compatibles COM et OLE Automation utilisables avec PHP : Microsoft Word™, le serveur web Microsoft Internet Information Service™, les outils de génération de rapport Cristal Reports, Microsoft Internet Explorer™, etc.

Vous disposez maintenant d'un objet `$EXCEL` qui représente en mémoire l'application Excel que vous souhaitez utiliser pour créer un fichier.

La méthode consistant à créer des fichiers Excel via l'objet COM est limitée dans le sens où elle est cantonnée aux environnements Microsoft Windows™ et vous n'êtes pas sans savoir que ces derniers ne sont pas représentatifs des plates-formes usuelles. Vous allez donc étudier l'utilisation de l'objet COM Excel par l'exemple sans en faire une approche exhaustive.

Vous aller réaliser un fichier Excel recensant les comptes de résultats d'une société sur 8 ans, puis vous le modifierez en lui ajoutant un graphique représentant l'évolution des bénéfices ou des pertes.

Les données utilisées sont les suivantes :

Tableau 11-5 : Comptes de résultat de la société				
Exercice	**Produit d'exploitation**	**Charges d'exploitation**	**Bénéfice ou perte**	**Résultat fiscal**
1998	79 000	55 000	7000	23 000
1999	181 000	123 000	43 000	56 000
2000	432 000	350 000	59 000	80 000
2001	605 000	449 000	108 000	152 000
2002	785 000	583 000	142 000	196 000
2003	1 015 000	943 000	51 000	69 000
2004	1 142 000	998 000	102 000	140 000
2005	1 846 000	1 461 000	267 000	372 000

Vous déclarez ces données dans un tableau PHP. Vous pourriez évidemment récupérer ces données depuis une source différente (base de données, XML, etc.).

```
$tableau_résultats = array(
array(1998,79000,55000,7000,23000),
array(1999,181000,123000,43000,56000),
array(2000,432000,350000,59000,80000),
array(2001,605000,449000,108000,152000),
array(2002,785000,583000,142000,196000),
array(2003,1015000,943000,51000,69000),
array(2004,1142000,998000,102000,140000),
array(2005,1846000,1461000,267000,372000),
);
```

Méthodes et propriétés de l'objet $EXCEL

Afin d'atteindre le résultat fixé, voici les méthodes et propriétés de l'objet `$EXCEL` que vous allez utiliser. Il n'existe pas réellement de documentation de référence sur les méthodes et propriétés de l'objet COM Excel et tous ses sous-objets. Rappelez-vous que l'objet `$EXCEL` représente l'application Excel que vous avez « lancée » en créant l'objet :

```
$EXCEL = new COM("Excel.application");
```

- $EXCEL->Workbooks->Add() : cette méthode permet d'ajouter un classeur à l'instance d'Excel. L'application Excel peut gérer plusieurs classeurs en même temps. Chaque classeur représente, une fois sauvegardé, un fichier Excel portant l'extension *.xls*. L'exemple ne porte que sur un classeur.

```
$EXCEL->Workbooks->Add();
```

- $EXCEL->Workbooks() : cette méthode permet d'accéder au classeur de l'instance d'Excel indiqué par un entier. Il n'y a qu'un classeur dans cet exemple et pour des raisons de clarté du code PHP, vous allez définir une variable $classeur contenant le classeur. Il représente le document Excel que vous allez générer.

```
$classeur = $EXCEL->Workbooks(1);
```

- $classeur->Worksheets() : cette méthode permet d'accéder à une feuille de calcul du document Excel repérée par un entier. Un document Excel peut contenir de nombreuses feuilles de calcul (jusqu'à 256) qui, dans les dernières versions du logiciel, sont représentées par les onglets en bas de la fenêtre Excel. Dans le cas présent, il n'y a qu'une feuille de calcul indiquée par la valeur 1.

REMARQUE

Ajout initial d'une feuille de calcul

La création de l'objet $EXCEL ressemble au lancement du logiciel Microsoft Excel™. Une fois l'application ouverte, il faut ouvrir un document existant ou en créer un nouveau. Ainsi, l'application Excel peut exister sans qu'un document ne soit ouvert. Ce n'est pas le cas d'un document Excel ou d'un classeur. Par définition, un classeur contient au moins une feuille de calcul, et la création d'un nouveau classeur rime donc avec la création d'au moins une feuille de calcul. C'est pourquoi vous n'avez pas à ajouter une première feuille de calcul.

Définissez à nouveau une variable $feuilledecalcul contenant la feuille de calcul active :

```
$feuilledecalcul = $classeur->Worksheets(1);
```

- $feuilledecalcul->Name : cette propriété permet de définir le nom de la feuille de calcul.

```
$feuilledecalcul->Name = "Comptes de résultat";
```

- $feuilledecalcul->Range() : cette méthode permet d'accéder à une cellule de la feuille de calcul du document Excel.

Un document Excel peut contenir des milliers de cellules. Celles-ci sont repérées par une matrice à deux dimensions : les colonnes et les lignes. Les colonnes sont représentées par une lettre de l'alphabet (A, B, C, etc.) jusqu'à la 26e colonne, repérée par la lettre Z. À partir de la 27e colonne, le repérage se fait par une composition de lettres. Ainsi, on ajoute une lettre qui va changer tous les 26 caractères. Le repérage est donc AA, AB, AC… AZ, puis, à partir de la 53e colonne, ce sera BA, BB, BC… BZ, et ainsi de suite. La limite du nombre de colonnes est 256. Concernant les lignes, c'est beaucoup plus simple puisque la première ligne porte le numéro 1 et qu'on incrémente de 1 pour passer à la ligne suivante : 1, 2, 3, etc. La limite du nombre de ligne est de 65 536.

Pour des raisons de clarté du code PHP, vous définissez une variable $cellule représentant la cellule de travail. Commencez par la cellule A1.

```
$cellule = $feuilledecalcul->Range('A1');
```

- $cellule->value : cette propriété permet d'attribuer une valeur à la cellule. Vous allez donner un titre à la feuille de calcul en inscrivant le nom de la société.

  ```
  $cellule->value = "KerniX";
  ```

  $cellule->HorizontalAlignment : cette propriété permet de définir l'alignement de la valeur au sein de la cellule. L'alignement est géré par l'intermédiaire d'un entier.

  ```
  $cellule->HorizontalAlignment = 0;
  ```

- $cellule->Font : il s'agit ici d'un sous-objet de $cellule permettant de définir la police de caractères de la cellule. Cet objet permet de donner une taille, un style, une couleur à la valeur de la cellule. Pour la couleur par exemple, vous utilisez la propriété Font->ColorIndex à laquelle vous donnez une valeur sous la forme d'un entier. La ligne de code suivante permet de donner la couleur bleue à la police pour la valeur.

  ```
  $cellule->Font->ColorIndex = 41;
  ```

- $cellule->NumberFormat : cette propriété permet de définir le format de la cellule et donc de sa valeur. Sous Excel, il est possible de donner un format à chaque cellule selon qu'il soit prévu de lui donner une valeur texte, numérique, date ou monétaire. La ligne de code suivante permet par exemple de définir le format date et heure à la cellule.

  ```
  $cellule->NumberFormat = "jj/mm/aaaa hh:mm:ss";
  ```

- $classeur->saveas() : cette méthode permet de sauvegarder un classeur correspondant à un document Excel, dans un fichier. Ce dernier est désigné par une chaîne de caractère.

> REMARQUE
>
> **Chemin pour la sauvegarde du fichier**
>
> Le fichier Excel peut être sauvé dans un répertoire différent de celui où se trouve le script PHP. Pour cela, il faut indiquer le chemin directement dans le nom du fichier : $classeur->saveas("..\fichiers\monfichier_excel.xls");. Vous remarquerez l'utilisation de la norme Microsoft Windows™ pour illustrer cet exemple puisqu'elle n'est disponible que sur les plates-formes Microsoft Windows™.

Appelez le document *C11_exemple_28.xls*.

```
$classeur->saveas("C11_exemple_28.xls");
```

- $EXCEL->Workbooks->Close() : cette méthode permet de fermer les classeurs ouverts ou créés dans l'instance Excel.

  ```
  $EXCEL->Workbooks->Close();
  ```

- $EXCEL->Quit() : cette dernière méthode permet de quitter l'instance Excel, comme si vous fermiez le logiciel.

  ```
  $EXCEL->Quit();
  ```

Génération du fichier Excel sans graphique

Voici le script complet permettant en PHP de générer le fichier Excel souhaité :

```
<?php

// C11_Fichier_exemple_28.php
// Fichier Exemple : Chapitre 11 - Fichiers Excel
// PHP 5 et MySQL 5 / Micro Application - Collection Référence

// Initialisation du tableau PHP contenant toutes les
✂ informations sources
$tableau_resultats = array(
array(1998,79000,55000,7000,23000),
array(1999,181000,123000,43000,56000),
array(2000,432000,350000,59000,80000),
array(2001,605000,449000,108000,152000),
array(2002,785000,583000,142000,196000),
array(2003,1015000,943000,51000,69000),
array(2004,1142000,998000,102000,140000),
array(2005,1846000,1461000,267000,372000),
);
```

```
// Initialisation et instanciation de l'objet COM avec
✂ l'application Excel
$EXCEL = new COM("Excel.application");

// Ajout du classeur
$EXCEL->Workbooks->Add();

// Définition de la variable contenant le classeur
$classeur = $EXCEL->Workbooks[1];

// Définition de la variable contenant votre première feuille de
✂ calcul
$feuilledecalcul = $classeur->Worksheets[1];

// Définition du nom de la feuille de calcul
$feuilledecalcul->Name = "Comptes de résultat";

// Mise en place d'un titre dans la première cellule de votre
// feuille de calcul
$cellule = $feuilledecalcul->Range('A1');
$cellule->value = "KerniX";
$cellule->Font->ColorIndex = 41;

// Mise en place des titres de chaque colonne
$cellule = $feuilledecalcul->Range('A2');
$cellule->value = "Exercice";
$cellule->HorizontalAlignment = -4108;
$cellule->Font->ColorIndex = 3;
$cellule = $feuilledecalcul->Range('B2');
$cellule->value = "Produit d'exploitation";
$cellule->HorizontalAlignment = -4108;
$cellule->Font->ColorIndex = 3;
$cellule = $feuilledecalcul->Range('C2');
$cellule->value = "Charges d'exploitation";
$cellule->HorizontalAlignment = -4108;
$cellule->Font->ColorIndex = 3;
$cellule = $feuilledecalcul->Range('D2');
$cellule->value = "Résultat d'exploitation";
$cellule->HorizontalAlignment = -4108;
$cellule->Font->ColorIndex = 3;
$cellule = $feuilledecalcul->Range('E2');
$cellule->value = "Bénéfice ou perte";
$cellule->HorizontalAlignment = -4108;
$cellule->Font->ColorIndex = 3;
$cellule = $feuilledecalcul->Range('F2');
$cellule->value = "Résultat fiscal";
$cellule->HorizontalAlignment = -4108;
$cellule->Font->ColorIndex = 3;
```

```
// Initialisation de la variable indiquant le numéro de ligne de
✂ départ
$ligne_numero = 3;

// Boucle sur les données sources
foreach($tableau_resultats as $tableau_exercice) {

// Initialisation de la variable indiquant la lettre de colonne
✂ de départ
  $colonne_lettre = ord('A');

// Initialisation d'une variable temporaire servant au calcul de
✂ la colonne D
  $valeur_prec = 0;

// Boucle sur les données de chaque exercice pour remplir les
✂ colonnes
// d'une ligne
  foreach($tableau_exercice as $valeur) {

// Mise en valeur de la cellule dans laquelle est indiqué
✂ l'exercice
    if ($colonne_lettre == ord('A')) {
      $cellule->HorizontalAlignment = -4108;
      $cellule->Font->ColorIndex = 18;
    }
    $cellule =
    ✂ $feuilledecalcul->Range(chr($colonne_lettre).$ligne_numero);
    ✂
    $cellule->value = $valeur;

// Stockage de la valeur de la colonne B pour le calcul de la
✂ colonne D
    if ($colonne_lettre == ord('B')) $valeur_prec = $valeur;

// Traitements liés à l'insertion de la colonne D après la
✂ colonne C et
// à partir de données calculées
    if ($colonne_lettre == ord('C')) {
      $colonne_lettre++;
      $cellule =
      ✂ $feuilledecalcul->Range($colonne_lettre.$ligne_numero);
      $cellule->value = ($valeur_prec - $valeur);
    }
// Incrémentation de la variable indiquant la colonne
    $colonne_lettre++;
  }
```

```
// Incrémentation de la variable indiquant la ligne
  $ligne_numero++;
}

// Sauvegarde du document Excel dans un fichier
$classeur->saveas("C11_exemple_28.xls");
@$EXCEL->Workbooks[1]->Saved = True;

// Fermeture du classeur Excel
$EXCEL->Workbooks->Close();

// Fermeture de l'instance Excel
$EXCEL->Quit();

// Libération des ressources
$EXCEL=null;
?>
```

Créer un fichier Excel avec un graphique

Il s'agit maintenant d'ajouter un graphique au fichier Excel sur l'évolution du bénéfice ou des pertes de la société. Voici les nouvelles méthodes et propriétés nécessaires à cette modification.

- $feuilledecalcul->chartobjects->add() : cette méthode permet d'ajouter un graphique à la feuille de calcul. Une feuille de calcul peut comporter plusieurs graphiques dans le sous-objet chartobjects. Un graphique est caractérisé par les coordonnées en pixels de l'angle supérieur gauche et de l'angle inférieur droit. Vous allez définir un graphique s'inscrivant dans un rectangle entre les points (50, 200) et (250, 400). Définissez également une variable $graphique contenant le graphique.

  ```
  $feuilledecalcul->chartobjects->add(50, 200, 250, 400);
  $graphique = $feuilledecalcul->chartobjects->chart;
  ```

- $graphique->type : cette propriété permet de définir le type de graphique.

Il existe de nombreux types de graphiques : les camemberts (piechart), les « bâtons » (barchart), etc. Pour le cas présent, vous allez réaliser un graphique en bâton.

```
$graphique->type=2;
```

- $graphique->activate : cette propriété permet d'activer le graphique.

  ```
  $graphique->activate = true;
  ```

- $feuilledecalcul->range() : cette méthode permet de créer une sélection de cellules indiquée par une chaîne de caractères définissant une plage de « coordonnées » des cellules. Vous avez ici besoin de définir une sélection qui sera la source du graphique. Toujours pour des raisons de clarté du code, définissez une variable $selection contenant la sélection des cellules de la feuille de calcul contenant les valeurs pour le bénéfice.

```
$selection = $feuilledecalcul->range("E3:E11");
```

- $graphique->setsourcedata() : cette méthode permet de définir la source des données du graphique. Elle est représentée par un objet et porte sur un ensemble de données de la feuille de calcul. C'est fait ici par l'intermédiaire de l'objet $selection.

```
$graphique->setsourcedata($selection);
```

- $graphique->ApplyDataLabels->type : cette propriété permet de définir le mode d'affichage des valeurs sur le graphique si on souhaite que ces dernières apparaissent. C'est par l'intermédiaire du sous-objet ApplyDataLabels que cette propriété est gérée.

```
$graphique->ApplyDataLabels->type=5;
```

- $graphique->HasTitle : cette propriété permet d'indiquer si le graphique possède un titre.

```
$graphique->HasTitle=true;
```

- $graphique->ChartTitle->Text : si le graphique présente un titre, cette propriété permet de le définir. Là encore, vous pouvez constater que c'est le sous-objet ChartTitle qui permet de gérer le titre du graphique.

```
$graphique->ChartTitle->Text="Evolution du bénéfice";
```

Tous les éléments nécessaires à la création du document Excel avec un graphique sont réunis. Voici le code complet du script PHP :

```
 <?php

// C11_Fichier_exemple_29.php
// Fichier Exemple : Chapitre 11 - Fichiers Excel
// PHP 5 et MySQL 5 / Micro Application - Collection Référence

// Initialisation du tableau PHP contenant toutes les
✂ informations sources
$tableau_resultats = array(
array(1998,79000,55000,7000,23000),
array(1999,181000,123000,43000,56000),
array(2000,432000,350000,59000,80000),
array(2001,605000,449000,108000,152000),
array(2002,785000,583000,142000,196000),
array(2003,1015000,943000,51000,69000),
array(2004,1142000,998000,102000,140000),
```

```
array(2005,1846000,1461000,267000,372000),
);

// Initialisation et instanciation de l'objet COM avec
✂ l'application Excel
$EXCEL = new COM("Excel.application");

// Ajout du classeur
$EXCEL->Workbooks->Add();

// Définition de la variable contenant le classeur
$classeur = $EXCEL->Workbooks[1];

// Définition de la variable contenant votre première feuille de
✂ calcul
$feuilledecalcul = $classeur->Worksheets[1];

// Définition du nom de la feuille de calcul
$feuilledecalcul->Name = "Comptes de résultat";

// Mise en place d'un titre dans la première cellule de votre
// feuille de calcul
$cellule = $feuilledecalcul->Range('A1');
$cellule->value = "KerniX";
$cellule->Font->ColorIndex = 41;

// Mise en place des titres de chaque colonne
$cellule = $feuilledecalcul->Range('A2');
$cellule->value = "Exercice";
$cellule->HorizontalAlignment = -4108;
$cellule->Font->ColorIndex = 3;
$cellule = $feuilledecalcul->Range('B2');
$cellule->value = "Produit d'exploitation";
$cellule->HorizontalAlignment = -4108;
$cellule->Font->ColorIndex = 3;
$cellule = $feuilledecalcul->Range('C2');
$cellule->value = "Charges d'exploitation";
$cellule->HorizontalAlignment = -4108;
$cellule->Font->ColorIndex = 3;
$cellule = $feuilledecalcul->Range('D2');
$cellule->value = "Résultat d'exploitation";
$cellule->HorizontalAlignment = -4108;
$cellule->Font->ColorIndex = 3;
$cellule = $feuilledecalcul->Range('E2');
$cellule->value = "Bénéfice ou perte";
$cellule->HorizontalAlignment = -4108;
$cellule->Font->ColorIndex = 3;
```

```
$cellule = $feuilledecalcul->Range('F2');
$cellule->value = "Résultat fiscal";
$cellule->HorizontalAlignment = -4108;
$cellule->Font->ColorIndex = 3;

// Initialisation de la variable indiquant le numéro de ligne de
✂ départ
$ligne_numero = 3;

// Boucle sur les données sources
foreach($tableau_resultats as $tableau_exercice) {

// Initialisation de la variable indiquant la lettre de colonne
✂ de départ
  $colonne_lettre = ord('A');

// Initialisation d'une variable temporaire servant au calcul de
✂ la colonne D
  $valeur_prec = 0;

// Boucle sur les données de chaque exercice pour remplir les
✂ colonnes
// d'une ligne
  foreach($tableau_exercice as $valeur) {

// Mise en valeur de la cellule dans laquelle est indiqué
✂ l'exercice
    if ($colonne_lettre == ord('A')) {
      $cellule->HorizontalAlignment = -4108;
      $cellule->Font->ColorIndex = 18;
    }
    $cellule =
    ✂ $feuilledecalcul->Range(chr($colonne_lettre).$ligne_numero);
    ✂
    $cellule->value = $valeur;

// Stockage de la valeur de la colonne B pour le calcul de la
✂ colonne D
    if ($colonne_lettre == ord('B')) $valeur_prec = $valeur;

// Traitements liés à l'insertion de la colonne D après la
✂ colonne C et
// à partir de données calculées
    if ($colonne_lettre == ord('C')) {
      $colonne_lettre++;
      $cellule =
      ✂ $feuilledecalcul->Range($colonne_lettre.$ligne_numero);
      $cellule->value = ($valeur_prec - $valeur);
```

```
      }
// Incrémentation de la variable indiquant la colonne
      $colonne_lettre++;
    }
// Incrémentation de la variable indiquant la ligne
    $ligne_numero++;
}

// Ajout du graphique et initialisation de l'objet $graphique
$feuilledecalcul->chartobjects->add(50, 200, 250, 400);
$graphique = $feuilledecalcul->chartobjects->chart;

// Définition du type de graphique
$graphique->type=2;

// Activation du graphique
$graphique->activate=true;

// Définition de l'objet représentant la source des données pour
✂ le graphique
$selection = $feuilledecalcul->range("E3:E11");

// Définition des données source pour le graphique
$graphique->setsourcedata($selection);

// Choix du type de graphique Excel à générer
$graphique->ApplyDataLabels->type=5;

// Définition du titre du graphique
$graphique->HasTitle=true;
$graphique->ChartTitle->Text="Rapport des appels clients";

// Sauvegarde du document Excel dans un fichier
$classeur->saveas("C11_exemple_29.xls");
@$EXCEL->Workbooks[1]->Saved = True;

// Fermeture du classeur Excel
$EXCEL->Workbooks->Close();

// Fermeture de l'instance Excel
$EXCEL->Quit();

// Libération des ressources
$EXCEL=null;

?>
```

Le composant PEAR::Spreadsheet_Excel_Writer

Vous allez maintenant étudier une seconde méthode pour générer des fichiers au format Microsoft Excel™. Celle-ci est repose sur l'utilisation du composant PEAR::Spreadsheet_Excel_Writer. Elle est indépendante de la plate-forme sur laquelle se trouve votre script et représente selon nous le meilleur moyen de créer des fichiers Excel.

Le projet PEAR

PEAR est l'abréviation de *PHP Extension and Application Repository*. C'est une sorte de bibliothèque de code PHP. PEAR est un projet communautaire créé par Stig S. Bakken en 1999 et désormais conduit par le groupe PEAR composé du fondateur et de nombreux passionnés qui l'ont rejoint depuis. PEAR est accessible à l'adresse **http://pear.php.net**. Voici les principales missions de ce projet :

- créer une librairie structurée de code source libre pour les utilisateurs de PHP ;
- mettre à la disposition de tous ces codes sources et leurs packages (modules contenant les différents codes sources d'un projet ou les codes compilés en fonction d'un système d'exploitation) via un système de distribution en ligne :
- mettre en place une charte de programmation ;
- mettre en œuvre des outils de gestion d'une communauté en ligne (site Internet, liste de diffusion, etc.).

Le composant PEAR::Spreadsheet_Excel_Writer

Le composant ou package PEAR::Spreadsheet_Excel_Writer est un projet PEAR piloté par Xavier Noguer et débuté en 2002. La réalisation de ce projet est motivée par le portage en PHP de l'excellent module Perl Spreadsheet::WriteExcel.

Le composant Spreadsheet_Excel_Writer permet de créer des documents Excel et de les stocker dans des fichiers au format Excel BIFF, de créer des feuilles de calcul, de les formater, de gérer des formules et des images de type BMP. Cependant, sa version actuelle n'offre pas la possibilité de réaliser toutes les fonctionnalités offertes par un document Excel. La dernière version de ce composant est la 0.9.0. C'est une version bêta mise à disposition sur PEAR le 22 novembre 2005.

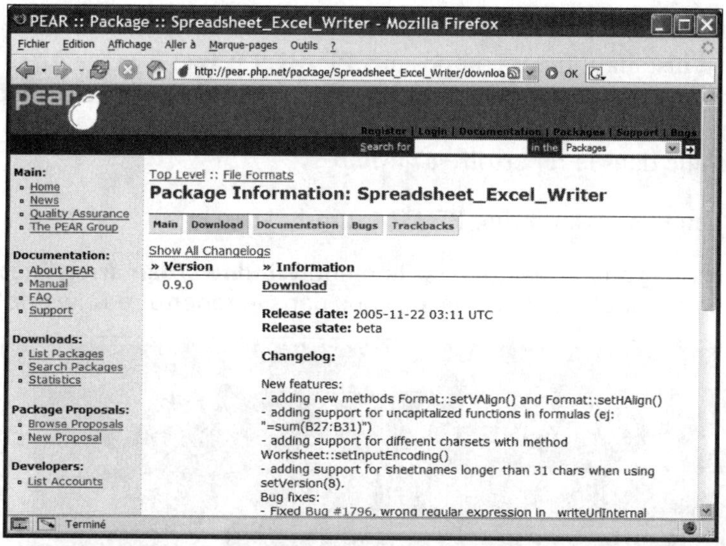

Figure 11-49 : *Composant PEAR Spreadsheet _Excel_Writer*

Ce composant présente une dépendance, c'est-à-dire qu'il fait appel à un autre composant PEAR pour fonctionner. Il s'agit de PEAR::OLE. Il permet de manipuler (écriture et lecture) des fichiers OLE (*Object Linking and Embedding*). C'est le format utilisé par les fichiers de la suite Microsoft Office™. Ce composant est également piloté par Xavier Noguer, et la version 0.9.0 de Spreadsheet_Excel_Writer nécessite au minimum la version 0.5 d'OLE.

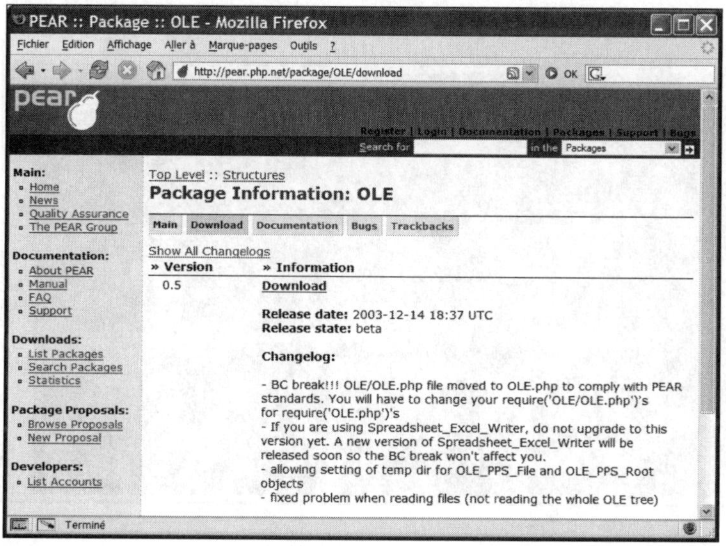

Figure 11-50 : *Composant PEAR OLE*

Installer les composants

Voici la procédure d'installation des composants PEAR::OLE et PEAR::Spreadsheet_Excel_Writer dans l'environnement WAMP. Cette procédure est valable quel que soit le composant PEAR à mettre en place et repose sur le fait que WAMP est installé dans le répertoire *C:\wamp*.

Il faut en premier lieu vous assurer que PEAR est installé :

1. Exécutez le script *go-pear.bat*. Activez le menu **Windows/démarrer/Exécuter** et tapez la commande cmd, puis placez-vous dans le répertoire *C:\wamp\php*.

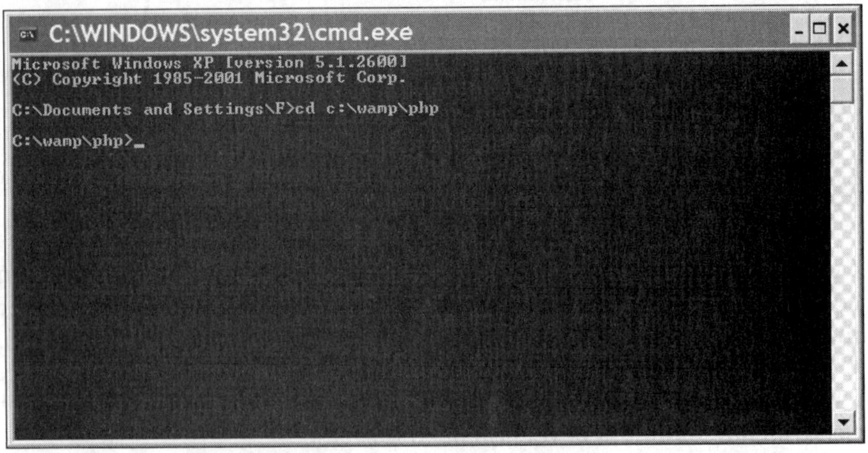

Figure 11-51 : *Fenêtre Windows*

2. Saisissez la commande go–pear.bat.

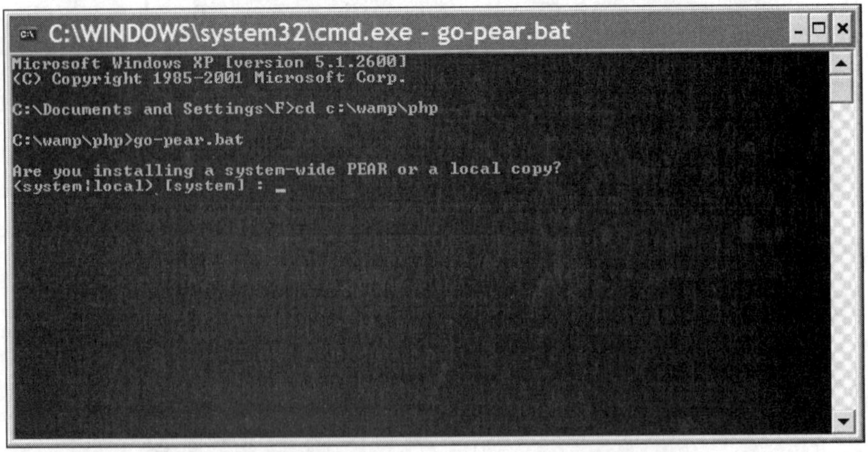

Figure 11-52 : *Installer PEAR : étape 1*

3. Saisissez system ou utilisez directement la touche [Entrée].

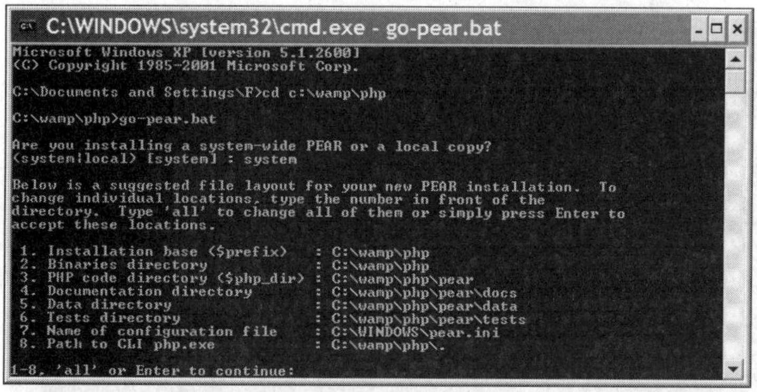

Figure 11-53 : *Installer PEAR : étape 2*

4. Appuyez sur la touche [Entrée].

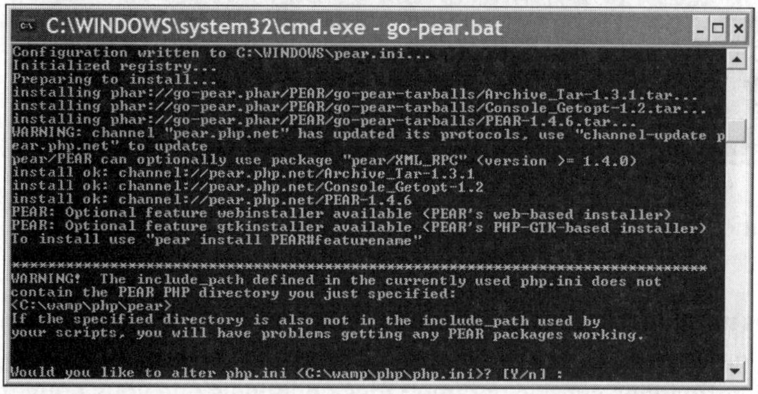

Figure 11-54 : *Installer PEAR : étape 3*

5. Saisissez Y.

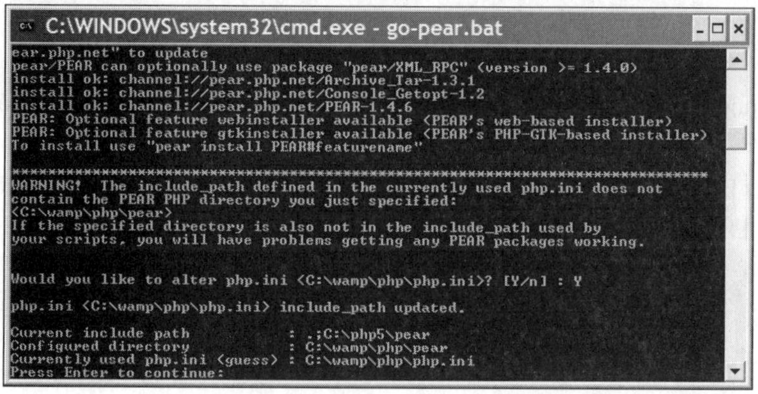

Figure 11-55 : *Installer PEAR : étape 4*

6. Appuyez sur [Entrée].

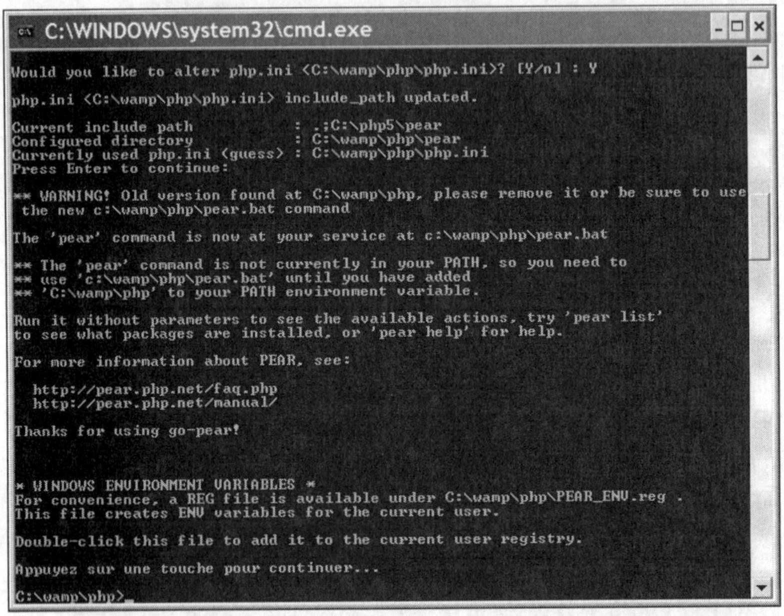

Figure 11-56 : *Installer PEAR : étape 5*

L'installation est terminée.

REMARQUE

Les messages affichés à la fin de l'installation

La fin de l'installation de PEAR sur WAMP affiche un certain nombre d'informations sur des paramétrages optionnels que vous pouvez effectuer mais qui ne sont pas indispensables.

Installez à présent PEAR::OLE et PEAR::Spreadsheet_Excel_Writer :

1. Lancez le script *pear.bat*. Activez le menu **Windows/démarrer/Exécuter**, tapez la commande cmd. Placez-vous dans le répertoire *C:\wamp\php*.

En tapant la commande pear ou pear.bat seule, vous obtenez la liste des commandes que vous pouvez exécuter.

Figure 11-57 : *Liste des commandes de pear.bat*

En tapant la commande pear list, vous obtenez la liste des composants PEAR déjà installés. Par défaut, il doit y avoir trois composants après l'exécution de *go-pear.bat*.

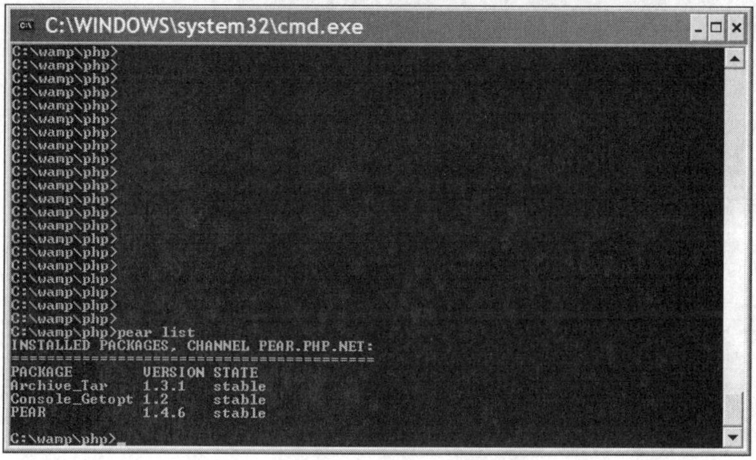

Figure 11-58 : *Liste des composants installés par défaut*

Pour installer un composant, saisissez la commande pear install nom_composant.

2. Pour installer PEAR::OLE, saisissez donc la commande pear install OLE–0.5.

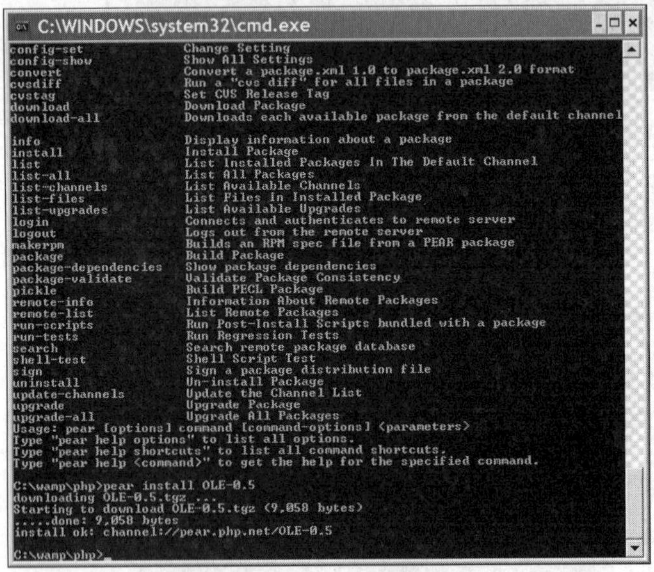

Figure 11-59 : *Installer PEAR::OLE*

3. Pour installer PEAR::Spreadsheet_Excel_Writer, tapez la commande pear install Spreadsheet_Excel_Writer–0.9.0.

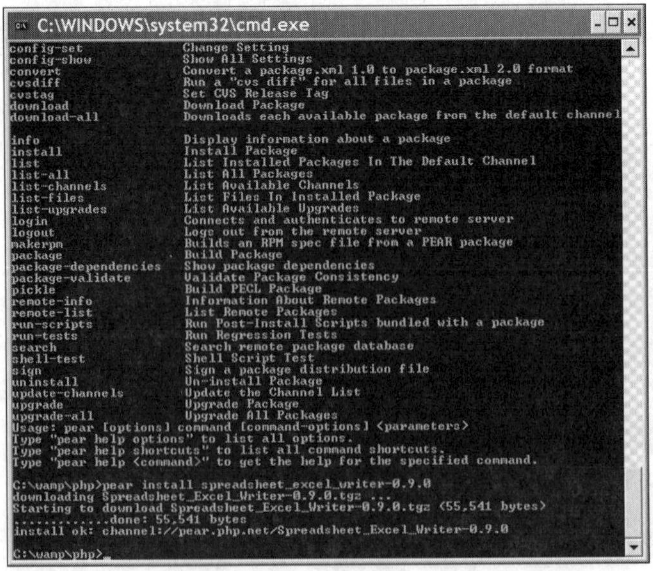

Figure 11-60 : *Installer PEAR::Spreadsheet_ Excel_Writer*

Les composants dont vous avez besoin sont maintenant installés. Vous pouvez le vérifier en relançant la commande pear list.

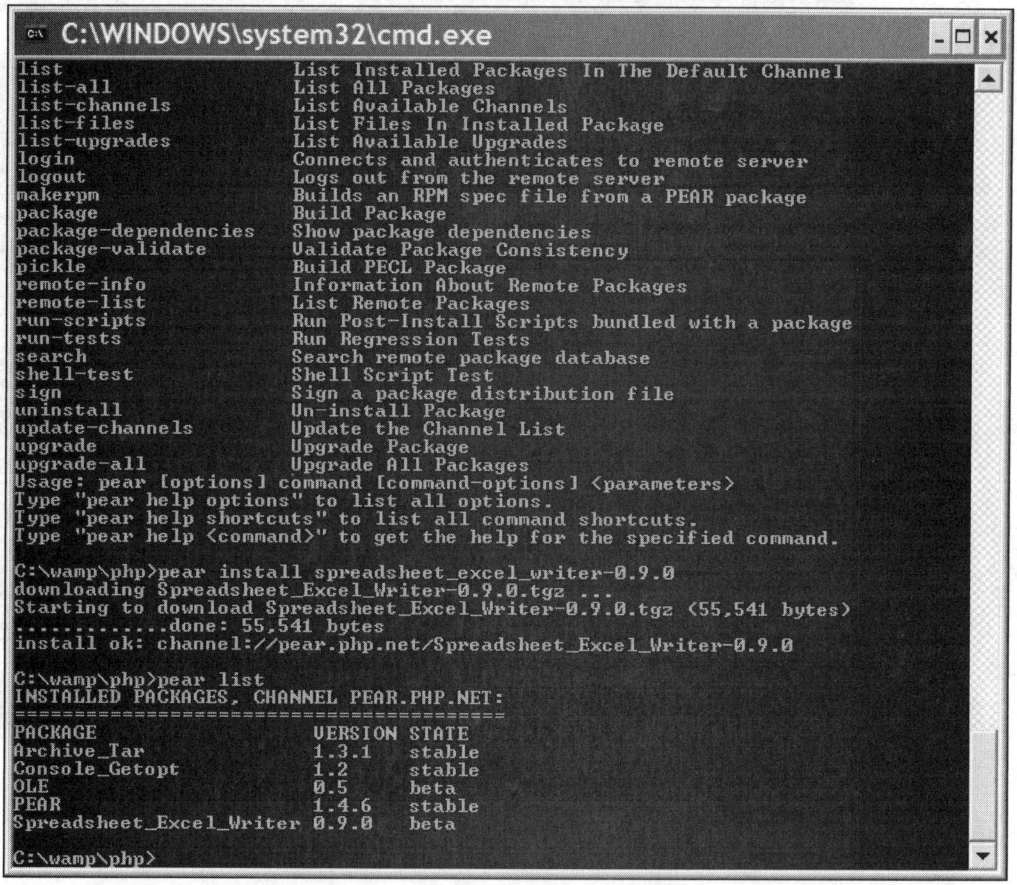

Figure 11-61 : *Liste des composants installés*

REMARQUE

Installation depuis un composant téléchargé

Si vous préférez télécharger un composant vous-même ou utiliser un des composants placés sur un CD-Rom, vous devez placer le fichier portant l'extension *.tgz* du composant, *Spreadsheet_Excel_Writer-0.9.0.tgz* par exemple, dans le répertoire *C:\wamp\php*. De là, vous devez exécuter la commande pear install Spreadsheet_Excel_Writer–0.9.0.tgz pour installer le composant à partir du fichier, sans effectuer un téléchargement directement sur Internet.

REMARQUE

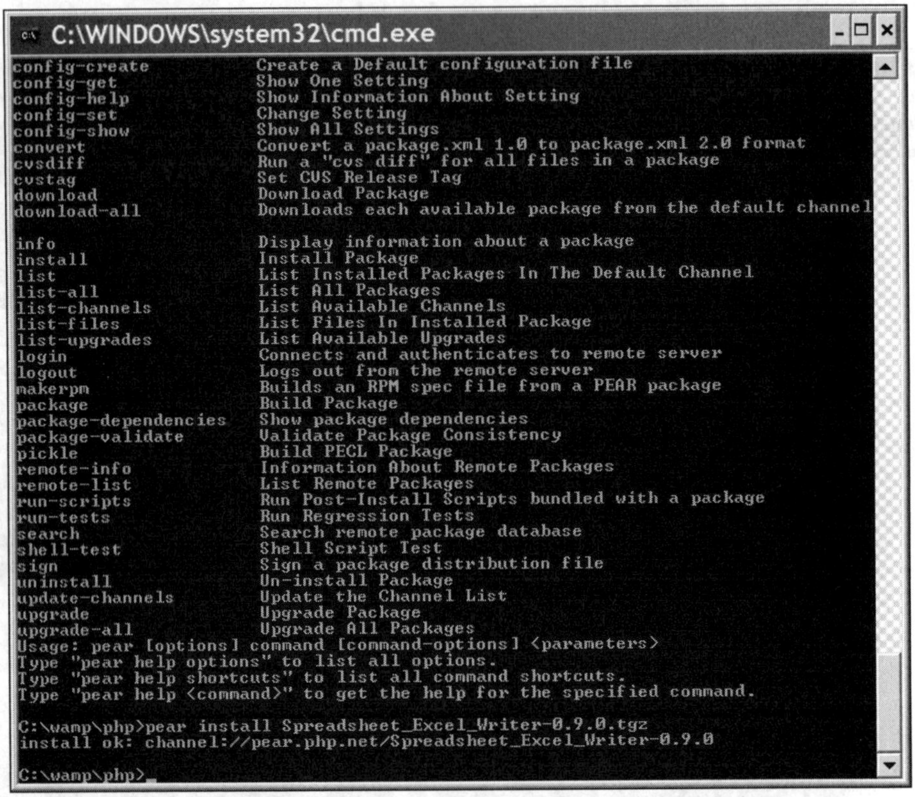

Figure 11-62 : *Installer Spreadsheet_Excel_Writer-0.9.0.tgz*

Vous allez maintenant réaliser votre premier fichier Excel.

Composer un fichier Excel

Il s'agit d'étudier le fonctionnement du composant PEAR::Spreadsheet_Excel_Writer.

Tout script utilisant un composant PEAR commence par l'inclusion du fichier PHP principal du composant. Voici l'instruction nécessaire :

```
require_once "Spreadsheet/Excel/Writer.php";
```

Pour commencer à manipuler un document Excel, il faut instancier un objet par l'intermédiaire de la classe Spreadsheet_Excel_Writer. L'appel au constructeur renvoie un objet Spreadsheet_Excel_Writer_Workbook. Vous allez donc déclarer l'objet $classeur en faisant appel au constructeur de la classe.

```
$classeur = new Spreadsheet_Excel_Writer();
```

Le constructeur Spreadsheet_Excel_Writer() peut prendre en argument un nom de fichier. L'issue de votre script est alors l'enregistrement du fichier sur le serveur. Pour générer un fichier à télécharger directement, à la volée, utilisez la classe Spreadsheet_Excel_Writer et sa méthode send(). Elle permet l'envoi de l'en-tête HTTP adéquat au navigateur qui vous propose l'ouverture du fichier dans Microsoft Excel ou la sauvegarde du fichier sur votre disque dur.

```
$classeur->send("C11_exemple_30.xls");
```

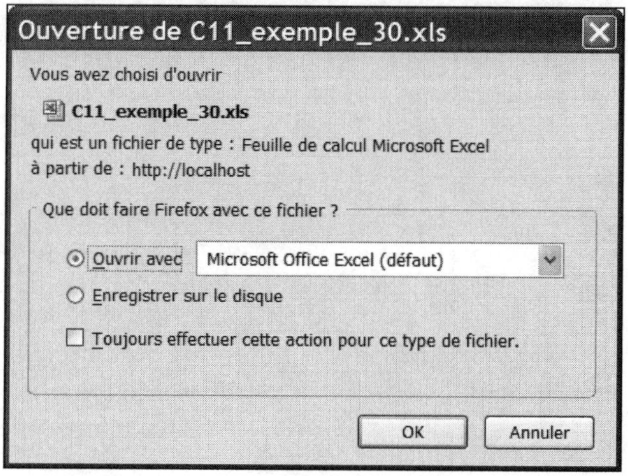

Figure 11-63 : *Ouverture du fichier xls*

La méthode send() prend en argument le nom du fichier.

Dans ce cadre, pour la suite du script, vous pouvez considérer que la sortie standard est ce flux HTTP vers le navigateur. Ainsi, les commandes consistant à afficher des valeurs vont en temps réel venir enrichir le flux et donc le fichier Excel ouvert à l'écran ou sauvegardé sur votre disque dur.

Votre premier script de génération d'un fichier Excel vide est le suivant :

```
<?php

// C11_Fichier_exemple_30.php
// Fichier Exemple : Chapitre 11 - Fichiers Excel
```

```
// PHP 5 et MySQL 5 / Micro Application - Collection Référence

// Inclusion de PEAR::Spreadsheet_Excel_Writer
require_once "Spreadsheet/Excel/Writer.php";

// Instanciation de l'objet classeur
$classeur = new Spreadsheet_Excel_Writer();

// Envoi de l'en-tête HTPP au navigateur
$classeur->send("C11_exemple_30.xls");

?>
```

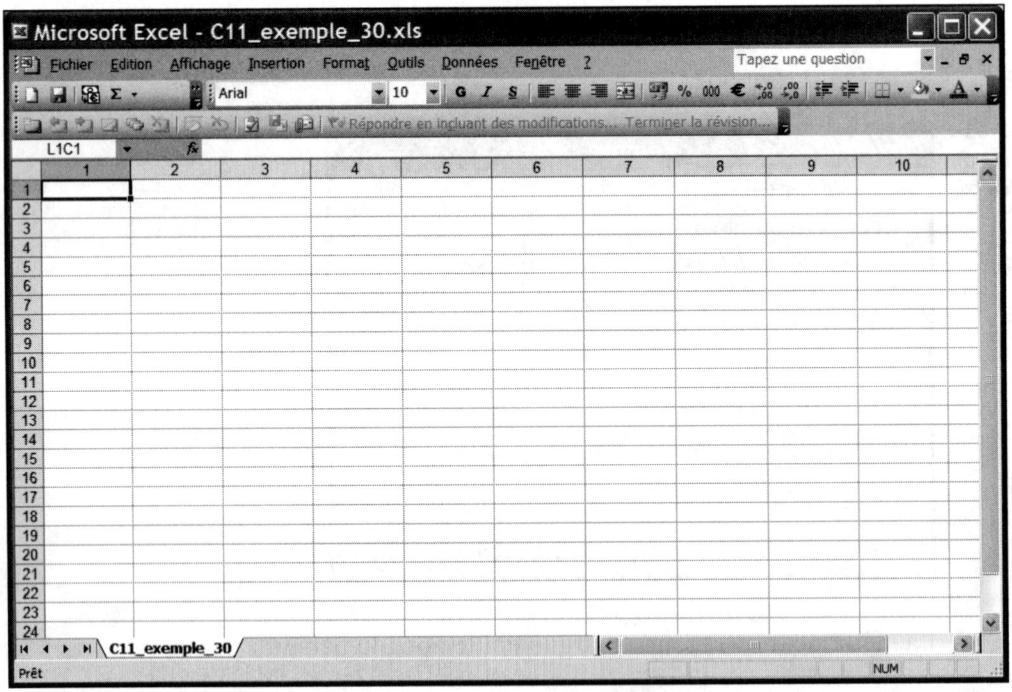

Figure 11-64 : *Premier fichier Excel vide*

Maintenant que vous savez créer un fichier ou un classeur Excel, vous allez l'étoffer.

Améliorer le fichier

La première étape consiste à ajouter une feuille de calcul. Cela se fait par l'intermédiaire de la méthode addWorksheet() de l'objet Spreadsheet_Excel_Writer_Workbook $classeur.

```
$feuilledecalcul = $classeur->addWorksheet("première feuille");
```

La méthode addWorksheet() prend en argument optionnel le nom de la feuille. Si aucun nom n'est spécifié, le nom attribué sera Sheet$n, où $n est le numéro de la feuille de calcul de 1 à 256 car, comme vous l'avez déjà vu, un document Excel peut être composé de 256 feuilles de calcul. Chaque feuille est « quadrillée » avec un maximum de 256 colonnes et de 65 536 lignes.

L'objet $feuilledecalcul est un objet de la classe Spreadsheet_Excel_Writer_Woorsheet et est associé à une seule feuille de calcul.

Pour écrire des informations dans les cellules d'une feuille de calcul, il faut utiliser la méthode write() de cette classe. Cette méthode prend les arguments suivants : numéro de ligne, numéro de colonne, valeur et format. Les deux premiers correspondent aux « coordonnées » de la cellule et sont des entiers compris respectivement entre 0 et 255 et 0 et 65 535.

ATTENTION

Coordonnées de la première cellule

La première cellule d'une feuille de calcul est dans Excel, *A1*. Avec le composant PEAR::Spreadsheet_Excel_Writer, les coordonnées de cette même première cellule sont 0, 0. En effet, comme vous l'avez déjà vu, les compteurs commencent généralement en PHP à 0. Ainsi le premier élément d'une chaîne et d'un tableau se trouve à la position 0. C'est dans cet esprit que fonctionne la fonction write().

Le troisième correspond à la valeur à inscrire dans la cellule et est de type mixte. Enfin, le quatrième et dernier argument est optionnel et permet de préciser le format de la cellule. Il s'agit d'un objet de la classe Spreadsheet_Excel_Writer_Format créé à partir de la méthode addFormat().

Prenez un exemple classique :

```
$feuilledecalcul->write(0,0,"Bonjour le monde");
```

Voici le code complet de cette rubrique :

```
<?php

// C11_Fichier_exemple_31.php
// Fichier Exemple : Chapitre 11 - Fichiers Excel
// PHP 5 et MySQL 5 / Micro Application - Collection Référence

// Inclusion de PEAR::Spreadsheet_Excel_Writer
require_once "Spreadsheet/Excel/Writer.php";
```

```
// Instanciation de l'objet classeur
$classeur = new Spreadsheet_Excel_Writer();

// Envoi de l'en-tête HTPP au navigateur
$classeur->send("C11_exemple_31.xls");

// Instanciation de l'objet feuille de calcul
$feuilledecalcul = $classeur->addWorksheet("première feuille");

// Ecriture dans la première cellule de la feuille de calcul
$feuilledecalcul->write(0,0,"Bonjour le monde");

// Fermeture de l'objet classeur
$classeur->close();

?>
```

REMARQUE

Ajout de la méthode close() **en fin de script**

Bien que ce ne soit pas indispensable, il est recommandé de faire appel à la méthode close() en fin de script afin d'assurer une libération normale de la mémoire et l'envoi correct des données au fichier ou au flux HTTP vers le navigateur.

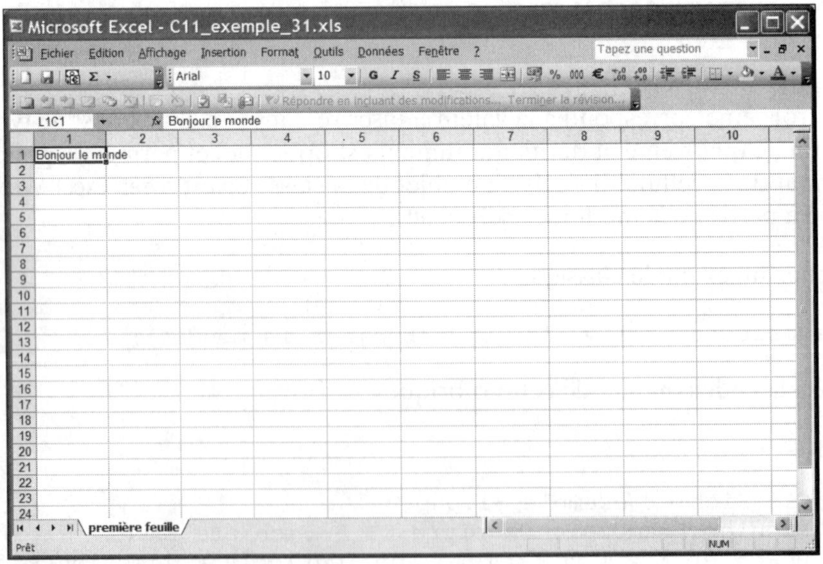

Figure 11-65 : *Fichier Excel simple*

Vous savez maintenant créer une feuille de calcul et écrire des informations à l'intérieur. Après ces bases du composant PEAR::Spreadsheet_Excel_Writer, vous allez étudier sa grande valeur ajoutée qui concerne le formatage des cellules et la gestion des formules.

Formater et gérer des cellules

Il s'agit ici de générer des fichiers Excel pouvant directement être exploité par l'utilisateur final. À ce titre, une bonne présentation est indispensable. La classe Spreadsheet_Excel_Writer_Format va vous apporter toutes les fonctions nécessaires.

Pour étudier les méthodes de cette classe, vous allez réaliser plusieurs exemples. Vous couvrirez ainsi une partie des possibilités de formatage de cette classe. Nous vous invitons à consulter la documentation du composant pour plus d'exhaustivité.

> REMARQUE
>
> **Documentation de PEAR::Spreadsheet_Excel_Writer**
>
> Vous pouvez retrouver la documentation du composant PEAR::Spreadsheet_Excel_Writer directement sur Internet à l'adresse **http://pear.php.net/package/Spreadsheet_Excel_Writer/docs**. Cependant, la documentation en ligne n'est parfois pas à jour. Par contre, les codes sources du composant sont bien commentés. Vous pouvez vous créer votre documentation à l'aide du logiciel phpDocumentor. Ce dernier se trouve sur Internet à l'adresse **www.phpdoc.org**. En lui indiquant le répertoire où se trouvent les fichiers PHP du composant, vous pouvez générer une documentation bien formatée et facilement utilisable.

Le formatage d'une cellule se fait en deux temps. Il faut avant tout créer un objet de la classe Spreadsheet_Excel_Writer_Format via la méthode addFormat(). Vous définissez ensuite le formatage souhaité via les méthodes de cet objet. Il s'agit enfin d'appliquer ce format à une ou à plusieurs cellules avec, par exemple, la méthode write() via le quatrième argument.

1. Commencez par créer un document vierge pour illustrer ces exemples.

```
<?php

// C11_Fichier_exemple_32.php
// Fichier Exemple : Chapitre 11 - Fichiers Excel
// PHP 5 et MySQL 5 / Micro Application - Collection
✂ Référence

// Inclusion de PEAR::Spreadsheet_Excel_Writer
require_once "Spreadsheet/Excel/Writer.php";
```

```
// Instanciation de l'objet classeur
$classeur = new
✂ Spreadsheet_Excel_Writer("C11_exemple_32.xls");

// Instanciation de l'objet feuille de calcul
$feuilledecalcul = $classeur->addWorksheet("Format");

// Vous allez placer les instructions de formatage à partir
✂ d'ici

// Fermeture de l'objet classeur
$classeur->close();

?>
```

2. Ajoutez un titre au document.

```
// Définition du titre
$titre = "Fichier Excel Formaté";

// Instanciation de l'objet format pour le titre
$titre_format = $classeur->addFormat();

// Définition de la police
$titre_format->setFontFamily('Arial');

// Définition de la taille de la police
$titre_format->setSize('14');

// Définition de la couleur de la police
$titre_format->setColor('red');

// Définition du style gras pour la police
$titre_format->setBold();
```

3. Les méthodes de l'objet format sont très explicites et faciles à utiliser. En quelques lignes, vous avez défini un titre sympathique. Il faut maintenant l'écrire.

```
$feuilledecalcul->write(1,2,$titre,$titre_format);
```

Et voici le résultat :

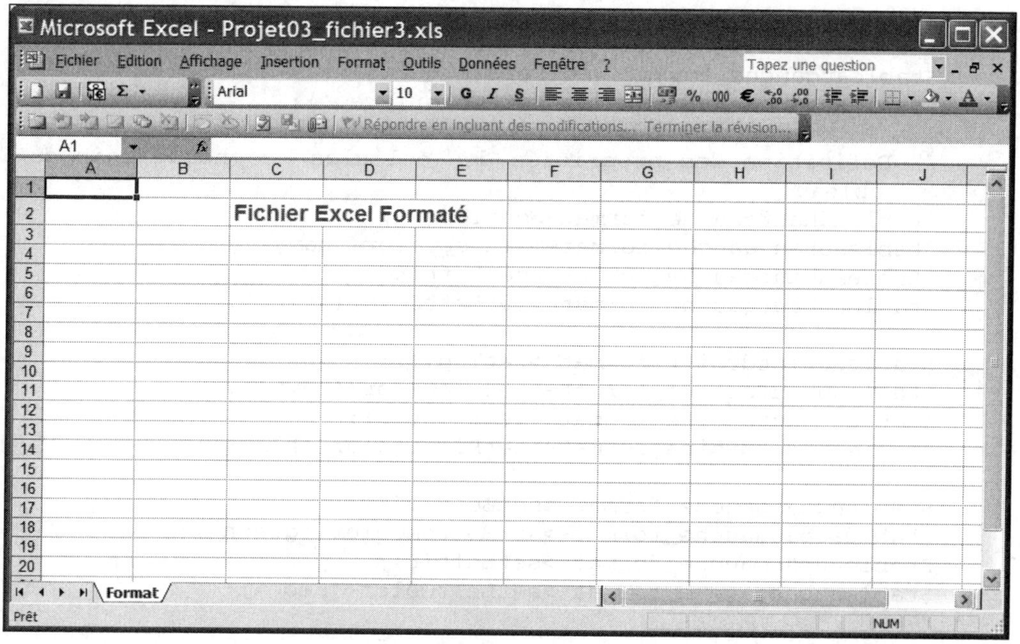

Figure 11-66 : *Titre bien présenté*

D'autres formatages sont bien sûr possibles : ajoutez par exemple un petit tableau au document.

```
// Instanciation des objets format pour le tableau
$tableauhaut_format = $classeur->addFormat();
$tableaubas_format = $classeur->addFormat();
$tableaugauche_format = $classeur->addFormat();
$tableaudroite_format = $classeur->addFormat();
$tableauhautgauche_format = $classeur->addFormat();
$tableauhautdroite_format = $classeur->addFormat();
$tableaubasgauche_format = $classeur->addFormat();
$tableaubasdroite_format = $classeur->addFormat();

// Définition du style de la bordure basse des cellules basses du
✂ tableau
$tableaubas_format->setBottom(5);

// Définition de la couleur de la bordure basse des cellules
✂ basses du tableau
$tableaubas_format->setBottomColor('green');

// Définition des propriétés des cellules des autres cotés du
✂ tableau
$tableauhaut_format->setTop(1);
$tableauhaut_format->setTopColor('navy');
```

```
$tableaudroite_format->setRight(2);
$tableaudroite_format->setRightColor('black');
$tableaugauche_format->setLeft(6);
$tableaugauche_format->setLeftColor('red');

// Définition des propriétés des cellules de chaque coin du
✂ tableau
$tableauhautgauche_format->setTop(1);
$tableauhautgauche_format->setTopColor('navy');
$tableauhautgauche_format->setLeft(6);
$tableauhautgauche_format->setLeftColor('red');

$tableauhautdroite_format->setTop(1);
$tableauhautdroite_format->setTopColor('navy');
$tableauhautdroite_format->setRight(2);
$tableauhautdroite_format->setRightColor('black');

$tableaubasgauche_format->setBottom(5);
$tableaubasgauche_format->setBottomColor('green');
$tableaubasgauche_format->setLeft(6);
$tableaubasgauche_format->setLeftColor('red');

$tableaubasdroite_format->setBottom(5);
$tableaubasdroite_format->setBottomColor('green');
$tableaubasdroite_format->setRight(2);
$tableaubasdroite_format->setRightColor('black');
```

De nombreux objets sont définis ici, notamment les bordures. Là encore, vous constatez que les méthodes sont explicites.

Il faut maintenant utiliser ses variables pour « dessiner » un tableau. Vous réalisez un tableau de 3 x 3 en commençant à la cellule *B4* et en inscrivant CENTRE au milieu.

```
$feuilledecalcul->write(4,1,"",$tableauhautgauche_format);
$feuilledecalcul->write(4,2,"",$tableauhaut_format);
$feuilledecalcul->write(4,3,"",$tableauhautdroite_format);
$feuilledecalcul->write(5,1,"",$tableaugauche_format);
$feuilledecalcul->write(5,2,"CENTRE");
$feuilledecalcul->write(5,3,"",$tableaudroite_format);
$feuilledecalcul->write(6,1,"",$tableaubasgauche_format);
$feuilledecalcul->write(6,2,"",$tableaubas_format);
$feuilledecalcul->write(6,3,"",$tableaubasdroite_format);
```

La méthode setBottom() et celles concernant les autres côtés d'une cellule prennent en argument un entier définissant un style. Il en existe de nombreux, nous ne pouvons pas tous les répertorier ici.

Figure 11-67 : *Tableau dans Excel*

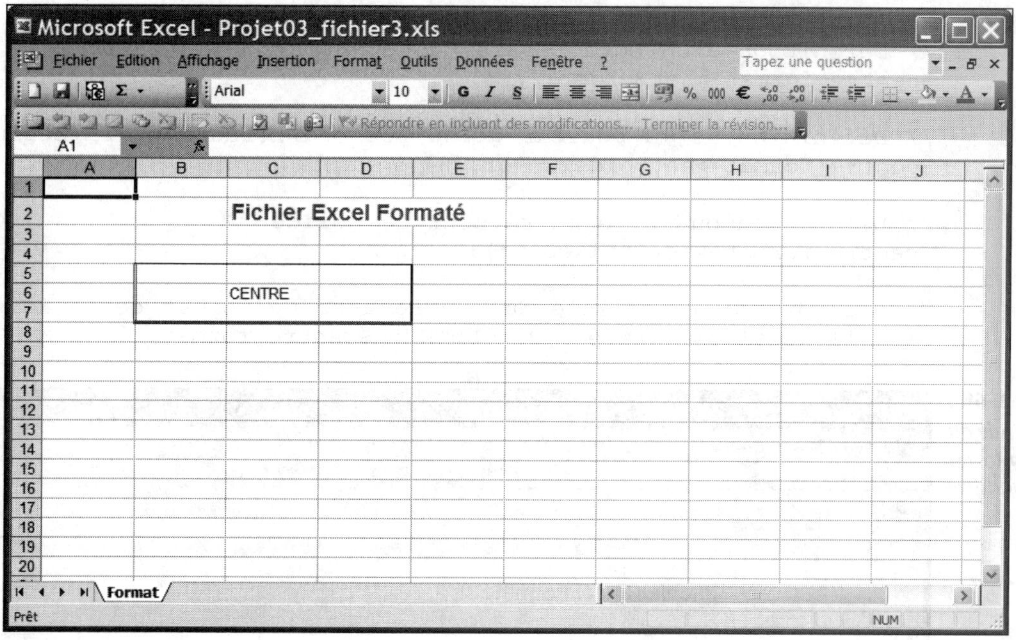

> **REMARQUE**
>
> **Les couleurs**
>
> Vous avez utilisé jusque-là des chaînes de caractères pour définir les couleurs : *red, green, navy, black*. Sachez que vous pouvez également utiliser un index pour spécifier une couleur. Cet index est compris entre *8* et *63*.

Il est possible de faire évoluer l'exemple précédent en modifiant la cellule centrale avec d'autres méthodes utiles.

```
// Instanciation de l'objet format pour la cellule du centre
$centre_format = $classeur->addFormat();

// Définition de l'alignement au sein de la cellule
$centre_format->SetAlign("center");

// Définition de la couleur vert pastel pour le fond de la
✂ cellule
$centre_format->setFgColor(42);

// Définition du style italic pour la police
$centre_format->setItalic();
```

```
// Définition d'un bord "épais" tout autour de la cellule
$centre_format->setBorder(2);

// Définition de la couleur grise pour la bordure de la cellule
$centre_format->setBorderColor(23);

// Définition du style barré pour la police
$centre_format->setStrikeOut();

// Ecriture de la cellule du centre avec un format cette fois !
$feuilledecalcul->write(5,2,"CENTRE",$centre_format);
```

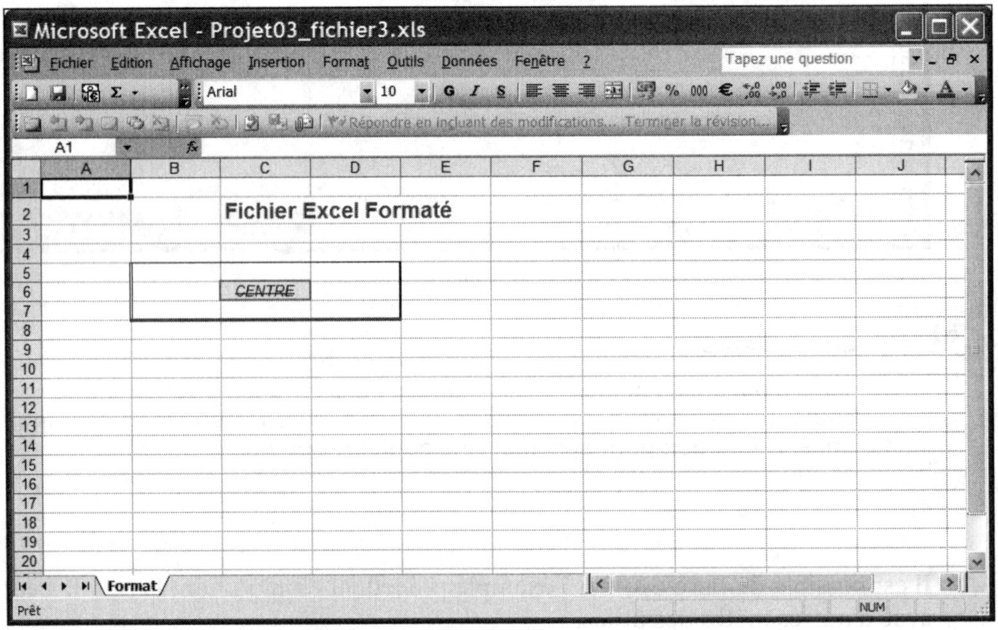

Figure 11-68 : *La cellule du centre est modifiée*

Vous allez maintenant voir les méthodes permettant de gérer la taille des cellules, la mise en forme du texte et les cellules fusionnées. Vous allez travailler à partir de la cellule *A10*.

```
// Définition du texte
$texte = "Nous illustrons ici que nous pouvons faire varier la
✂ taille des cellules (lignes et colonnes), activer le mode
✂ WRAP, fusionner des cellules et aligner verticalement notre
✂ texte en bas !";

// Instanciation de l'objet format pour ce cas
$cellule_format = $classeur->addFormat();
```

```
// Définition d'un alignement vertical
$cellule_format->SetVAlign("bottom");

// Définition du mode WRAP pour le texte
$cellule_format->setTextWrap();

// Ecriture de la cellule contenant le texte
$feuilledecalcul->write(9,0,$texte,$cellule_format);

// Fusion des 3 cellules A10, B10 et C10
$feuilledecalcul->setMerge(9,0,9,2);

// Définition de la hauteur de la cellule
$feuilledecalcul->setRow(9,50);

//  Définition de la largeur des 3 premières colonnes
$feuilledecalcul->setColumn(0,2,20);
```

Ici, vous ne faites pas uniquement appel aux méthodes de la classe Spreadsheet_Excel_Writer_Format. En effet, la classe Spreadsheet_Excel_Writer_Worksheet possède également des méthodes permettant de modifier la présentation. Vous pouvez utiliser setMerge(), setRow() et SetColumn().

Figure 11-69 : *Formatage avancé de cellules*

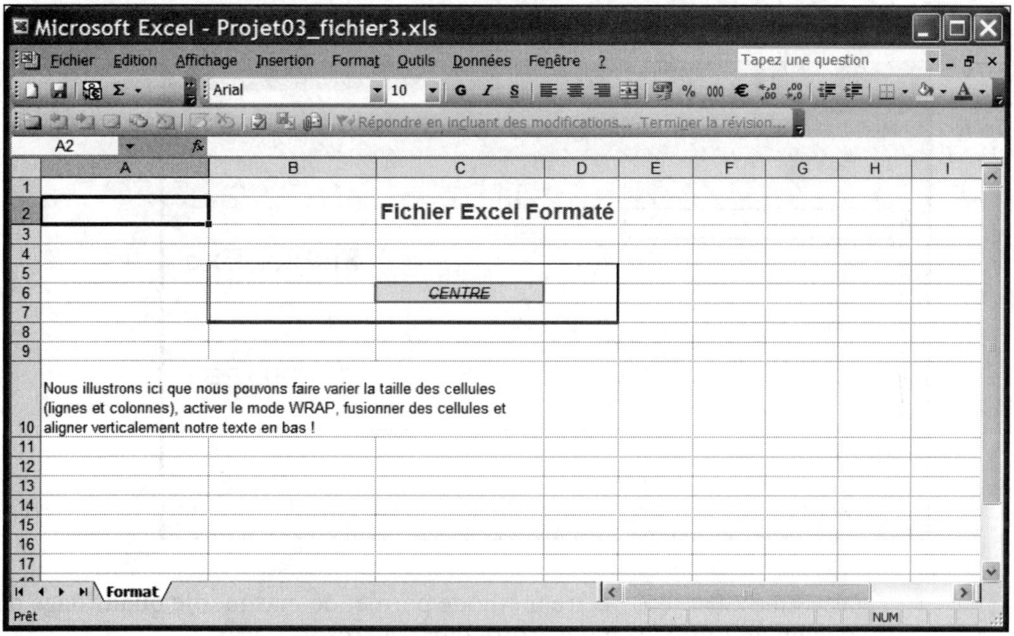

> REMARQUE
>
> **Méthode setMerge()**
>
> **La méthode** setMerge() **de la classe** Spreadsheet_Excel_Writer_Format **est un alias de la méthode** setAlign("merge") **de cette même classe. Il s'avère que son utilisation ne réalise pas une réelle fusion des cellules sous Microsoft Excel 2000/2003, et c'est pourquoi nous préconisons d'utiliser celle de la classe** Spreadsheet_Excel_Writer_Worksheet **et les méthodes** setMerge() **ou** mergeCels() **qui sont identiques.**

Afficher le document

Vous allez étudier trois méthodes de la classe Spreadsheet_Excel_Writer_Worksheet qui modifient le mode d'affichage d'un document Excel lorsqu'on l'ouvre avec Microsoft Excel™.

- setZoom() : cette méthode permet de définir le zoom de l'affichage du document lors de son ouverture dans Microsoft Excel™.

Vous allez ajouter la ligne suivante au script PHP précédent :

```
$feuilledecalcul->setZoom(200);
```

Voici le résultat :

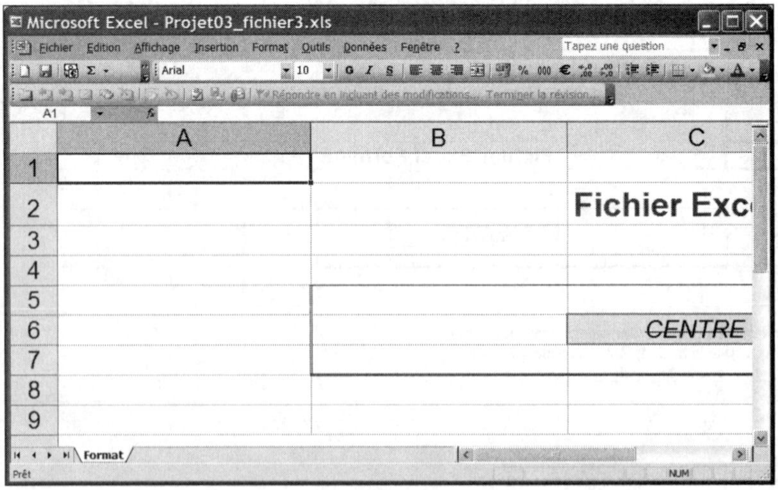

Figure 11-70 : *Zoom à 200 % sur un fichier Excel*

- hideScreenGridlines() : cette méthode permet de masquer le quadrillage du document lors de son ouverture dans Microsoft Excel™.

```
$feuilledecalcul->hideScreenGridlines();
```

Cela donne le résultat suivant :

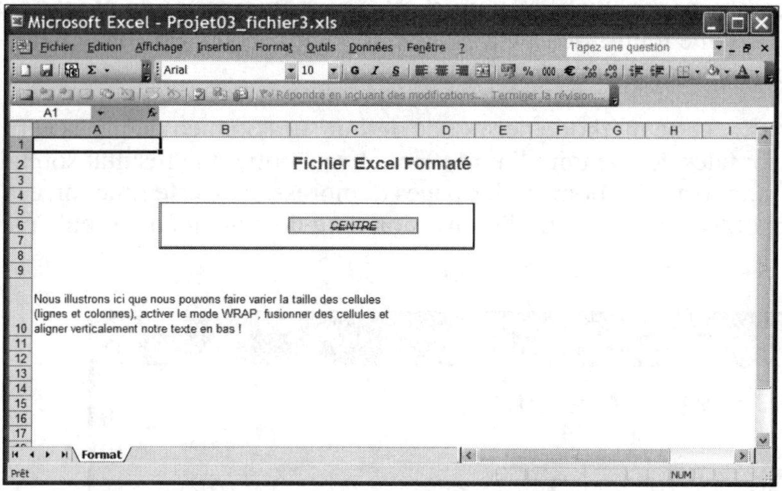

Figure 11-71 : *Fichier Excel sans quadrillage*

- writeNote() : cette méthode permet d'ajouter un commentaire à une cellule. Cela se traduit par une marque rouge dans un angle de la cellule et, lors de son survol avec la souris, une info-bulle apparaît.

```
$feuilledecalcul->writeNote(0,0,"Ceci est un commentaire");
```

Placée dans le script du précédent exemple, cette instruction donne le résultat suivant :

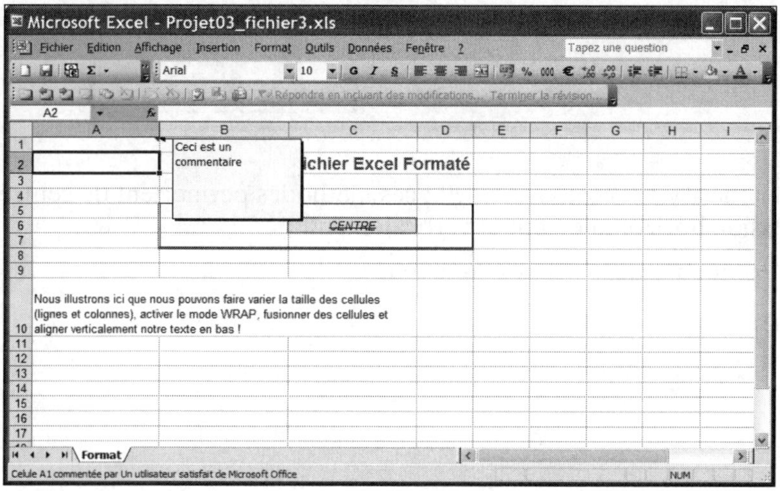

Figure 11-72 : *Cellule Excel avec un commentaire*

Imprimer un document Excel

La classe Spreadsheet_Excel_Writer_Worksheet offre des fonctions permettant de définir la mise en page d'une feuille de calcul et donc son impression. En voici quelques-unes qui nous semblent intéressantes.

- fitToPages() : cette méthode permet de définir sur combien de pages verticales et horizontales doit se faire l'impression. Excel obtient le résultat souhaité en faisant une sorte de zoom sur les pages d'impression. Cette fonction est souvent utilisée pour limiter l'impression d'un document à une seule page.

```
$feuilledecalcul->fitToPages(1,1);
```

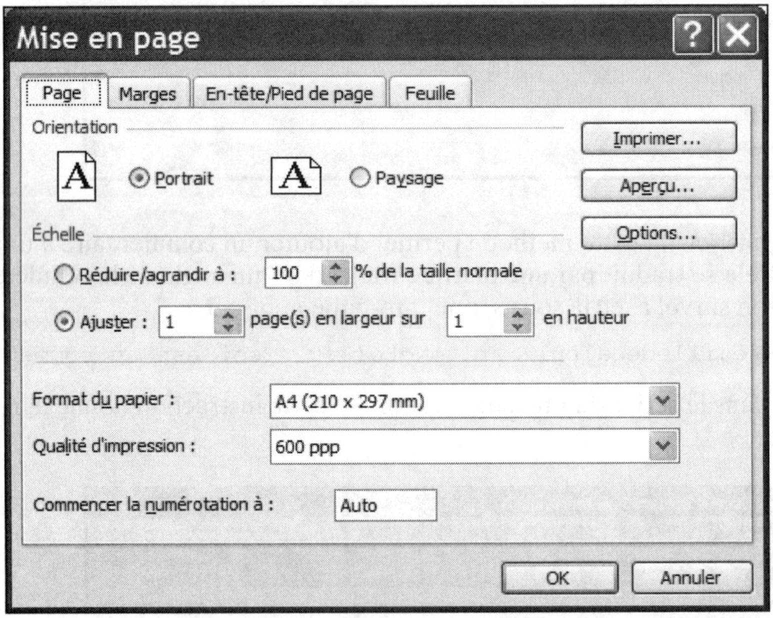

Figure 11-73 : *Impression 1 page sur 1*

- centerHorizontally() et centerVertically() : ces méthodes permettent de centrer l'impression horizontalement et verticalement.

```
$feuilledecalcul->centerVertically();
```

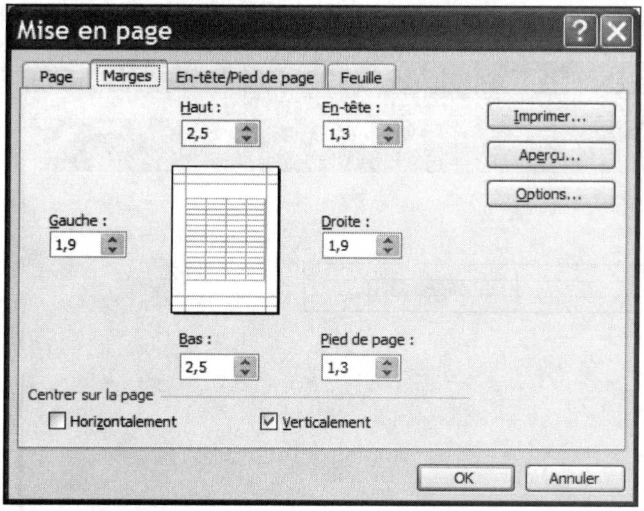

Figure 11-74 : *Impression centrée verticalement*

- hideGridlines() : à l'instar de la méthode hideScreenGridlines(), hideGridlines() permet de masquer le quadrillage du document lors de son impression.

```
$feuilledecalcul->hideGridlines();
```

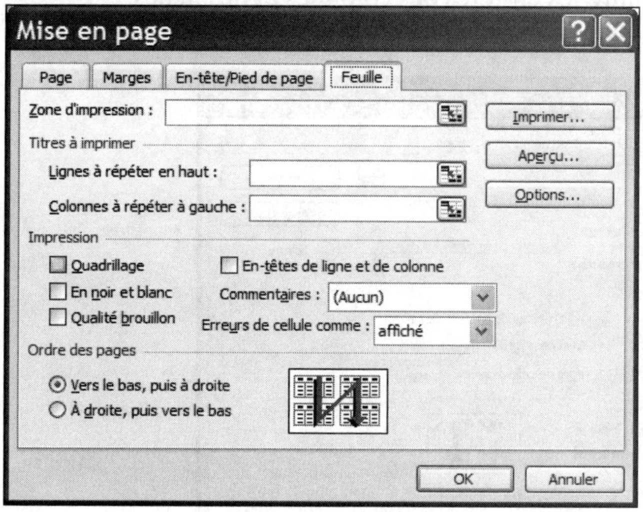

Figure 11-75 : *Impression sans quadrillage*

- printArea() : cette méthode très utile permet de définir la zone d'impression.

```
$feuilledecalcul->printArea(4,1,6,3);
```

Placée dans le script du dernier exemple, cette instruction donne le résultat suivant :

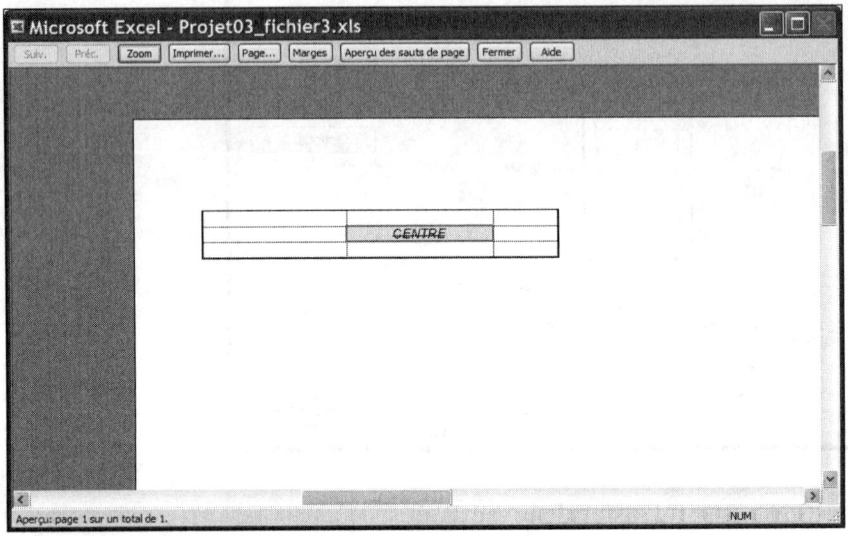

Figure 11-76 : *Impression du tableau uniquement*

- printRowColHeaders() : cette méthode indique que l'impression du document doit comprendre les en-têtes des colonnes et des lignes.

```
$feuilledecalcul->printRowColHeaders();
```

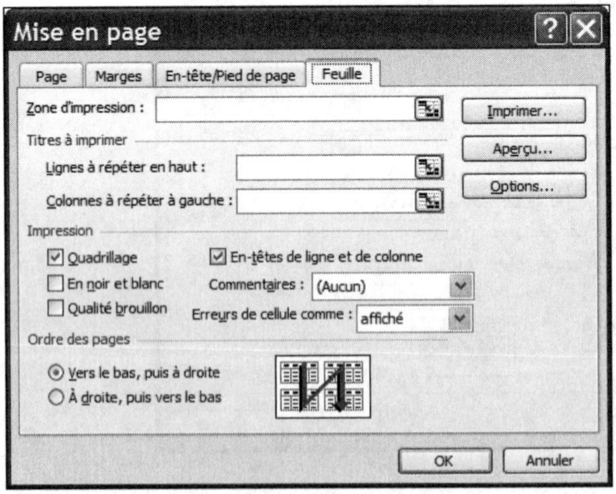

Figure 11-77 : *Impression avec en-têtes de ligne et de colonne*

- setFooter() et setHeader() : ces méthodes permettent de définir un haut de page et un pied de page.

```
$feuilledecalcul->setHeader("Impression avec un haut de page");
$feuilledecalcul->setFooter("Impression avec un bas de page");
```

Ces instructions, placées dans le précédent exemple PHP, donnent le résultat suivant :

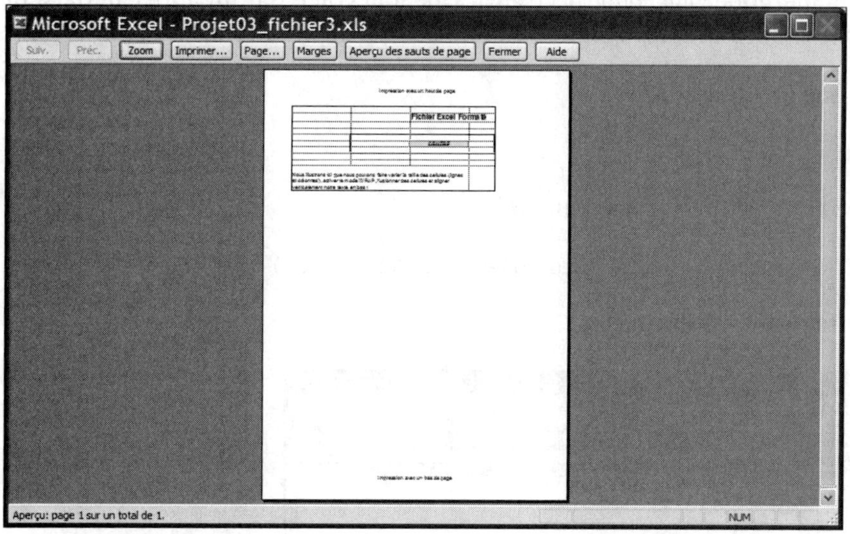

Figure 11-78 : *Impression avec en-têtes et pied de page*

- setLandscape() et setPortrait() : ces méthodes permettent de définir si l'impression est de type portait ou paysage.

```
$feuilledecalcul->setLandscape();
```

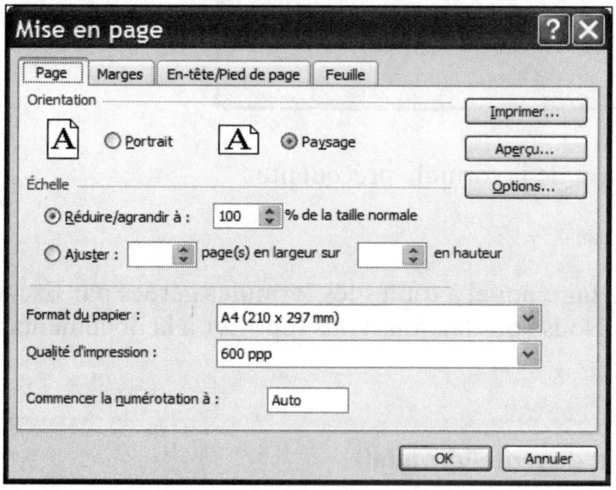

Figure 11-79 : *Impression en mode paysage*

Les formules Excel

En plus de la présentation des données et du contrôle de la mise en forme en vue de l'impression, le composant PEAR::Spreadsheet_Excel_Writer permet d'écrire des formules Excel dans les cellules. La méthode utilisée pour cela est writeFormula(). La formule s'écrit sous la forme d'une chaîne de caractères respectant la nomenclature Excel. La méthode writeFormula() transforme à la volée par un appel au parseur *Parser.php* la formule texte en une chaîne compacte binaire utilisée par Excel.

Prenez une formule simple :

```
$formule = "=12+43";
```

Affectez cette formule à la cellule *B2* :

```
$feuilledecalcul->writeFormula(1,1,$formule);
```

Le résultat est le suivant :

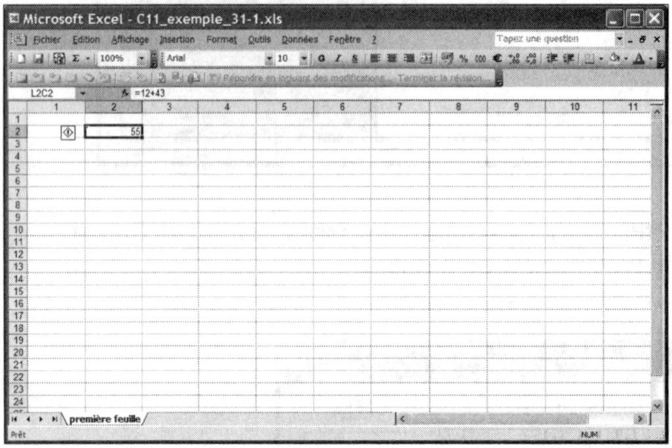

Figure 11-80 : *Première formule Excel*

Voyez cette autre syntaxe de la formule précédente :

```
$formule = "=SUM(12;43)";
```

Ainsi, il est possible de faire appel à toutes les formules gérées par Excel. Il en existe un très grand nombre. Nous vous laissons vous reporter à la documentation de Microsoft Excel™.

REMARQUE

Valeurs de retour de writeFormula()

La méthode writeFormula() retourne trois valeurs : 0 quand tout s'est passé normalement, −1 quand la formule est incorrecte, −2 quand les numéros de ligne et/ou de colonne sont hors de la plage autorisée.

Pour Illustrer l'utilisation des formules faisant référence à d'autres cellules de la feuille de calcul, vous allez prendre un cas pratique complet : la réalisation d'un fichier Excel de relevé d'heures pour un intérimaire.

Voici le contexte : l'intérimaire s'appelle Paul Marcel, son responsable est Alfred Michu, il travaille en ce moment chez KerniX à Paris dans le 14e. Les informations concernant son relevé d'heures pour la semaine 12 de l'année 2006 sont les suivantes :

Tableau 11-6 : Relevé d'heures

Jour	Nombre d'heures d'intégration	Nombre d'heures de développement	Nombre d'heures de rédaction de documents
Lundi	3	3	1
Mardi	2	5	
Mercredi	4		
Jeudi	2	4	3
Vendredi	1	5	4

Vous allez passer par un tableau PHP pour la source des données, mais pourriez utiliser comme source d'informations une base de données.

Le tableau PHP correspondant est le suivant :

```
$tableau_releve = array(
array("Lundi", 3, 3, 1),
array("Mardi", 2, 5, 0),
array("Mercredi", 4, 0, 0),
array("Jeudi", 2, 4, 3),
array("Vendredi", 1, 5, 4)
);
```

Voici le script PHP initial permettant de générer le document Excel sans les traitements liés au relevé d'heures :

```
<?php

// C11_Fichier_exemple_33.php
// Fichier Exemple : Chapitre 11 - Fichiers Excel
```

```
// PHP 5 et MySQL 5 / Micro Application - Collection Référence

// Inclusion de PEAR::Spreadsheet_Excel_Writer
require_once "Spreadsheet/Excel/Writer.php";

// Initialisation du tableau PHP contenant les informations du
✂ relevé d'heures
$tableau_releve = array(
array("Lundi",3,3,1),
array("Mardi",2,5,0),
array("Mercredi",4,0,0),
array("Jeudi",2,4,3),
array("Vendredi",1,5,4)
);

// Instanciation de l'objet classeur
$classeur = new Spreadsheet_Excel_Writer("C11_exemple_33.xls");

// Instanciation de l'objet feuille de calcul
$feuilledecalcul = $classeur->addWorksheet("Relevé d'heures");

// Mise en place du titre
$feuilledecalcul->setMerge(0,0,0,7);
$titre_format = $classeur->addFormat();
$titre_format->setFontFamily('Arial');
$titre_format->setSize('18');
$titre_format->setColor('orange');
$titre_format->setBold();
$titre_format->setUnderline(1);
$titre_format->SetAlign("center");
$feuilledecalcul->write(0,0,"RELEVE D'HEURES",$titre_format);

// Mise en place des informations d'en-tête précisant le relevé
✂ d'heures
$infos_libelle_format = $classeur->addFormat();
$infos_libelle_format->setFontFamily('Verdana');
$infos_libelle_format->setSize('12');
$infos_libelle_format->setColor('black');
$infos_libelle_format->setBold();
$feuilledecalcul->write(2,0,"CLIENT :",$infos_libelle_format);
$feuilledecalcul->write(3,0,"Nom du RESPONSABLE
✂ :",$infos_libelle_format);
$feuilledecalcul->write(4,0,"Lieu de TRAVAIL
✂ :",$infos_libelle_format);
$feuilledecalcul->write(5,0,"Nom de l'INTERIMAIRE
✂ :",$infos_libelle_format);
$feuilledecalcul->write(6,0,"ANNEE :",$infos_libelle_format);
$feuilledecalcul->write(7,0,"SEMAINE :",$infos_libelle_format);
```

```
$infos_valeur_format = $classeur->addFormat();
$infos_valeur_format->setFontFamily('Verdana');
$infos_valeur_format->setSize('12');
$infos_valeur_format->setColor('black');
$infos_valeur_format->SetAlign("left");
$feuilledecalcul->write(2,2,"KerniX",$infos_valeur_format);
$feuilledecalcul->write(3,2,"Alfred Michu",$infos_valeur_format);
$feuilledecalcul->write(4,2,"Paris 14",$infos_valeur_format);
$feuilledecalcul->write(5,2,"Paul Marcel",$infos_valeur_format);
$feuilledecalcul->write(6,2,"2006",$infos_valeur_format);
$feuilledecalcul->write(7,2,"12",$infos_valeur_format);

// Tableau du relevé des heures
$tableau_libelle_format = $classeur->addFormat();
$tableau_libelle_format->setFontFamily('Arial');
$tableau_libelle_format->setSize('8');
$tableau_libelle_format->setColor('white');
$tableau_libelle_format->setBold();
$tableau_libelle_format->SetAlign("center");
$tableau_libelle_format->setFgColor("orange");
$tableau_libelle_format->setTextWrap();
$tableau_libelle_format->SetVAlign("top");
$tableau_libelle_format->setBorder(1);
$tableau_libelle_format->setBorderColor("white");

$feuilledecalcul->setRow(9,25);
$feuilledecalcul->setColumn(0,0,12);
$feuilledecalcul->setColumn(1,3,20);
$feuilledecalcul->write(9,0,"Jour",$tableau_libelle_format);
$feuilledecalcul->write(9,1,"Nombre d'heures
✂ d'intégration",$tableau_libelle_format);
$feuilledecalcul->write(9,2,"Nombre d'heures de
✂ développement",$tableau_libelle_format);
$feuilledecalcul->write(9,3,"Nombre d'heures de rédaction de
✂ documents",$tableau_libelle_format);

// AJOUT ICI DES TRAITEMENTS SUR LE RELEVE DES HEURES

// Encart signature de l'intérimaire
$feuilledecalcul->setColumn(5,5,5);
$feuilledecalcul->setColumn(6,7,15);
$feuilledecalcul->setMerge(3,6,7,7);
$signature_format = $classeur->addFormat();
$signature_format->setFontFamily('Verdana');
$signature_format->setSize('10');
$signature_format->setColor('black');
$signature_format->SetAlign("center");
$signature_format->SetVAlign("top");
```

```
$signature_format->setBorder(2);
$signature_format->setBorderColor("orange");
$feuilledecalcul->write(3,6,"Signature de l'INTERIMAIRE
✂ :",$signature_format);
$feuilledecalcul->writeBlank(3,7,$signature_format);
$tableau_vide = array("","","","");
$feuilledecalcul->writeCol(4,6,$tableau_vide,$signature_format);
$feuilledecalcul->writeCol(4,7,$tableau_vide,$signature_format);

// Encart signature du client
$feuilledecalcul->setMerge(9,6,15,7);
$feuilledecalcul->write(9,6,"Cachet et signature du CLIENT
✂ :",$signature_format);
$feuilledecalcul->writeBlank(9,7,$signature_format);
$tableau_vide = array("","","","","","");
$feuilledecalcul->writeCol(10,6,$tableau_vide,$signature_format);
$feuilledecalcul->writeCol(10,7,$tableau_vide,$signature_format);

// Définition des options d'impression
$feuilledecalcul->hideGridlines();
$feuilledecalcul->hideScreenGridlines();
$feuilledecalcul->fitToPages(1,1);
$feuilledecalcul->setLandscape();

// Fermeture de l'objet classeur
$classeur->close();

?>
```

Ce script reprend la plupart des méthodes vues précédemment afin d'assurer une bonne présentation du document à l'écran, mais également à l'impression. Vous avez fait appel à de nouvelles méthodes afin d'élargir votre connaissance de ce composant et ses possibilités. Outre les fonctions utilisées pour réduire le nombre d'instruction pour la réalisation des tableaux de signature par exemple, vous avez utilisé de nouvelles méthodes…

- writeBlank() : méthode permettant d'écrire une cellule vide. C'est généralement inutile, si ce n'est pour « effacer » une cellule précédemment écrite ou, et c'est le cas ici, pour attribuer un format à une cellule en prévision de son utilisation.

  ```
  $feuilledecalcul->writeBlank(9,7,$signature_format);
  ```

- writeCol() : méthode permettant d'écrire un ensemble de valeurs sur plusieurs lignes d'une même colonne en précisant les coordonnées de la cellule de départ dans les deux premiers arguments. Le troisième argument est un tableau PHP à une dimension contenant les valeurs à placer dans chaque ligne et le quatrième et dernier argument est à nouveau celui optionnel concernant le format.

```
$tableau_vide = array("","","","","","");
$feuilledecalcul->writeCol(10,6,$tableau_vide,$signature_format);
```

Si un problème est rencontré durant l'exécution de cette méthode, une erreur PEAR est générée.

Pour finir cet outil, vous devez remplir le tableau des heures et ajouter les formules permettant le calcul des totaux par catégorie, par jour et la somme des totaux !

```
// AJOUT ICI DES TRAITEMENTS SUR LE RELEVE DES HEURES

// Définition du format des cellules des valeurs
$tableau_valeur_format = $classeur->addFormat();
$tableau_valeur_format->setFontFamily('Arial');
$tableau_valeur_format->setSize('10');
$tableau_valeur_format->setColor('black');
$tableau_valeur_format->SetAlign("center");
$tableau_valeur_format->setBorder(1);
$tableau_valeur_format->setBorderColor("black");

// Initialisation de la variable indiquant le numéro de ligne de
✂ départ
$ligne_numero = 10;

// Boucle sur les données sources
foreach($tableau_releve as $tableau_jour) {

// Initialisation de la variable indiquant le numéro de colonne
✂ de départ
  $colonne_numero = 0;

// Boucle sur les données de chaque jour pour remplir les
✂ colonnes
  foreach($tableau_jour as $valeur) {
    if ($colonne_numero==0)
    ✂ $feuilledecalcul->write($ligne_numero,$colonne_numero,
    ✂ $valeur,$tableau_libelle_format);
    else  $feuilledecalcul->write($ligne_numero,$colonne_numero,
    ✂ $valeur,$tableau_valeur_format);
    $colonne_numero++;
  }
  $ligne_numero++;
}

// Définition du format des totaux
$total_libelle_format = $classeur->addFormat();
```

```
$total_libelle_format->setFontFamily('Arial');
$total_libelle_format->setSize('10');
$total_libelle_format->setColor('orange');
$total_libelle_format->SetAlign("center");
$total_libelle_format->setBold();
$total_libelle_format->setBorder(1);
$total_libelle_format->setBorderColor("orange");
$total_libelle_format->SetVAlign("top");

$total_valeur_format = $classeur->addFormat();
$total_valeur_format->setFontFamily('Arial');
$total_valeur_format->setSize('10');
$total_valeur_format->setColor('black');
$total_valeur_format->SetAlign("center");
$total_valeur_format->setBold();
$total_valeur_format->setBorder(1);
$total_valeur_format->setBorderColor("orange");

// Ecriture du libellé Total bas
$feuilledecalcul->write(15,0,"TOTAL",$total_libelle_format);

// Boucle permettant de remplir les cellules avec la bonne
✂ formule
// Nous devons utiliser ici la référence au numéro de colonne
✂ pour
// la méthode writeFormula et la lettre de la colonne pour la
✂ formule
// et le respect de la syntaxe Excel
$colonne_lettre = ord("B");
for($colonne_numero=1;$colonne_numero<=3;$colonne_numero++) {
  $formule =
  ✂ "=SUM(".chr($colonne_lettre)."11:".chr($colonne_lettre)."15)";
  $feuilledecalcul->writeFormula(15,$colonne_numero,$formule,
  ✂ $total_valeur_format);
  $colonne_lettre++;
}

// Ecriture du libellé Total haut
$feuilledecalcul->write(9,4,"TOTAL",$total_libelle_format);

// Boucle permettant de remplir les cellules avec la bonne
✂ formule
for($ligne_numero=11;$ligne_numero<=16;$ligne_numero++) {
  $formule = "=SUM(B".$ligne_numero.":D".$ligne_numero.")";
  // Ecriture du total des totaux !
  if ($ligne_numero==16)
  ✂ $feuilledecalcul->writeFormula(($ligne_numero-1),4,$formule,
  ✂ $total_libelle_format);
```

```
   else
   ✂ $feuilledecalcul->writeFormula(($ligne_numero-1),4,$formule,
   ✂ $total_valeur_format);
}
```

Là encore, le code est très explicite. Pour la première série de totaux, vous avez dû utiliser l'astuce permettant d'incrémenter les lettres des colonnes en repassant par la valeur décimale de chaque lettre dans le code ASCII afin d'écrire des formules correctes.

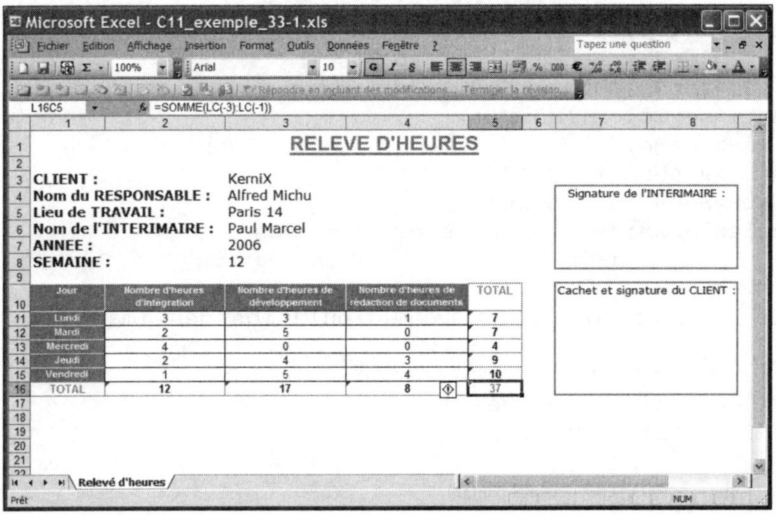

Figure 11-81 : *Relevé d'heures*

Vous avez maintenant vu une bonne partie des capacités du composant PEAR::Spreadsheet_Excel_Writer. Vous allez finir par l'ajout d'une image à un document Excel.

Ajouter une image

Le composant PEAR::Spreadsheet_Excel_Writer permet d'ajouter des images au document Excel. Cette fonctionnalité est pour le moment limitée aux images Bitmap 24 bits.

Voici tout d'abord le code pour ce dernier exemple :

```
<?php

// C11_Fichier_exemple_35.php
// Fichier Exemple : Chapitre 11 - Fichiers Excel
// PHP 5 et MySQL 5 / Micro Application - Collection Référence
```

```
// Inclusion de PEAR::Spreadsheet_Excel_Writer
require_once "Spreadsheet/Excel/Writer.php";

// Instanciation de l'objet classeur
$classeur = new Spreadsheet_Excel_Writer("C11_exemple_35.xls");

// Instanciation de l'objet feuille de calcul
$feuilledecalcul = $classeur->addWorksheet("Images");

// Mise en place d'un titre
$feuilledecalcul->setMerge(0,0,0,5);
$titre_format = $classeur->addFormat();
$titre_format->setFontFamily('Verdana');
$titre_format->setSize('16');
$titre_format->setColor('navy');
$titre_format->setBold();
$titre_format->setUnderline(2);
$titre_format->SetAlign("center");
$feuilledecalcul->write(0,0,"Fichier avec des
✂ images",$titre_format);

// Ajout des instructions pour la manipulation des images

// Définition des options d'impression
$feuilledecalcul->hideGridlines();
$feuilledecalcul->fitToPages(1,1);

// Fermeture de l'objet classeur
$classeur->close();

?>
```

L'ajout d'image se fait par l'intermédiaire de la méthode insertBitmap() de la classe Spreadsheet_Excel_Writer_Worksheet. Cette dernière peut prendre sept paramètres. Pour une utilisation simple, seuls les trois premiers paramètres sont indispensables. Pour l'ensemble de cette réalisation, vous pouvez utiliser une image BMP qui est, par exemple, une capture d'écran de Mozilla Firefox et du site **www.php.net**. Cette image fait 400 pixels de large et 275 pixels de haut.

```
$feuilledecalcul->insertBitmap(2,1,"php.bmp");
```

Par cette instruction, vous avez inséré l'image à la position de l'angle supérieur gauche de la cellule *B3*.

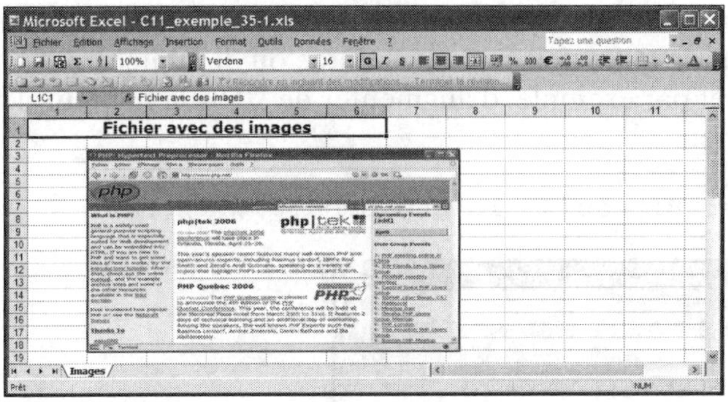

Figure 11-82 : *Insertion d'une image*

> **REMARQUE**
>
> **Image légèrement déformée**
>
> En utilisant la méthode insertBitmap(), vous constaterez sûrement que les images que vous insérez dans vos documents Excel sont déformées. Il semble que la méthode transforme un peu la taille d'origine. Il faut donc faire quelques tests en utilisant les deux derniers arguments de la fonction pour corriger cette déformation.

Les deux paramètres suivants de la méthode insertBitmap() permettent de définir à quelle distance de l'angle supérieur gauche de la cellule de référence l'image doit être positionnée. Ainsi, à la suite de l'image précédente, vous ajoutez la même image à la position 10, 10 de l'angle supérieur gauche de la cellule *B20*.

```
$feuilledecalcul->insertBitmap(19,1,"php.bmp",10,10);
```

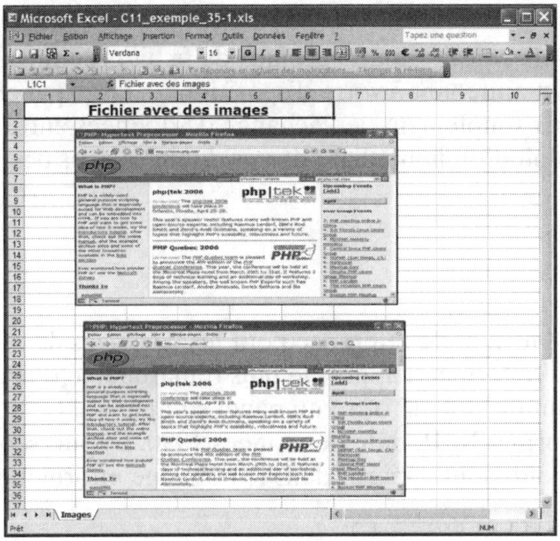

Figure 11-83 : *Insertion d'une image décalée*

Enfin, les deux derniers paramètres de la méthode permettent de préciser si l'image est affichée à l'échelle 1 ou si sa taille doit être augmentée ou diminuée. L'instruction suivante permet par exemple, d'augmenter de 20 % la hauteur de l'image sans modifier sa largeur :

```
$feuilledecalcul->insertBitmap(37,1,"php.bmp",0,0,1,1.2) ;
```

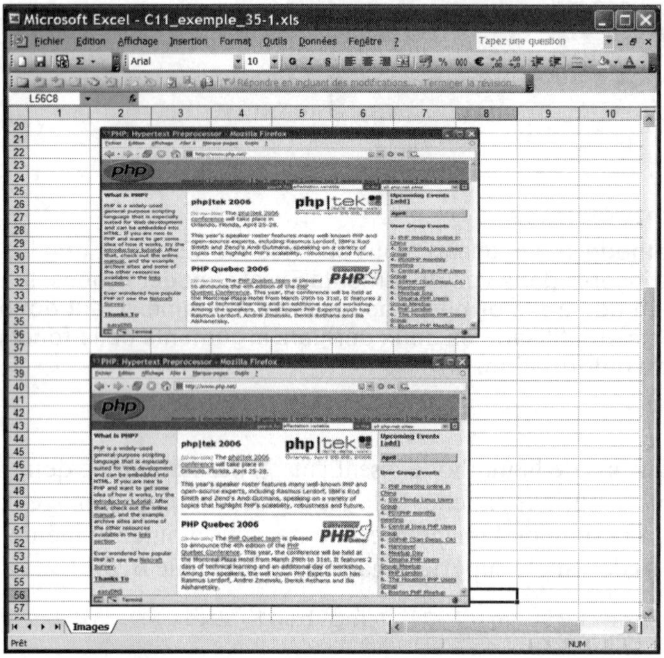

Figure 11-84 : *Insertion d'une image agrandie*

C'est tout pour le composant PEAR et les formats spéciaux de fichiers compatibles ave Microsoft Excel™. Vous avez maintenant à votre disposition un large panel d'outils vous permettant de réaliser simplement de l'échange de données entre des applications hétérogènes ou l'exploitation immédiate de vos données dans des logiciels de bureautique.

Les fichiers XML

Le format XML est aujourd'hui le format de référence pour les échanges de données sur Internet. Vis-à-vis de ce format, l'apport le plus remarquable de PHP 5 est l'introduction de l'extension Simplexml qui offre un panel complet de manipulations de flux XML. Le format XML date des années 1990. Depuis son avènement, de profonds changements sont apparus dans le domaine informatique, et plus particulièrement dans la simplification et la standardisation des communications d'applications hétérogènes.

Ce format présente de nombreux avantages. Les fichiers XML sont généralement lisibles, structurés et compréhensibles. De plus, ils doivent respecter une norme et vous assurent donc une interopérabilité. Aujourd'hui, la plupart des langages de programmation et des logiciels prennent en charge ce format, et l'ajout d'une dimension XML à une application en ligne permet une intégration simplifiée à un système d'information moderne.

Vous allez maintenant étudier la mise en œuvre de Simplexml et manipuler des flux et fichiers XML. De nombreux ouvrages et sites Internet sont consacrés au XML et cet ouvrage n'a pas pour vocation de vous présenter en détail le format en lui-même.

Prérequis : Simplexml

L'extension Simplexml est activée par défaut avec PHP 5 et est inhérente au langage.

Figure 11-85 : *Extension Simplexml*

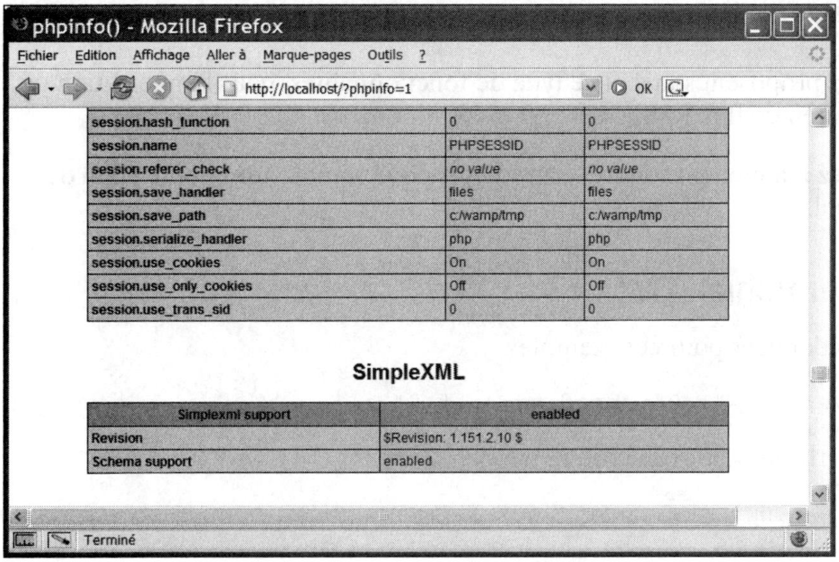

Ainsi, vous avez l'outil prêt à l'emploi. Il reste à trouver un flux XML. Vous allez pour cela utiliser des fichiers que vous écrirez vous-même ou des flux disponibles sur Internet comme le RSS. L'extension Simplexml a pour vocation de vous faciliter la lecture et la manipulation de fichier XML et la transformation du flux en objet manipulable en PHP.

Pourquoi parler de RSS et quoi cela correspond-il ? Un fil RSS est un format de syndication de contenu web. Si vous vous référez à la définition de Wikipedia, RSS signifie *Realy Simple Syndication* ou *Rich Site Summary*. Peu importe, le principal est pour le cas présent qu'il s'agit d'un système de diffusion de contenu dynamique, mis à jour en permanence, utilisant le format XML. Ainsi, certains sites sur Internet proposent un accès gratuit à leur fil RSS. Cela signifie qu'il y a un système mis en œuvre sur ces sites pour que d'autres sites puissent venir piocher de l'information, selon un format standard, et la mettre en œuvre et en forme sur leurs propres pages. C'est un moyen pour le site source d'étendre la diffusion de son contenu et pour les sites de destination d'étoffer le leur avec des informations très régulièrement mises à jour.

Lorsqu'un site propose un fil d'actualités au format RSS, il affiche la plupart du temps un des logos suivants :

Figure 11-86 : *Logo RSS*

Figure 11-87 : *Logo XML*

Les blogs proposent souvent ce type de fonctionnalités, pour l'importation ou l'exportation de flux RSS.

Vous avez maintenant tous les ingrédients pour comprendre l'utilisation de Simplexml.

Premier fichier XML

Voici les données pour cet exemple :

```
<?xml version="1.0" encoding="utf-8"?>
<editeur>
  <nom>Micro Application</nom>
  <livre>
    <titre>PHP 5 et MySQL 5</titre>
    <auteur>
      <prenom>Francois-Xavier</prenom>
      <nom>Bois</nom>
    </auteur>
    <auteur>
      <prenom>Fabrice</prenom>
      <nom>Métayer</nom>
    </auteur>
    <auteur>
```

```
      <prenom>Thierry</prenom>
      <nom>Thaureaux</nom>
    </auteur>
    <annee>2006</annee>
  </livre>
  <livre>
    <titre>Programmation PHP</titre>
    <auteur>
      <prenom>Francois-Xavier</prenom>
      <nom>Bois</nom>
    </auteur>
    <annee>2002</annee>
  </livre>
  <livre>
    <titre>Poche MySQL</titre>
    <auteur>
      <prenom>Fabrice</prenom>
      <nom>Métayer</nom>
    </auteur>
    <annee>2001</annee>
  </livre>
</editeur>
```

Voici la visualisation de ce flux avec Firefox :

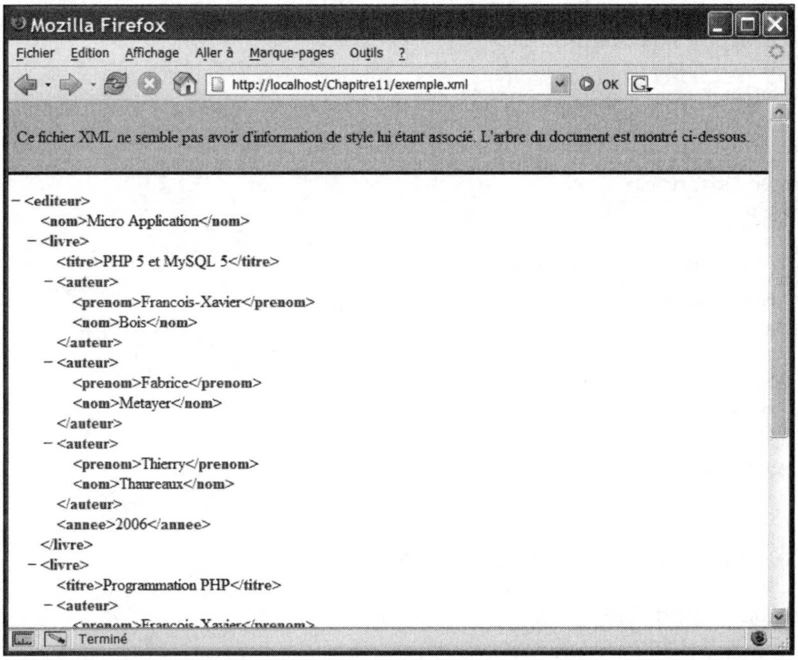

Figure 11-88 : *Données XML sources contenues dans exemple.xml*

Le chargement du flux va se faire pour cet exemple par l'intermédiaire de la fonction simplexml_load_string(). Pour utiliser cette fonction, vous allez directement définir le flux XML dans une chaîne de caractères $source_xml en début de script.

```
$xml = simplexml_load_string($source_xml);
```

La mise en œuvre est simple, n'est ce pas ?

La fonction retourne un objet contenant l'intégralité du document XML. $xml n'est pas exactement un objet car un tableau PHP lui est adjoint. Pour faire simple, le retour de la fonction est comme un pointeur sur la racine du document XML. De ce point de départ, vous allez pouvoir parcourir très simplement l'intégralité des données XML du fichier. Pour visionner les données chargées dans $xml, vous allez réaliser le script suivant :

```
<?php

// C11_Fichier_exemple_40.php
// Fichier Exemple : Chapitre 11 - Fichiers XML
// PHP 5 et MySQL 5 / Micro Application - Collection Référence

// Définition des données sources
$source_xml = <<<XML
<?xml version="1.0" encoding="utf-8"?>
<editeur>
  <nom>Micro Application</nom>
  <livre>
    <titre>PHP 5 et MySQL 5</titre>
    <auteur>
      <prenom>Francois-Xavier</prenom>
      <nom>Bois</nom>
    </auteur>
    <auteur>
      <prenom>Fabrice</prenom>
      <nom>Métayer</nom>
    </auteur>
    <auteur>
      <prenom>Thierry</prenom>
      <nom>Thaureaux</nom>
    </auteur>
    <annee>2006</annee>
  </livre>
  <livre>
    <titre>Programmation PHP</titre>
    <auteur>
      <prenom>Francois-Xavier</prenom>
      <nom>Bois</nom>
```

```
      </auteur>
      <annee>2002</annee>
    </livre>
    <livre>
      <titre>Poche MySQL</titre>
      <auteur>
        <prenom>Fabrice</prenom>
        <nom>Métayer</nom>
      </auteur>
      <annee>2001</annee>
    </livre>
</editeur>
XML;

// Chargement des données XML
$xml = simplexml_load_string($source_xml);

// Résultat affiché sous la forme d'une page beb
print("
<html>
 <head>
  <title>Contenu XML</title>
 </head>
 <body>
");

// Boucle sur les sous-objets XML
foreach ($xml->livre as $livre) {
  print("<p>Livre :".$livre->titre."<br/>");
  print("Ann&eacute;e : ".$livre->annee."<br/>");
  print("Auteur(s) : <br/>");
  print("<ul>");
  foreach ($livre->auteur as $auteur) {
    print("<li>".$auteur->prenom." ".$auteur->nom."</li>");
  }
  print("</ul>");
  print("</p>");
}

// Balises HTML finissant la page web
print("
 </body>
</html>
");
?>
```

Ce script n'effectue qu'un seul traitement réellement lié à Simplexml, c'est la création de l'élément $xml. La suite du code consiste à présenter les données chargées. Vous allez étudier la construction de l'objet $xml plus loin pour bien comprendre comment le manipuler, mais cet exemple illustre déjà la simplicité d'accès aux données.

Lors du chargement du contenu XML avec simplexml_load_string(), ce dernier est validé par la bibliothèque libxml2. Ainsi, dans le cas d'un document incompatible avec XML, les erreurs d'analyse sont affichées dans la page, et la fonction retourne false.

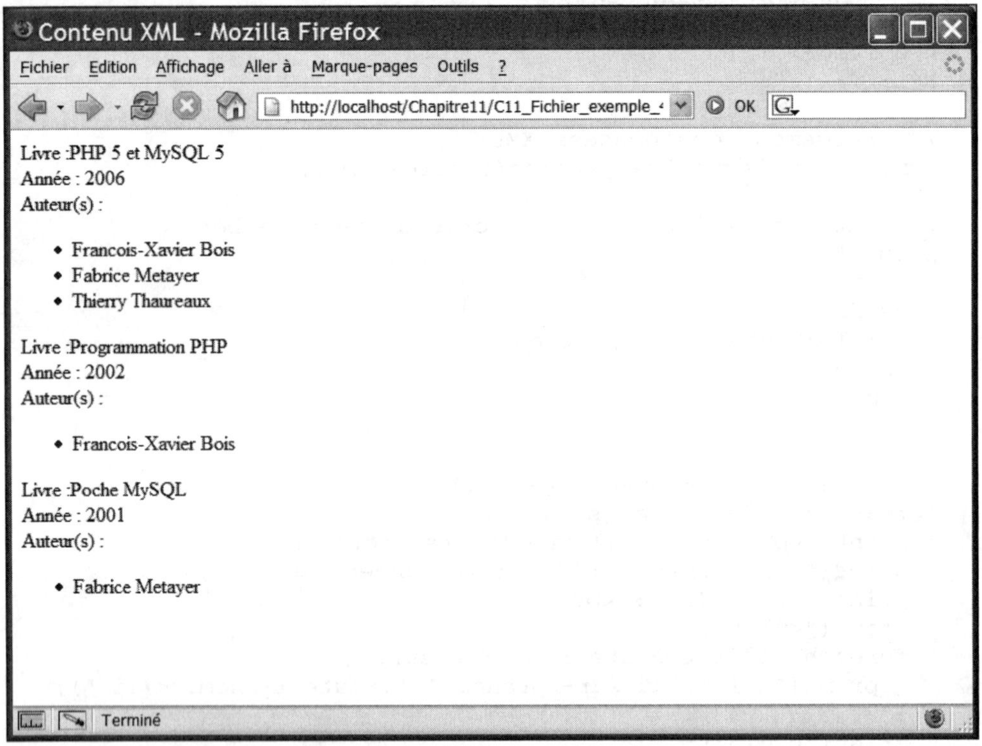

Figure 11-89 : *Informations sur les livres retraitées au format web*

Étude de cas : fil RSS de l'AFP

Pour étudier Simplexml, vous allez réaliser quelques exercices sur un cas concret : le fil RSS de l'AFP. Ce dernier donne un fichier XML assez complexe et complet. Vous allez exploiter quelques-unes de ces données.

Figure 11-90 : *Site de l'AFP*

Charger un fichier

Le fil RSS de l'AFP est disponible à l'adresse **www.afp.com/francais/rss/stories.xml.**

Vous allez travailler à partir d'une sauvegarde du fichier XML dans votre environnement, le fichier *afp.xml*.

Pour charger ce fichier, vous allez utiliser la fonction simplexml_load_file() qui est très proche de celle que vous avez déjà étudiée : simplexml_load_string(). Le retour est le même : le point d'entrée objet sur le contenu XML du fichier. Voici le code de chargement du fichier :

```
<?php
...
if (file_exists("afp.xml")) {
  if ($xml = simplexml_load_file("afp.xml")) {
```

```
      // Fichier existant et valide
      // Traitements
    } else {
    // Traitement personnalisé de l'erreur XML
    exit("Le fichier afp.xml n'est pas valide");
    }
  } else {
    // Traitement personnalisé de l'erreur de fichier
    exit("Impossible de charger le fichier afp.xml");
  }
  ...
  ?>
```

Figure 11-91 : *Contenu du fichier afp.xml*

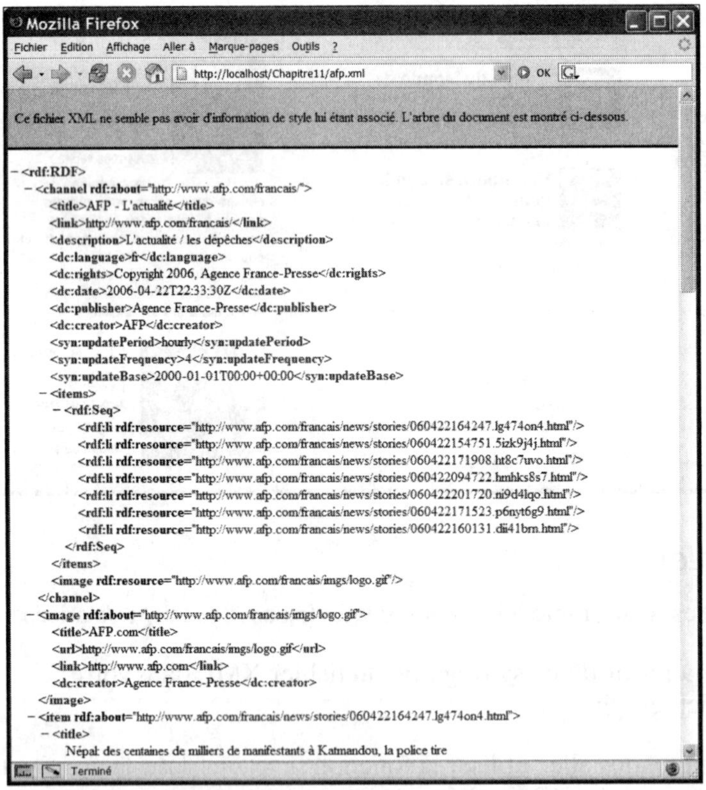

Dans un environnement de production, il faut ajouter des contrôles d'erreur afin d'éviter les mauvaises surprises. C'est ce que vous avez fait ici en contrôlant l'existence du fichier avec la fonction file_exists() et le retour de la fonction simplexml_load_file(), et en vous assurant ainsi que les traitements suivants ne seront faits que si le fichier XML est bien chargé et valide.

Manipuler les premières données

Les fils RSS sont normés et les fichiers XML qui en sont issus présentent souvent une organisation commune. Ainsi, le début du fichier *afp.xml* offre des informations d'ordre général sur le fil RSS : le titre, la langue, la description, les contacts et la date de dernière mise à jour.

Selon vos besoins, vous serez plus ou moins intéressé par tout ou partie de ces informations. Dans le cas présent, voici les données du fichier XML :

```
<channel rdf:about="http://www.afp.com/francais/">
  <title>AFP - L'actualité</title>
  <link>http://www.afp.com/francais/</link>
  <description>L'actualité / les dépêches</description>
  <dc:language>fr</dc:language>
  <dc:rights>Copyright 2006, Agence France-Presse</dc:rights>
  <dc:date>2006-04-22T22:33:30Z</dc:date>
  <dc:publisher>Agence France-Presse</dc:publisher>
  <dc:creator>AFP</dc:creator>
  …
  <image rdf:resource="http://www.afp.com/francais/imgs/logo.gif"/>
</channel>
```

Nous supposons que vous connaissez un peu le XML et la manière dont les éléments sont agencés. Il est peut-être bon de rappeler qu'il s'agit d'un langage structuré de balises imbriquées. Pour accéder à l'information concernant le titre du fil RSS, il faut repérer que celui-ci est contenu dans la balise <title>, dans le fichier XML. Cette balise est elle-même contenue dans la balise <channel>. Le titre est donc contenu dans le sous-objet suivant :

```
$titre = $xml->channel->title;
```

Vous n'allez pas vous exclamer « Simple non ! » à chaque exemple, mais vous le pourriez, c'est vrai ! Pour obtenir les valeurs du lien et de la description du fil RSS, voici les instructions :

```
$lien = $xml->channel->link;
$description = $xml->channel->description;
```

Récupérer des actualités

La suite du fil RSS présente des actualités. Elles sont ici au nombre de sept. Voici les deux premières, extraites du fichier XML :

```
<item rdf:about="http://www.afp.com/francais/news/stories/
✂ 060422164247.1g474on4.html">
  <title>
```

```
    Népal: des centaines de milliers de manifestants à Katmandou,
    ✂ la police tire
  </title>
  <link>
    http://www.afp.com/francais/news/stories/060422164247
    ✂ .lg474on4.html
  </link>
  <description>
    KATMANDOU (AFP) - Des centaines de milliers de Népalais ont
    ✂ manifesté samedi à Katmandou, malgré le couvre-feu, contre
    ✂ le roi Gyanendra et pour le rétablissement de la
    ✂ démocratie, et des dizaines de personnes ont été blessées
    ✂ par la police qui a tiré sur la foule.
  </description>
  <dc:date>2006-04-22T16:43+00:00</dc:date>
</item>
<item rdf:about="http://www.afp.com/francais/news/stories/
✂ 060422154751 .5izk9j4j.html">
  <title>L'Irak se dote finalement d'un exécutif</title>
  <link>
    http://www.afp.com/francais/news/stories/060422154751.5izk9j4j
    ✂ .html
  </link>
  <description>
    BAGDAD (AFP) - Le président irakien Jalal Talabani a été
    ✂ réélu samedi et a demandé au nouveau Premier ministre, le
    ✂ chiite Jawad al-Maliki, du bloc parlementaire dominant, de
    ✂ former le cabinet.
  </description>
  <dc:date>2006-04-22T15:48+00:00</dc:date>
</item>
```

Chaque actualité est représentée par la balise <item>, qui contient elle-même d'autres balises (<title>, <link>, <description>, <date>) un peu comme pour la balise <channel> précédemment. Si vous utilisez la méthode que vous avez déjà vue, vous allez récupérer les informations de la dernière actualité uniquement.

```
$titre_actu = $xml->item->title;
```

La valeur de $titre_actu est alors Népal: des centaines de milliers de manifestants à Katmandou, la police tire. C'est dû au fait que la balise <item> n'est pas unique dans ce fichier XML, elle est répétée plusieurs fois.

Pour ce cas de figure, Simplexml a prévu d'associer un tableau à l'objet $xml. Ainsi, pour accéder à la dernière actualité, vous pouvez utiliser la syntaxe $xml->item[0], $xml->item[1], et ainsi de suite.

```
$titre_actu1 = $xml->item[0]->title;
$titre_actu2 = $xml->item[1]->title;
```

La simplicité de cette construction permet l'utilisation de foreach() pour parcourir le flux et afficher, par exemple, toutes les actualités. Vous avez déjà utilisé cette méthode dans le premier exemple. La voici à nouveau mise en œuvre pour afficher dans une page web les titres et descriptions des dernières actualités :

```
<?php

// C11_Fichier_exemple_41.php
// Fichier Exemple : Chapitre 11 - Fichiers XML
// PHP 5 et MySQL 5 / Micro Application - Collection Référence

// Résultat affiché sous la forme d'une page beb
print("
<html>
 <head>
  <title>Exemple XML</title>
 </head>
 <body>
");

// Chargement des données XML
if (file_exists("afp.xml")) {
  if ($xml = simplexml_load_file("afp.xml")) {

    // Affichage du titre du fil RSS
    print("<h1>".$xml->channel->title."</h1>");

    // Affichage de la date de mise à jour du fil RSS
    foreach ($xml->channel->children("http://purl.org/dc/elements/
    ✂ 1.1/") as $dc_balise => $dc_valeur) {
      if ($dc_balise=="date") print("<h3>".$dc_valeur."</h3>");
    }

    // Boucle sur les sous-objets XML
    foreach ($xml->item as $actu) {
      print("<p><strong>".$actu->title."</strong><br/>");
      print($actu->description."</p>");
    }
  } else {
  // Traitement personnalisé de l'erreur XML
  exit("Le fichier afp.xml n'est pas valide");
  }
} else {
  // Traitement personnalisé de l'erreur de fichier
  exit("Impossible de charger le fichier afp.xml");
```

```
}

// Balises HTML finissant la page web
print("
 </body>
</html>
");
?>
```

Voici le résultat :

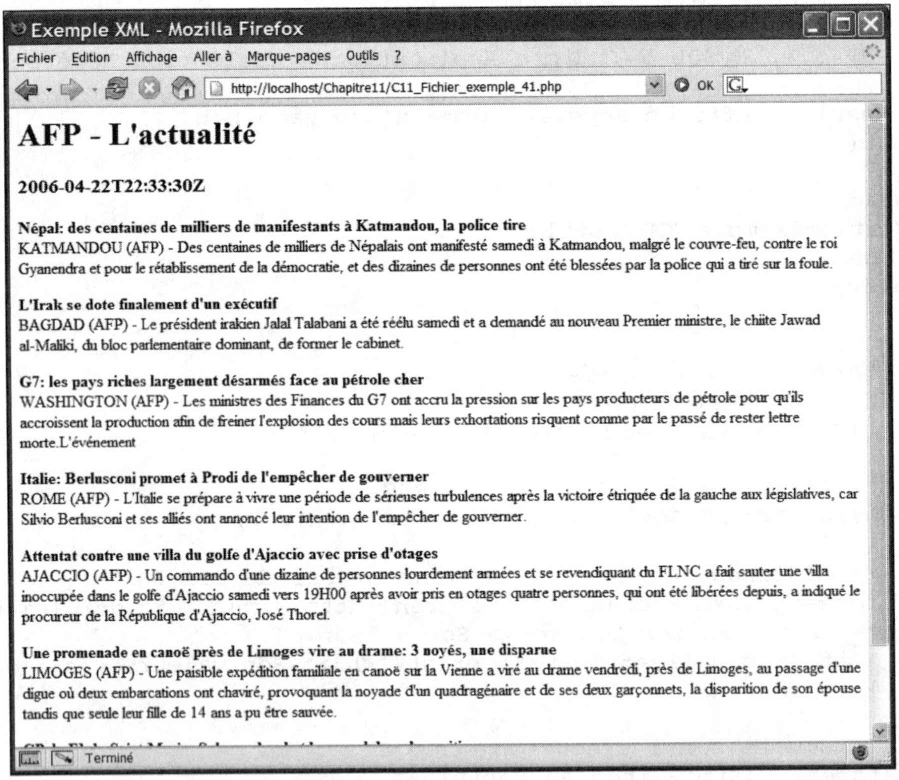

Figure 11-92 : *Votre version web du fil RSS de l'AFP*

Il faut souligner ici le traitement spécifique réalisé pour l'affichage de la date de dernière mise à jour du fil RSS. La balise contenant cette information est un peu particulière et s'écrit <dc:date>. Cela signifie que la balise date fait partie de l'espace de noms dc. Cet espace de nom est spécifié dans la balise RDF initiale : xmlns:dc=http://purl.org/dc/elements/1.1/. Cette définition indique que l'espace de nom dc repose sur des spécifications présentées à l'adresse URL indiquée. Il existe ainsi un espace de noms global et un ou plusieurs espaces de noms spécifiques. Lors de l'utilisation de foreach() vous pouvez accéder à l'ensemble des balises de l'espace de noms global mais pas aux autres. Pour ce faire, vous devez indiquer précisément l'espace de noms que vous souhaitez parcourir. Pour l'espace dc, l'instruction est la suivante :

```
foreach ($xml->channel->children("http://purl.org/dc/elements/1.1/
✂ ") as $dc) {
  // Traitements
}
```

Cette boucle vous permet d'accéder à tous les contenus des balises contenues dans les balises <channel> du flux et précédées par dc:.

> REMARQUE
>
> **Méthode children()**
>
> Cette méthode permet simplement de lister toutes les sous-balises d'une balise.

Pour pouvoir sélectionner uniquement la balise vous intéressant, à savoir la balise date, vous avez modifié la boucle foreach() pour récupérer à la fois la clé, $dc_balise, et la valeur, $dc_valeur, du tableau parcouru et ajouté un test sur la clé pour n'afficher le contenu que de celle valant date.

```
foreach ($xml->channel->children("http://purl.org/dc/elements/1.1/
✂ ") as $dc_balise => $dc_valeur) {
  if ($dc_balise=="date") print("<h3>".$dc_valeur."</h3>");
}
```

Traiter les attributs

Les balises XML peuvent présenter des attributs. Dans le flux suivant, extrait du fil RSS de l'AFP, vous pouvez ajouter des attributs à la balise <description> :

```
<channel rdf:about="http://www.afp.com/francais/">
  <title>AFP - L'actualité</title>
  <link>http://www.afp.com/francais/</link>
  <description attribut1="une chaîne" attribut2="42">
    L'actualité / les dépêches
  </description>
  <dc:language>fr</dc:language>
  <dc:rights>Copyright 2006, Agence France-Presse</dc:rights>
  <dc:date>2006-04-22T22:33:30Z</dc:date>
  <dc:publisher>Agence France-Presse</dc:publisher>
  <dc:creator>AFP</dc:creator>
  ...
```

```
  <image
  ✂ rdf:resource="http://www.afp.com/francais/imgs/logo.gif"/>
</channel>
```

Pour accéder à la valeur d'un attribut avec Simplexml, il faut utiliser la méthode attributes(). Elle permet de parcourir les attributs d'une balise donnée. Voici sa mise en œuvre dans le cadre de la balise <description> :

```
foreach ($xml->channel->description->attributes() as $attribut) {
  print($attribut);
}
```

Ce code affiche successivement les valeurs une chaîne et 42.

Rechercher des balises

Simplexml met à votre disposition une méthode très pratique de recherche au sein d'un flux XML se basant sur les chemins XPath du format. Il s'agit de la méthode xpath().

Cette méthode permet de rechercher toutes les balises d'un fichier XML selon deux méthodes. Les chemins XPath du XML sont comparables à une arborescence de fichiers. En effet, XML est un langage structuré à base de balises qui présentent des sous balises et ainsi de suite. De la même manière, des fichiers peuvent être organisés en répertoire. Si vous assimilez les balises aux répertoires, vous pouvez définir un chemin d'accès à une donnée. C'est globalement le concept de XPath.

La première méthode consiste à indiquer à xpath() un chemin de recherche. Par exemple, le chemin du titre du fil RSS de l'AFP est */channel/titre*. Autre exemple : le chemin d'accès aux balises de chaque actualité est */item*. Ainsi, vous pouvez utiliser la méthode xpath() pour récupérer tous les titres des actualités.

```
foreach ($xml->xpath("/item/title") as $titre) {
  print($titre);
}
```

La seconde méthode consiste à faire une recherche de toutes les balises ayant un certain nom dans l'ensemble du document XML. Pour cela, il faut utiliser la double barre oblique //. Voici un exemple pour mieux comprendre :

```
foreach ($xml->xpath("//link") as $lien) {
  print($lien);
}
```

Cette instruction permet de regrouper toutes les balises <link>. Cette méthode est donc particulièrement pratique pour retrouver une information ou regrouper des informations lorsque le nombre de données est important.

Modifier un fichier XML

Autre dimension de Simplexml, la modification de données XML. Il est ainsi possible de charger un fichier XML, de le modifier et de générer un nouveau fichier. Les modifications ne peuvent porter que sur le contenu XML, pas sur les balises. La méthode utilisée pour cela est asxml() et vous allez maintenant étudier sa mise en œuvre.

Vous allez à nouveau utiliser la fonction simplexml_load_string() et définir le flux XML dans une chaîne de caractères $source_xml en début de script. Voici donc le code permettant de modifier la balise <annee> :

```
<?php

// C11_Fichier_exemple_42.php
// Fichier Exemple : Chapitre 11 - Fichiers XML
// PHP 5 et MySQL 5 / Micro Application - Collection Référence

// Définition des données sources
$source_xml = <<<XML
<?xml version="1.0" encoding="utf-8"?>
<editeur>
  <nom>Micro Application</nom>
  <livre>
    <titre>PHP 5 et MySQL 5</titre>
    <auteur>
      <prenom>Francois-Xavier</prenom>
      <nom>Bois</nom>
    </auteur>
    <auteur>
      <prenom>Fabrice</prenom>
      <nom>Métayer</nom>
    </auteur>
    <auteur>
      <prenom>Thierry</prenom>
      <nom>Thaureaux</nom>
    </auteur>
    <annee>2006</annee>
  </livre>
  <livre></livre>
</editeur>
XML;
```

```
// Résultat affiché sous la forme d'une page beb
print("
<html>
 <head>
  <title>Contenu XML</title>
 </head>
 <body>
");

// Chargement des données XML
$xml = simplexml_load_string($source_xml);


// Boucle sur les sous-objets XML
foreach ($xml->livre as $livre) {
  print("<p>Livre :".$livre->titre."<br/>");
  print("Ann&eacute;e : ".$livre->annee."<br/>");
  print("Auteur(s) : <br/>");
  print("<ul>");
  foreach ($livre->auteur as $auteur) {
    print("<li>".$auteur->prenom." ".$auteur->nom."</li>");
  }
  print("</ul>");
  print("</p>");
}

// Modification d'une valeur
$xml->livre->annee = "2007";

// Génération d'un nouveau flux XML
$source2_xml = $xml->asxml();

// Chargement des nouvelles données XML
$xml = simplexml_load_string($source2_xml);

// Boucle sur les sous-objets XML
foreach ($xml->livre as $livre) {
  print("<p>Livre :".$livre->titre."<br/>");
  print("Ann&eacute;e : ".$livre->annee."<br/>");
  print("Auteur(s) : <br/>");
  print("<ul>");
  foreach ($livre->auteur as $auteur) {
    print("<li>".$auteur->prenom." ".$auteur->nom."</li>");
  }
  print("</ul>");
  print("</p>");
}
```

```
// Balises HTML finissant la page web
print("
 </body>
</html>
");
?>
```

Simplexml permet ainsi de modifier un contenu. Lors de l'appel à la méthode asxml(), des vérifications de validité et des optimisations du flux XML sont faites. Ainsi, le flux entrant de l'exemple précédent a été modifié au niveau du contenu de la balise <annee>, mais si vous regardez le résultat, vous verrez que la deuxième balise <livre></livre> qui était vide a été réécrite sous la forme compacte <livre />. Ainsi, le flux généré est obligatoirement valide, et il peut être intéressant de passer par un chargement, puis une écriture de votre flux avec Simplexml pour vous en assurer.

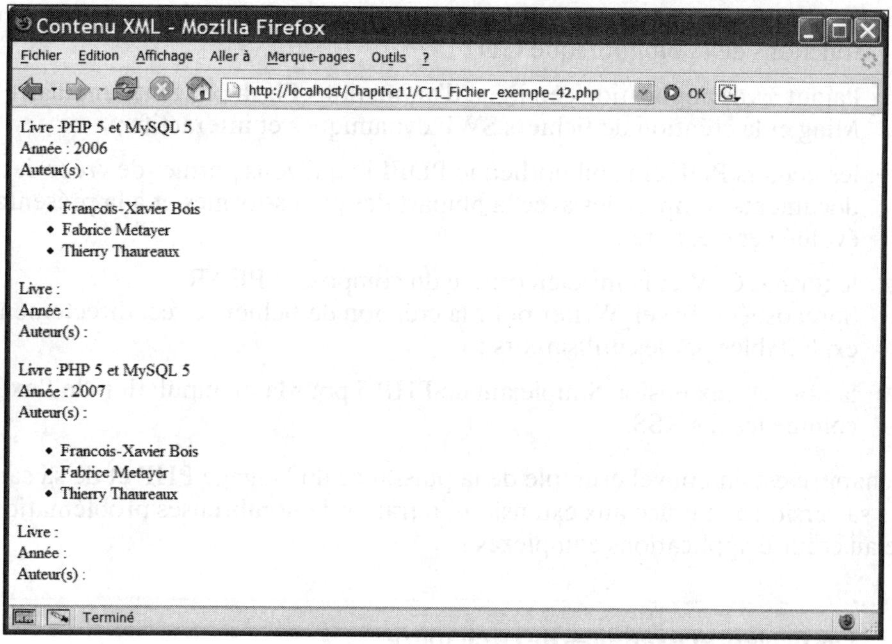

Figure 11-93 : *Modification de données XML*

En conclusion de cette partie, PHP 5 apporte une réelle réponse aux attentes de nombreux développeurs et utilisateurs en termes de manipulation de fichier XML simple avec Simplexml. Sa syntaxe claire permet une manipulation simple et efficace. Le pendant de cette simplicité est une limitation aux traitements XML peu complexes. Simplexml ne peut s'adapter à tous les types de fichiers et ne permet de gérer tous les aspects du code XML. Il faudra pour cela utilisé l'extension DOM de PHP5.

11.4 En bref

Ce chapitre consacré à la gestion de fichiers avec PHP et la manipulation de formats particuliers est maintenant fini. Vous avez pu étudier de nombreuses techniques au fil de ces pages :

- la manipulation de fichiers locaux ou distants (création, lecture, écriture) ;
- la gestion du flux HTTP renvoyé par vos scripts PHP au navigateur afin de préciser le type de données envoyées et d'indiquer au navigateur d'associer un nom ou une application spécifique à ces données ;
- la création, la manipulation et la sauvegarde d'images grâce aux nombreuses fonctions de la bibliothèque GD ;
- l'ajout à vos applications en ligne d'animations Flash par l'intermédiaire de Ming et la création de fichiers SWF dynamiques et interactifs ;
- les fichiers PDF et la bibliothèque PDFLib qui vous permet de créer des documents compatibles avec la plupart des plates-formes et à la présentation évoluée et élégante ;
- le format CSV et la mise en œuvre du composant PEAR Spreadsheet_Excel_Writer pour la création de fichiers Excel directement exploitables par les utilisateurs ;
- la nouvelle extension Simplexml de PHP 5 pour la manipulation de flux XML comme les fils RSS.

Ce chapitre est un nouvel exemple de la puissance du langage PHP et de sa capacité, dans sa version 5 et grâce aux extensions, à traiter de nombreuses problématiques et être au cœur d'applications complexes !

REMARQUE

Les fichiers et exemples de ce chapitre

La plupart des scripts réalisés dans ce chapitre sont disponibles en téléchargement sur le site de Micro Application (www.microapp.com), ainsi que les éléments utilisés dans ces codes PHP et certains résultats.

CHAPITRE

12

Les web services

CHAPITRE

12

Les web services

12.1 Principe général

12

Les web services sont un ensemble de normes et de protocoles ouverts qui permettent de faire interagir des programmes en réseau, le plus souvent par Internet. Pour que cette communication soit possible entre des programmes développés dans des langages de programmation différents, ou sur des plateformes différentes, le W3C (World Wide Web Consortium) a standardisé cet échange.

Les web services se basent sur deux fondamentaux du Web :

- le HTTP (Hypertext Transfer Protocol) pour le transport des données ;
- le XML (Extensible Markup Language) pour le formatage de ces données.

HTTP et XML font la force des web services dans leur utilisation mais s'avèrent être leur point faible en termes de performances et de sécurité.

Les web services sont généralement utilisés pour fournir un accès à une expérience métier indépendamment de sa présentation, car destinée à être utilisée par un programme et non pas par un humain. Cette technologie pouvant être propriétaire, donc secrète, le web service permet également de la protéger tout en la rendant accessible.

L'un des protocoles les plus utilisés dans la réalisation d'un web service est SOAP (Simple Object Access Protocol) car il simplifie le dialogue et l'échange de données avec le serveur d'applications par une sérialisation et une désérialisation d'objets, au format XML, invisibles aux yeux du développeur, lors de la communication entre le programme et le serveur. En effet, avec SOAP, le développeur peut faire appelle à des méthodes d'objets situées sur un serveur distant, comme il le ferait pour un objet standard.

Cependant, il existe des web services basés sur REST (Representational State Transfer), architecture originelle du web. Le REST n'est pas un protocole et il n'est pas un standard du W3C. Il s'agit simplement d'une architecture sur laquelle un développeur va construire son service. En REST, la requête HTTP servant à contacter le serveur suffit au web service pour comprendre la demande et émettre sa réponse (généralement un fichier XML). L'utilisation de cette architecture s'explique souvent par sa simplicité de mise en œuvre, côté serveur. Cependant, côté client, elle vous oblige à prendre en charge tous les aspects de la communication, de la construction de la requête HTTP à l'analyse des données retournées par le service.

12.2 Utilisation d'une API : Yahoo!

Extrêmement liée à la communauté "libre" et "open source", la société Yahoo! fournit de nombreux web services. Ces derniers ne reposent pas sur SOAP, mais sur l'architecture REST. Leur utilisation va donc être sensiblement différente.

Un enregistrement préalable est nécessaire pour utiliser la très large gamme de services proposés par Yahoo!. L'opération s'effectue sur la page **http://api.search.yahoo.com/webservices/register_application**. Vous obtiendrez un identifiant de connexion, généralement appelé "appid", à transmettre lors de chaque requête au serveur d'applications.

Yahoo! a ouvert un portail centralisant l'ensemble des informations et des SDK à l'intention des développeurs utilisant ses API. Ce "Developer Network" est accessible à l'adresse **http://developer.yahoo.com**. Ce site, d'une grande richesse, contient une description de tous les services proposés par Yahoo!, ainsi que de nombreux exemples d'utilisation développés dans différents langages de programmation. Utilisation d'une API : Yahoo! consacre une rubrique entière à l'utilisation de ses services avec PHP (**http://developer.yahoo.com/php/**). Cela semble normal vu que Rasmus Lerdorf (développeur à l'origine de la création de PHP en 1994) est employé par Yahoo!.

Yahoo! aussi limite son offre à un maximum de cinq mille requêtes automatisées par jour.

Dans ce qui suit, seuls les services de recherche de pages web et d'images seront présentés.

Description de la fonction de recherche de pages web

Ce web service retourne une liste de pages web correspondant à une expression de recherche.

Pour affiner le résultat de cette recherche, vous pouvez transmettre de nombreux paramètres dans la requête HTTP. Vous en trouverez la liste complète et détaillée à l'adresse **http://developer.yahoo.com/search/web/V1/webSearch.html**.

Voici une description des principaux paramètres :

- appid : l'identifiant de connexion (obligatoire).
- query : l'expression de recherche (obligatoire).
- results : le nombre de résultats désiré.

- start : le numéro d'index du premier résultat retourné.
- adult_ok : l'activation du filtrage des pages "pour adultes".
- similar_ok : l'activation du filtrage des pages identiques.
- site : la restriction de la recherche à un site particulier.
- output : le format des données retournées.

Une fois le service contacté, le serveur d'applications vous retourne sa réponse. Celle-ci possède une structure de données particulière.

Un élément nommé ResultSet contient les informations suivantes :

- totalResultsAvailable : le nombre total de résultats trouvés.
- totalResultsReturned : le nombre total de résultats retournés.
- firstResultPosition : le numéro d'index du premier résultat retourné.

Un élément nommé Result contient la liste des résultats de la recherche. Chacun d'entre eux s'accompagne des informations suivantes :

- Title : le titre de la page trouvée.
- Summary : le résumé de la page trouvée.
- Url : l'URL de la page trouvée.
- ClickUrl : une URL redirigeant sur la page trouvée.
- MimeType : le type MIME de la page trouvée.
- ModificationDate : la date de dernière modification de la page trouvée.
- Cache : l'URL de la page dans le cache Yahoo!, ainsi que son poids en bits.

Description de la fonction de recherche d'images

Ce web service retourne une liste d'images correspondant à une expression de recherche.

Pour affiner le résultat de cette recherche, vous pouvez transmettre de nombreux paramètres dans la requête HTTP. Vous en trouverez la liste complète et détaillée à l'adresse **http://developer.yahoo.com/search/image/V1/imageSearch.html**.

Voici une description des principaux paramètres :

- appid : l'identifiant de connexion (obligatoire).
- query : l'expression de recherche (obligatoire).

- results : le nombre de résultats désiré.
- start : le numéro d'index du premier résultat retourné.
- adult_ok : l'activation du filtrage des images "pour adultes".
- format : l'extension de l'image recherchée.
- coloration : la coloration de l'image recherchée.
- site : la restriction de la recherche à un site particulier.
- output : le format des données retournées.

Une fois le service contacté, le serveur d'applications vous retourne sa réponse. Celle-ci possède une structure de données particulière.

Un élément nommé ResultSet contient les informations suivantes :

- totalResultsAvailable : le nombre total de résultats trouvés.
- totalResultsReturned : le nombre total de résultats retournés.
- firstResultPosition : le numéro d'index du premier résultat retourné.

Un élément nommé Result contient la liste des résultats de cette recherche. Chacun d'entre eux s'accompagne des informations suivantes :

- Title : le titre de l'image trouvée.
- Summary : la description de l'image trouvée.
- Url : l'URL de l'image trouvée.
- ClickUrl : une URL redirigeant sur l'image trouvée.
- RefererUrl : l'URL de la page sur laquelle se trouve l'image.
- FileSize : la taille de l'image trouvée en bits.
- FileFormat : l'extension de l'image trouvée.
- Height : la hauteur de l'image trouvée.
- Width : la largeur de l'image trouvée.
- Thumbnail : l'URL de l'aperçu de l'image trouvée.
- Publisher : le créateur de l'image trouvée.
- Copyright : le propriétaire de l'image trouvée.

Création d'une requête REST avec PHP

Il existe de nombreuses techniques pour faire une requête REST avec PHP. Nous en présenterons deux ici.

La première, et la plus simple, repose sur l'utilisation de la fonction file_get_contents(). Cette fonction prend en argument l'URL du serveur d'applications à contacter et retourne la réponse de celui-ci sous la forme d'une chaîne de caractères. En utilisant cette fonction, vous ne pourrez transmettre vos paramètres qu'avec la méthode GET, c'est-à-dire en les stockant directement dans l'URL passée en argument, ceux-ci devant être préalablement encodés par la fonction urlencode() ou rawurlencode(), pour éviter que des caractères spéciaux soient interprétés comme des délimiteurs, et pour protéger l'URL lors de son transfert. Voici un exemple utilisant cette technique pour interroger le web service de recherche de pages web :

Listing 12-1 : Exemple de requête REST utilisant la fonction "file_get_contents"

```
<?php
// Ici votre identifiant de connexion
$cle = 'xxxxxxxxxx';
$recherche = 'php mysql';
$service =
✂ 'http://api.search.yahoo.com/WebSearchService/V1/webSearch';
$parametres .= '?appid='.$cle.'&query='.urlencode($recherche);
$requete = $service.$parametres;
$reponse = file_get_contents($requete);
?>
```

La seconde technique repose sur l'utilisation de la librairie CURL. L'avantage de cette méthode par rapport à la précédente réside dans le fait de pouvoir transmettre les paramètres, non plus en GET, mais en POST, c'est-à-dire séparément de l'URL. Il est obligatoire de procéder ainsi lorsque de grandes quantités de données sont à envoyer au serveur. Voici un exemple utilisant cette technique pour interroger le web service de recherche d'images :

Listing 12-2 : Exemple de requête REST utilisant l'extension CURL

```
<?php
// ici votre identifiant de connexion
$cle = 'xxxxxxxxxx';
$recherche = 'php mysql';
$service =
✂ 'http://api.search.yahoo.com/ImageSearchService/V1/imageSearch';
$parametres .= 'appid='.$cle.'&query='.urlencode($recherche);
$session = curl_init($service);
curl_setopt ($session, CURLOPT_POST, true);
```

```
curl_setopt ($session, CURLOPT_POSTFIELDS, $parametres);
curl_setopt($session, CURLOPT_HEADER, false);
curl_setopt($session, CURLOPT_RETURNTRANSFER, true);
$reponse = curl_exec($session);
curl_close($session);
?>
```

REMARQUE

L'extension CURL

Par défaut, Wamp ne charge pas l'extension CURL. Vous devez donc activer le chargement de celle-ci. En ce sens, cliquez sur l'icône *Wamp* affichée dans votre « zone de notification », puis allez dans la section *PHP extensions*, et cliquez sur *php_curl*.

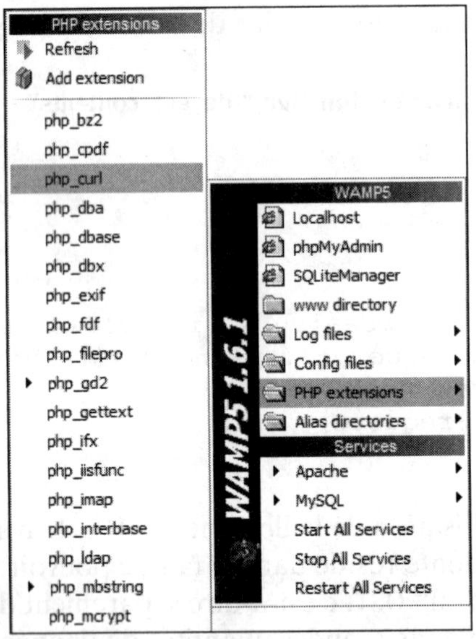

Figure 12-1 : *Ajout de l'extension CURL à PHP via Wamp*

Analyse d'une réponse REST avec PHP

Une fois la requête REST réalisée, le web service vous retourne sa réponse sous la forme d'un fichier, par défaut au format XML. Cependant, Yahoo! peut vous la fournir dans un autre format, qu'il vous revient de spécifier lors de la requête REST, via le paramètre output. Vous avez le choix entre XML, JSON ou PHP sérialisé. Ce dernier est évidemment le plus pertinent pour vous car propre au PHP.

Si le contenu de la réponse est en PHP sérialisé, il suffit de lui appliquer la fonction unserialize() pour extraire l'ensemble de données constituant le résultat.

Listing 12-3 : Analyse d'une réponse en PHP sérialisé

```
<?php
// ici votre identifiant de connexion
$cle = 'xxxxxxxxxx';
$recherche = 'php mysql';
$service =
✂ 'http://api.search.yahoo.com/WebSearchService/V1/webSearch';
$parametres .= '?appid='.$cle.'&query='.urlencode($recherche);
$format = '&output=php';
$requete = $service.$parametres.$format;
$reponse = file_get_contents($requete);

$resultat = unserialize($reponse);

echo "<pre>";
var_dump($resultat);
echo "</pre>";
?>
```

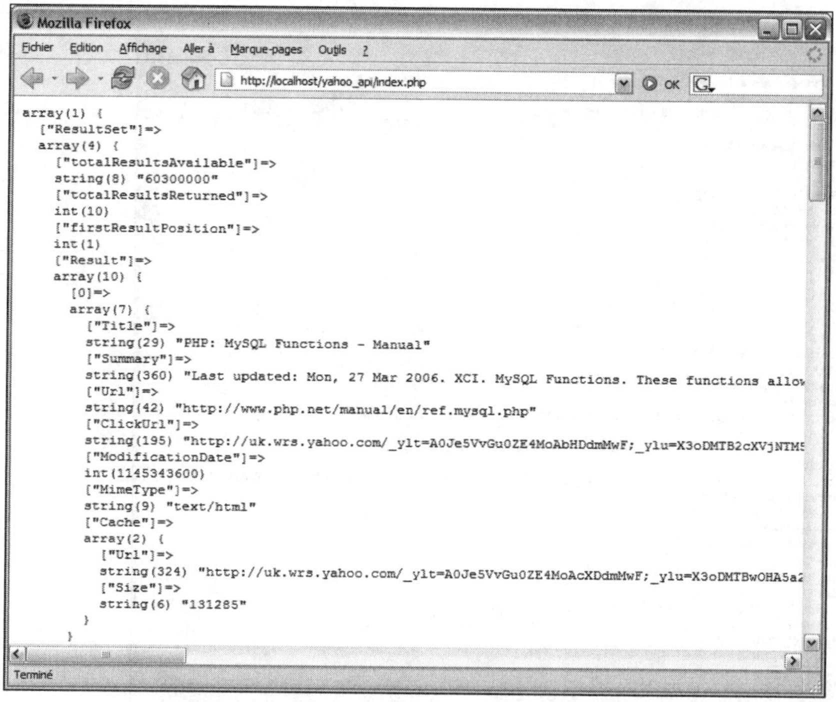

Figure 12-2 : *Résultat obtenu suite à l'analyse d'une réponse en PHP sérialisé*

Cependant, l'utilisation du format XML n'est pas plus compliquée, l'extension SimpleXML de PHP simplifiant grandement la tâche avec la fonction simplexml_load_string().

Listing 12-4 : Analyse d'une réponse au format XML

```
<?php
// ici votre identifiant de connexion
$cle = 'xxxxxxxxxx';
$recherche = 'php mysql';
$service =
✂ 'http://api.search.yahoo.com/WebSearchService/V1/webSearch';
$parametres .= '?appid='.$cle.'&query='.urlencode($recherche);
$format = '&output=xml';
$requete = $service.$parametres;
$reponse = file_get_contents($requete);

$resultat = simplexml_load_string($reponse);

echo "<pre>";
var_dump($resultat);
echo "</pre>";
?>
```

Figure 12-3 : *Résultat obtenu suite à l'analyse d'une réponse au format XML*

Création d'un moteur de recherche

En utilisant les différentes techniques vues précédemment, il est aisé de réaliser un moteur de recherche personnalisé et performant car basé sur la technologie de Yahoo!.

Listing 12-5 : Exemple de moteur de recherche utilisant l'API Yahoo!

```
<?php
header('Content-Type: text/html; charset=UTF-8');

$cle = 'xxxxxxxxxx';
$url = 'http://api.search.yahoo.com/';
$service = array('web'=>"$url/WebSearchService/V1/webSearch",
               'image'=>"$url/ImageSearchService/V1/imageSearch");
?>
<html>
<head><title>Recherche Yahoo!</title></head>
<body>
<form action="index.php" method="post">
<table>
<tr>
<td><img src="http://us.i1.yimg.com/us.yimg.com/i/ww/beta/y3.gif"
✂ /></td>
<td>
<input type="text" name="recherche" value="" />
</td>
<td>
<select name="type">
<?php
foreach($service as $name => $val) {
  if(!empty($_REQUEST['type']) && $name == $_REQUEST['type']) {
    echo "<option value='$name' SELECTED>$name</option>\n";
  } else {
    echo "<option value='$name'>$name</option>\n";
  }
}
?>
</select>
</td>
<td><input type="submit" value="Rechercher" /></td>
</tr>
</table>
</form>
<hr />
<?php
if (!empty($_REQUEST['recherche']) && !empty($_REQUEST['type'])) {
  $parametres = "?query=".rawurlencode($_REQUEST['recherche']);
```

```
  $parametres .= "&output=php";
  $parametres .= "&start=0";
  $parametres .= "&results=20";
  $parametres .= "&language=fr";
  $parametres .= "&appid=$cle";
  $reponse =
  ✂ file_get_contents($service[$_REQUEST["type"]].$parametres);
  $resultat = unserialize($reponse);
  echo "<p>";
  echo "Resultats 1 - 20 sur environ ";
  echo $resultat['ResultSet']['totalResultsAvailable'];
  echo "</p>";
  echo "<hr />";
  foreach ($resultat['ResultSet']['Result'] as $element) {
    if (!empty($element['Thumbnail']['Url'])) {
      echo "<table cellspacing='5'>";
      echo "<tr>";
      echo "<td><img src='".$element['Thumbnail']['Url']."'
      ✂ /></td>";
      echo "<td>";
      echo "<div><strong>".$element['Title']."</strong></div>";
      echo "<div>".$element['Width']."x".$element['Height']."
      ✂ pixels</div>";
      echo "<div><i>".$element['FileSize']." bytes</i></div>";
      echo "</td>";
      echo "</tr>";
      echo "</table>";
      echo "<hr />";
    } else {
      echo "<p>";
      echo "<div><strong>".$element['Title']."</strong></div>";
      echo "<div>".$element['Summary']."</div>";
      echo "<div><a
      ✂ href='".$element['Url']."'>".$element['Url']."</a></div>";
      echo "</p>";
      echo "<hr />";
    }
  }
}
?>
</body>
</html>
```

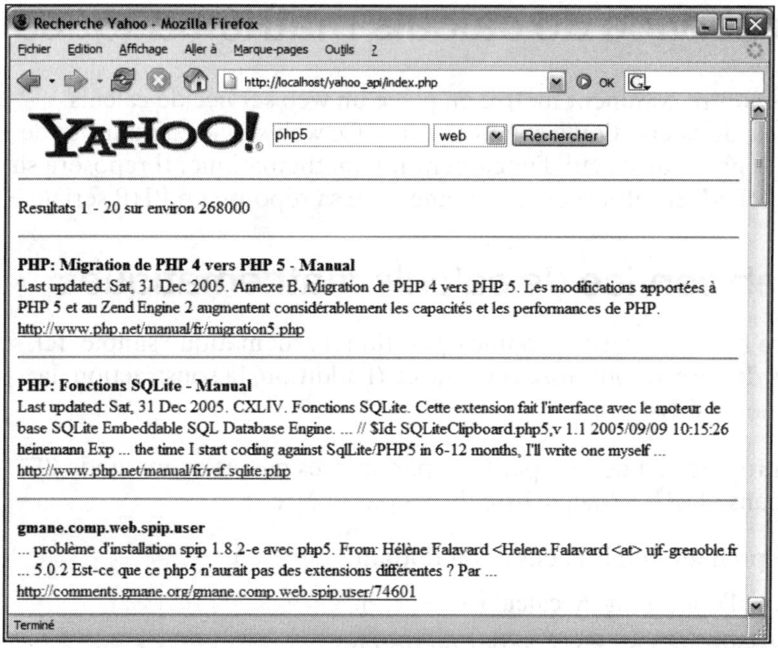

Figure 12-4 : *Résultat d'une recherche de pages web*

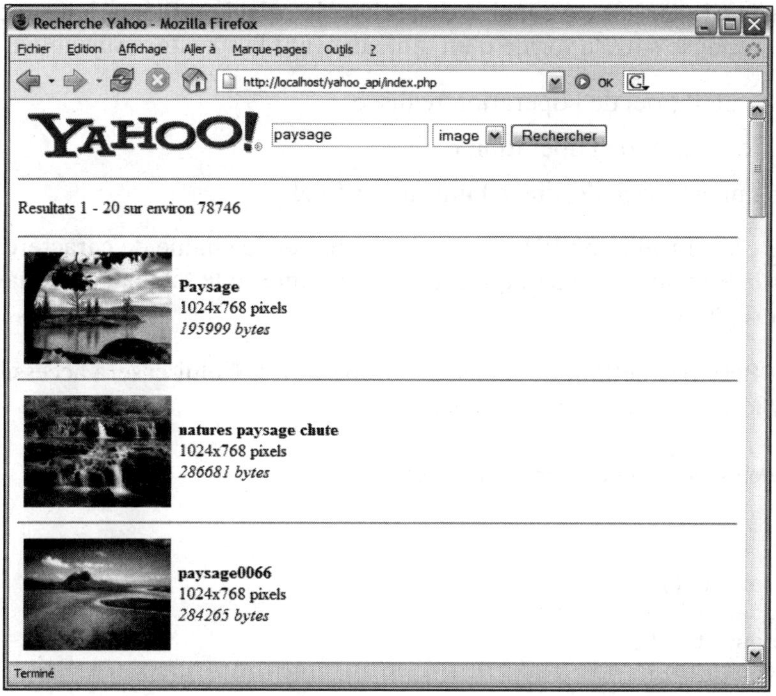

Figure 12-5 : *Résultat d'une recherche d'images*

12.3 Un web service de calculs mathématiques

Cette section montre comment mettre en place un web service de calculs mathématiques, de sa création à son utilisation. Ce web service a pour but de décentraliser la phase de calcul d'une opération mathématique. Il reposera sur l'architecture REST et retournera les données de sa réponse en PHP sérialisé.

Création du web service de calculs mathématiques

Ce web service fournit le résultat d'une opération mathématique simple. Ici, seules les opérations de base seront prises en charge (l'addition, la soustraction, la multiplication et la division).

L'opération à réaliser est décrite par trois paramètres passés en méthode `GET`, donc directement dans l'URL. Voici la liste de ces paramètres :

- `nb1` : le premier nombre, entier ou flottant.
- operateur : l'opérateur de calcul (+, −, *, /).
- `nb2` : le deuxième nombre, entier ou flottant.

Avec ces données, le service est capable de réaliser le calcul mathématique et de retourner une réponse sous la forme d'un tableau ayant la structure suivante :

- opération : un rappel de l'opération réalisée.
- résultat : le résultat de l'opération réalisée.
- message : un message destiné à l'utilisateur final.

Cette réponse est transmise en PHP sérialisé, format de la chaîne de caractères retournée par la fonction serialize(), qui prend en paramètre le tableau contenant les données de la réponse.

Voici le script PHP permettant de réaliser ce web service. Celui-ci sera accessible à l'adresse **http://localhost/webservice/service.php**.

Listing 12-6 : Web service de calcul mathématique

```
<?php

$reponse = array();
$reponse["operation"] = "";
$reponse["resultat"] = 0;
$reponse["message"] = "";
```

```
$nb1 = floatval($_GET['nb1']);
$nb2 = floatval($_GET['nb2']);

switch ($_GET['operateur']) {
  case "+" : // l'addition
    $reponse["operation"] = "$nb1 + $nb2";
    $reponse["resultat"] = $nb1+$nb2;
    break;
  case "-" : // la soustraction
  $reponse["operation"] = "$nb1 - $nb2";
    $reponse["resultat"] = $nb1-$nb2;
    break;
  case "*" : // la multiplication
    $reponse["operation"] = "$nb1 * $nb2";
    $reponse["resultat"] = $nb1*$nb2;
    break;
  case "/" : // la division
    $reponse["operation"] = "$nb1 / $nb2";
    if ($nb2 == 0) {
      $reponse["message"] = "Erreur: Division par zéro.";
    } else {
      $reponse["resultat"] = $nb1/$nb2;
    }
    break;
  default:
    $reponse["message"] = "Erreur: L'opérateur n'existe pas.";
}

die(serialize($reponse));

?>
```

Figure 12-6 : *Données retournées par le service après le calcul de l'opération 42 + 24*

Création du formulaire de construction de calculs mathématiques

Le but ici est de créer un formulaire simple permettant à un utilisateur de construire une opération mathématique dont il désire avoir le résultat. Ce formulaire doit récupérer deux nombres et un opérateur de calcul et les transmettre à un script PHP, nommé *client.php*, qui interrogera le web service de calculs mathématiques pour obtenir le résultat de l'opération.

Voici le code HTML permettant d'afficher un formulaire capable de recueillir ces informations :

Listing 12-7 : Formulaire de construction de calculs mathématiques

```
<html>
<head>
<title>Web Service</title>
</head>
<body>
<h1>Calcul</h1>
<form action="client.php" method="POST">
<input type="text" name="nb1" />
<select name="operateur">
  <option value="+">+</option>
  <option value="-">-</option>
  <option value="*">*</option>
  <option value="/">/</option>
</select>
<input type="text" name="nb2" />
<input type="submit" value="Calculer" />
</form>
</body>
</html>
```

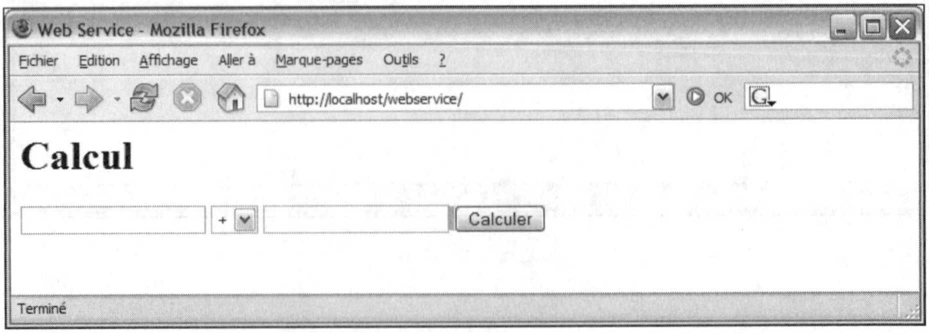

Figure 12-7 : *Affichage du formulaire de construction de calculs mathématiques*

Création du script interrogeant le web service

Ce script va propager les paramètres du formulaire jusqu'au service via la fonction file_get_contents(), qui retourne alors la réponse du serveur sous la forme d'une chaîne de caractères contenant du PHP sérialisé. L'analyse de celle-ci se fait via la fonction unserialize(), qui désérialise les données générées par le web service. Le résultat de l'opération peut alors être présenté à l'utilisateur.

Voici le script PHP à placer dans le fichier *client.php*, précédemment cité :

Listing 12-8 : Client interrogeant le service de calculs mathématiques

```
<?php
// L'URL du service
$url = "http://localhost/webservice/service.php";

// Les paramètres
$url .= "?nb1=".urlencode($_POST['nb1']);
$url .= "&nb2=".urlencode($_POST['nb2']);
$url .= "&operateur=". urlencode($_POST['operateur']);

// Communication avec le service
$reponse = file_get_contents($url);

// Analyse de la réponse
$resultat = unserialize($reponse);
?>
<html>
<head>
<title>Web Service</title>
</head>
<body>
<h1>Calcul</h1>
<?php
echo "<h3>".$resultat["operation"]."</h3>";
?>
<h1>Résultat</h1>
<?php
if (!empty($resultat["message"])) {
  echo "<h3 style='color:red'>".$resultat["message"]."</h3>";
} else {
  echo "<h3>".$resultat["resultat"]."</h3>";
}
?>
<p><a href="index.php">Nouveau calcul</a></p>
</body>
</html>
```

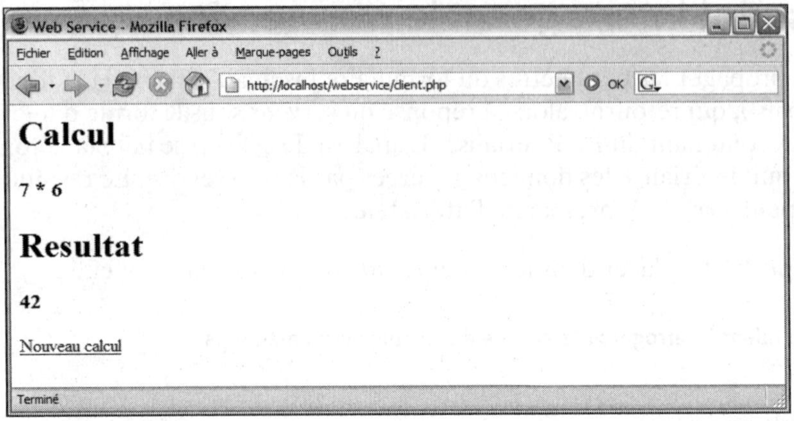

Figure 12-8 : *Résultat affiché par le client interrogeant le web service*

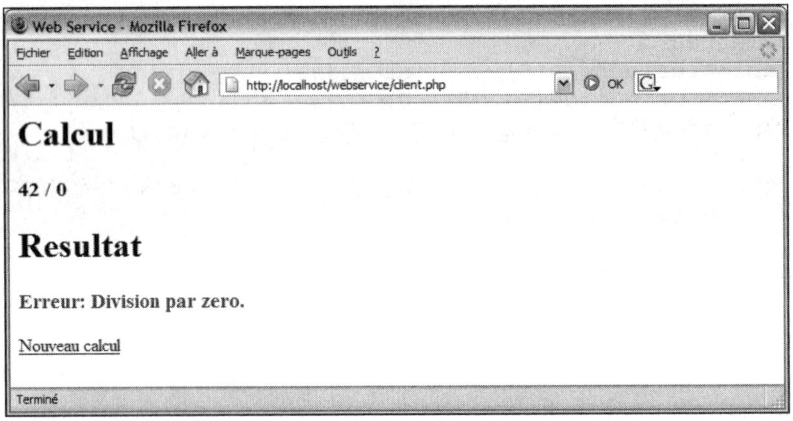

Figure 12-9 : *Erreur affichée par le client interrogeant le web service*

12.4 En bref

Tout au long de ce chapitre, vous avez pu découvrir ce qu'est un web service, par des exemples concrets d'utilisation et de mise en place, ainsi que l'extrême flexibilité de PHP dans ce domaine.

En résumé, les web services :

- sont basés sur différentes normes et architectures.
- permettent de faire dialoguer des programmes à travers un réseau, comme Internet
- mettent à disposition une expérience métier de manière publique ou privée, tout en la protégeant.

CHAPITRE

13

Présentation des bases de données

CHAPITRE

13 Présentation des bases de données

13.1 Définition

Une base de données est un ensemble d'informations regroupées sous une forme structurée dans le but d'y accéder aisément et rapidement. Elle peut être constituée d'une ou plusieurs tables, chacune décrivant un type d'informations spécifique. Une fois les informations organisées ainsi, elles peuvent être utilisées via des applications développées avec des langages de programmation structurés (C, C++, C #, Pascal, Java, etc.) ou des langages de définition d'interface (PHP, Ruby, XML, ASP, etc.).

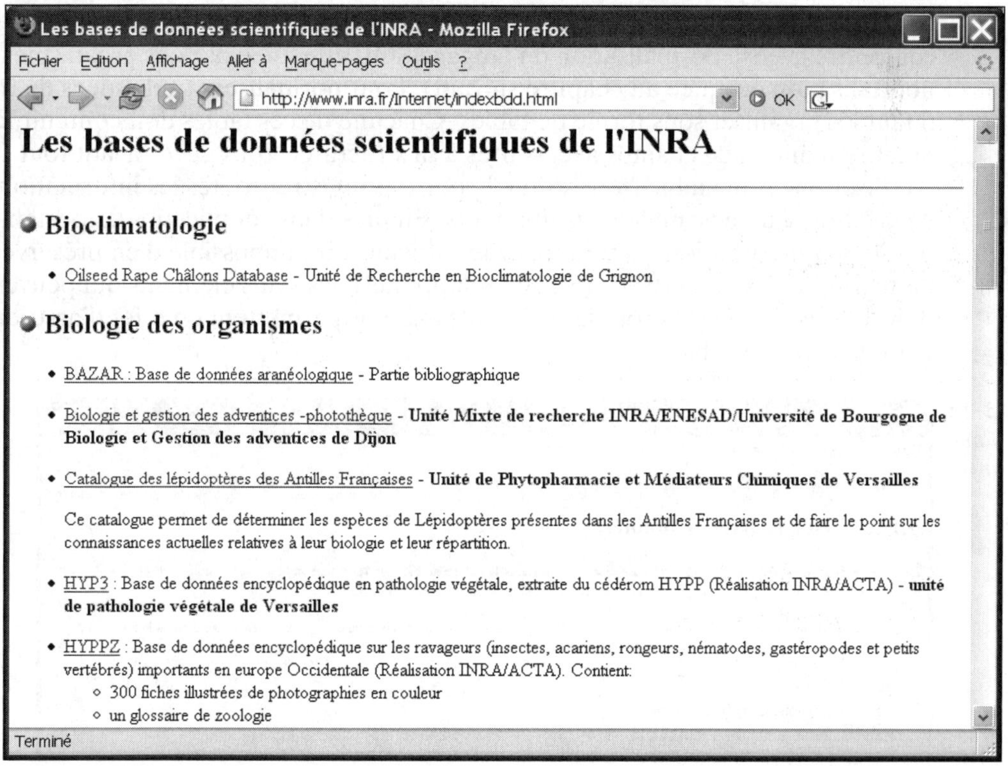

Figure 13-1 : *Une base de données est avant tout une collection d'informations*

Les bases de données sont présentes partout dans notre quotidien sans que nous nous en rendions compte ; sur Internet, bien sûr, mais aussi dans les gares, les aéroports, les commerces. Lorsque vous réservez un billet, que vous vous rendez dans une bibliothèque ou que vous faites vos courses au supermarché, des bases de données sont mises en œuvre. Elles sont employées pour classer, identifier, compter, stocker des informations de toutes sortes. Il existe des bases de données de facturation, d'inventaire, des fichiers clients ou produits, des grilles d'horaires ou de programmation, des plannings. Toute information devant être enregistrée pour une utilisation plus aisée, notamment par des programmes informatiques, pourra l'être sous cette forme. Outre la possibilité de stockage et de traitement, employer des bases de données facilite considérablement la mise à jour de vos données. Ceux qui ont pris le risque de gérer des contenus "statiques", c'est-à-dire saisis directement dans des pages HTML par exemple, savent ce qu'il en coûte lorsqu'ils doivent les mettre à jour.

Définition de la structure d'une base de données

La première étape de la création d'une base de données consiste à définir sa structure. Cela revient à normaliser les données sous une certaine forme (à ne pas confondre avec la normalisation du langage SQL effectuée par des organismes de normalisation évoquée au chapitre suivant). Pour normaliser vos données de travail, il faut les organiser sous forme de tables. Chacune de ces tables doit contenir le nombre minimal de champs nécessaires à sa structure. Vous devez avant tout éviter d'utiliser une seule table "fourre-tout" pour y enregistrer toutes les informations nécessaires à un ensemble de traitements. En plus d'une duplication importante et inutile des informations, il sera très vite difficile voire impossible d'en préserver l'intégrité. Dans un SGBDR (SGBD relationnel), les seuls éléments qui peuvent (et doivent) être dupliqués sont les éléments clés ; ils permettent en effet d'assurer les liaisons entre les tables.

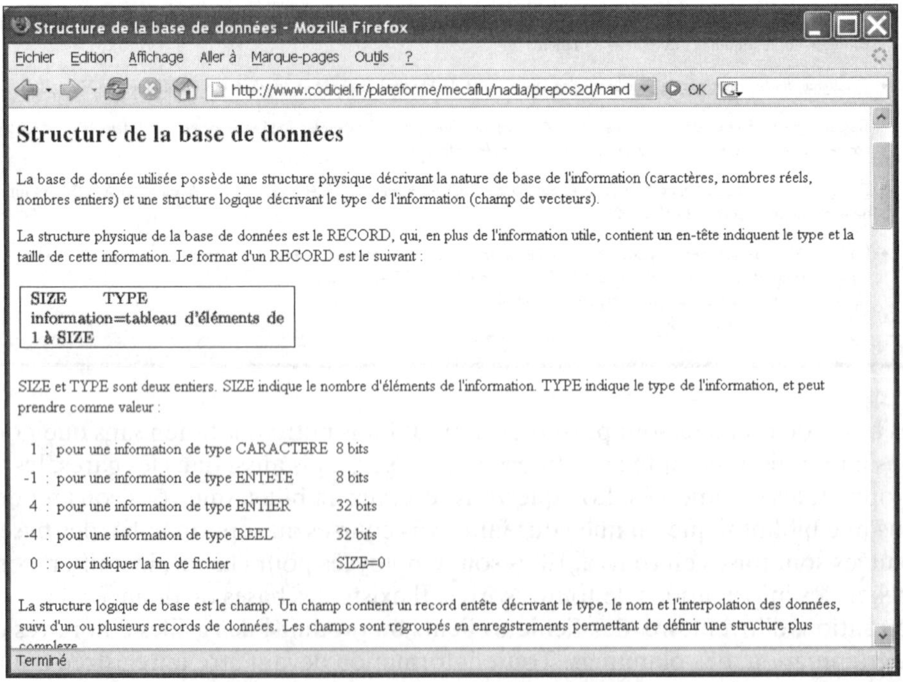

Figure 13-2 : *Structure d'une base de données*

Définir les clés et les index

Pour qu'une table puisse satisfaire à ces principes (accès direct, gestion simplifiée), il faut dès le départ définir correctement sa clé primaire. Cette clé qui est soit un champ particulier, soit une concaténation de champs (également appelée clé composite), déterminera l'ordre de tri de la table ainsi que la manière de déterminer l'unicité de ses éléments. Toute duplication inutile devant être évitée, cette clé servira notamment à empêcher la création de doublons. Les règles d'utilisation de la table devront aller dans ce sens.

Une clé composite (ou composée) est constituée par la concaténation de plusieurs champs. Il se peut donc que les valeurs de champs qui la composent soient dupliquées dans la table. Mais s'il s'agit d'une clé primaire, l'agglomérat (concaténation) qui en résulte ne doit pas être dupliqué. Il sera unique, du moins vous devrez faire en sorte que ce soit le cas.

Définir les liaisons entre les tables

L'intérêt de la liaison entre les tables est que vous pouvez ainsi récupérer plus rapidement des informations contenues dans une table liée à une autre. La liaison s'établit en mettant en correspondance des champs (ou agglomérats de champs) communs aux tables en question. Au moins un de ces champs (ou concaténations de champs) doit être une clé de la table.

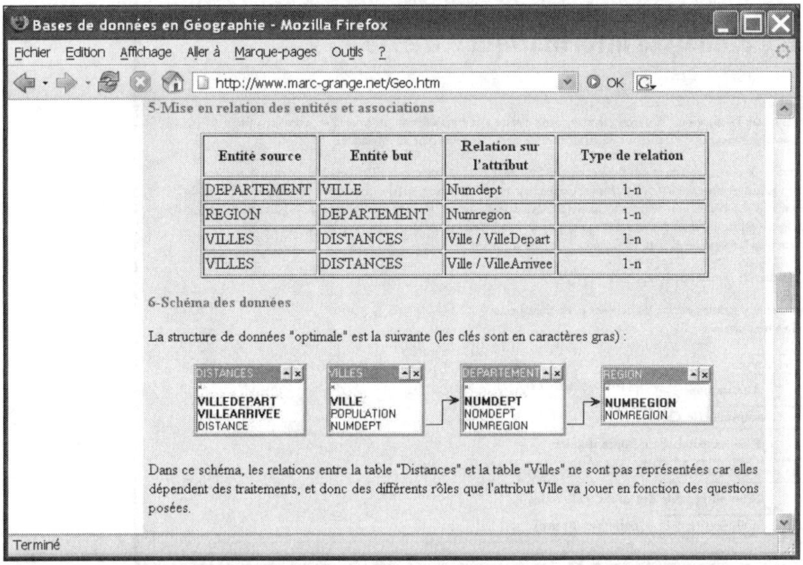

Figure 13-3 : *Liaison entre des tables*

Décomposition du processus de conception d'une base de données

La conception d'une base de données comprend quatre étapes successives :

- analyse ;
- conception ;
- réalisation ;
- utilisation.

L'analyse

Cette étape est, de loin, la plus importante. Elle consiste à bien définir les informations qui seront stockées dans la base de données et manipulées par la suite par les différents traitements nécessaires. Elle exige une parfaite compréhension de l'environnement de travail et des tâches à effectuer. Cette phase d'analyse est semblable à celle réalisée dans tout projet informatique. Elle sera donc précédée d'une étude préalable, afin de déterminer avec précision les éléments d'informations nécessaires à votre future application.

Figure 13-4 : *Processus d'analyse*

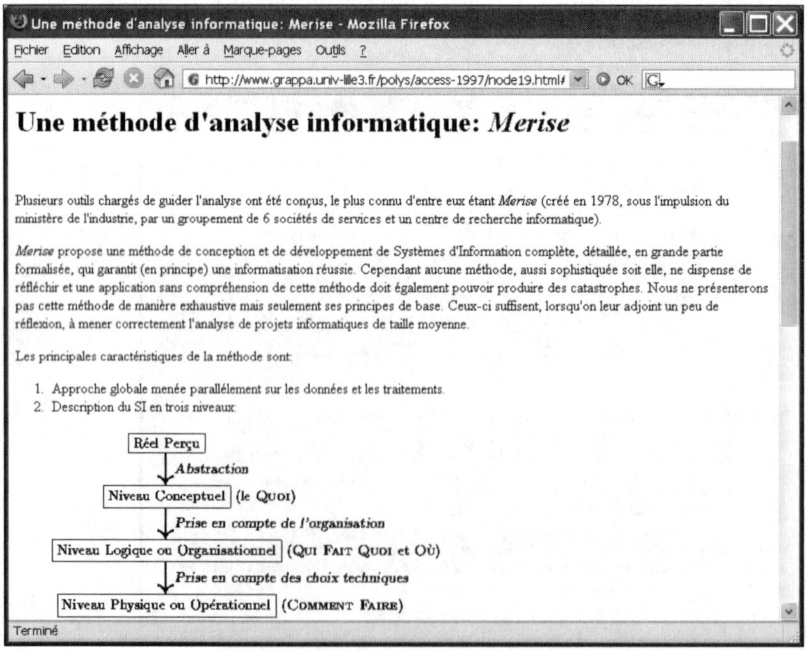

La conception

Une fois les types d'information à traiter définis, passez à leur modélisation. Cette étape consistera à définir un modèle de données représentant les tables et les relations de la base. Vous allez aussi définir les champs qui serviront d'index, de clé primaire, de clé d'unicité, d'éléments de liaison entre tables, etc. Cette étape est aussi importante que la première. Si le modèle de données n'est pas défini de manière optimale, votre application ne sera pas adaptée à vos besoins. Au mieux, les traitements seront alourdis et l'intégrité des données pourra difficilement être respectée.

Figure 13-5 : *Phase de conception : la modélisation*

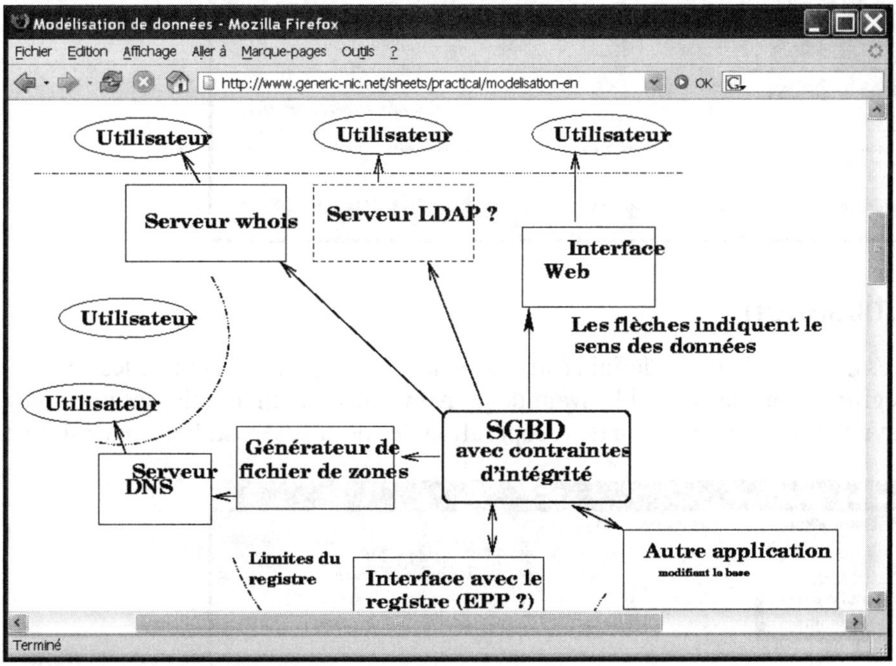

La réalisation

Le modèle étant défini, il vous faut passer à la structure des tables avec le SGBDR de votre choix, en l'occurrence MySQL. Vous devrez créer les tables en tenant compte des clés d'index, des relations existant entre elles. Vous créerez ensuite des formulaires, des états, des jointures, selon les besoins de votre application. Cette étape est très simple, à condition que les deux précédentes aient été correctement réalisées. Elle ne doit être que la mise en œuvre et l'application effective du modèle défini dans le contexte applicatif. Elle nécessite une bonne connaissance et une parfaite compréhension des logiciels utilisés et de l'architecture de l'application en question.

Figure 13-6 : *Réalisation : le SGBDR entre en jeu*

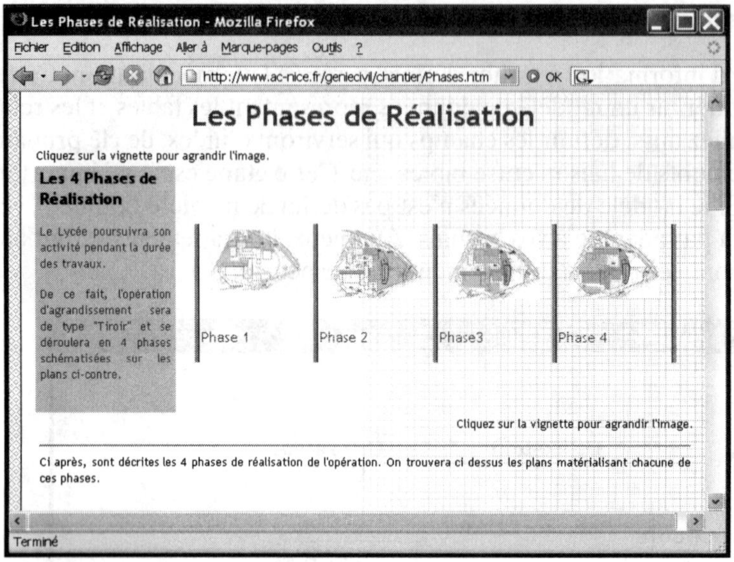

L'utilisation

Après avoir modélisé et défini la structure, il ne reste plus qu'à entrer les enregistrements dans la table avant de pouvoir utiliser et manipuler les informations. C'est un travail de saisie (ou de récupération des données) fastidieux mais simple.

Figure 13-7 : *Le modèle en cascade de charrette*

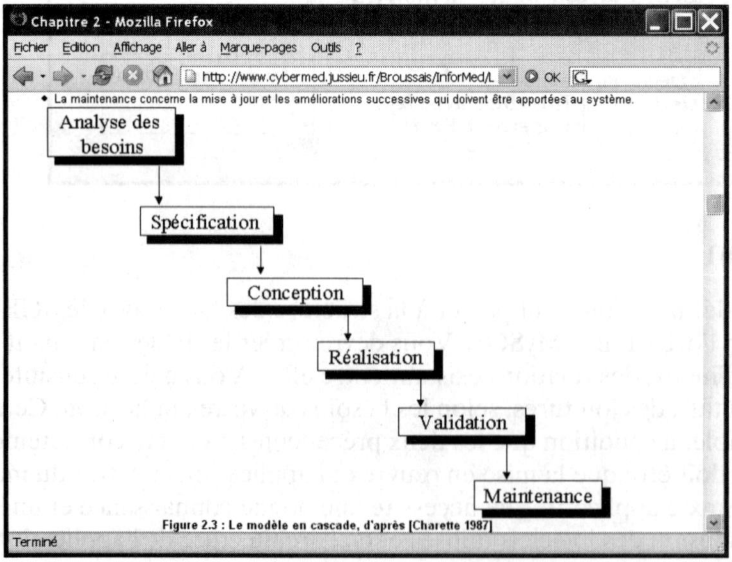

13.2 SGBD et SGBDR

SGBD

Une base de données est une collection d'informations rassemblées selon des critères précis. Elle porte sur un thème ou un type d'informations spécifique. Généralement, elle est utilisée par une application qui réalise des traitements sur ces données. Ainsi classifiées et regroupées, les ressources (informations) peuvent être partagées entre plusieurs utilisateurs. Un SGBD (Système de gestion de base de données) est un logiciel de création et de gestion de bases de données. Il vous permet de définir vos types de données, de travailler avec, de les partager sur un réseau ou de réaliser divers traitements de bases de données (recherches, extractions, modifications, sélections, etc.).

REMARQUE

Rôle de la base de données

Une base de données doit répondre à deux exigences fondamentales :

- Centraliser l'information. La même structure de données ne doit pas être définie plusieurs fois inutilement.
- Exprimer des liens entre les entités qui la constituent.

SGBDR

Oracle a été l'un des premiers SGBDR (Système de gestion de base de données relationnelles) ayant repris la norme SQL. Voyons ce que signifie ici le terme "relationnelles" (voir fig. 13-8).

Un SGBDR (Système de gestion de base de données relationnelles) permet, comme un SGBD classique, d'organiser les données en tables. Il offre de plus la possibilité de les relier entre elles selon des critères spécifiés et propres à leur utilisation. Un SGBDR permet l'extraction d'informations en employant ces liaisons spécifiques, afin de les regrouper ou de pouvoir les afficher.

La structure des SGBDR permet d'éviter la redondance des données, en liant entre elles les tables par l'intermédiaire de clés d'index, simples ou composées (une clé composée est issue de la concaténation de plusieurs champs d'une même table).

Figure 13-8 : *Oracle*

> **REMARQUE**
>
> **Accès direct et économie de ressources**
>
> Au lieu de reproduire des données identiques dans plusieurs tables, vous pouvez y accéder lorsque cela est nécessaire par l'intermédiaire des clés d'index. Le fait de stocker des informations strictement identiques à plusieurs endroits complexifie la maintenance, gaspille inutilement de l'espace disque et alourdit les traitements. Évitez que cela ne se produise.

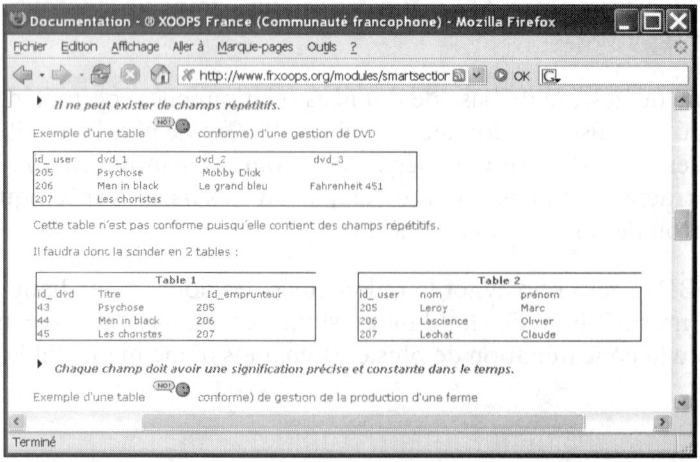

Figure 13-9 : *Éviter la duplication des données*

La gestion de l'information en est facilitée d'autant ; les données étant uniques et liées, leur mise à jour est simple et directe, il faut seulement assurer la cohérence d'un point de vue fonctionnel. Par exemple, interdire de supprimer une référence dans une table de produits s'il existe des commandes en cours sur ce produit, ou annuler ces commandes et en avertir le client. Mais cela engendrera des traitements spécifiques.

Le principe d'un SGBDR est de partager des ressources (les informations) entre plusieurs utilisateurs. Il vous permet de définir vos types de données, de travailler avec et éventuellement (c'est le cas sur Internet) de les partager. Pour représenter vos données, vous serez amené à définir un modèle de données. Une base de données doit permettre de créer des structures stables et d'éviter les redondances inutiles.

L'élaboration d'une structure de données s'appuie sur le monde réel. Le travail à réaliser consistera donc à construire un modèle du monde réel et à le représenter sous forme de données pouvant être "computerisées".

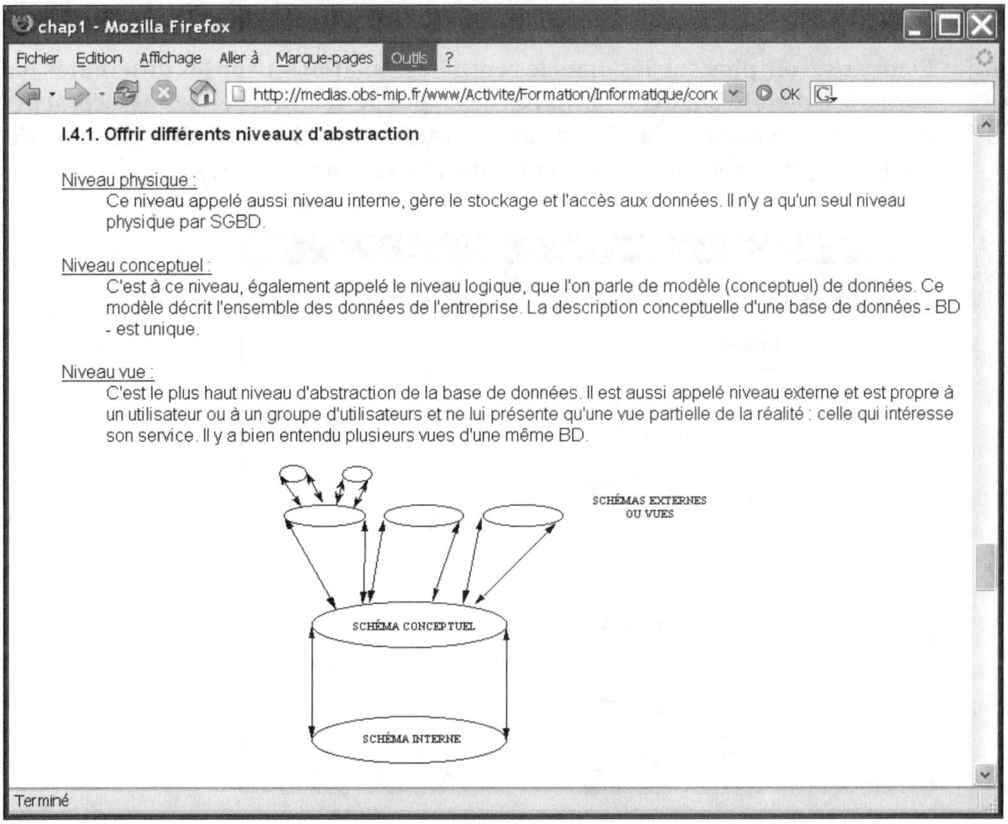

Figure 13-10 : *Les différents niveaux d'abstraction du processus de modélisation*

DÉFINITION

Modèle de données

Un modèle de données est un outil formel employé pour comprendre et interpréter l'organisation des données dans un SGBD, indépendamment de toute organisation physique.

Si l'on évoque les relations (et de modèle relationnel), il faut aussi évoquer le modèle entité-association et la forme normale. Le modèle entité-association définit les relations entre les données des différentes tables. Ces relations (de table à table) peuvent être de quatre types différents : 1 à 1, 1 à n, n à 1 et n à n (n entier >= 2). La relation 1 à 1 signifie qu'1 élément de la première table est en relation avec 1 élément et 1 seul de la deuxième. 1 à n se traduit par : 1 élément de la première table peut être en relation avec n éléments de la deuxième, et ainsi de suite pour les autres types. L'établissement de ces relations permet de définir les contraintes d'intégrité entre les tables, et concourt à la création de traitements adaptés aux besoins de l'analyse.

RENVOI

Pour en savoir plus sur les modèles entité-association et sur les différentes formes normales, dont le but est d'optimiser les types de relations en les associant et les regroupant, reportez-vous à des ouvrages traitant de la méthode Merise ou de méthodes plus évoluées qui en sont issues (SAP, par exemple).

Figure 13-11 : *Modélisation avec UML*

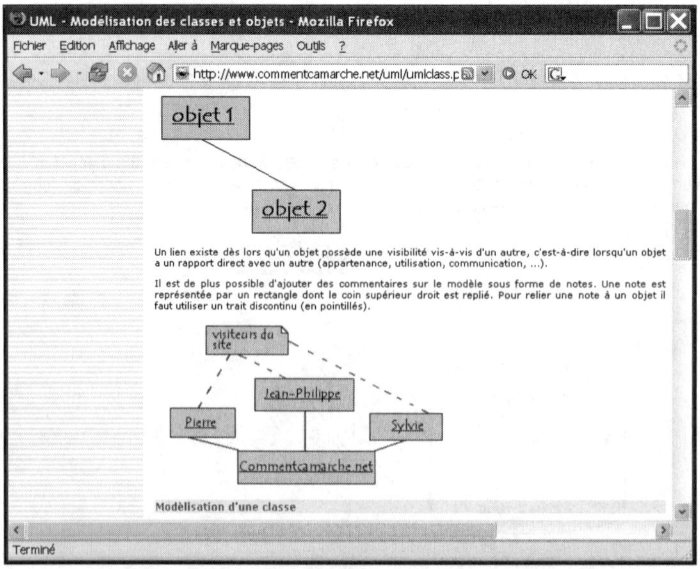

Facilité de conception d'un SGBD : un atout important

La conception des bases de données n'est, en général, pas à la portée du premier venu. Ceci est vrai pour plusieurs raisons.

13

Approche empirique

Les utilisateurs finaux conçoivent parfois des bases de données de manière empirique, sans "poser sur la table" toutes les données du problème. Une fois conçues, les bases de données doivent pourtant intégrer toutes les caractéristiques requises et sont rarement appelées à changer.

Structures de données

Les bases de données créées par des utilisateurs finaux sont souvent des structures de données hiérarchisées, qui se chevauchent largement et dans lesquelles les informations se recoupent. Les bases de données actuelles évoluent inexorablement vers des structures séparées les unes des autres par le modèle relationnel sous-jacent. Les traitements y gagneront en simplicité et en rapidité.

Figure 13-12 : *Structure de données hiérarchisée*

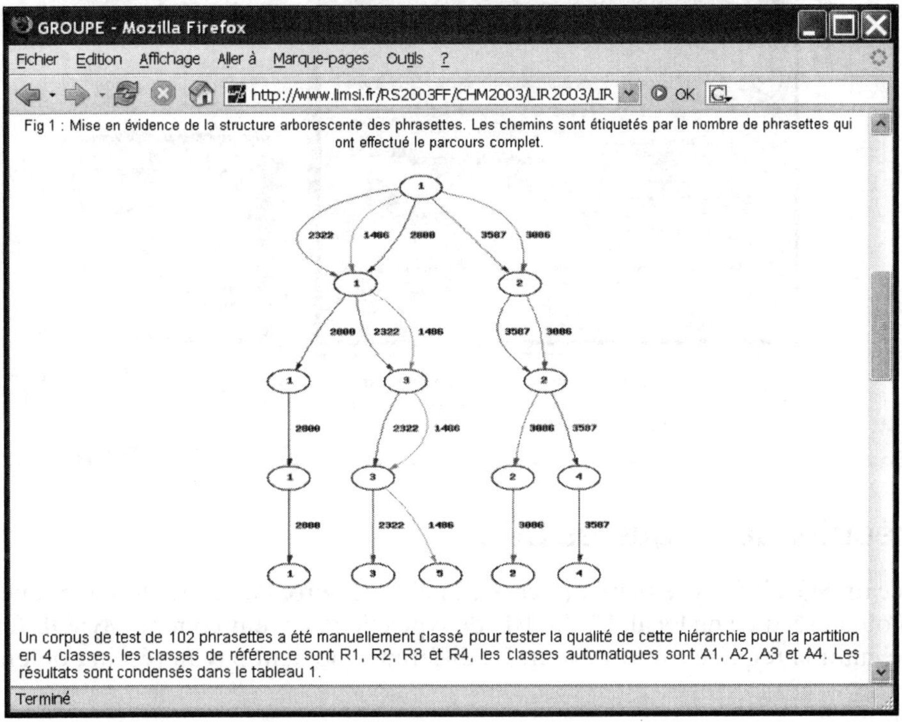

BIBLIOTHÈQUE UNIVERSITAIRE NICE SCIENCES

Logiciels de conception

Les logiciels de conception de bases de données grand public (Access, FileMaker Pro, etc.) sont avant tout conçus pour être employés par des utilisateurs finaux. Ils leur permettent de créer une structure de données qui optimise implicitement les performances lors de la création de requêtes classiques, sans qu'ils soient obligés de se noyer dans des détails techniques superflus. Les bases de données traitent les requêtes et l'optimisation des performances plutôt comme des fonctionnalités supplémentaires, généralement mises en place par l'administrateur, complétant une structure relationnelle de base.

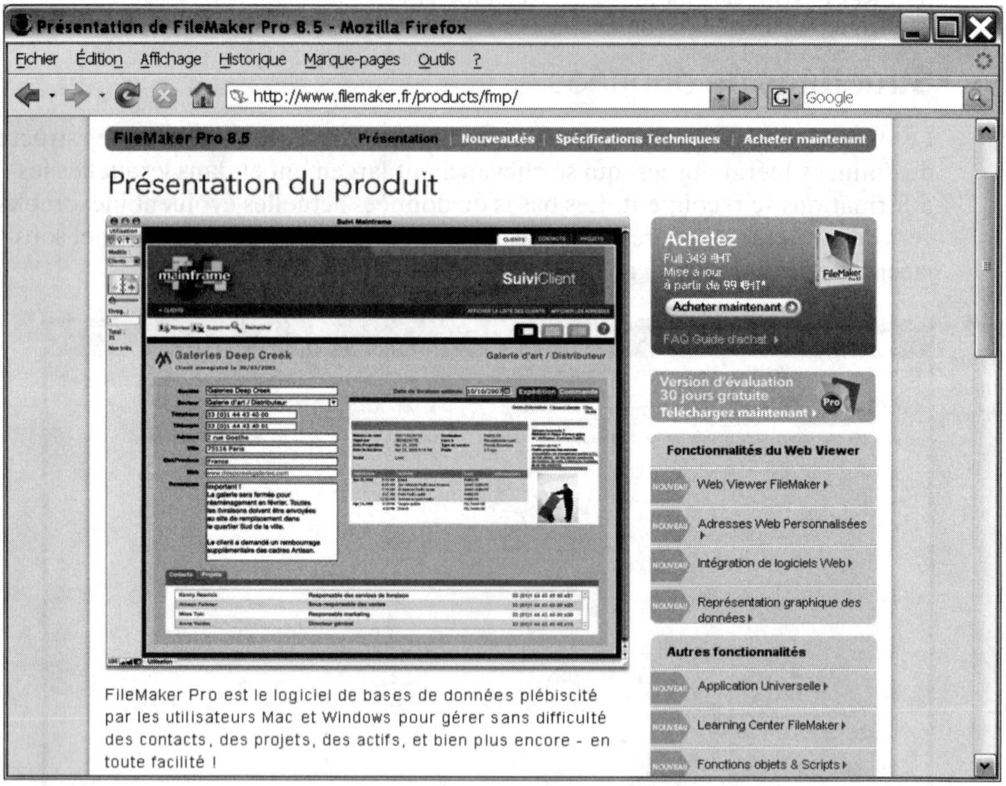

Figure 13-13 : *Ergonomie et facilité d'utilisation avec FileMaker Pro*

Exécuter des requêtes SQL

Avec un SGBD de type fichier (Access, FileMaker Pro, Paradox, etc.), la requête est toujours exécutée en local. Un SGBD de type client/serveur comme MySQL fera s'exécuter la requête sur le serveur. La différence ne tient pas au résultat obtenu (réponse à la requête) – ce dernier doit normalement être le même dans les deux cas – mais bien dans la manière d'obtenir cette réponse.

Figure 13-14 : *Le site de la communauté Paradox*

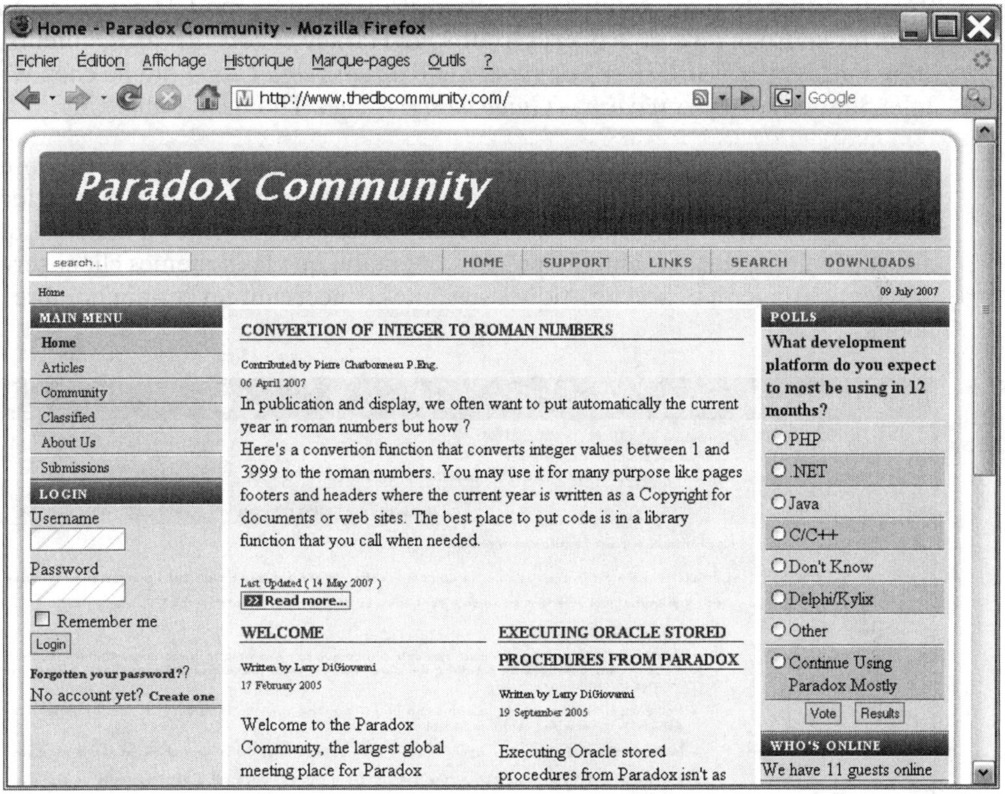

Le transactionnel

Le transactionnel est un mécanisme disponible sur les SGBD de type client/serveur tels que MySQL. Il permet de regrouper des commandes SQL multiples afin de constituer une commande globale qui sera traitée comme une instruction isolée. Cet ensemble de commandes sera exécuté en totalité ou pas du tout. Il faut pour cela donner des points de départ et d'arrivée à la transaction et contrôler si les commandes SQL qui la composent ont ou non été exécutées avec succès. Si une seule des commandes n'est pas traitée correctement, le système reviendra en arrière sur l'ensemble des opérations effectuées, les annulant toutes. Cette opération est réalisable uniquement sur des serveurs dotés des fonctionnalités suffisantes pour revenir sur les diverses modifications apportées. Ils doivent pour cela tenir à jour un historique complet des modifications effectuées.

13.3 Architecture client/serveur

Il existe de nombreuses définitions de l'architecture ou du modèle client/serveur. Nous retiendrons celle de Robert Orfali, Dan Harkey et Jeri Edwards, auteurs, entre autres, de *Client/Server Programming With Java and Corba* publié chez Wiley, John Sons et de *Objets répartis – Guide de survie* chez Thomson Publishing.

"Clients et serveurs sont des entités distinctes qui fonctionnent de concert sur un réseau en vue de l'accomplissement d'une tâche déterminée." Il faut donc effectuer un distinguo entre les systèmes client/serveur et les autres formes d'informatique distribuée. Pour cela, les auteurs précités ont établi que les systèmes client/serveur devaient partager les caractéristiques suivantes concernant un certain nombre de points.

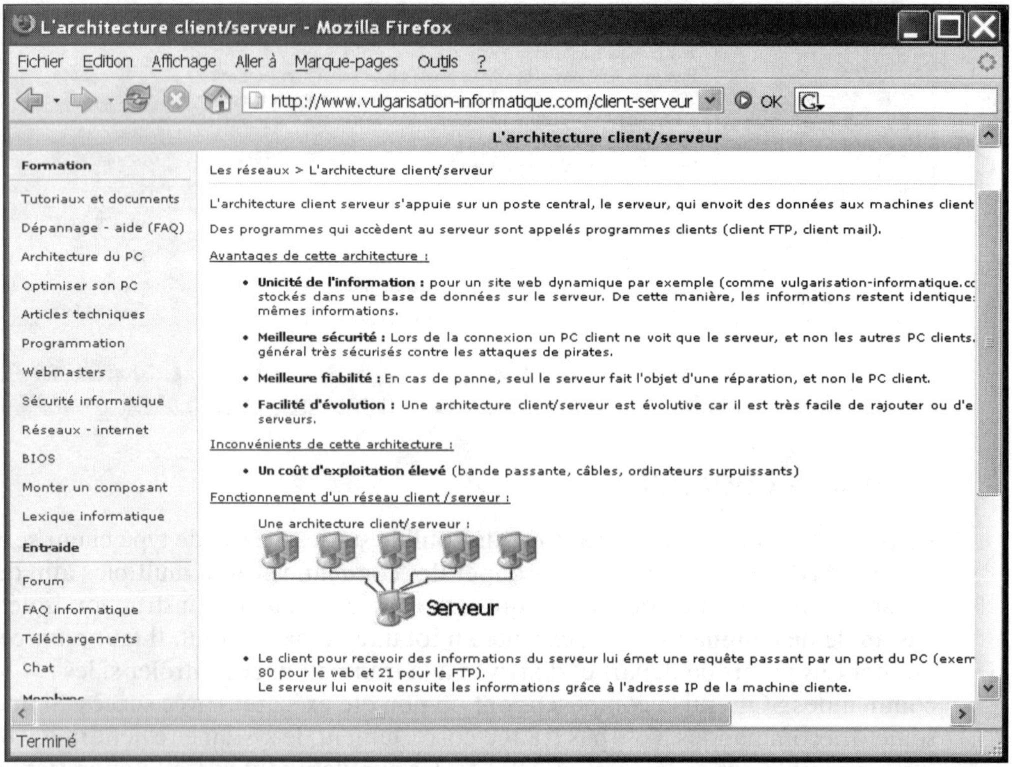

Figure 13-15 : *Architecture client/serveur*

Caractéristiques générales d'une architecture client/serveur

Assemblage multivendeur

Le principe est (presque) le même que pour une chaîne hi-fi. La configuration idéale consiste à avoir un logiciel client/serveur indépendant de la plate-forme matérielle et du système d'exploitation. Les plates-formes client et serveur doivent toujours pouvoir être mélangées et associées.

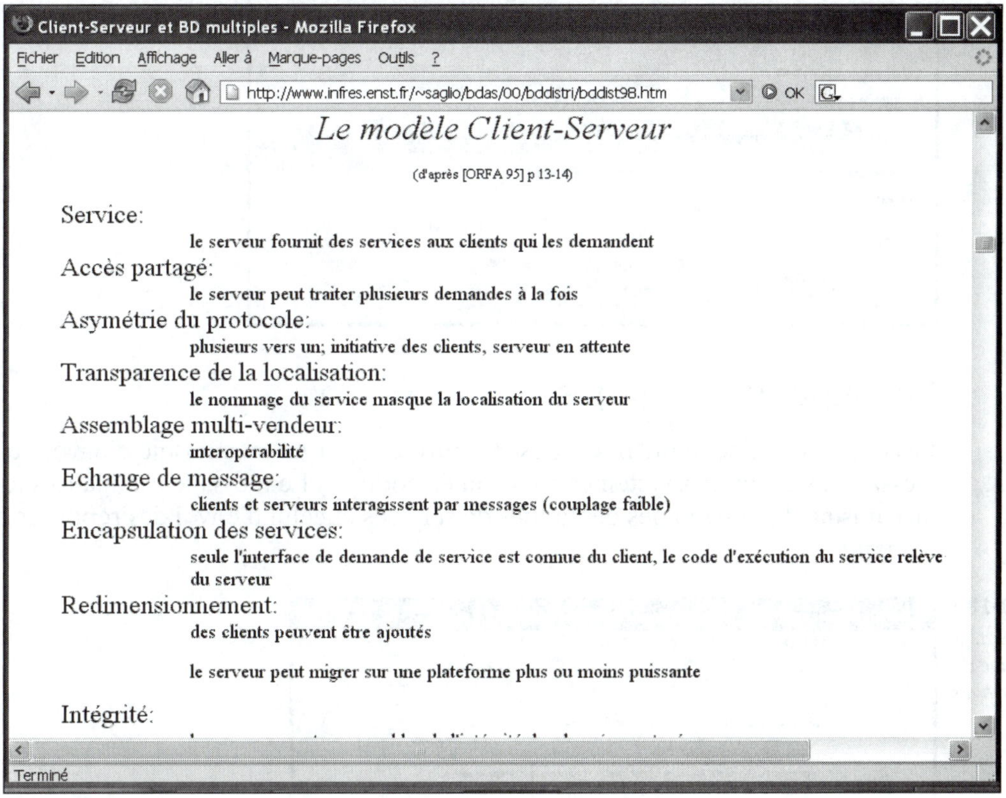

Figure 13-16 : *Caractéristiques d'une architecture client/serveur*

Asymétrie des protocoles

La relation entre clients et serveur est de type plusieurs vers un. C'est le client qui va déclencher le dialogue en demandant un service. Les serveurs sont en position d'attente. Lorsqu'ils reçoivent les requêtes des clients, ils déclenchent les traitements correspondants.

Dans certains cas, un client peut envoyer une référence à un objet de type callback en invoquant un service. Cela permet au serveur de rappeler le client, qui devient à son tour un serveur.

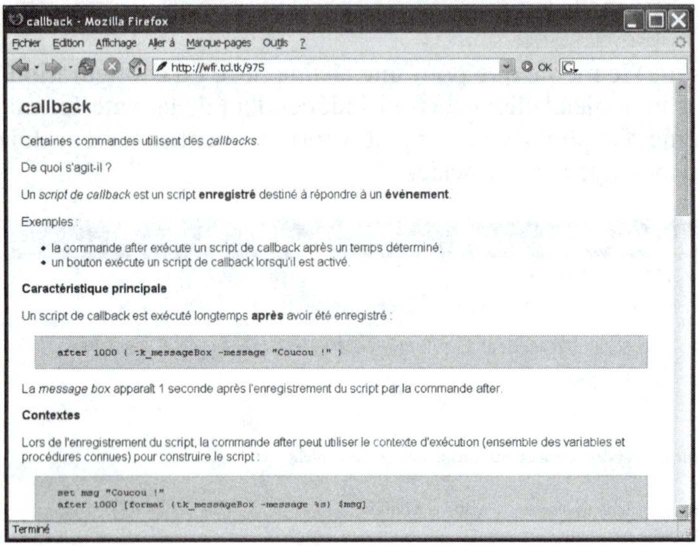

Figure 13-17 : *Type de relations clients/serveur : référence à un objet de type callback*

Échange de messages

Les clients et les serveurs interagissent entre eux par un mécanisme d'envoi de messages. Ce sont des systèmes à liaison épisodique. Le message est à la fois le mécanisme d'émission des demandes de services et celui d'envoi des réponses à ces demandes.

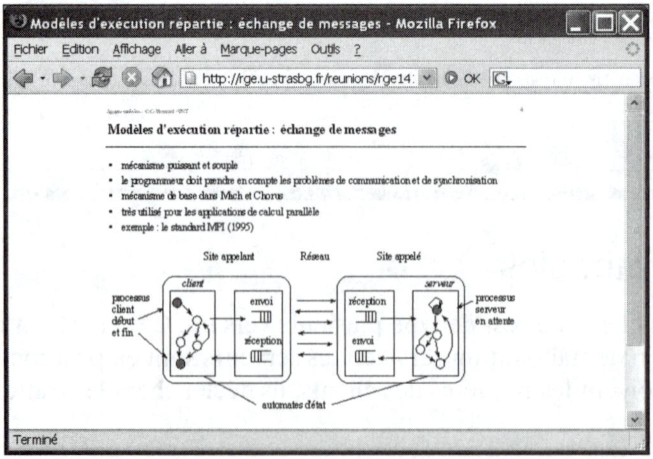

Figure 13-18 : *Système à échange de messages*

13

Encapsulation de services

Pour encapsuler des services, le serveur doit être spécialisé. Il va réagir en fonction du service requis par le message envoyé. C'est au serveur de décider de quelle manière ce service sera exécuté. Il doit être possible de mettre à niveau les serveurs sans que cela ait d'effet sur les clients, dans la mesure où l'interface des clients ne change pas.

Figure 13-19 : *Encapsulation des services*

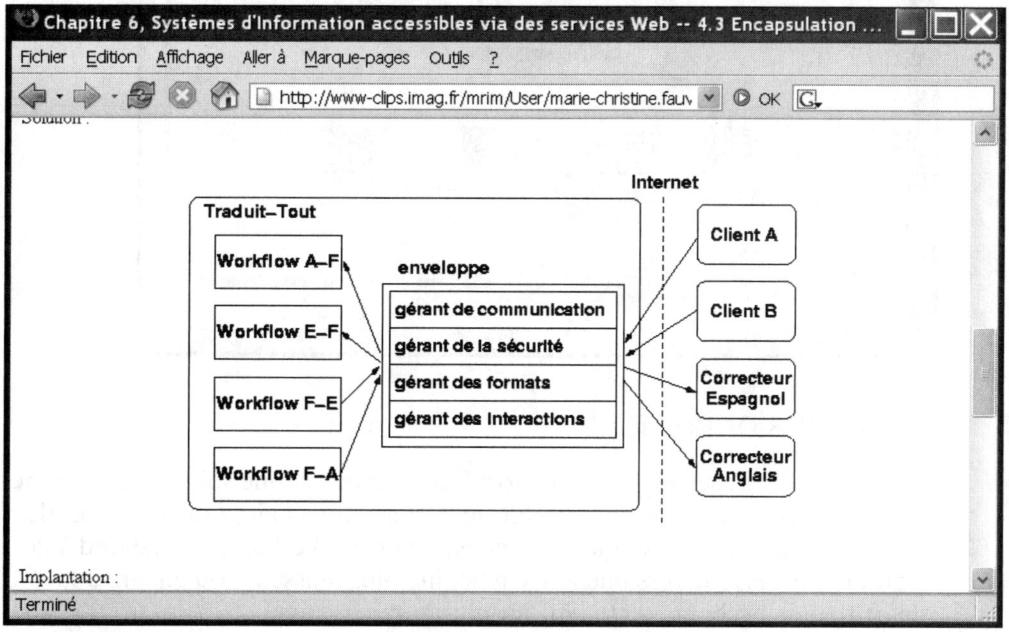

Intégrité

La gestion du code et des données doit être centralisée (traitements sur le serveur), afin de minimiser les coûts de maintenance mais aussi et surtout pour mieux garantir l'intégrité des données partagées. De l'autre côté (côté client), les différents clients restent individuels et indépendants.

RENVOI

Rendez-vous à la fin de ce chapitre, section *Modélisation des données*, pour obtenir plus d'informations sur les conditions nécessaires au respect des règles d'intégrité.

Partage des ressources

Un serveur peut traiter plusieurs clients en même temps et contrôler leurs accès simultané aux ressources partagées.

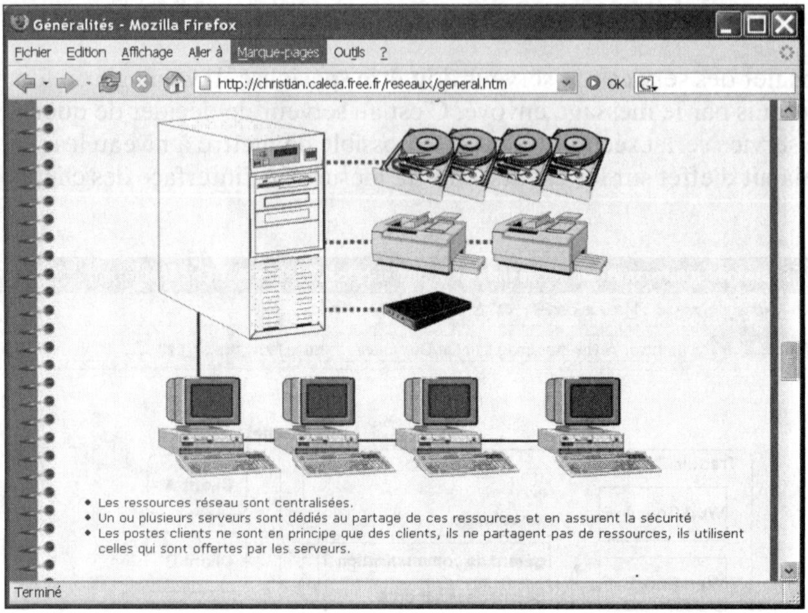

Figure 13-20 : *Partage des ressources entre les clients d'un serveur*

Redimensionnement

Un système client/serveur doit pouvoir être redimensionné soit horizontalement, soit verticalement. La première solution correspond à l'ajout ou au retrait de stations clientes. La deuxième (redimensionnement vertical) correspond à la migration du serveur vers une autre machine plus puissante ou encore à la répartition de la charge de travail sur plusieurs serveurs.

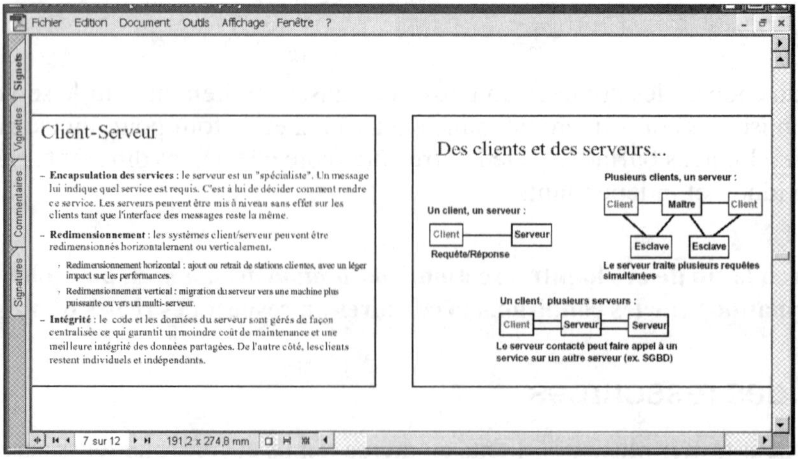

Figure 13-21 : *Redimensionnement d'un serveur*

Service

Le modèle client/serveur est, fondamentalement, un ensemble de relations existantes entre des processus s'exécutant sur des postes distincts. Le processus serveur est un fournisseur de services et le processus client un consommateur de ces services.

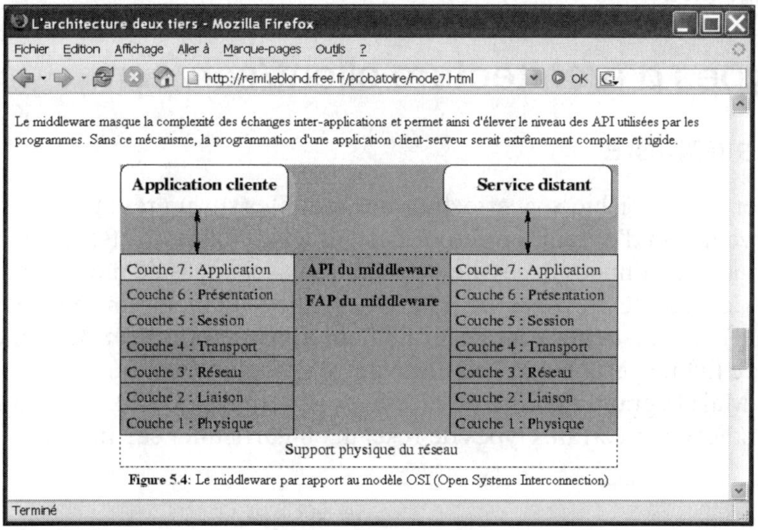

Figure 13-22 : *Notion de services entre serveur et client*

Transparence à la localisation

Les processus clients et serveurs peuvent résider sur la même machine. Ils peuvent également, par l'intermédiaire d'un réseau, résider sur des machines distinctes interconnectées. C'est le logiciel client/serveur qui masque aux clients la localisation du serveur. Pour cela, il redirige les demandes de service lorsque cela s'avère nécessaire. Un programme peut par conséquent être client, serveur ou les deux à la fois.

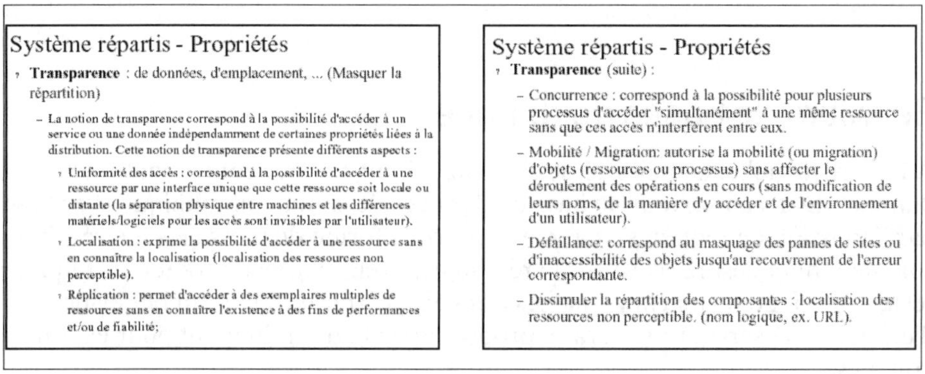

Figure 13-23 : *Principe de transparence à la localisation*

Si un système répond à toutes les exigences énumérées, c'est certainement un système client/serveur. Cependant, on peut distinguer au moins six types caractéristiques de solutions client/serveur. Les serveurs de fichiers, les serveurs de bases de données, les serveurs de transactions, les serveurs de groupware, d'applications objet ou encore les serveurs d'applications web. Voyons les spécificités essentielles.

Les différents types d'architecture client/serveur

Serveurs de fichiers

Le client d'un serveur de fichiers va effectuer des requêtes sur un réseau en direction du serveur afin d'obtenir en retour des enregistrements. Cette forme très primitive de service de données nécessite de nombreux échanges de messages sur le réseau. Ce type de système est très utile pour partager des fichiers sur un réseau (local ou intranet). Ces systèmes sont généralement utilisés pour créer des banques de documents, de fichiers graphiques ou toute autre grande collection d'informations. Mais le grand nombre de messages générés pour traiter les requêtes constitue un handicap sur certains types de réseau, en particulier sur Internet.

Figure 13-24 : *Architecture client/serveur avec serveur de fichiers*

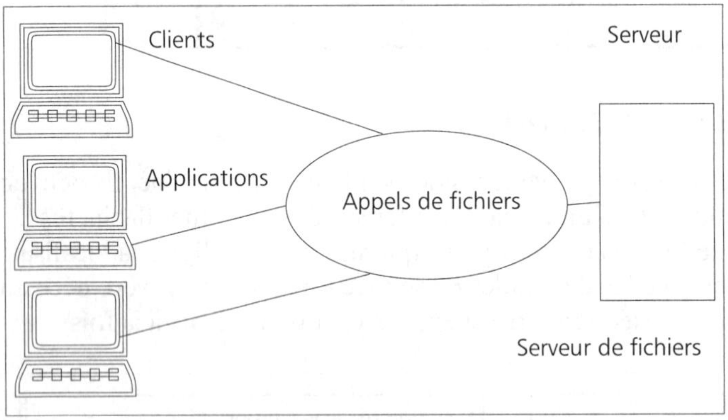

Serveurs de bases de données

À l'heure actuelle, la majorité des logiciels client/serveur concernent les bases de données. Dans un serveur de base de données, le client communique avec le serveur par l'émission de requêtes SQL envoyées sous forme de messages. Le résultat de chaque requête est renvoyé sur le réseau. Le code chargé de traiter les requêtes réside sur la même machine que les données des bases. Dans un but évident d'efficacité, le serveur utilisera sa propre capacité de traitement pour extraire des données.

Serveurs de base de données SQL

Les serveurs SQL sont devenus le modèle dominant en matière de création d'applications client/serveur. Les distributeurs de logiciels serveurs de bases de données sont nombreux et pour la plupart bien connus des informaticiens. Ils se nomment IBM, Informix, Oracle, Sybase ou encore Microsoft.

Cet engouement pour le langage SQL en matière de connectivité client/serveur n'est pas le fait du hasard. Et pourtant, face aux SGBD se dressent désormais de nouveaux modèles d'informatique client/serveur, tels que les bases de données objet, les bus à objets (ORB), les serveurs d'application web et le groupware.

Un serveur de base de données SQL (appelé également moteur SQL) a pour tâche de répondre aux requêtes émises par le client et de fournir un accès sécurisé aux données à partager. Il est possible d'interroger ou de modifier des enregistrements avec une simple instruction SQL depuis une application cliente. Un serveur SQL fournit les vues logiques et physiques des informations de la (ou des) base(s). Il va aussi générer des chemins d'accès optimisés pour l'exécution des commandes SQL. Un serveur de base de données assure la gestion de tables catalogues dynamiques contenant des informations sur les objets SQL de la base. Pour permettre à plusieurs applications un accès simultané à une même base, il doit offrir un environnement protégé. Cet environnement devra gérer la récupération après incident, la simultanéité des accès, ainsi que la sécurité et la cohérence des données.

Figure 13-25 : *Architecture client/serveur avec serveur de bases de données*

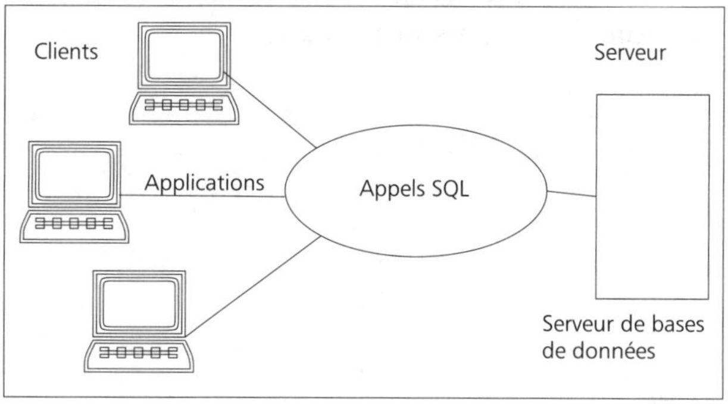

Les serveurs de transactions

Dans le cas de serveurs de transaction, le client invoque des procédures distantes (ou services distants) situées sur le serveur comprenant un moteur de base de données SQL. Ces services ou procédures distants vont exécuter un ensemble d'instructions SQL. Il n'y aura qu'un message de requête/réponse qui circulera sur le réseau. Dans le cas d'un serveur de bases de données, il y aurait un message par instruction SQL.

Figure 13-26 : *Architecture client/serveur avec serveur de transaction*

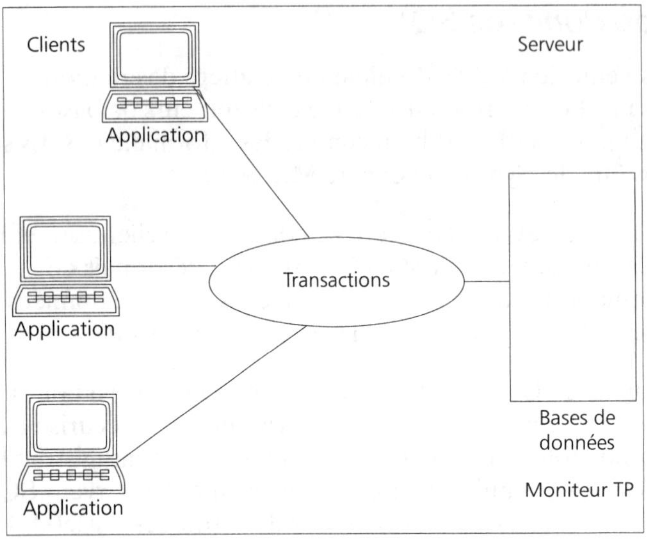

Les serveurs de groupware

Le groupware traite de tout ce qui touche à la gestion d'informations semi structurées (texte, images, courrier, messagerie, ordonnancement de tâches). Ce modèle de client/serveur a pour fonction de mettre en relation directe des individus constituant un groupe déterminé. Nous pouvons citer comme exemple de tels systèmes les applications Lotus Notes ou Microsoft Exchange.

Figure 13-27 : *Architecture client/serveur avec serveur de groupware*

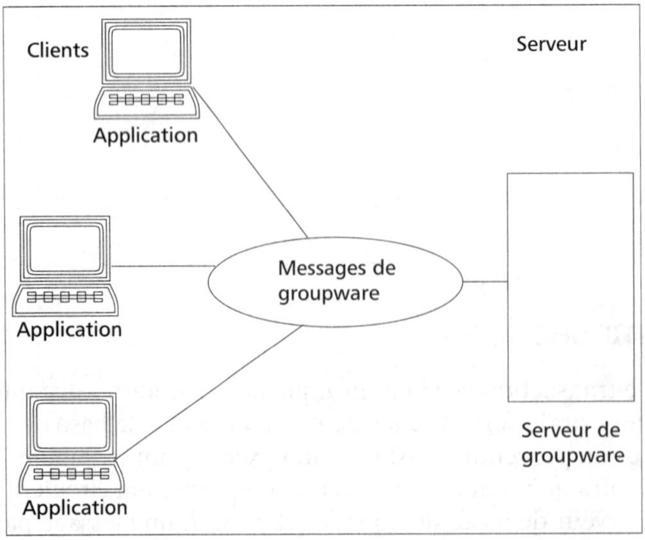

Les serveurs d'applications objet

L'application serveur, dans ce cas de figure, est écrite sous la forme d'un jeu d'objets communicants. Les objets clients communiquent avec les objets serveur par l'intermédiaire d'un négociateur (ou courtier) de requêtes objets, un ORB (Object Request Broker). Les deux principaux ORB du marché sont CORBA (Common Object Request Broker Architecture) de l'OMG (Object Managment Group) et COM+ (ou encore DNA), qui s'appelait initialement DCOM (Distributed Component Object Model) ou Modèle objet à composants distribués de Microsoft. CORBA est également la technologie à l'origine de la conception du modèle de composants Enterprise JavaBeans. C'est de la technologie COM+ que sont issus les divers logiciels d'entreprise Microsoft ainsi que le modèle à composants ActiveX, ADO et la plate-forme .NET.

Figure 13-28 : *Architecture client/serveur avec des objets istribués COM+*

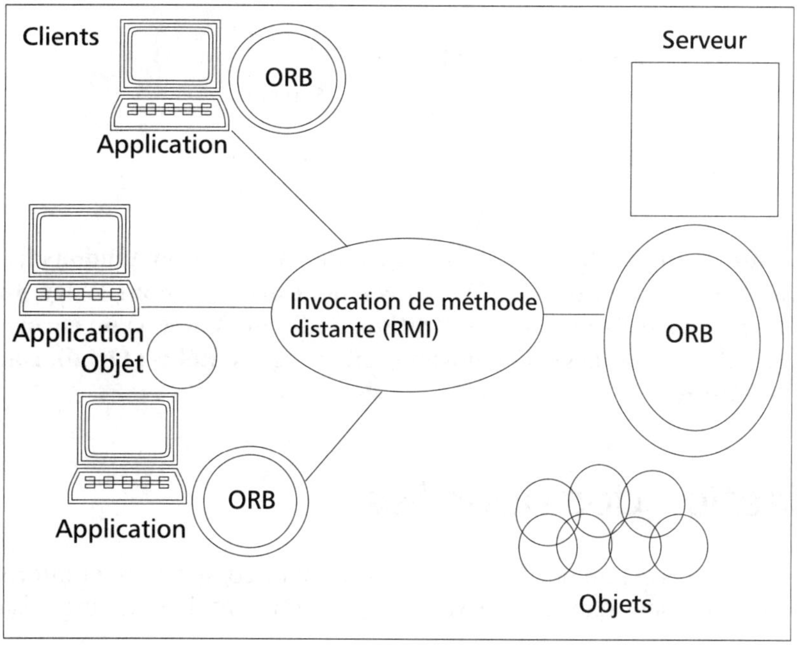

Les serveurs d'applications web

Le modèle serveur d'applications web est constitué de clients légers, portables et universels qui communiquent avec de très gros serveurs. Dans ce modèle, clients et serveurs communiquent entre eux via un protocole de type RPC (Remote Procedure Call) : l'HTTP (HyperText Transfer Protocol). Ce protocole définit un jeu de commandes simple, dans lequel les paramètres sont transmis comme des chaînes de caractères classiques, c'est-à-dire sans typage spécifique.

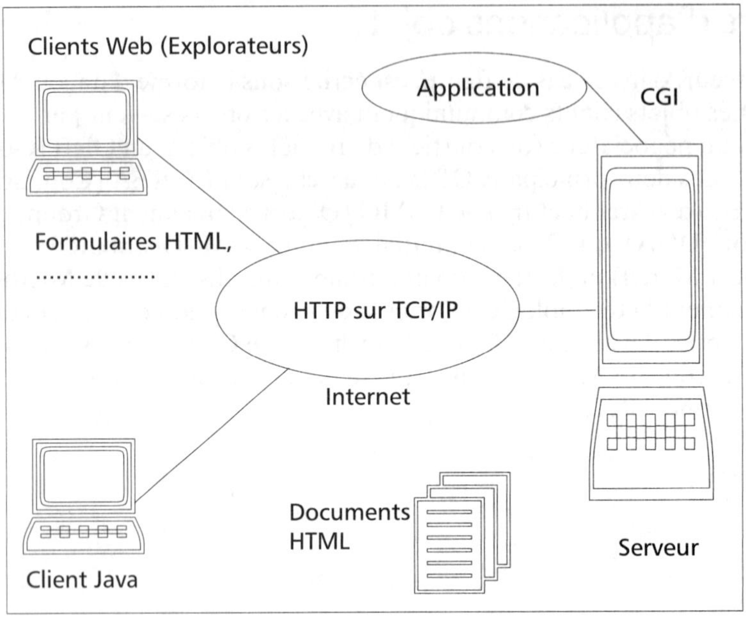

Figure 13-29 : *Architecture client/serveur avec serveur d'applications web*

RENVOI

Si vous souhaitez en apprendre plus sur le sujet, nous vous recommandons les ouvrages Client/Server Programming With Java and Corba (éditions Wiley, John Sons), Client/serveur à trois niveaux, en Pratique (éditions Vuibert) ou encore Objets répartis – Guide de survie (Thomson Publishing) de Robert Orfali, Dan Harkey et Jeri Edwards.

13.4 Modélisation des données

Un modèle de données est un outil formel employé pour comprendre et interpréter l'organisation des données dans un SGBD, indépendamment de toute organisation physique.

Une base de données, nous l'avons vu au début de ce chapitre, doit répondre à deux exigences fondamentales :

- centraliser l'information – la même structure de données ne peut être définie plusieurs fois ;
- exprimer des liens entre les entités.

Modèle entité/association

La meilleure méthode pour concevoir vos bases de données est de construire un schéma Entité/Association (E/A) représentant les bases et les relations pouvant exister entre elles. Les schémas E/A ont la double faculté d'être à la fois simples et puissants en termes de représentation de bases de données relationnelles. La méthode employée permet de dissocier les entités, constituant les éléments de bases de données, des associations, régissant les relations existantes entre ces entités.

> **REMARQUE**
>
> **Entité**
>
> Une entité représente toute chose identifiable et pertinente pour l'application concernée. La notion d'entité est primordiale. Elle permet de différencier les entités et de vérifier qu'une information est ou non redondante. Pour pouvoir effectuer cette distinction entre entités au niveau de la base de données, on a recours à un identifiant ou une clé.

Définition

Un schéma Entité/Association décrit l'application que vous souhaitez créer. Cette description consiste à sélectionner certains aspects de la réalité et à éliminer ceux qui ne sont pas indispensables aux traitements à réaliser.

Figure 13-30 : *Schéma ntité/Association*

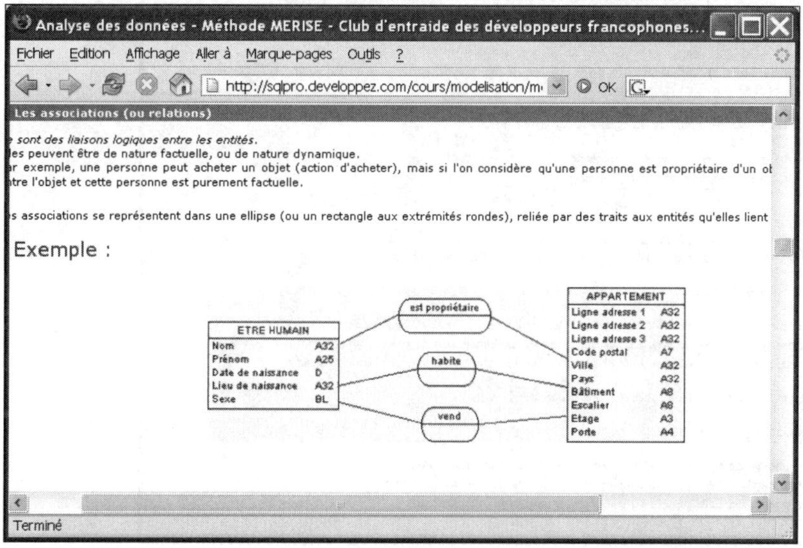

Le modèle entité-association définit les relations entre les données des différentes tables. Ces relations (de table à table) peuvent être de 3 types différents :

- 1 à 1 ;
- 1 à n ou n à 1 ;
- n à n.

Pour chaque type, n est un entier supérieur ou égal à 2. La relation 1 à 1 signifie qu'1 élément de la première table est en relation avec 1 élément et 1 seul de la deuxième. 1 à n se traduit par : 1 élément de la première table peut être en relation avec n éléments de la deuxième, et ainsi de suite pour les autres types.

L'établissement de ces relations permet de définir les fameuses contraintes d'intégrité entre les tables, et concourt à la création de traitements adaptés aux besoins de l'analyse.

RENVOI

Pour en savoir plus sur les modèles entité-association et les différentes formes normales, dont le but est d'optimiser les types de relations en les associant et les regroupant, reportez-vous à des ouvrages traitant de la méthode Merise ou de méthodes plus évoluées qui en sont issues (SAP, par exemple).

Figure 13-31 : *Types de relations, notion de cardinalité*

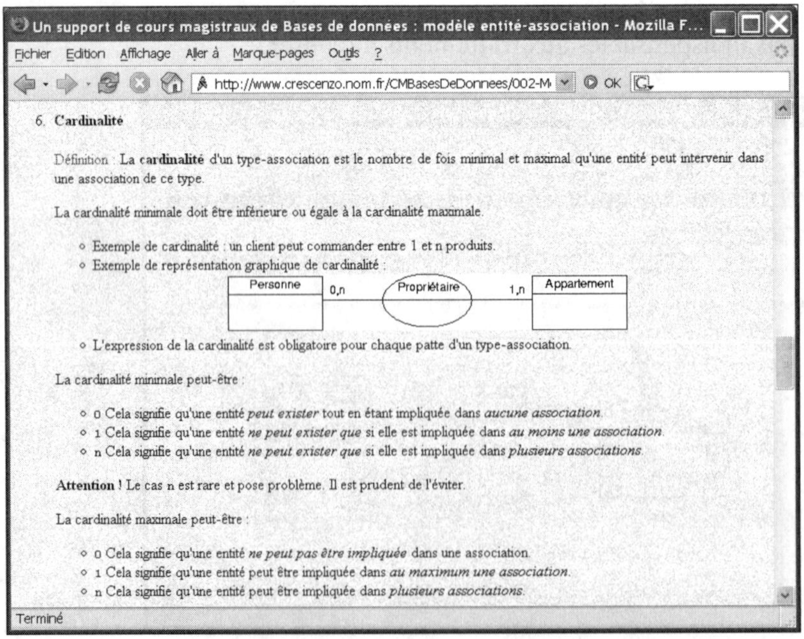

Intégrité

L'intégrité d'une base de données permet d'en assurer la cohérence. Les données de la base de données doivent être conformes à la réalité et aux contraintes de l'application. Lorsqu'il s'avère nécessaire de saisir certaines informations, telles que le nom ou l'adresse d'un client pour l'édition d'une facture, les informations saisies doivent être cohérentes et respecter les contraintes d'intégrité. Le système employé doit offrir des outils permettant de vérifier ces contraintes d'intégrité.

Intégrité référentielle

L'intégrité référentielle garantit que des liens existant entre des données similaires de tables distinctes ne seront pas rompus. Par exemple, si une relation d'intégrité référentielle est établie entre une table Produits et une table Commandes, vous ne devez pas pouvoir supprimer directement un produit alors qu'une commande portant sur ce même produit continuera d'exister. Dans le cas contraire, au moment du traitement de la commande, une erreur surviendrait forcément, ce produit n'étant plus référencé dans la table.

Figure 13-32 : *Contraintes d'intégrité*

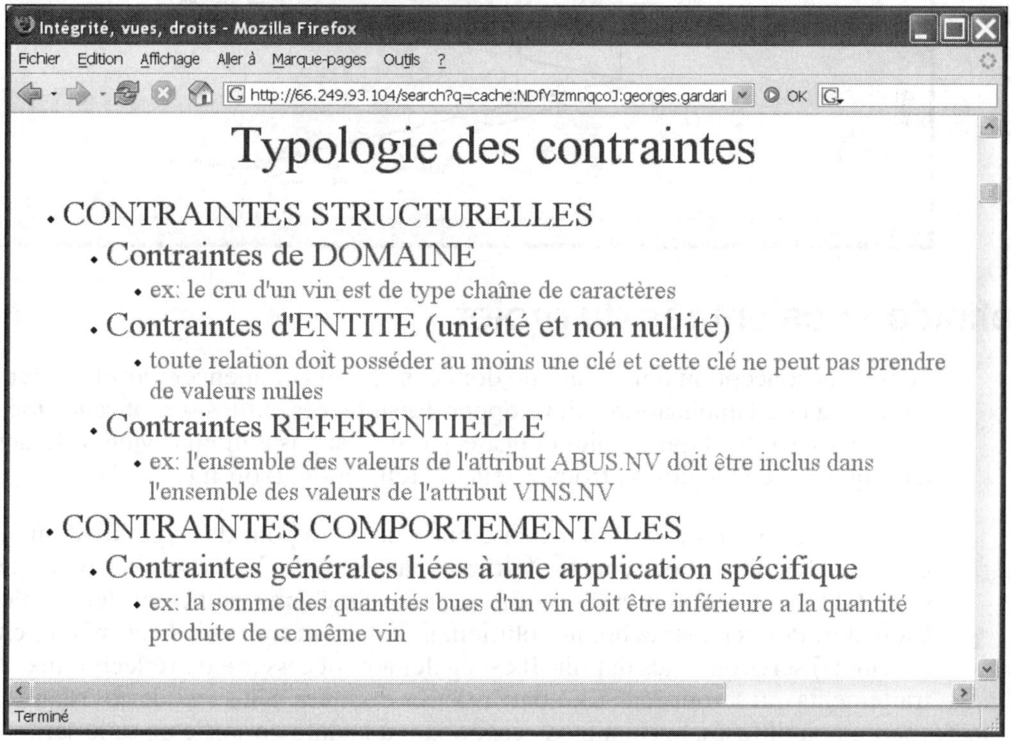

Le modèle E/A est à la base de la plupart des méthodes de conception actuelles. Nous pouvons citer la méthode OMT, UML ou encore Merise. Pour toutes ces méthodes, la conception repose sur les deux concepts fondamentaux que sont entité et association.

Figure 13-33 : *La méthode Merise*

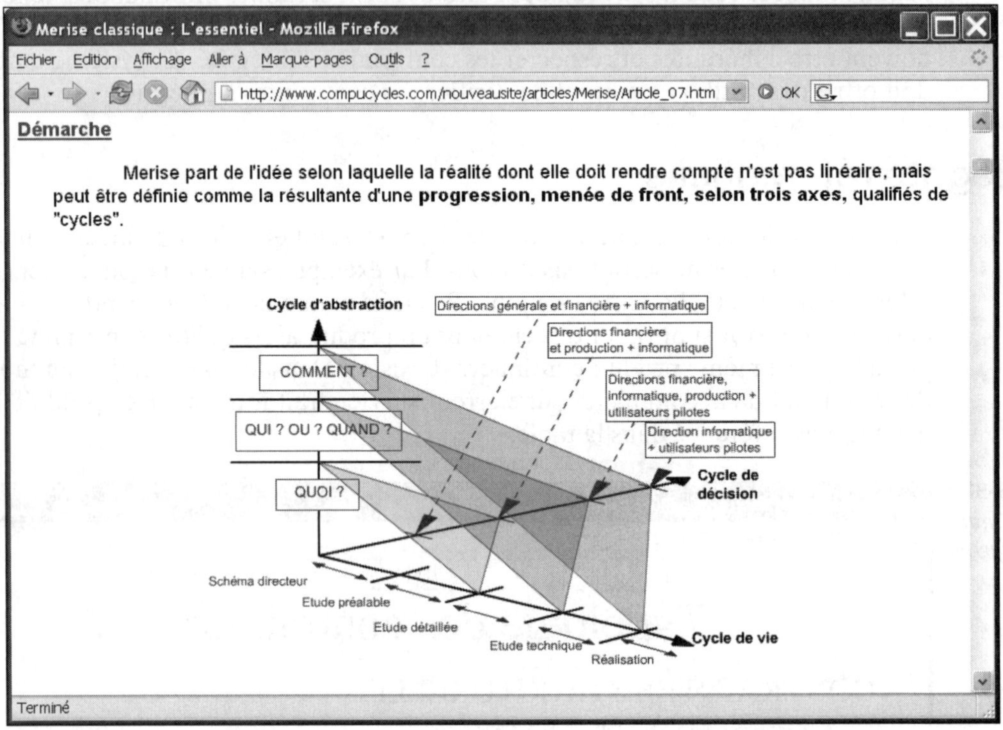

Définition des entités du projet

Lors de la conception d'une base de données, il faut commencer par identifier les entités utiles à l'application à développer. Ensuite, ces entités seront regroupées en ensembles. Cette étape est plus délicate, car il n'est pas toujours évident de savoir dans quel ensemble doit se trouver telle ou telle entité (voir fig. 13-34).

Vous pouvez hésiter à créer deux ensembles distincts pour des types de données proches. Des films et des courts-métrages, par exemple. Vous pouvez soit créer une seule table pour les deux et les différencier par un champ, soit créer deux tables distinctes. Pour choisir la bonne solution, il faut avant tout voir si les mêmes champs (attributs) serviront à les définir. Il est également nécessaire de réfléchir aux traitements qui seront réalisés à partir de ces données. S'il s'agit de courts-métrages encore non diffusés, le champ correspondant à la date de sortie en salle sera toujours vide. Et si vos traitements ne nécessitent jamais de travailler sur ces deux types de données en même temps, les regrouper dans une seule table les alourdira. Il faut trouver la bonne équation et surtout la bonne adéquation entre ensembles et traitements. Chaque entité est caractérisée par des propriétés.

Figure 13-34 : *Première étape : distinguer ensembles et entités*

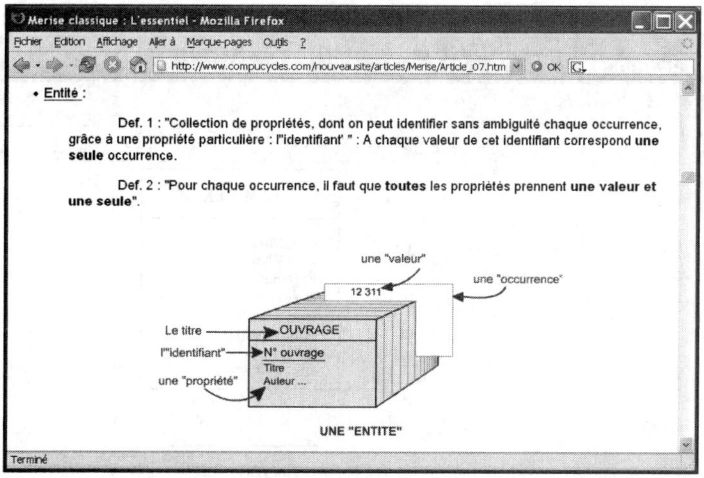

Dans l'exemple que nous allons développer plus loin, une entité film, par exemple, sera composée d'un numéro d'identification, d'un titre, d'une date de production, d'une date de sortie, etc. Dans la terminologie du modèle Entité/Association, ces propriétés sont appelées des attributs. Parmi ces attributs, certains sont désignés comme des clés d'un ensemble d'entités tables.

Figure 13-35 : *Une entité et ses attributs*

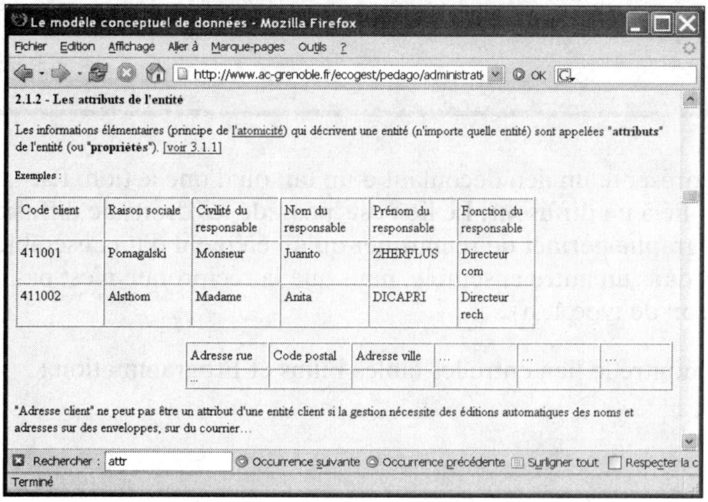

Associations (liens)

La représentation et le stockage d'entités indépendantes les unes des autres n'a guère d'intérêt. Il faut que les ensembles d'entité soient reliés entre eux par des associations.

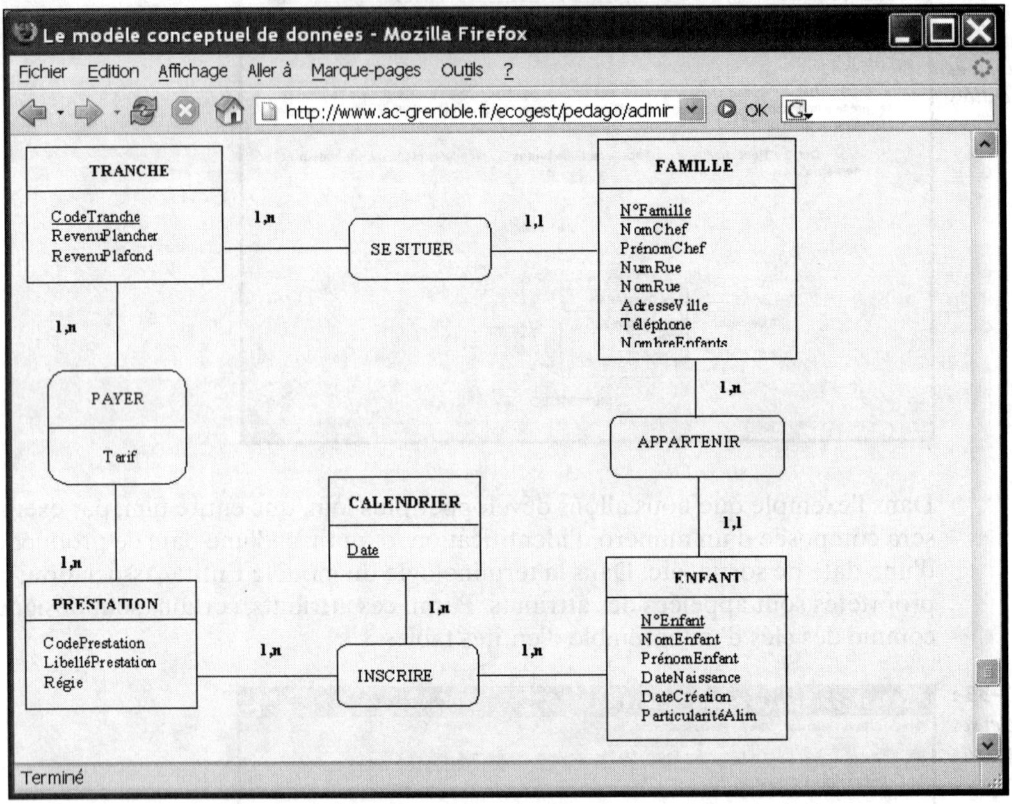

Figure 13-36 : *Exemple de schéma conceptuel des données*

Cette association représente un lien découlant d'un fait ou d'une action. Par exemple, un film est lié à un diffuseur. Le lien est "possède les droits de diffusion du film en France". Ce graphe permet de remarquer qu'un élément d'un ensemble peut avoir plusieurs liens dans un autre ensemble, mais que la réciproque n'est pas forcément vrai (liaison de type 1, n).

Le schéma qui suit montre le lien entre les tables Films et Programmation :

Figure 13-37 : *Relation entre les tables Films et Programmation*

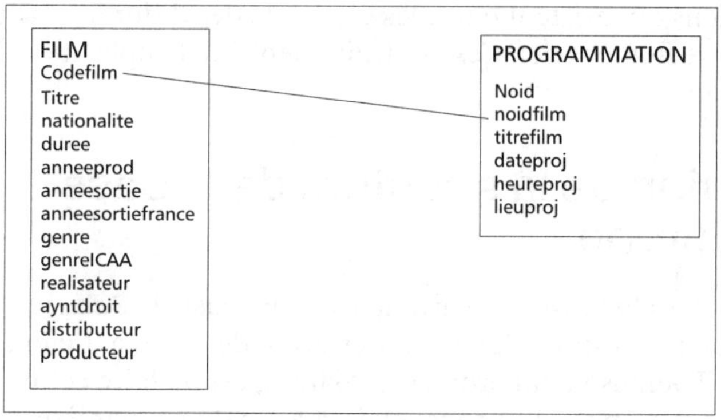

Les relations entre la table Films et la table Programmation se définissent par :

- 1 film peut être projeté plusieurs fois, donc avoir plusieurs enregistrements correspondants dans la table programmation. C'est une relation de 1 à n.
- 1 programmation (1 enregistrement de cette table), par définition, concerne la projection d'un film donné à une heure précise. Elle ne peut donc être en correspondance qu'avec un seul élément de la table Film. C'est une relation de 1 à 1.

La relation existant entre les tables Film et Ayantdroits sont les suivantes :

- 1 film ne peut avoir qu'un ayant droit (relation de type 1 à 1).
- 1 ayant droit peut posséder des droits sur plusieurs films (relation de type 1 à n).

Figure 13-38 : *Modèle relationnel de Made in Europe (tables film, programmation et ayant droits)*

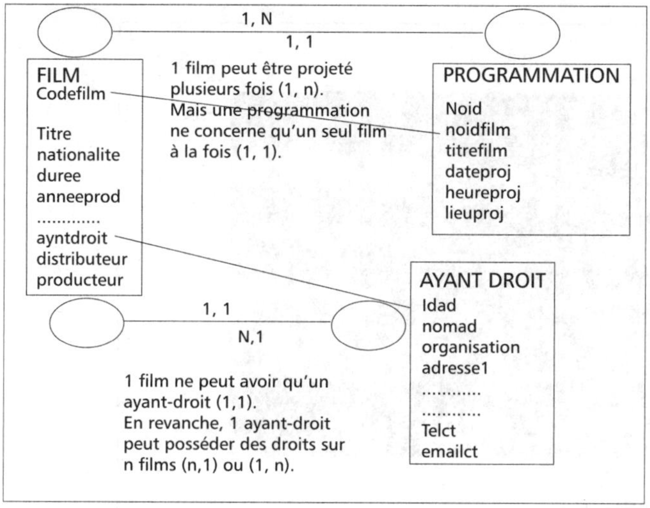

Les associations sont les liens qui existent entre les éléments des différents fichiers. Si ces associations sont correctement définies, les traitements de l'application seront d'autant plus simples à créer.

Mise en œuvre : définition de la structure de la base de données Made in Europe

Nous allons travailler dans les chapitres qui suivent avec une base de données découlant d'un cas pratique : la gestion d'une manifestation de cinéma. Le but de cette manifestation, née à Toulouse d'un projet estudiantin, est de faire connaître chaque année le cinéma de deux pays d'Europe, mais chacun d'une manière différente. Pour l'un, sujet d'un "Coup de projecteur", il s'agit de proposer une rétrospective à la fois historique et cinématographique du pays. Les films choisis seront donc extraits de différentes périodes plus ou moins "clés" de l'histoire du pays et de l'évolution de son cinéma. Pour l'autre, sujet lui d'un "Panorama"', seul un panel récent de sa cinématographie sera présenté. Cette fois, c'est seulement parmi les productions actuelles et les réalisateurs les plus jeunes et les plus innovants que les films projetés seront sélectionnés. Certaines projections seront suivies de colloques ou de débats avec des spécialistes de l'histoire ou du cinéma de ces pays ou des réalisateurs. D'autres événements, tels que des expositions de peintres ou graphistes des pays concernés, des concerts, des soirées pourront être organisés autour de la manifestation principale. Colloques, débats, concerts, soirées, expositions sont tous pour nous, d'un point de vue informatique et bases de données, des événements qui viendront s'inscrire dans le planning de cette manifestation.

Figure 13-39 : *Made in Europe*

A priori, ce type d'application ne semble pas nécessiter une analyse très poussée car elle ne gère pas de données complexes ni volumineuses. Les traitements à effectuer ne semblent pas non plus d'une grande complexité. Mais il faut tout de même user de méthode et de discernement. Si vous ne définissez pas un modèle de données adapté, même une simple recherche dans un fichier pourra prendre des heures ou du moins plusieurs minutes. Il suffit pour cela que la recherche soit quasi-séquentielle (lecture de tous les enregistrements, un par un) et la base très mal conçue et qu'elle contienne plusieurs milliers d'enregistrements. Vous pouvez toujours vous dire que ce ne sera pas le cas, que vous n'avez pas de temps à perdre en réflexion, puisque vous gérerez de faibles volumes de données. Cela n'en compliquera pas moins la maintenance de la base et toute mise à jour pourra s'avérer complexe voire douteuse. Mieux vaut, dès le départ, partir sur des bases saines.

Les personnes participant à ce projet devront gérer plusieurs types d'actions et d'informations. Tout d'abord, puisqu'il s'agit de films, il va falloir "classer" ces films, selon le titre, le réalisateur, le diffuseur, l'année de sortie, etc. Comme il faut demander aux ayant droits l'autorisation de projeter les films sur le territoire français, il est nécessaire de stocker des informations les concernant : nom, adresse, contact, téléphone, etc. Il faudra pouvoir, par exemple, rechercher les coordonnées d'un ayant droit pour le contacter et demander son autorisation pour la projection d'un ou plusieurs films dépendant de lui.

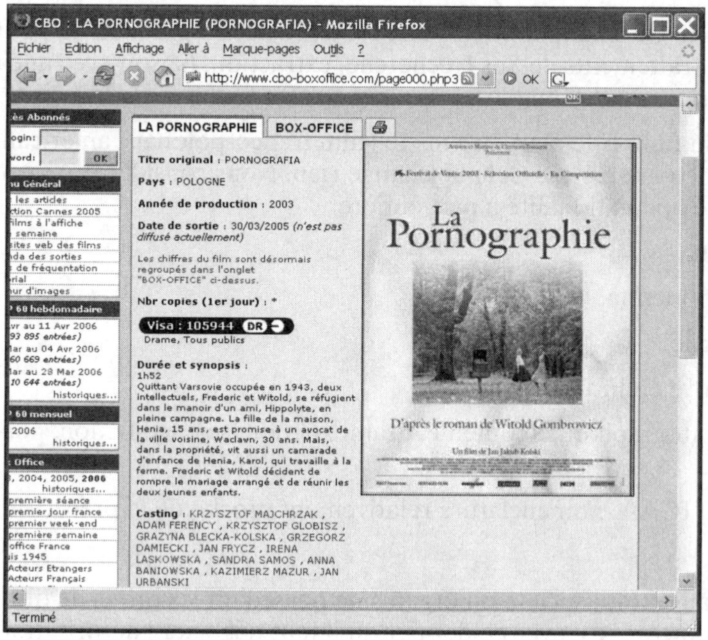

Figure 13-40 : *a Pornographie, e Kolski, produit par Mact Productions*

Comme il faut contacter un grand nombre de personnes pour réussir à organiser un événement de ce type, mieux vaut créer d'emblée un fichier *Contacts* avec les noms, les adresses email, etc. Les cinémas et autres lieux de projection mais aussi d'exposition, de colloques et autres événements peuvent être répertoriés dans un même fichier, une table Lieux par exemple. Un planning sera aussi nécessaire, ainsi que divers autres fichiers de données : *Dépenses/recettes*, *Budget*, *Bénévoles*, *Partenaires*, *Intervenants* (conférenciers, réalisateurs, responsables de circuit d'exploitation). Nous n'allons étudier que les éléments principaux, sans entrer dans le détail. Mais vous verrez que même un "petit" projet de ce type peut engendrer l'utilisation d'une quantité d'informations assez importante pour qu'elle mérite la création d'une base de données relationnelle.

Ces quelques bases étant posées, voyons de quels types de fichier nous aurons besoin pour la bonne gestion de cette manifestation.

Table Film

En premier lieu, il nous faut une table Film. Ce fichier contiendra les données suivantes :

- Le code film ou code d'identification. Il identifiera de manière exclusive un film ; ce sera la clé primaire de la table. Cela pourra être un numéro incrémenté automatiquement par le système (MySQL offre cette possibilité).
- Le titre du film. Ce champ doit être une clé d'index (simple) afin de pouvoir effectuer des traitements dessus (recherche, extraction, liaison avec une autre table, Réalisateurs par exemple).
- Nationalité du film. Elle peut être mixte (film franco-polonais, américano-polonais, franco-grec, etc.). Cela ne change rien. Nous considérerons cette mixité comme une nationalité à part entière.
- Durée du film.
- Année de production.
- Année de sortie.
- Année de sortie en France.
- Genre cinématographique (comédie, drame, fiction, science-fiction, polar, thriller, etc.).
- Genre selon l'ICAA, nomenclature relativement proche de la précédente.
- Réalisateur.
- Code de l'ayant droit ; société ou organisme possédant les droits de diffusion du film en France. C'est avec ce dernier qu'il faut négocier l'autorisation de

projection du film et parfois la mise à disposition de copies. Il peut, comme le distributeur, résider à l'étranger. Mais il faut être sûr qu'il détient les droits pour la France. Le code renvoie à la table du même nom.

- Distributeur. Il peut aussi être l'ayant droit mais pas forcément. C'est par son intermédiaire que se fera la mise à disposition de copies, si l'ayant droit ne le fait pas. Dans notre cas, ce pourra aussi bien être une administration, une ambassade ou une de ses antennes si elle joue ce rôle.
- Producteur principal (ou product manager, directeur de production).

Voici la description précise de la structure de la table Film (noms et types de champs, longueur, spécificités).

Tableau 13-1 : Structure de la table Film

Nom du champ	Type de champ	Longueur	Description
codefilm	numérique	6	Code d'identification du film, clé primaire de la table film. Il est incrémenté automatiquement par le système.
titre	alphanumérique	50	Titre du film, clé d'index simple. Il peut exister 2 films différents portant le même nom (remakes).
nationalite	alphanumérique	50	nationalité du film (en fonction, réalisation et production)
duree	numérique	3	durée du film en minutes
anneeprod	numérique	4	année de production du film
anneesortie	numérique	4	année de sortie du film
anneesortiefrance	numérique	4	année de sortie du film en France
genre	alphanumérique	30	genre (comédie, documentaire, road movie, etc.)
genreICAA	alphanumérique	30	genre selon l'ICAA
realisateur	alphanumérique	60	réalisateur (ou réalisateur principal) du film
ayantdroit	alphanumérique	60	ayant droit à la diffusion en France
distributeur	alphanumérique	60	distributeur du film en France ou à l'étranger

Tableau 13-1 : Structure de la table Film			
Nom du champ	**Type de champ**	**Longueur**	**Description**
producteur	alphanumérique	60	producteur principal ou product manager du film

Table des bénévoles

Deuxième fichier nécessaire : le fichier des bénévoles. Ce sont toutes les personnes qui offrent leur participation d'une manière ou d'une autre aux événements. Ils collent les affiches, distribuent des flyers, accueillent des invités (conférenciers, réalisateurs), etc.

Ce fichier permet de les contacter au besoin et d'organiser le planning en fonction de leur disponibilité.

- Code du bénévole. Il identifiera de manière exclusive un bénévole. Ce sera la clé primaire de la table. Cela pourra être un numéro incrémenté automatiquement par le système.
- Nom du bénévole. Ce champ doit être une clé d'index (simple) afin de pouvoir effectuer des traitements sur le nom (recherche, tri, extraction).
- Prénom du bénévole.
- Un premier champ d'adresse.
- Un deuxième champ d'adresse.
- Un troisième champ d'adresse.
- Le code postal.
- La ville.
- Le numéro de téléphone.
- Un deuxième numéro de téléphone.
- L'email du bénévole.
- Un champ *Disponibilité* précisant s'il est libre 2 heures par jour, 2 jours par semaine, tout le temps, le soir, le week-end, etc.
- Un champ *compétences 1*.
- Un champ *compétences 2*.
- Un champ *compétences 3*.

Ces trois champs pourront contenir soit des préférences des intéressés quant aux actions à réaliser, soit des aptitudes particulières : créateur de site web, infographiste, colleur d'affiches professionnel, électricien, ingénieur du son, projectionniste, jongleur, acrobate, spécialiste des ombres chinoises, etc.

Tableau 13-2 : Structure de la table Benevole

Nom du champ	Type de champ	Longueur	Description
codeben	numérique	6	Code d'identification du bénévole, clé primaire de la table. Il est incrémenté automatiquement par le système.
nomben	alphanumérique	30	nom du bénévole, clé d'index simple
prenomben	alphanumérique	30	prénom du bénévole
adresse1	alphanumérique	30	premier champ d'adresse
adresse2	alphanumérique	30	deuxième champ d'adresse
adresse3	alphanumérique	30	troisième champ d'adresse
cp	alphanumérique	5	code postal
ville	alphanumérique	40	ville
telben	alphanumérique	14	numéro de téléphone du bénévole
telben2	alphanumérique	14	deuxième numéro de téléphone du bénévole
emailben	alphanumérique	40	adresse email du bénévole
dispo	alphanumérique	40	disponibilité en termes de temps et de fréquence
comp1	alphanumérique	30	compétences 1
comp2	alphanumérique	30	compétences 2
comp3	alphanumérique	30	compétences 3

Table Planning

Un fichier *planning* est nécessaire pour inscrire les différentes dates de la manifestation. Il reprend l'ensemble des événements : colloques, débats, projections, sans le détail de la programmation des films. Cette dernière fera l'objet d'une autre table. Une relation devra être établie entre cette table et la table des intervenants sur le champ *Nom de l'intervenant*. Ce fichier *planning* permettra d'évaluer la charge de travail des bénévoles et des organisateurs.

Voici la liste des champs du fichier *planning* :

- Code événement. Il identifie distinctement chaque événement. Il est la clé primaire de la table.
- Nom de l'événement.
- Type d'événement. Il doit correspondre à une nomenclature préétablie : projection, débat, concert, soirée.
- Date.
- Heure de début.
- Heure de fin.
- Lieu de l'événement.

Tableau 13-3 : Structure de la table planning

Nom du champ	Type de champ	Longueur	Description
codeve	numérique	3	code d'identification de l'événement, clé primaire de la table
nomeve	alphanumérique	40	intitulé de l'événement
typeve	alphanumérique	30	type d'événement
date	date	8	date de l'événement
heuredeb	numérique	4	heure de début de l'événement
heurefin	numérique	4	heure de fin de l'événement
lieu	alphanumérique	40	lieu où se déroule l'événement

Table Contact

C'est la table des différents contacts. Ce sont des ambassades, des sociétés de diffusion, des distributeurs, des producteurs, des associations culturelles, des écoles de cinéma, des responsables d'administrations diverses et variées : mairie, conseil général, conseil régional, CROUS, INA, etc.

Ce fichier va contenir les données suivantes :

- Le code contact ou code d'identification.
- Le nom du contact. C'est sur ce champ, obligatoire, que la clé d'index devra être établie. Cela permettra d'effectuer aisément des traitements sur le nom (recherche, tri, extraction, états, etc.).
- La société, l'administration, l'organisation à laquelle il appartient.
- Un premier champ d'adresse.
- Un deuxième champ d'adresse.
- Un troisième champ d'adresse.
- Le code postal.
- La ville.
- Le téléphone professionnel du contact.
- Le numéro de fax.
- L'email.
- Le numéro de téléphone personnel (ou poste direct) du contact.
- Le numéro de téléphone portable du contact.
- L'email personnel (direct).

L'intérêt de cette table est de pouvoir retrouver aisément un contact pour le joindre, lui adresser un courrier, lui envoyer une plaquette ou un programme. Vous pouvez aussi envoyer plus facilement des mailings à tous vos contacts s'ils sont répertoriés dans une table.

Tableau 13-4 : Structure de la table Contact

Nom du champ	Type de champ	Longueur	Description
idcontact	numérique	6	code d'identification du contact, clé primaire de la table
nomcontact	alphanumérique	40	nom du contact, champ obligatoire et clé d'index
organisation	alphanumérique	40	"entité" à laquelle appartient le contact, si c'est le cas (ce n'est pas obligatoire, exemple : conférencier indépendant)
adresse1	alphanumérique	30	premier champ d'adresse

Tableau 13-4 : Structure de la table Contact			
Nom du champ	**Type de champ**	**Longueur**	**Description**
adresse2	alphanumérique	30	deuxième champ d'adresse
adresse3	alphanumérique	30	troisième champ d'adresse
cp	alphanumérique	5	code postal
ville	alphanumérique	40	ville
telpro	alphanumérique	14	numéro de téléphone professionnel du contact
nfax	alphanumérique	14	numéro de fax
email	alphanumérique	40	adresse email du contact
telperso	alphanumérique	14	numéro de téléphone personnel (ou direct) du contact
telport	alphanumérique	14	téléphone portable du contact
emailperso	alphanumérique	40	adresse email personnelle (ou directe) du contact

Table des intervenants

Elle est presque identique à celle des bénévoles ; elle contient le même type de données. Les seules différences tiennent à l'absence des champs *Compétences* et *Disponibilité* et à la présence en revanche d'un champ *Code de l'événement*. Les premiers sont inutiles pour les intervenants. Le deuxième permet de rattacher – à moindre frais en termes de redondance des données ; un seul code d'identification – l'intervenant à un des moments de la manifestation. Pour savoir à quelles dates la personne intervient, il suffit d'effectuer une recherche sur le code événement dans le planning. Ce choix a été fait arbitrairement en considérant qu'un intervenant n'était lié, en général, qu'à un événement. Si ce n'est pas le cas, il faudra donc créer un nouvel enregistrement. Dans un autre cadre (une même personne pouvant animer couramment plusieurs moments de la manifestation), il faudrait reconsidérer les choses, revoir la structure de cette table et sûrement de quelques autres (au moins le planning) :

- Le code intervenant. Il identifiera de manière exclusive un bénévole et sera la clé primaire de la table. Il pourra être un numéro incrémenté automatiquement par le système.
- Le nom de l'intervenant. Ce champ doit être une clé d'index (simple) afin de pouvoir effectuer des traitements sur le nom (recherche, tri, extraction).
- Le prénom de l'intervenant.
- Un premier champ d'adresse.
- Un deuxième champ d'adresse.
- Un troisième champ d'adresse.
- Le code postal.
- La ville.
- Le numéro de téléphone.
- Un deuxième numéro de téléphone.
- L'email de l'intervenant.
- Le code de l'événement auquel il est rattaché.

Tableau 13-5 : Structure de la table intervenant

Nom du champ	Type de champ	Longueur	Description
codint	numérique	6	Code d'identification de l'intervenant, clé primaire de la table. Il est incrémenté automatiquement par le système
nomint	alphanumérique	30	nom de l'intervenant, clé d'index simple
prenomint	alphanumérique	30	prénom de l'intervenant
adresse1	alphanumérique	30	premier champ d'adresse
adresse2	alphanumérique	30	deuxième champ d'adresse
adresse3	alphanumérique	30	troisième champ d'adresse
cp	alphanumérique	5	code postal
ville	alphanumérique	40	ville
telint	alphanumérique	14	numéro de téléphone de l'intervenant

Tableau 13-5 : Structure de la table intervenant			
Nom du champ	**Type de champ**	**Longueur**	**Description**
telint2	alphanumérique	14	deuxième numéro de téléphone de l'intervenant
emailint	alphanumérique	40	adresse email de l'intervenant
codeve	numérique	3	code de l'événement auquel est rattaché l'intervenant

Table programmation

Cette table contient précisément – et uniquement – la programmation détaillée des films. Elle ne prend pas en compte les autres événements. N'oublions pas qu'un même film pourrait, dans l'absolu, être programmé à plusieurs dates et horaires. Si c'est le cas, chacune de ses projections correspondra à un enregistrement distinct. Les attributs qui la composent sont les suivants :

- Numéro d'identification de la programmation, clé primaire de la table.
- Numéro d'identification du film. Il correspond au numéro dans la table Film et permet la liaison avec elle. Il aurait été possible d'utiliser le titre du film mais cela aurait été légèrement plus coûteux en termes de ressources : mieux vaut placer un index sur un numérique que sur un alphanumérique, surtout si la taille de champ du premier est plus petite. D'autre part, et c'est la principale raison, le nom du film ne garantit pas l'unicité (remake, titre homonymes, etc.).
- Titre du film. Il est facultatif car il pourrait être extrait de la table film d'après son numéro d'identification. Mais comme la programmation sera surtout utilisée directement pour être diffusée, et que le titre du film suffit pour cela, ce n'est peut-être pas judicieux. D'un côté, on éviterait une redondance des données, de l'autre côté on ajouterait des traitements fastidieux. C'est un cas typique où il faut bien réfléchir aux traitements à réaliser, et ne pas choisir forcément la normalisation à l'extrême.
- Date de projection.
- Heure de projection.
- Lieu de projection.

Tableau 13-6 : Structure de la table Programmation			
Nom du champ	**Type de champ**	**Longueur**	**Description**
noid	numérique	6	numéro d'identification de la programmation, clé primaire de la table
noidfilm	numérique	6	Numéro d'identification du film. Il permet la liaison avec la table film.
titrefilm	alphanumérique	40	titre du film
dateproj	date	8	date de la projection
heureproj	numérique	4	heure de la projection
lieuproj	alphanumérique	40	Lieu de la projection. Un lien pourra être établi ici avec la table Lieu

Table Comptabilité

Malheureusement, il faut bien faire des comptes. Pour cela, nous aurons besoin d'un fichier comptabilisant les recettes et les dépenses. C'est plus prudent si l'on ne veut pas devoir changer rapidement de pays après les événements, pour fuir par exemple quelques dizaines de créanciers au sens artistique douteux.

Dans un cas réel, il faudrait certainement prendre en compte davantage de paramètres. La structure de notre table Comptabilité est très simple :

- numéro d'opération (clé primaire) ;
- date d'opération ;
- nature de l'opération (règlement, subvention, attribution, dépense ou recette particulière) ;
- montant ;
- flag 0 : recette, 1 : dépense.

Tableau 13-7 : Structure de la table Comptabilité			
Nom du champ	**Type de champ**	**Longueur**	**Description**
noop	numérique	6	numéro d'opération, clé primaire

Tableau 13-7 : Structure de la table Comptabilité			
Nom du champ	**Type de champ**	**Longueur**	**Description**
dateop	date	8	date de l'opération
nature	alphanumérique	30	nature de l'opération
montant	numérique	6	montant total de l'opération
flagop	booleen	1	0 : recette/1 : dépense

Table ayantdroits

C'est la table des possesseurs, quels qu'ils soient – sociétés de distribution, de diffusion, producteurs, alliances culturelles, ambassades –, des droits de diffusion des films pour la France. Nous précisons bien pour la France ; ce type de droit étant territorial, son possesseur n'est pas forcément – et même rarement – le même selon les pays où la projection aura lieu. Cette table va contenir les différentes informations permettant de contacter ces ayants droit. La table Film y fait référence par l'intermédiaire du code. Les traitements utilisant ces données emploieront par conséquent cette liaison entre les tables Film et Ayantdroit.

Ce fichier contiendra les données suivantes :

- Le code ayantdroit, clé primaire de la table.
- Le nom de l'ayantdroit, clé d'index simple. Cela permettra d'effectuer plus aisément des traitements sur le nom (recherche, tri, extraction, états, etc.).
- La société, l'administration, l'organisation à laquelle il appartient.
- Un premier champ d'adresse.
- Un deuxième champ d'adresse.
- Un troisième champ d'adresse.
- Le code postal.
- La ville.
- Le téléphone de l'ayant droit.
- Le numéro de fax.
- L'email.
- Le nom d'un contact particulier.

- Le numéro de téléphone de ce contact.
- L'email direct du contact.

Tableau 13-8 : Structure de la table Ayantdroits

Nom du champ	Type de champ	Longueur	Description
idad	numérique	6	code d'identification de l'ayant droit, clé primaire de la table
nomad	alphanumérique	40	nom de l'ayant droit, champ obligatoire et clé d'index
organisation	alphanumérique	40	"entité" à laquelle appartient l'ayant droit, si c'est le cas
adresse1	alphanumérique	30	premier champ d'adresse
adresse2	alphanumérique	30	deuxième champ d'adresse
adresse3	alphanumérique	30	troisième champ d'adresse
cp	alphanumérique	5	code postal
ville	alphanumérique	40	ville
telad	alphanumérique	14	numéro de téléphone
nfax	alphanumérique	14	numéro de fax
emailad	alphanumérique	40	adresse email
nomct	alphanumérique	40	nom d'un contact particulier chez un ayant droit
telct	alphanumérique	14	téléphone du contact
emailct	alphanumérique	40	adresse email directe du contact

Table Partenaire

La table Partenaire contient les informations concernant les partenaires de la manifestation. Sa structure sera très proche de celle de la table Contact : ambassades, sociétés de diffusion ou de distribution, producteurs, associations culturelles, salles de cinéma, administrations (mairie, conseil général, conseil régional, CROUS, universités, etc.) ; toute "entité" au sens large du terme ou personne physique dans la mesure où celle-ci participe, d'une manière ou d'une autre, au niveau matériel, logistique, financier, promotionnel, etc. Donnons quelques exemples concrets :

- Une université pourra apporter un soutien financier, aider à organiser des séances de projection pour les étudiants et prêter des salles pour accueillir des conférenciers, organiser un colloque, une conférence.
- Une banque pourra investir de l'argent mais aussi offrir une autre aide, prendre en charge par exemple l'impression des supports de communication (affiches, programmes, flyers, etc.).
- Un spécialiste du cinéma grec ou polonais ou d'un réalisateur offrira ses compétences en donnant une conférence sur un sujet précis.
- L'association des jeunes grecs toulousains fera du bénévolat pour la manifestation en distribuant les supports de communication, en en parlant aux membres et à la population grecque de Toulouse (bouche à oreilles, radios associatives), en faisant du marketing viral ou en mettant à votre disposition un fichier d'adresses.
- La mairie de Toulouse pourra offrir de l'argent mais également mettre à disposition une infrastructure (prêt de chaises, de barrières, de salles de conférence ou de projection, etc.), communiquer autour de la manifestation dans la revue municipale, etc.
- Un producteur ou un ayant droit (TV polonaise, Centre du cinéma grec, etc.) offrira une autre forme d'aide : autorisation gracieuse ou à moindre frais de diffuser les films dont ils détiennent les droits, prêt de copie, transport.
- Une compagnie d'assurances offrira les frais d'assurance des bobines transportées et/ou ceux d'un événement particulier.
- Un transporteur prendra en charge l'acheminement des bobines.

Ce fichier contiendra les données suivantes :

- Le code du partenaire ou code d'identification, clé d'index primaire, généré automatiquement par le système à chaque nouvelle création.
- Le nom du partenaire. C'est sur ce champ, obligatoire, que la clé d'index devra être établie. Cela permettra d'effectuer aisément des traitements sur le nom (tri, extraction, états, recherche, etc.).
- La société, l'administration, l'organisation à laquelle le partenaire appartient. Il s'agit d'un champ facultatif ; une personne peut venir sans appartenir à aucun organisme, association ou organisation.
- Un premier champ d'adresse.
- Un deuxième champ d'adresse.

- Un troisième champ d'adresse.
- Le code postal.
- La ville.
- Le téléphone du partenaire.
- Le numéro de téléphone portable du partenaire.
- Le numéro de fax.
- L'email.
- Un deuxième numéro de téléphone (personnel, travail, poste direct).
- Un (éventuel) deuxième email.

Cette table présente le même intérêt que la table Contact : trouver aisément un partenaire pour le joindre, lui adresser un courrier, lui envoyer la programmation.

Tableau 13-9 : Structure de la table Partenaire

Nom du champ	Type de champ	Longueur	Description
idpart	numérique	6	code d'identification du partenaire, clé primaire de la table
nompart	alphanumérique	40	nom du partenaire, champ obligatoire et clé d'index
organisation	alphanumérique	40	"entité" à laquelle le partenaire appartient (facultatif ; exemple : cinéphile indépendant)
adresse1	alphanumérique	30	premier champ d'adresse
adresse2	alphanumérique	30	deuxième champ d'adresse
adresse3	alphanumérique	30	troisième champ d'adresse
cp	alphanumérique	5	code postal
ville	alphanumérique	40	ville
telpart	alphanumérique	14	numéro de téléphone du partenaire
nfax	alphanumérique	14	numéro de fax
email	alphanumérique	40	adresse email du contact

Tableau 13-9 : Structure de la table Partenaire			
Nom du champ	**Type de champ**	**Longueur**	**Description**
telpart2	alphanumérique	14	un deuxième numéro de téléphone (personnel ou direct) pour le partenaire
telport	alphanumérique	14	téléphone portable du partenaire
email2	alphanumérique	40	deuxième adresse email du partenaire

Table Lieu

C'est la table contenant les lieux où se déroulent les événements de la manifestation : salles de cinéma, universités, médiathèque, salles d'exposition, cafés, etc. Elle sera surtout utilisée pour localiser les événements, récupérer les adresses, éventuellement élaborer des plans d'accès. Par contre, nous ne noterons pas ici le nombre de places disponibles dans chaque endroit, ce qui aurait été indispensable pour un événement de plus grande ampleur.

Ce fichier contiendra les données suivantes :

- Le code du lieu, clé primaire de la table, incrémentée par le système.
- Le nom du lieu, clé d'index simple. Vous pourrez ainsi effectuer aisément des traitements sur le nom (recherche, tri, extraction, états, etc.).
- Un premier champ d'adresse.
- Un deuxième champ d'adresse.
- Un troisième champ d'adresse.
- Le code postal.
- La ville.
- Le téléphone.
- Le fax.
- L'email.
- Le nom d'un contact particulier.
- Le numéro de téléphone direct ou le poste de ce contact.
- Le numéro de téléphone portable de ce contact.

- L'email direct du contact.
- Le nom d'un deuxième contact.
- Le numéro de téléphone de ce deuxième contact.
- Son numéro de téléphone portable.
- Son email direct.

Tableau 13-10 : Structure de la table Lieu

Nom du champ	Type de champ	Longueur	Description
idlieu	numérique	6	code d'identification du lieu, clé primaire de la table
nomlieu	alphanumérique	40	nom du lieu, champ obligatoire et clé d'index
adresse1	alphanumérique	30	premier champ d'adresse
adresse2	alphanumérique	30	deuxième champ d'adresse
adresse3	alphanumérique	30	troisième champ d'adresse
cp	alphanumérique	5	code postal
ville	alphanumérique	40	ville
tellieu	alphanumérique	14	numéro de téléphone
faxlieu	alphanumérique	14	numéro de fax
emaillieu	alphanumérique	40	adresse email
nomct1	alphanumérique	40	nom d'un contact particulier dans le lieu
telct1	alphanumérique	14	téléphone du contact
telportct1	alphanumérique	14	téléphone portable du contact
emailct1	alphanumérique	40	adresse email du contact
nomct2	alphanumérique	40	nom d'un deuxième contact particulier
telct2	alphanumérique	14	téléphone du deuxième contact
telportct2	alphanumérique	14	téléphone portable

Tableau 13-10 : Structure de la table Lieu			
Nom du champ	**Type de champ**	**Longueur**	**Description**
emailct2	alphanumérique	40	adresse email directe du deuxième contact

D'autres tables peuvent être définies en fonction de certains critères, notamment si vous avez d'autres données à gérer ou si vous souhaitez effectuer des traitements supplémentaires portant sur des informations connexes. Les structures des tables telles qu'elles sont définies peuvent aussi évoluer, selon les besoins concrets de l'application (tris, listes ou extractions de données en général).

Par rapport à la problématique posée ici, l'essentiel est fait. Les tables présentées précédemment constituent le fondement de la base de données *Made in Europe*.

RENVOI

Nous verrons comment concevoir la base de données avec MySQL au chapitre Le SGBDR MySQL : principes de base.

13.5 Trucs et Astuces

Les critères de sélection d'un SGBDR

Pour répondre aux exigences croissantes des utilisateurs finaux, tout bon service informatique d'une entreprise doit disposer d'une base de données pour les groupes de travail (groupware) présentant au moins les caractéristiques suivantes.

Évolutivité

L'évolutivité doit être suffisante pour accompagner la croissance de petites entreprises et de départements de plus grandes structures en pleine expansion.

Accès aux bases de données

Vous devez proposer un accès aux bases de données de l'entreprise depuis des départements qui n'ont pas été en mesure de combiner les données stratégiques présentes sur leurs postes avec celles de l'ensemble de l'entreprise.

13

Facilité d'emploi

Une facilité d'emploi pour les utilisateurs finaux est indispensable, afin que ceux-ci ne risquent pas de se perdre dans les méandres d'un système performant mais compliqué, et surtout qu'ils ne puissent perdre ou altérer des données à la suite d'une étourderie ou d'une erreur de procédure.

Accès rapide

Vous devez proposer un accès rapide à l'information aussi bien pour les utilisateurs finaux que pour les différents départements d'une entreprise ; la mise en œuvre et l'interrogation des bases de données stratégiques des clients et groupes de travail seront ainsi accélérées.

Gestion sans administration

Une gestion sans administration, en particulier pour les petites entreprises dont les ressources informatiques sont limitées, ou les départements des grandes entreprises où le support technique est en sous-effectif, est indispensable. Les groupes de travail et les petites entreprises en pleine expansion doivent également bénéficier de technologies aujourd'hui extrêmement répandues : accès à Internet, logiciels d'aide à la décision, groupware, etc.

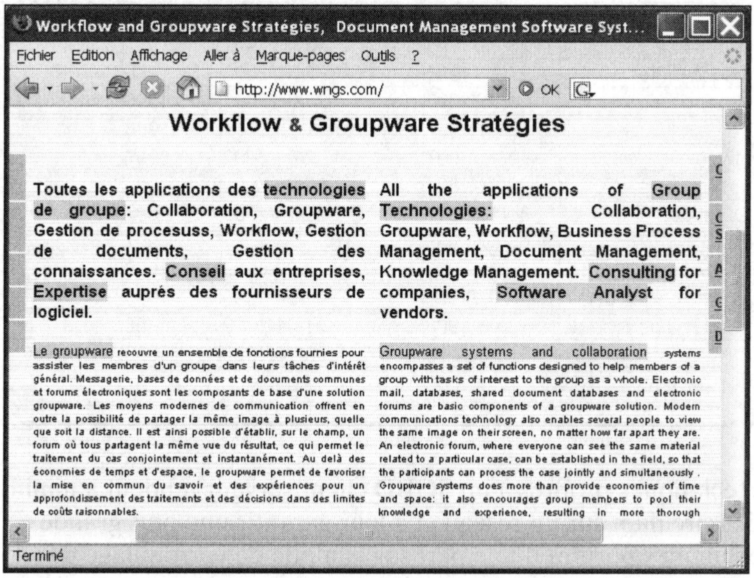

Figure 13-41 : *Application de groupware*

La plupart des implémentations du langage SQL répondent favorablement à ces exigences, sans doute parce que la norme du SQL a été créée à ces fins utiles.

Choisir SGBDR client/serveur ou SGBDR micro "classique"

Pourquoi avoir recours à un SGBDR client/serveur comme MySQL au lieu d'utiliser un SGBDR micro classique, tel que Access, FoxPro, FileMaker ou autre Paradox ? Si la gestion de vos données ne nécessite pas d'accès concurrents, et si le volume des données traitées reste peu important, il n'y a de fait aucune raison si ce n'est par souci d'évolutivité future ou par choix délibéré. Mais si vos données sont accessibles via Internet ou un intranet et que vous deviez à la fois gérer de nombreux accès concurrents et de gros volumes d'information, il est préférable de passer au client/serveur.

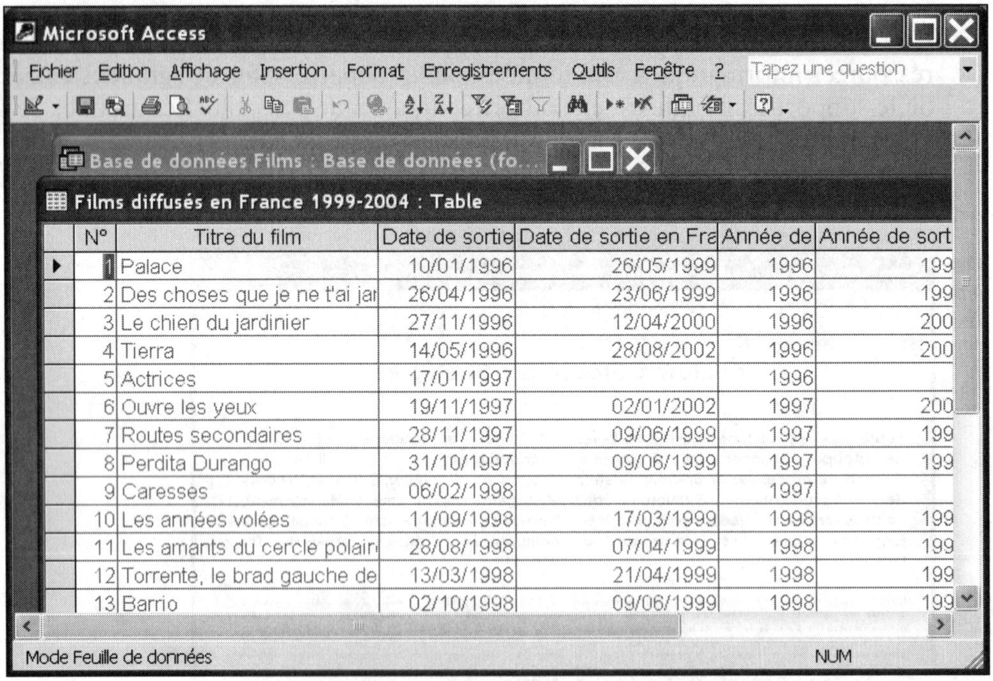

Figure 13-42 : *Un SGBDR "classique" : Access de Microsoft*

L'ensemble des techniques propres à un SGBD client/serveur tendent à minimiser le trafic des données circulant sur un réseau et à leur garantir une plus grande intégrité. Ces techniques portent d'une part sur le mode de verrouillage des données pour les accès concurrents ; d'autre part sur les modes de traitement des données.

Choix du mode de verrouillage des données

Il existe deux modes de verrouillage des données différenciés : le verrouillage optimiste et le verrouillage pessimiste.

Le mode de verrouillage pessimiste fonctionne de la manière suivante. Si un utilisateur veut modifier une information, le SGBD va poser un verrou en écriture, pour interdire un accès simultané. Soit le verrou est posé, si personne n'a tenté d'accès simultané ou n'utilise la donnée en question, soit l'opération échoue, un verrou étant déjà posé par un autre utilisateur. Dans le premier cas, l'enregistrement sera bloqué (le verrou est actif) jusqu'à la fin de l'opération de mise à jour. Dans les deux cas, le verrou est libéré à la fin.

Le mode de verrouillage optimiste fonctionne différemment. Lorsque vous souhaitez modifier un enregistrement, le SGBD va noter son numéro de version sans poser de verrou. D'autres tentatives de modification du même enregistrement pourront être effectuées au même moment. Le système ne tiendra compte que des modifications du premier utilisateur qui les validera, incrémentera le numéro de version de l'enregistrement, et refusera les autres modifications. En effet, leur numéro de version relevé en début de session ne sera pas le même que celui lu à la fin de la session.

Figure 13-43 : *Verrouillage pessimiste ou optimiste, à vous de choisir*

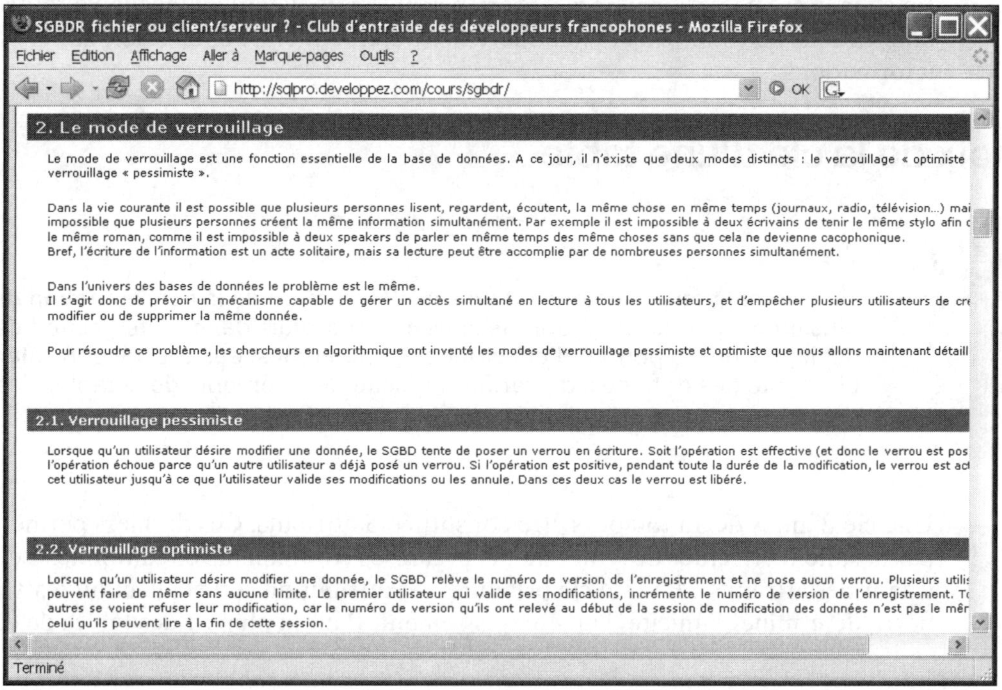

Lorsque vous employez la première technique, celle du verrouillage pessimiste, vous ne déboutez pas trop brutalement l'utilisateur qui tente de poser un verrou pour modifier des données. Vous essayez, au contraire, de boucler pendant un certain temps afin de pouvoir poser le verrou. Et si l'opération échoue, vous l'invitez à la renouveler ultérieurement. La plupart des SGBD fonctionnent de cette manière. Mais sur un réseau, cette procédure risque fort d'être assez coûteuse en termes de charge et d'occupation.

Afin de minimiser la charge du réseau, la plupart des SGBDR client/serveur ont adopté le verrouillage optimiste. Une boucle d'interrogation du fichier peut être néfaste et monopoliser le réseau de manière dramatique.

Définition des contraintes d'intégrité de votre application

Les contraintes d'intégrité et les contraintes d'intégrité référentielle dépendent essentiellement de la logique fonctionnelle de votre application. Une bonne analyse produira donc des contraintes claires et simples à respecter. Dans le cas contraire, si vous n'avez pas correctement défini le fonctionnement de votre application et les implications qui en découlent, ces contraintes seront au mieux floues et au pire totalement illogiques.

En clair, votre base de données ne sera pas optimale. Pensez donc bien à toutes les implications de votre projet en matière de traitement et de circulation des informations.

Choix de la clé d'une table

DÉFINITION

Clé

Une clé peut être constituée d'un seul élément ou de la concaténation de plusieurs champs. La notion de clé est primordiale dans toute gestion de fichiers. Une clé permet d'effectuer des recherches, des tris, de contrôler l'intégrité des données, de vérifier l'unicité des éléments de la table, c'est-à-dire de réaliser aisément divers traitements.

Une clé d'index devra toujours être constituée d'attributs. Ces derniers permettront par la suite d'effectuer des traitements organisés (traitements conditionnels selon la valeur des attributs). Pour la clé primaire, cet attribut ou cette collection d'attributs devra déterminer l'unicité d'un enregistrement. Pour la plupart des tables de cet ouvrage, nous avons choisi de créer un attribut spécial à cette fin : un code d'identification unique. C'est un numéro séquentiel incrémenté automatiquement par le système.

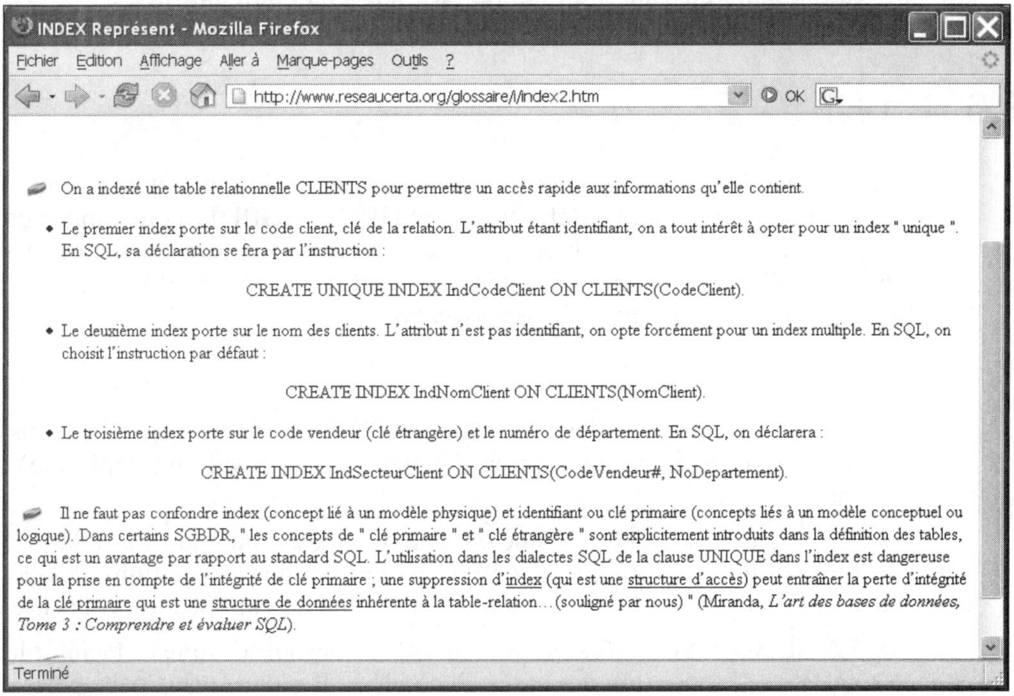

Figure 13-44 : *Une table peut contenir différents types de clés*

Pièges à éviter

Lorsque vous définissez une base de données, vous devez faire en sorte que les données soient représentées de manière structurée et sans redondance d'informations inutiles. Toute redondance des données peut entraîner des anomalies de gestion de la base, notamment une mauvaise mise à jour. Si une information est représentée plusieurs fois, vous risquez de mettre à jour une seule occurrence lors d'une modification. Vous pourrez alors obtenir des informations différentes sur un même article, selon l'enregistrement lu. La consultation des informations en sera d'autant plus imprécise.

Pour éviter ce genre de problème, il faut :

- être capable de représenter individuellement les données sur les films et différentes informations connexes ainsi que sur les événements en cours et à venir, afin qu'une action sur l'un n'entraîne pas systématiquement une action sur l'autre ;

- définir une méthode d'identification d'un film, d'un distributeur ou d'un contact permettant d'assurer une représentation unique des informations ;
- préserver le lien entre les films, les distributeurs, les exploitants et la programmation sans pour autant introduire de redondance.

13.6 En Bref

Nous avons vu dans ce chapitre ce qu'était une base de données et comment procéder à sa conception. La définition des SGBD et SGBDR a été donnée en distinguant les systèmes de fichiers des systèmes client/serveur. Vous avez aussi appris à modéliser les données, à l'aide d'un modèle E/A (Entité/Association) et à définir la structure des tables d'une application.

En résumé :

- Une base de données est une collection d'informations regroupées sous une forme structurée. Sa conception s'appuie sur l'observation (empirique) du monde réel.
- Pour définir la structure d'une base de données, il faut au préalable normaliser les informations, définir des entités, des associations, des clés d'index et respecter les contraintes d'intégrité de l'application concernée.
- Les SGBD et SGBDR sont des ensembles logiciels destinés à faciliter la gestion et l'utilisation des bases de données. Les deux principaux types existant sont les systèmes de fichiers et les systèmes client/serveur.
- Il existe différents types d'architecture client/serveur, adaptés à des utilisations distinctes.

Si vous mettez en œuvre les principes et méthodes édictées ici, votre base de données devrait être définie de manière optimale et vos traitements en seront facilités.

CHAPITRE

14

Le langage SQL

CHAPITRE

14

Le langage SQL

14.1 Historique du langage SQL

SQL est l'abréviation de Structured Query Language ou langage d'interrogation structuré. Le langage SQL découle à l'origine du modèle relationnel proposé en 1970 par un chercheur d'IBM, Edgar F. Codd, qui travaillait dans le laboratoire de San José. Codd rédigea un article intitulé "A Relational model of data for larged shared DataBanks".

Ce modèle est basé sur la théorie de l'algèbre relationnel, regroupant la logique des prédicats et la théorie des ensembles. Le but recherché par Codd et son équipe était d'assurer une plus grande autonomie entre la théorie et l'implémentation à proprement parler (physique) des données dans les ordinateurs.

Figure 14-1 : *Le "papa" du SQL, Edgar (Ted) Codd, a quitté ce monde le 18 avril 2003*

En 1976, un certain Peter Chen proposait un nouvel outil de modélisation : le modèle Entité/Association.

Il faudra attendre la fin des années 70 pour voir apparaître les premières applications basées sur cette nouvelle théorie. Il s'agit bien sûr des SGBDR (RDBMS en anglais Relational Database Management System).

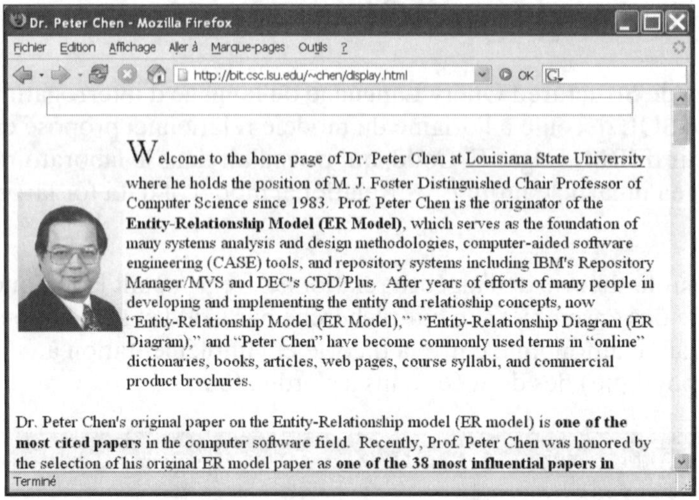

Figure 14-2 : *La home page de Peter Chen*

Le projet Ingres, démarré en 1972 par l'équipe de Gene Wong à la célèbre université de Berkeley, aboutit en 1975 à l'élaboration d'un outil d'interrogation de données, le langage QUEL. Ce langage ne permet pas encore d'effectuer des mises à jour. Le projet System R, lancé en 1974 par IBM, conduira lui à la création du langage SEQUEL (Structured English QUEry Language) en 1976.

Figure 14-3 : *Le projet Ingres*

SQL est un langage naturel permettant d'aborder le traitement automatique de l'information d'une nouvelle manière. La première version commerciale de SQL a été distribuée par Oracle Corporation en 1979.

Pour la petite histoire, Larry Ellison, à l'époque dirigeant de Software Development Laboratories, entendit parler, lors d'une conférence à Stockholm, du projet System R et du langage SEQUEL. Il se mit alors en relation avec les chercheurs d'IBM travaillant sur ce projet. Le premier SGBDR du marché sortit quelques années plus tard, et il rebaptisa sa société du même nom : Oracle.

D'autres langages d'interrogation apparaissent durant cette période :

- QBE de Zloof (IBM) en 1977. Ce langage fut repris pour Paradox ;

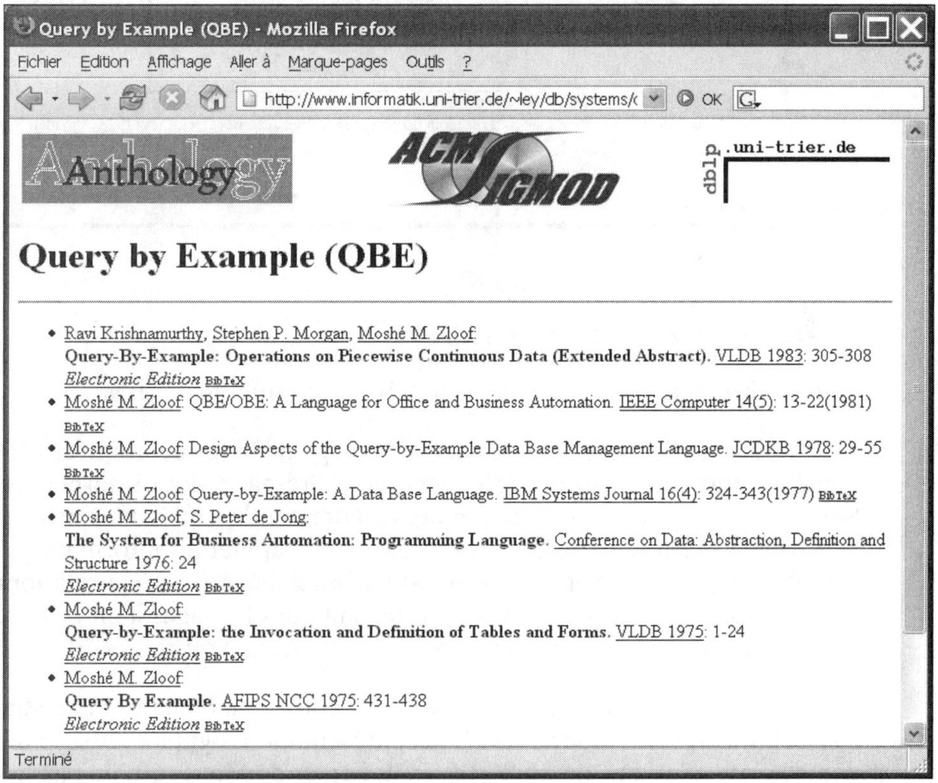

Figure 14-4 : *Une anthologie de QBE, pour les fans*

- REQUEST, basé sur le principe du langage naturel.
- RENDEZ VOUS créé par l'équipe de Codd.

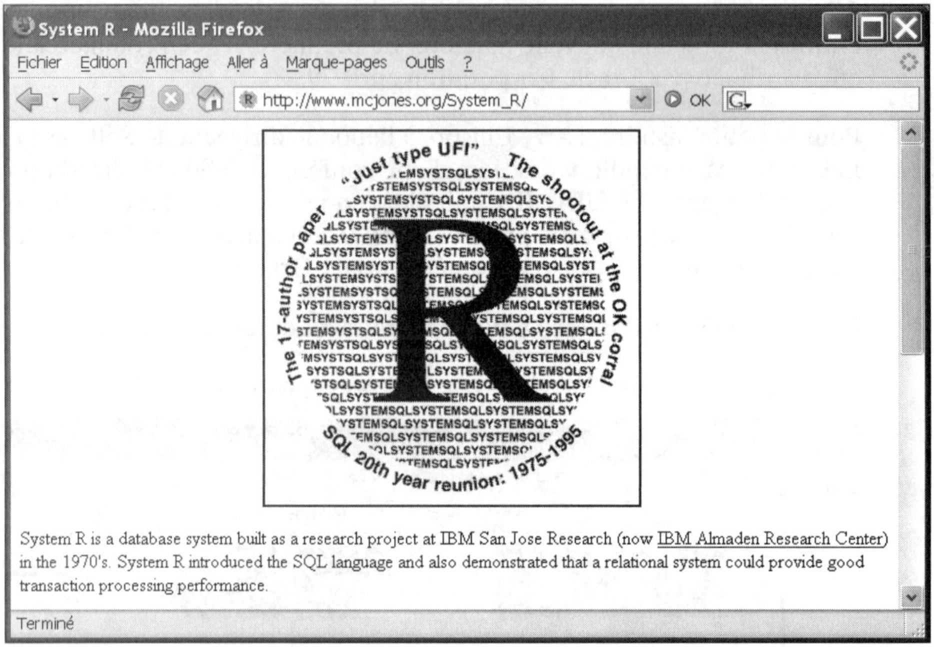

Figure 14-5 : *Le projet System R d'IBM*

- SQUARE de Boyce, en 1975.
- SQL DB2 chez IBM, en 1982.

SQL DB2 a marqué une évolution notable du System R de IBM.

À l'heure actuelle, SQL est le principal langage de bases de données utilisé sur grands et minis systèmes et sur les serveurs de réseaux, dont Internet. Le langage SQL est composé d'un certain nombre de commandes puissantes, mais néanmoins relativement faciles à utiliser, permettant de manipuler les informations structurées sous forme de tables. Son évolution est indissociable du modèle relationnel, bien sûr, mais aussi de l'orientation objet croissante des langages, tant ceux de programmation que ceux de description de données (voir fig. 14-6).

Le principe essentiel du modèle relationnel consiste à bien faire le distinguo entre l'aspect physique des données et leur représentation logique. Il existe désormais de nombreuses solutions, de MySQL à SQL Server de Microsoft, en passant par DB2 d'IBM, Informix, Ingres, SQLBase, Oracle ou Adaptive Server Enterprise de Sybase. La guerre fait rage principalement entre Oracle et Microsoft SQL Server sur le créneau des gros serveurs de données et d'applications. MySQL reste, quant à lui, toujours largement utilisé par un grand nombre de développeurs, en particulier sur les plates-formes Linux/UNIX tournant sur un serveur Apache (voir fig. 14-7).

Figure 14-6 : *SQL DB2*

Figure 14-7 : *Informix 4 GL*

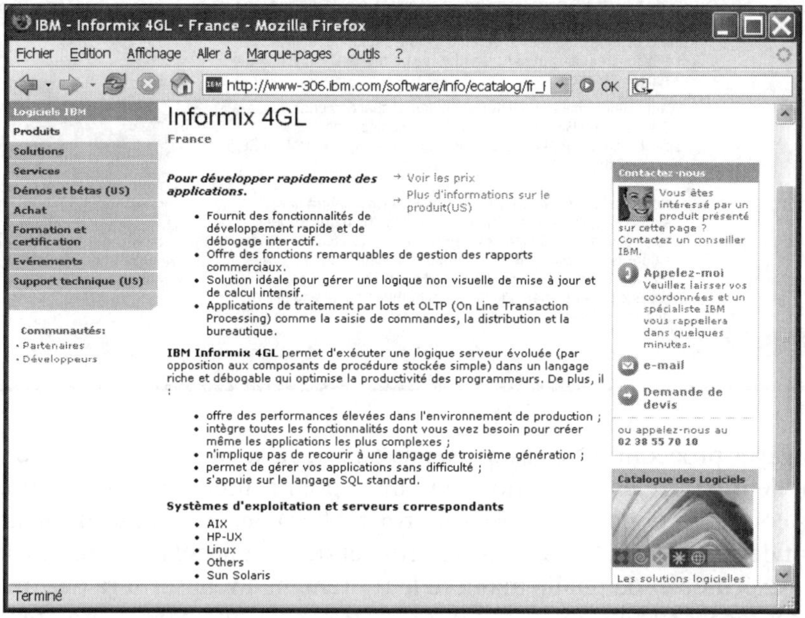

Caractéristiques du langage SQL

Le langage SQL est un langage d'interrogation interactif permettant d'émettre des requêtes adaptées aux exigences du traitement de l'information. La sémantique du langage sous-jacent dans les différentes distributions est le plus souvent dissimulée par une interface graphique intuitive. C'est un langage de programmation de base de données qui reste très éloigné de la structure et des fonctionnalités d'un langage de programmation classique.

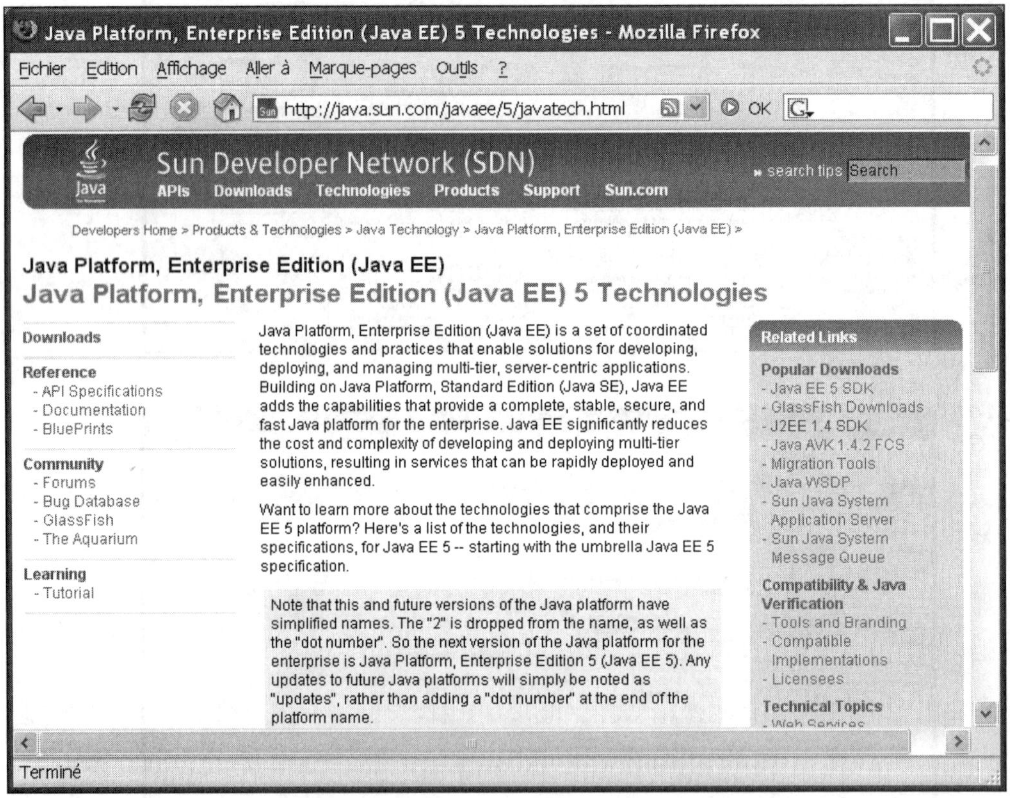

Figure 14-8 : *La plate-forme Java de Sun*

Avec les langages procéduraux classiques, tels que C, Java ou Pascal, vous indiquez précisément l'ensemble des instructions à réaliser pour traiter l'exécution d'une tâche. Vous conservez donc la maîtrise (approximative) du cycle d'exécution et du déroulement des tâches. En SQL, vous ignorez (et devez ignorer) comment votre requête sera exécutée et de quelle manière le traitement à réaliser sera décomposé ou les diverses tâches synchronisées. SQL peut être encapsulé dans de nombreux langages, tels que C, C++, Pascal, PL/1, Java ou être appelé au moyen d'interfaces

SQL/CLI. Vous disposez même de langages de programmation spécifiques à SQL dans certaines de ses distributions telles que celles d'Oracle ou de Sybase.

Figure 14-9 : *Adaptive Server Enterprise de Sybase*

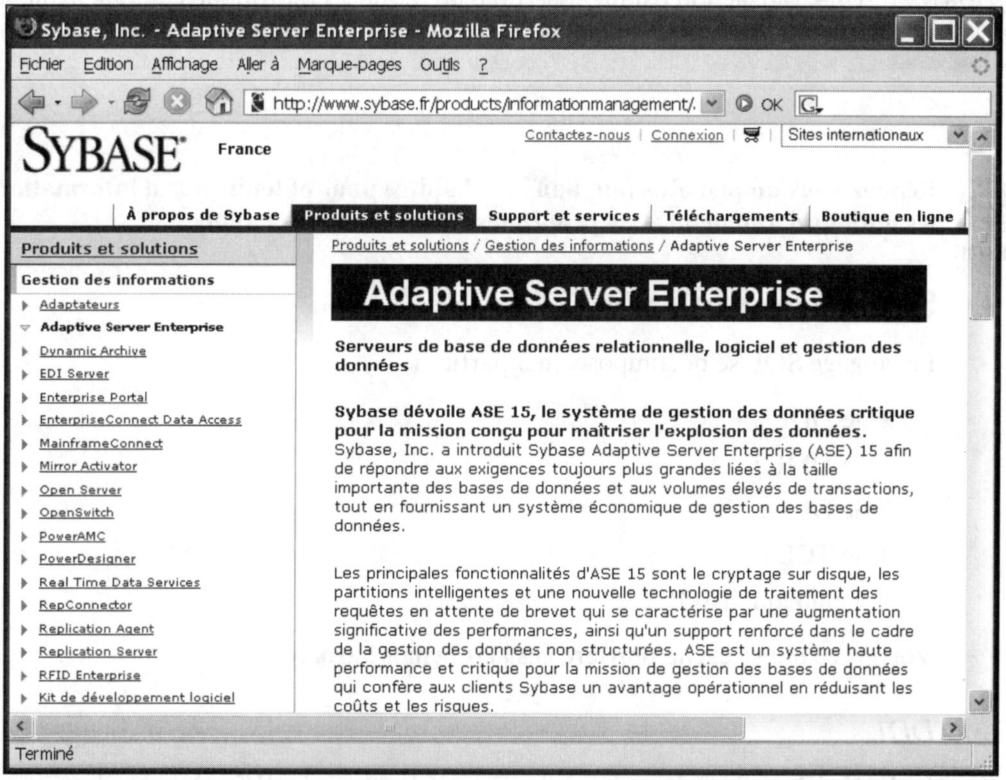

SQL reste un langage de définition et d'administration de données. Il permet de définir aussi bien des tables simples que des objets complexes, des index, des vues ou des contraintes d'intégrité référentielle, etc. La globalité des objets définis est répertoriée dans un dictionnaire de données. SQL est également le langage universel des serveurs de bases de données en réseau. L'Information Warehouse d'IBM, entre autres, utilise le langage SQL comme un standard d'accès aux données. Même les éditeurs de SGBDO (SGBD Objet) emploient comme langage de requête un langage dérivé de SQL. Le langage SQL présente aussi comme avantage de faciliter la sécurisation des données. Il dispose pour cela d'atouts tels que l'intégrité référentielle, la validation des données, le rollback (annulation des effets de la transaction en cours), le verrouillage automatique et la détection et la résolution des deadlocks (verrou mortel ou interblocage).

14

DÉFINITION

Transaction

Une transaction est un ensemble de requêtes regroupées en une seule opération atomique.

RENVOI

Rendez-vous un peu plus loin dans ce chapitre pour obtenir plus d'informations sur les notions d'atomicité et de propriétés ACID des transactions.

Subdivisions du SQL

Le langage SQL se décompose en 5 parties :

- le DDL ;
- le DML ;
- le DCL ;
- le TCL ;
- l'embedded SQL.

Voyons ce qui se cache derrière ces acronymes barbares.

DDL

Le DDL (Data Definition Language) est le langage de définition des données. Cette partie regroupe les commandes de base pour créer des bases de données, des tables, des index et autres éléments du même genre. ALTER, CREATE (TABLE, INDEX, ...)et DROP sont des éléments de la DDL.

DML

LE DML (Data Manipulation Language), littéralement langage de manipulation des données, offre les commandes de manipulation classiques telles que **DELETE**, **INSERT**, **UPDATE** et **SELECT**.

Figure 14-10 : *Les commandes DML*

DCL

C'est via le DCL que vous allez définir et gérer les droits des utilisateurs de la base. Vous attribuerez ou révoquerez les droits de chacun à l'aide des commandes **GRANT** ou **REVOKE** notamment. DCL est l'acronyme de Data Control Language, langage de contrôle des données.

TCL

Le TCL (Transaction Control Language), en français langage de contrôle des transactions, gère les transactions et leur exécution. Les commandes de contrôle des transactions sont **SET TRANSACTION**, **COMMIT** et **ROLLBACK**. Elles servent aussi à gérer les propriétés ACID des transactions.

Les propriétés ACID des transactions

Les propriétés ACID ont trait à :

- l'atomicité ;

- la cohérence ;
- l'isolation ;
- la durabilité.

Précisons un peu ces notions.

Atomicité

L'atomicité est la réduction des transactions en opérations indivisibles. Elles doivent être réalisées intégralement ou pas du tout. Soit les traitements que présente une transaction sont intégralement validés, soit le système retourne à l'état initial (valeur des données avant le début de la transaction). Le moyen terme n'est pas envisageable.

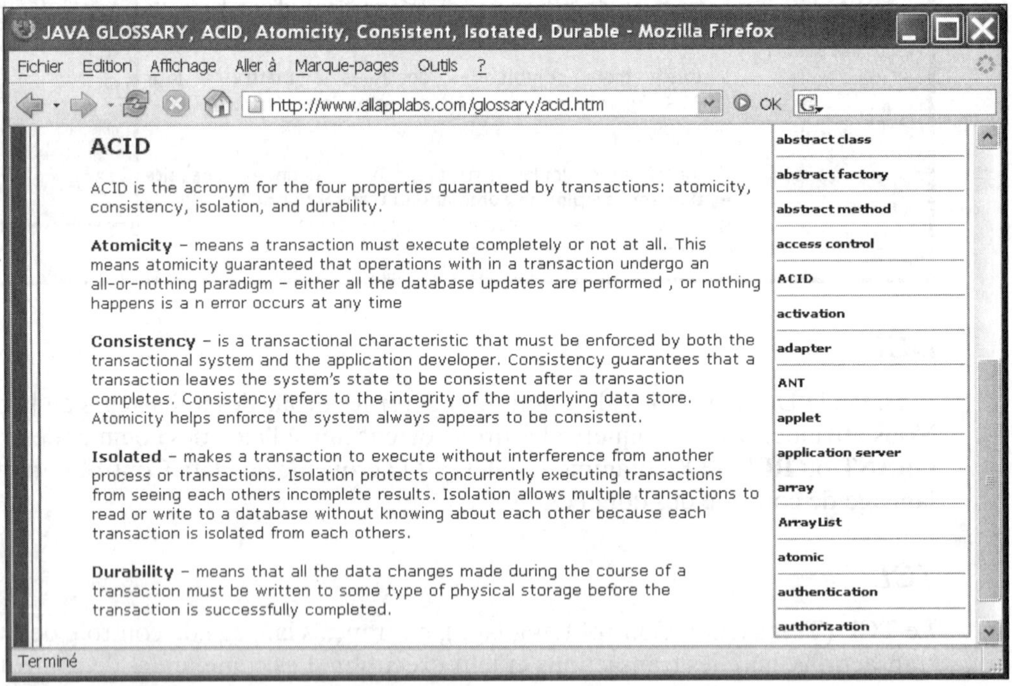

Figure 14-11 : *ACID*

Cohérence

Toute modification opérée sur une base de données doit être en cohérence avec la logique des données et celle des traitements. Cette notion recoupe la notion d'intégrité des données. Pas de passage de l'état initial à l'état final si la cohérence n'est pas respectée.

Isolation

Le terme est peut-être plus ambigu. Il s'agit de visibilité des transactions ou plutôt des valeurs des informations pendant une transaction de mise à jour. Une mise à jour des données effectuée dans le corps d'une transaction sera invisible pour les autres transactions si leur exécution a démarré avant la validation de la transaction de mise à jour. C'est préférable, surtout dans un contexte d'utilisation en réseau, afin d'éviter toute confusion.

Durabilité

La durabilité concerne la persistance des données. Une fois qu'une valeur a été modifiée (au cours d'une transaction), elle doit être enregistrée et conservée dans le système même en cas de défaillance subséquente à l'exécution de la transaction. En clair, plantage ou non, les modifications doivent être enregistrées une fois validées.

Journal des transactions

Pour satisfaire à "l'acidité" des transactions, les SGBDR, quels qu'ils soient, utilisent un journal des transactions. Ce journal va enregistrer l'historique de toutes les transactions effectuées avec leur état de réalisation : en cours, validé, annulé. Si la transaction a abouti (validé), les mises à jour correspondantes sont réalisées. Sinon (panne, annulation, incidents divers), tout est annulé et, grâce au journal des transactions, la base de données est resynchronisée afin d'assurer sa cohérence. Sans plantage du système, vous pouvez être dans une situation de rollback. Dans ce cas, les instructions spécifiées dans le journal des transactions seront lues "à rebours" pour revenir à l'état initial dans lequel ces données se trouvaient.

DÉFINITION

Rollback et commit

Un rollback est une méthode permettant, dans un contexte précis, d'annuler l'ensemble des requêtes contenues dans une transaction. Aucun des traitements réalisés durant cette transaction ne sera, au final, pris en considération par le système. Le rollback a l'effet inverse d'un commit. Un commit force au contraire l'écriture mémoire pour, justement, ne pas perdre les modifications venant d'être réalisées et ne pas revenir sur la transaction (voir fig. 14-12).

Figure 14-12 : *L'instruction Rollback*

Embedded SQL ou SQL intégré

Le SQL intégré (Embedded SQL pour les anglicistes) rassemble les éléments procéduraux intégrés à un langage hôte. Les principales commandes concernées sont :

- DECLARE CURSOR ;
- FETCH ;
- OPEN ;
- SET.

14.2 Normalisation du langage SQL

Le langage SQL a, à l'heure actuelle, "subi" 5 normalisations : en 1986, 1989, 1992, 1999 et 2003. Sa première véritable normalisation, en 1986, a été effectuée par l'ANSI (American National Standards Institute). Celle de 1989 a été conjointement réalisée par l'ANSI, toujours, mais aussi par l'ISO (International Standards

Organization). Cela n'empêche pas que de nombreuses versions de SQL aient existé, comme nous l'avons vu, au moins depuis 1979. Les standards définis en 1986 ont donc été révisés en 1989, afin d'y introduire principalement la notion d'intégrité référentielle et les contraintes de vérification.

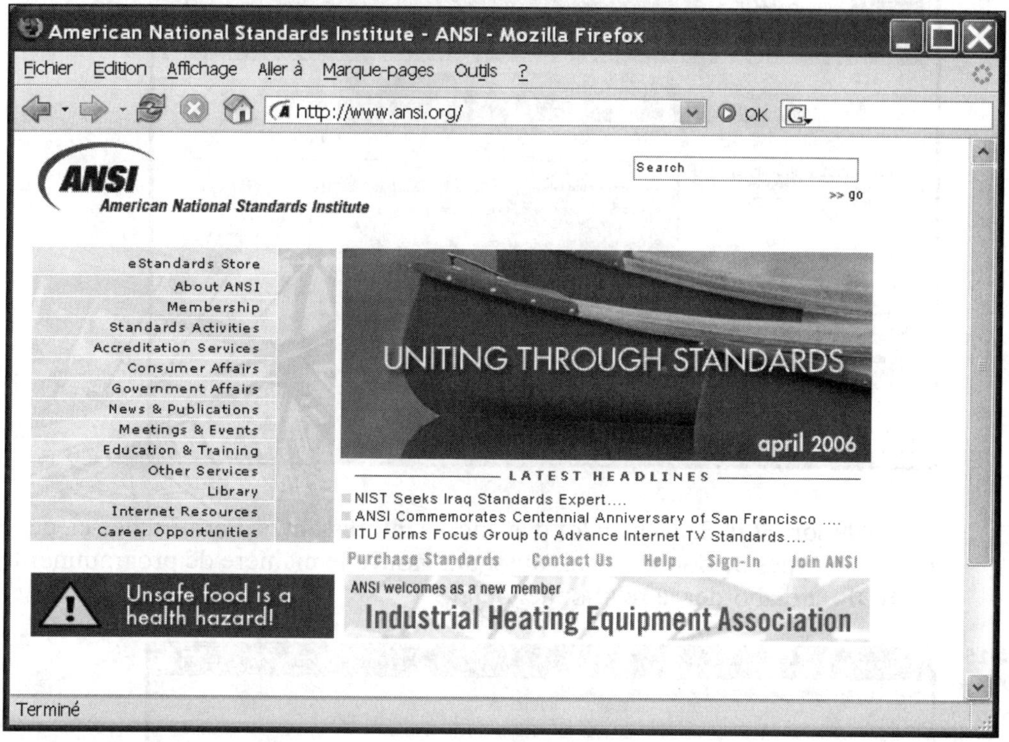

Figure 14-13 : *Le site de l'ANSI*

14

Ces nouveaux standards constituent la norme SQL-89 ou SQL-ANSI. Fin 1989, un addendum ANSI distinct a été ajouté à SQL-89 pour le SQL incorporé. La norme SQL-89 fut une intersection en quelque sorte entre diverses versions de SQL, visant à permettre à de nombreux produits existant de s'y conformer facilement. Le SQL unifié n'avait pas à proprement parler émergé. Émergera-t-il un jour ? Vint ensuite le SQL-92, de l'ISO, nommé également SQL 2. Ratifié en 1992, il était plus de cinq fois plus volumineux que son prédécesseur. Le standard normalisait cette fois un certain nombre de caractéristiques laissées précédemment à la discrétion des développeurs. Il constituait de fait un surensemble de SQL-89. Il a fallu cinq ans pour que les divers SGBDR du moment réussissent à s'aligner – imparfaitement – sur cette norme.

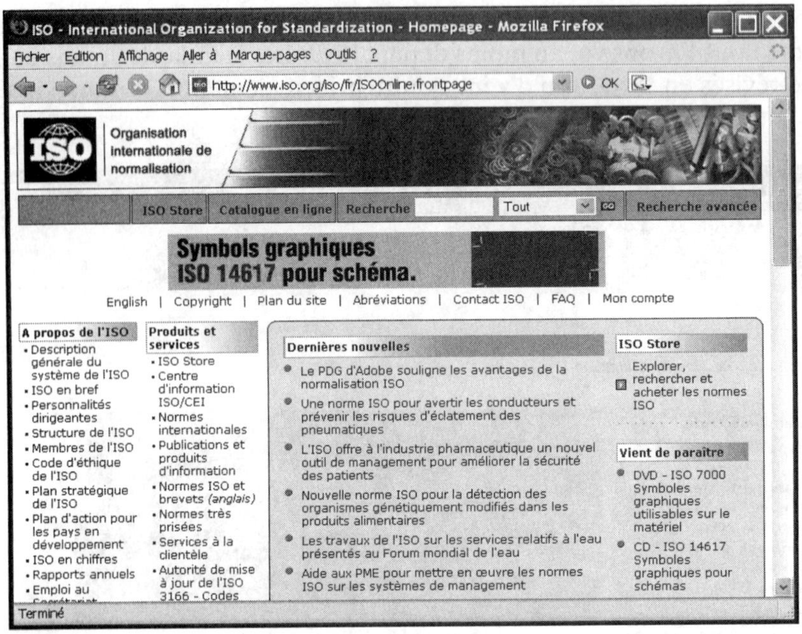

Figure 14-14 : *Un autre "grand" organisme de normalisation, l'ISO*

Fin 1999 sort SQL 3, avec un lot d'avancées intéressantes. Parmi celles-ci, de nouveaux types de données mais aussi une nouvelle manière de programmer les SGBDR et d'aborder le relationnel objet.

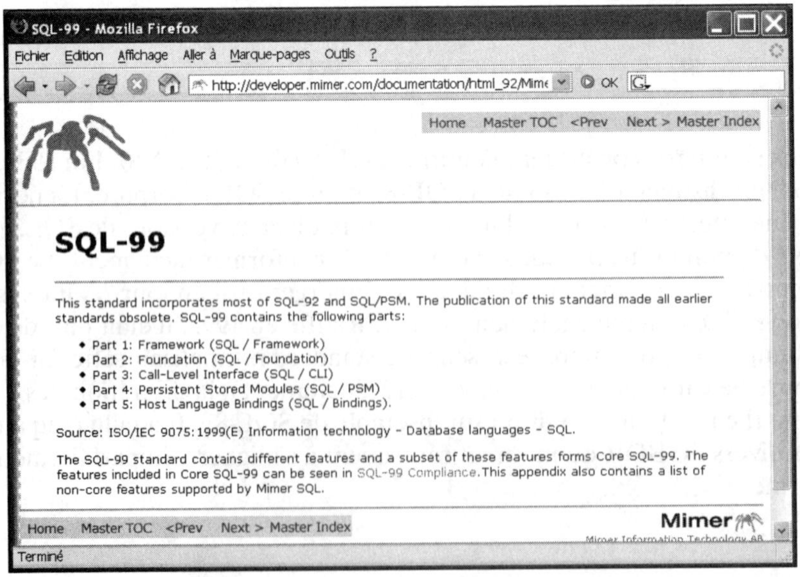

Figure 14-15 : *SQL 99 aussi appelé SQL 3*

Les innovations apportées par SQL 99 sont, principalement, les expressions régulières, la récursivité des requêtes, les déclencheurs, de nouveaux types non scalaires ainsi que des fonctions orientées objet.

SQL 2003 marque un premier pas vers la manipulation de données XML avec de nouvelles fonctions adaptées, les *window functions*.

Figure 14-16 : *SQL 2003*

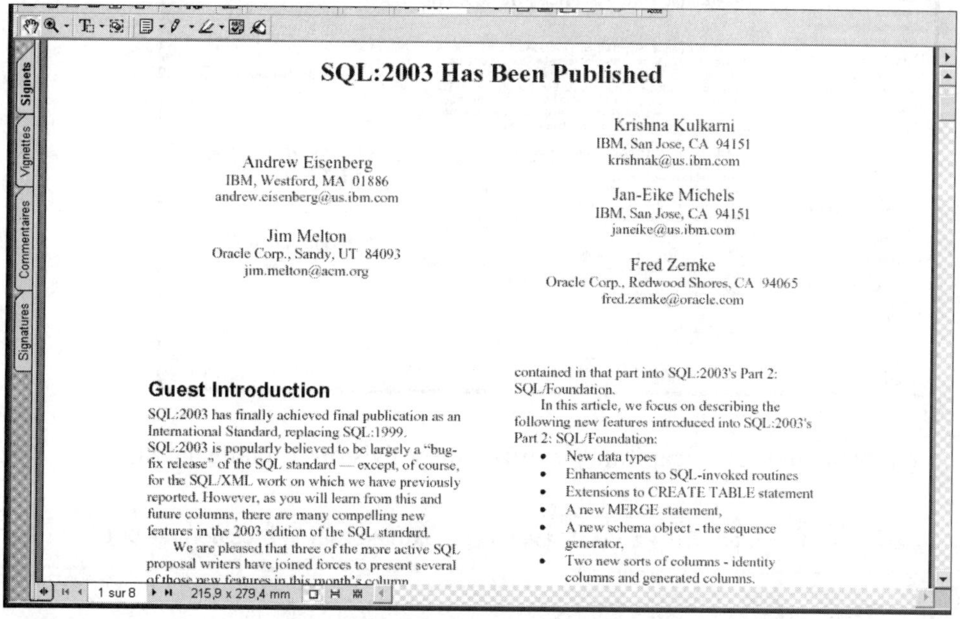

SQL:2003 Has Been Published

Andrew Eisenberg
IBM, Westford, MA 01886
andrew.eisenberg@us.ibm.com

Jim Melton
Oracle Corp., Sandy, UT 84093
jim.melton@acm.org

Krishna Kulkarni
IBM, San Jose, CA 94151
krishnak@us.ibm.com

Jan-Eike Michels
IBM, San Jose, CA 94151
janeike@us.ibm.com

Fred Zemke
Oracle Corp., Redwood Shores, CA 94065
fred.zemke@oracle.com

Guest Introduction

SQL:2003 has finally achieved final publication as an International Standard, replacing SQL:1999.
SQL:2003 is popularly believed to be largely a "bug-fix release" of the SQL standard — except, of course, for the SQL/XML work on which we have previously reported. However, as you will learn from this and future columns, there are many compelling new features in the 2003 edition of the SQL standard.
We are pleased that three of the more active SQL proposal writers have joined forces to present several of those new features in this month's column

contained in that part into SQL:2003's Part 2: SQL/Foundation.
In this article, we focus on describing the following new features introduced into SQL:2003's Part 2: SQL/Foundation:

- New data types
- Enhancements to SQL-invoked routines
- Extensions to CREATE TABLE statement
- A new MERGE statement,
- A new schema object - the sequence generator,
- Two new sorts of columns - identity columns and generated columns.

Aucun SGBDR n'a, à ce jour, implémenté l'ensemble des spécifications de la dernière norme établie. Ceci est compréhensible car les normalisations SQL ont, jusqu'ici, plutôt tenté de normaliser vers le haut les implémentations existantes afin de permettre leur coexistence et leur "bonne entente" lorsqu'elles doivent interagir entre elles. Malgré cela, certaines commandes identiques peuvent donner des résultats très différents selon les implémentations. Difficile, dans ces conditions, de parler d'une véritable norme. Le problème se pose essentiellement par rapport aux procédures stockées et aux triggers (voir un peu plus loin dans ce chapitre). MySQL 5.0 les implémente (enfin), certes, mais pas comme le précise la norme SQL. SQL Server est une des plus fidèles implémentations. Oracle contribue davantage à faire évoluer la norme qu'il ne la suit. Les "surcouches" existant dans ce langage d'interrogation sont pour beaucoup intégrées aux normes suivantes de SQL, tant elles vont dans le sens d'une "bonne évolution".

Quelles que soient les qualités intrinsèques à ces différents langages, il est difficile de parler de norme véritable.

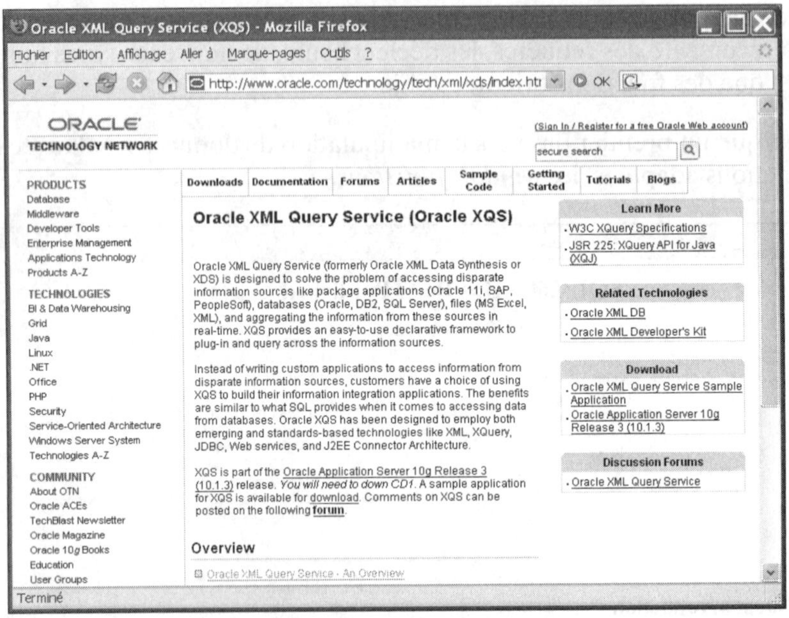

Figure 14-17 : *Le service de requêtes XML d'Oracle, le XQS (XML Query Service)*

Le tableau qui suit récapitule les différentes révisions du langage SQL :

Tableau 14-1 : Tableau récapitulatif des différentes normes SQL

Norme	Année	Description
SQL86 ou 87	1986	Première normalisation officielle édité par l'ANSI et adoptée par l'ISO en 1987
SQL 89 ou SQL 1	1989	Révision (relativement) mineure du langage
SQL 92 ou SQL 2	1992	Révision majeure
SQL 1999 ou SQL 3	1999	De nombreuses modifications/améliorations ont été apportées, notamment concernant les expressions régulières, la récursivité, les déclencheurs, les types non scalaires et les fonctions orientées objet.
SQL 2003	2003	Introduction au XML avec les windows functions, les ordres standardisés et les colonnes avec valeurs autoproduites. Début de l'évolution, désormais inéluctable, mais néanmoins fort lente vers le XQL.

La norme SQL 92

La norme SQL-92 (ou SQL 2) a repris toutes les caractéristiques de SQL-89 et quelques caractéristiques supplémentaires que nous allons étudier maintenant.

Les agents SQL

Ce sont des programmes ou des utilisateurs interactifs qui produisent des ordres SQL. Dans la précédente norme, les instructions SQL étaient associées à des identificateurs d'autorisations, concept quelque peu ambigu.

Les connexions SQL client/serveur

Les connexions SQL client/serveur. SQL-92 supportent les connexions (ou sessions) simultanées, une seule pouvant être active à la fois. La commande **SET CONNECTION** permet aux agents de basculer d'une connexion à une autre.

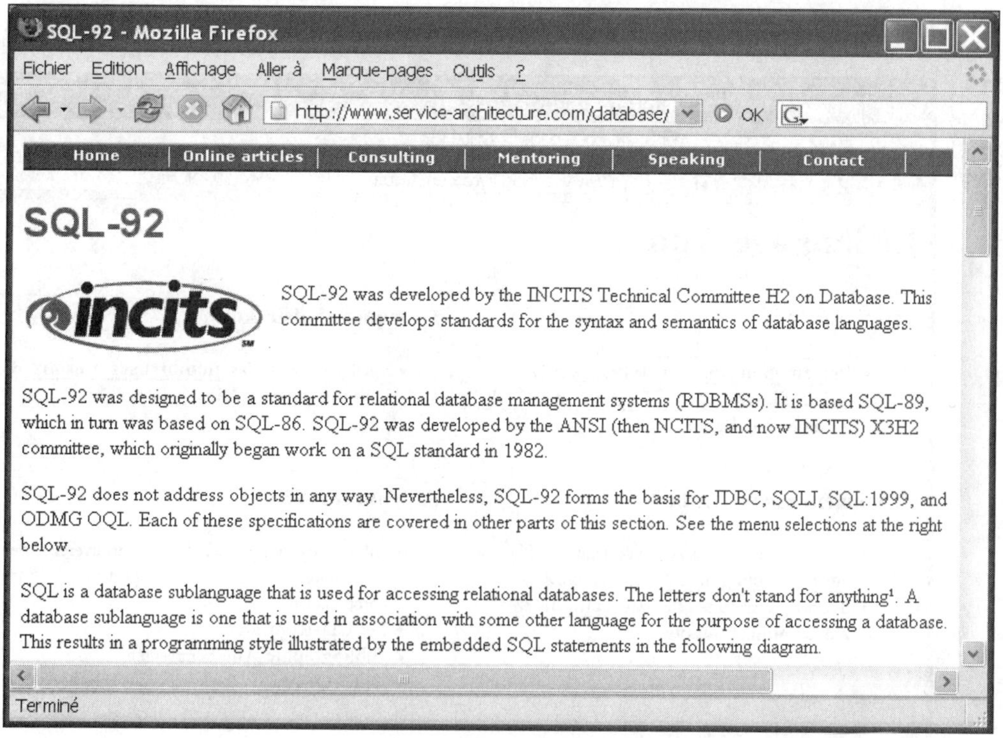

Figure 14-18 : *Le standard SQL 92*

Contrôle des transactions plus granulaire

La commande **SET TRANSACTION** permet de spécifier si une transaction est en lecture seule (read only) ou en lecture/écriture (read/write).

Catalogues standard

Ils permettent de décrire la structure d'une base. Un catalogue est une collection de schémas SQL décrivant une base de données, et les schémas des tables décrivant les structures des tables de base.

Encapsulation

L'encapsulation de SQL dans d'autres langages (C et Ada notamment).

Support du SQL dynamique

Les curseurs dynamiques et autres commandes du même genre sont supportés.

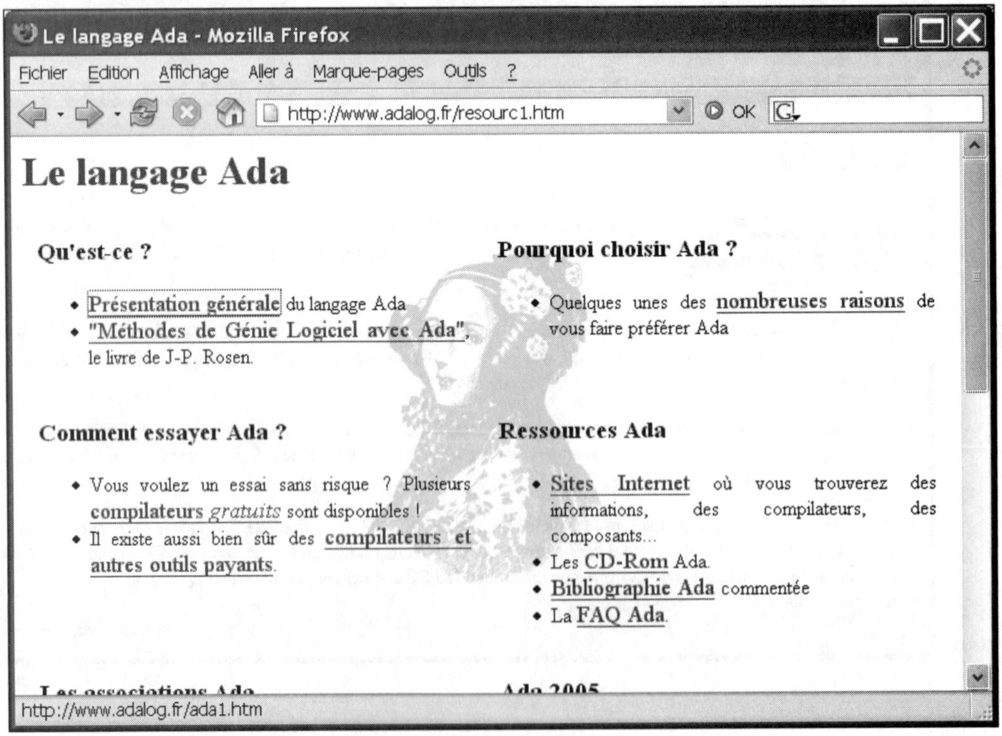

Figure 14-19 : *Un véritable langage objet : ADA*

Support de tables provisoires

Locales ou globales, les tables provisoires sont utilisées comme espace de travail et détruites automatiquement en fin de session.

Opérateurs de jointure

Parmi ces opérateurs, signalons la jointure externe, l'union (pas de doublons), la jointure croisée (toutes combinaisons) et la jointure interne. Ces derniers sont supportés par des opérateurs spéciaux dans les clauses FROM des requêtes.

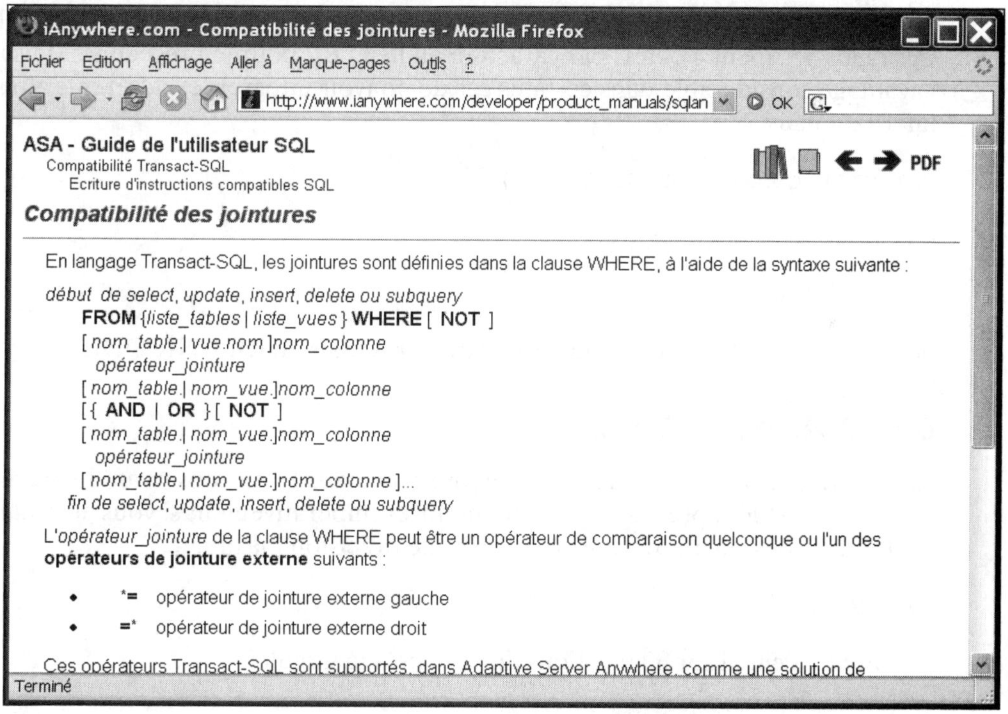

Figure 14-20 : *Compatibilité des jointures d'une implémentation à l'autre*

Diagnostics et codes d'erreur normalisés

SQLSTATE remplace SQLCODE. Une commande **GET DIAGNOSTICS** a été ajoutée afin d'obtenir des informations supplémentaires sur les erreurs.

Support de nouveaux types de données

Il s'agit notamment des types VARCHAR, DATE, TIME et TIMESTAMP.

CHARACTER VARIYNG (n) ou VARCHAR(n)

Ce type permet de définir une chaîne de caractères codés sur un jeu de type ASCII, DOC ou EBCDIC. Si la chaîne est de taille inférieure à n, elle sera compactée et n'occupera en mémoire que la place dont elle a réellement besoin.

```
VARCHAR(5)
```

définit une chaîne à longueur variable d'au plus 5 caractères.

NATIONAL CHARACTER et NATIONAL CHARACTERVARIYNG

À la différence du précédent type, celui-ci est codé avec le jeu de type UNICODE. Ces types occupent 4 octets par caractère au lieu de 2 pour le précédent. Mais ils ont l'avantage considérable dans certains cas de pouvoir intégrer les différents alphabets internationaux.

```
NATIONAL CHARACTERVARIYNG(10)
```

ou

```
NVARCHAR(10)
```

définissent une chaîne variable de 10 caractères mais au jeu UNICODE.

DECIMAL ou NUMERIC

Le type DECIMAL sert à définir un nombre en base 10 en conservant la précision des chiffres situés après la virgule. À employer impérativement si vous avez dans vos traitements des calculs devant conserver une précision maximale.

```
DECIMAL(30,5)
```

définit un décimal sur 30 positions dont 5 après la virgule.

La commande suivante est identique :

```
NUMERIC(30,5)
```

FLOAT

Représente un réel, toujours en base 10, qui sera stocké sous forme binaire.

```
FLOAT(40,8)
```

définit un réel sur 40 positions dont 8 après la virgule.

BIT et BIT VARIYNG

Définissent respectivement une chaîne de bits de longueur fixe et une chaîne de bits de longueur variable (VARIYNG).

TIMESTAMP

Type combinant la date et l'heure sous la forme AAAAMMJJHHMMSS.SSS. Sa précision va jusqu'au millième de seconde. L'option TIME ZONE permet de préciser quel fuseau horaire vous voulez employer. D'après la norme, ce type traite les dates allant du 1er janvier de l'an 1 à 0h00 au 31 décembre 9999 à 23h59mn59s999. Attention, donc, si vos programmes tournent encore au-delà. Pensez au bogue de l'an 2000.

DATE, TIME

Suite des types temporels, ils définissent la date pour l'un et l'heure pour l'autre. La date est au format américain : AAAAMMJJ. Le type TIME stocke les heures avec une précision au millième de seconde.

INTERVAL

Ce type permet de stocker des intervalles de temps mais il est loin d'être implémenté sur tous les SGBDR.

Autres améliorations

La norme SQL-92 intègre les contraintes et contrôles de domaine, ainsi que d'autres améliorations par rapport à SQL-89. Parmi celles-ci :

- de nouvelles fonctions de chaînes ;
- des curseurs à défilement ;
- des commandes de modification ou de destruction des objets ;
- des améliorations du modèle d'intégrité référentielle ;
- le support de conversions de types, etc.

Le type booléen manque encore cruellement. Pour le remplacer, il faut se rabattre sur un type BIT, s'il existe dans le SGBDR employé. Sinon, un type INT (TINY ou SMALLINT) ou un type CHAR(1) feront l'affaire.

La norme SQL 99 ou SQL 3

SQL 3 a apporté de remarquables avancées en matière de types de données, de programmation des SGBDR et dans le concept du relationnel objet.

Il est composé de cinq parties distinctes :

- le cadre SQL énonçant les bases principales du langage ;
- les fondations SQL spécifiant la syntaxe et le fonctionnement ;
- l'interface d'appel définissant l'interface de programmation ;
- les modules mémorisés persistants ;
- les liaisons avec le langage hôte.

Le SQL 3 standard possède deux niveaux de compatibilité avec les systèmes de bases de données :

- un support principal, définissant les bases fondamentales du langage ;
- un support optimisé, pour les améliorations.

Triggers

SQL 3 a normalisé l'utilisation des triggers (déclencheurs) qui étaient utilisés par la plupart des éditeurs de SGBDR, mais sous une forme propriétaire.

Figure 14-21 : *Les triggers*

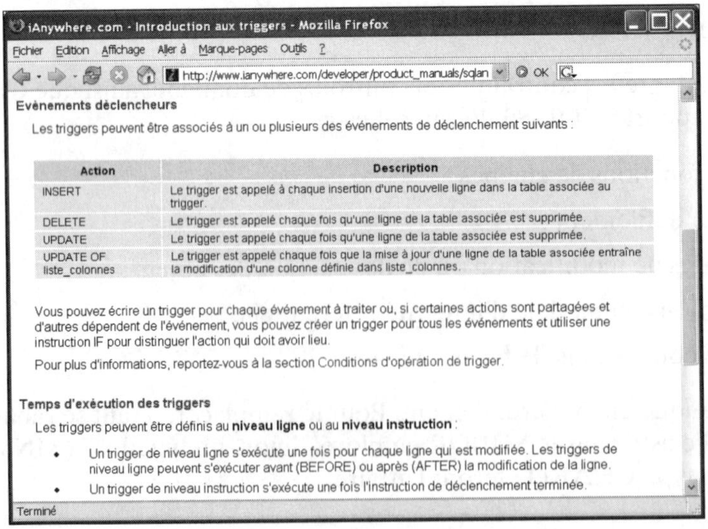

DÉFINITION

Trigger

Un trigger est un intercepteur d'événements. Spécifique aux bases de données, la définition de sa granularité (modularité des actions) doit être définie au niveau de la table. C'est une forme particulière de procédure stockée exécutée automatiquement lors de chaque requête de modification des données. Les triggers sont nécessaires lorsque les contraintes déclaratives et les contraintes d'intégrité référentielle se révèlent insuffisantes.

Langage procédural

Avec cette nouvelle norme, le langage SQL devient un véritable langage procédural, avec une syntaxe de plus en plus proche de celles de langages structurés comme ADA, C ou Pascal.

Notion de bloc

Elle introduit la notion de bloc, avec les mots-clés BEGIN/END. Les variables sont déclarées avec le mot-clé DECLARE et leur assignation via le mot-clé SET. Ce dernier permet l'utilisation de structures conditionnelles avec IF, LOOP, REPEAT, DO WHILE, DO UNTIL, WHILE ou encore LEAVE.

Figure 14-22 : *Notion de bloc*

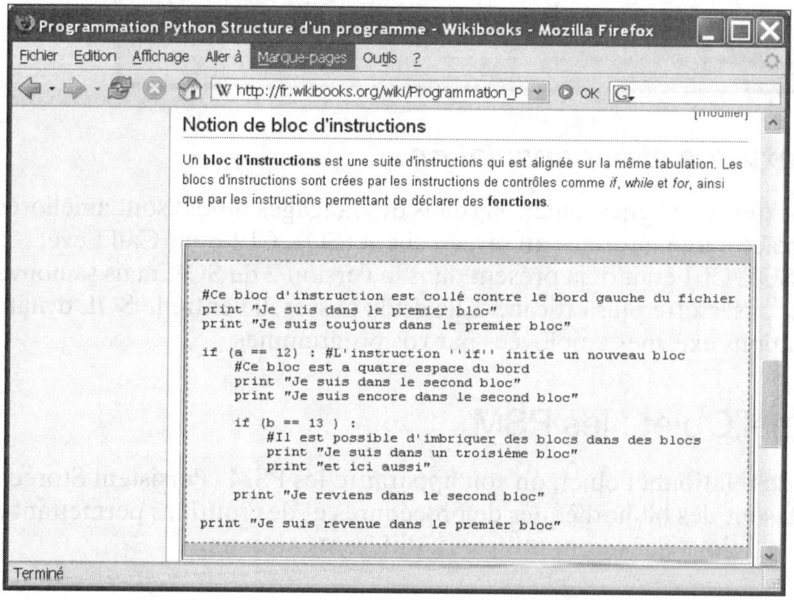

Gestion des exceptions

La gestion des exceptions fait désormais partie du langage. Il est notamment possible de définir des codes de gestion d'erreurs. Les codes de retours d'anomalies ont été étoffés et permettent une gestion in fine. La propagation des erreurs vers des containers se fait via les mots-clés SIGNAL et RESIGNAL. Ces mots-clés, pour ceux qui les connaissent, s'utilisent de la même manière que les RAISE ERROR du langage ADA.

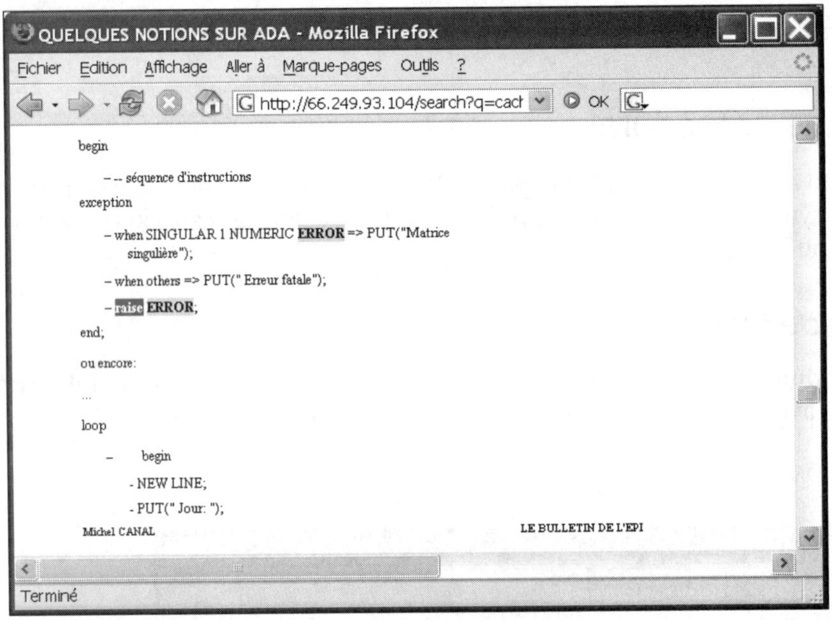

Figure 14-23 : *L'instruction RAISE ERROR en ADA*

Visibilité externe et encapsulation

La visibilité externe et l'encapsulation (dans des langages hôtes) sont améliorées et renforcées grâce à une interface au niveau client (SQL/CLI pour Call Level Interface) . SQL/CLI était déjà présent dans la version 2 de SQL mais sa nouvelle mouture est censée être plus efficace. Elle est la passerelle entre le SQL dynamique et les applications externes employées par vos programmes.

Relationnel Objet : les PSM

En matière de relationnel objet, on voit apparaître les PSM (Persistent Stored Module). Ce sont des bibliothèques de procédures et des routines permettant de réaliser des fonctions qui seront utilisées à différents niveaux.

La norme SQL 2 avait introduit la notion de module permettant de faire du SQL "dynamique". Il était cependant prématuré de parler de relationnel objet. Les PSM changent cet état de fait en regroupant dans une même notion (et un même type d'objet) fonctions et procédures. Cette notion se rapproche de celle d'UDF (User Defined Function ou fonctions définies par l'utilisateur) existant dans différents langages objet et initialement introduite par Borland (avec InterBase).

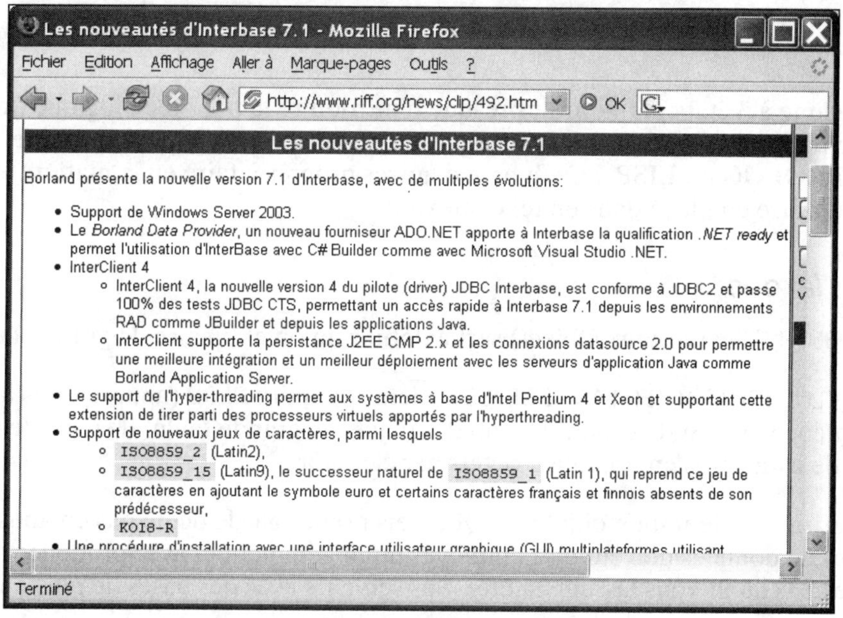

Figure 14-24 : *Interbase de Borland*

Nouveaux types de données

De nouveaux types de bases sont intégrés : BOOLEAN, CHARACTER LARGE OBJECT, ARRAY, ROW, REF, SET, MULTISET, LIST, etc.

Type booléen

Le type booléen (mot clé BOOLEAN) apparaît enfin dans la norme SQL. Il est surprenant qu'il n'ait pas, comme dans la plupart des langages de description de données ou procéduraux, été présent dès le début. Mais cette correction ayant été finalement apportée, nous ne pouvons que nous en réjouir. Plus besoin dès lors d'utiliser des types entiers, même de faible occupation mémoire (TINYINT ou SMALLINT), avec une "nomenclature" définie du genre 0 = Faux et 1 = Vrai (ou -1, 0). Vous pouvez directement employer des valeurs booléennes dans vos programmes. Et comme un booléen utilise moins d'espace qu'un entier, même de faible poids, vous y gagnerez en ressources et en simplicité.

Le type booléen peut être employé uniquement si un prédicat booléen existe dans le langage. Ce prédicat sera le suivant :

```
condition IS (NOT) FALSE | TRUE | UNKNOWN
```

Nous avons trois et non deux valeurs possibles pour *condition* :

```
FALSE
TRUE
UNKNOWN
```

Cette logique à 3 états permettrait presque d'introduire la notion de logique floue (oui/non/peut-être). Mais laissons cela aux langages "spécialisés" en la matière, comme PROLOG ou LISP. SQL a bien d'autres progrès à faire en la matière avant de pouvoir être employé dans un tel contexte.

Types "larges"

Le type BLOB (Binary Large Object) sert à définir un objet binaire de grande taille.

Le type CLOB (CHARACTER LARGE OBJECT) vient rejoindre BLOB (apparu dans la norme précédente, SQL 2) dans le club des objets de grande taille. Il stocke les chaînes de caractères en prenant 2 octets par caractère.

Cela confirme l'orientation objet de SQL, mais prenez garde de ne pas en abuser. Ces types de données doivent être employés intelligemment et avec prudence si vous ne voulez pas qu'ils vous fassent "sauter" vos serveurs avec des bases de plusieurs téraoctets.

Types structurés

Types ARRAY, REF, ROW, SET, LIST et MULTISET

ARRAY définit un type tableau, comme son nom le laisse supposer. Le type ROW est un type colonne (ou champ). SET définit un ensemble de valeurs et LIST des listes tandis que MULTISET combine les deux (liste d'ensembles de valeurs ou ensemble de valeurs de listes, au choix).

Les syntaxes à employer pour ARRAY et ROW sont les suivantes :

```
ARRAY [dimension 1 [, dimension 2 [, ... [, dimension n]
```

définit un tableau de n dimensions.

```
ROW (colonne 1 [,colonne 2 ...])
```

définit une ligne de n éléments.

REF permet de définir une donnée référentielle basée sur un type utilisateur. On peut ainsi restreindre l'échelle de valeurs employées. Il est bien entendu possible de combiner ces différents types, dans la logique des applications.

Typage fort

Le typage fort est permis grâce à l'utilisation du mot-clé DISTINCT. En voici un exemple :


```
CREATE DISTINCT TYPE FILM AS VARCHAR
CREATE DISTINCT TYPE SALLE AS VARCHAR
```

Un champ (colonne) défini avec le type FILM ne pourra être comparé à un champ de type SALLE, même si tous deux sont de même type "général" (en l'occurrence VARCHAR). Vous pouvez même redéfinir l'action des opérateurs numériques +, -, *, / et des opérateurs de comparaison = et < sur ces types. Prenez garde toutefois à ne pas trop complexifier votre code et faites-le seulement si cela présente un intérêt évident. Dans le cas contraire, abstenez-vous.

ADT

Voici la véritable innovation apportée par SQL 3 : les ADT ou Abstract Data Type. Pour ceux qui connaissent le langage ADA, le terme est explicite. Pour les autres, un type abstrait permet d'encapsuler n'importe quel type de base du langage (INT, CHARACTER, BOOLEAN, BLOB, etc.) mais il peut aussi offrir plusieurs attributs, comme pour une structure de table. Qui plus est, ces attributs peuvent être virtuels ; ils sont alors appelés des méthodes. Comme pour les langages objets classiques, leur visibilité dépendra de la manière dont ils sont définis et, plus précisément, du mot-clé employé. PUBLIC définit un objet avec visibilité externe (donc totale) dans l'ensemble des programmes. PRIVATE limite la portée de l'objet (ou plutôt de sa visibilité) à la procédure, la fonction ou au programme dans lequel il est défini. Sa visibilité sera dite interne. PROTECTED limite cette visibilité uniquement aux descendants, c'est-à-dire aux fonctions, programmes ou procédures appelées ou définies dans le même corps de programme.

Voici un exemple d'utilisation de types abstraits :

```
CREATE TYPE ADRESSE
(ADRESSE1 VARCHAR(40),
 ADRESSE2 VARCHAR(40),
 ADRESSE3 VARCHAR(40),
 CODEPOSTAL CHAR(5),
 VILLE VARCHAR(40) )
```

```
CREATE TYPE CONTACT
(NOM VARCHAR(40),
 PRENOM VARCHAR(40),
 TEL1 CHAR(14),
 TEL2 CHAR(14),
 EMAIL VARCHAR(40),
 TEL2 CHAR(14) )
```

Une fois ces types (abstraits) définis, vous pouvez les employer dans vos procédures et fonctions comme les types prédéfinis du langage :

```
PUBLIC FUNCTION VILLE (Adresse_Contact ADRESSE)
RETURN VARCHAR
BEGIN
    DECLARE : Adresse_Contact ADRESSE;
    DECLARE : valeur_retour VARCHAR;
        CASE VILLE(Adresse_Contact);
        WHEN IS NULL THEN SET valeur_retour = 0;
        OTHERWISE SET valeur_retour = VILLE);
        RETURN valeur_retour;
END
```

Les types abstraits possèdent un constructeur et un destructeur. Chacun a un rôle défini. Le constructeur permet de préinitialiser certains attributs tandis que le destructeur exécute des routines de nettoyage avant de finaliser la destruction de l'objet.

Figure 14-25 : *Constructeur et destructeur*

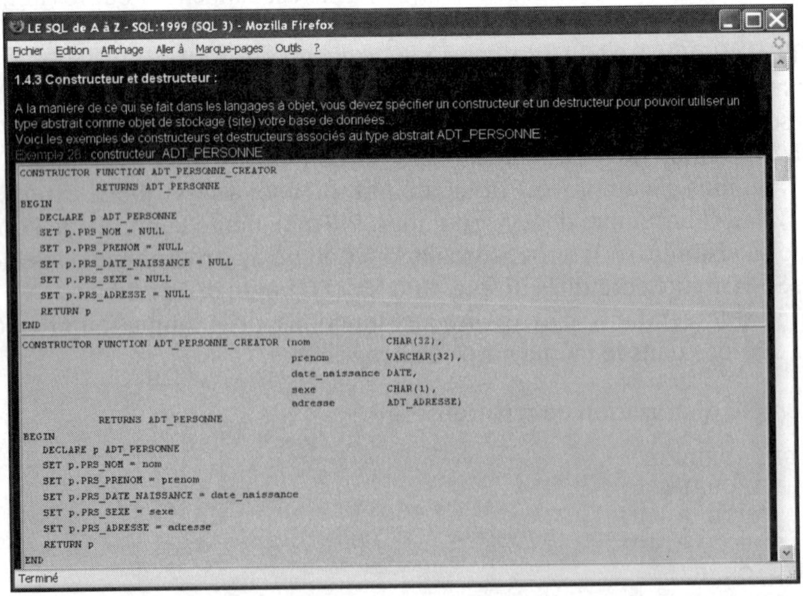

Récursivité

Jusqu'alors, il était impossible d'effectuer des requêtes récursives en SQL. C'est seulement avec SQL 3 que cette fonctionnalité est permise. Cela passe par la notion "d'expression de table" définie par la clause WITH. Pour demander une exécution récursive d'une requête, vous devez employer le bien nommé mot-clé RECURSIVE. N'oubliez pas de spécifier une condition d'arrêt dans une clause CYCLE, sinon votre requête risque de s'exécuter à l'infini ou jusqu'au "plantage" ou à l'arrêt du système. L'avantage de cette fonctionnalité est plus évident dans les programmes d'exploration de graphes et d'arbres tels que le problème du voyageur de commerce typique de la recherche opérationnelle, par exemple.

Figure 14-26 : *Le problème du voyageur de commerce*

Schémas d'ordonnancement

Les schémas d'ordonnancement, sans trop entrer dans les détails de leur utilisation, vous permettent de définir des ordres de tri indépendants des jeux de caractères sous la forme d'objets spécifiques à une base de données.

Gestion des transactions

Toujours à partir de la norme SQL 3, vous pouvez définir le début d'une transaction mais également des points intermédiaires de façon nominative. Pour déterminer le début et la fin d'une transaction, vous emploierez les mots-clés START TRANSACTION et END TRANSACTION. Pour placer des points intermédiaires, ayez recours au mots-clés SAVE POINT.

Droits d'accès

Une nouvelle notion apparaît en SQL 3 (ou 99) pour mieux gérer les droits d'accès : les rôles. Ils représentent une collection de droits ou privilèges attribués à un utilisateur spécifique.

SQL 2003

La dernière norme en date est SQL 2003. Elle n'est pas encore totalement intégrée par les versions des différents éditeurs SQL. Les procédures stockées, par exemple, d'Oracle ou Microsoft ne respectent pas cette norme alors que celles de MySQL 5 et de DB2 d'IBM la suivent. SQL 2003 n'est pas, a priori, une norme révolutionnaire mais plutôt un correctif de la précédente, SQL 1999 (ou SQL 3). Elle initie cependant, comme cela était prévu, l'évolution de SQL vers XML ou plutôt vers XQL, savant mélange de SQL et XML. XQL (eXtended Query Language), futur remplaçant de SQL d'ici quelques années, pourrait être qualifié de "langage d'interrogation de données structurées sous XML".

Figure 14-27 : *Le standard SQL 3*

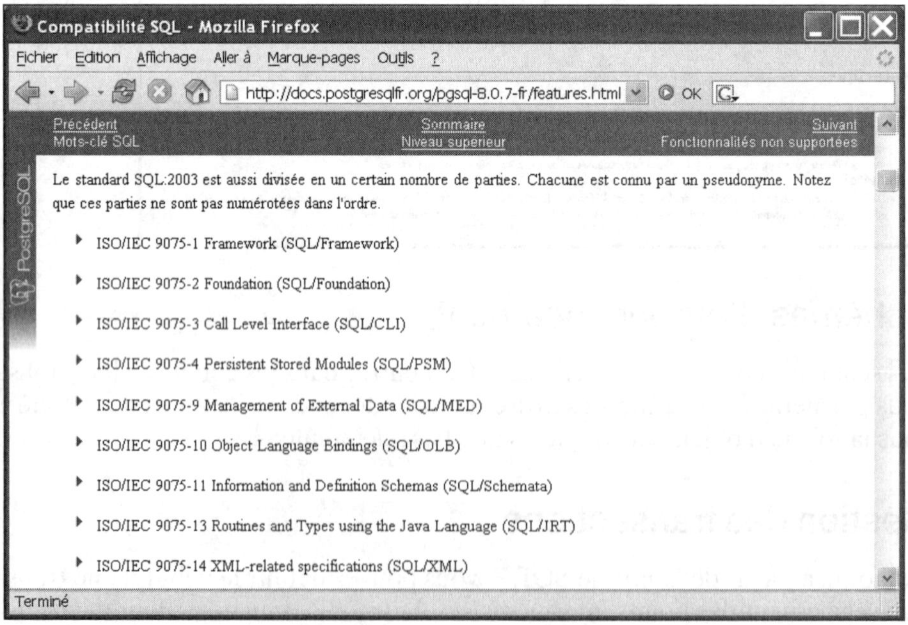

En ce qui concerne les types de données, SQL 2003 a supprimé les types BIT et BIT VARYING qui n'étaient pas supportés par la plupart des moteurs de bases de données SQL. Il a introduit trois nouveaux types non présents dans SQL 1999 : BIGINT, MULTISET et XML. Apparaissent également dans cette norme des fonctions de tables, ainsi que plusieurs petites améliorations de routines déjà existantes. Il faudra encore quelques années avant que cette norme soit digérée par les diverses implémentations SQL. La plupart d'entre elles en sont tout juste à intégrer la précédente norme (SQL 99 ou SQL 3).

Norme ou pas norme

SQL est une norme, même si les implémentations des différents constructeurs précèdent la plupart du temps la normalisation par un organisme (ISO ou ANSI). C'est une normalisation destinée à "mettre à niveau" certains éléments existant chez divers éditeurs. Plus généralement, SQL est considéré comme le standard en termes de langage d'interrogation et de manipulation de données relationnelles. Sa conception ainsi que son utilisation ont, comme nous l'avons vu, toujours été étroitement liées à celle du modèle relationnel. Mais concrètement, il y a peu de chances que des requêtes conçues pour un éditeur spécifique fonctionnent chez les autres, même si vous avez tenté de respecter au maximum la norme ISO et avez évité les éléments propriétaires. Il n'y a malheureusement pas un langage SQL universel mais des dialectes SQL propres à chaque éditeur et offrant des similitudes.

Outre le fait que les éditeurs tendent presque toujours à ajouter des éléments hors norme, ils sont même capables de modifier l'action de certaines commandes. Ceci ne fait qu'ajouter à la confusion et complexifie la portabilité de votre code. Un éditeur comme Oracle aura tendance à créer de nouvelles fonctionnalités avant l'heure (l'instruction `CONNECT BY`, par exemple, qui permet la récursivité du code). Celles-ci seront souvent reprises à la norme suivante, mais Oracle reste dans l'ensemble assez fidèle à la norme. Avec Access de Microsoft, en revanche, l'incohérence va jusqu'à changer la syntaxe de commandes simples (comme pour le LIKE). Rien n'est ajouté ou amélioré. Il s'agit seulement de remplacer une syntaxe (normalisée) par une autre (propriétaire). C'est quasiment de la "dénormalisation" volontaire et cela n'a aucune justification concrète (attention de ne pas confondre avec la dénormalisation d'une base de données). Heureusement que SQL Server est plus respectueux de la norme et n'intègre pas ce genre d'absurdités (voir fig. 14-28).

Dans tous les cas, si vous voulez porter votre base de données SQL d'un serveur à un autre, vous risquez d'avoir quelques modifications à faire. Les comparatifs ayant été réalisés entre les quatre "mastodontes" du langage SQL, Oracle, SQL Server, SQL DB2 et Sybase, ne sont guère encourageants de ce point de vue. Il est impossible de créer une base de données qui soit totalement compatible et fonctionne de manière identique sur ces quatre types de serveurs SQL. Excepté si vous ne gérez que des données numériques. C'est un peu restrictif pour qu'on puisse parler de norme véritable. Si vous souhaitez connaître les éléments normalisés des principaux éditeurs de SGBDR SQL, consultez l'article de Peter Gulutzan à l'adresse suivante : **www.dbazine.com/gulutzan3.html**.

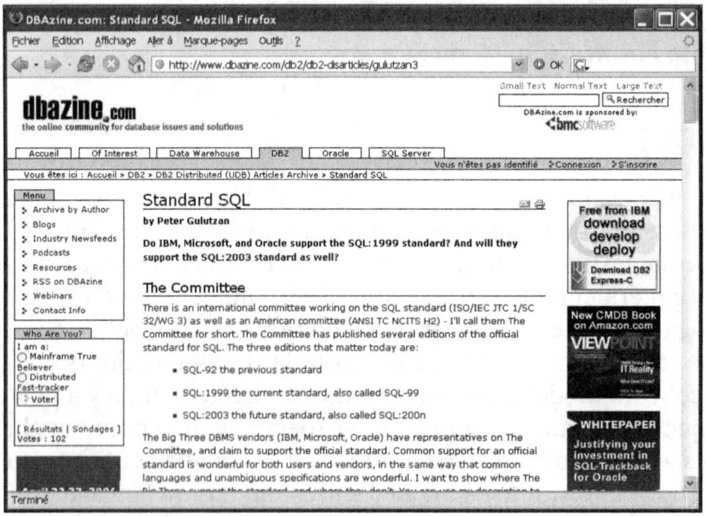

Figure 14-28 : *L'article de Peter Gulutzan sur dbazine*

Michael M. Gorman a, quant à lui, démontré l'incompatibilité inhérente entre le respect des standards et les intérêts purement mercantiles et à vue courte de ces éditeurs dans un autre article : **www.tdan.com/i016hy01.htm**.

Figure 14-29 : *L'article de Michael M. Gorman*

La situation est tellement catastrophique de ce point de vue (compatibilité) que même si les commandes et instructions employées fonctionnent d'une implémentation à l'autre, le comportement de la table pourra néanmoins varier. Le résultat d'un SELECT pourra être différent d'un éditeur à l'autre, en raison des jeux de caractères employés et des collations par défaut.

Nous pouvons, à la rigueur, dire que les implémentations SQL "tendent" vers une norme. Quant à prétendre qu'il existe une norme véritable suivie par tous…

14.3 Implémentations du langage SQL

Il existe de nombreuses implémentations du langage SQL, de MySQL à SQL Server de Microsoft en passant par SQL DB2 d'IBM, Informix du même éditeur, Ingres, Oracle, Adaptive Server Enterprise de Sybase, pour les serveurs de données, Paradox ou Access pour les architectures de type serveurs de fichiers et bien d'autres encore, plus ou moins confidentiels : mSQL, mySQL, etc.

Oracle et SQL Server sont sans doute les solutions les plus adaptées aux applications professionnelles employant nombre de serveurs de données et d'applications dans des environnements relativement sensibles.

Figure 14-30 : *SQL Server*

Microsoft®

SQL Server™ 2005

La nouvelle génération de logiciels d'analyse et de gestion des données

Aujourd'hui, face à l'explosion du volume de données et à la complexité des systèmes, les entreprises se doivent de relever un défi majeur : fournir rapidement aux utilisateurs les informations appropriées leur permettant de prendre des décisions, tout en garantis-

permettent d'avoir une vision d'ensemble du système et de mettre en valeur les données de l'entreprise.

La richesse de la gamme SQL Server 2005 permet aux entreprises et organisations de trouver l'outil adéquat pour déployer leurs applications et gérer leurs données.

SQL Server 2005 offre une solution intégrée d'analyse et de gestion des données qui permet aux organisations de toute taille de :

- maximiser l'efficacité du département informatique en facilitant le déploiement et l'administration de la base de données;
- réduire la complexité liée à l'hétérogénéité des outils, en fournissant les fonctionnalités essentielles pour tirer le meilleur parti des informations manipulées par les applications;
- partager des données entre diverses plates-formes, applications et systèmes

La suite de ce document présente les améliorations proposées par SQL Server 2005 dans trois domaines clés : la gestion des données d'entreprise, l'efficacité des développeurs et l'analyse décisionnelle.

Gestion des données de l'entreprise

Dans le monde connecté d'aujourd'hui, les données et les systèmes doivent être accessibles à tout moment pour vos utilisateurs. Avec SQL Server 2005, les utilisateurs et les informaticiens tirent profit de la réduction des temps d'arrêt des applications, de la capacité à monter en charge, des performances accrues et de contrôles de sécurité stricts.

SQL Server 2005 inclut des améliorations pour la gestion des données d'entreprise dans les domaines suivants :

- **Disponibilité.** Des investissements dans les technologies à haute disponibilité, des

MySQL reste néanmoins toujours largement utilisé par un grand nombre de développeurs, en particulier dans les contextes Linux/UNIX et Apache Server. Concernant les implémentations de type serveurs de fichiers, Paradox et Access sont en concurrence évidente. Le premier est moins riche en matière de DDL et de TCL que Access, mais il a l'avantage en termes de DML. Par contre, il n'y a pas de DCL sous Paradox. Ceci est compensé par un niveau de sécurité à forte granularité qui n'est cette fois pas compatible avec la norme SQL. Avec Paradox, vous pouvez placer des droits au niveau des tables et au niveau de chaque champ.

SQL Base, de Gupta Technologies (anciennement Centura Software), permet de crypter les données de manière plus efficace encore car il emploie les derniers algorithmes de chiffrage existants. Il sera donc à privilégier dans les contextes où prime plus que tout la sécurité des données.

Figure 14-31 : *SQL Base de Gupta Technologies*

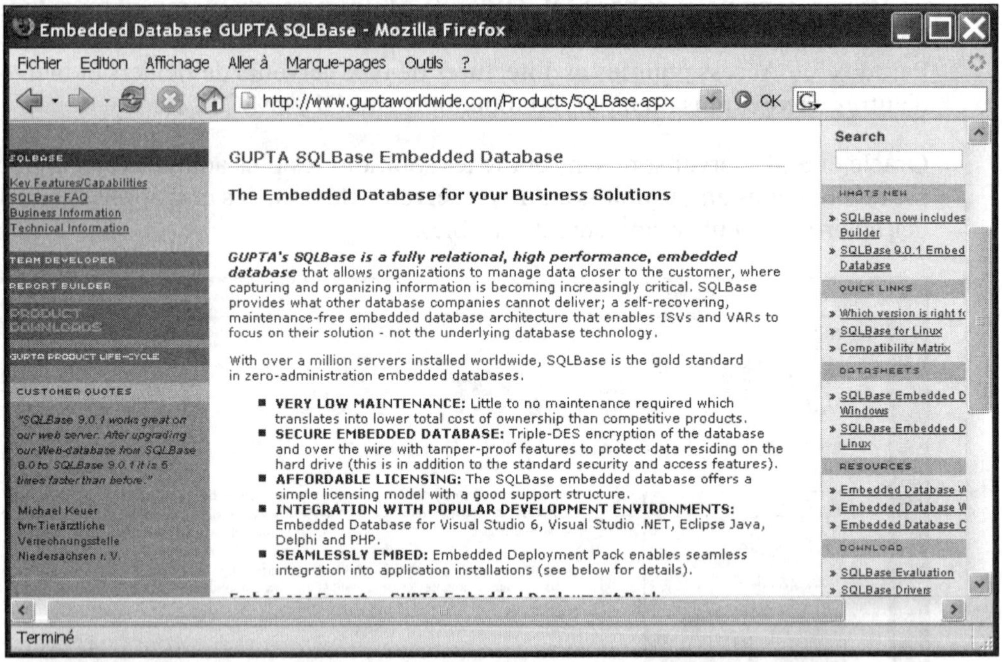

Paradox comprend plus de types de données que Access. Access n'intègre toujours pas de type Image ni même, c'est encore plus surprenant, le type entier. Access possède bien un type BLOB, mais sa taille est limitée à 64 ko, ce qui est ridicule (la plupart des SGBDR SQL, qu'ils soient de type serveur de fichiers ou client/serveur, acceptent jusqu'à 2 Go). Pour continuer la comparaison, Access a une capacité de stockage très faible et n'accepte pas un nombre important d'utilisateurs en réseau (simultanément), au contraire. Enfin, pour ce qui est du contrôle des transactions, c'est encore Paradox qui est supérieur Access. Certes, le nombre d'enregistrements en Rollback sous SQL est limité à 255. Cette limite est néanmoins facile à contourner à l'aide de tables auxiliaires, pour peu que le code correspondant ait été prévu.

Figure 14-32 : *Adaptive Server de Sybase*

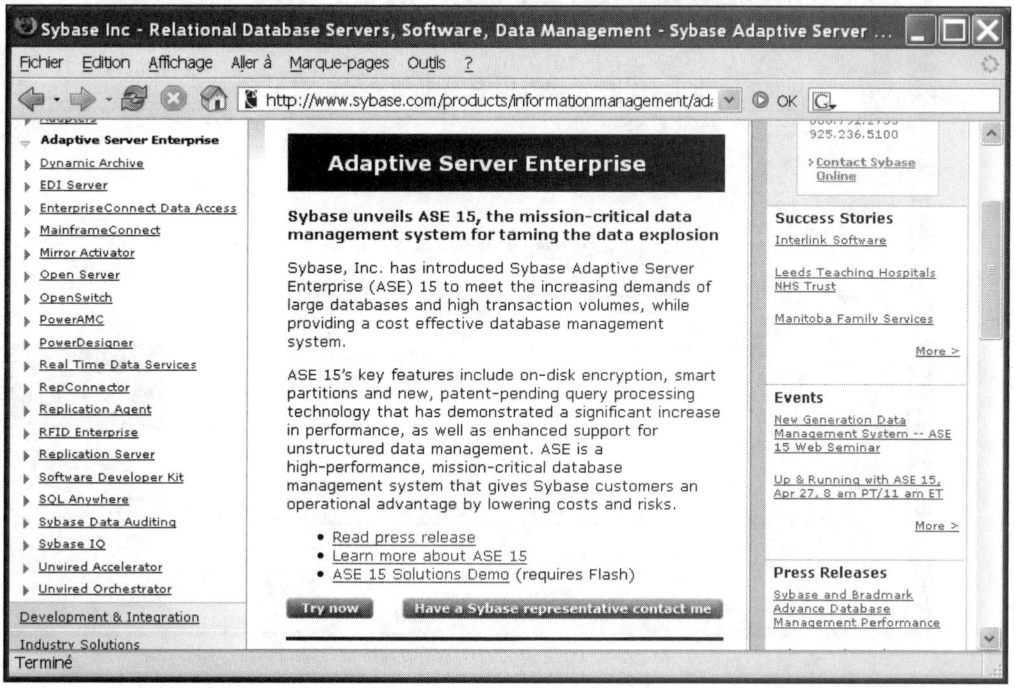

Access a le défaut de pratiquer (systématiquement) le verrouillage de pages. Ceci n'est guère pratique pour une utilisation en réseau, même si cela évite toute confusion lors de la mise à jour des données. Si une mise à jour est en cours, vous ne pouvez consulter l'enregistrement concerné en simple visualisation, ce qui est bien trop restrictif pour une bonne utilisation en réseau. En résumé, Access de Microsoft semble avoir fait de "l'incompatibilité SQL" son fer de lance. La plupart des fonctions de base des requêtes sont incompatibles avec la norme SQL (voir fig. 14-33).

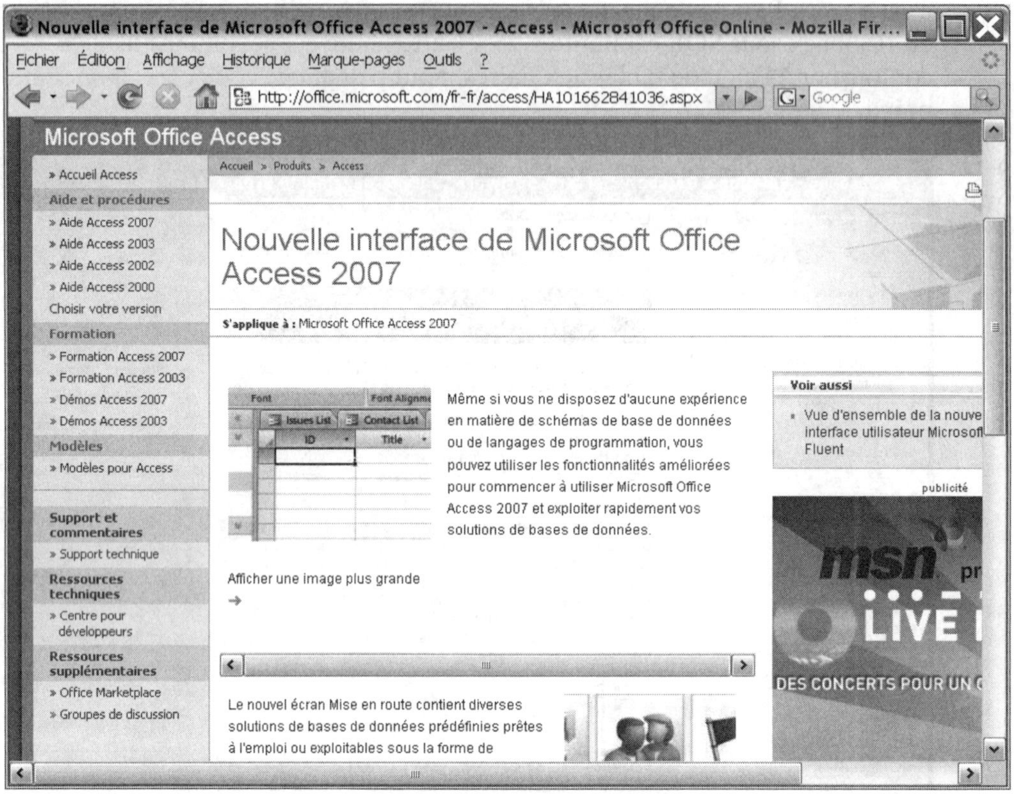

Figure 14-33 : *Access de Microsoft*

L'éditeur de Seattle nous a habitué à ce genre de "principes" mais pour un SGBDR, il aurait pu faire un effort (SQL Server ne présente pas ce genre de défaillances, du moins pas sur des éléments aussi essentiels du langage). Le LIKE emploie par exemple "*" comme caractère joker au lieu du caractère défini par la norme : "%". Le "?" remplace le "_", etc. Pire encore, il ne traite pas la commande **NOT BETWEEN**. Gageons que Microsoft a fait exprès, dans le but d'obtenir un jour la prédominance de son implémentation par rapport au SQL classique. Microsoft aurait pu faire machine arrière voyant le peu de chances d'obtenir satisfaction et les problèmes de compatibilité avec les autres implémentations. Cela ressemble, dans une moindre mesure, à ce que Microsoft avait voulu faire avec son service en ligne MSN, système propriétaire ne respectant pas la norme Internet, conçu justement pour détrôner Internet. Il n'a pourtant même pas réussi à détrôner AOL. Cela fait sourire mais telle était l'intention de Bill Gates à l'époque.

Figure 14-34 : *MSN, l'ex-futur remplaçant d'Internet*

Aujourd'hui, MSN est un simple moteur de recherche et il est loin d'être le plus performant. Son seul intérêt est qu'il offre la possibilité d'ouvrir un compte "Passport" pour utiliser MSN Messenger.

De manière plus générale, la plupart des SGBDR "compatibles" avec la norme SQL n'acceptent pas l'opérateur de concaténation (||). C'est surprenant et nous n'avons aucune explication à fournir sur le sujet, mais c'est dommage. Autre gageure, la fonction modulo, sous SQL Server ou Sybase par exemple, est représenté par le symbole %. C'est, certes, de cette manière qu'elle est représentée dans des langages tels qu'ADA, C ou Pascal. Mais c'est aussi le caractère joker du `LIKE` dans la norme SQL. Un autre choix aurait permis d'éviter les confusions, notamment lors de calcul de pourcentages. En conclusion, les deux SGBDR les plus près de la norme sont, dans l'ordre, Sybase et SQL Server. Oracle offre le plus grand nombre de fonctionnalités. Il a souvent "incité" la norme à s'adapter aux intéressantes fonctions qu'il avait créées.

Voici une liste récapitulative de ces différents "dialectes" SQL, par ordre alphabétique et sans tenir compte de leur architecture (client/serveur ou serveur de fichiers), en espérant que nous n'en avons pas oublié. Certains ne sont plus actualisés par leurs éditeurs, ces derniers ont même parfois disparu :

- Access ;
- Advantage Database ;
- Base ;
- Firebird ;
- FoxPro ;
- HyperFile ;
- Informix ;
- Ingres ;
- InterBase ;
- MaxDB ;
- Mimer ;
- MySQL, bien sûr ;
- Ocelot ;
- Oracle ;
- Paradox ;
- PostgreSQL ;
- SQL 2000 i ;
- SQL Base ;
- SQL DB2 ;
- SQLLite ;
- SQL Server ;
- Sybase ;
- Windev.

14.4 MySQL et PHP

Maintenant que nous avons étudié les différentes normes du langage et ses principales implémentations, revenons à celle qui partage la vedette dans cet ouvrage avec PHP, MySQL d'AbSoft. MySQL est un serveur de données SQL robuste. C'est un logiciel libre de droit pour les plates-formes UNIX et OS/2, mais sous licence pour sa version Microsoft. Il consiste concrètement en un ensemble de programmes chargés de gérer une ou plusieurs bases de données. Les programmes composant MySQL sont basés sur une architecture client/serveur, et non sur une architecture de type serveur de fichiers comme Access, Paradox, 4D, etc. Même s'il ne représente pas l'implémentation la plus fidèle du langage SQL, il n'en est pas moins très performant. C'est un langage à la fois rapide, multithread et multiutilisateur, intégrant de surcroît de puissantes fonctionnalités de protection et de sécurité. Il offre un ensemble d'interfaces de programmation dont le but est de faciliter l'accès aux données de vos bases. La preuve de ses qualités est sans doute apportée par la multitude de sites qui l'utilisent. Le plus souvent, il est couplé avec un puissant langage de définition d'interface lui aussi très populaire : PHP. Pour connaître les caractéristiques détaillées de PHP, nous vous renvoyons au début de cet ouvrage. Étudions rapidement les caractéristiques de MySQL.

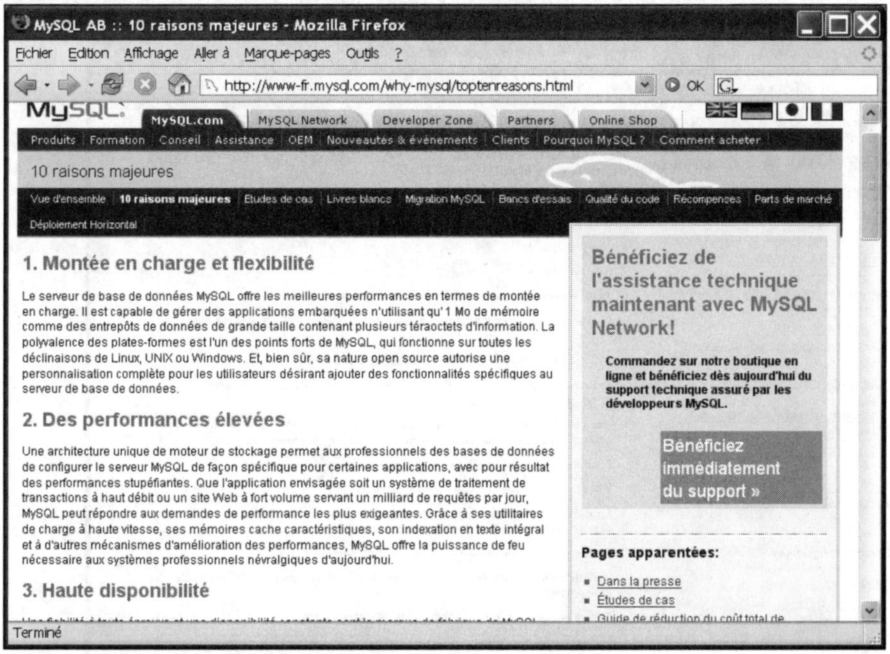

Figure 14-35 : *MySQL AB, développé initialement par la société TcX*

Caractéristiques générales de MySQL

MySQL est composé de plusieurs logiciels :

- un serveur démon mysqld ;
- plusieurs programmes clients (mysql) ;
- mysqladmin ;
- mysqlshow ;
- mysqldump ;

- mysqlimport ;
- des librairies diverses.

Mysql a été développé par la société TcX lorsque celle-ci a eu besoin d'un serveur SQL capable de gérer des bases de données de grandes tailles plus rapidement que ne pouvaient le proposer à l'époque (1996) les différents distributeurs de SGBD. L'optique de départ n'était donc pas la commercialisation future du produit mais sa rapidité, sa robustesse et sa facilité d'utilisation. Mysql est employé depuis 1996 dans un environnement comprenant plus de 40 bases de données de 1 000 tables, soit environ 100 Go de données critiques. Aucun rapport, par exemple, avec un SGBD comme Access, susceptible de ne pas supporter quelques milliers d'enregistrements.

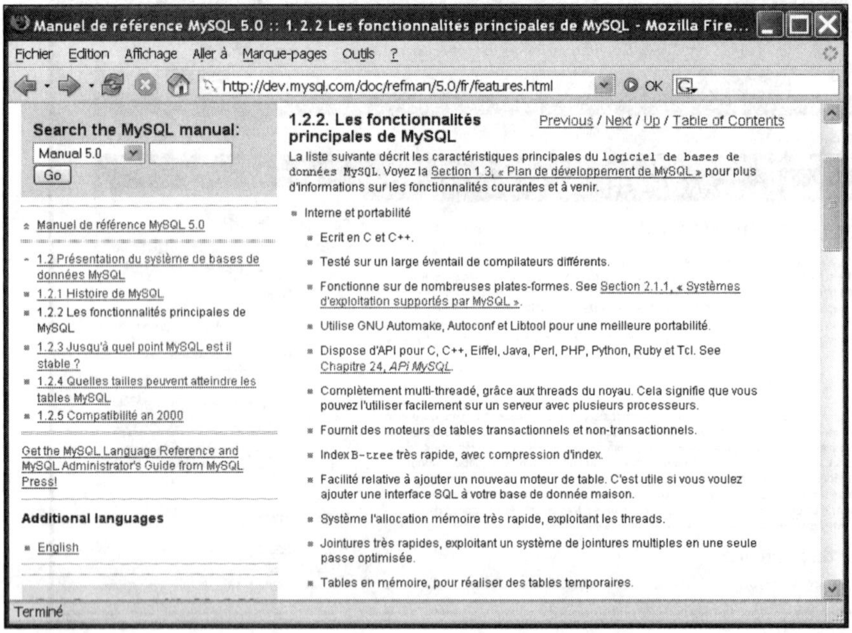

Figure 14-36 : *Caractéristiques de MySQL*

MySQL fonctionne sur le principe classique du client/serveur : les clients MySQL communiquent avec le serveur en vue d'effectuer des recherches ou des mises à jour dans la base. La communication n'est pas limitée aux processus localisés sur la même machine. Le serveur MySQL peut être adressé via Internet ou un autre réseau. Ses principales caractéristiques sont les suivantes :

- Il est multithread.
- Il est compatible C, C++, Eiffel, Java, Perl, PHP, Python et TCL API.
- C'est un produit multi-plateformes.

- Il supporte le mélange de tables provenant de différentes bases de données dans une même requête.
- Il peut gérer des bases de données de grande taille (TcX l'utilise avec des bases de 50 000 000 enregistrements).
- MySQL est écrit en C et C++.
- Il possède une très bonne gestion de la mémoire.

Mysql n'est cependant pas véritablement l'outil idéal pour un débutant. Mais si vous possédez quelques compétences techniques et surtout une bonne connaissance du langage SQL, il constitue un très bon outil orienté développeur permettant de gérer de très gros volumes de données à moindre coût.

Vous pouvez aussi, si vous êtes féru de développement, créer votre propre client MySQL avec des outils de programmation se présentant sous la forme de fonctions API (Application Programming Interface pour Interface de programmation d'applications). Les deux API les plus employées avec MySQL sont l'API en C et celle en PHP (créée à partir de l'API C). Par exemple, un script PHP associé à Apache devra établir une connexion avec le serveur afin de pouvoir dialoguer avec lui et effectuer des traitements sur les données.

Figure 14-37 : *Les outils de MySQL*

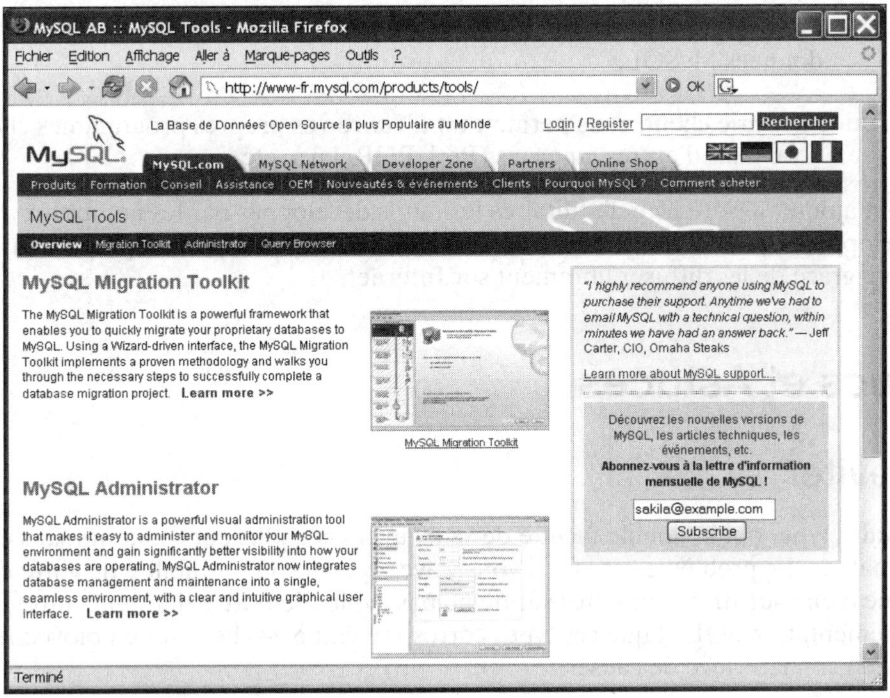

Les outils de MySQL

MySQL intègre un serveur SQL mysqld qui est le véritable moteur de MySQL. C'est grâce à lui que vous pouvez accéder aux bases de données. Il est composé de plusieurs programmes clients chargés de dialoguer avec mysqld, via une connexion, en vue d'accomplir un type de tâche particulier. Ces programmes sont :

- mysqld, le serveur démon, qui vérifie les autorisations d'accès et gère les entrées et sorties (importations et exportations) de données. Le processus mysqld est le serveur de MySQL. Il autorise l'accès aux fichiers afin d'effectuer des traitements sur les données de la base (lecture/écriture en particulier).
- mysql, le programme qui permet d'entrer directement les requêtes et d'en afficher les résultats.
- des utilitaires pour effectuer des tâches d'administration ou de maintenance et faire fonctionner votre site :
  - mysqladmin ;
  - mysqlshow ;
  - mysqldump, qui permet de réaliser des sauvegardes ;
  - mysqlimport, destiné à importer des fichiers ASCII dans une base de données MySQL.
- une librairie client, vous permettant d'écrire vos propres programmes clients en C ou dans d'autres langages (Perl, PHP, Java, etc.).

Il faut ajouter à cette liste d'utilitaires les outils développés par les nombreux développeurs de la communauté MySQL. Ces derniers ont, pour la plupart, la bonne grâce de les diffuser librement sur Internet.

14.5 Trucs et Astuces

Types à éviter

Certains types ont la double faculté de se trouver chez plusieurs éditeurs sans être normalisés. Le problème est que si vous y avez recours, la portabilité de votre code risque d'en souffrir. Si vous êtes sûr de ne pas avoir à le porter dans une autre implémentation SQL et que ces types correspondent à vos besoins, employez-les mais en connaissance de cause.

En voici une liste non exhaustive :

BIGINT

Définit un entier long (plage de valeurs très étendue). Type intéressant, même s'il n'est pas normalisé.

LONGTEXT, TEXT, NTEXT

Autres noms des types CLOB et NCLOB. À éviter, surtout si vous pouvez employer les types normalisés à la place.

MONEY, SMALLMONEY

Format monétaire. À éviter, vu le peu d'intérêt par rapport à un simple FLOAT, qui est normalisé. Mieux vaut créer un UDT (type défini par l'utilisateur) ou un domaine plutôt que ce genre de type.

SMALLDATETIME

Détermine un format "raccourci" pour des dates dans une plage de valeurs restreintes. Sans grand intérêt et donc à éviter.

TINYINT

Sous-type entier (découlant de INT) avec une plage de valeurs restreinte. Là, par contre, ce type peut s'avérer intéressant et il est présent dans de nombreuses implémentations, comme BIGINT. Le risque de non-portabilité étant plus faible et l'intérêt plus grand, il peut être employé lorsque cela s'avère nécessaire.

IMAGE

C'est un type BLOB "spécialisé" dans le stockage d'images. À voir, selon les cas.

LONGBLOB

BLOB long. Il présente un intérêt discutable, du moins très spécifique.

BFILE

Définit un fichier externe de BLOB. Il est pratique mais, à notre connaissance, uniquement disponible sous Oracle. Utilisez-le uniquement si vous travaillez sous Oracle.

RAW, LONG RAW

Données "brutes". À employer si c'est nécessaire.

ROWVERSION, UNIQUEIDENTIFIER, ROWID

Ce sont des identifiants spécifiques autogénérés et non des types de définitions. Là encore, à voir au cas par cas.

ENUM

Détermine une liste de valeurs dans le but de faire un choix dans un ensemble prédéfini. Intéressant et présent dans la plupart des implémentations.

Définition et utilisation de domaines

Les domaines permettent de créer des types spécifiques. Il est possible de créer de nouveaux types de données à partir de types préexistants en utilisant la notion de DOMAINE.

Il faut commencer par recenser le domaine dans la base en le créant (avec un ordre CREATE).

```
CREATE DOMAIN nomdedomaine AS typededonnées
```

Ce type peut ensuite être utilisé à la place d'un autre type prédéfini.

L'utilisation des domaines présente des avantages certains :

- Ils peuvent faire l'objet de contraintes globales.
- Ils peuvent être modifiés (à l'aide de la commande **ALTER**), ce qui entraîne systématiquement la modification du type de toutes les colonnes de la table utilisant ce domaine.

Attention, certains SGBDR, SQL Server notamment, n'ont pas implémenté l'ordre CREATE DOMAIN.

L'avantage de passer par des définitions de domaines au lieu d'utiliser directement des types de donnés est que les domaines induisent une meilleure normalisation de la conception du schéma des données.

14.6 En bref

Nous avons vu dans ce chapitre les principes de base du SGBDR MySQL : création d'une base de données et de tables, types de données employer, opérateurs du langage, principales commandes et fonctions ainsi que tout ce qui touche à la référence du langage.

Nous venons d'étudier les points suivants :

- L'historique du langage SQL et son évolution.
- Ses caractéristiques générales, à préciser pour chaque implémentation.
- Ses subdivisions : DCL, DDL, DML, TCL.
- Les différentes étapes de sa normalisation, de SQL 89 à SQL 2003.
- La normalisation n'est pas tout, encore faut il que la norme soit respectée, ce qui est loin d'être toujours le cas.
- Les normes sont longues à implémenter. Cela prend plusieurs années.
- Certaines implémentations "font" la norme plus qu'elles ne la suivent (Oracle).
- Des éditeurs choisissent, volontairement sans aucun doute, de remplacer des commandes normalisées par d'autres commandes propriétaires. C'est le cas d'Access de Microsoft. Cela nuit gravement à la compatibilité entre les différentes implémentations et à l'évolution du langage.
- Finalement, il est difficile de parler de véritable norme, de langage SQL. Le terme adapté serait plutôt celui de "dialectes" avec un tronc commun, une ligne plus ou moins directrice, conduite par les normes établies.
- MySQL est un ensemble de logiciels et d'outils très complet.

CHAPITRE

15

Le SGBDR MySQL : principes de base

CHAPITRE

15 Le SGBDR MySQL : principes de base

Vous allez étudier dans ce chapitre les principes élémentaires d'utilisation de MySQL : référence du langage, type de données, commandes et fonctions de base. Pour illustrer cela, nous prendrons comme exemple la base de données *Made in Europe*, définie précédemment. Mais n'oubliez pas qu'avant de pouvoir utiliser votre base, vous devez démarrer MySQL et activer la base de données avec l'instruction mysql <nom_bdd> :

```
mysql MadeInEurope
```

Vous pouvez aussi créer une table en utilisant un fichier de description prédéfini :

```
% mysql <MadeInEurope.sql>.
```

Vous devez toujours spécifier les paramètres de connexion dont vous pouvez avoir besoin en ligne de commandes, juste avant le nom de la base de données : identifiant, nom de machine ou mot de passe.

15.1 Création de la base de données Made In Europe

Figure 15-1 : *Made In Europe*

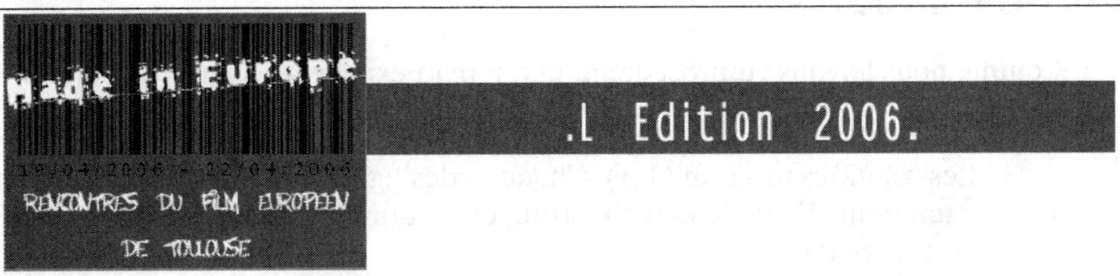

Coup de projecteur sur la Pologne

Pour cette première édition, nous avons décidé de mettre l'accent sur un pays récemment entré dans l'Union Européenne : la Pologne. Parmi les dix pays admis en 2004, ce dernier produit le plus grand nombre de films chaque année (25 films pour l'année 2002).

Cette section se composera, d'une part, de cinq projections au cinéma ABC. D'autre part, et en accord avec notre volonté de contribuer à tisser des liens entre l'Université et la vie civile, nous prévoyons de diffuser deux films polonais au sein même de l'Université des Sciences Sociales. Ces projections prendront la forme d'un colloque (le Mercredi 19 avril 2006) au cours duquel un spécialiste de l'histoire de la Pologne, puis du cinéma polonais interviendront. Par conséquent, notre coup de projecteur sur la Pologne, dans la mesure où il s'agit de proposer une découverte cinématographique mais également historique de la Pologne, se composera aussi bien de films récents que de films plus anciens.

Rappel

Au cours du processus de conception d'une base de données, vous devez définir :

- Les tables et leur nom (également appelées *entités*).
- Les noms des colonnes de chaque table (*champs* ou *attributs*).
- Leurs caractéristiques.
- La clé primaire de chaque table.
- Les relations entre les tables, c'est-à-dire s'il existe une relation entre une ligne d'une table (un enregistrement) et une ou plusieurs autres lignes d'une autre table. Ces dépendances entre tables se nomment des relations. Pour qu'une relation soit établie, il faut qu'une colonne (ou un groupe de colonnes) d'une table, qui est alors appelée clé étrangère, fasse référence à la clé primaire d'une autre table.

Les quatre premières étapes ayant été réalisées au chapitre *Présentation des bases de données*, nous allons passer à la création "effective" avec MySQL. Auparavant, voyons quelles relations peuvent exister entre les tables de la base de données.

Types de relations

Comme nous l'avons vu précédemment, il peut exister trois types de relations entre des tables :

- Les relations un-à-un (1-1). Chacune des lignes de la table primaire est reliée à une seule ligne de la table étrangère. Pour cela, il faut définir une clé étrangère unique.
- Les relations un-à-plusieurs (1-n). Chacune des lignes de la table primaire est reliée à une ou plusieurs lignes de la table étrangère.
- Les relations plusieurs-à-plusieurs (n-n). Plusieurs lignes d'une table sont reliées à plusieurs lignes d'une autre table. Pour mettre en œuvre une telle relation entre deux tables, il vous faudra créer une troisième table et définir une relation un-à-plusieurs entre cette table (dite table de jonction) et chacune des deux tables en question.

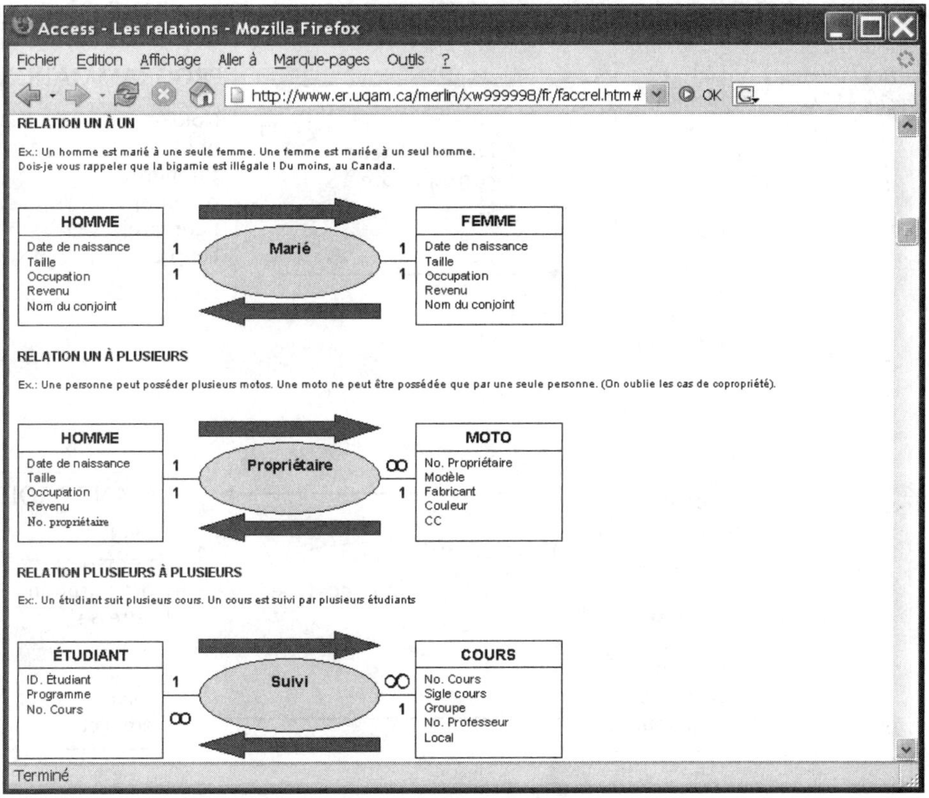

Figure 15-2 :
Les différents types de relations possibles

Relations

Dans cette application, nous pouvons relever deux relations, partant toutes deux de la table *Film* :

- Les tables *film* et *ayantdroit* sont liées via le champ *idad* (code d'identification de l'ayant droit). C'est une relation de n vers 1. Un film ne peut dépendre que d'un seul ayant droit. En revanche, un ayant droit peut détenir les droits de n films.
- Il existe une relation entre les tables *film* et *programmation* sur le code d'identification du film (*codefilm* dans la table *film* et *idfilm* dans la table *programmation*). C'est une relation de 1 vers n. Un film peut passer n fois pendant la manifestation (donc n correspondances dans la table programmation). Une projection concerne un film à la fois. Par conséquent, elle n'a qu'une correspondance et une seule dans la table *film*.

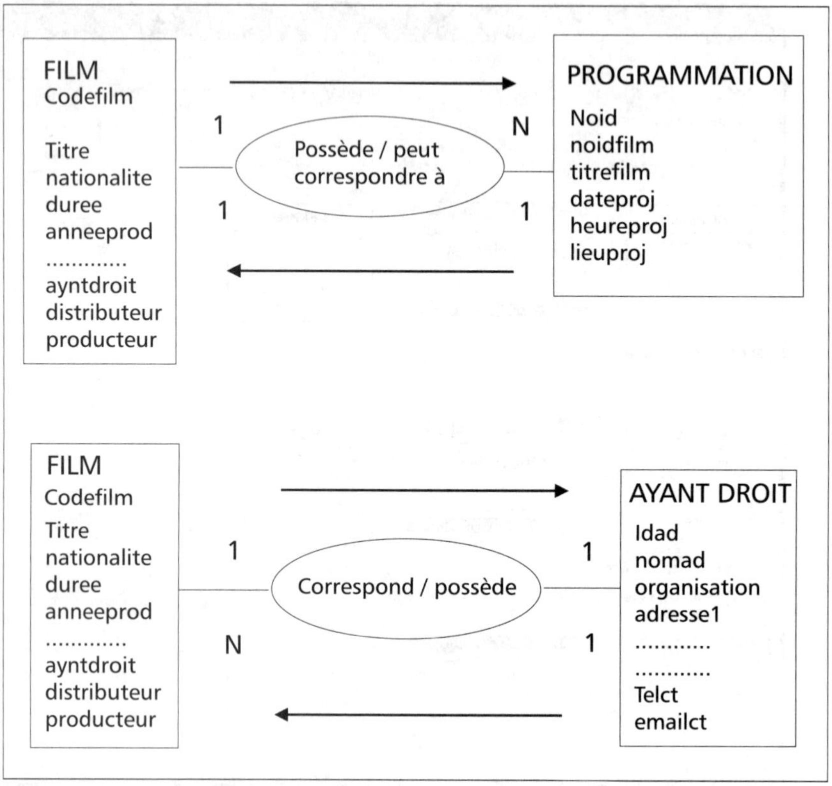

Figure 15-3 : *Représentation des relations entre les tables sous forme de MCD*

Créer la base

La première chose à faire consiste à créer la base de données, c'est-à-dire la structure encore vierge qui accueillira les différentes tables :

```
CREATE DATABASE MadeInEurope
```

Il faut ensuite ouvrir la base pour pouvoir effectuer des opérations dessus :

```
USE DATABASE MadeInEurope
```

Vous pouvez maintenant commencer à créer les tables.

REMARQUE

Sensibilité à la casse

Sous UNIX, les noms des bases de données sont sensibles à la casse (case sensitive). Cela signifie que le système différencie les majuscules des minuscules. Si vous essayez de faire appel à votre base sous le nom de

REMARQUE

Madeineurope au lieu de *MadeInEurope* par exemple, le système ne la trouvera pas puisqu'elle n'existe pas. Ce n'est pas le cas des mots-clés SQL, qui eux sont toujours reconnus, que vous employiez ou non des majuscules. Les sauts de ligne, tabulations et espaces successifs inclus dans une instruction SQL sont systématiquement lus par l'interpréteur comme s'il s'agissait d'un seul espace. Il ne faut donc pas hésiter à les employer afin de rendre votre code plus lisible.

Créer les tables de la base

Nous allons maintenant passer à la création des tables du projet à. La plupart des commandes, fonctions et types de champs étant quasiment identiques d'une implémentation à l'autre, vous n'aurez guère de difficultés si vous souhaitez passer à un autre SGBDR SQL. La syntaxe du langage SQL est très intuitive. Pour commencer, vous devez spécifier le nom de la table – dans l'exemple qui suit, *film* – que vous souhaitez créer. Ensuite, vous indiquerez la liste des colonnes qui la composent. Pour chacune d'entre elles, vous allez préciser le type et les éventuels attributs spécifiques (AUTO_INCREMENT, PRIMARY KEY, NOT NULL, etc.) . Enfin, vous définirez si nécessaire une ou plusieurs clés d'index, voire une clé primaire (une seule cette fois).

Table film

```
CREATE TABLE film
(titre nvarchar(50) NOT NULL,
nationalite nvarchar(50) NOT NULL,
duree tinyint UNSIGNED,
anneeprod tinyint UNSIGNED,
anneesortie tinyint UNSIGNED,
anneesortiefrance tinyint,
genre nvarchar(30),
genreICAA nvarchar(30),
realisateur nvarchar(60),
idad tinyint UNSIGNED,
distributeur nvarchar(60),
producteur nvarchar(60),
codfilm tinyint UNSIGNED NOT NULL AUTO_INCREMENT PRIMARY KEY) ;
```

De nombreux types de données différents sont employés ici, alors que nous n'avons créé qu'une table pour le moment. Nous allons tous les expliciter, au fur et à mesure de la création des autres tables. Commençons par la structure de cette instruction :

BIBLIOTHEQUE UNIVERSITAIRE NICE SCIENCES

```
CREATE TABLE film
(titre nvarchar(50) NOT NULL,
nationalite nvarchar(50) NOT NULL,
....................
....................
codfilm tinyint UNSIGNED NOT NULL AUTO_INCREMENT PRIMARY KEY) ;
```

L'instruction utilisée pour créer la table est *CREATE TABLE*. Elle fait partie des mots réservés du langage. Par conséquent, vous ne devez – et ne pouvez fort heureusement – pas l'employer pour définir des noms de colonnes (champs), de table, de base, etc. Son emploi est strictement réservé au moteur de MySQL. Vous imaginerez aisément les confusions qui pourraient surgir si vous tentiez d'exécuter des :

```
CREATE DATABASE DATABASE
```

ou des :

```
CREATE TABLE TABLE
    (table varchar(50),
    nvarchar varchar,
    ...........................)
```

Si vous tentiez de le faire, vous obtiendriez systématiquement un message d'erreur. La syntaxe à employer est :

```
CREATE TABLE <Nom-de-la-table>
    (<nom-du-champ> <type - mot réservé MySQL>[spécification de
    ✂ taille],
    .................................................................
    ...................................,
<nom-du-champ> <type> [UNSIGNED / NOT NULL / AUTO_INCREMENT /
✂ PRIMARY KEY /
........) ;
```

La description des données doit être placée entre parenthèses ( ) après l'instruction. Il faut commencer par le nom du champ (choisi par vos soins lors de la précédente étape), suivi de son type, les deux parties indispensables quel que soit le type. Ensuite, selon le type et son "fonctionnement", vous pourrez spécifier la taille ou le nombre de positions. Enfin, d'autres attributs optionnels peuvent lui être octroyés. La ligne :

```
idad tinyint UNSIGNED,
```

signifie que la colonne *idad*, représentant le champ *code d'identification* de l'ayant droit, est de type entier (un type entier particulier, le type "classique" étant int).

UNSIGNED précise qu'il s'agit d'un entier non signé, inutile donc de perdre de la place en stockant son signe, + ou −.

Table des bénévoles

```
CREATE TABLE benevole
(nomben nvarchar(30) NOT NULL,
prenomben nvarchar(30),
adresse1 nvarchar(30),
adresse2 nvarchar(30),
adresse3 nvarchar(30),
cp nchar(5),
ville nvarchar(40),
telben nchar(14),
telben2 nchar(14),
emailben nvarchar(40),
dispo nvarchar(40),
comp1 nvarchar(30),
comp2 nvarchar(30),
comp3 nvarchar(30),
codeben tinyint UNSIGNED NOT NULL AUTO_INCREMENT PRIMARY KEY) ;
```

Maintenant que nous connaissons la structure d'une déclaration de tables, avançons dans les "détails de fabrication" :

```
codeben tinyint UNSIGNED NOT NULL AUTO_INCREMENT PRIMARY KEY) ;
```

Cette dernière ligne détermine un champ particulier de la table : son index "primaire". La coutume veut qu'elle soit placée à la fin, mais rien ne vous y oblige. Cependant, si voulez que votre code soit lisible – y compris par vous-même si vous vous y replongez un certain temps après l'avoir écrit –, tentez de respecter les conventions courantes de développement. C'est le mot-clé PRIMARY KEY qui indique que ce champ est la clé primaire – c'est-à-dire la clé d'unicité – de la table. Toute création de doublon de ce champ sera donc interdite.

AUTO_INCREMENT

Mais ce n'est pas tout, *AUTO_INCREMENT* spécifie que ce champ sera incrémenté automatiquement par le système, à chaque nouvelle création. Ce n'est donc pas à vous de gérer l'unicité des numéros d'identification des bénévoles mais au système, ce qui permet d'éviter bien des erreurs. Vous pouvez définir un autre "pas" d'incrémentation que celui par défaut (1). Nous le verrons un peu plus loin dans la description des principales commandes de MySQL.

NOT NULL

Nous connaissons déjà *UNSIGNED* (entier non signé) mais pas *NOT NULL*. Cela signifie que ce champ ne peut être vide, quoi qu'il arrive, autrement le système renverra une erreur. Il ne peut normalement l'être à la création, puisqu'il est mis à jour automatiquement par le *AUTO_INCREMENT*. Mais tout traitement qui tenterait de modifier cet enregistrement en remplaçant la valeur de cette colonne par la valeur NULL ne pourrait aboutir. C'est une sécurité supplémentaire empêchant de faire n'importe quoi sur la base.

Table planning

```
CREATE TABLE planning
(nomeve nvarchar(40) NOT NULL,
typeve nvarchar(30),
dateev date,
heuredeb tinyint UNSIGNED,
heurefin tinyint UNSIGNED,
codelieu tinyint UNSIGNED NOT NULL,
codeve tinyint UNSIGNED NOT NULL AUTO_INCREMENT PRIMARY KEY) ;
```

La syntaxe de MySQL nous dévoilant peu à peu ses arcanes, continuons à analyser les types employés. Nous avons écrit précédemment que tinyint était un type entier, comme int, un peu particulier. Il existe un autre type approchant lui aussi spécifique, smallint.

TINYINT

Le type tinyint est un type entier, par conséquent analogue à int mais offrant une représentation en mémoire beaucoup moins importante : seulement 1 octet, contre 4 pour int.

SMALLINT

Au lieu d'employer le type tinyint ou int, vous pouvez avoir recours au type smallint, disponible également sous MySQL. Il a une occupation mémoire de 2 octets par champ. C'est à vous de réfléchir et de choisir le type le mieux adapté à votre table et à son utilisation.

Le gain consécutif à un bon choix n'est pas négligeable, en terme d'occupation d'espace disque. Prenons comme exemple le champ *codelieu* de la table *planning*. Si vous employez un type tinyint à la place d'un int, vous passerez d'une occupation de 4 à 1 octet par champ. Le bénéfice sera donc de 3 octets par enregistrement. Si votre table en contient plusieurs milliers, voire plusieurs millions, cela peut être fortement appréciable. À vous de trouver la meilleure option :

```
.........................
heuredeb int UNSIGNED,
heurefin tinyint UNSIGNED,
codelieu smallint UNSIGNED NOT NULL,
.........................
```

En fait, étant donné les besoins de notre application, ceci n'est pas essentiel. Nous aurions pu employer n'importe lequel des trois. Mais lorsque l'on s'attaque à des bases de données de grande taille, les choses prennent une autre tournure. Il est préférable de sélectionner le type le mieux adapté au contexte. Ni trop "démesuré", ni trop petit. Vous risqueriez de ne pouvoir stocker toutes les valeurs possibles d'une colonne, entraînant une erreur de traitement (dépassement de valeur), ce qui est encore plus grave.

Table contact

```
CREATE TABLE contact
(nomcontact nvarchar(40) NOT NULL,
organisation nvarchar(40),
adresse1 nvarchar(30),
adresse2 nvarchar(30),
adresse3 nvarchar(30),
cp nchar(5),
ville nvarchar(40),
telpro nchar(14),
nfax nchar(14),
email nvarchar(40),
telperso nchar(14),
telport nchar(14),
emailperso nvarchar(40),
idcontact tinyint UNSIGNED NOT NULL AUTO_INCREMENT PRIMARY KEY) ;
```

NCHAR et NVARCHAR.

Les types nchar et nvarchar (*nomcontact*, champs *adresse*, *cp*, etc.) définissent des champs de type caractères de la longueur spécifiée en paramètre (entre ()). Le premier utilise un nombre d'octets fixe, que le champ soit ou non rempli, alors que la taille de nvarchar sera adaptée à la valeur rentrée. Le premier s'utilise par conséquent lorsque la longueur d'un champ est connue et invariable (code postal, numéro de téléphone, etc.). Si la taille est susceptible de varier (nom de famille, adresse, email, etc.), nvarchar conviendra mieux. Les types char et varchar sont, à peu près, identiques aux types nchar et nvarchar de la norme SQL. Leur contexte d'utilisation est le même. La différence est que ces types permettent la prise en charge de nombreuses langues. Ils définissent en effet des types de données chaîne Unicode. Les chaînes Unicode utilisent 2 octets par caractère. Si vous ne souhaitez pas avoir recours à cette possibilité, préférez les types non Unicodes qui consommeront un peu moins d'espace (1 octet par caractère).

```
.................
ville varchar(40),
telpro char(14),
nfax char(14),
.................
```

Là encore, comme pour les champs de type entier, il faut choisir le type le mieux adapté à vos besoins. Vous ne devez pas pour autant tomber dans le travers contraire, qui consisterait à choisir un type trop petit ou non adapté à la taille des données de votre application. Si vous avez correctement défini vos besoins, le fait qu'une valeur soit beaucoup plus grande que son intervalle sera un bon indicateur de dysfonctionnement de l'application.

Table des intervenants

```
CREATE TABLE intervenant
(nomint nvarchar(30) NOT NULL,
prenomint nvarchar(30),
adresse1 nvarchar(30),
adresse2 nvarchar(30),
adresse3 nvarchar(30),
cp nchar(5),
ville nvarchar(40),
telint nchar(14),
telint2 nchar(14),
emailint nvarchar(40),
codeint tinyint UNSIGNED NOT NULL AUTO_INCREMENT PRIMARY KEY) ;
```

Table programmation

```
CREATE TABLE programmation
(noidfilm tinyint UNSIGNED NOT NULL,
titrefilm nvarchar(40),
dateproj date,
heureproj tinyint UNSIGNED,
codelieu tinyint UNSIGNED NOT NULL,
noid tinyint UNSIGNED NOT NULL AUTO_INCREMENT PRIMARY KEY) ;
```

Nous avons ici un nouveau type :

```
dateproj date,
```

Comme son nom l'indique, il définit une valeur de date. Inutile de jongler vous-même avec les chiffres pour des calculs sur les dates ; le système s'en chargera à votre place.

Table comptabilite

```
CREATE TABLE comptabilite
(dateop date NOT NULL,
nature nvarchar(30),
montant tinyint UNSIGNED,
flagop tinyint,
noop tinyint UNSIGNED NOT NULL AUTO_INCREMENT PRIMARY KEY) ;
```


Table ayantdroit

```
CREATE TABLE ayantdroit
(nomad nvarchar(40) NOT NULL,
organisation nvarchar(40),
adresse1 nvarchar(30),
adresse2 nvarchar(30),
adresse3 nvarchar(30),
cp nchar(5),
ville nvarchar(40),
telad nchar(14),
faxad nchar(14),
emailad nvarchar(40),
nomct nvarchar(40)
telct nchar(14),
emailct nvarchar(40),
idad tinyint UNSIGNED NOT NULL AUTO_INCREMENT PRIMARY KEY) ;
```

Table partenaire

```
CREATE TABLE partenaire
(nompart nvarchar(40) NOT NULL,
organisation nvarchar(40),
adresse1 nvarchar(30),
adresse2 nvarchar(30),
adresse3 nvarchar(30),
cp nchar(5),
ville nvarchar(40),
telpart nchar(14),
faxpart nchar(14),
emailpart nvarchar(40),
```

```
telpart2 nchar(14),
telport nchar(14),
emailpart2 nvarchar(40),
idpart tinyint UNSIGNED NOT NULL AUTO_INCREMENT PRIMARY KEY) ;
```

Table lieu

```
CREATE TABLE lieu
(nomlieu nvarchar(40) NOT NULL,
adresse1 nvarchar(30),
adresse2 nvarchar(30),
adresse3 nvarchar(30),
cp nchar(5),
ville nvarchar(40),
tellieu nchar(14),
faxlieu nchar(14),
emaillieu nvarchar(40),
nomct1 nvarchar(40)
telct1 nchar(14),
telportct2 nchar(14),
emailct1 nvarchar(40),
nomct2 nvarchar(40)
telct2 nchar(14),
telportct2 nchar(14),
emailct2 nvarchar(40),
idlieu tinyint UNSIGNED NOT NULL AUTO_INCREMENT PRIMARY KEY) ;
```

Nous employons généralement les mêmes types de données de manière récurrente : nvarchar, tinyint, nchar, quelquefois date. Cela aurait pu aussi bien être des types "proches" : char, varchar, int, smallint, bigint. Mais il en existe quelques autres moins courants mais très pratiques dans certains cas. Nous les verrons un peu plus loin dans ce chapitre.

15.2 Référence du langage

La référence du langage inclut à la fois les types de colonnes (ou champs), les opérateurs, les fonctions, les instructions, le programme MySQL ainsi que les API. Vous venez de voir quelques types parmi les plus courants lors de la création des tables de l'application. Les opérateurs peuvent être de comparaison, de regroupement, arithmétiques, logiques, Cast, d'octet ou encore de recherche de modèle. Pour ce qui est des fonctions, vous avez les fonctions de comparaison, de chaîne, de date et d'heure, numériques, les fonctions récapitulatives et des fonctions diverses n'entrant dans aucune des catégories précitées.

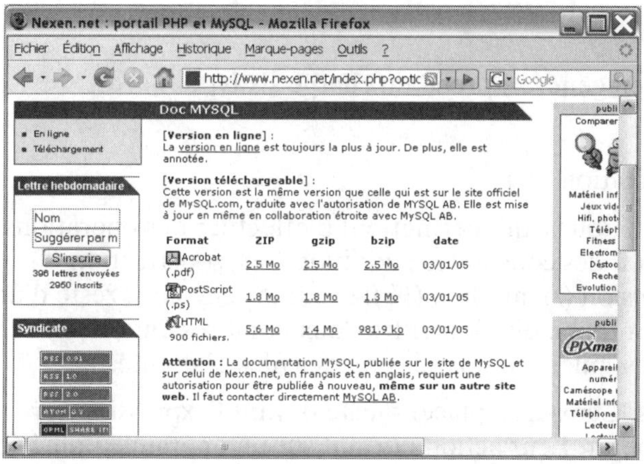

Figure 15-4 : *Documentation MySQL en ligne*

Les API aussi sont diverses : C, Perl DBI, PHP. Nous ne verrons pas tout en détail dans ces quelques pages. Vous découvrirez sans cesse de nouvelles possibilités à mesure que vous utiliserez MySQL. À vous de chercher, lorsque vous maîtriserez suffisamment MySQL, les types, API ou fonctions qui vous aideront à développer votre application.

Vous trouverez en ligne la documentation de MySQL à l'adresse **www.nexen.net** ainsi que diverses ressources (dont MySQL lui-même) directement sur le site officiel de MySQL : **www-fr.mysql.com**.

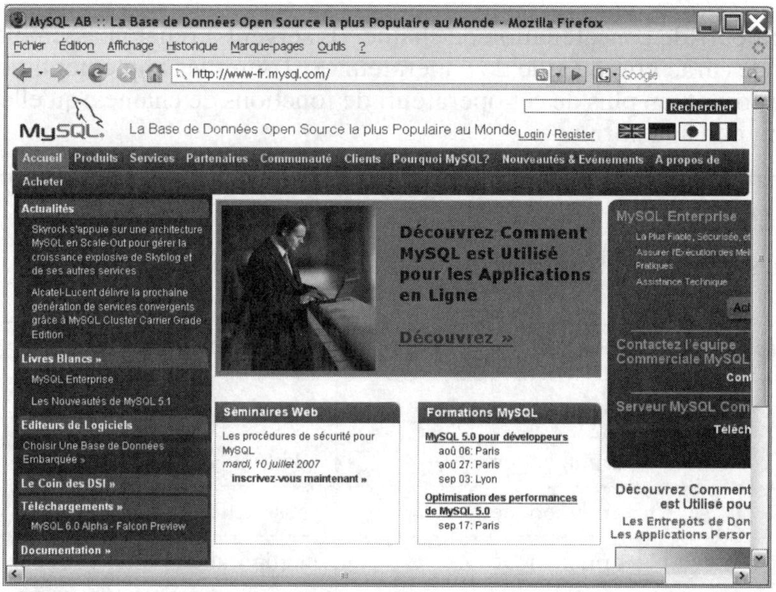

Figure 15-5 : *Le site officiel de MySQL*

Opérateurs

MySQL (et le langage SQL en général) prend en charge six types d'opérateurs principaux :

- Les opérateurs d'affectation (=).
- Les opérateurs arithmétiques, qui permettent d'effectuer des opérations avec des données de table ou des constantes : addition (+), soustraction (-), multiplication (*), division (/), modulo (%). Modulo renvoie le reste d'une division (le reste entier d'une division entre deux nombres entiers). Il sert notamment à gérer des "piles" de données ou des files d'attente.
- les opérateurs unaires. Ceux-ci se placent juste devant l'expression sur laquelle ils doivent opérer. Leur action portant sur un opérande numérique unique, ils ne prennent qu'un argument en paramètre.
- les opérateurs de comparaison. Comme leur nom le présuppose, ils permettent de comparer les valeurs de données de type identique (expressions, variables, valeurs numériques, lignes, etc.). Les plus fréquemment employés sont :
  - = : égal à ;
  - <> : différent de ;
  - < : inférieur à ;
  - > : supérieur à.
- les opérateurs de concaténation de chaîne. Ils servent à relier, à assembler des chaînes de caractères à l'aide de l'opérateur +. Toutes les implémentations de SQL disposent, en plus de cet opérateur, de fonctions de chaînes, qu'elles soient ou non à la norme.
- les opérateurs logiques. Ce sont les opérateurs classiques AND (et), OR (ou) et NOT (non).

Le tableau qui suit reprend les principaux opérateurs disponibles sous MySQL :

Tableau 15-1 : Tableau des principaux opérateurs disponibles sous MySQL

Opérateur	Type	Description
+	arithmétique	addition
-	arithmétique	soustraction
*	arithmétique	multiplication

Tableau 15-1 : Tableau des principaux opérateurs disponibles sous MySQL		
Opérateur	**Type**	**Description**
/	arithmétique	division
-	unaire (devant un argument)	Change le signe de l'argument numérique passé en paramètre.
DIV	arithmétique	division entière (9 DIV 4 donnera 2)
=	arithmétique/comparaison	affectation de valeur d'égalité
>, <, <>, <=, >=, AND, OR, LIKE	comparaison	supérieur, inférieur, différent, inférieur ou égal, supérieur ou, et, ou comme

15.3 Types de données

Toute donnée d'une table présente un type précis, comme vous avez pu le voir dans la définition des tables du projet. Lorsque vous créez une table, impossible d'y déroger. Le type doit être déclaré explicitement :

```
..........................
titrefilm nvarchar(40),
dateproj date,
..........................
```

Les types de données supportés par MySQL sont nombreux. Ils peuvent être classés selon quatre grandes catégories :

- les valeurs numériques ;
- les valeurs de chaîne de caractères ;
- les valeurs de dates et de temps (temporelles) ;
- la valeur NULL.

Valeurs numériques

MySQL intègre les types numériques généraux classiques, entiers et décimaux, avec plusieurs "nuances" telles que entier long, court, très court (int, smallint, tinyint). Vous pouvez employer des valeurs décimales et hexadécimales, selon vos besoins. Le tout est de bien le spécifier et de le savoir lorsque vous les manipulez. Un entier est représenté par une séquence de chiffres. S'il est hexadécimal, il comprendra un "0x" au début (cela indique qu'il s'agit d'une valeur hexadécimale). Les unités hexadécimales (a à f) peuvent être notées aussi bien en majuscules qu'en minuscules, mais pas le "0x" du début. Vous pouvez donc entrer indifféremment "0x0a0b", "0x0A0b", "0x0a0B" ou "0x0A0B", par exemple. Le système interprétera toutes ces formes comme la même valeur. Par contre, pas question de rentrer "0X0a0B" ou un autre élément commençant par "0X".

Les nombres décimaux sont représentés par deux séquences de nombres séparées par une virgule (en fait le point de la décimale à l'intérieur du système). L'une des deux séquences, partie entière ou partie décimale, peut rester vide mais pas les deux en même temps.

MySQL interprète les nombres selon la notation scientifique courante, c'est-à-dire par un chiffre entier ou une décimale, précédé du signe + ou – (excepté s'il s'agit d'un nombre non signé, attribut *UNSIGNED*) et suivi du caractère e ou E (pour exposant) puis du signe et de la valeur de l'exposant. Les notations qui suivent, par exemple, sont correctes :

```
10.42E+12
-1540.02e-3
```

Mais pas celle-ci : .

```
152e3
```

Le signe précédant l'exposant ne peut être omis. Ne rien spécifier ne signifie pour autant que l'exposant est positif. C'est simplement une erreur de syntaxe. Il faudra écrire à la place :

```
152e+3
```

`152E+3` aurait aussi bien fait l'affaire. Le format hexadécimal ne peut être employé pour la notation spécifique : il risquerait d'y avoir confusion entre le `e` hexadécimal et le `e` de l'exposant.

Valeurs de chaînes de caractères

Elles servent à manipuler des mots, des phrases, du texte et de manière générale toute donnée alphanumérique. Si vous les rentrez littéralement, vous devez utiliser des guillemets, simples ou doubles, du moment que vous n'en changez pas en cours de route :

```
nomlieu = "ABC"
nomlieu = 'Utopia Tournefeuille'
```

Pour certains caractères spécifiques, il est nécessaire d'utiliser comme préfixe une séquence d'échappement (Esc) afin d'éviter que le système ne les confonde avec un autre élément. Les séquences d'échappement sont précédées de la barre oblique inversée (antislash : \). Elle est là pour signaler au moteur MySQL qu'il doit ignorer temporairement la règle d'interprétation pour le caractère qui va suivre. Le tableau ci-après reprend les principales séquences disponibles.

Tableau 15-2 : Tableau des séquences d'échappement (ou d'escape pour les anglicistes)

Séquence d'escape	Caractère correspondant
\'	guillemet simple
\"	guillemet double
\b	backspace
\n	nouvelle ligne
\r	retour chariot
\t	tabulation
\\	backslash ou antislash (ou barre oblique inversée)
\0	NULL

Si, par exemple, vous souhaitez inclure un guillemet dans une chaîne, vous pourrez procéder ainsi :

```
nompart = 'L''Autan'
```

c'est-à-dire en doublant les guillemets. Autre méthode : vous pouvez changer de type de guillemets, dans et à l'extérieur de la chaîne de caractères :

```
nompart = "L'Autan"
```

Le système détecte que ce sont deux types de guillemets différents, donc que la chaîne de caractères n'est pas "fermée" tant qu'un guillemet du même type n'a pas été trouvé. Vous pouvez bien sûr employer une séquence d'échappement :

```
nompart = "L\'Autan"
```

ou

```
nompart = "L\"Autan"
```

Cette fois, quel que soit le type des guillemets employés et leur combinaison, la barre oblique indique qu'il s'agit d'un guillemet situé à l'intérieur de la chaîne, et non d'une marque de fin de chaîne de caractères.

Valeurs de dates et de temps

Comme nous l'avons vu lors de la création de la table planning, MySQL intègre le type date. Il vous offre également d'autres possibilités de mesurer le temps qui passe, dans votre vie ou dans vos applications : *time*, *datetime*, *timestamp* et *year*, notamment. Leur format d'utilisation est explicité plus loin, dans le tableau des types de données du langage. Mais précisons qu'en plus des types classiques – date, heure ou année que sont *date*, *time* et *year* –, il existe des types combinant les deux, comme *datetime* (date + heure). MySQL respecte la norme SQL ANSI quant au format standard d'affichage des données temporelles. En clair, *datetime* sera sous la forme année-mois-jour heure (décomposée en heures:minutes:secondes). Rassurez-vous, vous pouvez modifier cet ordre grâce à la fonction *DATE_FORMAT*. Nous pouvons revoir la définition de la table programmation en conséquence :

```
CREATE TABLE programmation
(noidfilm tinyint UNSIGNED NOT NULL,
titrefilm nvarchar(40),
dateproj datetime,
codelieu tinyint UNSIGNED NOT NULL,
noid tinyint UNSIGNED NOT NULL AUTO_INCREMENT PRIMARY KEY) ;
```

Le champ *heureproj* a disparu. Il est désormais inutile puisque le champ *dateproj* contient les deux informations, heure et date.

Valeur NULL

Attention aux confusions avec cette valeur. NULL n'est ni équivalent à 0, ni à une chaîne de caractères vide (c'est-à-dire "pleine de blancs"). NULL est le symbole du néant, du vide, de l'absence de valeur. Ses éventuels synonymes peuvent être : valeur inexistante, valeur non saisie, non définie, aucune valeur, valeur manquante ou inconnue. La valeur NULL sert aussi de flag (drapeau). Si une valeur testée est nulle, vous lancez un tel traitement. Elle est donc très pratique, comme le sont les valeurs booléennes, dans d'autres contextes, pour des tests :

```
if nomfilm == NULL
    {............
    }
```

Cela permettra par exemple de vérifier la validité des éléments d'une table (valeurs qui ne doivent jamais être nulles) ou de vérifier qu'une mise à jour de données s'est bien passée (si la valeur est à NULL, la réponse sera non).

Type de données et types de colonnes

Il faut bien faire le distinguo entre type de données et type de colonnes. Le premier est plus général. Il va distinguer les valeurs que nous venons de voir : numériques, temporelles, chaînes de caractères. Le type de colonne (ou type de champ) définit précisément la nature de la valeur : entier long, court, très long, chaîne de caractères à longueur fixe, variable, unicode.

```
..................
ville nvarchar(40),
tellieu nchar(14),
    idlieu tinyint,
..................
```

Un type de colonne définit les caractéristiques suivantes :

- le type de valeur (numérique, chaîne de caractères, temporelle, etc.).
- le nombre de positions (espace) nécessaire pour chaque valeur : chaîne de longueur 40, entier sur 6 positions, décimal avec 3 positions entière et 4 décimales. Les longueurs peuvent être fixes (chaîne de type CHAR ou NCHAR par exemple) ou variable (VARCHAR). Dans le premier cas, la chaîne occupera toujours le même nombre de positions (et de fait la même occupation en octets). Une chaîne variable n'occupera en mémoire que sa taille réelle, à quelques détails près.
- le nombre de valeurs d'un type donné qui seront comparées ou triées.
- la possibilité (ou non) pour les valeurs d'être indexées.
- la possibilité (ou non) d'avoir la valeur NULL (oui par défaut, sauf si la colonne est affectée de l'attribut NOT NULL).
- l'attribut de clé primaire (PRIMARY KEY) signifiant que ce champ est indexé et qu'il ne doit pas exister de doublons.
- l'attribut – réservé aux entiers numériques – UNSIGNED spécifiant que l'entier est non signé.

Nous en avons sans doute oublié, mais ceux-ci constituent les caractéristiques principales.

MySQL est très proche de la norme SQL ANSI. Il propose cependant quelques variantes et extensions. La plus importante est sans doute la possibilité de stocker des champs de type *BLOB* (Binary Long Object) ou *TEXT*. Le tableau qui suit liste les types disponibles sous MySQL, avec leur taille en octets et le type de valeur qu'ils définissent.

Tableau 15-3 : Tableau des différents types de données disponibles sous MySQL

Type	Taille en octets	Valeur représentée
INT ou INTEGER	4	Type entier "standard"
MEDIUMINT	3	Entier de taille moyenne
SMALLINT	2	Entier petit
TINYINT	1	Entier très petit
BIGINT	8	Entier grand
FLOAT	4	Décimal simple précision
DOUBLE (ou DOUBLE PRECISION)	8	Décimal double précision
REAL	8	Réel
NUMERIC (M, D)	M, (D+2 si M < D)	Numérique sur M positions, dont D décimales
CHAR (M)	M	Chaîne de caractères de longueur (M) fixe
VARCHAR (M)	L+1 avec L <= M, L étant la longueur effective de la chaîne	Chaîne de caractères de longueur (M) variable
TINYBLOB	< 255	BLOB (Binary Large Object) de (très) petite taille
TINYTEXT		Très petite chaîne de texte
BLOB	$< 2^{8}$	Petit BLOB
TEXT		Petite chaîne de texte
MEDIUMBLOB	$< 2^{16}$	BLOB Moyen

Tableau 15-3 : Tableau des différents types de données disponibles sous MySQL		
Type	**Taille en octets**	**Valeur représentée**
MEDIUMTEXT		Chaîne de texte de taille moyenne
LONGTEXT	$< 2^{32}$	Grande chaîne de texte
LONGBLOB		Grand BLOB
DATE	3	Date (au format AAAA-MM-JJ)
TIME	3	Heure (au format hh:mm:ss)
DATETIME	8	Date + Heure (au format AAAA-MM-JJ hh:mm:ss)
TIMESTAMP	4	Durée (au format AAAA-MM-JJ hh:mm:ss)
YEAR	1	Année
ENUM	au plus 2	Énumération. Pas une valeur mais une énumération de valeurs
SET	au plus 8	Ensemble. Ce n'est donc pas seulement une valeur qui pourra être entrée dans une telle colonne mais un ensemble de valeurs.

Types de données numériques

La norme SQL ANSI distingue essentiellement deux types de données numériques : les numériques exacts et les numériques flottants. Les types de données numériques exacts (INTEGER et DECIMAL notamment) permettent de spécifier la précision souhaitée et donc de représenter une valeur exacte. Les types numériques flottants sont les types employés le plus couramment dans les différents langages de programmation (FLOAT, DOUBLE). Ils représentent les données numériques avec une précision approximative.

ZEROFILL

Les types numériques, qu'ils soient exacts ou flottants, acceptent tous l'option *ZEROFILL*. Celle-ci indique que la valeur numérique en question sera affichée avec la largeur maximale définie, en complétant par des zéros. À titre d'exemple, si vous affichez la valeur 8 dans un type *INTEGER ZEROFILL*, cela donnera 0000000008.

Le type INTEGER (INT) de MySQL permet de stocker des entiers sur 4 octets. La taille de l'affichage dépend de la valeur maximale possible, qui est en l'occurrence de 10 positions. Cette taille peut être spécifiée de façon optionnelle, de la manière suivante :

```
INTEGER [(8)] [UNSIGNED] [ZEROFILL]
```

Cette fois, l'affichage se fera sur 8 positions au lieu de 10.

UNSIGNED

Le mot-clé *UNSIGNED* spécifie que l'entier est non signé, c'est-à-dire que son stockage ne présentera pas de bit de signe. Cette option disponible sous MySQL ne fait pas partie de la norme SQL ANSI, même si elle est reprise par la plupart des SGBD compatibles SQL, pour ne pas dire tous. Elle a évidemment un impact sur l'intervalle des valeurs possibles.

Le type INTEGER permettra de stocker des valeurs comprises dans l'intervalle $[-2^{31}, 2^{31} - 1]$. Avec le type INTEGER UNSIGNED, l'intervalle sera $[0, 2^{32} - 1]$. Si la valeur représentée ne nécessite pas de signe, vous pourrez, avec la même occupation mémoire, travailler sur une plus grande échelle de valeurs. MySQL offre d'autres variantes du type INT : BIGINT, MEDIUMINT, SMALLINT, TINYINT. Vous pouvez retrouver leurs caractéristiques dans le tableau précédent. Le seul critère qui les différencie est la taille de stockage qu'ils utilisent. Le type DECIMAL (N, D) va définir quant à lui un type numérique de taille maximale N avec un nombre D de décimales.

Les types NUMERIC et DECIMAL sont identiques. Ils sont employés pour stocker des valeurs pour lesquelles la précision est importante. MySQL les stocke comme des chaînes de caractères afin de préserver cette précision.

Les types numériques flottants

Ces types sont analogues à ceux de langages de programmation tels que C. Ils sont fondés sur la représentation des numériques propres à la machine, c'est-à-dire en simple ou double précision. Vous disposez sous MySQL des types suivants :

- FLOAT définit un type numérique flottant en simple précision.
- DOUBLE PRECISION correspond à un type flottant en double précision. Vous pouvez employer le raccourci de commande DOUBLE.
- REAL est équivalent au type DOUBLE PRECISION.

Pour définir par exemple en MySQL un type numérique flottant en double précision, vous pourrez employer indifféremment

```
REAL [(N, D)]
```

ou

```
DOUBLE PRECISION [(N, D)] ou encore DOUBLE [(N, D)]
```

avec N indiquant le nombre de positions maximum à l'affichage et D le nombre de décimales.

Types d'objets binaires BLOB et TEXT

Le type BLOB définit un objet binaire de grande taille (Binary Large OBject). C'est en quelque sorte un container censé pouvoir contenir tout ce que vous voulez. Sous MySQL, BLOB désigne davantage une famille de types qu'un type. Les membres de cette famille sont TINYBLOB, BLOB, MEDIUMBLOB et LONGBLOB. Ils sont quasiment identiques. La seule différence existant entre eux est le volume maximal d'informations qu'ils sont capables de contenir, en terme d'octets, comme pour les types entiers TINYINT, INT, SMALLINT et BIGINT.

MySQL comprend aussi une famille de types analogues, les types TEXT : TINYTEXT, TEXT, MEDIUMTEXT, LONGTEXT. Ils sont presque identiques à leurs homologues de type BLOB. Leur différence essentielle réside dans la manière de réaliser les comparaisons et les tris. Ils divergent aussi sur un autre point : les valeurs de type BLOB sont "sensibles à la casse" (différenciation majuscules/minuscules) à la différence de celles de type TEXT. L'intérêt principal de ces deux familles de types est qu'ils offrent la possibilité de stocker des valeurs de très grand volume dont la taille peut varier d'un enregistrement à l'autre. Ils sont parfaitement adaptés au stockage de documents tels que des fichiers de traitement de texte, des fichiers images, du son, de la vidéo, etc.

Types de colonne ENUM et SET

Ce sont des types de chaîne de caractères spécifiques pour lesquels les valeurs de champ doivent impérativement appartenir à un ensemble de valeurs déterminé. La différence entre ces deux types réside surtout dans le fait que les valeurs de colonne *ENUM* ne peuvent contenir qu'un seul élément de l'ensemble de valeurs donné, tandis que celles de la colonne *SET* peuvent en contenir plusieurs. *ENUM* est donc utilisé pour choisir une seule valeur dans une liste prédéfinie. *SET*, par contre, servira à réaliser des choix multiples dans une liste.

ENUM

Le type de colonne *ENUM* définit donc, comme son nom l'indique, une énumération. Les colonnes de ce type peuvent correspondre par conséquent à une valeur sélectionnée dans une liste prédéfinie lors de la création de la table. Un type énumération pourra contenir jusqu'à 65 536 éléments. Mais comme l'un d'entre eux est réservé par MySQL, vous ne disposez pour votre usage que de 65 535 éléments. Les énumérations servent généralement à représenter des catégories de valeur. Pour un choix de type "OUI, NON" par exemple, vous définirez une colonne *ENUM*("O", "N"). Ainsi, l'utilisateur ne pourra rentrer au clavier que "O" ou "N". *ENUM* est par conséquent le type de prédilection idéal pour définir des questionnaires à choix multiples, par exemple, et plus généralement une sélection d'un élément unique dans une liste prédéfinie :

```
nomfilm ENUM("Les Egoïstes", "Kanal", "La Pornographie", "Le
✂ grand animal", "Salut Teresa")
realisateur ENUM("Kolski", "Wajda", "Trelinski", "Stuhr",
✂ "Polanski")
producteur ENUM("MACT productions", "TV Polska", "Canal+ Polska",
✂ "Monolithic Film")
```

SET

Le type *SET* est assez semblable au type *ENUM*. Lorsque vous créez une colonne *SET*, vous définissez en même temps une liste d'éléments qui sont seuls valides pour un choix de valeur. La différence avec *ENUM* est que cette fois, une valeur de colonne peut se composer d'un nombre quelconque d'éléments appartenant à l'ensemble prédéfini, et non pas à un seul. Cet ensemble peut contenir jusqu'à 64 éléments. *SET* sera donc utilisé pour effectuer un choix multiple parmi un ensemble de valeurs prédéfinies. Pour donner une liste de caractéristiques définissant un événement particulier de la manifestation, par exemple :

```
SET("projection plein-air Arsenal", "colloque", "débat/conférence
✂ Université", "projection ABC", "Petit déjeuner Utopia", "débat/
✂ rencontre réalisateur", "exposition médiathèque Cabanis", "
✂ concert/exposition Abattoirs")
```

puis les valeurs *SET* représentant les attributions prioritaires de chacun des organisateurs :

```
SET("projection plein-air Arsenal", "colloque", "débat/conférence
✂ Université")
SET("projection ABC")
SET("Petit déjeuner Utopia", "débat/rencontre réalisateur")
SET("")
```

```
SET("exposition médiathèque Cabanis", " concert/exposition
✂ Abattoirs")
```

La chaîne vide signifie qu'aucune option n'a été sélectionnée. Les valeurs de colonne *SET* sont contenues dans une chaîne de caractères des plus simples. Les différents éléments de la chaîne sont séparés par des virgules. Ce caractère ne peut donc pas être inclus dans une chaîne représentant un des éléments de la colonne *SET*.

AUTO_INCREMENT

Cet attribut offre un comportement différent en fonction des versions de MySQL, notamment entre les versions inférieures ou supérieures à la version 3.23. Voyons ce qu'il en est.

MySQL 3.23 et inférieur

Pour ces versions, AUTO_INCREMENT se comporte de la manière suivante :

- L'insertion d'une valeur NULL dans un champ ayant un attribut AUTO_INCREMENT va générer automatiquement la séquence de nombres suivante et l'insérer dans ce champ. Le premier nombre d'une séquence est le nombre 1. Le premier enregistrement à ajouter dans une colonne prendra donc la valeur 1, le suivant 2, puis 3, puis 4, etc. Chaque valeur générée automatiquement sera plus grande d'une unité que la plus grande valeur stockée dans la colonne.
- Si l'on insère la valeur 0 dans une colonne ayant un attribut AUTO_INCREMENT, le résultat sera identique à l'insertion d'une valeur NULL.
- Si un enregistrement est inséré en spécifiant une valeur dans une colonne *AUTO_INCREMENT*, deux cas de figure sont possibles : soit l'enregistrement existe déjà avec cette valeur, auquel cas une erreur surviendra. Toutes les valeurs d'une colonne *AUTO_INCREMENT* doivent en effet être uniques. Soit aucun enregistrement ne contient cette valeur (ce qui implique qu'elle est forcément supérieure à toutes les autres). Cette fois, la valeur sera ajoutée à l'emplacement souhaité, et les nouveaux enregistrements viendront s'insérer à la suite. Il est par conséquent aisé de gonfler un compteur, en insérant une valeur plus grande que celle du compteur de la table. Mais attention aux éventuelles conséquences.
- Si vous supprimez l'enregistrement qui détient la plus importante valeur du compteur, celle-ci sera réutilisée par la suite lors de la création d'une nouvelle ligne.

- La dernière valeur générée peut être consultée à l'aide de la fonction *LAST_INSERT_ID()*. Vous pouvez ainsi, dans une instruction, faire référence à cette valeur sans risque d'erreur, c'est-à-dire sans vous soucier de sa valeur réelle à un moment donné.

Les versions supérieures à MySQL 3.23

AUTO_INCREMENT fonctionne différemment.

- Les valeurs produites automatiquement sont strictement croissantes et ne peuvent être réemployées. Si l'enregistrement contenant la dernière valeur produite par *AUTO_INCREMENT* est supprimé, le compteur tiendra tout de même compte de celle-ci pour les incrémentations futures.
- Il est désormais possible de spécifier de manière explicite la valeur de la séquence initiale lors de la création d'une table. En voici un exemple :

```
CREATE TABLE comptabilite
(dateop date NOT NULL,
nature nvarchar(30),
montant int UNSIGNED,
noop INT UNSIGNED NOT NULL AUTO_INCREMENT PRIMARY KEY)
    AUTO_INCREMENT = 10
;
```

- Si une table possède plusieurs champs (ce qui est fréquemment le cas), aucune confusion n'est possible : il ne peut y avoir qu'une colonne par table possédant l'attribut *AUTO_INCREMENT*.

Figure 15-6 : *Quelle version de MySQL choisir ?*

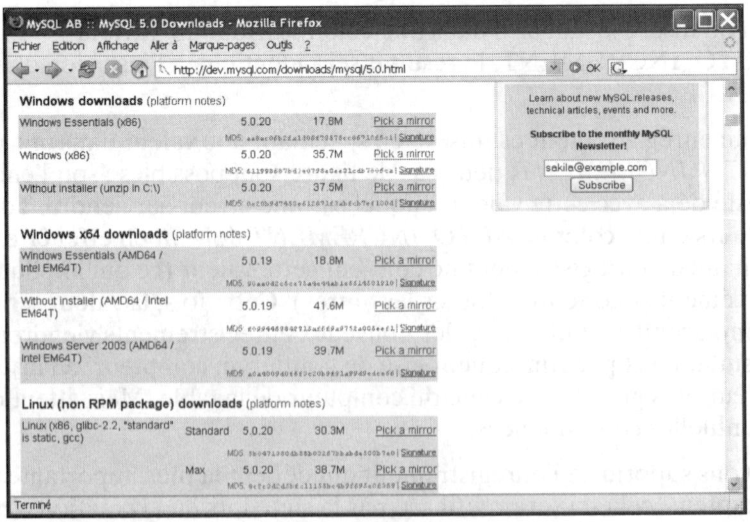

Contraintes d'intégrité

Le terme contraintes désigne une méthode normalisée par l'ANSI dans le but d'assurer l'intégrité des données. Les différentes sortes d'intégrité (intégrité de domaine, intégrité d'entité, intégrité référentielle, etc.) sont mises en œuvre grâce à des types de contraintes d'intégrité spécifiques. Les contraintes sont là pour garantir la validité des valeurs des champs saisies et maintenir les relations entre les tables.

Tableau 15-4 : Tableau des différents types de contraintes

Type d'intégrité	Type de contrainte	Description
Domaine	DEFAULT	Spécifie la valeur du champ par défaut si aucune valeur n'est explicitement signalée via la commande **INSERT**.
	CHECK	Spécifie une règle de validité qui s'applique sur des valeurs de champs.
	FOREIGN KEY	Les valeurs de champs de clé étrangère doivent correspondre aux valeurs des champs de clé primaire de la table.
Entité	PRIMARY KEY	Assure l'unicité de chaque enregistrement, en interdisant l'entrée de valeurs en double et assure la création d'un index afin d'améliorer les performances. Les valeurs NULL ne sont bien entendu pas acceptées.
	UNIQUE	Empêche la création de doublons dans les champs ne faisant pas partie de la clé primaire. Cette contrainte garantit la création d'un index permettant d'améliorer les performances. Les valeurs NULL sont acceptées.
Référentielle	FOREIGN KEY	Définit un champ ou un ensemble de champ dont les valeurs sont égales à la clé primaire de leur table ou d'une autre table.
Définie par l'utilisateur	CHECK	Spécifie une règle de validité s'appliquant aux valeurs d'un champ.

La fonction principale et unique des contraintes est de faire respecter l'intégrité des données. Vous pouvez les définir lors de la création des tables, à l'intérieur de l'instruction CREATE TABLE. Vous pouvez aussi les ajouter par la suite via l'instruction ALTER TABLE, qui sert à modifier la structure d'une table existante. Une contrainte peut s'appliquer sur un seul comme sur plusieurs champs.

15.4 Commandes et fonctions de base

Commandes

Nous allons maintenant passer en revue les commandes élémentaires de MySQL. Vous en avez déjà vu quelques-unes lors de la création de la base de données : **CREATE DATABASE**, **USE DATABASE** et **CREATE TABLE**.

ALTER TABLE

La syntaxe de cette commande est la suivante :

```
ALTER [IGNORE] TABLE nom_de_table liste_actions
```

Elle permet de modifier la structure des tables ou de les renommer. Vous devez d'abord, pour cela, indiquer le nom de la table puis les caractéristiques d'une ou des actions à réaliser. Le mot-clé *IGNORE* permet, comme son nom l'indique, d'ignorer les valeurs dupliquées dans des clés uniques qui apparaîtraient dans la nouvelle table. Sans ce mot-clé, l'effet de l'instruction serait désactivé. Il a aussi pour effet de supprimer les lignes ayant des valeurs dupliquées pour des clés uniques. Le paramètre *liste_actions* correspond à une ou plusieurs actions séparées par des virgules. Ces actions sont réalisées de manière alternative. En voici la liste :

```
ADD [COLUMN] declaration_colonnes [FIRST | AFTER nom_colonne) ]
```

Cette action ajoute une colonne (un champ) à la table. Le paramètre *declaration_colonnes* doit contenir la description du champ. Le mot-clé *FIRST* permet de placer la nouvelle colonne au début de la structure de la table. Le mot-clé *AFTER* place la nouvelle colonne juste après la colonne donnée en paramètre (*nom_colonne*). Si rien n'est précisé, elle sera ajoutée à la fin de la structure.

```
ADD INDEX [nom_index] (colonnes_index)
```

Permet d'ajouter un index à la table. L'index est créé avec les champs contenus dans le paramètre *colonnes_index*. Ces champs doivent forcément exister dans la table en question, et être séparés par des virgules si l'index à créer en contient plusieurs. Dans le cas contraire, un message d'erreur sera retourné par le système. Pour les champs de type *CHAR* et *VARCHAR*, le préfixe du champ peut être indexé à l'aide de la syntaxe *nom_colonne(n)*. Cela a pour effet de ne prendre que les n premiers caractères de la valeur du champ. Pour les champs de type *BLOB* et *TEXT* et leurs dérivés (*TINYBLOB*, *TINYTEXT*, *LONGBLOB*, etc.), une valeur de préfixe doit nécessairement être précisée.

```
ADD PRIMARY KEY (colonnes_index)
```

Cette commande a pour effet d'ajouter une clé primaire constituée des colonnes spécifiées dans l'argument *colonnes_index*. Le paramètre (*colonnes_index*) est utilisé de la même manière que pour l'action ADD INDEX. Une erreur sera renvoyée si la table contenait déjà une clé primaire.

```
ADD UNIQUE [nom_index] (colonnes_index)
```


Ajoute un index unique à la table désignée par *nom_de_table*. La syntaxe est identique à celle de la clause ADD INDEX.

```
ALTER [COLUMN] nom_colonne {SET DEFAULT valeur | DROP DEFAULT}
```

Cette instruction modifie la valeur de la colonne désignée par celle spécifiée dans la clause SET DEFAULT si c'est elle qui est employée. Si l'option DROP DEFAULT est utilisée, la valeur par défaut courante est effacée.

```
CHANGE [COLUMN] nom_colonne declaration_colonnes
```

Modifie le nom d'une colonne ainsi que sa définition. *nom_colonne* correspond au nom de la colonne et *declaration_colonnes* à la nouvelle déclaration du champ. Le format employé est le même que pour l'instruction CREATE TABLE. Le nouveau nom de colonne est spécifié dans l'instruction. Si vous ne voulez pas changer le nom mais seulement le type ou la longueur, vous devez replacer l'ancien nom dans la description.

```
DROP [COLUMN] nom_colonne
```

Supprime la colonne spécifiée de la table. Si cette colonne fait partie d'un ou de plusieurs index, ceux-ci ne sont pas supprimés mais modifiés en conséquence. Lorsque toutes les colonnes d'un index sont supprimées, en revanche, l'index l'est également.

```
DROP INDEX nom_index
```

Supprime l'index spécifié.

```
DROP PRIMARY KEY
```

Supprime la clé primaire de la table. Si la table en question ne possède pas de clé primaire mais un ou plusieurs index UNIQUE, c'est le premier d'entre eux qui sera supprimé à la place.

```
MODIFY [COLUMN] declaration_colonnes
```

Change la déclaration d'une colonne. La spécification de cette déclaration doit être formulée dans le même format que pour l'instruction CREATE TABLE. MODIFY a été introduit dans MySQL 3.22.16.

```
RENAME [AS] nouveau_nom_table
```

Renomme la table et lui attribue le nom spécifié dans le paramètre *nouveau_nom_table*.

```
options_table
```

Indique des options de table qui peuvent être employés dans la partie *options_table* d'une instruction CREATE TABLE. Voir la syntaxe de la commande **CREATE TABLE**, un peu plus loin.

CREATE DATABASE

```
CREATE DATABASE nom_base_de_donnees
```

Cette instruction crée une base de données avec le nom spécifié dans le paramètre *nom_base_de_donnees*. Si une base de données du même nom existe déjà ou, simplement, si vous ne disposez pas des droits nécessaires (voir à ce sujet le chapitre *Administration MySQL*), l'instruction échouera.

Une fois la base de données créée (et ouverte, avec la commande **USE**), vous pouvez passer à la création de ses tables à l'aide de l'instruction CREATE TABLE.

CREATE FUNCTION

```
CREATE [AGGREGATE] FUNCTION nom_fonction
       RETURNS {CHAINE | REAL | INTEGER}
       SONAME nom_librairie_partagee
```

Cette commande définit une fonction créée par l'utilisateur (UDF ou User Defined Function). Elle vous permet de créer vos propres fonctions selon les besoins spécifiques de votre application. La fonction en question doit être chargée dans la table *func* de la base de données MySQL. *nom_fonction* correspond au nom qui sera employé pour s'y référer dans les diverses instructions SQL. Le mot-clé qui suit la clause RETURNS spécifie le type de valeur que la fonction devra retourner. Le paramètre *nom_librairie_partagee* correspond au chemin d'accès au fichier contenant le code exécutable ou la fonction en question. Le mot-clé *AGGREGATE* spécifie que la fonction est une fonction de groupe telle que SUM () ou MAX (). L'instruction CREATE FUNCTION implique que le serveur soit construit sous une forme binaire dynamiquement liée, et non en tant que binaire statique. Le mécanisme UDF nécessite en effet impérativement une liaison dynamique.

CREATE INDEX

```
CREATE [UNIQUE] INDEX nom_index ON nom_table (colonnes_index)
```


Cette instruction permet d'ajouter un index (*nom_index*) à la table spécifiée dans le paramètre *nom_table*. Elle est incorporée dans diverses autres instructions (ALTER TABLE ADD INDEX, ALTER TABLE, ADD UNIQUE, etc.). Reportez-vous à l'instruction ALTER TABLE pour en savoir plus. CREATE INDEX existe dans MySQL depuis la version 3.22.

CREATE TABLE

Quand vous créez une table avec l'instruction CREATE TABLE, vous devez obligatoirement spécifier un type pour chaque colonne. Un type de colonne détermine la nature des valeurs qu'elle pourra accepter. Le type de champ doit être bien pensé. Il doit être en totale conformité avec les traitements qui seront réalisés sur ces colonnes. Sa forme "simple" est la suivante :

```
CREATE [TEMPORARY] TABLE [IF NOT EXITS]nom_table
(definition_creation, ...)
[options_table]
[[IGNORE | REPLACE] instruction_select]
```

et, plus détaillée cette fois :

```
CREATE [TEMPORARY] TABLE [IF NOT EXITS] nom_table
        (definition_creation, ...)
    [options_table]
        [[IGNORE | REPLACE] instruction_select]

definition_creation:
    {     declaration_colonnes
      |     PRIMARY KEY (colonnes_index)
      |     KEY [nom_index] (colonnes_index)
      |     INDEX [nom_index] (colonnes_index)
      |     UNIQUE [INDEX] [nom_index] (colonnes_index)
```

```
  |     [CONSTRAINT symbol] FOREIGN KEY nom_index
  ✂ (colonnes_index)
  |     [definition_references]
  |     CHECK (expression)

declaration_colonnes:
    nom_colonne type_colonne
      [NOT NULL | NULL] [DEFAULT valeur_defaut
      [AUTO_INCREMENT] [PRIMARY KEY] [definition_references]

definition_references:
    REFERENCES nom_table [(colonnes_index)]
[MATCH FULL | MATCH PARTIAL]
[ON DELETE option_references]
[ON UPDATE option_references]

option_references:
    {RESTRICT | CASCADE | SET NULL | NO ACTION | SET DEFAULT}
```

Vous connaissez déjà cette instruction mais pas toutes ses options possibles. Cette instruction crée une nouvelle table appelée *nom_table*. Si le mot-clé *TEMPORARY* est spécifié, la table en question est supprimée à la fin des connexions clients (que la condition de cette fin soit ou non considérée comme normale) ou jusqu'à la prochaine instruction DROP TABLE. Une table provisoire n'est en fait visible que pour le client qui l'a créée, pas pour les autres utilisateurs de la base.

Si par hasard, vous essayez de créer une table en lui attribuant un nom déjà utilisé par une autre table, une erreur vous sera renvoyée (et la nouvelle table ne sera pas créée). Si vous ne voulez pas qu'une erreur soit renvoyée, vous devez spécifier la clause IF NOT EXIST. La clause TEMPORARY créera une nouvelle table temporaire même si une table originale du même nom existe déjà. La table originale sera cachée au client durant le temps pendant lequel la table provisoire sera visible. Mais elle restera (la table originale) visible pour les autres clients. Elle redeviendra visible au cours de la prochaine session client, ou après l'exécution d'une instruction DROP TABLE sur la table provisoire.

Le paramètre *definition_creation* contient les définitions de colonnes et des index. Il est facultatif dans le cas où la table est créée à l'aide d'une instruction SELECT. La clause *options_table* détermine les diverses propriétés de la table. Le paramètre *instruction_select*, optionnel lui aussi, crée la table à partir des informations renvoyées par l'instruction SELECT.

definition_creation peut représenter une déclaration de colonne, une définition d'index, une *definition_references*, une clause FOREIGN KEY ou une clause CHECK.

declaration_colonnes débute par le nom de la colonne, de son type et d'autres mots-clés optionnels. La liste qui suit résume les mots-clés pouvant suivre le type de colonne :

- DEFAULT valeur_defaut ;
- AUTO_INCREMENT ;
- PRIMARY KEY ;
- UNIQUE ;
- AUTO_INCREMENT = n ;
- AVG_ROW_LENGTH = n ;
- CHECKSUM = {0 | 1} ;
- COMMENT = "chaîne_de_caractères" ;
- DELAY_KEY_WRITE = {0 | 1} ;
- MAX_ROWS = n ;
- WIN_ROWS = n ;
- PACK_KEYS = {0 | 1} ;
- PASSWORD = "chaîne_de_caractères" ;
- TYPE = {ISAM | MYISAM | HEAP}.

DELETE

```
DELETE [LOW PRIORITY] FROM nom_table [WHERE expression_where]
✂ [LIMIT n]
```

DELETE supprime les enregistrements (lignes) de la table passée dans l'argument *nom_table* et répondant aux conditions spécifiées dans le paramètre *expression_where*. Pour supprimer toutes les lignes de la table, il suffit d'omettre cette clause WHERE. La valeur retournée par cette instruction sera le nombre d'enregistrements supprimés (excepté dans le cas où il n'y a pas de clause WHERE).

Si vous ne souhaitez supprimer qu'un certain nombre d' enregistrements – disons n–, vous devez employer une clause LIMIT en lui passant cette valeur n en argument.

DESCRIBE

```
{ DESCRIBE | DESC} nom_table {nom_colonne | pattern}
```

Cette instruction est analogue à SHOW COLUMNS. Sa syntaxe est identique. La commande **DESCRIBE** sert essentiellement à vous assurer que MySQL a créé les tables telles que vous le souhaitiez. Vous pouvez l' utiliser comme ceci :

```
mysql> DESCRIBE ayantdroit;
```

ou, en abrégé :

```
mysql> DESC ayantdroit;
```

Vous provoquerez ainsi l'affichage de la structure de la table que vous venez de créer :

Tableau 15-5 : Résultat de l'utilisation de la commande DESCRIBE avec la table ayantdroit en argument

Field	Type	Null	Key	Default	Extra
nomad	nvarchar(40)	NO			
organisation	nvarchar(40)	YES		NULL	
adresse1	nvarchar(30)	YES		NULL	
adresse2	nvarchar(30)	YES		NULL	
adresse3	nvarchar(30)	YES		NULL	
cp	nchar(5)	YES		NULL	
ville	nvarchar(40)	YES		NULL	
telad	nchar(14)	YES		NULL	
faxad	nchar(14)	YES		NULL	
emailad	nvarchar(40)	YES		NULL	
nomct	nvarchar(40)	YES		NULL	
telct	nchar(14)	YES		NULL	
emailct	nvarchar(40)	YES		NULL	
idad tinyint		NO	YES		UNSIGNED AUTO_ INCREMENT

DROP DATABASE

```
DROP DATABASE [IF EXISTS] nom_bdd
```

Efface la base de données spécifiée. Si la base de données n'existe pas ou si vous ne possédez pas les privilèges nécessaires, l'instruction n'aboutira pas. Pour éviter le message d'erreur renvoyé en cas d'échec de cette instruction, vous devez préciser l'option IF EXISTS.

DROP FUNCTION

```
DROP FUNCTION nom_fonction
```


Supprime une fonction chargée précédemment à l'aide de l'instruction CREATE FUNCTION.

DROP INDEX

```
DROP INDEX nom_index ON nom_table
```

Supprime l'index *nom_index* de la table spécifiée dans *nom_table*. La syntaxe de cette instruction est identique à celle d'ALTER TABLE DROP INDEX.

DROP TABLE

```
DROP TABLE [IF EXISTS] nom_table [, nom_table] ...
```

Supprime la ou les tables spécifiées. Si la clause IF EXISTS est précisée, vous n'obtiendrez pas de message d'erreur en retour si vous tentez de supprimer une table qui n'existe pas.

EXPLAIN

```
EXPLAIN nom_table
EXPLAIN instruction_select
```

La première forme est équivalente à l'instruction SHOW COLUMNS FROM nom_table.

La deuxième forme de cette instruction donne des informations sur la manière dont l'instruction SELECT est traitée.

Le tableau qui suit décrit les colonnes renvoyées par la commande **EXPLAIN** :

Tableau 15-6 : Les différentes colonnes renvoyées par la commande EXPLAIN	
colonnes retournées	**Description**
table	table à laquelle se réfère la sortie produite
type	C'est le type de jointure exécuté. Les types possibles sont : *system*, *const*, *eq_ref*, *ref*, *range*, *index* et *ALL*.
possible_keys	Ce sont les index considérés comme candidats pour trouver des rangées dans la table dont le nom est spécifié dans la colonne *row*. Si aucun index n'est trouvé, la valeur NULL sera renvoyée.
key	C'est l'index employé par MySQL pour effectuer une recherche dans la table. Là encore, la valeur NULL est renvoyée si aucun index n'est trouvé.
key_len	Correspond à la longueur employée par l'index. Elle peut être inférieure à celle de l'index de la rangée si un préfixe est utilisé à l'extrémité gauche de cet index.
ref	Ce sont les valeurs qui seront comparées à d'autres valeurs d'index. Les termes const ou "???" signifient que la comparaison est effectuée par rapport à une constante. Si un nom de colonne est spécifié, c'est une comparaison de colonne à colonne.
rows	Donne une évaluation du nombre de lignes de la table à faire examiner par la requête. Le produit des valeurs de la colonne correspond à une évaluation du nombre total de combinaisons entre les lignes devant être examinés dans toutes les tables.
Extra	Si la valeur renvoyée est *Only index*, cela signifie que les informations contenues dans une table peuvent être recherchées seulement grâce aux informations fournies par l'index, sans examiner toute la table. La valeur where used spécifie que cette information est employée dans la clause WHERE de l'instruction SELECT.

FLUSH

```
FLUSH option _flush [, option _flush] ...
```

Efface le contenu des différents caches internes employés par le serveur. Les options (option_flush) peuvent être :

Vide le cache de la machine.

`LOGS`

Vide les fichiers log en les fermant et en les ouvrant.

```
PRIVILEGES
```

Recharge les tables contenant les informations sur les droits.

```
STATUS
```

A pour effet de réinitialiser les variables de statut.

```
TABLES
```

Ferme l'ensemble des tables ouvertes dans le cache de la table.

15

GRANT

```
GRANT type_priv [(liste_colonnes)] [, type_priv
✂ [(liste_colonnes)] ...
ON (*.* | * | nom_bdd.* | nom_bdd.nom_table | nom_table}
TO utilisateur [, utilisateur ] ...
[WITH GRANT OPTION]
```

Accorde des privilèges d'accès à un ou plusieurs utilisateurs. Le paramètre *type_priv* indique les droits accordés.

INSERT

```
INSERT [LOW_PRIORITY | DELAYED] [IGNORE] [INTO]
nom_table [(liste_colonnes)] VALUES (expression [, expression]
✂ ...) [, (...)] ...
INSERT [LOW_PRIORITY | DELAYED] [IGNORE] [INTO]
nom_table [(liste_colonnes)] SELECT ...
INSERT [LOW_PRIORITY | DELAYED] [IGNORE] [INTO]
nom_table SET nom_colonne=expression [, nom_colonne=expression] ...
```

L'instruction INSERT insère des lignes dans une table existante (spécifiée par nom_table). La valeur renvoyée est le nombre de lignes insérées.

LOW_PRIORITY

LOW_PRIORITY permet de reporter l'instruction jusqu'à ce qu'il n'y ait plus de client en train de lire la table.

DELAYED

DELAYED permet de placer des enregistrements dans une file d'attente pour insertion ultérieure. L'instruction est retournée immédiatement. Le client peut ainsi continuer la tâche en cours. Mais dans ce cas, LAST_INSERT_ID() ne renvoie de valeur AUTO_INCREMENT pour aucune valeur de ce type dans la table.

IGNORE

IGNORE permet d'ignorer les lignes où sont dupliquées des valeurs de clé en principe uniques. Si des valeurs dupliquées sont rencontrées et que l'option IGNORE ait été omise, une erreur sera renvoyée par le système.

KILL

```
KILL id_thread
```

L'instruction KILL tue la tâche du serveur correspondant à l'argument *id_thread* (numéro d'identification du thread à tuer). Rappelons au passage que le terme thread désigne un processus léger. Vous devez pour cela détenir le privilège PROCESS, sauf s'il s'agit de l'une de vos propres tâches (voir chapitre *Administration MySQL*).

LOAD DATA

```
LOAD DATA [LOW_PRIORITY] [LOCAL] INFILE 'nom_fichier'
    [IGNORE | REPLACE]
    INTO TABLE nom_table
    options_importation
    [IGNORE n LINES]
[(liste_colonnes]
```

LOAD DATA a pour effet de lire les enregistrements du fichier *nom_fichier* et de les charger en vrac dans la table *nom_table*. L'option LOW PRIORITY permet de reporter l'instruction jusqu'à ce que plus aucun client ne soit en lecture sur la table.

En principe, le fichier est directement lu par le serveur sur la machine serveur. Vous devez pour cela détenir le privilège FILE. De plus, le fichier devra être localisé soit dans le même répertoire que celui de la base de données déclarée par défaut, soit dans celui de la base accessible au public (à l'ensemble des utilisateurs de la base de données). Si l'option LOCAL est spécifiée, le client lira le fichier sur la machine du client et renverra son contenu au serveur via le réseau. Il n'est pas nécessaire alors de détenir le privilège FILE.

LOCK TABLES

```
LOCK TABLES liste_lock
```

Cette instruction demande à poser un verrou sur les tables passées en paramètres dans *liste_lock* et attend que le verrou de chaque table soit acquis. Vous pouvez indistinctement utiliser LOCK TABLE ou son "synonyme" LOCK TABLES, cela revient exactement au même. Si vous spécifiez plusieurs noms de table dans le paramètre *liste_lock*, ils devront impérativement être séparés par des virgules et respecter la syntaxe suivante :


```
nom_table [AS nom_alias] {READ | [LOW PRIORITY] WRITE}
```

Si vous précisez l'option READ, cela signifie que vous voulez poser un verrou en lecture. Par conséquent, les écritures dans la table en question seront bloquées mais pas les lectures. L'option WRITE pose en revanche un verrou en écriture. Cela signifie que toute opération, lecture comme écriture, sera bloquée. LOW_PRIORITY WRITE bloque elle toute demande de verrou en lecture émanant d'autres utilisateurs de la table, dans le cas de figure où la requête est en attente d'un autre client qui est passé "juste devant" et se trouve déjà en lecture sur la table concernée.

Il est possible d'utiliser un alias lors du verrouillage de la table. Cela vous permettra par la suite de vous y référer dans une nouvelle requête sans spécifier cette fois le "véritable" nom. Dans le cas où une table est employée plusieurs fois dans une seule requête, vous obtiendrez un verrou par occurrence.

L'instruction LOCK TABLES a pour effet de mettre à jour tous les verrous existants détenus à un instant t. LOCK TABLES sans aucun paramètres verrouille toutes les tables de la base en cours d'utilisation. Lorsqu'une session se termine, tous les verrous détenus par un client sont libérés.

Voici comment verrouiller les tables *film* et *programmation*, par exemple :

```
LOCK TABLES film, programmation
```

OPTIMIZE TABLE

```
OPTIMIZE TABLE
```

Lorsque sont employées des instructions DELETE, REPLACE ou UPDATE, de l'espace inutilisé est généré dans les tables concernées. C'est encore plus vrai pour les rangées de longueur variable. L'instruction OPTIMIZE TABLE supprime cet espace gaspillé afin d'obtenir une table plus condensée. Elle réorganise les tables et les défragmente.

Cette instruction est disponible sous MySQL depuis la version 3.22.7.

REPLACE

```
REPLACE [LOW_PRIORITY | DELAYED] [INTO]
   nom_table [(liste_colonnes)] VALUES (expression [,
   ✂ expression] ...) [, (...)] ...
REPLACE [LOW_PRIORITY | DELAYED] [INTO]
   nom_table [(liste_colonnes)] SELECT ...
REPLACE [LOW_PRIORITY | DELAYED] [INTO]
   nom_table SET nom_colonne=expression [,
   ✂ nom_colonne=expression] ...
```

L'instruction REPLACE est quasiment identique à l'instruction INSERT. La seule différence intervient en fait dans le cas où la ligne à ajouter prend une valeur existant précédemment dans la table pour une clé unique (clé primaire). Si c'est le cas, l'ancienne valeur sera effacée avant l'insertion de la nouvelle.

REVOKE

```
REVOKE type_priv [(liste_colonnes)] [, type_priv
✂ [(liste_colonnes)] ...]
   ON {*.* | * | nom_bdd.* | nom_bdd.nom_table | nom_table}
FROM user [, user] ...
```

Supprime les privilèges du ou des utilisateurs spécifiés dans l'argument *utilisateur*.

Cette instruction ne supprime pas l'utilisateur de la table de permission *user*. L'utilisateur peut donc rester connecté au serveur.

SELECT

```
SELECT
       [options_select]
       liste_select
       [INTO OUTFILE 'nom_fichier' options_export]
       [FROM liste_table]
       [WHERE expression_where]
```

```
[GROUP BY liste_colonnes]
[HAVING expression_where]
[ORDER BY {entier_non_signé | nom_colonne | formula} [ASC
✂ | DESC] , ...]
[LIMIT [offset, ] rows]
[PROCEDURE nom_procedure] ]
```

L'instruction SELECT sert à rechercher dans les tables spécifiées des lignes selon certains critères définis dans ses paramètres.

La clause options_select, facultative, peut contenir les options qui suivent :

```
ALL
DISTINCT
DISTINCTROW
```

Elles permettent de vérifier que des lignes renvoyées ne contiennent pas de doublons. ALL renvoie tous les enregistrements. Si les options DISTINCT ou DISTINCTROW sont spécifiées, les lignes dupliquées seront supprimées du résultat.

```
HIGH_PRIORITY
```

HIGH_PRIORITY attribue à l'instruction concernée une priorité plus importante que la normale. Elle sera par conséquent prioritaire sur d'autres.

```
SQL_BIG_RESULT
SQL_SMALL_RESULT
```

Précisent que le résultat sera, dans son ensemble, grand ou petit. Cette option fournit une information d'optimisation censée améliorer l'exécution de la requête.

```
STRAIGHT_JOIN
```

STRAIGHT_JOIN force les tables sur lesquelles elle s'applique à être associées selon leur ordre d'appel dans la clause FROM.

Lorsqu'une seule table est appelée par l'instruction SELECT, il n'y a aucune ambiguïté possible :

```
SELECT nomfilm, realisateur, producteur FROM film
SELECT nomfilm, nomlieu, dateproj FROM programmation
```

Si le nom de la table contenant la colonne en question n'est pas aussi évidemment explicité, il est fortement conseillé de faire précéder le nom de la colonne par celui de la table. S'il en est de même pour la base de données par rapport au contexte d'exécution des requêtes, faite de même, spécifiez le nom de la base comme préfixe de celui de la table :

```
SELECT
film.nomfilm, programmation.dateproj,
film.realisateur, film.duree
FROM programmation, film
WHERE film.realisateur = "WAJDA"
```

Vous pouvez réaliser différentes combinaisons de toutes ces méthodes. Le tout est que l'expression soit clairement comprise et interprétée, sans qu'il subsiste aucune ambiguïté. Mais cela se règle le plus souvent en amont. À vous de bien réfléchir à la logique de vos traitements. Il sera alors plus aisé de passer au code.

Si vous souhaitiez extraire tous les films d'un réalisateur et ses lieux de projection :

```
SELECT
film.nomfilm, programmation.dateproj,
film.realisateur, film.duree, programmation.codelieu
FROM programmation, film
WHERE film.realisateur = "TRELINSKI"
```

SET

```
SET [OPTION] parametres_option, ...
```

Instruction employée pour indiquer une diversité d'options. Les valeurs contenues dans *parametres_option* peuvent être les suivantes :

```
CHARACTER SET {nom_charset | DEFAULT}
INSERT_ID = n
LAST_INSERT_ID = n
PASSWORD [ FOR user] = PASSWORD ["mot de passe"] =
SQL_AUTO_IS_NULL = {0 | 1}
SQL_BIG_SELECTS = {0 | 1}
SQL_BIG_TABLES = {0 | 1}
SQL_LOG_OFF = {0 | 1}
SQL_LOG_UPDATE = {0 | 1}
SQL_LOW_PRIORITY_UPDATE = {0 | 1}
SQL_SELECT_LIMIT = {n | DEFAULT}
SQL_WARNINGS = {0 | 1}
TIMESTAMP = {valeur_timestamp | DEFAULT}
```

SHOW

```
SHOW COLUMNS FROM nom_table [FROM nom_bdd] [LIKE pattern]
SHOW DATABASES [LIKE pattern]
SHOW GRANTS FOR nom_utilisateur
SHOW INDEX FROM nom_table [FROM nom_bdd]
SHOW PROCESSLIST
SHOW STATUS
SHOW TABLE STATUS [FROM nom_bdd [LIKE pattern]
SHOW TABLE [FROM nom_bdd [LIKE pattern]
SHOW VARIABLES [LIKE pattern]
```


Ces différentes formes de l'instruction SHOW nous donnent des informations diverses et variées sur les éléments suivants :

- les colonnes de la table indiquée ;
- les bases de données disponibles sur le serveur ;
- les droits et privilèges de l'utilisateur spécifié ;
- les index ;
- les processus s'exécutant sur le serveur ;
- le statut des variables serveurs et de leurs valeurs ;
- les tables de la base de données ;
- les variables serveur et leurs valeurs.

Si vous désirez afficher les index de la table *film*, l'instruction sera :

```
SHOW INDEXFROM film FROM MadeInEurope
```

SHOW COLUMNS

Liste les colonnes de la table indiquée. Cette instruction est identique à SHOW FIELDS. Sa sortie contient les données suivantes :

Tableau 15-7 : Résultat de la commande SHOW COLUMNS

Champ	Description
Field	nom de colonne de la table
Type	type de la colonne
Null	Le champ peut contenir une valeur NULL.

Tableau 15-7 : Résultat de la commande SHOW COLUMNS	
Champ	**Description**
Key	Le champ est indexé.
Default	valeur par défaut
Extra	information supplémentaire sur une colonne
Privileges	privilèges détenus

SHOW DATABASES

Liste les bases de données disponibles sur le serveur.

```
SHOW DATABASES
```

SHOW GRANTS

Affiche des informations sur l'utilisateur spécifié.

SHOW INDEX

Affiche des informations sur des index de table. Synonyme de l'instruction SHOW KEYS.

La sortie de cette instruction contient les données suivantes :

- Table : nom de la table contenant l'index.
- Nom_unique : Cette valeur est à 1 si l'index peut contenir des données dupliquées et à 0 dans le cas contraire.
- Key_nom : nom de l'index.
- Seq_in_index : nombre de colonnes dans l'index. Elles sont numérotées à partir de 1.
- Column_nom : nom de la colonne.
- Collation : signale que la colonne est triée dans l'ordre de l'index. Les valeurs produites seront croissantes (A), décroissantes (D) ou non triées (NULL).
- Cardinality : nombre de valeurs uniques dans l'index.
- Sub_part : longueur du préfixe.

- Packed : précise comment la clé est assemblée.
- Comment : réservée aux commentaires.

SHOW PROCESSLIST

Affiche des informations sur les tâches s'exécutant sur le serveur.

SHOW STATUS

Affiche le statut des variables serveur et de leurs valeurs

SHOW TABLE STATUS

Affiche des informations décrivant des tables de la base de données.

SHOW TABLES

Affiche une liste de tables d'une base de données.

SHOW VARIABLES

Affiche une liste de variables serveur avec leurs valeurs.

UNLOCK TABLES/UNLOCK TABLE

Libère tous les verrous de table détenus par le client en cours. Les deux termes peuvent être employés indifféremment.

UPDATE

```
UPDATE [LOW PRIORITY] nom_table
    SET nom_colonne=expression [, nom_colonne=expression ] ...
    [WHERE expression_where] [LIMIT n]
```

Modifie le contenu des lignes existantes dans la table *nom_table*. Les lignes à modifier sont celles désignées par l'expression spécifiée dans la clause WHERE. Chacune des colonnes appelées dans la clause SET sera mise à jour avec la valeur de l'expression correspondante.

USE

```
USE nom_bdd
```

Opère la sélection de *nom_bdd* afin de lui donner le statut de base de données en cours. C'est-à-dire la base de données par défaut pour les références de table n'incluant aucun nom explicite de base de données. Échoue si la base n'existe pas ou si vous ne disposez pas des droits suffisants.

```
USE MadeInEurope
```

Fonctions

Vous pouvez utiliser des fonctions MySQL partout dans vos requêtes. Elles peuvent être incluses dans des clauses ORDER BY, HAVING ou WHERE, dans des commandes telles que **SELECT**, **DELETE**, **UPDATE**, **SET**, etc.

Ces fonctions peuvent accepter en argument toutes sortes de valeurs : des valeurs littérales, des noms de colonnes, la valeur NULL, d'autres fonctions imbriquées ou des opérateurs. Nous vous invitons à consulter la documentation en ligne du manuel MySQL 5 afin d'en connaître la liste exhaustive.

Figure 15-7 : *Fonctions de chaînes de caractères ; documentation en ligne*

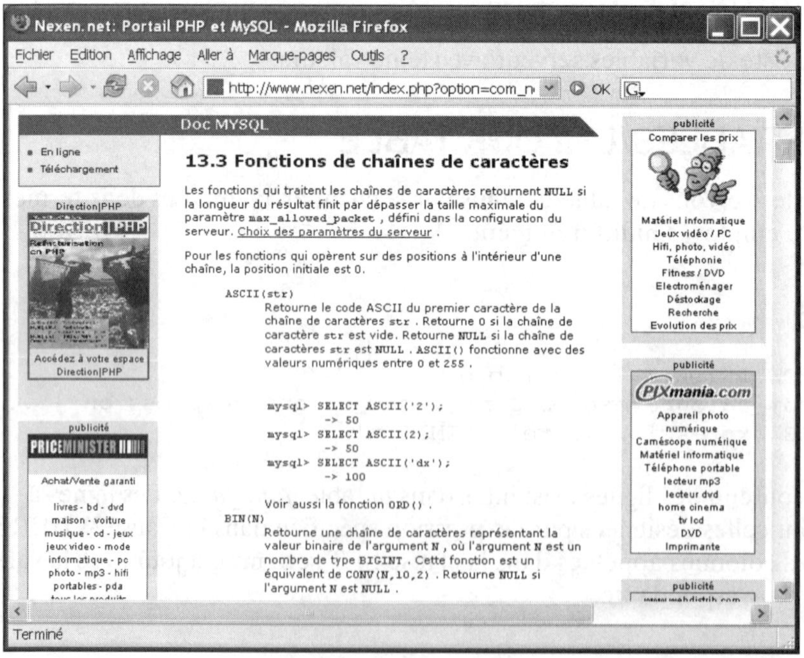

Vous trouverez à la fin de ce livre la liste et la description des fonctions MySQL les plus couramment employées.

Une fonction s'utilise soit sans arguments, soit avec un argument, soit avec plusieurs arguments en entrée. Dans tous les cas, elle renvoie une valeur. Il ne doit pas exister d'espace entre le nom d'une fonction et la parenthèse ouvrante qui la suit. Les fonctions CURDATE(), CURTIME(), DATABASE(), NOW(), USER() ou encore VERSION(), par exemple, ne prennent aucun argument en entrée. Elles retournent des valeurs courantes : la date, l'heure, le nom de la base de données, le nom de l'utilisateur et la version de MySQL employée.

Certaines fonctions ne prennent qu'un argument en entrée. Parmi celles-ci, ABS(), ASCII(), LENGHT(), LOG(), SQRT() ou YEAR(). Ce peut être un nombre, un caractère, une chaîne de caractères, une date ou toute autre valeur, en fonction de ce que peut accepter la fonction concernée. Elles retournent une valeur extraite ou calculée découlant de la valeur de cet argument :

- valeur absolue, code ASCII, logarithme népérien ou racine carrée (pour ABS(), ASCII(), LOG() et SQRT()) ;
- longueur de chaîne pour LENGTH() ;
- année de la date passée en argument pour YEAR().

D'autres fonctions vont prendre 2 arguments. C'est le cas de LEFT(chaine, n), qui renverra les n premiers caractères de la chaîne de caractères passée en argument (chaîne).

Les fonctions telles que REPLACE() ou MID() prennent 3 arguments en entrée, INSERT() 4 et d'autres pourront en avoir (presque) une infinité.

La fonction CONCAT(), comme son nom l'indique, concatène des chaînes afin d'en produire une seule en résultat. Elle interprète les arguments qui lui sont passés comme des chaînes de caractères. Même si vous lui passez une suite de nombres en arguments, elle les convertira directement en chaîne de caractères, les uns à la suite des autres, sans en changer l'ordre. Vous pouvez donc lui passer autant d'arguments que nécessaire, dans la limite de la mémoire du système :

```
CONCAT ("Film ", "Date de sortie ", "Réalisateur ", "Durée")
```

La fonction IF() est particulière. Son premier argument est un test à réaliser et elle effectue ensuite un renvoi conditionnel.

Sa syntaxe est la suivante :

```
IF(test, valeur1, valeur2)
```

Si la condition *test* est vraie, elle retournera le premier argument, *valeur1*. Dans le cas contraire, elle renverra *valeur2*.

Pour afficher le nom des films de nationalité grecque, vous procéderez avec une condition de ce type :

```
IF(nationalite = "Grec", nomfilm, NULL)
```

Index

Vous disposez de plusieurs méthodes pour créer des index avec MySQL. Lors de la définition de la table, déjà, vous pouvez créer des index grâce aux mots-clés :

- *INDEX* ;
- *UNIQUE* ;
- *PRIMARY KEY.*

Reportez-vous à la description de la commande **CREATE TABLE** pour avoir plus de détails sur leur utilisation.

Vous pouvez aussi créer des index avec la commande **CREATE INDEX** décrite précédemment ou procéder par l'intermédiaire de la commande **ALTER**.

Il existe également des commandes permettant de manipuler les index existants telles que :

- **DROP Index** pour supprimer un index ;
- **SHOW Index** pour afficher des informations sur l'index.

Jointures

Les jointures servent à établir des requêtes portant sur des données en provenance de tables distinctes. Il n'existe pas de commande qui leur soient spécifique . Les jointures sont des combinaisons de clauses SELECT, FROM, WHERE, notamment. C'est la clause FROM qui va déterminer la ou les tables sources. La liste des colonnes (clause SELECT) ou celle des critères de sélections (clause WHERE) pourront évidemment contenir des champs appartenant aux tables listées dans la clause FROM.

Si vous voulez extraire les listes des films qui passent dans un lieu particulier suivi du nom du réalisateur et de l'année de sortie du film, par exemple, vous allez exécuter la requête suivante :

```
SELECT nomfilm, nomreal, anneesortie
FROM film, lieu
WHERE nomlieu = "ABC"
```

Cela donnera un résultat de ce type :

Tableau 15-8 : Résultat de la requête SELECT

nomfilm	nomreal	anneesortie
A dog's dream	Angelos Frantzis	2005
Cavafy	Iannis Smaragdis	1996
Plus fort que les bombes	Przemyslaw Wojcieszek	2001

La clause FROM définit l'espace de recherche dans lequel l'instruction SELECT va opérer. Le plus souvent, il s'agit d'une table dans sa globalité. Dans le cas d'une jointure, cet espace sera constitué de toutes les combinaisons possibles entre les enregistrements des différentes tables sources.

Agrégations

L'agrégation de données en MySQL consiste à exprimer des conditions sur des ensembles de lignes puis à appliquer une fonction d'agrégation sur le groupe ainsi constitué. La fonction d'agrégation la plus élémentaire est COUNT(). Elle compte simplement le nombre de lignes d'une table ou d'un groupe d'enregistrements déterminés :

```
SELECT COUNT(*)
FROM film
```

Utilisée de cette manière, la fonction COUNT() renvoie donc le nombre total d'enregistrements de la table (ici, le nombre de films). Mais vous pouvez limiter le dénombrement selon les critères de votre choix en les spécifiant dans la clause WHERE. L'instruction qui suit donne le nombre de films qui ont comme ayant droit la TV polonaise (TV Polska) :

```
SELECT COUNT(*)
FROM film
WHERE nomad = "TV Polska"
```

Les fonctions d'agrégation disponibles sous MySQL sont listées dans le tableau qui suit.

Tableau 15-9 : Fonctions d'agrégation de MySQL

Fonction d'agrégation	Description
AVG()	Calcule la moyenne d'une expression.
COUNT()	Compte le nombre de lignes.
MAX()	Sélectionne le maximum.
MIN()	Sélectionne le minimum.
STD()	Calcule l'écart type de l'expression passée en argument.
SUM()	Calcule la somme d'une expression.

Si voulez extraire la somme des dépendes de la table *comptabilité*, en fonction de son type d'opération (1 = dépense, 2 = recettes), vous allez exécuter :

```
SELECT SUM(montant)
FROM comptabilite
WHERE flagop = 1
```

Clause GROUP BY

Jusqu'ici, vous avez appliqué une fonction d'agrégation à l'ensemble du produit d'une requête (voir à toute une table, sans distinction). Il est possible de la limiter à un groupe à l'aide de la clause GROUP BY. Une fois le résultat de la requête partitionné en groupes, la fonction peut être appliquée sur un groupe isolé. Les groupes sont construits par association d'enregistrements possédant un ou plusieurs champs de valeur identique :

```
SELECT noop, SUM(montant)
FROM comptabilite
GROUP BY noop
```

Cette requête affichera les différents codes d'opérations (dépenses en recettes en l'occurrence) ainsi que la somme globale de leurs montants. Un groupe est constitué par *comptabilite* (GROUP BY noop).

Clause HAVING

Nous venons de voir comment créer des groupes grâce à la clause GROUP BY. Voyons maintenant comment leur faire appliquer des conditions avec la clause HAVING. Cette clause est presque identique à la clause WHERE, si ce n'est qu'elle opère sur tous les enregistrements d'une ou de plusieurs tables mais pas sur un groupe déterminé :

```
SELECT noop, nature, montant
FROM comptabilite
GROUP BY flagop
HAVING montant >= 1000
```

Cela produira un résultat de ce type :

15

noop	Nature	Montant
000020	Colloque	1 200
000190	Hebergement	3 500

Le filtre (HAVING) laisse passer uniquement les opérations dont le montant est supérieur ou égal à 1 000 €.

15.5 Mise à jour des données

Nous allons voir maintenant les instructions de mises à jour disponibles sous MySQL. Ce sont les mêmes que celles de la norme SQL. Ces instructions (insertion, suppression, modification) sont généralement encore plus simples d'emploi que les requêtes classiques.

Insérer des valeurs

L'instruction adéquate est INSERT. Elle peut se présenter sous trois formes principales :

- À la volée : l'ordre "naturel" des colonnes sera suivi. La liste des valeurs à insérer sera spécifiée sans que le nom des attributs (colonnes de la table) soit précisé.

- Paramètres spécifiques : autre forme pour laquelle tout est spécifié de manière explicite, valeurs et attributs.
- Requêtes : cette dernière forme consiste à insérer le résultat d'une requête au lieu d'une valeur ou d'un groupe de valeurs.

Dans le premier cas, MySQL suppose qu'il y a autant de valeurs que de champs et que l'ordre dans lequel elles sont passées correspond à celui des champs dans la table.

```
INSERT INTO film
VALUES(NULL, 'One day in August', 'Konstantinos Giannaris')
```

Le champ *codefilm* n'est pas mis à jour directement : il doit être incrémenté automatiquement par le système (attribut AUTO_INCREMENT).

Avec cette méthode, Il faut être sûr de l'ordre des champs de la table et tous les renseigner, sans exception, même si c'est avec la valeur NULL ou avec 0. La deuxième méthode est plus "fine". Elle permet de n'insérer qu'une partie choisie des attributs. Là, peu importe l'ordre prédéfini :

```
INSERT INTO film(nomfilm, realisateur)
VALUES('One day in August', 'Konstantinos Giannaris')
```

La première méthode est à éviter. Il est préférable de spécifier clairement la liste des attributs. L'ordre des champs dans une table peut être sujet à des modifications. En principe, toutes les colonnes sont définies dès le départ. Mais si, pour une raison ou pour une autre (flag de contrôle à ajouter, besoin de stocker des informations supplémentaires, etc.), un champ est ajouté ultérieurement, vous devrez mettre à jour vos requêtes, ce qui sera long et fastidieux. Si vous spécifiez dès le départ le nom des champs, vous n'aurez qu'à ajouter les valeurs des nouveaux attributs. Vous ne serez pas tenu de vérifier l'ordre d'affectation des valeurs, ce qui peut représenter une source d'erreur importante.

Dans la troisième option, la partie VALUES est remplacée par une requête SELECT et c'est le résultat de la requête qui sera inséré.

Cette méthode est très pratique pour créer des tables temporaires, à la volée, nécessaires à certains traitements. Si vous souhaitez créer une sous-table *film* reprenant ceux dont le nom commence par un "L" et composée uniquement des attributs *nomfilm*, *realisateur* et *producteur*. Cela donnera :

```
CREATE TABLE filmL
  (nomfilm VARCHAR(30) NOT NULL,
  realisateur VARCHAR(40),
  anneesortie DATE,
```

```
  codefilm TININYINT UNSIGNED NOT NULL PRIMARY KEY);
```

Une fois la table créée, il n'y a plus qu'à la renseigner :

```
INSERT INTO filmL
SELECT codefilm, realisateur, anneesortie, nomfilm
FROM film
WHERE LEFT(nomfilm, 1) = 'L'
```

Il ne reste plus qu'à l'afficher pour voir le résultat produit :

```
SELECT * FROM filmL;
```


Tableau 15-10 : Table filmL

codefilm	realisateur	anneesortie	nomfilm
000521	Dimitris Panayotatos	1998	Loneliness everywhere, Loneliness nowhere
000012	Nikos Panayotopoulos	1997	Le Célibataire
000081	Kazimierz Kutz	1971	La perle de la couronne

Supprimer des enregistrements

Pour détruire des lignes d'enregistrements, il faut employer l'instruction suivante :

```
DELETE FROM <table>
WHERE <condition>
```

L'argument table désigne bien sûr la table dans laquelle vous souhaiter supprimer des enregistrements, et condition la condition (ou liste de conditions) à respecter pour appliquer la suppression. Pour supprimer les opérations de nature "transport" de la table *comptabilite*, vous exécuterez l'instruction suivante :

```
DELETE FROM comptabilite
WHERE nature = "transport"
```

La syntaxe de la clause WHERE n'est pas toujours aussi simple. Vous pouvez évidemment la complexifier en fonction des besoins de vos traitements. Vous pouvez spécifier la condition ou la liste de conditions de votre choix, utiliser des fonctions, des constantes ou tout autre élément autorisé par le langage.

Modifier les enregistrements

Modification et suppression se font quasiment de la même manière. Cette fois, l'instruction à employer est UPDATE, mais sa syntaxe est très proche de celle de DELETE :

```
UPDATE film SET genre = 'Animation'
WHERE realisateur = 'Baginski'
```

Cette instruction va mettre à jour le champ *genre* de la table *film* (avec la valeur Animation) pour toutes les œuvres du réalisateur Baginski.

Vous pouvez spécifier dans la clause WHERE la condition et le groupe de conditions de votre choix. Notez au passage l'utilisation de la commande SET. C'est elle qui détermine la liste des mises à jour à effectuer.

Vous disposez de plusieurs autres commandes de mise à jour des données, comme ALTER ou INSERT.

ALTER TABLE

Si vous avez oublié un champ lors de la création de l'une de vos tables, vous pouvez y remédier à l'aide de la commande ALTER TABLE. Si vous avez omis le champ *ville* (la colonne en dialecte SQL) dans la table *programmation*, vous pouvez le rajouter de cette manière :

```
ALTER TABLE programmation ADD ville VARCHAR(40);
```

La commande ALTER ne sert pas seulement à ajouter des champs. Elle permet également de renommer des tables ou d'en modifier la structure, d'ajouter un index ou une clé primaire. Vous trouverez sa syntaxe détaillée dans la section *Commandes* de ce chapitre.

Voici comment modifier le type d'un champ avec *ALTER* :

```
ALTER TABLE comptabilite MODIFY montant FLOAT(8,2) NOT NULL
✂ DEFAULT 0
```

Le champ *montant* se verra affecté de la valeur 0 par défaut à chaque création d'un nouvel enregistrement.

INSERT

Une fois la structure de la table créée, il faut la remplir. Pour cela, employez la commande INSERT, sous la forme suivante :

```
INSERT INTO benevole(nomben, prenomben) VALUES ("BILAL", "Enki"),
✂ ("KANGOUROU", "Marcel")
```

Vous pouvez insérer plusieurs enregistrements à la fois (deux dans notre exemple).

Ce n'est pas la seule forme possible de l'instruction INSERT. Elle peut, par exemple, être combinée avec une instruction SELECT. Vous pourrez ainsi rechercher des enregistrements en provenance d'une table, répondant à certains critères, et les insérer dans une autre table.

REMARQUE

Les accents

Vous pouvez employer des accents dans des noms de tables ou d'attributs de fichiers. Il faut néanmoins pour cela que MySQL ait été installé en spécifiant comme jeu de caractères le type Latin. Attention cependant, ces noms étant destinés à être utilisés pour effectuer des requêtes sur la base de données, cela risque de poser problème si l'utilisateur possède un clavier ne disposant pas de caractères accentués. Mieux vaut rester dans la norme et tenir compte du cas général, c'est-à-dire ici éviter d'employer des accents pour les noms des champs.

REPLACE

Pour la syntaxe de cette commande, reportez-vous à la section *Commandes et fonctions* de ce chapitre. Sa différence essentielle avec l'instruction INSERT tient au fait que si l'enregistrement à ajouter prend la valeur d'une clé unique existante dans la table, l'ancienne valeur sera effacée avant l'insertion de la nouvelle.

```
REPLACE INTO programmation(noid, titrefilm, dateproj) VALUES
✂ (000002, "La Dette", "20060903"), (000002, "Cendres et
✂ diamants", "20060903")
```

15.6 Trucs et Astuces

Normalisation des données

La normalisation va consister à améliorer la mise au point des tables, clés, colonnes et relations afin de créer la structure de base de données la plus cohérente et la plus efficace possible. Elle est obtenue par une série de tests appliqués aux tables de la base de données. Couramment, on utilise trois niveaux de normalisation (troisième forme normale). D'autres peuvent être définis.

Le processus de normalisation, s'il permet d'assurer une cohérence maximale des données, nuit cependant parfois aux performances du système. Il peut alors s'avérer nécessaire de "dénormaliser" volontairement la base de données en question. Les éventuelles incohérences qui pourraient en découler devront être traitées avec des contraintes, des règles ou des déclencheurs.

Exemple de normalisation

Dans la table *Programmation*, nous avons un champ "Titre du film" (*titrefilm*) alors que celui-ci peut être retrouvé dans la table *Film* (champ *titre*). Le champ *idfilm* (table *Programmation*) devrait en principe suffire pour retrouver le titre dans la table *Film*. Une normalisation "totale" conduirait par conséquent à supprimer ce champ dans la table *Programmation*.

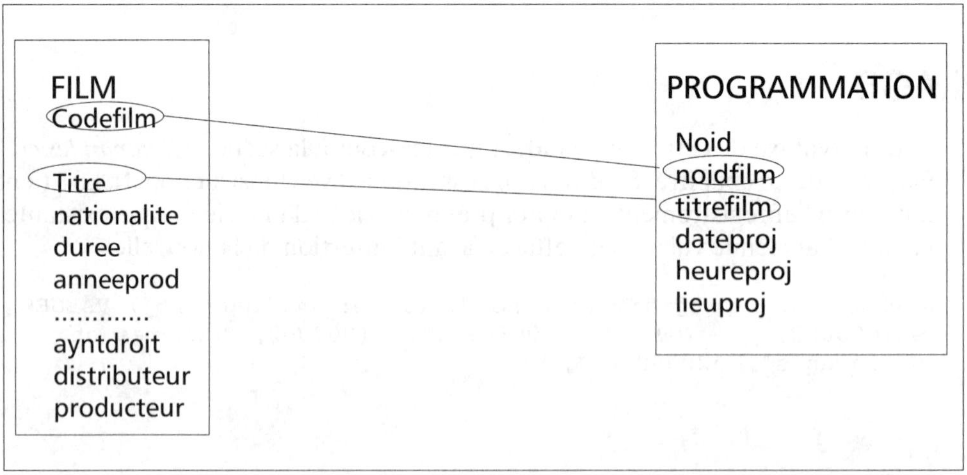

Figure 15-8 : *Faut il supprimer le champ titrefilm de la table programmation ?*

Avant de prendre ou non ce genre de décision, il faut réfléchir aux traitements qui seront effectués. Il faut voir par exemple s'il est nécessaire de créer un index sur le titre du film dans la table *Programmation*. Si c'est le cas – en fonction donc des traitements à réaliser –, la question est réglée. Il ne faut pas supprimer un champ si l'on souhaite effectuer un tri dessus.

Autrement, d'autres éléments pourront être pris en considération. Les traitements mis en œuvre peuvent, par exemple, être tels qu'à presque chaque accès à la table *Programmation*, le titre du film sera utilisé. C'est un cas de figure plus que probable. Stocker le titre uniquement dans la table *film* va entraîner une lecture quasi-systématique de cette table à chaque ouverture de la table *programmation*. L'économie en terme de stockage de données s'accompagnera alors d'un excès de traitements et d'ouverture de fichiers. Il faut justement "dénormaliser", c'est-à-dire revenir à un modèle peut-être moins optimal d'un point de vue structure, mais plus économe en termes de ressources systèmes.

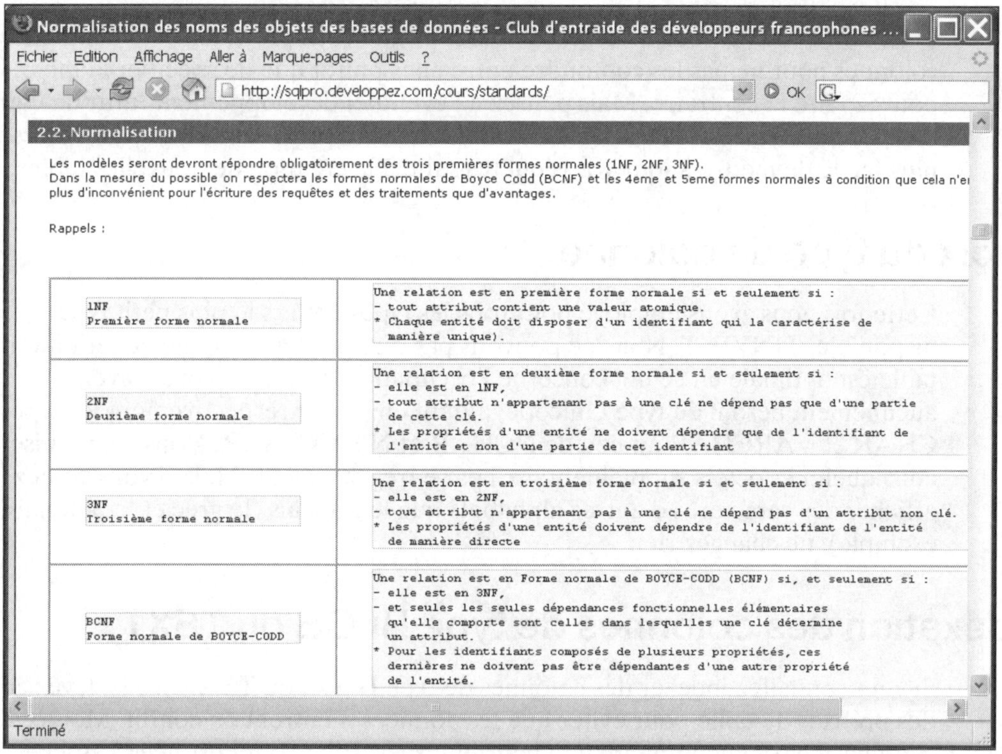

Figure 15-9 : *Normalisation des données*

Mais les données *Titre du film*, pour tous les traitements n'impliquant pas la table *programmation*, devront néanmoins être extraites de la table *film* pour conserver une cohérence maximale et éviter tout problème d'intégrité des données. Il est même envisageable d'intégrer à un module de vérification des informations (traitement automatisé, "moulinette" en jargon de programmeur, qui passe les tables au crible et vérifie la cohérence des informations) le contrôle des titres dans la table *programmation*, en s'appuyant sur la table *film*, et leur correction automatique lorsqu'une différence est constatée.

Noms de champs

Il est préférable de donner les mêmes noms de champs à des valeurs similaires dans des tables distinctes. Par exemple, au lieu d'employer les colonnes *idfilm* et *codefilm* pour désigner le code du film dans les tables *film* et *programmation*, choisissez le même nom pour les deux : *codefilm*. Cela implique de spécifier toujours le nom de la table en préfixe du nom de colonne. Mais, en contrepartie, vous ne serez pas constamment en train d'essayer de vous rappeler les 1 000 noms différents que vous avez utilisés pour désigner des champs identiques dans vos différentes tables.

D'un autre côté, si vous avez peu de bases et que vous préfériez bien distinguer les colonnes pour ne pas les confondre entre elles plutôt que de spécifier la table, vous pouvez faire le contraire. Mais pensez à l'éventuel développement futur de votre base de données. Si vos traitements ont recours au préfixe de la table, il vous sera plus facile de mettre à jour vos requêtes suite à la création de nouvelles tables.

Choix du type de colonne

Cette fois nous avons employé pour tous les types entiers le plus petit type disponible, TINYINT. Nous ne pouvons pas dire pour autant que la définition de la table est optimale en ce qui concerne l'occupation disque. Si vous n'avez aucunement besoin de type Unicode, autant employer respectivement les types CHAR et VARCHAR au lieu de NCHAR et NVARCHAR. Vous économiserez ainsi quelques octets supplémentaires par enregistrement. Mais si vous voulez afficher des caractères d'autres alphabets que le français (le grec et le polonais, par exemple), ne changez rien.

Indexation des colonnes de type BLOB ou TEXT

Si vous souhaitez indexer des colonnes de type BLOB ou TEXT, vous devez adopter des préfixes de taille pour éviter que les données n'entrent en conflit. Mais ces colonnes ne sont généralement jamais indexées. Elles sont destinées à stocker des données binaires telles que des images. Mieux vaut donc choisir une autre colonne, ou en créer une au besoin afin d'indexer la table dessus.

Taille des données de type BLOB et TEXT

Ces types de colonnes requièrent une attention particulière. La taille des informations contenues dans ces colonnes peut varier de manière considérable. Il en découle un taux de fragmentation important des tables concernées lorsque des mises à jour ou des suppressions sont fréquemment et régulièrement réalisées. Si la taille de vos données est très importante, vous pouvez être amené à augmenter la valeur du paramètre *max_allowed_packet* du serveur pour ne pas vous "retrouver" avec un dépassement mémoire. En clair, ces types sont à utiliser avec parcimonie.

15.7 En bref

Nous avons étudié dans ce chapitre les principes de base du SGBDR MySQL : comment créer une base de données et des tables, quels types de données employer, les opérateurs du langage, les principales commandes et fonctions ainsi que tout ce qui touche à la référence du langage de manière générale.

En résumé :

- MySQL est un SGBDR puissant et offrant toutes les possibilités du langage SQL, et plus encore.
- Il existe de nombreuses commandes et attributs permettant de créer des structures de données performantes pour vos applications.
- Il est important de bien choisir le type de vos colonnes. Il doit être en parfaite adéquation avec le genre de valeurs qu'il va recevoir.
- Les types d'objet binaires BLOB et TEXT sont très pratiques pour stocker des données de grande taille (fichiers images) mais doivent être utilisés avec prudence et parcimonie.
- Les contraintes d'intégrité peuvent être de plusieurs types : Domaine, Entité, Référentielle ou définie par l'utilisateur. Bien employées, elles garantissent l'intégrité des données de votre application.
- Jointures et agrégations introduisent à la notion d'ensembles. Libre à vous d'effectuer les traitements de votre choix en ayant recours aux clauses SELECT... FROM... WHERE... GROUP BY et HAVING.
- Vous disposez de nombreuses commandes et fonctionnalités pour mettre à jour les données, les supprimer, modifier les enregistrements, voire même la structure des tables.

Ces principes de base une fois acquis, vous serez à même de créer toutes les bases de données et toutes les tables qui vous seront utiles et d'effectuer diverses opérations dessus avec les outils fournis par le langage.

CHAPITRE

16

Administration MySQL

CHAPITRE

16 Administration MySQL

Pour que les utilisateurs de votre base de données puissent y accéder aisément, plusieurs critères essentiels doivent être mis en place ou vérifiés. Tout d'abord, le serveur doit fonctionner correctement. S'il se bloque sans arrêt, il sera difficile de travailler, même avec les meilleures bases de données du monde. Ensuite, vous devez créer des comptes utilisateurs avec les droits adéquats pour que ceux-ci puissent accéder au serveur et aux données des tables. Vous devez de plus assurer la gestion des fichiers de connexion log (*login*). Enfin, du moins pour le principal, des sauvegardes régulières de la ou les bases de données doivent être planifiées et effectuées régulièrement.

Les principaux outils de l'administrateur sont :

- mysqladmin qui permet de réaliser des opérations administratives diverses et variées ;
- safe_mysqld et mysql.server sont des scripts prédéfinis ayant pour rôle de démarrer mysqld (le serveur démon de MySQL) ;
- mysqldump, pour les opérations de sauvegarde de la base de données ;
- myisamchk et isamchk, qui servent à vérifier l'intégrité de la base de données et à la réparer si nécessaire.

Ce ne sont pas les seuls. MySQL dispose encore de bien d'autres fonctionnalités d'administration.

Mais commençons par voir comment administrer une base de données.

16.1 Administrer une base de données

La première chose que doit garantir un SGBDR est la sécurité des informations. Pour que cette sécurité soit assurée, il doit être à même de parer aux défaillances matérielles ou logicielles du système et de protéger l'accès aux bases de données grâce à un système de droits d'accès. Afin de sécuriser cet accès, la norme SQL ANSI a défini des principes de gestion des droits d'accès et des commandes d'attribution et de suppression de ces droits. MySQL est, d'un point de vue général, conforme à la norme ANSI. Il implémente bien entendu quelques spécificités de son cru, comme tout « dialecte » SQL qui se respecte. Les principales commandes de gestion des droits d'accès, totalement incontournables et que vous retrouverez assez fréquemment sont `GRANT` et `REVOKE`.

Les outils de MySQL s'utilisent, pour la plupart, en ligne de commande, comme c'est le cas pour nombre de produits *open source* initialement développés pour les systèmes Linux/Unix. Il existe cependant quelques utilitaires pourvus d'une interface graphique. Cela permet de simplifier certaines tâches (encore que…) ou du moins de les aborder de façon plus agréable et esthétique que le triste écran noir de la console système Windows. C'est à voir selon les goûts de chacun. Les férus de programmation sont rarement gênés par la ligne de commande. Sans avoir à courir chez d'autres éditeurs, MySQL AB met à votre disposition MySQL Administrator ainsi que MySQL QueryBrowser.

Figure 16-1 : *MySQL Administrator*

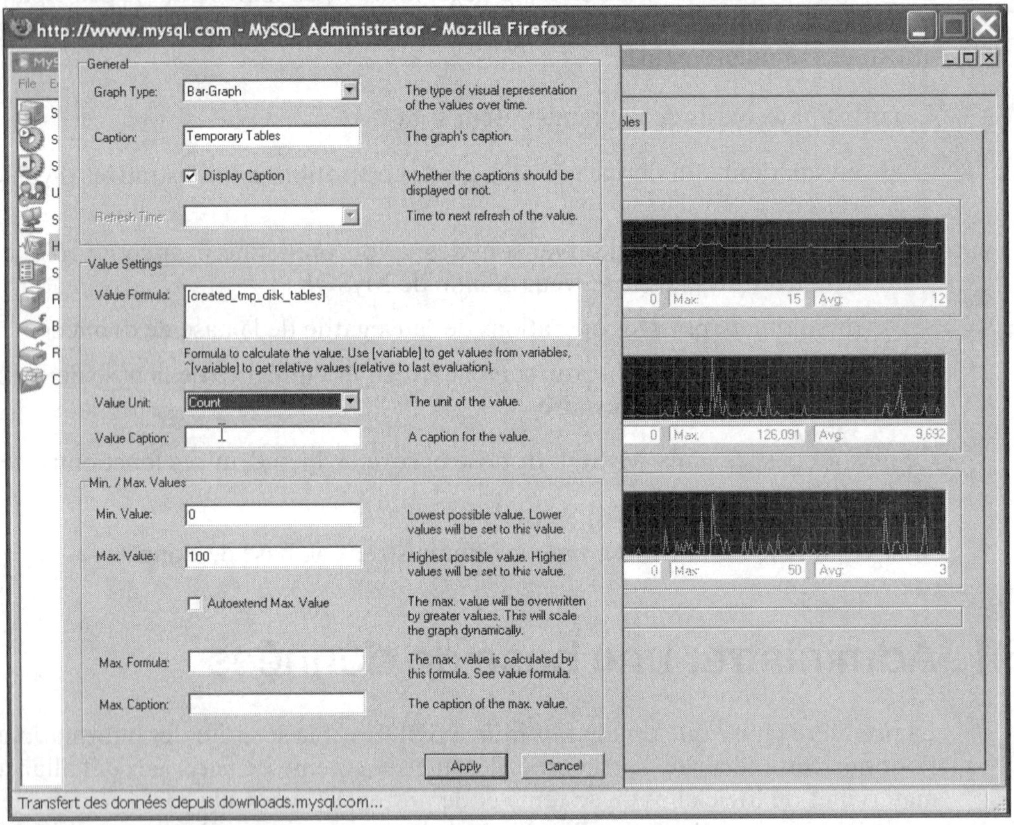

MySQL Administrator

MySQL Administrator est un outil très complet. Il intègre notamment les fonctions classiques de gestion et d'administration du serveur, de sauvegarde et de restauration des données, un client MySQL en ligne de commande, l'outil de requêtes MySQL QueryBrowser ainsi qu'un moniteur de surveillance du système.

MySQL QueryBrowser

MySQL QueryBrowser permet d'exécuter des requêtes SQL de façon un peu plus conviviale qu'en ligne de commande. Il peut être lancé soit directement depuis MySQL Administrator (via son menu **Tools**), soit, sous Windows, via la commande **démarrer/Tous les programmes/MySQL/MySQL Query Browser**.

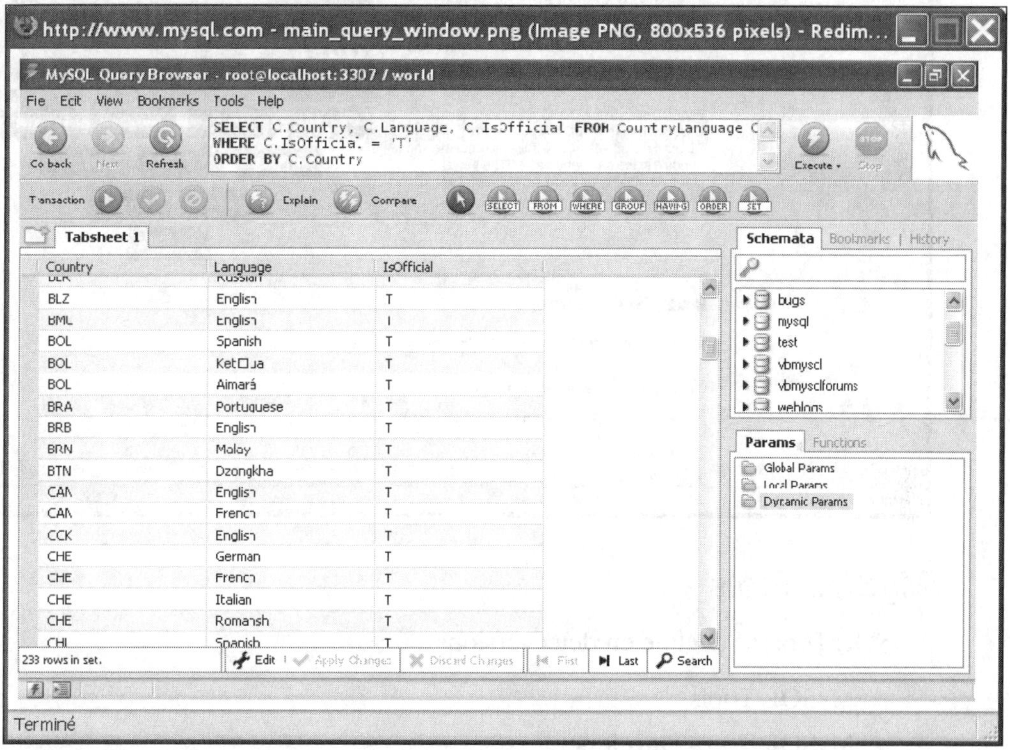

Figure 16-2 : *MySQL QueryBrowser*

Les outils complémentaires

Des éditeurs tiers proposent également des outils pour MySQL. Vous avez, entre autres, WinSQL, MySQL Tools, Toad et bien d'autres encore. Vous pouvez télécharger WinSQL depuis le site de son éditeur à l'adresse **www.synametrics.com**.

WinSQL

WinSQL peut être employé avec différentes implémentations de SQL (MS SQL, Oracle, DB2 PostgreSQL, Sybase, Informix…).

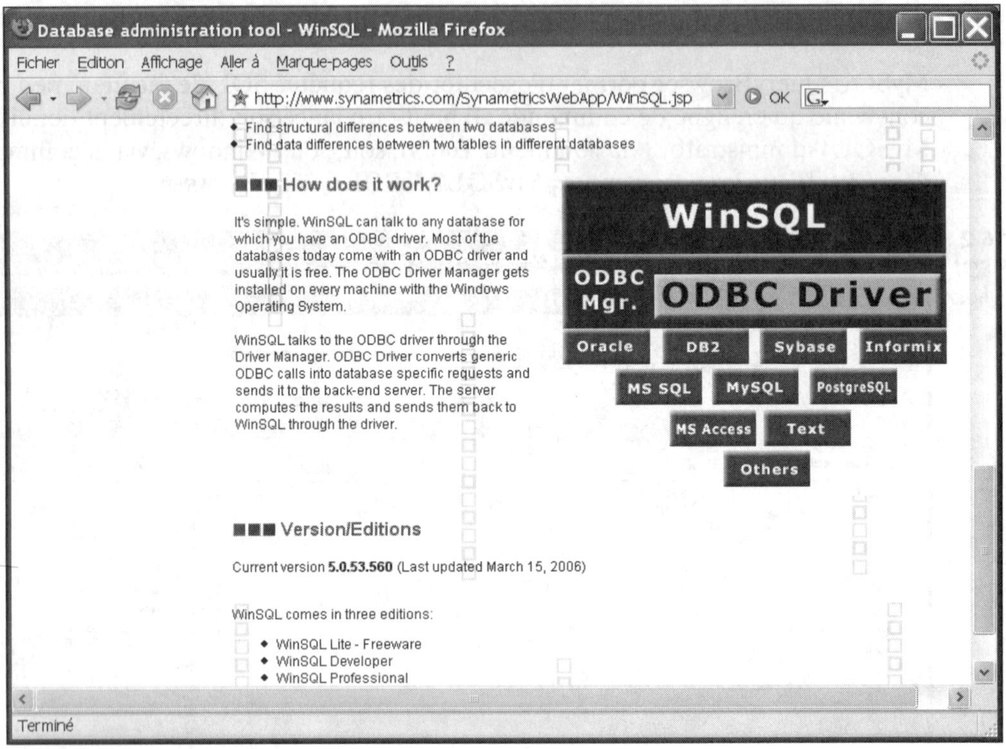

Figure 16-3 : *L'interface WinSQL*

MySQL Tools

MySQL Tools se décline en deux versions :

- MySQL Tools ;
- MySQL Tools Developer.

Les deux versions comportent les outils suivants :

- MySQL Explorer, une interface graphique de conception de bases de données, de gestion des droits utilisateurs et de maintenance du serveur ;
- MySQL Query, un outil de requêtes multithread incluant un explorateur d'objets ainsi qu'un éditeur SQL ;
- MySQL Watcher, un outil graphique de monitoring en temps réel de l'occupation du serveur pour les administrateurs système. Il fournit des informations sur l'activité, les performances et la charge du serveur ;

- MySQL Server Service Manager, un outil d'administration permettant de démarrer, d'arrêter et de gérer les serveurs MySQL fonctionnant sous le système Microsoft Windows (2000, NT ou XP) ;
- MySQL Server Books Online, tout simplement le manuel de référence MySQL, mais sous le format de fichier d'aide Microsoft *HtmlHelp.chm*.

MySQL Tools Developer possède en plus l'outil MySQL Client Tracer. Cet outil permet aux développeurs et aux administrateurs système de gérer les événements de leurs applications utilisant *libmySQL.dll* pour accéder au serveur MySQL.

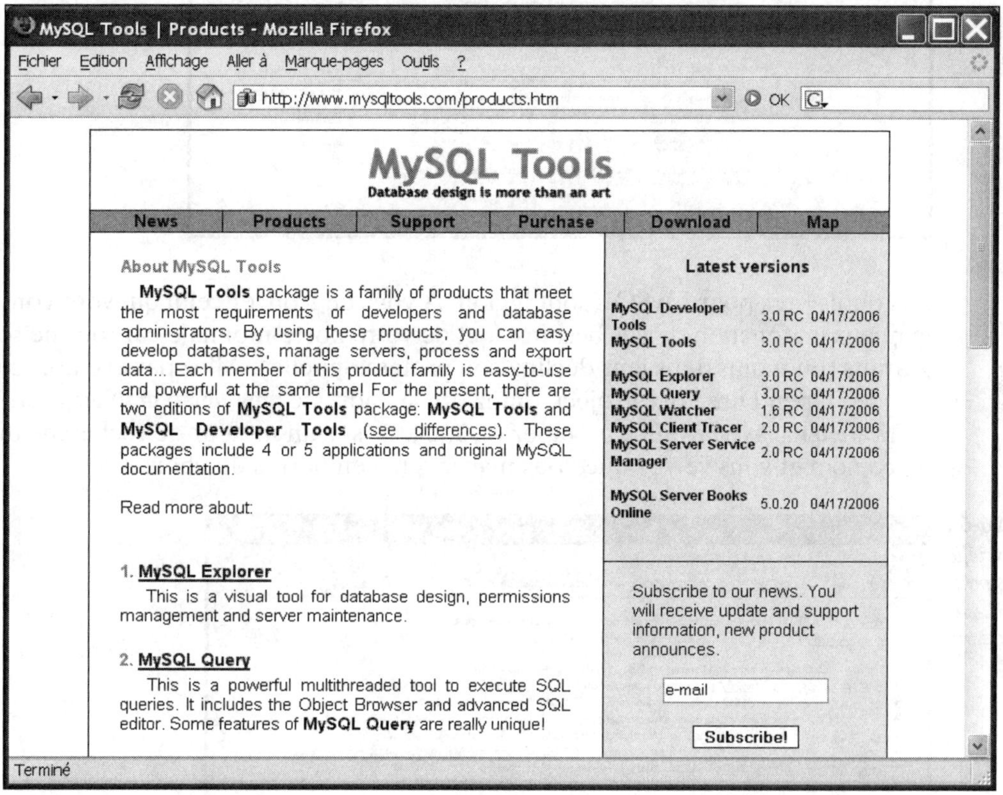

Figure 16-4 : *MySQL Tools*

Toad

Toad est un outil de développement assez complet et simple d'utilisation. Contrairement à WinSQL, il existe une version de Toad spécifique pour chaque implémentation. Vous devez par conséquent télécharger Toad for MySQL. Vous le trouverez à l'adresse **www.quest.com/toad_for_mysql/index.asp**.

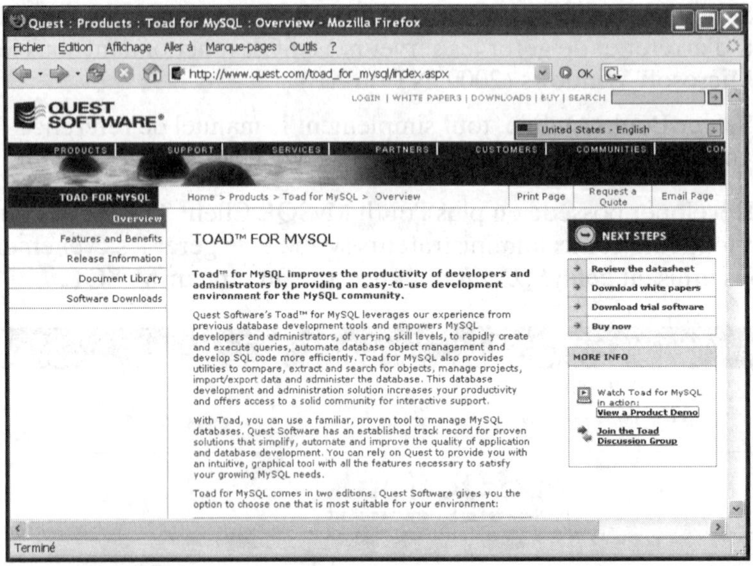

Figure 16-5 : *Toad for MySQL*

Les outils tiers pour MySQL sont légion. À vous de trouver celui qui vous convient le mieux en fonction de vos besoins… et de votre porte-monnaie car tous ne sont pas gratuits (du moins dans leur déclinaison professionnelle). Allez par exemple sur le site de l'Open Directory Project, dmoz.org, à l'adresse **http://dmoz.org/Computers/Software/Databases/MySQL/**, ou tapez MySQL tools sur un moteur de recherche digne de ce nom et vous verrez que vous n'avez que l'embarras du choix.

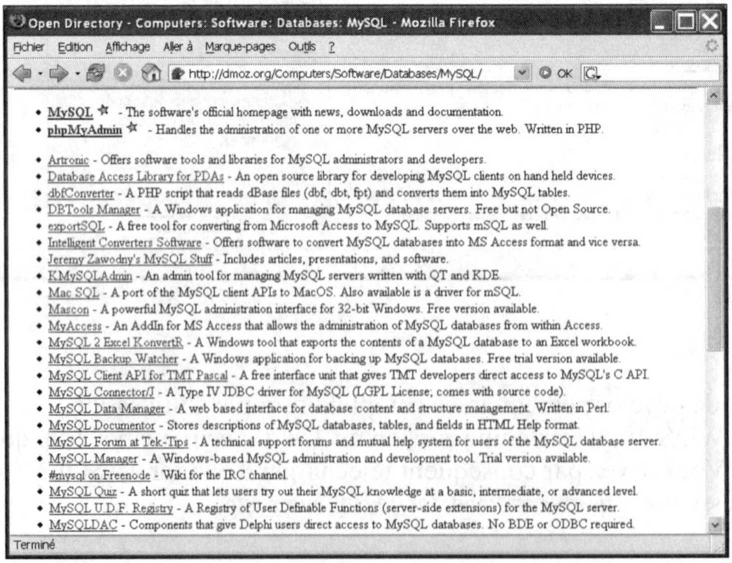

Figure 16-6 : *Une kyrielle d'outils tiers pour MySQL sur dmoz.org*

La base mysql

Lors de l'installation d'un serveur MySQL, une toute première base de données est créée par le système. Cette table, nommée d'office mysql (attention, comme vous le voyez la différenciation entre majuscules et minuscules est toujours importante !), est censée contenir les tables destinées à gérer les utilisateurs MySQL ainsi que leurs droits d'accès aux autres bases du serveur. Cela va des droits globaux, c'est-à-dire permettant l'accès à toutes les bases du serveur (c'est la table *user*) et à leur modification jusqu'à des droits très « locaux », c'est-à-dire relatifs à un champ (ou une colonne) d'une table spécifique (*column_priv*). Entre les deux, vous avez bien entendu quelques nuances et détails. Le tableau qui suit présente ces différentes tables de gestion des droits :

Tableau 16-1 : Les tables prédéfinies de la base mysql

Table	Description
user	C'est la table où sont stockées les différentes informations propres aux utilisateurs : mot de passe, droits d'accès globaux, etc.
db	La table *db* contient les droits d'accès possédés par un utilisateur sur une base de données particulière.
host	Vous trouverez dans cette table les droits relatifs à une connexion depuis un ordinateur particulier.
tables_priv	Dans cette table sont stockés les droits d'accès sur les tables d'une base de données d'un utilisateur en particulier (privé).
column_priv	Vous trouverez dans *column_priv* les droits d'accès possédés par un utilisateur (toujours « privé », donc) sur les colonnes d'une table.

Lorsque vous installez MySQL, deux utilisateurs sont systématiquement créés : root et anonyme. Le premier, l'utilisateur root (à ne surtout pas confondre avec l'utilisateur *root* d'Unix/Linux) détient absolument tous les droits sur toutes les bases de données. Il est très fortement conseillé de ne pas laisser le mot de passe root à portée de tout un chacun. L'utilisateur anonyme est l'antithèse exacte de root. Il ne possède aucun droit sur aucune base. Il ne peut faire qu'une seule chose : se connecter à MySQL. Évitez de modifier les droits de ces deux utilisateurs types. Le premier sert à se connecter en « super-administrateur » en cas de problème ou de maintenance de la base. Le second permet à un utilisateur lambda de se connecter sans risque de détérioration de la base de données.

16.2 PhpMyAdmin

Pour utiliser phpMyAdmin, vous devez avoir installé au moins la version 4.1.0 de PHP avec la gestion de session ou PHP 4.3.0 (ou ultérieur) si vous souhaitez employer la transformation MIME. Côté MySQL, vous devez posséder au minimum la version 3.23.32. PhpMyAdmin peut tout aussi bien gérer un serveur MySQL dans sa globalité qu'une seule base de données. L'administration d'une ou de plusieurs bases de données requiert les droits nécessaires (en lecture et en écriture). Mais ce point est à voir sous MySQL (avec notamment la commande `GRANT`).

PhpMyAdmin est véritablement un outil puissant rempli de fonctionnalités riches et variées. Il vous permet de réaliser les actions suivantes :

- parcourir les bases de données, leurs tables, les vues, les champs, les index et autres éléments constitutifs ;
- créer et modifier les bases de données, les copier, les supprimer ou les renommer ;
- gérer les tables, en supprimant, en modifiant ou en ajoutant des champs ou des index ;
- exporter des données sous différents formats (CSV, XML, PDF, Word, Excel, LaTeX…).
- assurer la maintenance d'un ou de plusieurs serveurs en définissant une configuration spécifique et adaptée à vos besoins ;
- créer ou lire des fichiers d'exportation de tables (*dumps*) ;
- assurer la gestion des utilisateurs MySQL, définir leurs privilèges, les modifier… ;
- vérifier d'un clic l'intégrité référentielle des tables MyISAM ;
- créer des requêtes complexes qui se connectent automatiquement aux tables concernées à l'aide de QBE (*Query By Example*) ;
- générer des graphiques descriptifs du schéma de votre base de données au format Acrobat (*.pdf*) ;
- effectuer des recherches partielles ou non dans les bases de données ;
- convertir des données stockées au format de votre choix à l'aide de fonctions prédéfinies ;
- gérer les tables InnoDB ainsi que les clés étrangères (*Foreign Keys*) ;
- gérer mysqli.

Pour tout savoir sur cet outil formidable et surtout pour le récupérer et consulter sa documentation (disponible en français), allez sur le site du projet phpMyAdmin à l'adresse **www.phpmyadmin.net/home_page/index.php**.

Cet outil (gratuit) permet aussi de communiquer dans, tout de même, une cinquantaine de langues différentes.

Figure 16-7 : *Le site du projet phpMyAdmin*

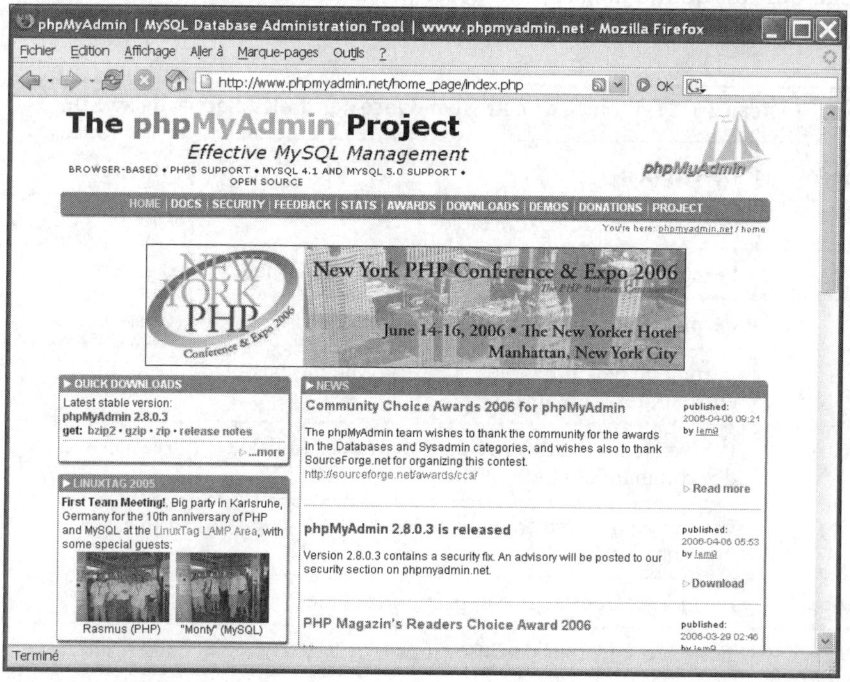

16.3 Gestion des utilisateurs

Définir les droits d'accès des utilisateurs

Il est possible de définir des droits d'accès pour un utilisateur aux différents niveaux :

- serveur ;
- base de données ;
- table ;
- champ.

L'attribution d'un droit d'accès à un utilisateur sera enregistrée sous la forme d'un attribut spécifique dans une des tables de gestion des droits décrites plus haut : *user*, *db*, *tables_priv* ou *column_priv*. Si l'utilisateur détient le droit en question, l'attribut correspondant contiendra la valeur Y (*Yes*). Dans le cas contraire, sa valeur sera N (*No*).

Le tableau qui suit donne la liste et la description des droits d'accès ainsi que l'attribut correspondant :

Tableau 16-2 : Tableau de correspondance des droits d'accès de MySQL

Commande	Description	Attribut
alter	Permet de modifier une table	Alter_priv
create	Permet de créer des tables et des bases de données	Create_priv
delete	Permet de supprimer (avec la clause DELETE)	Delete_priv
drop	Permet de détruire tables et bases (à ne pas laisser entre toutes les mains)	Drop_priv
file	Permet de lire ou d'écrire dans des tables (à l'aide des commandes LOAD DATA et INTO OUTFILE)	File_priv
grant	Permet de transmettre à d'autres les droits que l'on possède	Grant_priv
index	Permet de créer ou de supprimer des index	Index_priv
insert	Permet d'effectuer des insertions avec INSERT	Insert_priv
process	Permet de contrôler les processus utilisateurs	Processus_priv
references	Permet de modifier et de gérer les *foreign keys*	References_priv
reload	Permet de réaliser certaines tâches d'administration, telle que l'écriture sur disque des tables de la base mysql	Reload_priv
select	Permet d'effectuer des recherches avec SELECT	Select_priv
shutdown	Permet d'arrêter le serveur mysqld	Shutdown_priv
update	Permet de réaliser des mises à jour avec UPDATE	Update_priv

Tous ces droits sont importants. Mais si l'on voulait établir une classification, ceux qui viendraient en tête sont certainement file, grant, process, reload et shutdown. Ces cinq types de droits servent à l'administration de la base de données. Ils sont, en principe, réservés uniquement à l'administrateur du serveur. Vous les trouverez dans la table *user*. Les droits de création et de suppression de tables (create et drop) ont un rôle un peu particulier. Ils s'appliquent aux tables et à la base de données qui les contient. Vous ne pouvez donc autoriser la suppression des tables sans, dans le même moment, donner le droit de détruire la base de données correspondante.

Processus de contrôle d'accès

Sous MySQL, les contrôles d'accès sont réalisés en deux phases :

- identification ;
- vérification ou gestion des droits d'accès des utilisateurs.

Première étape : identification

La première étape du contrôle d'accès intervient lorsqu'un utilisateur tente de se connecter. Les informations suivantes vont alors lui être demandées :

- son nom d'utilisateur ;
- le nom ou l'adresse Internet de l'ordinateur servant à la connexion ;
- son mot de passe.

Une fois ces informations fournies par l'utilisateur, MySQL va alors rechercher dans la table *user* la ligne qui correspond au nom (d'utilisateur) et à l'ordinateur hôte. Si la ligne n'existe pas, la connexion est refusée et un message dans ce sens est renvoyé (*access denied*…). Si MySQL la trouve, il compare le mot de passe fourni avec celui stocké dans cette ligne. Si la comparaison est satisfaisante, l'utilisateur est identifié et la connexion est acceptée. Dans le cas contraire, la connexion sera refusée avec un message signifiant que le mot de passe est invalide.

Deuxième étape : vérification

La deuxième étape est la phase de vérification ou de gestion des droits d'accès des utilisateurs. Une fois que l'utilisateur a été identifié par le système, MySQL vérifie qu'il possède les droits suffisants pour chaque action qu'il veut exécuter. MySQL permet une gestion assez fine des droits des utilisateurs.

Format de connexion

Les deux composantes d'identification, comme vous venez de le voir, sont le nom de l'utilisateur MySQL et celui de l'ordinateur hôte. Des caractères génériques peuvent être employés, notamment les caractères % et ''. Le signe % désignera par exemple n'importe quelle machine hôte. La chaîne vide '' désigne n'importe quel utilisateur (donc tous). Voici quelques exemples de chaînes d'identification. Vous avez, dans la première partie, le nom d'utilisateur (avant l'arobase) suivi du nom d'hôte (avant le point), puis le domaine.

- moebius@arcturus.galatea.fr : utilisateur de nom moebius qui accède à MySQL via la machine hôte arcturus.galatea.fr.
- moebius@%.galatea.fr : utilisateur de nom moebius qui accède à MySQL via n'importe quelle machine hôte appartenant au domaine galatea.fr.
- ''@garagehermetique.galatea.fr : tout utilisateur (la chaîne vide '' désigne n'importe quel utilisateur) de la machine hôte garagehermetique.galatea.fr.

Les données concernant les utilisateurs sont stockées dans la table *user*. Cela inclut bien entendu les attributs de connexion, mais pas seulement. La table *user* contient également les attributs Host, User et Password. Reprenez les exemples précédents. Le tableau suivant vous indique les valeurs des attributs Host et User :

Tableau 16-3 : Exemple de valeurs des attributs Host et User de la table

Attribut Host	Attribut User
arcturus.galatea.fr	moebius
%.galatea.fr	moebius
garagehermetique.galatea.fr	
localhost	

Les valeurs des attributs peuvent être quelque peu différentes. Si, par exemple, on considérait que l'ordinateur hôte du serveur mysqld était arcturus.galatea.fr, on aurait alors localhost dans la première cellule. Vous remarquerez également dans la dernière ligne du tableau qu'il y a eu création d'un quatrième utilisateur alors que seulement trois sont créés. C'est parce qu'un utilisateur anonyme, possédant un droit de connexion depuis l'ordinateur local, est créé automatiquement.

Comment MySQL interprète une demande d'identification

Lorsqu'un utilisateur tente de se connecter (ici le sieur moebius), MySQL doit déterminer avec précision quelles sont les informations correspondantes dans la table *user*. Comme vous l'avez vu, ces informations renseignent le système sur ses données d'identification ainsi que sur l'étendue de ses droits. MySQL doit donc déterminer de quel enregistrement il s'agit, ce qui permettra de savoir à quel domaine est associé l'utilisateur en question.

MySQL va procéder de la sorte :

1. Il va d'abord prendre en considération les noms d'hôtes qui sont renseignés de la manière la plus explicite. Dans cet exemple, arcturus.galatea.fr sera traité avant %.explorateur.fr.galatea.fr.
2. Si, pour deux paramètres distincts, les noms d'hôte sont renseignés et identiques, MySQL lira alors en premier les noms d'utilisateur renseignés de la manière la plus explicite. Ici, moebius@arcturus.galatea.fr , concernant l'utilisateur moebius, sera pris en considération avant "@garagehermetique.galatea.fr qui comporte un caractère générique et concerne tous les utilisateurs de ce domaine particulier.

16

Créer un utilisateur sous MySQL

Si vous souhaitez créer un utilisateur sous MySQL, vous devez impérativement vous connecter sous le compte root. Sinon, ce ne sera pas possible. Si c'est bien le cas, vous pourrez créer de nouveaux utilisateurs et leur attribuer les droits que vous voulez, et même créer des comptes administrateurs disposant des droits nécessaires pour créer eux aussi d'autres comptes. De manière générale, vous avez deux possibilités pour créer un nouveau compte :

- La première consiste à faire directement un ajout d'enregistrement dans la table des droits de MySQL (la table *user*) via la commande INSERT.
- La deuxième utilise la commande GRANT.

L'avantage qui découle de l'emploi de la commande GRANT plutôt que d'un INSERT est que la création est immédiate. Par contre, si vous avez recours à la commande INSERT, il faut savoir que la mise à jour sera différée jusqu'à l'exécution d'une commande FLUSH PRIVILEGES.

Il est donc souvent préférable (sauf cas particulier où vous souhaitez différer la création) d'utiliser GRANT. Qui plus est, cette méthode est généralement moins sujette aux erreurs.

REMARQUE

Interface Windows et outils tiers

Il est aussi possible d'employer des programmes utilitaires tiers tels que phpmyadmin ou WinSQL pour gérer les droits des utilisateurs. Vous avez aussi l'utilitaire mysqladmin fourni en standard. Pour les usagers de Windows, la version Win 32 (pour Windows) inclut son propre outil d'administration MySQL : WinMySQLadmin. Il permet de réaliser exactement les mêmes tâches que mysqladmin, mais avec une interface graphique plus conviviale.

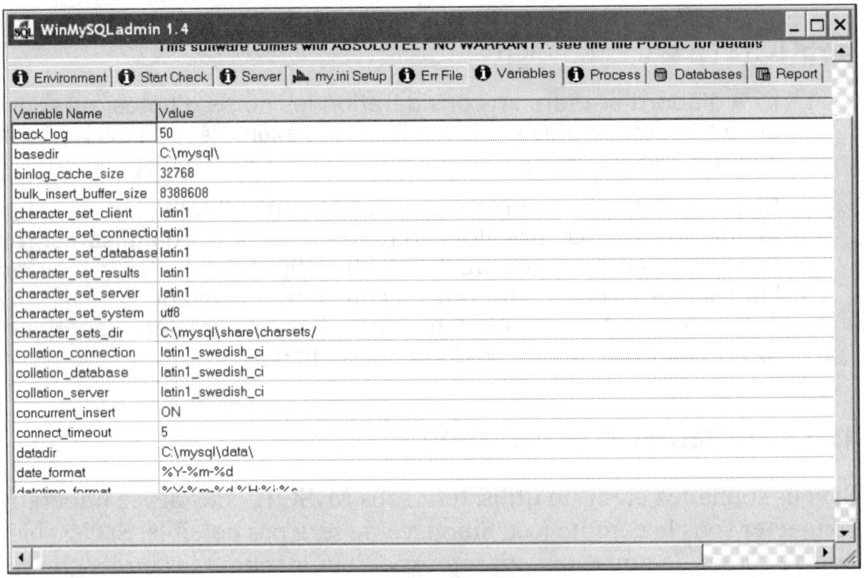

Figure 16-8 : *L'outil d'administration WinMySQLadmin*

Créer un utilisateur avec la commande INSERT

Un des avantages de l'instruction INSERT est que vous pouvez attribuer exactement les mêmes droits d'accès aux utilisateurs. Pour cela, vous devez d'abord utiliser des requêtes INSERT, puis donner l'ordre au serveur de recharger les tables de droits. Mais avant tout, il faut lancer mysql et se connecter en tant qu'utilisateur root au serveur :

```
shell> mysql --user=root mysql
mysql> INSERT INTO user
✂ VALUES('localhost','bilal',PASSWORD('mot_de_passe'),
```

```
    'Y','Y','Y','Y','Y','Y','Y','Y','Y','Y','Y','Y',
    'Y', 'Y');
mysql> INSERT INTO user
✂ VALUES('%','bilal',PASSWORD('mot_de_passe'),
    ->    'Y','Y','Y','Y','Y','Y','Y','Y','Y','Y','Y','Y','Y','Y');
mysql> INSERT INTO user SET Host='localhost',User='admin',
    ->    Reload_priv='Y', Process_priv='Y';
mysql> FLUSH PRIVILEGES;
```

Comme vous venez de le voir, tant que l'instruction FLUSH n'est pas exécutée après la suite d'instruction INSERT, la table *user* ne sera pas mise à jour.

Créer un utilisateur avec GRANT

La syntaxe générale de GRANT est la suivante :

```
GRANT type_droit [(liste_champs)] [, type_droit
[(liste_champs)] ...ON (*.* | * | nom_bdd.* |
nom_bdd.nom_table | nom_table} TO  nom_utilisateur1
[, nom_utilisateur2, ... ] ...[WITH GRANT OPTION]
```

Cette commande permet d'accorder des privilèges (droits d'accès) à un ou à plusieurs utilisateurs (utilisateur1, utilisateur2…). Décomposons-la pour voir le sens de chaque argument :

- type_droit : Le paramètre type_droit représente un privilège à attribuer.
- liste_champs : dresse la liste des colonnes de la table sur lesquelles les droits définis par le paramètre type_droit devront s'appliquer. Cet argument est optionnel. S'il n'est pas renseigné, cela signifie par défaut que toutes les colonnes sont concernées.
- ON : ce qui suit cette commande est en quelque sorte le domaine d'application de la commande. Ce peut être le nom de la ou des bases de données, celui de la ou des tables, ou les deux. Comme vous le voyez, il est possible d'employer des caractères joker pour signifier tout (toutes les tables de toutes les bases) ou toutes les tables d'une base. Si vous ne précisez pas le nom de la table, le système considérera que la commande s'applique à toutes les tables de la base.
- nom_utilisateur1, nom_utilisateur2 : sont énumérés ici les utilisateurs qui vont bénéficier de ces droits. Vous pouvez attribuer les mêmes droits d'un seul coup à plusieurs utilisateurs.
- WITH GRANT OPTION : si la dernière option, WITH GRANT OPTION, est spécifiée, cela signifie que le ou les utilisateurs héritent en plus des droits d'administrateur. Ils auront donc le double privilège de pouvoir créer d'autres utilisateurs et de leur transmettre ou non leurs droits.

```
GRANT ALL PRIVILEGES ON MadeInEurope.* TO arzach@localhost
✂ IDENTIFIED BY 'mot_de_passe' WITH GRANT OPTION
```

Si vous voulez limiter quelque peu ces droits, par exemple ne permettre que d'exécuter un SELECT et seulement sur la table *film*, exécutez cette instruction :

```
GRANT select ON MadeInEurope.film TO moebius
@localhost IDENTIFIED BY 'motdepasse1' WITH GRANT OPTION
```

La commande GRANT sert tout aussi bien à créer un utilisateur qu'à lui accorder des droits.

Voyez comment créer des utilisateurs avec l'instruction GRANT. Comme tout à l'heure, vous devez en tout premier lieu lancer mysql et vous connecter en tant qu'utilisateur root :

```
shell> mysql --user=root mysql
```

Après, vous pouvez passer à l'instruction à proprement parler :

```
mysql> GRANT ALL PRIVILEGES ON *.* TO 'rose'@'localhost'
    ->     IDENTIFIED BY 'mot_de_passe' WITH GRANT OPTION;
```

Cette commande ajoute un super-utilisateur (rose) sur la machine locale (localhost) et lui attribue tous les droits sur le serveur.

```
mysql> GRANT ALL PRIVILEGES ON *.* TO 'rose'@'%'
    ->     IDENTIFIED BY 'mot_de_passe' WITH GRANT OPTION;
```

Vous avez encore créé un super-utilisateur détenant tous les droits sur le serveur, mais pouvant être utilisé depuis n'importe quelle machine (caractère générique % : 'rose'@'%').

```
mysql> GRANT RELOAD,PROCESS ON *.* TO 'jo'@'localhost';
```

Enfin, cette dernière commande crée l'utilisateur 'jo' pouvant se connecter depuis localhost sans aucun mot de passe et possédant les droits d'administration RELOAD et PROCESS.

Supprimer des droits avec REVOKE

```
REVOKE type_droit [(liste_champs)] [, type_droit
[(liste_champs)] ...]     ON {*.* | * | nom_bdd.* |
nom_bdd.nom_table | nom_table} FROM utilisateur1 [,utilisateur2] ...
```

La commande GRANT a son pendant, et c'est REVOKE. Cette instruction supprime des privilèges attribués à un ou plusieurs utilisateurs. Elle ne supprime pas l'utilisateur de la table de permission *user*, qui reste connecté au serveur.

La syntaxe de REVOKE est la même que celle de GRANT. Si vous souhaitez par exemple supprimer les droits de l'utilisateur user1, vous exécuterez cette commande :

```
REVOKE select ON MadeInEurope.film FROM nom_user
@localhost
```

16.4 Administrer un serveur

Les deux points essentiels de l'administration d'un serveur sont son activation et la préservation de l'intégrité de ses bases de données. Des sauvegardes régulières devront être planifiées afin d'éviter toute perte de données. Sous MySQL, c'est le serveur mysqld qui doit être activé.

mysqld

Le serveur mysqld reçoit les demandes des clients et les traite. À chaque nouvelle connexion client, il va créer un nouveau thread (processus léger) qui sera détruit lorsqu'il se déconnectera. Il y aura donc autant de threads que de connexions. Ce sont ces threads qui vont contenir les instructions nécessaires pour accéder aux données et extraire le résultat de la requête client.

Représentation physique des bases et des tables

Chaque base de données est représentée « physiquement » par un répertoire du nom de la base en, question. Pour chacune des tables de la base de données, vous avez trois fichiers : un fichier se terminant par l'extension *.MYD*, un autre par *.MYI* et un autre par *.frm*.

Les fichiers *.MYD* contiennent les données brutes de la table. Les informations sur les index de la table sont stockées dans les fichiers *.MYI*. La structure de la table est stockée dans les fichiers *.frm*.

Démarrer le serveur MySQL

Vous pouvez configurer MySQL afin qu'il démarre automatiquement lorsque vous allumez votre machine. Pour vérifier si le service MySQL est bien lancé, vous pouvez lancer le gestionnaire de programmes ou bien saisir l'instruction suivante en ligne de commande :

```
net start
```

Sous Windows, vous devez pour cela ouvrir une fenêtre de session en cliquant sur **démarrer/Tous les programmes/Accessoires/Invite de commandes**. Cette commande affiche les services Windows en cours d'exécution. Si MySQL est lancé, il doit apparaître sur la liste qui s'affiche :

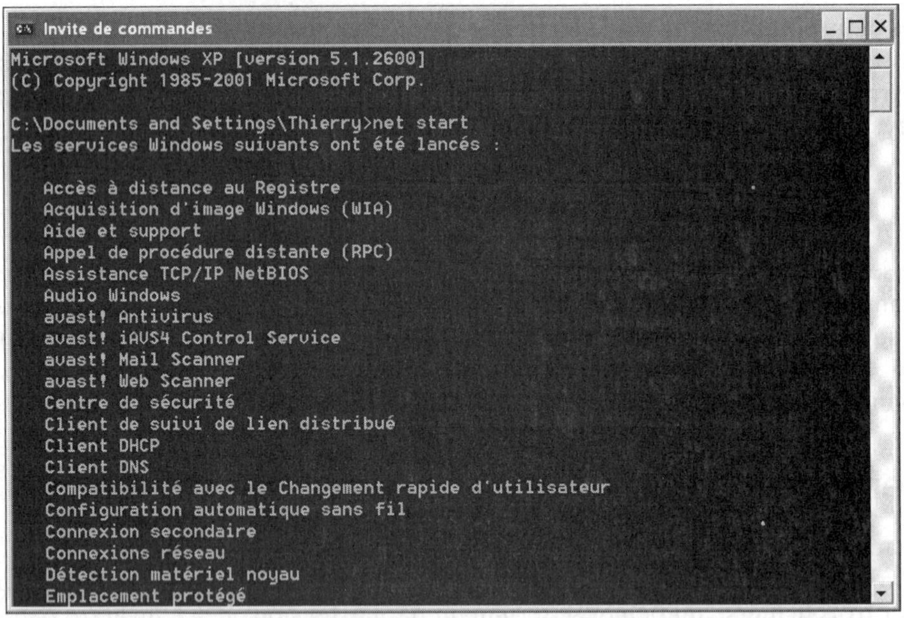

Figure 16-9 : *Lancement du serveur via la ligne de commande*

Si ce n'est pas le cas, exécutez la commande suivante :

```
net start mysql
```

Vous pouvez aussi le faire directement. Vous ne risquez rien, puisque, si MySQL est déjà lancé, le système se contentera de vous le signaler.

Pour arrêter le serveur MySQL, lancez cette fois la commande suivante :

```
net stop mysql
```

Il est possible que, pour une raison propre à votre configuration, MySQL n'ait pas été lancé en tant que service Windows. Dans ce cas, rendez-vous dans le dossier *mysql\bin* :

```
cd\mysql\bin
```

Tapez cette commande :

```
mysqladmin -u root shutdown
```

Cette fois, le serveur est arrêté. Cette commande a l'avantage de fonctionner dans tous les cas de figure. Si le serveur MySQL est déjà arrêté, le système le signalera.

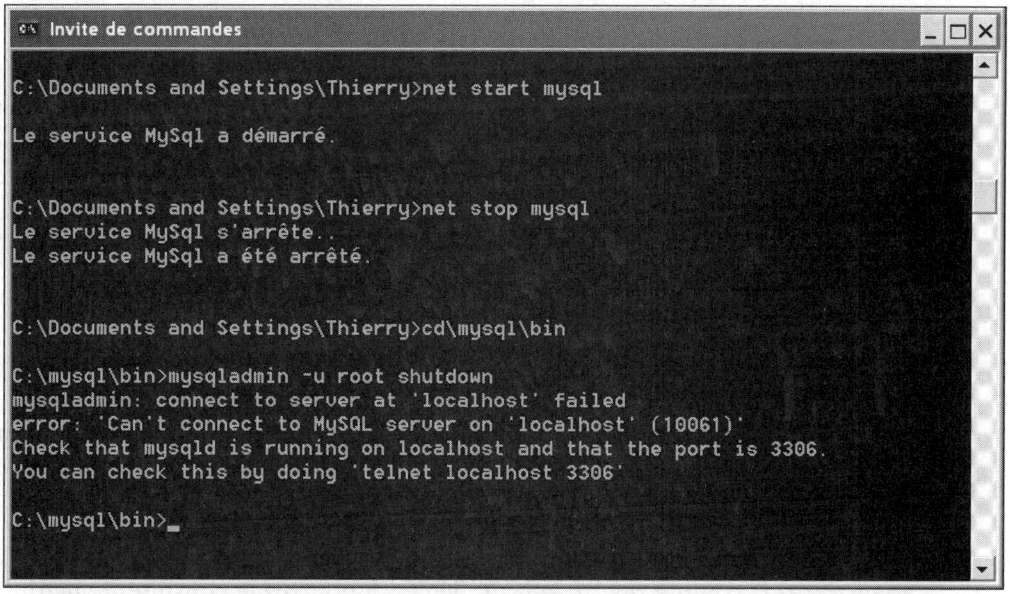

Figure 16-10 : *Démarrage et arrêt du serveur via l'Invite de commandes*

Enfin, sous Windows, une autre méthode permet de lancer et d'arrêter le serveur. Vous devez cette fois utiliser la console d'administration des services. Pour y accéder, cliquez sur **démarrer/Panneau de configuration/Performances/Outils d'administration/Services** (voir fig. 16-11).

Cette console permet de démarrer, d'arrêter ou de modifier les paramètres de n'importe quel service Windows (pour peu que vous ayez bien les droits administrateur), y compris le service MySQL.

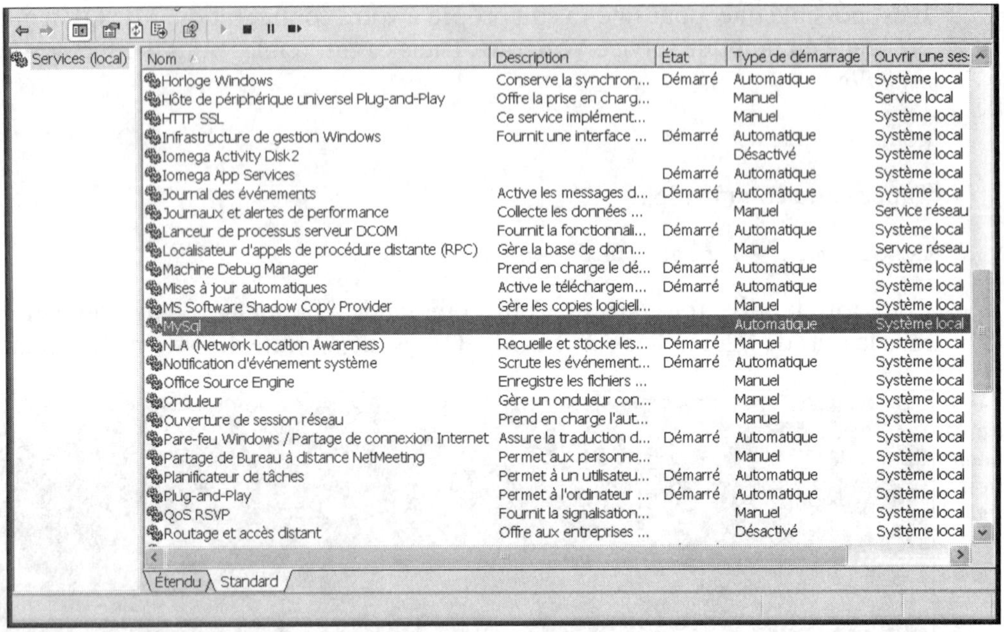

Figure 16-11 : *Console d'administration des services*

Sauvegarder et restaurer les bases

Vous devez impérativement effectuer des sauvegardes régulières de vos bases de données. Il faut aussi vérifier de temps à autre qu'elles ne contiennent pas d'anomalies. Si c'était le cas, vous devez les corriger le plus vite possible pour ne pas risquer qu'elles soient ensuite irrécupérables. L'utilitaire myisamchk permet de mettre en place une politique d'administration efficace.

En le lançant toutes les nuits, automatiquement via un script, avec l'option –s, vous enregistrerez le compte rendu dans un fichier et pourrez le consulter le matin afin de voir si tout vous semble normal.

```
shell> myisamchk -s
```

L'option –r permet de les réparer si besoin est, après par exemple un arrêt intempestif du serveur mysqld.

```
shell> myisamchk -r
```

Il est fortement conseillé de défragmenter régulièrement vos bases de données. Pour cela, utilisez myisamchk avec l'option –d.

```
shell> myisamchk -d
```

16.5 Environnement

mysqladmin

mysqladmin est le principal outil fourni avec MySQL afin de surveiller l'état du serveur. Pour pouvoir l'utiliser, il faut généralement se connecter sous le compte root@localhost ou du moins avoir les droits nécessaires. Il permet d'exécuter diverses commandes d'administration. Sa syntaxe générale est la suivante :

```
% mysqladmin -p commande [option]
```

Vous pouvez aussi créer ou supprimer une base de données directement à l'aide de mysqladmin. Les commandes à employer sont respectivement create et drop :

```
% mysqladmin -p create MadeInEurope
Enter password:
Database "MadeInEurope" created
```

Pour la supprimer :

```
% mysqladmin -p drop MadeInEurope
Enter password:
```

Un avertissement (un seul, attention !) s'affiche pour vous demander confirmation. Si vous n'avez pas changé d'avis, il vous suffit de répondre par oui ('y').

Pour savoir si mysqld, le serveur MySQL, est actif, exécutez la commande ping. Pour savoir quelle est la charge de travail du serveur mysqld et afficher les principales informations sur l'état du serveur, exécutez mysqladmin avec l'option status, comme ceci :

```
% mysqladmin -p status
Enter password:
```

S'affichent alors des informations de ce type, en fonction de ce que vous avez lancé depuis le démarrage du serveur :

```
Uptime: 8689   Threads: 18   Questions:90
Slow queries: 4   Opens: 55   Flush tables: 5   Open tables: 30
```

Le tableau suivant décrit les informations affichées par cette commande :

Tableau 16-4 : Informations sur l'état du serveur renvoyées par status	
Donnée	**Description**
Uptime	Nombre de secondes passées depuis le lancement du serveur mysqld
Threads	Nombre de processus en cours d'exécution (actifs)
Questions	Nombre de requêtes traitées par le serveur depuis son démarrage
Slow queries	Nombre de requêtes considérées comme longues
Opens	Nombre de tables ouvertes ou l'ayant été depuis le lancement du serveur
Flush tables	Nombre de commandes flush, mais aussi refresh ou reload, passées depuis le lancement du serveur
Open tables	Nombre de tables ouvertes au moment où la commande est exécutée

myisamchk

L'utilitaire myisamchk sert à vérifier, réorganiser et même à réparer des tables. Il permet d'améliorer l'organisation interne d'un fichier. Ce n'est pas négligeable, car au bout du compte ce sont les performances du système qui seront améliorées. Il est préférable d'arrêter le serveur avant de lancer myisamchk. Si vous ne pouvez pas pour des raisons pratiques, il faut au moins effectuer un flush au préalable et s'assurer qu'il n'y a aucun traitement en cours incluant une écriture dans les tables. Sa syntaxe est la suivante :

```
%mysqladmin flush-tables
```

Vous avez vu plus haut dans ce chapitre que la commande flush forçait l'écriture sur disque des informations stockées en mémoire. Il existe en fait plusieurs options de commandes flush. Les voici résumées dans le tableau qui suit :

Tableau 16-5 : Les différentes commandes de type flush	
Commande	**Description**
flush–logs	Force l'écriture des fichiers log (fichiers de connexion).
flush–privileges	Force la relecture des tables de droits d'accès afin de prendre en compte les dernières modifications. Ne sert qu'en conjonction avec la commande INSERT. Totalement inutile avec GRANT.

Tableau 16-5 : Les différentes commandes de type flush	
Commande	**Description**
flush–tables	Écrit toutes les mises à jour restées en attente sur toutes les tables.
refresh	Correspond à un flush–tables suivi de flush–logs et de la réouverture de la table de connexion (logs), mais le tout en une seule instruction.
reload	Synonyme de flush–privileges.

myisamchk ne pouvant être employé que sur des copies de fichiers extraites de la base, il n'est pas nécessaire pour l'utiliser d'être connecté à MySQL. Vous devez être dans le même répertoire que les fichiers à analyser ou spécifier explicitement le chemin d'accès dans la commande.

Les options offertes par myisamchk sont nombreuses. Nous vous renvoyons donc à la documentation MySQL en ligne pour les connaître toutes. Mais en voici quelques-unes parmi les principales résumées dans le tableau suivant :

Tableau 16-6 : Options de myisamchk	
Option	**Description**
–a	Analyse de la table et extraction de statistiques pour l'optimiseur de requêtes
–d	Donne les informations principales sur une table
–i	Comme –d, mais en un peu plus détaillé
–r	Tente de réparer une table endommagée

myisampack

L'utilitaire myisampack sert à compresser des tables MyISAM. Il travaille par colonne, chacune d'elle étant compressée séparément. Les informations nécessaires à la décompression en temps réel seront affichées et lues en mémoire lors de l'ouverture de la table. Du coup, lorsque vous accédez à des lignes individuelles, les performances n'en sont pas affectées, bien au contraire. C'est dû au fait que vous ne décompressez que la ligne que vous consultez, et non l'ensemble de la table. Le gain obtenu en termes d'espace disque après la compression d'un fichier par myisampack varie entre 40 % et 70 %.

MySQL emploie par défaut la carte mémoire (mmap()) sur les tables compressées. Si cela ne fonctionne pas avec mmap(), il a alors recours aux outils plus classiques de lecture et d'écriture. N'oubliez pas qu'une fois compressée, la table n'est plus accessible qu'en lecture.

myisampack est capable de compresser des colonnes de type BLOB ou TEXT. Son prédécesseur, pack_isam, qui travaille avec des tables ISAM, en était par contre incapable.

La syntaxe générale de myisampack est la suivante :

```
shell> myisampack [options] nomfichier ...
```

Les noms de fichier spécifiés sont les noms des fichiers d'index (d'extension *.MYI* ; voir plus haut). Là encore, vous devez soit vous trouver dans le dossier où sont stockées les données, soit spécifier explicitement le chemin d'accès complet. Par contre, vous pouvez omettre l'extension du fichier. MySQL considérera par défaut que c'est *.MYI*.

Enfin, si vous lancez myisampack sans aucun argument, vous verrez s'afficher la liste, exhaustive, de toutes ses options ainsi que leur description sommaire.

Si vous préférez avoir le détail de ces options en français, consultez la documentation en ligne de MySQL à l'adresse **http://dev.mysql.com/doc/mysql/fr/myisampack.html**.

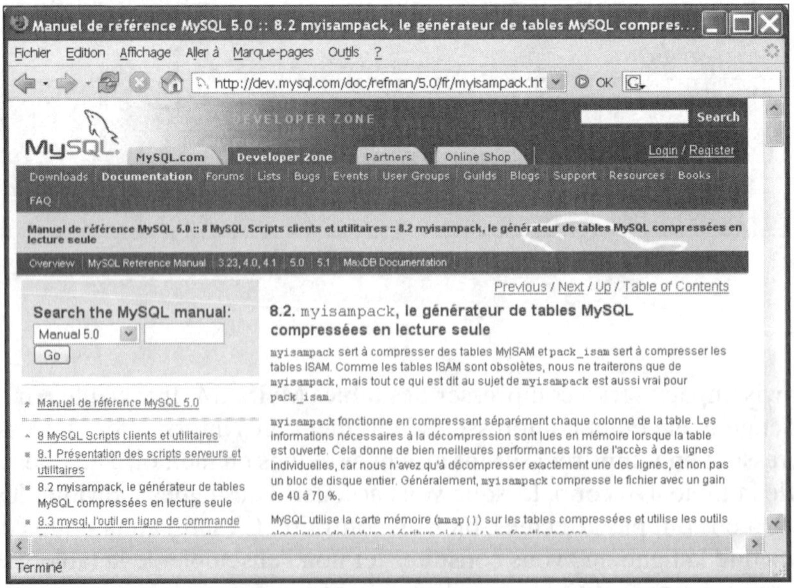

Figure 16-12 : *Les options de myisampack*

Si vous voulez compresser la table *film*, cela va donnera ceci :

```
shell> myisampack film.MYI
Compressing film.MYI: (40 records)
```

myisamchk

Le système va alors afficher les statistiques de la table ainsi que le taux de compression obtenu. Vous devez ensuite utiliser myisamchk afin de recréer l'index de la table. Pour la décompresser, employez à nouveau myisamchk, mais avec cette fois l'option `--unpack`.

```
shell> myisamchk membres.MYI --unpack
```

16.6 Trucs et astuces

Consulter les paramètres du serveur

Pour connaître toutes les options du serveur mysqld et des variables configurables, tapez la commande suivante :

```
shell> mysqld --help
```

Le résultat qui s'affiche est de ce type :

```
Possible variables for option --set-variable (-O) are:
back_log                    current value: 5
bdb_cache_size              current value: 1048540
.............................................
.............................................
read_buffer_size            current value: 131072
record_rnd_buffer_size      current value: 131072
slow_launch_time            current value: 2
sort_buffer                 current value: 2097116
table_cache                 current value: 64
thread_concurrency          current value: 10
tmp_table_size              current value: 1048576
thread_stack                current value: 131072
wait_timeout                current value: 28800
```

Si vous voulez connaître la valeur des variables d'environnement lorsque le serveur mysqld est en cours d'exécution, tapez cette fois :

```
mysql> SHOW VARIABLES;
```

Pour obtenir les informations statistiques et autres indicateurs d'états, exécutez la commande :

```
mysql> SHOW STATUS;
```

Vous pouvez obtenir le même résultat via l'outil mysqladmin :

```
shell> mysqladmin variables
shell> mysqladmin extended-status
```

Modifier les valeurs des paramètres

Lors du paramétrage du serveur MySQL, les deux variables les plus importantes (même si elles le sont presque toutes) sont :

- key_buffer_size ;
- table_cache.

La première, key_buffer_size, détermine la taille du buffer d'index et la seconde, table_cache, celle du cache en mémoire de la table. Si vous pensez que les temps de réponse du système ne sont pas optimaux alors que vous utilisez un grand nombre de tables et que vous disposez d'une quantité de mémoire importante, vous pouvez modifier ces paramètres. Essayez par exemple un réglage de ce style :

```
shell> safe_mysqld -O key_buffer=64M -O table_cache=512 \
   -O sort_buffer=8M -O read_buffer_size=2M
```

Vous obtiendrez alors des performances maximales si les tables comportent un nombre relativement faible d'enregistrements.

Si par contre vous ne disposez que de peu de mémoire (128 Mo par exemple) et si vous employez un nombre de tables assez faible, mais en revanche si vos traitements nécessitent des tris nombreux et fréquents, essayez plutôt ces paramètres :

```
shell> safe_mysqld -O key_buffer=16M -O sort_buffer=2M
```

Si vous avez encore moins de mémoire disponible que précédemment, mais que vos traitements nécessitent de très nombreuses connexions à réaliser, optez cette fois pour ce style de commande :

```
shell> safe_mysqld -O key_buffer=512k -O sort_buffer=100k \
   -O read_buffer_size=100k
```

Vous pouvez à la rigueur écrire ceci :

```
shell> safe_mysqld -O key_buffer=512k -O sort_buffer=16k \
   -O table_cache=32 -O read_buffer_size=8k -O
   ✂ net_buffer_length=1K
```

Enfin, si vos traitements utilisent des clauses GROUP BY ou ORDER BY sur des fichiers de taille nettement supérieure à la mémoire disponible, vous devrez cette fois augmenter la valeur du paramètre record_rnd_buffer. Cela aura pour effet d'accélérer la lecture des lignes après le tri.

Et ne vous lamentez pas trop vite de l'inefficacité d'une de ces instructions ! La modification d'une option de mysqld ne prend effet qu'au prochain démarrage du serveur.

Vérifier et réparer des tables MyISAM

Lorsque des requêtes s'interrompent de façon impromptue, il est très probable qu'elles soient corrompues En principe, vous voyez s'afficher des messages :

- *Unexpected end of file* : fin de fichier inattendue. L'EOF (*End of File*), marqueur délimitant la fin de tout fichier, se trouve à une place inhabituelle, en plein milieu des enregistrements par exemple, et la lecture se trouve brutalement interrompue lorsqu'elle le rencontre.
- *Record file is crashed* : le fichier d'enregistrement est endommagé.
- *membres.frm locked against change* : fichier *membres.frm* verrouillé, modification impossible.
- *Can't find file planning.MYI (Errcode: ###)* : le fichier *planning.MYI* est introuvable.

Pour vérifier vos tables, exécutez l'une de ces deux commandes :

```
myisamchk *.MYI
```

```
myisamchk -e *.MYI.
```

S'il s'avère donc qu'elles sont endommagées, vous pouvez les réparer grâce à la commande SQL REPAIR TABLE.

Ou utilisez directement (et plus précisément) myisamchk :

```
myisamchk -r -q programmation
```

Les options `-r -q` indiquent au système qu'il doit employer le mode de réparation rapide sur la table programmation. Ainsi, myisamchk tentera de réparer le fichier d'index sans toucher au fichier de données. Si cela échoue, vous pouvez tenter autre chose :

1. Commencez par faire une sauvegarde du fichier.
2. Exécutez ensuite cette commande :

   ```
   myisamchk -r programmation
   ```

`-r` signifie « mode réparation » : cela va supprimer toutes les lignes invalides et provoquer la reconstruction du fichier d'index.

Si l'instruction précédente échoue, il vous reste encore une alternative :

```
myisamchk --safe-recover nom_table.
```

Si cela ne marche toujours pas, vous devez alors tenter de recréer un nouveau fichier d'index. Pour cela, procédez ainsi :

1. Déplacez le fichier dans un endroit sûr, un autre répertoire voir un autre disque ou volume.
2. Créez de nouveaux fichiers de données et d'index vides en vous servant du fichier de description de la table (*.frm*).
3. Enfin, recopiez l'ancien fichier de données à la place du nouveau.

Il ne vous reste alors qu'à essayer à nouveau d'exécuter la réparation facile avec les paramètres `-r -q` qui devraient cette fois, fonctionner :

```
myisamchk -r -q programmation
```

Il se peut aussi que votre fichier de description (*.frm*) soit altéré. Ce cas de figure ne se produit, en principe, que très rarement. Normalement, ce fichier de description de structure de la table n'est jamais modifié après la création. Mais cela peut toujours arriver. Voici comment faire :

1. Restaurez le fichier de description *.frm* depuis une sauvegarde. Faites éventuellement de même avec le fichier d'index. Vous pouvez ensuite redémarrer avec l'option `-r` :

   ```
   myisamchk -r
   ```

2. Si vous ne possédez pas de sauvegarde de ce fichier, c'est que vous êtes quelqu'un de très imprudent qui n'écoute pas les recommandations essentielles de sécurité. Mais il y a peut-être quand même une solution. Si vous savez précisément selon quels critères la table a été créée, vous pouvez

alors la recréer dans une autre base. Vous devrez alors supprimer le nouveau fichier de données, puis déplacer les fichiers de description (*.frm*) et les fichiers d'index (*.MYI*) dans la base de données endommagée. Vous obtiendrez ainsi un fichier d'index et un de description flambants neuf, tout en laissant intact le fichier de données initial (*.MYD*). Reprenez ensuite les étapes précédemment citées pour tenter de reconstruire le fichier d'index.

16.7 En bref

Dans ce chapitre ont été abordés les principes de base de l'administration sous MySQL, tant du point de vue serveur que base de données et utilisateurs.

En résumé, vous avez appris ici :

- à administrer une base de données ;
- à utiliser des outils tels que phpMyAdmin, Toad ou WinSQL pour vous simplifier la tâche et travailler sous une interface graphique plus conviviale ;
- à gérer les utilisateurs, leurs droits et privilèges et les diverses informations les concernant ;
- à administrer un serveur MySQL, avec les commandes et les options disponibles ;
- à consulter et à modifier les informations propres à l'environnement général de MySQL.

CHAPITRE

17

Les fonctions avancées

CHAPITRE

17

Les fonctions avancées

17.1 Les transactions

Les transactions sont à la base de la problématique engendrée par les accès concurrents. Les accès concurrents sont des accès simultanés à une ressource identique (base de données, table ou champ). Même lorsqu'il effectue une simple lecture, le système doit garantir le respect de la cohérence des données. Lors d'opérations plus délicates que la lecture, lorsque vous modifiez les données notamment, les transactions permettent que tout se déroule correctement, sans la moindre anomalie. Ou bien, si une anomalie vient à se produire, le système doit revenir à son état antérieur, celui dans lequel il était avant le début d'exécution de la transaction. Les données doivent reprendre leurs valeurs antérieures. Le pire de tout consisterait à abandonner un traitement en plein milieu de son exécution sans réinitialiser les valeurs des données. Imaginez les erreurs et incohérences qui pourraient en découler.

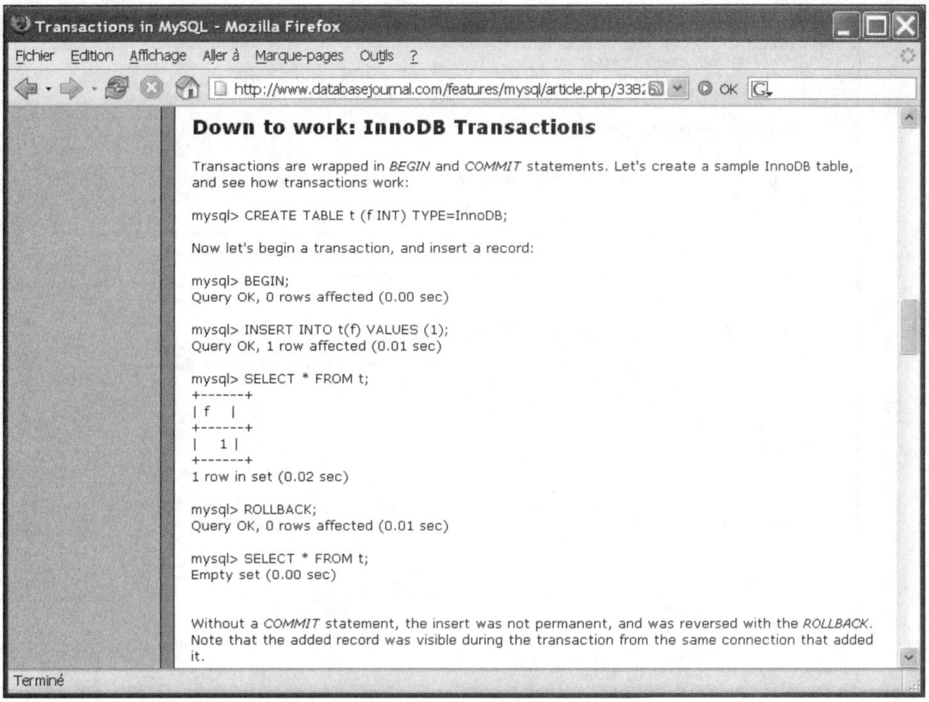

Figure 17-1 : *Exemple de transaction MySQL*

La norme SQL définit deux éléments principaux qui permettent de piloter les transactions :

- la transaction en soi, bien sûr ;

- sa "perméabilité", qui se définit par rapport aux autres transactions qui s'exécutent en parallèle.

Une transaction permet en fait de définir l'atomicité d'un traitement déterminé.

DÉFINITION

Atomicité

Un traitement est dit "atomique" quand son exécution est considérée comme indivisible. Soit toutes les opérations qui le composent sont exécutées, soit elles doivent toutes être annulées et dans ce cas, les données traitées doivent revenir à leur état initial, c'est-à-dire reprendre les valeurs qu'elles avaient avant le début de l'exécution de la transaction. Un code atomique désigne par conséquent un programme qui doit s'exécuter sans jamais être interrompu par un autre processus concurrent. Il possède pour cela l'exclusivité des ressources pendant toute la durée de son exécution.

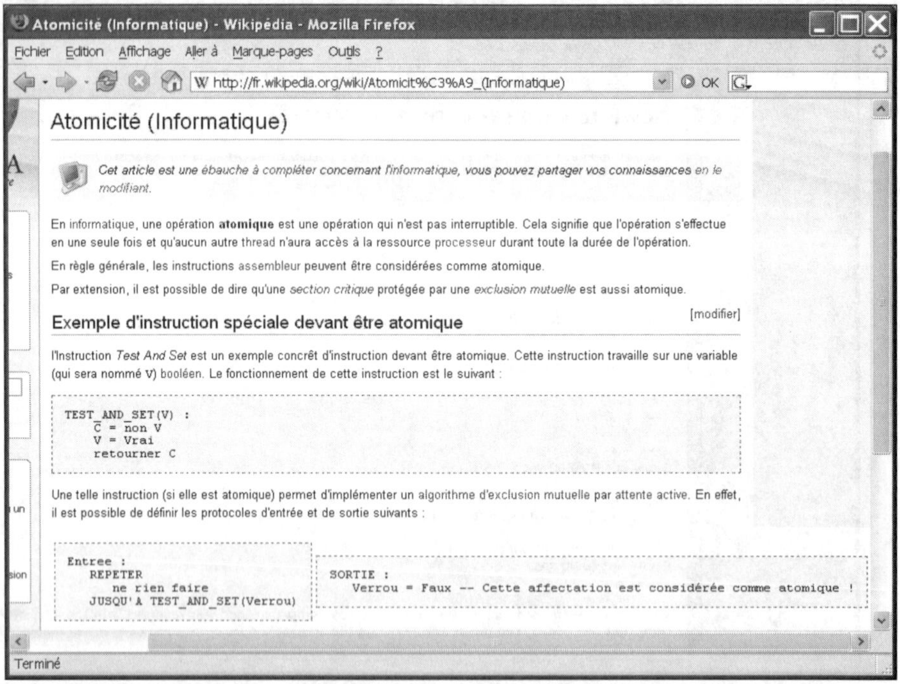

Figure 17-2 : *Atomicité*

Les verrous

L'utilisation de verrous (locks en anglais) est le seul moyen d'assurer la concurrence entre utilisateurs. Mais il faut en maîtriser parfaitement les principes et les effets, sinon le remède peut s'avérer encore pire que le mal. Vous avez peut-être entendu parler de "deadlock" dans la langue de Lewis Caroll, amoureusement appelé dans nos contrées "étreinte fatale". Le type de verrou dépendra de l'ordre SQL exécuté et du niveau d'isolation demandé. Certains traitements nécessitent la pose simultanée de plusieurs verrous sur des tables distinctes et multiples.

Figure 17-3 : *Verrou*

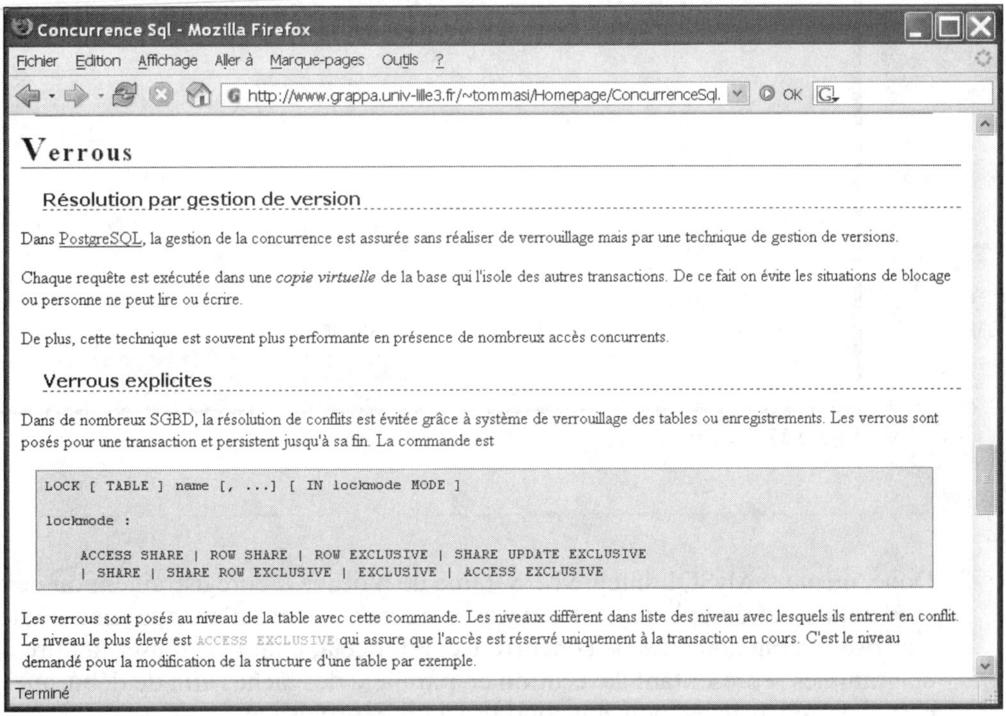

DÉFINITION

Étreinte fatale

Une "étreinte fatale" désigne le phénomène qui se produit lorsque deux utilisateurs au moins tentent d'accéder à une même ressource exactement en même temps mais dans une séquence de temps inversée. Plus simplement, les processus clients posent en même temps une demande de verrou sur la ressource et attendent jusqu'à ce que les processus en question aient été tués d'une manière ou d'une autre (par l'administrateur via la console système, en réinitialisant la machine...). Le verrou mortel est également appelé "interblocage".

DÉFINITION

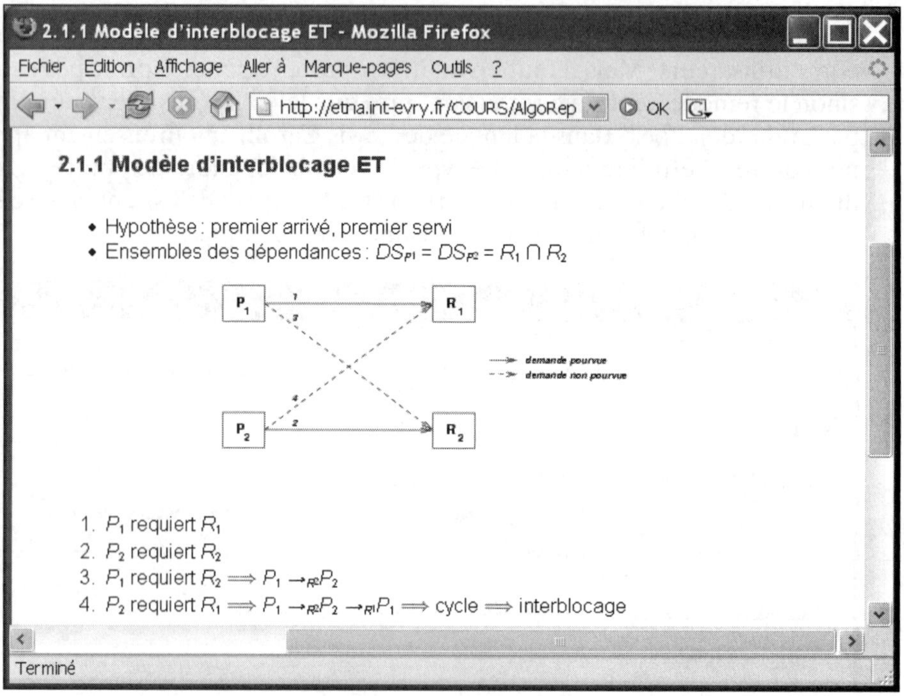

Figure 17-4 : *Interblocage*

Donc, même si MySQL intègre ce système de blocage d'enregistrement ou de table et la notion de sémaphore, évitez d'y avoir recours si vous n'avez pas une totale maîtrise des phénomènes de concurrence. Pour cela, il faut "s'amuser" à faire de jolis diagrammes représentant l'exécution en parallèle des tâches afin de débusquer les points de concurrence pouvant conduire à un interblocage.

À moins d'être un spécialiste des systèmes informatiques et des langages objet intégrant cette notion de parallélisme (comme ADA), vous aurez des difficultés. En plus de cela, il faut aussi savoir quels types de verrous sont disponibles sur le SGBDR (optimistes, pessimistes, exclusifs, partagés, de table, de page, de ligne, de colonne) et lequel employer dans tel ou tel cas. Bref, évitez d'y toucher tant que vous ne maîtriserez pas ces notions.

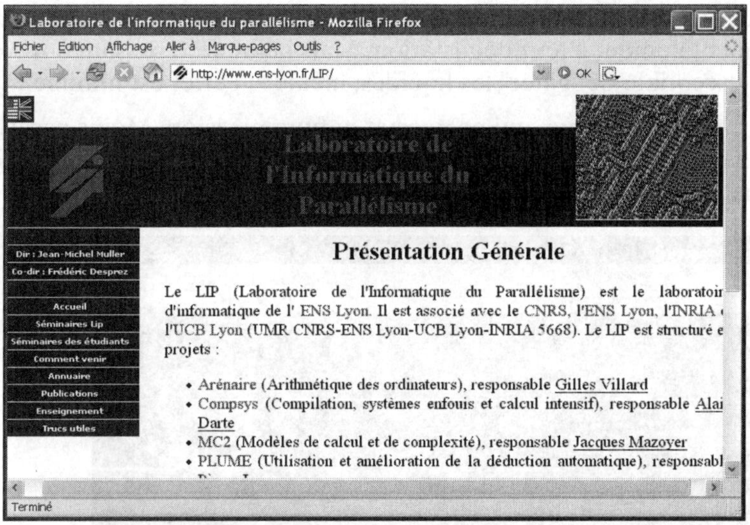

Figure 17-5 : *Parallélisme*

La perméabilité

La perméabilité (ou niveau d'isolation) est l'un des deux éléments principaux de pilotage des transactions. Ce concept quelque peu complexe ne peut être compris que si l'on arrive à "dérouler le fil" de deux transactions qui s'exécutent comme deux processus concurrents. Le principe d'un SGBDR est qu'il doit satisfaire aux demandes des différents clients tentant d'accéder à ses informations de manière équitable, sauf si un processus est considéré comme prioritaire. Tous (à priorité égale) ont en principe la même chance d'accéder au serveur et les processus doivent être parallélisés.

L'isolation d'une transaction est comparable à la perméabilité d'un tuyau. Imaginez que vous ayez par exemple deux "pipelines", l'un de cidre et l'autre de calvados, collés l'un à l'autre. En entrée, vous aurez le tonneau de cidre et le fût de calvados. À la sortie, plusieurs hypothèses sont possibles :

- Pas de tuyaux séparés. Les deux liquides se mélangent. La catastrophe est évitée, puisqu'on obtient au bout… du pommeau, mais point de cidre et de calvados distincts.
- Deux tuyaux séparés, mais en tissu non imperméable. C'est presque pire que dans le premier cas. Le mélange n'est pas "franc", les liquides se mêlent, mais de façon équivoque et irrégulière. Vous ne saurez jamais ce que vous avez dans votre verre.
- Un tuyau en verre pour chaque liquide. Cette fois, il est possible de tirer l'un ou l'autre liquide, sans qu'ils se soient mélangés. De plus, la vision de la

fluidité des liquides aide à ajuster le débit et peut même être fort agréable et préparer mentalement à leur dégustation. Mais la lumière passant à travers le verre est susceptible de "gâter" les liquides, même si l'effet est minime.

- Un tuyau en métal opaque, qui ne permet ni fuite ni vision. Moins agréable visuellement, sans fioriture, il sera le seul à garantir le transport des fluides sans dégradation d'amont en aval.

Figure 17-6 : *Tout est histoire de tuyaux*

L'ordre SQL de pilotage du niveau d'isolation est le suivant :

```
SET TRANSACTION ISOLATION LEVEL {READ UNCOMMITED | READ COMMITED
✂ | REPEATABLE READ | SERIALIZABLE}
```

Les anomalies transactionnelles

Pour bien comprendre l'utilité des différents niveaux de perméabilité (ou d'isolation), il faut connaître les trois types d'anomalies susceptibles de survenir lorsque des instructions SQL s'exécutent en concurrence :

- La lecture impropre : appelée aussi "lecture sale" (dirty read), c'est l'anomalie la plus grave des trois. Elle survient lorsqu'une transaction tente de lire des données qui n'ont pas encore été validées.
- La lecture non répétable (non repeatable read) : cette anomalie surgit lorsque deux lectures successives des mêmes données produisent un résultat différent.
- La lecture fantôme (phantom read) : cette anomalie concerne l'apparition ou la disparition de données lors de lectures successives.

En fait, dès que des mises à jour sont réalisées en parallèle (en concurrence), des anomalies transactionnelles peuvent se produire. L'intégrité de vos données n'est plus assurée. La logique transactionnelle est par conséquent indispensable.

17.2 Les clés étrangères (foreign keys)

Il est difficile de parler de clé étrangère (foreign key) sans évoquer l'intégrité référentielle. Une clé étrangère détermine qu'une clé d'une table est liée à une clé d'une autre table. Grâce au principe d'intégrité référentielle, vous pouvez imposer des contraintes sur la table contenant la clé étrangère. Le rôle essentiel de cette dernière est l'amélioration de la cohérence entre les données des tables. Elle découle directement du modèle relationnel et du principe d'intégrité référentielle entre les tables d'une base de données. Mais, malheureusement, MySQL n'est pas le SGBDR SQL qui implémente le mieux ce concept, du moins pour le moment, car de nouvelles fonctionnalités en la matière sont normalement prévues dans la version 5.1.

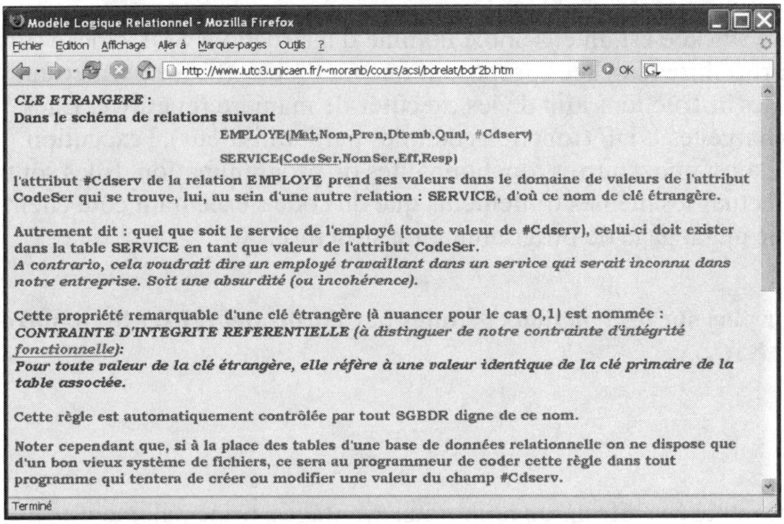
Modèle Logique Relationnel - Mozilla Firefox

Fichier Edition Affichage Aller à Marque-pages Outils ?

http://www.iutc3.unicaen.fr/~moranb/cours/acsi/bdrelat/bdr2b.htm

CLE ETRANGERE :

Dans le schéma de relations suivant

EMPLOYE(Mat,Nom,Pren,Dtemb,Qual, #Cdserv)

SERVICE(CodeSer,NomSer,Eff,Resp)

l'attribut #Cdserv de la relation EMPLOYE prend ses valeurs dans le domaine de valeurs de l'attribut CodeSer qui se trouve, lui, au sein d'une autre relation : SERVICE, d'où ce nom de clé étrangère.

Autrement dit : quel que soit le service de l'employé (toute valeur de #Cdserv), celui-ci doit exister dans la table SERVICE en tant que valeur de l'attribut CodeSer.
A contrario, cela voudrait dire un employé travaillant dans un service qui serait inconnu dans notre entreprise. Soit une absurdité (ou incohérence).

Cette propriété remarquable d'une clé étrangère (à nuancer pour le cas 0,1) est nommée :
CONTRAINTE D'INTEGRITE REFERENTIELLE (à distinguer de notre contrainte d'intégrité fonctionnelle):
Pour toute valeur de la clé étrangère, elle réfère à une valeur identique de la clé primaire de la table associée.

Cette règle est automatiquement contrôlée par tout SGBDR digne de ce nom.

Noter cependant que, si à la place des tables d'une base de données relationnelle on ne dispose que d'un bon vieux système de fichiers, ce sera au programmeur de coder cette règle dans tout programme qui tentera de créer ou modifier une valeur du champ #Cdserv.

Terminé

Figure 17-7 : *Notion de clé étrangère*

Les nouveautés prévues dans MySQL 5.1

Les fonctionnalités prévues en matière de clé étrangère annoncées pour la version 5.1 de MySQL sont les suivantes :

- FOREIGN KEY prendra en charge (enfin) tous les types de tables, quels qu'ils soient.

- Des contraintes de niveau colonne pourront être posées.
- Apparition de la réplication protégée contre les "crashs".
- Sauvegarde "à chaud" des données ayant, en théorie, assez peu d'impact sur les performances du système.
- Un nouveau format de définition des tables, le format texte (*.frm*), ainsi qu'un cache pour les définitions de tables. Ces deux éléments devraient accélérer l'exécution de requêtes de structure de tables et, par conséquent, consolider la prise en charge des clés étrangères.

Si ces promesses, ainsi que quelques autres, sont tenues par la future nouvelle version, nous pourrons alors parler véritablement de gestion des clés étrangères sous MySQL.

17.3 Les procédures stockées

Définition

Une procédure stockée est un ensemble nommé d'instructions SQL stocké sur le serveur. Les procédures stockées proposent une méthode efficace permettant d'encapsuler des instructions afin de les exécuter de manière répétitive. Elles prennent en charge les UDF (fonctions définies par l'utilisateur), l'exécution conditionnelle ainsi que d'autres fonctionnalités de programmation. Elles sont capables d'effectuer les mêmes traitements que du code s'exécutant côté client et développé avec un langage de programmation structuré.

RENVOI

Pour en savoir plus sur les fonctions définies par l'utilisateur, lisez le chapitre 22 *Les fonctions MySQL*.

Avantages

Les procédures stockées offrent de nombreux avantages, principalement :

- La centralisation du code : qu'il s'agisse d'un client "lourd" ou "léger", c'est le même appel de procédure qui est effectué.
- La sécurité : votre code peut être traité de façon transactionnelle dans un environnement hyper-sécurisé. Ce n'est généralement pas le cas côté poste client. De plus, les applications peuvent se voir attribuer des privilèges d'exécution sur les procédures stockées, sans pour autant avoir le droit d'accéder directement aux tables. Cela peut éviter bien des déboires inutiles.

- La rapidité : l'exécution de code sur le serveur par votre propre SGBDR est plus rapide que sur le poste client. Même si vous utilisez des langages de programmation puissants, tels que C++, Java ou Delphi, les allers et retours des données entre client et serveur sur le réseau entraînent un temps d'exécution plus long au final.
- Les procédures stockées permettent de séparer la majeure partie de la logique d'accès à la base de données et la logique de l'application.
- Autre avantage, indirect mais découlant de l'utilisation des procédures stockées : le code de l'application est moins volumineux et de fait plus facile à lire.
- Le code SQL peut être "précompilé", ce qui accélère l'exécution de l'application.
- Les procédures stockées contenant la logique du programme, une plus grande partie du traitement est exécutée sur le serveur de base de données au lieu de l'être sur le client. Cela a pour effet indirect de réduire la quantité de bande passante consommée lors de l'envoi des données à l'application.
- D'un point de vue plus technique, lors de l'implémentation d'une application à plusieurs niveaux, les procédures stockées permettent de séparer plus aisément la couche données de la couche serveur.

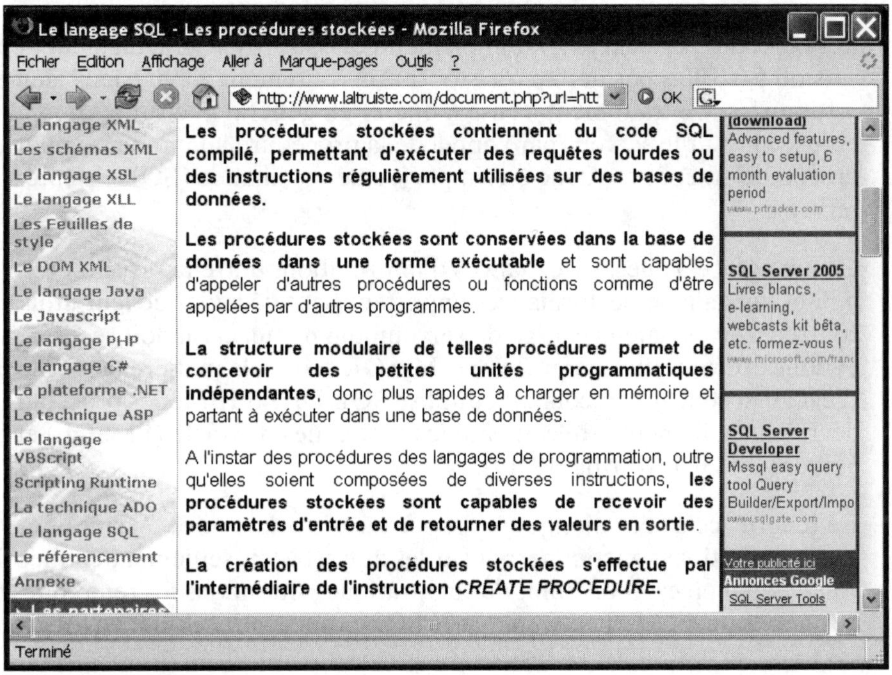

Figure 17-8 : *Procédures stockées*

Les procédures stockées peuvent notamment :

- contenir des groupes d'instructions et appeler d'autres procédures stockées ;
- accepter des paramètres en entrée ;
- renvoyer une valeur d'état à une procédure stockée appelante ou à un lot d'instructions afin de signaler la réussite ou l'échec de leur exécution, ainsi que la raison d'un éventuel échec ;
- renvoyer plusieurs valeurs sous forme de paramètres de sortie à la procédure stockée ou au lot d'instructions appelant ;
- partager la logique applicative avec d'autres applications, ce qui permet de garantir la cohérence d'accès aux données et leur manipulation.

Les procédures stockées sont idéales pour piloter les transactions. Mais n'essayez jamais de faire de la lecture seule ou de la présentation de données depuis une procédure stockée. C'est totalement inutile et peut augmenter de manière conséquente le temps d'exécution des traitements. De plus, un langage de programmation "classique" est sans doute plus adapté à cette tâche que le SGBDR, déjà surchargé de travail.

Rôle

Les procédures stockées sont implémentées dans MySQL seulement depuis la version 5.0. Elles permettent de stocker un traitement à l'intérieur même de la base de données. Ce traitement, censé n'opérer en général que sur les données de la base, est exécuté sur le serveur par l'appel de la procédure au moment opportun. Une procédure stockée est donc un simple jeu de commandes SQL exécuté sur le serveur.

Comme grâce à elles, les échanges d'informations entre le serveur et le client sont limités, un gain de performances important peut découler de leur utilisation. La contrepartie est que la charge du serveur augmente, car il doit réaliser plus de tâches et donc exécuter plus de processus. MySQL suit en la matière la norme SQL 2003. C'est aussi celle que reconnaît et utilise SQL DB2 d'IBM. Ses procédures stockées devraient également être compatibles avec celles d'Oracle (PL/SQL) et de SQL Server (T-SQL) (voir fig. 17-19).

En théorie, cela veut dire que les procédures stockées créées dans une de ces implémentations fonctionneront sur les autres. Mais seulement en théorie ! Il reste à voir ce qu'il en est d'un point de vue pratique. Attendons les remarques et réactions des développeurs de la communauté SQL pour savoir ce qu'il en est réellement.

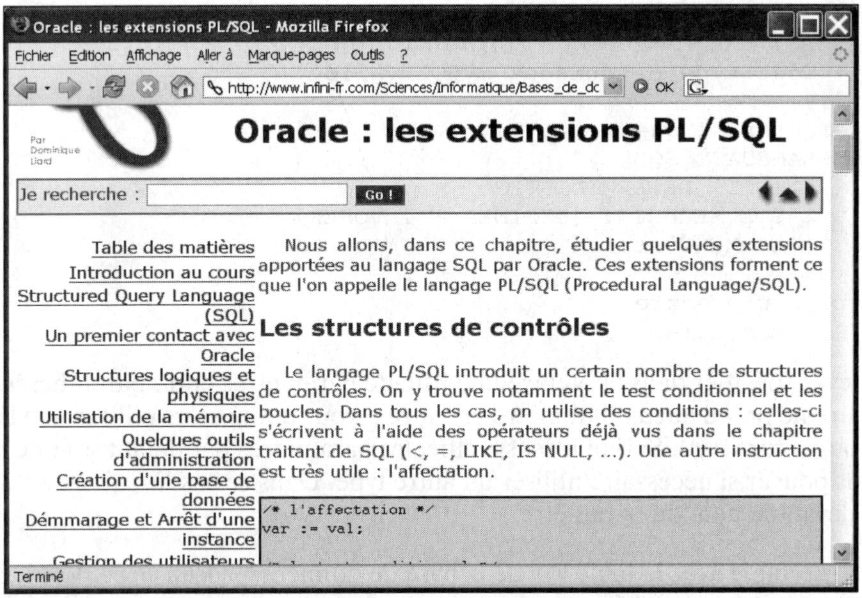

Figure 17-9 : *Le langage L/SQL d'Oracle*

17

Syntaxe de création d'une procédure stockée

Pour créer des procédures stockées sous MySQL, vous allez avoir recours aux commandes CREATE PROCEDURE et CREATE FUNCTION.

La syntaxe à employer est la suivante :

- Avec CREATE PROCEDURE :

```
CREATE PROCEDURE nom_procedure [;numero_procedure]
     [
          {@paramètre_type_donnees} [=valeur_par_defaut]
          ✂ [OUTPUT]
]
[,…n]
[WITH {RECOMPILE | ENCRYPTION | RECOMPILE, ENCRYPTION}]
AS
instruction_sql […n]
```

- Avec CREATE FUNCTION :

```
CREATE FUNCTION nom_ procedure ([parametre[,…]])
[RETURNS type]
[caracteristiques…] corps_procedure

paramètre :
    [ IN | OUT | INOUT ] nom_param type
```

BIBLIOTHEQUE NICE SCIENCES UNIVERSITAIRE

```
type :
   Tout type de données MySQL valide

caracteristiques :
   LANGUAGE SQL
   | [NOT] DETERMINISTIC
   | SQL SECURITY {DEFINER | INVOKER}
   | COMMENT string

corps_procedure :
   Commande(s) SQL valide(s)
```

Vous devez spécifier dans la syntaxe une liste de paramètres entre parenthèses. Si la procédure ne prend aucun paramètre en entrée, vous devez alors utiliser une liste vide (sous la forme ()). Si rien n'est spécifié, les paramètres par défaut sont de type IN. Vous pouvez si nécessaire utiliser un autre type. Dans ce cas-là, saisissez OUT ou INOUT devant le nom du paramètre.

Voici un exemple avec la table film de la base de données MadeInEurope. Vous allez créer une procédure stockée, que vous appellerez nationalite_grecque, qui donnera la liste des films dont la "nationalité" est grecque (réalisateur et/ou producteur grec) :

```
USE MadeInEurope
CREATE PROCEDURE nationalite_grecque
AS
SELECT *
FROM film
WHERE nationalite = "grecque"
```

Les instructions de procédures stockées de MySQL 5.0

Le tableau suivant donne la liste et la description des instructions de procédures stockées proposées par la version 5.0 de MySQL. Ce n'est qu'un "premier pas" vers une véritable prise en charge de ces procédures, mais l'essentiel est quand même là.

Tableau 17-1 : Liste des instructions de procédures stockées prises en charge par MySQL 5.0

Instruction	Description
CREATE PROCEDURE	Crée une procédure stockée qui sera enregistrée dans la table proc de la base de données MySQL.
CREATE FUNCTION	Crée une fonction définie par l'utilisateur, en fait une procédure stockée qui renvoie des valeurs.

Tableau 17-1 : Liste des instructions de procédures stockées prises en charge par MySQL 5.0

Instruction	Description
ALTER PROCEDURE	Modifie une procédure stockée précédemment définie à l'aide de l'instruction CREATE PROCEDURE. Ne modifie pas les procédures et fonctions stockées qui lui sont associées.
ALTER FUNCTION	Modifie une fonction stockée précédemment et créée à l'aide de l'instruction CREATE FUNCTION. Ne modifie pas les procédures et fonctions stockées associées.
DROP PROCEDURE	Supprime une ou plusieurs procédures stockées.
DROP FUNCTION	Supprime une ou plusieurs fonctions stockées.
SHOW CREATE PROCEDURE	Retourne le texte d'une procédure stockée précédemment définie.
SHOW CREATE FUNCTION	Renvoie le texte d'une fonction stockée créée à l'aide de l'instruction CREATE FUNCTION.
SHOW PROCEDURE STATUS	Renvoie les caractéristiques d'une procédure stockée : nom, type, créateur, date de création, date de modification, etc.
SHOW FUNCTION STATUS	Renvoie les caractéristiques d'une fonction stockée : nom, type, créateur, date de création, date de modification, etc.
CALL	Appelle une procédure stockée précédemment définie à l'aide de l'instruction CREATE PROCEDURE.
BEGIN… END	Contient un groupe de plusieurs instructions à exécuter de façon transactionnelle.
DECLARE	Sert à définir des variables locales, des conditions, des routines de gestion et des curseurs.
SET	Sert à modifier les valeurs des variables locales et des variables serveur globales.
SELECT… INTO	Sert à stocker les colonnes indiquées directement dans des variables.
OPEN	Ouvre un curseur.
FETCH	Extrait la ligne suivante à l'aide du curseur spécifié et avance le curseur d'une ligne (position).
CLOSE	Sert à fermer un curseur ouvert.
IF	Instruction conditionnelle de structure IF… THEN… ELSE… END IF.
CASE… WHEN	Structure conditionnelle d'une instruction CASE.

Tableau 17-1 : Liste des instructions de procédures stockées prises en charge par MySQL 5.0	
Instruction	**Description**
LOOP	Structure de boucle simple. La sortie de la boucle se fait à l'aide de l'instruction LEAVE.
LEAVE	Sert à sortir des instructions IF, CASE, LOOP, REPEAT et WHILE.
ITERATE	Fait revenir au début d'une boucle.
REPEAT	Boucle avec test conditionnel à la fin.
WHILE	Boucle avec test conditionnel au début.
RETURNS	Renvoie une valeur d'une fonction stockée.

17.4 Les déclencheurs (triggers)

Définition

Les déclencheurs ou triggers sont un type particulier de procédures stockées. Comme les autres procédures stockées, ils contiennent des ensembles d'instructions SQL enregistrées en tant qu'objets dans une base de données. Ils sont associés à des actions de modification des informations (événements DELETE, INSERT et UPDATE) sur une table spécifique. Ils ne sont jamais exécutés directement. Un déclencheur créé sur une table est lancé automatiquement. Ce type d'approche permet d'appliquer des règles d'intégrité référentielle ainsi que des règles de gestion trop complexes à mettre en œuvre avec des contraintes. Les triggers fonctionnent avec des pseudo-tables, OLD et NEW, qui contiennent les données en cours d'insertion, de mise à jour et/ou de suppression.

Critères d'un trigger

Un déclencheur doit répondre aux critères suivants :

- Association avec une table : un déclencheur doit être défini sur une table spécifique, appelée "table du déclencheur".
- Appel automatique : lorsqu'un déclencheur a été défini sur une table pour des opérations d'insertion, de modification ou de suppression, il est exécuté automatiquement dès que l'une de ces opérations est exécutée sur la table. Il est impossible d'éviter l'exécution d'un déclencheur une fois qu'il a été défini.

- Appel direct : un déclencheur ne peut pas être stocké directement, à la différence des procédures stockées classiques.
- Exécution au sein d'une transaction : le déclencheur et l'instruction ayant provoqué son exécution sont traités comme une seule transaction, annulable à tout moment. Lorsque vous définissez un déclencheur, vous pouvez y inclure une instruction ROLLBACK TRANSACTION, même si elle ne s'accompagne d'aucune instruction BEGIN TRANSACTION explicite. L'instruction qui provoque l'exécution du déclencheur démarre en fait une transaction implicite si aucune instruction BEGIN TRANSACTION n'a été exécutée de manière explicite.

L'instruction ROLLBACK TRANSACTION

Si un déclencheur contenant une instruction ROLLBACK TRANSACTION est lancé dans une transaction définie par l'utilisateur, l'instruction en question annule l'ensemble de la transaction. Selon le même principe, si un déclencheur contenant une instruction ROLLBACK TRANSACTION est lancé dans un lot d'instructions, cette instruction annule le lot entier. Les instructions suivantes ne sont alors pas exécutées.

En fait, il est préférable d'éviter au maximum d'utiliser des instructions ROLLBACK TRANSACTION dans le code des déclencheurs. Lorsqu'une transaction est annulée, cela engendre une charge de travail supplémentaire. En effet, tous les traitements qui ont été réalisés jusqu'à cette partie de la transaction doivent être annulés. Cela nuit forcément aux performances du système. Il est préférable de vérifier et de valider, dans la mesure du possible, les informations avant de démarrer la transaction. Une tentative de suppression d'un client ayant des commandes en cours, par exemple, peut être contrecarrée par un déclencheur exécutant une instruction ROLLBACK TRANSACTION. Pour éviter cela, vous pouvez vérifier, avant de lancer l'instruction DELETE sur l'enregistrement d'un client par exemple, que celui-ci n'a pas de commandes en cours d'exécution. Vous éviterez ainsi l'échec de l'instruction DELETE et l'annulation de la transaction.

Syntaxe

Les triggers peuvent être déclenchés avant que l'événement associé survienne (BEFORE) ou après sa survenue (AFTER). D'après la norme SQL 3, la syntaxe d'un trigger est la suivante :

```
CREATE TRIGGER nom_trigger
{BEFORE | AFTER} {INSERT | UPDATE | DELETE}
ON nom_table
code
```

Contexte d'utilisation des déclencheurs

Les déclencheurs ne servent pas à renvoyer des résultats de requêtes mais à maintenir une intégrité des données de bas niveau. Leur principal avantage réside dans le fait qu'ils peuvent contenir une logique de traitement complexe. Il ne faut les employer que lorsque les contraintes ne répondent pas à vos besoins spécifiques. Leur champ d'utilisation est assez vaste. Vous pouvez avoir recours aux triggers pour, notamment :

- effectuer des suppressions en cascade ;
- formater des données ;
- l'auto-incrémentation de clés ;
- abandonner une suppression si elle entraîne des lignes orphelines ;
- traiter des associations provenant de modèles quelque peu complexes intégrant des relations de 1 à n (voir le modèle entité/association), des anti-relations, etc.

Utiliser ou non les triggers

Si vous n'employez pas de modèles complexes faisant intervenir les relations citées précédemment et que vous ayez bien "mis en place" l'intégrité référentielle de votre base, vous pouvez vous passer des triggers. Mais vu les nombreux avantages, la souplesse d'exécution, la sécurité, la concision du code qu'ils offrent, il serait dommage de s'en priver.

Les contraintes : définition

Il est difficile de parler de déclencheurs et de procédures stockées sans évoquer les contraintes.

Vous pouvez définir des contraintes avec les instructions `CREATE TABLE` et `ALTER TABLE`. Il est possible d'ajouter des contraintes à une table contenant déjà des données et de les appliquer à une ou plusieurs colonnes. Vous devez pour cela prendre les points suivants en considération :

- Une contrainte définie sur une seule colonne ne peut référencer que la colonne en question. Il s'agit alors d'une contrainte de niveau colonne.
- Une contrainte peut référencer une seule ou plusieurs colonnes. Dans ce dernier cas, on parle de contrainte de niveau table.
- Une contrainte `DEFAULT` ne peut être que de niveau colonne.

- Une contrainte CHECK de niveau colonne ne peut référencer qu'une seule colonne.
- Une contrainte CHECK de niveau table peut référencer toutes les colonnes de la table.
- Une contrainte ne peut référencer les colonnes des autres tables.

Syntaxe partielle de définition d'une contrainte

```
CREATE TABLE programmation
(        { <definition_colonne>
        | <contrainte_table>}
        [,...n]
)

ALTER TABLE programmation
        ADD { <definition_colonne> } [,...n]
        | [WITH CHECK | WITH NOCHECK] ADD
{<contrainte_table>
|[CONSTRAINT nom_contrainte]
DEFAULT expression_constante FOR nom_colonne
} [,...n]
        | DROP {[CONSTRAINT] nom_contrainte} [,...n]
        | CHECK | NOCHECK} CONSTRAINT
           {ALL | nom_contrainte[,...n]}
```

Les éléments <definition_colonne> et <contrainte_table> respectent la syntaxe suivante :

```
<definition_colonne> ::= {nom_colonne type_données}
|[CONSTRAINT nom_contrainte]
{ DEFAULT expression_constante
| CHECK (expression_logique)
| PRIMARY KEY [CLUSTERED | NON CLUSTERED]
| UNIQUE [CLUSTERED | NON CLUSTERED] (colonne[,...n])
| [FOREIGN KEY] REFERENCES table_referencee
✂ [(colonne_referencee)]
}]
[...n]
<contrainte_table> ::=
[CONSTRAINT nom_contrainte]
{ CHECK (expression_logique)
| PRIMARY KEY [CLUSTERED | NON CLUSTERED] (colonne[,...n])
| UNIQUE [CLUSTERED | NON CLUSTERED] (colonne[,...])
| FOREIGN KEY
(colonne[,...n])
REFERENCES table_referencee [(colonne_referencee[,...n])]
}
```

17.5 Migration

Sous MySQL, vous pouvez être amener à changer l'emplacement du répertoire de données ou les éléments qui le constituent, pour plusieurs raisons :

- Le répertoire de données a besoin d'être rangé dans un emplacement de plus grande capacité que celui où il a été enregistré par défaut.
- Le disque où se trouve le répertoire de données étant très sollicité, ce dernier doit être rangé sur une unité moins active de sorte que la charge soit mieux répartie. Vous pouvez notamment mettre les bases de données ainsi que les fichiers *.log* (fichiers de connexion) sur des disques ou des unités séparés. Vous pouvez aussi distribuer vos bases de données de la même manière.
- Vous choisissez d'exécuter plusieurs serveurs ayant chacun un répertoire de données distinct. Cette méthode permet, par exemple, de contourner des problèmes liés aux limites du descripteur de fichiers associé à chaque processus.
- Certains systèmes d'exploitation stockent les fichiers PID du serveur dans un répertoire spécifique. Le fait de placer le fichier PID de MySQL dans ce même répertoire contribue à l'homogénéité de l'ensemble.

Les méthodes de déplacement du répertoire de données

Globalement, vous disposez de deux méthodes pour déplacer le répertoire de données de MySQL.

Spécifier une option

La première consiste à définir l'option ad hoc au démarrage du serveur, soit en ligne de commandes, soit en l'insérant dans le fichier d'options du groupe `[mysqld]`, soit en l'intégrant dans un script de démarrage.

Déplacer l'élément

La seconde méthode consiste à déplacer tout ou partie du répertoire de données. Ensuite, vous devez créer un lien symbolique depuis l'emplacement d'origine et qui pointe sur le nouvel emplacement.

Cependant, l'une et l'autre méthode ne fonctionnent pas dans certains cas de figure. Le tableau qui suit décrit les éléments qui peuvent être déplacés et de quelle manière (avec quelle méthode).

Tableau 17-2 : Éléments du répertoire de données pouvant être déplacés et méthode à utiliser	
Élément du répertoire de données	**Méthode de déplacement**
Fichier *.log* de mise à jour	Option au démarrage du serveur
Fichier *.log* général	Option au démarrage du serveur
Fichier PID	Option au démarrage du serveur
Répertoire entier de données	Déplacement "physique" avec lien symbolique ou option au démarrage du serveur
Répertoire individuel de bases de données	Lien symbolique
Table individuelle de bases de données	Lien symbolique

Déplacer le répertoire

1. Commencez par arrêter le serveur.
2. Puis déplacez le répertoire de données de MySQL à l'aide des commandes classiques du système.
3. Supprimez ensuite le répertoire original et remplacez-le par un lien symbolique pointant vers le nouvel emplacement.

Là encore, vous pouvez redémarrer le serveur en spécifiant sous forme d'option le nouvel endroit.

Déplacer les tables et bases de données

Vous ne pouvez déplacer les bases de données et les tables qu'en ayant recours à la méthode du lien symbolique. Mais il est peu prudent de déplacer les tables. Cela peut entraîner des confusions et altérer les données. Il est fortement conseillé de les laisser dans le répertoire de base de données. Les bases de données, par contre, peuvent être déplacées sans que cela entraîne de complication particulière. Voici comment procéder :

1. Commencez par arrêter le serveur.
2. Copiez ensuite le répertoire de la base à l'emplacement de votre choix.
3. Supprimez la base originale pour la remplacer par un lien symbolique vers le répertoire où elle se trouve désormais.

Migration des bases de données

La migration de vos bases de données et des traitements associés est légèrement plus délicate que le simple déplacement d'un répertoire de stockage. Dans un monde (informatique) idéal, la norme SQL serait complète et reconnue comme parfaite par tous, et toutes les implémentations SQL la respecteraient. La migration des bases et des traitements serait alors un véritable jeu d'enfant. Mais la réalité est très différente, malheureusement. Il est peu probable qu'il existe ne serait ce que deux implémentations du langage SQL totalement compatibles entre elles, c'est-à-dire telles que l'on puisse indifféremment porter du code de l'une vers l'autre.

Il est plus réaliste de parler de "dialectes" (au pluriel) que de langage (au singulier) SQL. Certains éléments de chaque implémentation peuvent être portables, mais pas tous. Pour porter bases et code à moindres frais d'une implémentation à l'autre, il faut essayer de n'utiliser que ce qui est à la norme SQL. Vous devez éviter de toucher à toutes les fonctionnalités, même puissantes, qui ne respectent pas ladite norme. Par conséquent, vous ne pourrez pas profiter des spécificités les plus intéressantes de chaque dialecte. Le choix ne sera sans doute jamais simple à faire.

17.6 Les trucs et astuces

Que choisir ? Contraintes, procédures stockées ou déclencheurs ?

C'est à vous de déterminer, en fonction des besoins de votre application, la meilleure solution dans un cas donné. Si votre souci principal est la portabilité, votre choix doit peut-être se porter sur les contraintes. Mais certaines tâches, plus complexes que les autres, nécessitent l'emploi de procédures stockées ou de déclencheurs. Cela ne veut pas dire pour autant que votre code ne sera plus du tout portable. Les procédures stockées de MySQL 5 respectent la norme SQL 2003 et sont donc, au moins en théorie, portables sur les SGBDR SQL qui la suivent également.

Verrou ou transaction ?

D'aucuns pourraient penser qu'il est plus simple de poser un verrou sur une table ou sur un enregistrement que d'avoir recours à une transaction. MySQL intègrent les verrous, mais ce n'est pas le cas de toutes les implémentations du langage SQL. De plus, les verrous sont des mécanismes internes, en principe inaccessibles depuis un simple SGBD. Il est vrai que, dans de véritables situations de parallélisme, où la moindre erreur de gestion de processus concurrents peut avoir des conséquences importantes, ils représentent la seule garantie viable. C'est le cas avec des langages comme ADA, C++, Pascal, C#, et plus particulièrement dans des environnements "industriels".

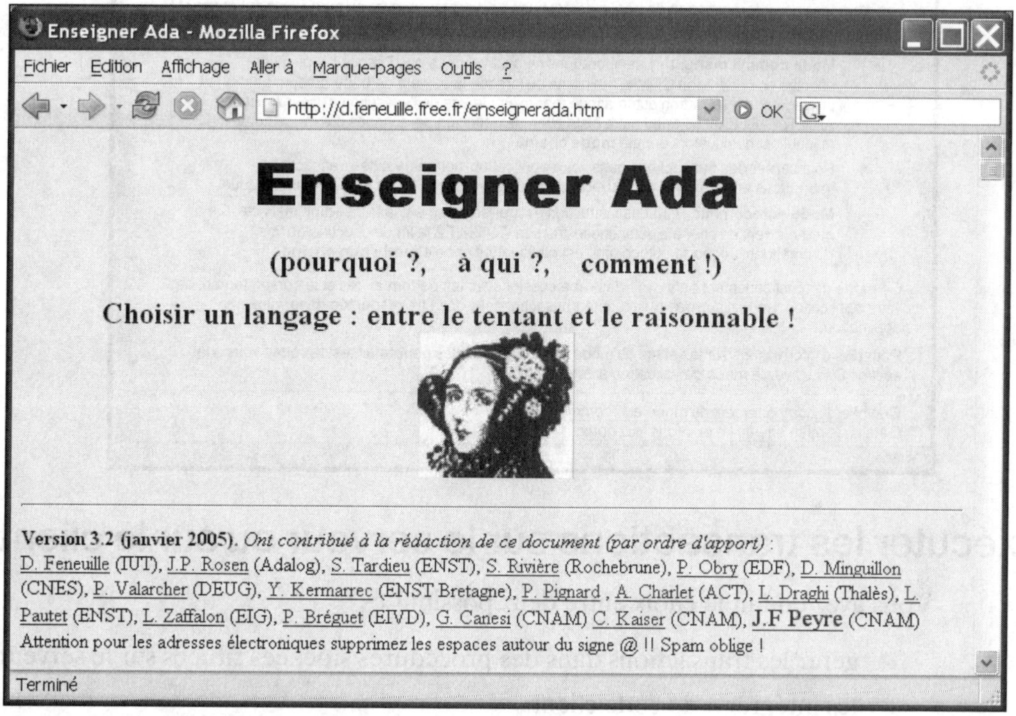

Figure 17-10 : *Le langage ADA*

Piloter une transaction

Une transaction doit posséder un ordre COMMIT ou ROLLBACK, sans quoi elle perdure jusqu'à ce que l'utilisateur se déconnecte.

D'après la norme, toute connexion à un SGBDR ouvre une transaction. C'est vrai sur certains serveurs, faux sur d'autres. SQL Server, par exemple, travaille en AUTOCOMMIT. Cela veut dire que chaque ordre SQL constitue une transaction en soi, qui est immédiatement auto-validée ou auto-annulée.

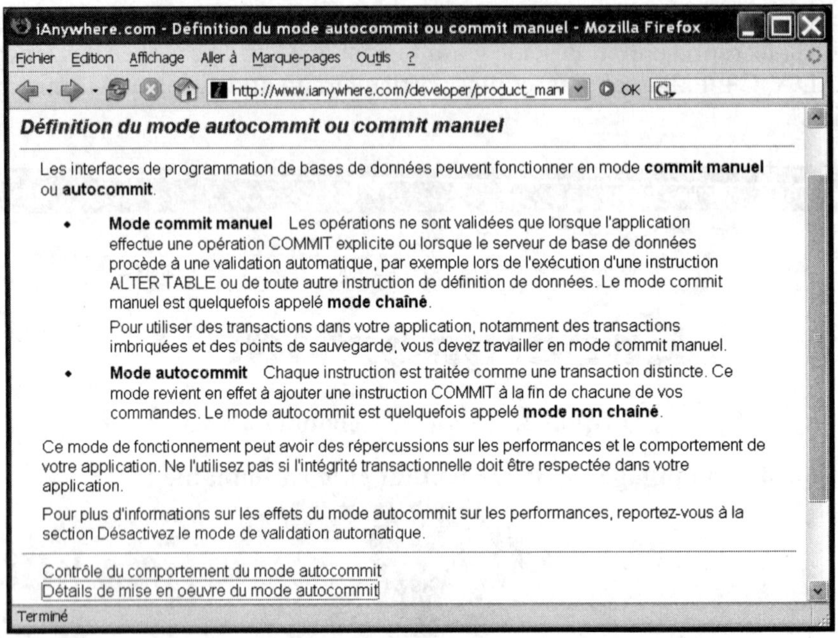

Figure 17-11 : *AUTOCOMMIT ou COMMIT manuel*

Exécuter les transactions sur le serveur ou sur le client ?

Vous avez en fait le choix entre deux possibilités :

- gérer les transactions dans des procédures stockées situées sur le serveur ;
- les intégrer à du code client.

Si vous manipulez les langages de programmation structurés plus ou moins orientés objet, comme Delphi, C++, Java ou C#, vous pourriez être tenté de manipuler des transactions depuis un code client. Cette solution peut s'avérer efficace mais dangereuse, entraînant au pire le blocage total du serveur. La raison en est la suivante : lorsque vous débutez une transaction, MySQL va poser les verrous adéquats sur les ressources employées ; si, pour une raison ou une autre, le code client n'est pas exécuté jusqu'au bout et les instructions COMMIT ou ROLLBACK ignorées, les ressources restent bloquées et les autres clients sont alors dans l'impossibilité d'y accéder jusqu'à la fin "anormale" du processus. Il est donc préférable, et bien moins risqué, de travailler sur le serveur. Il faut aussi faire en sorte qu'une procédure ne soit jamais en situation indéfinie d'attente d'une manipulation de l'utilisateur, avec verrouillage des ressources à la clé. Sinon, vous vous retrouverez vite avec une file d'attente monstrueuse entraînant un ralentissement général des traitements, voire un interblocage.

En conclusion, il est préférable de placer les transactions dans une procédure stockée s'exécutant sur le serveur.

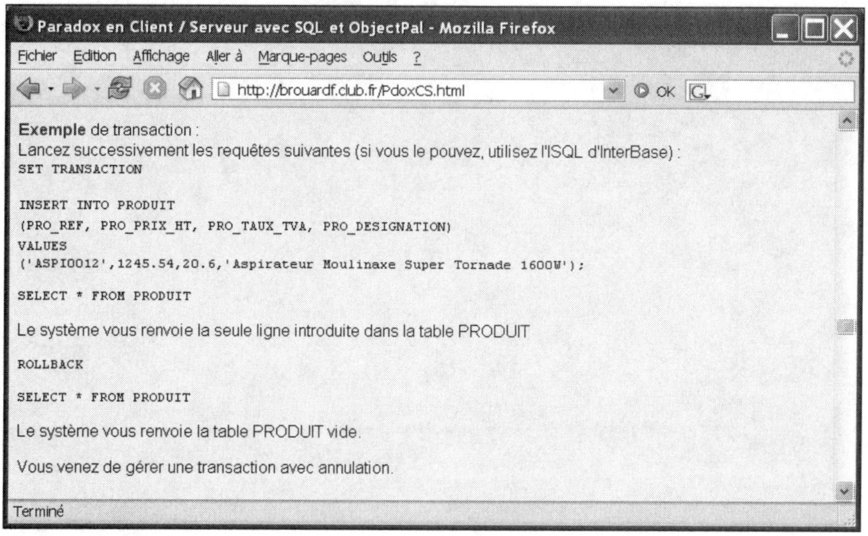

Figure 17-12 : *Transactions sur le serveur*

17.7 En bref

Ce chapitre décrit les fonctions avancées de MySQL, explique comment les utiliser et dans quel contexte. Plus précisément, nous avons expliqué :

- le principe d'atomicité du code ;
- ce qu'est une transaction, comment la créer et l'utiliser ;
- les notions de perméabilité et de niveau d'isolation ;
- les verrous (nous les avons comparés aux autres outils fournis permettant de gérer le parallélisme) ;
- le principe des clés étrangères (foreign keys) ;
- les procédures stockées, leur rôle, leur fonctionnement et l'intérêt à les employer ;
- les triggers (ou déclencheurs), leur rôle, les implications éventuelles de leur utilisation ;
- comment déplacer les données ;
- comment migrer vers une autre implémentation de SQL.

CHAPITRE

18

CMS : Système de gestion de contenu

CHAPITRE

18 CMS : Système de gestion de contenu

18.1 Principe général

Les systèmes de gestion de contenu ou CMS ("Content Management System") sont des interfaces d'administration de sites web dynamiques, facilitant la collecte d'informations, leur gestion et leur diffusion sur Internet.

Ces applications sont généralement des applications web, celles-ci sont donc accessibles depuis Internet, via un simple navigateur web. Ce type d'application est très pratique car il n'impose aucune installation spécifique à son utilisateur. Celui-ci peut, dans ce cas précis, mettre à jour un site Internet sur tout système disposant d'une connexion à Internet et d'un navigateur web.

Le principe fondamental d'un CMS est de séparer le contenu de sa présentation.

Dans un premier temps, cette application va permettre à ses utilisateurs d'ajouter et d'éditer du contenu en ligne, généralement stocké en base de données. Certains CMS, pour cette étape, mettent à disposition de leurs utilisateurs des interfaces, plus ou moins évoluées, leur permettant d'enrichir leur contenu. Pour cela, deux méthodes sont envisageables :

- Par l'insertion de simples balises dans un texte, il est possible d'appliquer à ce dernier des styles de mise en forme, ou encore d'insérer des liens hypertextes, par exemple les balises HTML ou BBcode.
- Par l'utilisation d'un composant WYSIWYG ("What You See Is What You Get", signifiant "ce que vous voyez est ce que vous obtenez") présent dans certains navigateurs. Ce type de composant permet à l'utilisateur de mettre en forme son texte à la souris comme il le ferait avec le logiciel Microsoft Word ou Macromedia Dreamweaver.

Dans un deuxième temps, les utilisateurs de cette application pourront gérer la diffusion de ce contenu, toujours par le biais d'une interface web. Ce type de module permet habituellement de construire une arborescence de site virtuelle, et d'attacher aux pages qui la composent les contenus préalablement enregistrés en base de données. Cette étape a pour but de structurer le site pour faciliter l'accès à l'information. En effet, de cette arborescence découle la navigation sur le site, celle-ci pouvant se faire de trois façons :

- par un menu (HTML ou DHTML) généré par le CMS, matérialisant le plan du site ;
- par un moteur de recherche indexant les pages du site suite à une requête ;
- par un maillage de liens hypertextes stockés dans le contenu des pages.

Dans cette étape de gestion de la diffusion de contenu, les CMS offrent généralement à leurs utilisateurs la possibilité de personnaliser la présentation de leur site, ceux-ci utilisant systématiquement des gabarits ("templates") et des feuilles de styles CSS ("Cascading Style Sheets") dans le but de rendre cette opération relativement simple.

Les CMS offrent enfin une interface de gestion des utilisateurs et de leurs droits. Il est alors possible de protéger un contenu, lors d'un travail collaboratif, en lui affectant des droits de lecture et d'écriture, ou encore de donner des droits de modération à un utilisateur spécifique, qui pourra ainsi valider les publications apportées par d'autres utilisateurs, et les rendre visibles sur le site.

Ces trois fonctionnalités sont communes à tous les CMS. Ils se distinguent alors par leur ergonomie, leurs performances et leurs nombreuses fonctionnalités annexes, par exemple les forums de discussions associés aux articles publiés, permettant ainsi de recueillir des informations supplémentaires apportées par les visiteurs, celles-ci venant enrichir le site.

18.2 SPIP

SPIP ("Système de publication pour l'Internet partagé") est un système de gestion de contenu open source, simple à installer, à utiliser ainsi qu'à administrer. Ce CMS a été pensé pour le travail collaboratif, sur un site de type magazine, c'est-à-dire avec des rubriques et des sous-rubriques dans lesquelles sont insérés des articles.

En plus des fonctions classiques de gestion de contenu et d'une ergonomie simple et bien pensée, SPIP offre à ses utilisateurs d'autres fonctionnalités, par exemple un module de statistiques et un module de forums.

> REMARQUE
>
> **SPIP**
>
> SPIP fonctionne sans problème sur la plateforme PHP/MySQL de Wamp.

Téléchargement de SPIP (v1.8.3)

Deux procédés s'offrent à vous pour déployer SPIP sur votre système.

Téléchargement manuel

1. Téléchargez SPIP sur **http://www.spip.net.**

2. Décompressez l'archive à la racine de votre site web (par exemple *C:\wamp\www\SPIP*).

Téléchargement automatique

1. Téléchargez le fichier *spip_loader.php3* sur **http://www.spip.net**.
2. Placez le fichier *spip_loader.php3* à la racine de votre site web (par exemple *C:\wamp\www\SPIP*).
3. Appelez ce fichier depuis un navigateur web (par exemple : **http://127.0.0.1/SPIP/spip_loader.php3**) et attendez que le chargement se termine.

Si ce script fonctionne, il va récupérer automatiquement l'ensemble des fichiers de SPIP sur le serveur spip.net et démarrer automatiquement la configuration de SPIP.

Figure 18-1 : *Téléchargement automatique de SPIP*

Installation de SPIP

L'installation de SPIP est très facile, elle se fait intégralement en ligne.

1. Dans un navigateur web, appelez le fichier install.php3 placé dans le répertoire *ecrire* à la racine de SPIP (par exemple : **http://127.0.0.1/SPIP/ecrire/install.php3**).

Dès lors, la procédure d'installation "pas à pas" démarre. L'interface de celle-ci est très simple, il vous suffit de renseigner les informations demandées.

REMARQUE

Identifiants base de données

Pour réaliser cette installation, vous devez être en possession des identifiants de connexion à votre base de données.

2. Avant la première étape de cette installation, sélectionnez votre langue (SPIP est traduit dans plusieurs langues) et cliquez sur **Suivant**.

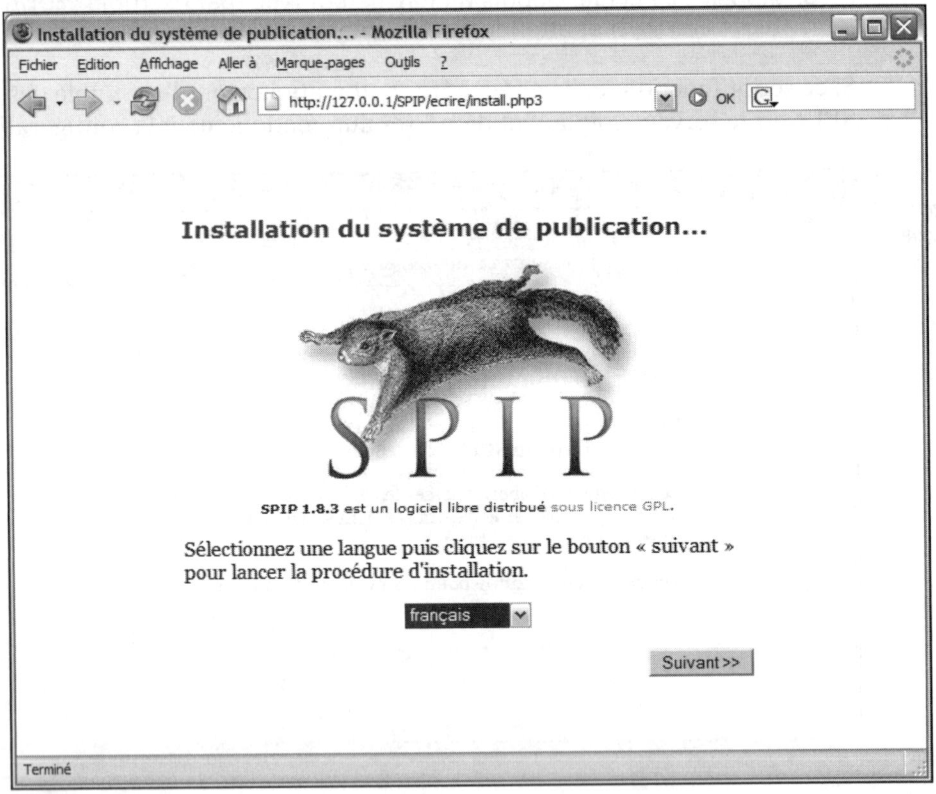

Figure 18-2 : *Début de l'installation : Choix de la langue*

3. Renseignez les informations nécessaires à SPIP pour se connecter à votre base MySQL. Ces informations sont les suivantes :
   - l'adresse de la base de données (le nom de l'hôte, par exemple *localhost*) ;
   - le login de connexion ;
   - le mot de passe de connexion.

4. Une fois ce formulaire rempli, cliquez sur **Suivant**.

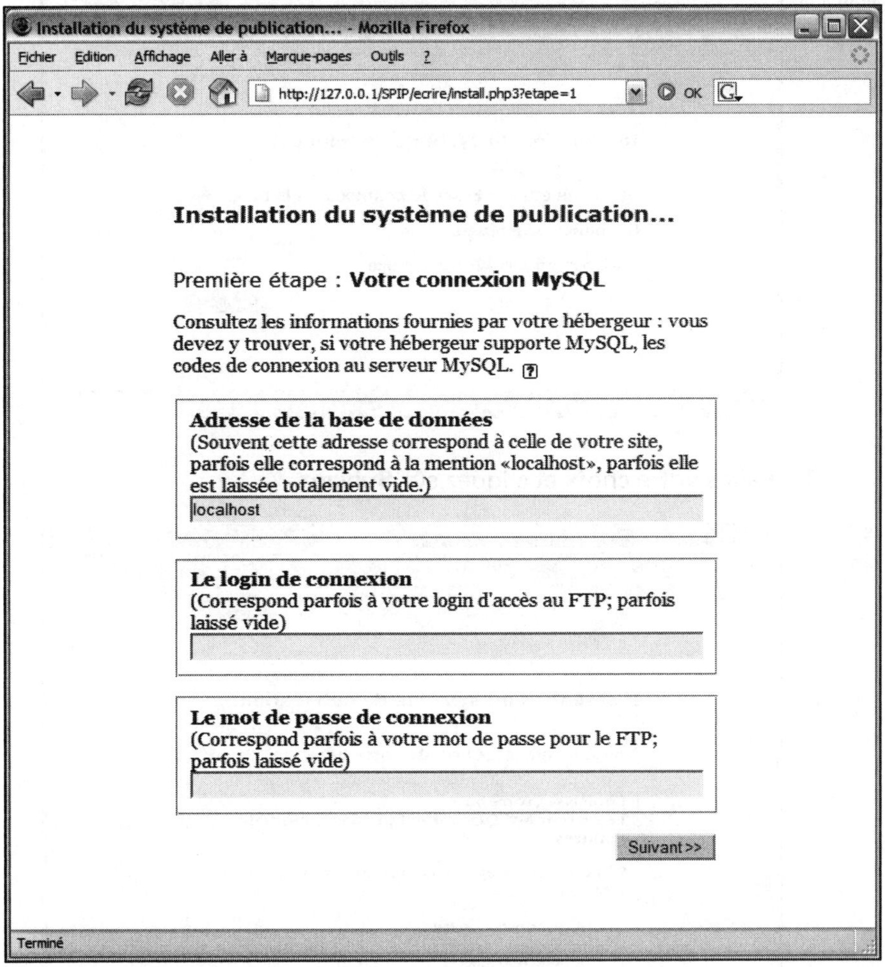

Figure 18-3 : *Votre connexion MySQL*

5. Réalisez un test de connexion à la base de données, afin de vérifier que les informations précédemment renseignées sont exactes. Une fois ce test réussi, cliquez sur **Suivant** (voir fig. 18-4).

Vous devez maintenant choisir la base de données qui va contenir les tables de SPIP. Cette page affiche les bases existantes pouvant être réutilisées, ainsi qu'un champ libre pour spécifier le nom d'une nouvelle base à créer. Dans cet exemple une nouvelle base est créée et porte le nom *spip*.

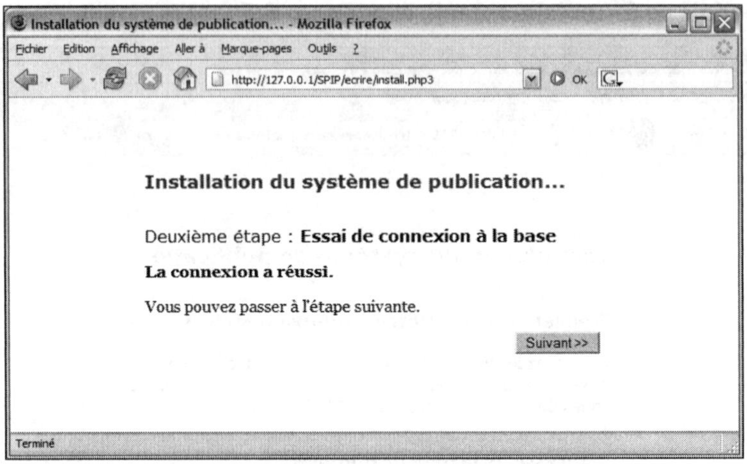

Figure 18-4 : *Essai de connexion à la base*

6. Faites votre choix et cliquez sur **Suivant**.

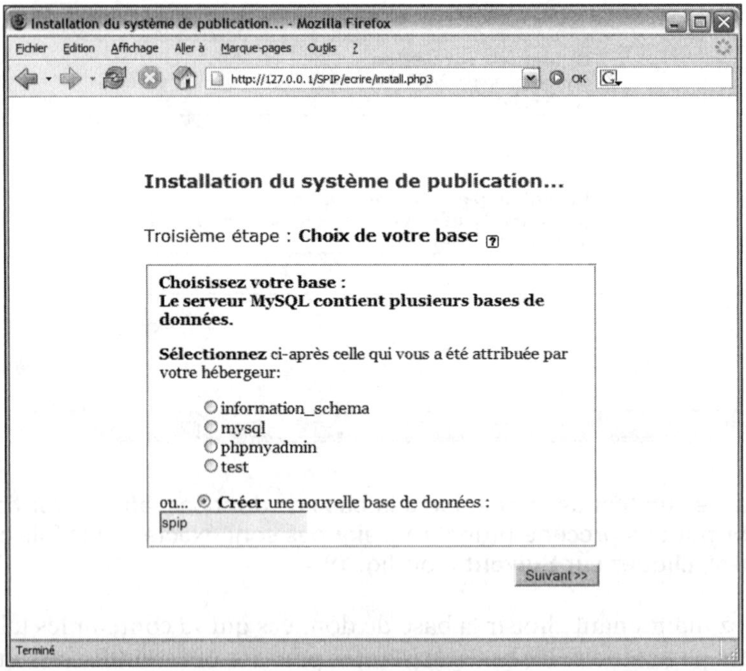

Figure 18-5 : *Choix de votre base*

Vous êtes informé de l'état de création automatique des tables dans la base de données sélectionnée précédemment.

7. Une fois ces tables correctement créées, cliquez sur **Suivant**.

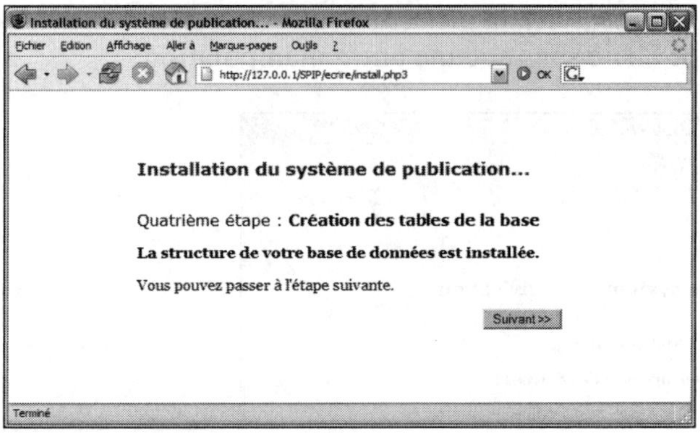

Figure 18-6 : *Création des tables de la base*

Vous allez vous créer un accès personnalisé au site. Quelques informations personnelles vous sont demandées. Ces informations sont les suivantes :

- votre identité publique (identité affichée sur le site) ;
- votre adresse email ;
- votre login de connexion ;
- votre mot de passe de connexion.

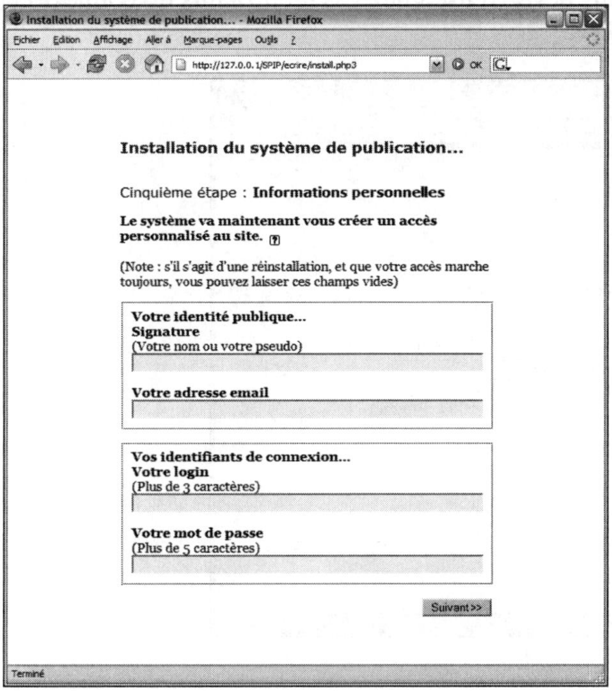

Figure 18-7 : *Informations personnelles*

Si tout s'est bien déroulé jusqu'ici, la procédure d'installation est terminée. Vous pouvez administrer votre site sans aucune autre manipulation.

Figure 18-8 : *Fin de l'installation*

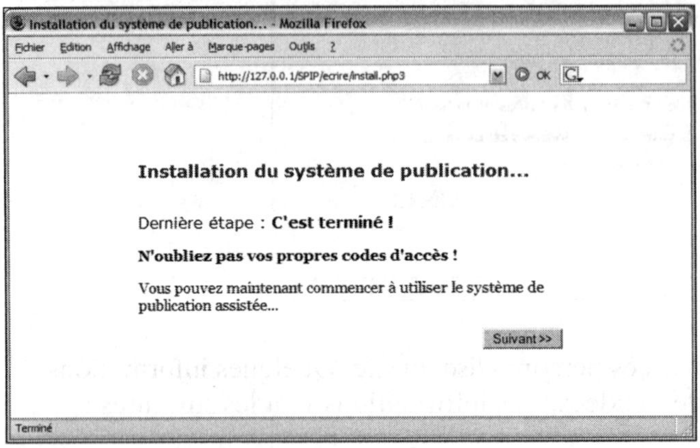

Première utilisation de SPIP

L'accès à l'interface d'administration de SPIP se fait, dans cet exemple, à l'adresse suivante **http://127.0.0.1/SPIP/ecrire/**. L'accès à cet espace privé nécessite une authentification préalable, vous devez renseignez vos identifiants de connexion spécifiés lors de l'installation de SPIP.

Figure 18-9 : *Accès à l'espace privé*

L'interface de cet espace privé est simple et permet d'accéder facilement aux différents modules d'administration par le biais d'une barre d'icônes située sur la partie supérieure de la page. Le point d'entrée par défaut de cette interface est la section *À suivre*. Celle-ci vous présente l'arborescence du site, c'est-à-dire les rubriques et sous-rubriques qui la composent. Lors de la première connexion à cette interface, celle-ci étant vide, SPIP vous propose de créer votre première rubrique pour y ajouter vos articles.

Figure 18-10 : *Espace privé de SPIP*

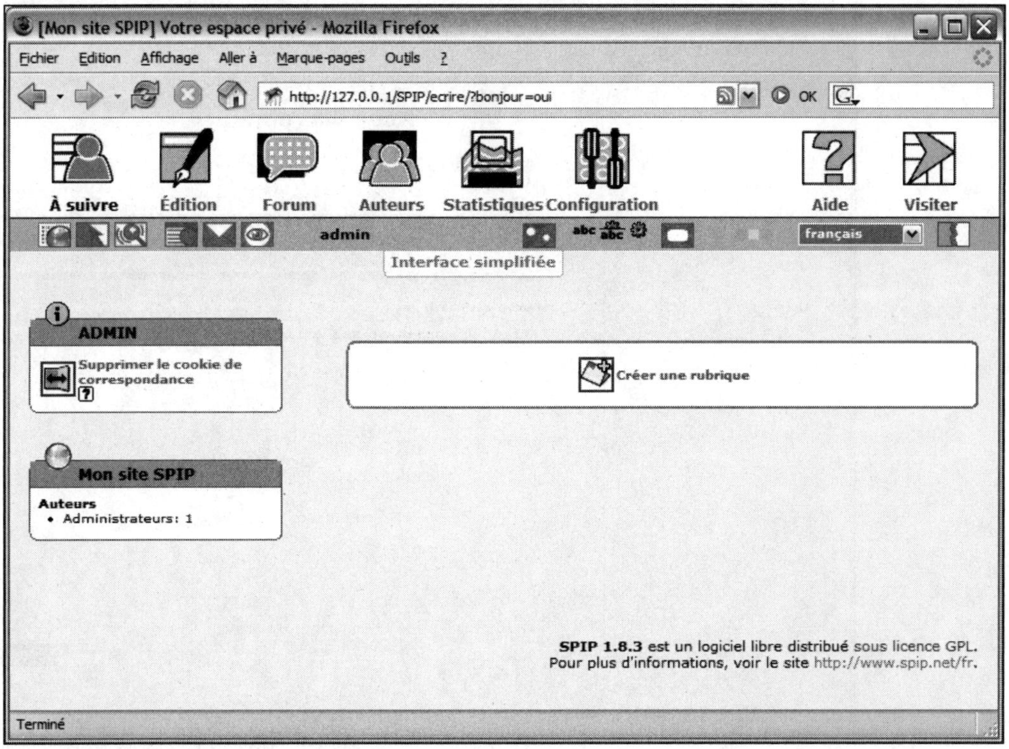

Le formulaire de création de rubriques est très simple ; seules ces trois informations sont recueillies :

- le titre de la rubrique ;
- la position de la rubrique dans l'arborescence (une rubrique pouvant être la sous-rubrique d'une autre) ;
- la description de la rubrique.

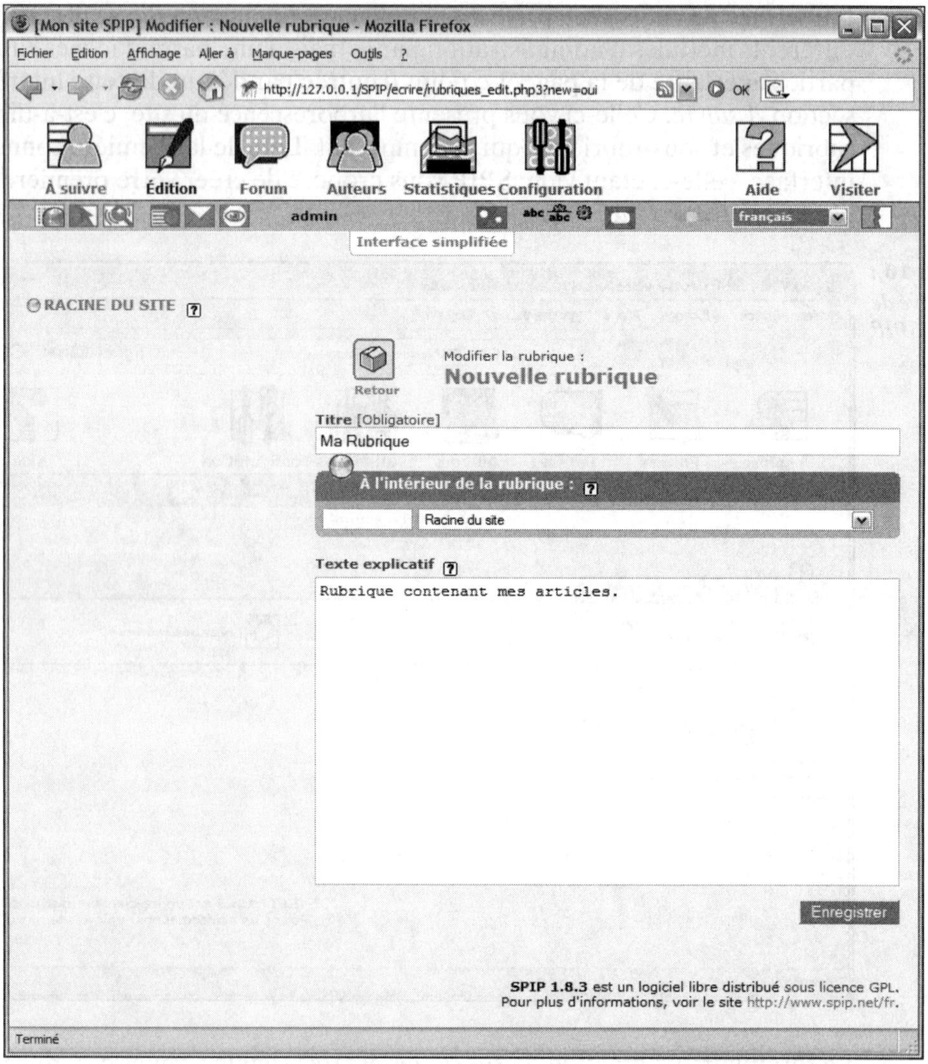

Figure 18-11 : *Formulaire de création de rubriques*

Une fois la rubrique créée, le module de gestion de rubrique vous propose une série d'actions associées à celle-ci :

- la modification de ses informations (titre, position, description) ;
- l'ajout d'une sous-rubrique ;
- l'ajout d'un article ;
- l'ajout d'une brève.

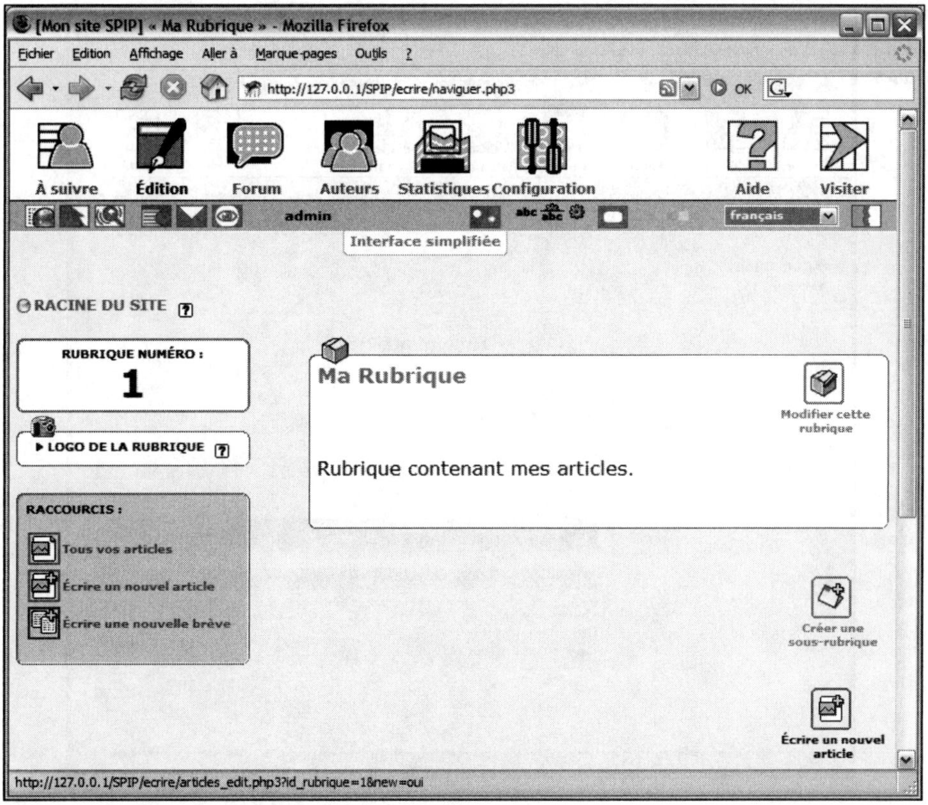

Figure 18-12 : *Module de gestion de rubriques*

Dés lors, vous allez pouvoir alimenter cette rubrique en contenu, par l'intermédiaire d'articles et de brèves. Le formulaire de création d'articles est très simple lui aussi, les informations recueillies étant les suivantes :

- le titre de l'article ;
- le sous-titre de l'article ;
- la position d'article dans cette rubrique, ou ses sous-rubriques ;
- l'introduction de l'article, appelé "chapeau" ;
- le texte de l'article (voir fig. 18-13).

L'information principale ici est le texte, que SPIP permet d'enrichir par l'ajout de balises qui lui sont propres. Celles-ci sont appelées "raccourcis SPIP" et facilitent la mise en page des contenus publiés. Ces raccourcis sont relativement nombreux et vous permettent entres autres de placer en gras des mots importants, de créer des paragraphes ou des listes, ou encore d'insérer des liens hypertextes (voir fig. 18-14).

Figure 18-13 : *Formulaire de création d'articles*

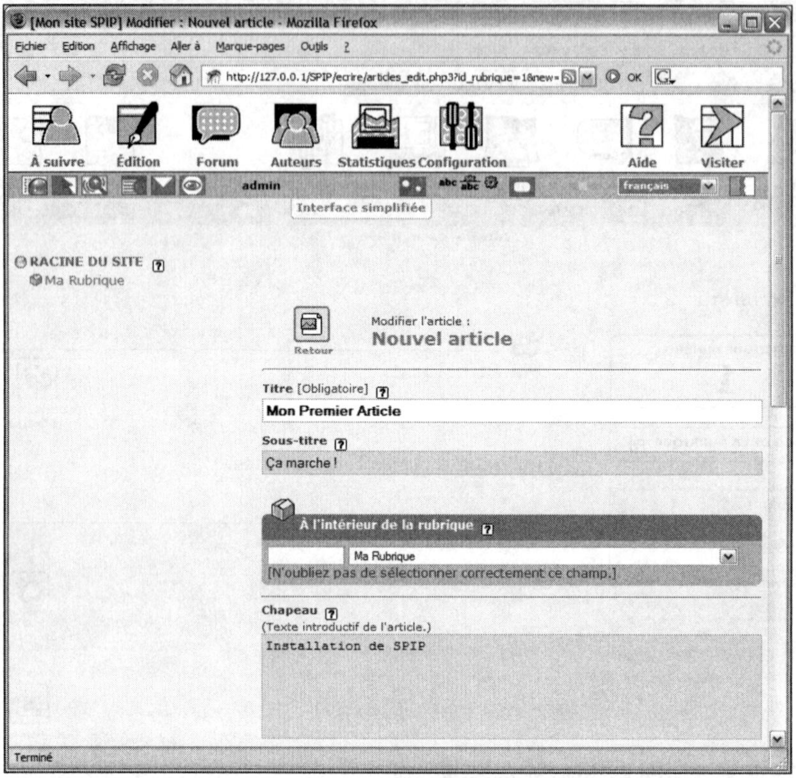

Figure 18-14 : *Ajout de contenu avec des "raccourcis SPIP"*

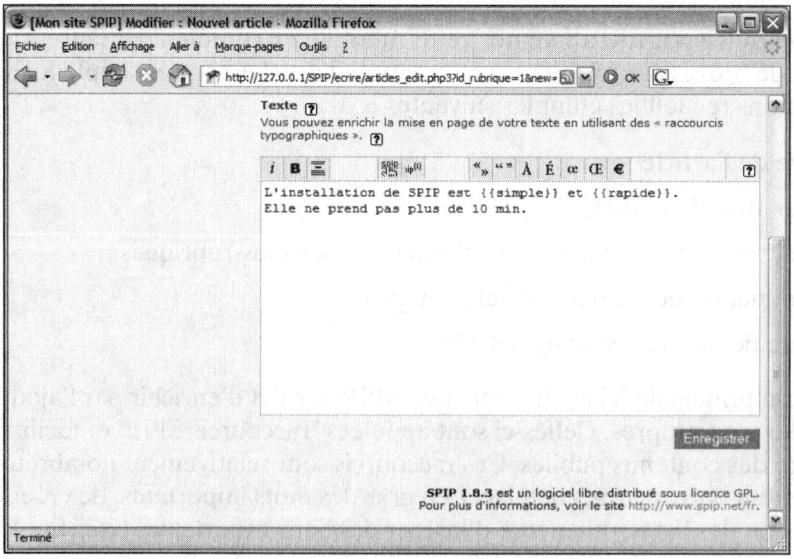

Une fois cet article créé, un module de gestion d'articles dresse un état de celui-ci en affichant une série d'informations lui étant associées :

- son numéro ;
- son titre et son sous-titre ;
- sa date de création ;
- la liste des ses auteurs ;
- son statut de publication ;
- son introduction.

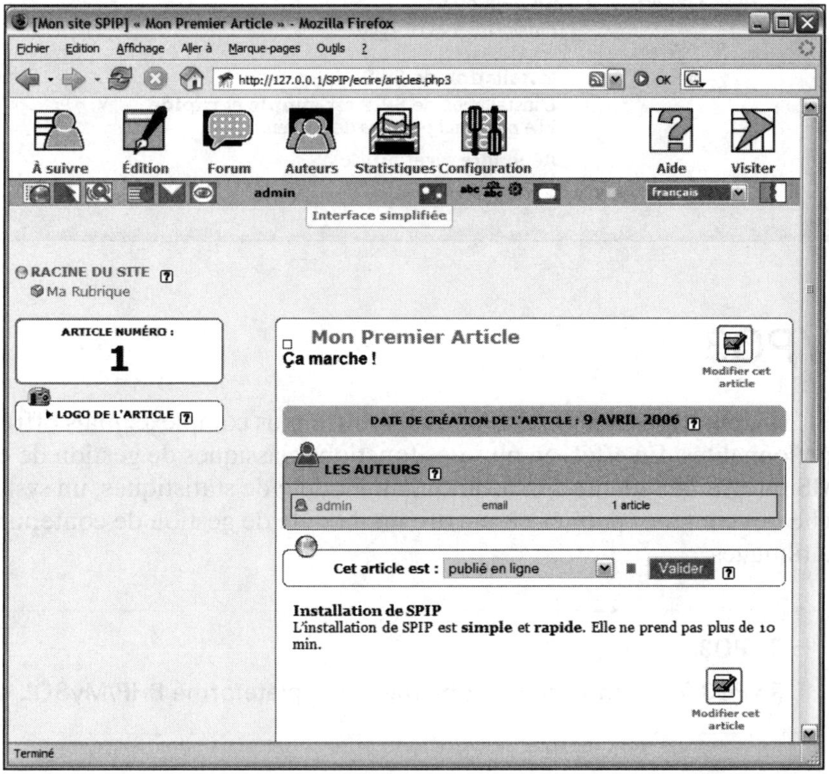

Figure 18-15 : *Gestion et publication d'articles*

Cette interface vous apporte également une série d'actions associées à cet article :

- la modification de l'article ;
- l'aperçu en ligne de l'article ;
- la modification du statut de publication de l'article.

18

Ici, le statut de publication va vous permettre de publier votre premier article, le rendant alors visible sur le site à l'adresse suivante : **http://127.0.0.1/spip/article.php3?id_article=1**.

Figure 18-16 : *Aperçu en ligne de l'article*

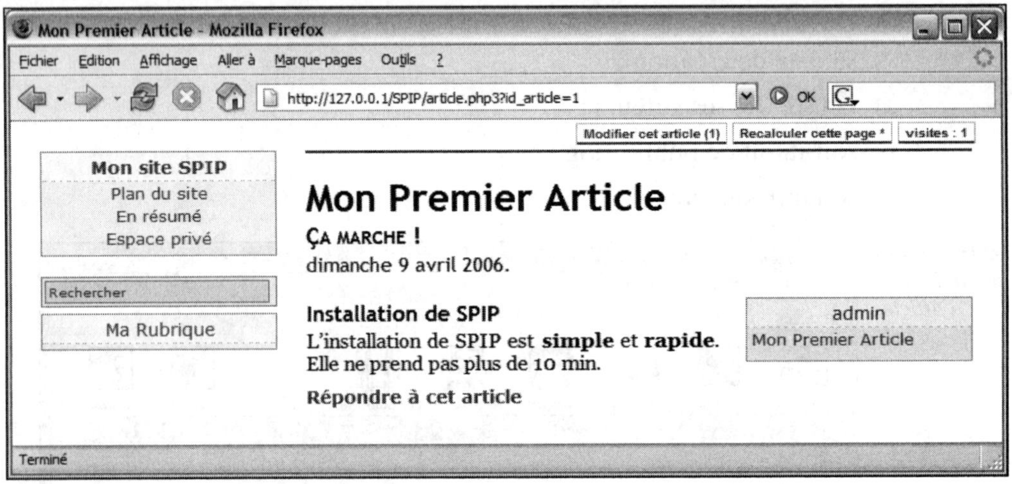

18.3 TYPO3

Ce CMS, par rapport à un SPIP, peut paraître plus complexe, mais offre bien plus de fonctionnalités. En effet, en plus des fonctions classiques de gestion de contenu, ce CMS intègre un moteur d'indexation, un module de statistiques, un système de mise cache des contenus publiés ou encore un module de gestion de contenus multilingues.

REMARQUE

TYPO3

TYPO3 fonctionne sans problème sur la plateforme PHP/MySQL de Wamp.

Téléchargement de TYPO3 (v4.0)

1. Téléchargez les archives *TYPO3 source* et *Dummy* sur **http://typo3.org**.
2. Décompressez ces archives à la racine de votre site web (par exemple : *C:\wamp\www\TYPO3*).

Installation de TYPO3

L'installation de TYPO3 est très facile, elle se fait intégralement en ligne.

1. Dans un navigateur web, appelez la racine de TYPO3 (par exemple : **http://127.0.0.1/TYPO3/**).

Dès lors, la procédure d'installation en trois étapes démarre. L'interface de celle-ci est très simple, il vous suffit de renseigner les informations demandées.

REMARQUE

Identifiants base de données

Pour réaliser cette installation, vous devez être en possession des identifiants de connexion à votre base de donnée.

2. Renseignez les informations nécessaires à TYPO3 pour se connecter à votre base MySQL. Ces informations sont les suivantes :
   - le login de connexion ;
   - le mot de passe de connexion ;
   - l'adresse de la base de données (le nom de l'hôte, par exemple *localhost*).
3. Une fois ce formulaire correctement rempli, cliquez sur **Continue**.

18

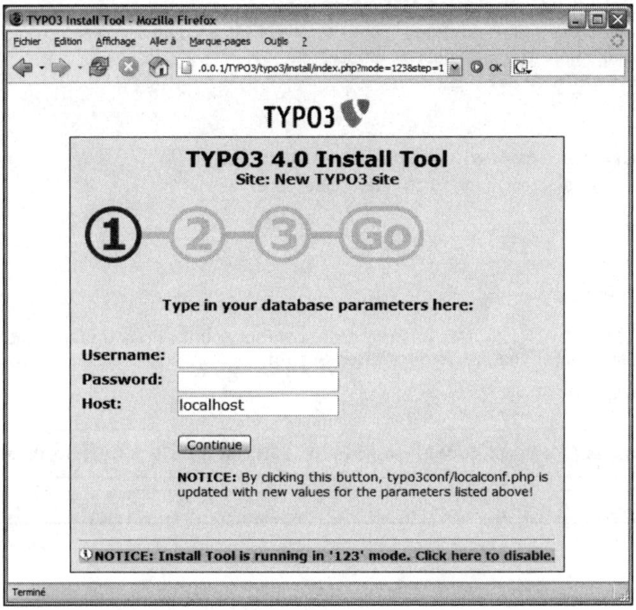

Figure 18-17 : *Vos paramètres de connexion MySQL*

Vous devez choisir la base de données qui contiendra les tables de TYPO3. Cette page affiche alors la liste des bases existantes pouvant être réutilisées, ainsi qu'un champ libre pour spécifier le nom d'une nouvelle base à créer. Dans cet exemple une nouvelle base est créée et porte le nom *typo3*.

4. Faites votre choix et cliquez sur **Continue**.

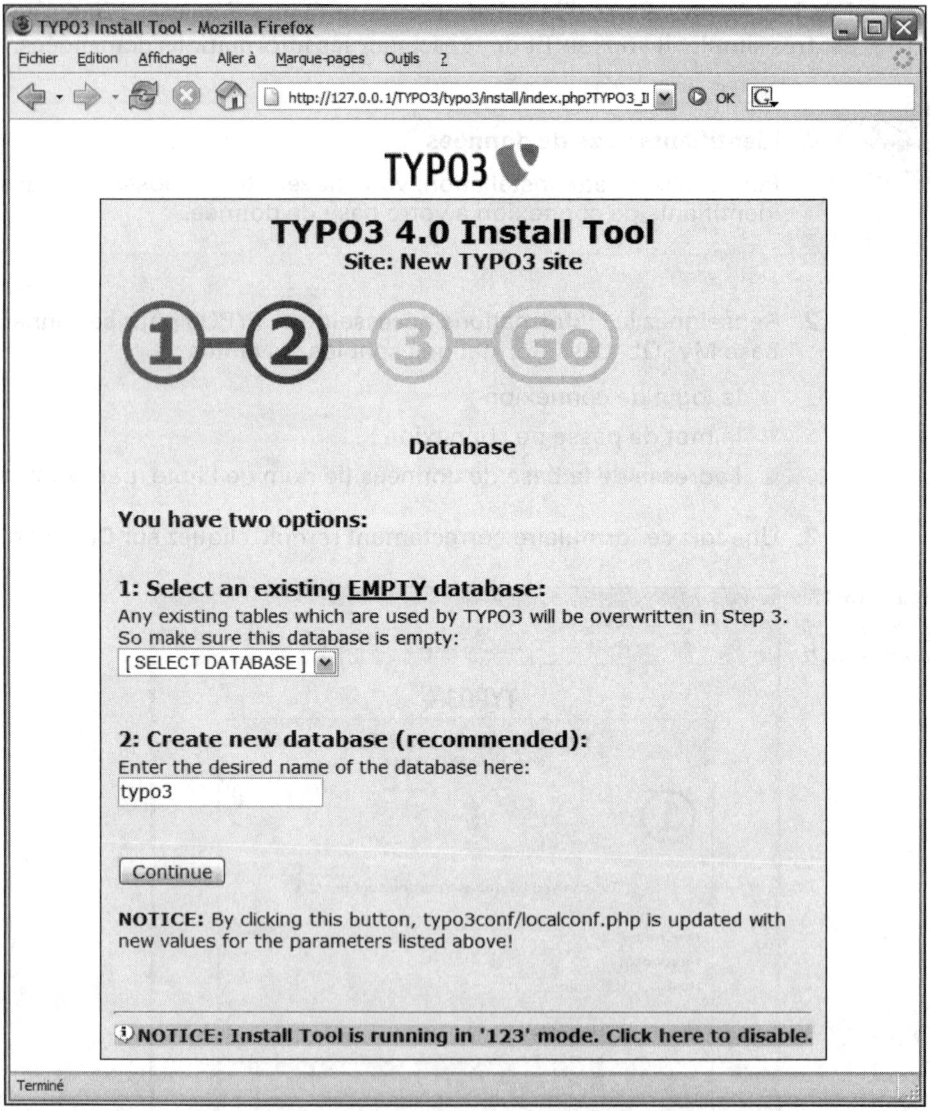

Figure 18-18 : *Choix de votre base de données*

La dernière étape fait office de récapitulatif et de page de validation des informations renseignées dans les autres étapes, avant la création des tables dans la base de données.

5. Si les informations affichées sont exactes, cliquez sur **Continue** pour finaliser l'installation TYPO3.

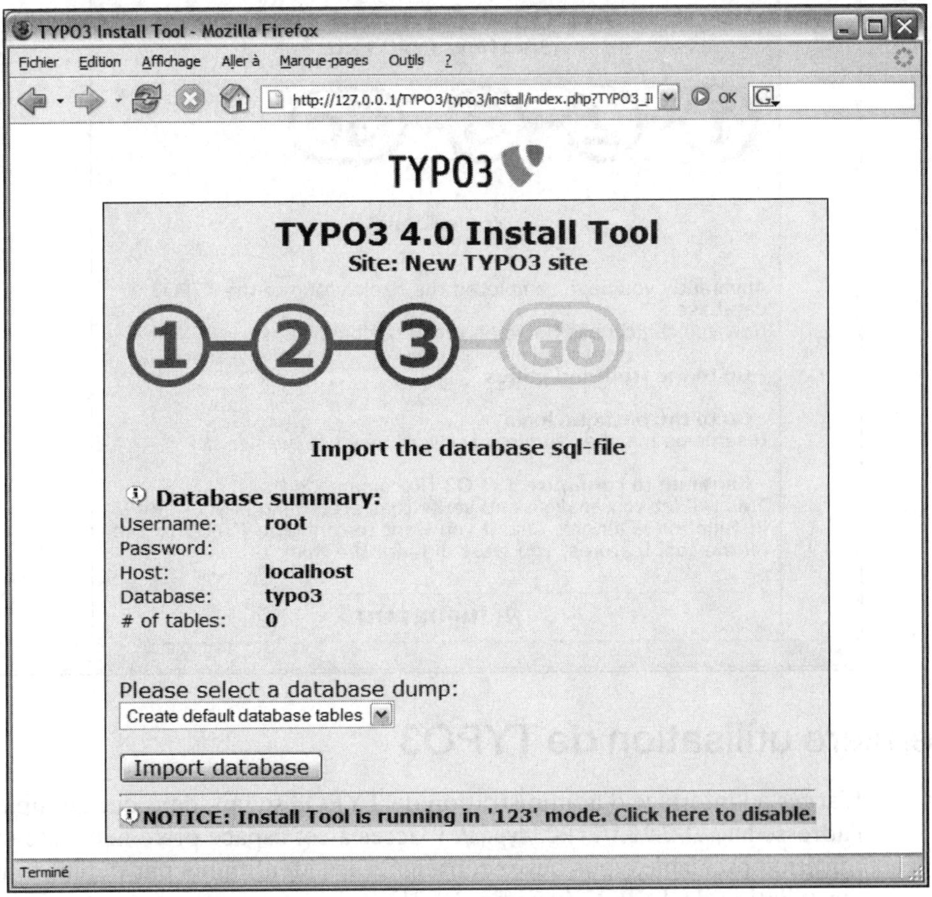

Figure 18-19 : *Importation des données*

Si tout s'est bien déroulé jusqu'ici, la procédure d'installation se termine et vous donne les identifiants de connexion par défaut à l'interface d'administration. Muni de ces identifiants, vous pourrez administrer votre site sans aucune autre manipulation.

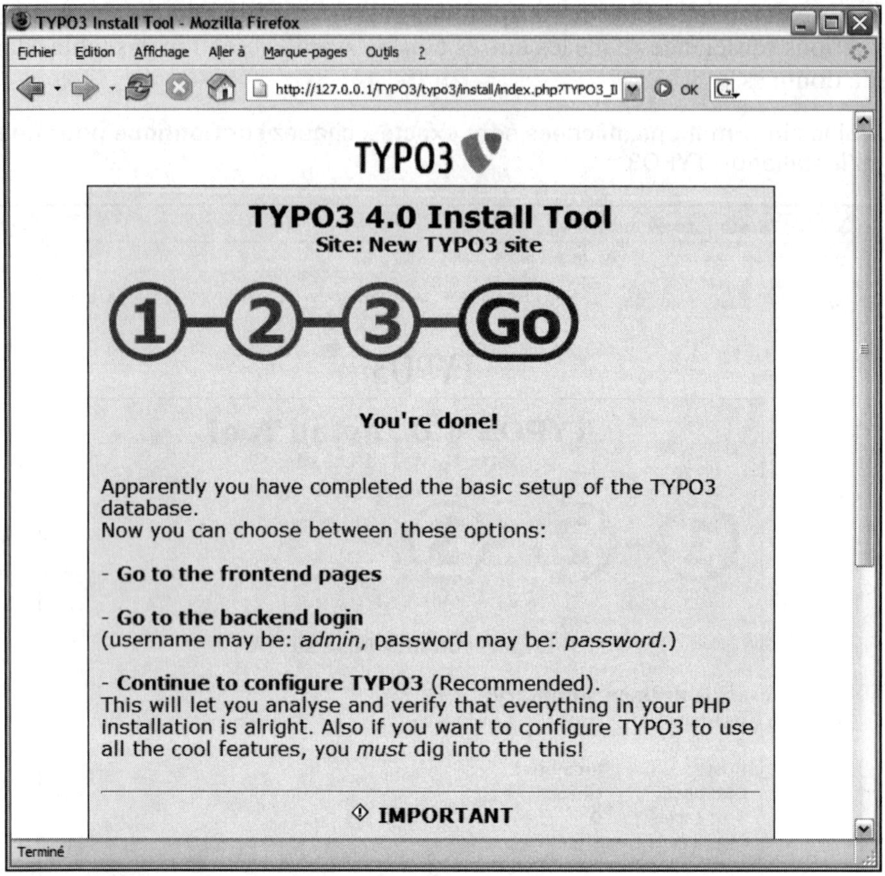

Figure 18-20 : *Fin de l'installation de TYPO3*

Première utilisation de TYPO3

L'accès à l'interface d'administration de TYPO3 se fait, dans cet exemple, à l'adresse **http://127.0.0.1/TYPO3/typo3/**. L'accès à cet espace privé nécessite une authentification préalable, vous devez renseigner les identifiants par défaut fournis lors de l'installation de TYPO3 (voir fig. 18-21).

REMARQUE

L'extension GD et Typo3

Typo3 utilise l'extension GD de PHP et Wamp ne charge pas cette extension par défaut. Vous devez donc l'activer en cliquant sur l'icône *Wamp* affichée dans votre "system tray", puis sur *PHP extensions*, et enfin sur *php_gd2*.

Figure 18-21 : *Accès à l'espace privé*

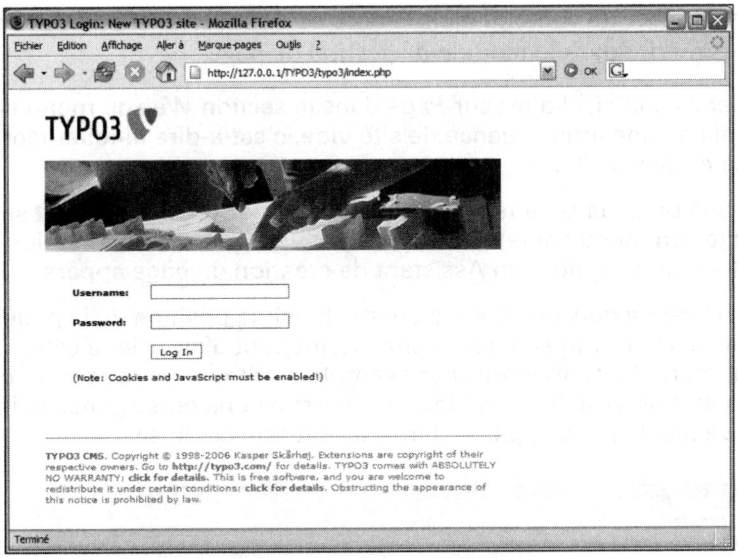

Une fois authentifié, vous constatez que l'interface de TYPO3 est très étoffée, qu'elle est entièrement en anglais et que la navigation se fait par le biais d'un menu placé à gauche de la page. Ce menu étant en accordéon, il vous permet de passer rapidement et simplement d'un module à un autre. La page d'accueil, quant à elle, affiche les éventuels problèmes de configuration détectés par TYPO3, puis dresse la liste complète des modules mis à votre disposition.

Figure 18-22 : *Espace privé de TYPO3*

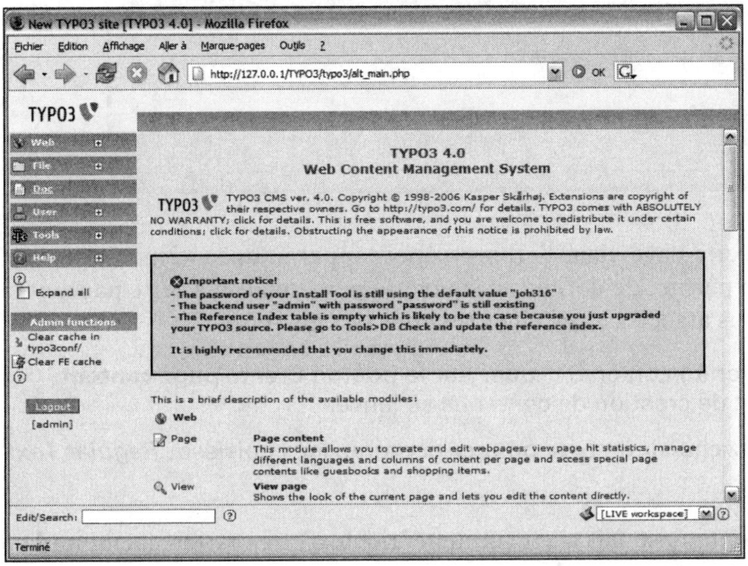

Pour commencer à insérer du contenu dans la base de données de TYPO3, vous devez d'abord vous rendre dans le module de gestion de page.

1. Pour accéder à celui-ci, cliquez sur *Page* dans la section *Web* du menu de gauche. Il affiche une arborescence de site vide, c'est-à-dire uniquement la racine de ce nouveau site.
2. Pour créer une page dans cette arborescence, cliquez du bouton droit sur la racine du site. Un menu contextuel apparaît et vous propose une option *New*. En cliquant sur cette option, un Assistant de création de page apparaît.
3. Cliquez sur *Create a new page*. Vous devez choisir la position de la page dans l'arborescence. Un formulaire est affiché, permettant d'associer à cette page un grand nombre d'informations, par exemple un titre et un sous-titre, ou encore un statut de visibilité. Une fois ces informations renseignées et le formulaire validé, la page apparaît dans l'arborescence du site.

Figure 18-23 : *Création de pages avec TYPO3*

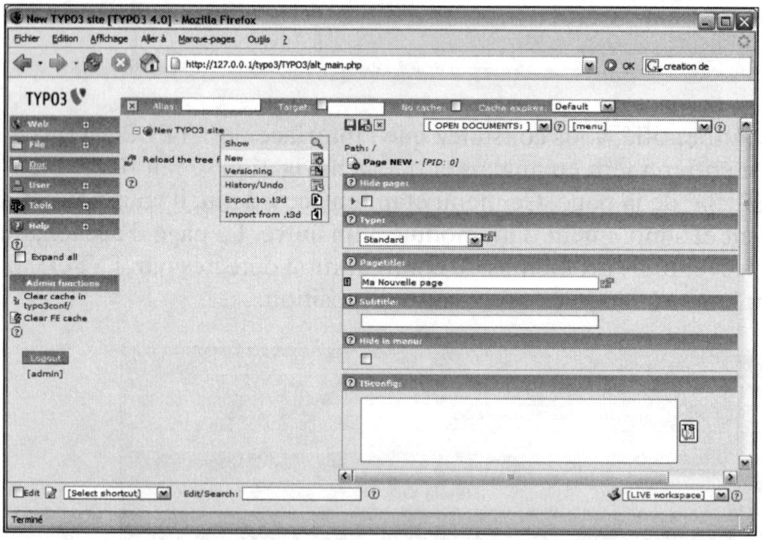

En cliquant sur cette page, dans l'arborescence, apparaît un système de gestion de mise en page qui permet de définir un squelette personnalisé à cette page, et de créer des contenus associés à certaines sections de celle-ci.

4. Pour ajouter un contenu, cliquez sur le bouton **Create page content**. L'Assistant de création de contenus se lance.
5. Vous devez choisir un type pour ce contenu. Ici, choisissez *Regular Text Element*.

La saisie de ce contenu se fait via un éditeur "richtext" très évolué facilitant la mise en page du contenu et son enrichissement.

Figure 18-24 :
Éditeur "richetext" de TYPO3

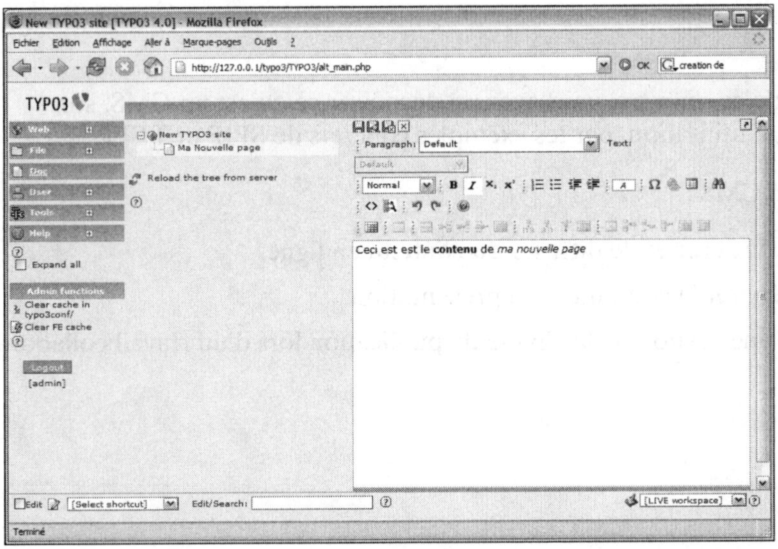

Maintenant que cette nouvelle page est créée et qu'un contenu lui est rattaché, il ne reste plus qu'à lui attribuer un gabarit ("template"). Cette opération se fait dans le module *Template* de la section *Web* du menu de gauche. TYPO3 dispose de quelques gabarits par défaut, il ne vous reste plus qu'à en sélectionner un et à l'attribuer à cette page. Une fois cette opération finalisée, la page peut être consultée sur le site, dans notre exemple à l'adresse **http://127.0.0.1/typo3/**.

Figure 18-25 :
Affichage en ligne de la nouvelle page

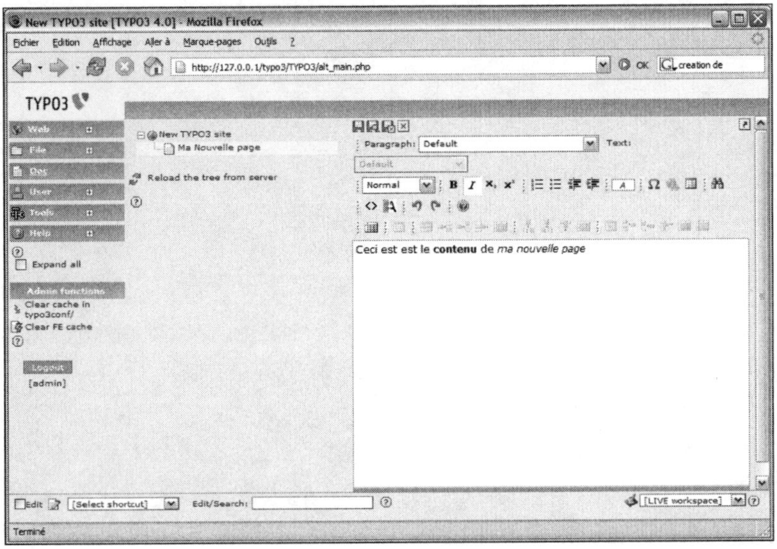

18.4 En bref

Tout au long de ce chapitre, vous avez pu découvrir ce qu'est un CMS, son installation, son utilisation, par les exemples concrets de SPIP et TYPO3.

En résumé, un CMS :

- permet de gérer et de diffuser du contenu en ligne.
- vise à séparer le contenu de la présentation.
- permet une gestion de la chaîne de publication lors d'un travail collaboratif.

CHAPITRE

19

Bonnes pratiques, optimisations et astuces

CHAPITRE 19

Bonnes pratiques, optimisations et astuces

19.1 PHP

Bonnes pratiques

L'importance des commentaires

Il est très important de prendre l'habitude de commenter votre code. En effet :

- Un code qui paraît simple le jour de son écriture peut se révéler incompréhensible plusieurs mois plus tard.
- Vous ne serez peut-être pas la seule personne à travailler sur le programme ; des commentaires seront certainement très appréciés par votre successeur.

L'idéal, quand vous commentez vos sources, est d'inclure les commentaires en haut du script, d'y définir son rôle ainsi que celui des différentes variables et fonctions utilisées. Dans les zones de code plus complexe, il peut également être intéressant d'inclure une petite explication. Dans ce cas, placez le commentaire au-dessus du code à détailler plutôt qu'en fin de ligne.

Organisation du code

Une des clés du succès de vos développements réside dans votre capacité à organiser votre code. La fonction include() et les objets vous permettront à la fois de gagner du temps et de limiter le nombre de bogues en évitant les duplications. Vous gagnerez en clarté et en lisibilité.

De la même manière, un applicatif repose la plupart du temps sur un certain nombre de données centrales. Les données liées à la connexion à la base de données en sont un bon exemple.

Indentation

L'indentation consiste à présenter votre code de manière à le rendre plus lisible. Voyez cet exemple de code non indenté :

```
<?php
$n = 0;
do
{
print($n);
if ($n <= 50)
print("n est inférieur à 50");
else
```

19

```
print("n est supérieur à 50");
}
while ($n < 100)
?>
```

Voici le même code indenté :

```
<?php
$n = 0;
do
{
print($n);
  if ($n <= 50)
     print("n est inférieur à 50");
  else
print("n est supérieur à 50");
}
while ($n < 100)
?>
```

Les deux codes fonctionnent de la même manière, mais la deuxième version permet de se repérer plus facilement au sein du code et des différents blocs (do... while, if... else). L'indentation facilite également la relecture.

Optimisations

L'optimisation d'un code ne doit jamais être réalisée au détriment de la clarté et de la lisibilité de celui-ci. Cette règle est d'autant plus vraie si vous débutez en programmation ou si vous travaillez sur un projet au sein d'un groupe de collaborateurs.

Il est cependant utile de connaître quelques techniques d'optimisation, surtout si votre projet nécessite une rapidité extrême et qu'il doive être employé par un grand nombre d'utilisateurs. Un espace mémoire de 100 ko gaspillé par un script peut en effet se transformer en plusieurs mégaoctets en cas d'afflux important de visiteurs.

Limiter le nombre de variables

Si vous avez besoin de nombreuses variables temporaires et que celles-ci ne soient utilisées que localement (pour une seule instruction, par exemple), essayez de conserver la même variable tout au long du script. Une telle variable est souvent appelée $tmp :

Listing 19-1 : Utilisation de deux variables temporaires : $heures et $minutes

```
$jours = 10;

$heures = 10 * $jours;
echo "nombre de d'heures : $heures";

$minutes = $heures * 60;
echo "nombre de minutes : $minutes";
```

Listing 19-2 : Utilisation d'une seule variable temporaire : $tmp

```
$jours = 10;

$tmp = 10 * $jours;
echo "nombre de d'heures : $tmp";

$tmp *= 60;
echo "nombre de minutes : $tmp";
```

Vous avez vu qu'en programmation, il était souhaitable de passer en variables un grand nombre de paramètres utilisés par vos scripts (notamment tous les paramètres susceptibles d'être modifiés lors d'un changement d'hébergeur). Il ne faut pas cependant tomber dans l'excès inverse et passer toutes les données (tous les paramètres) en variables. Une variable est en effet stockée en mémoire. Plus elles sont présentes dans votre code, plus ce dernier consomme de mémoire lors de son exécution.

L'utilisation de la fonction unset() pour supprimer une variable (et libérer de la mémoire) est également recommandée lorsque la mémoire contient une grande quantité de données. Un tableau offrant par exemple plus de 10 valeurs peut être considéré comme un bon candidat à l'utilisation de unset().

REMARQUE

unset() et NULL

Le passage d'une variable à la valeur NULL aboutit à la même optimisation que l'utilisation de unset().

Utiliser les bons délimiteurs

Quand une chaîne de caractères ne contient pas de variables, utilisez les simples primes :

```
$ch1 = 'bonjour';
$ch2 = "valeur de ch1 : $ch1";
```

Ainsi, vous évitez à l'interpréteur PHP d'essayer de remplacer les variables par leur valeur et économisez des ressources.

Limiter les requêtes aux bases de données

C'est de loin l'optimisation qui vous sera la plus utile. Supprimer une requête superflue est largement plus important que toutes les optimisations syntaxiques. Une requête est en effet très consommatrice de temps et de mémoire.

Si vos requêtes sont indispensables, tentez de les optimiser en utilisant des index sur vos tables ou en choisissant des critères de sélection très stricts. Spécifier les colonnes utiles, au lieu de placer un astérisque (*) dans un SELECT, est également une excellente habitude à prendre.

Les jointures intelligentes et les requêtes imbriquées proposées par MySQL 5 permettent très souvent de limiter le nombre requêtes.

Limiter les accès aux fichiers

Tout comme les requêtes aux bases de données, les accès aux fichiers sont des opérations extrêmement lourdes pour le système. En effet, chaque accès à un fichier met en œuvre un grand nombre de couches de l'environnement : accès au matériel, système de fichiers, gestion des droits (système + PHP), etc. Il convient donc de limiter le plus possible l'utilisation de fonctions telles que fopen(), include(), require(). Là encore, la suppression d'un accès à un fichier est souvent plus efficace que les optimisations syntaxiques. À titre informatif, sachez qu'un accès à une donnée en mémoire vive est cent fois plus rapide qu'un accès sur le disque.

L'accès à un fichier via le réseau est encore plus déconseillé pour les performances. En plus du délai de latence dû au transfert entre les deux machines, les ressources mises en œuvre sont accrues : couches réseau, pare-feu, etc.

Alléger les boucles

Le meilleur moyen d'accélérer l'exécution d'une boucle consiste à ne pas utiliser de fonction au sein de l'expression de contrôle :

```
$tab = array("a","b","c");
for ($i=0; $i<count($tab); $i++) {
  print($tab[$i]."<br/>");
}
```

Dans cet exemple, la fonction count() est appelée à chaque itération de la boucle. Cette façon de procéder n'est pas optimale car la fonction renvoie systématiquement la même valeur. Mieux vaut récupérer le nombre d'éléments une fois pour toutes et utiliser cette valeur au sein de l'expression de contrôle :

```
$tab = array("a","b","c");
$n = count($tab);
for ($i=0; $i<$n; $i++) {
  print($tab[$i]."<br/>");
}
```

Utiliser les références pour les fonctions

Les références ont l'avantage de ne pas dupliquer les variables en mémoire. Une idée répandue consiste donc à penser que tous les paramètres d'une fonction doivent être passés par référence. Cette idée est fausse dans la mesure où PHP parvient à réaliser des optimisations pour ne pas gaspiller de mémoire. Les références doivent être utilisées lorsque le paramètre de la fonction correspond à une donnée qui sera modifiée dans la fonction et exploitée une nouvelle fois dans le reste du code :

```
function double (&$t) {
  foreach ($t as $cle => $valeur) {
    $t[$cle] = $valeur * 2;
  }
}

$tab = array("a"=>1,"b"=>2,"c"=>3);

double ($tab);

// suite du programme utilisant $tab
```

Cet exemple est un cas typique de bonne utilisation des références. Le tableau $tab est d'une part modifié au sein de la fonction double() et d'autre part utilisé dans le reste du programme.

Directive include_path

La directive include_path permet de spécifier un certain nombre de répertoires dans lesquels l'interpréteur cherchera les fichiers à inclure. En limitant le nombre de ces répertoires, vous limitez le temps potentiel de recherche et accélérez votre script. Deux ou trois répertoires dans l'include_path peuvent apparaître comme un bon compromis.

Classer les répertoires par popularité d'utilisation peut également être considéré comme une optimisation. Mieux vaut en effet spécifier en premier les répertoires contenant les scripts les plus souvent inclus afin de limiter le nombre de parcours de répertoires.

Trucs et astuces

Définir autrement une chaîne de caractères

Pour définir des chaînes de caractères multilignes, il est courant d'écrire ceci :

```
$machaine = "ligne1\n";
$machaine .= "ligne2\n";
$machaine .= "ligne3";
```

Une syntaxe alternative (très proche de celle du Perl) est proposée par PHP et peut se révéler plus lisible. Elle consiste à englober les lignes entre des délimiteurs, par exemple `<<<EOS` et `EOS;` :

```
$str = <<<EOS
ligne1
ligne2
ligne3
EOS;
```

Le motif `EOS` n'est pas obligatoire et peut être remplacé par `<<<END... END;`. Il faut cependant veiller à conserver le même motif pour l'ouverture et la fermeture.

La balise de fermeture doit impérativement être isolée sur une ligne. Il n'est donc pas question d'écrire ceci :

```
...
ligne2
ligne3 EOS;
```

Le texte peut, en revanche, contenir des variables :

```
$x = 1;
$y = 2;

$str = <<<EOS
liste des variables :
- x = $x
- y = $y
EOS;
```

Pour inclure dans le texte la valeur d'un tableau, la syntaxe d'accès à l'élément du tableau est un peu particulière :

```
$tab = array("v1" => 3, "v2" => 4);

$str = <<<EOS
v1 = {$tab['v1']}
v2 = {$tab['v2']}
EOS;
```

Il n'est pas indispensable de passer par une variable intermédiaire pour utiliser cette syntaxe, l'instruction suivante est valide :

```
echo <<<EOS
ligne1
ligne2
ligne3
EOS;
```

Cette syntaxe se révèle pratique quand vous devez afficher un long texte contenant de nombreuses variables.

REMARQUE

HTML brut et echo

Des tests ont montré qu'il n'était pas plus rapide d'écrire du code HTML brut que de passer par un echo. Les deux syntaxes suivantes se révèlent donc aussi rapides :


```
valeur de la variable
x = <?php echo $x; ?>

echo <<<EOS
valeur de la variable
x = $x
EOS;
```

Raccourcir un if... else...

Il est possible, pour des if... else... très courts, de remplacer la syntaxe standard par la suivante :

```
(instruction 1)?(instruction 2):(instruction 3);
```

Si la première expression retourne true, la deuxième instruction est exécutée ; autrement, c'est la troisième expression :

```
$x = 4;
($x > 5)? print "x ($x) est supérieur à 5" : print "x ($x) est
✂ inférieur à 5";
```

Si vous aviez voulu utiliser la fonction echo, vous auriez pu écrire :

```
$x = 4;
echo ($x > 5)?"x ($x) est supérieur à 5":"x ($x) est inférieur à 5";
```

L'exemple suivant va permettre de préremplir une CHECKBOX en fonction de la valeur prise par une variable :

Listing 19-3 : présélection d'une case à cocher

```
<?php

$ln = "fr";

?>

<form>

français :
<input type='radio' <?php echo ($ln == "fr")?"checked='true'":""; ?>
       name="fr" value="fr" /><br/>

étranger :
<input type='radio' <?php echo ($ln != "fr")?"checked='true'":""; ?>
       name="fr" />

</form>
```

L'autre syntaxe des structures de contrôle

Il est courant d'écrire un code de ce type :

```
if ($reponse == "OK")
{
  echo "le message a bien été envoyé<br/>";
  echo "merci de votre visite";
}
else
{
  echo "problème lors de l'exécution<br/>";
```

```
  echo "merci de recommencer";
}
```

Les blocs de code entre les if... else... contiennent uniquement du texte brut.

PHP propose une syntaxe alternative, plus élégante, pour parvenir au même résultat :

Listing 19-4 : Les blocs HTML et PHP sont plus clairement séparés

```
<?php if ($reponse == "OK") : ?>

le message a bien été envoyé<br/>
merci de votre visite

<?php else: ?>

problème lors de l'exécution<br/>
merci de recommencer

<?php endif; ?>
```

La nouvelle syntaxe est donc la suivante :

```
if () : ... else () : ... endif;
```

Cette syntaxe est disponible pour les autres structures de contrôle :

```
if() : ... elseif () : ... else () : ... endif;

while () : ... endwhile;

for () : ... endfor;
```

Raccourcir un simple bloc echo

Il est courant d'utiliser un bloc PHP uniquement pour afficher une variable :

```
<form action="<?php echo $_SERVER['PHP_SELF']; ?>">
```

PHP propose une syntaxe alternative pour y parvenir :

```
<?=$nom_variable?>
```

Cet exemple devient alors :

```
<form action="<?=$_SERVER['PHP_SELF']?>">
```

Pour afficher deux valeurs, vous pouvez écrire :

```
<?php

$x = 2;
$y = 3;

?>

Valeurs de x, y = <?="$x, $y"?>
```

L'avantage de cette syntaxe est donc de réduire votre code et de le rendre plus lisible. Plus un fichier est court, plus vous pouvez rapidement en obtenir un aperçu d'ensemble. Cette syntaxe permet également de séparer plus clairement les zones de texte brut des zones de code.

Elle dépend de la directive de configuration short_open_tag présente dans *php.ini*. Cette directive doit être passée à on pour permettre l'emploi de ces *short tags*. Les utilisateurs de Wamp Server devront notamment effectuer la modification.

Utiliser un opérateur de comparaison de type

PHP rend la gestion des types des variables extrêmement simple. À trop simplifier les choses cependant, le risque est parfois de commettre des erreurs.

Étudiez le code suivant :

Listing 19-5 : comparaison hasardeuse

```
$x = 0;
$y = false;

if ($x == $y) echo "x et y sont égaux";
else echo "x et y sont différents";
```

Ce script va afficher "x et y sont égaux", bien que $x soit un numérique entier et $y un booléen. Cela peut convenir la plupart du temps, car PHP place souvent au même niveau 1/true et 0/false.

Ce comportement devient cependant gênant quand 0 et false doivent représenter deux valeurs différentes. La fonction suivante retourne, par exemple, la conversion d'un nombre de jours en secondes, et false en cas d'erreur :

```
function jour_sec($jour)
{
  if ($jour < 0)
```

```
    {
      return false;
    }
    else
    {
      return $jour * 24 * 60 * 60;
    }
}
```

Quand vous appelez la fonction avec la valeur 0, la valeur de retour est 0. Quand vous l'appelez avec la valeur −12, la valeur false est retournée. Pour faire la différence entre ces deux valeurs, PHP met à votre disposition certains opérateurs de comparaison sur les types :

Tableau 19-1 : Opérateurs de comparaison sur les types

Opérateur	Résultat
$a === $b	$a et $b sont égaux et de même type
$a !== $b	$a et $b sont différents ou de types différents

Vous pouvez donc faire appel à votre fonction de la manière suivante :

```
$nbsec = jour_sec(0);
if ($nbsec === false) echo "le paramètre n'est pas valide";
else echo "nombre de secondes : $nbsec";
```

Le script affiche ici "nombre de secondes : 0".

Les attributs __FILE__ et __LINE__

Au cours de l'exécution d'un script PHP, __FILE__ et __LINE__ contiennent en permanence le chemin du fichier dans lequel vous vous trouvez et le numéro de ligne en cours :

Listing 19-6 : Utilisation de __FILE__ et __LINE__

```
<?php
print("Bonjour vous vous trouvez dans le fichier <b>");
print(__FILE__);
print("</b> à la ligne <b>");
print(__LINE__);
print("</b>.");
?>
```

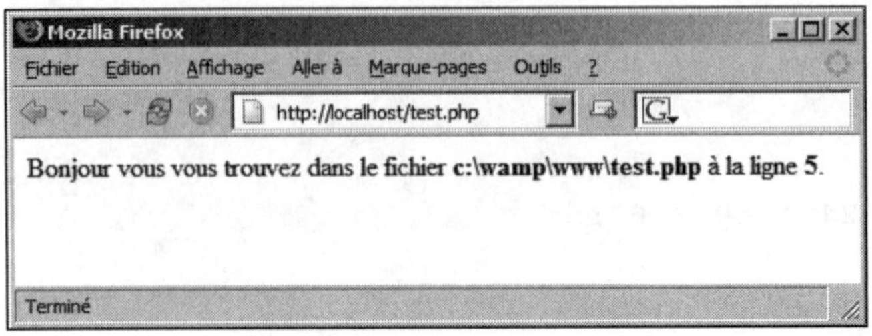

Figure 19-1 : *Résultat*

Les variables "variables"

Le nom d'une variable peut être lui-même une variable. Si $a contient 1 et $b contient 'a', la variable variable $$b correspond à $a :

Listing 19-7 : $$b est une variable variable

```
<?php
$a = 1;
$b = 'a';
echo $$b; // affiche 1
?>
```

Les fonctions include() et require()

La fonction include() n'est pas la seule à permettre de faire appel à des données contenues dans un fichier extérieur. La fonction require() peut aussi être utilisée dans ce cas.

La différence entre ces deux fonctions réside dans le fait que le code appelé par require() est inclus dans tous les cas et n'est exécuté qu'une fois.

De ce fait, seule la fonction include() peut être utilisée dans une boucle :

Listing 19-8 : Le script test.php

```
<?php

for ($i=0;$i<=10;$i++)
{
  $double = include("double.inc.php");
}

?>
```

Listing 19-9 : Le script double.inc.php

```
<?php

return $i * 2;

?>
```

L'exemple précédent présente un autre avantage de la fonction include() sur la fonction require() : la possibilité de récupérer dans le script appelant (*test.php*) une valeur retournée par le script appelé (*double.inc.php*). Cette valeur de retour correspond à la valeur retournée (return()) par le code inclus (retour qui a mis fin, par ailleurs, à l'exécution de ce même code).

Les fonctions include() et require() peuvent faire appel à un fichier distant. On peut alors écrire ceci :

```
include("http://www.server.com/fonction.txt");
```

Le code PHP contenu dans le fichier *fonction.txt* sera inclus dans le script (le code doit être entouré des balises <?php et ?>). Si en revanche, vous faites appel à un fichier *.php*, ce n'est pas le code que vous allez inclure dans votre script mais le résultat de l'interprétation du code par le serveur HTTP distant. Si ce code fait appel à des variables globales du serveur, le résultat sera différent.

Une autre fonction peut se révéler intéressante : include_once(). Cette dernière permet de n'inclure un fichier qu'une fois et évite ainsi de provoquer des erreurs si le fichier inclus se connecte à une base ou crée un objet (dans ces deux cas, l'interpréteur indiquerait que la ressource existe déjà).

L'affichage tampon : output buffering

L'*output buffering* est une technique qui permet de ne pas afficher directement les données à l'écran, mais plutôt de les stocker temporairement dans un tampon intermédiaire (*buffer*).

Trois fonctions sont utilisées pour l'*output buffering* :

- ob_start() pour initialiser l'*output buffering* ;
- ob_get_contents() pour récupérer le contenu du *buffer* dans une variable ;
- ob_end_clean() pour arrêter l'*output buffering* et vider le *buffer*.

Considérez l'exemple suivant :

```
<?php
ob_start();
echo "toto";
$output = ob_get_contents();
ob_end_clean();
echo "titi";
echo $output;
?>
```

Ce script n'affiche pas tototiti mais tititoto. L'affichage de toto a été réalisé dans le *buffer*, et ce *buffer* n'est ensuite affiché qu'après titi.

> ASTUCE
>
> **Entrelacement d'output buffering**
>
> Un ob_start() peut être inclus au sein d'un autre ob_start().

Si vous aviez utilisé la commande readfile() entre ob_start() et ob_end_clean(), le contenu du fichier aurait aussi été placé dans le *buffer*.

Grâce à cette technique, il devient possible de préparer dans un *buffer* un contenu complexe provenant de sources multiples (fichier, bases de données) et de n'afficher le *buffer* que si toutes les opérations se sont bien déroulées. En procédant ainsi, vous évitez les erreurs en plein centre de la page.

L'*output buffering*, associé à la lecture de fichier distant, peut aussi se révéler très intéressant pour la gestion de *templates*.

Fin de bloc PHP

Lorsque votre script se termine par un bloc PHP, l'ultime balise de fermeture ?> devient facultative. Cette particularité vous permet surtout d'éviter de provoquer une erreur lorsque l'inclusion d'un fichier se terminant par ?> précède un appel à une des fonctions suivantes : session_start(), header() ou setcookie(). Nous l'avons en effet déjà vu, ces fonctions ne peuvent en aucun cas être précédées d'un affichage. Or, en ne laissant ne serait-ce qu'un retour à la ligne ou un espace derrière ?>, une erreur est alors déclenchée.

Le paramètre caché de break et continue

Dans le chapitre consacré à la syntaxe, nous vous avons présenté les instructions break et continue qui permettent respectivement de stopper l'exécution d'une boucle et de forcer le passage à l'itération suivante.

Dans le cadre de boucles imbriquées, ces deux instructions peuvent prendre en paramètre une valeur numérique. Pour le break, cette valeur correspond au nombre de boucles qui seront arrêtées et pour le continue, au nombre de boucles qui seront ignorées :

Listing 19-10 : Exemple illustrant l'utilisation d'un paramètre avec break et continue

```
$tab = array("a","b","c","d","e");

foreach ($tab as $lettre) {
  print("<br/> $lettre : ");
  for ($i=0;$i<=5;$i++) {
    if ($lettre=="a" && $i==1) continue 1;
    if ($lettre=="b" && $i==1) continue 2;
    if ($lettre=="c" && $i==2) break 1;
    if ($lettre=="d" && $i==2) break 2;
    print($i);
  }
}
```

Figure 19-2 :
eak et continue

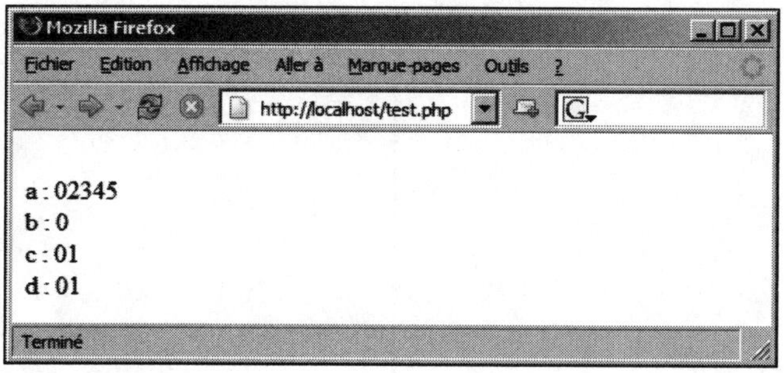

Le fonctionnement de cet exemple et le suivant :

- Si $lettre == a et $i == 1, nous continuons dans la boucle for en ignorant uniquement l'affichage de la valeur 1.
- Si $lettre == b et $i == 1, nous passons à l'itération suivante de la boucle de niveau supérieur : foreach.
- Si $lettre == c et $i == 2, nous arrêtons la boucle en cours : for.
- si $lettre == d et $i == 2, nous arrêtons la boucle au niveau supérieur : foreach et ne passons pas au traitement de la lettre "e".

Chaîne de caractères sous forme de tableau de caractères

Les chaînes de caractères peuvent être considérées comme des tableaux scalaires ; le premier caractère portant, comme d'habitude, l'indice 0 :

Listing 19-11 : Affichage de chacun des caractères de la chaîne $str

```
$str = "Bonjour Mr Gueudet";
print("$str<hr/>");

$n = strlen($str);
for ($i=0;$i<$n;$i++) {
  print("str[$i] = ".$str[$i]."<br/>");
}
```

Figure 19-2 : *Break et continue*

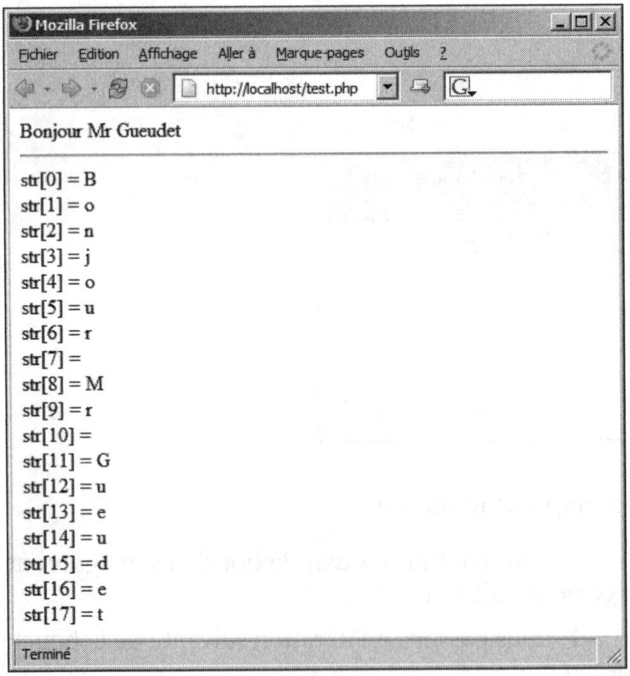

Nombre variable de paramètres

PHP offre un moyen de passer un nombre variable de paramètres à une fonction. Deux fonctions doivent être utilisées pour y parvenir :

- func_num_args()retourne le nombre d'arguments passés en paramètres.
- func_get_arg()permet d'accéder par index à chacun des paramètres :

Listing 19-12 : affiche_param() peut recevoir un nombre indéfini de paramètres

```
<?php

function affiche_param()
{
  $nb_param = func_num_args();
  for ($i=0;$i<$nb_param;$i++) {
    print("paramètre $i : " . func_get_arg($i) . "<hr>");
  }
}

affiche_param("a",2,"e","i",6);

?>
```

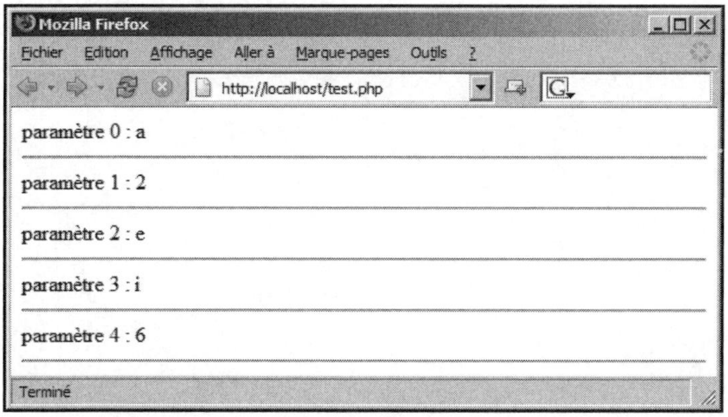

Figure 19-3 : *Fonctions avec un nombre indéfini de paramètres*

CHAPITRE

20

La gestion de la sécurité

CHAPITRE

20 La gestion de la sécurité

La popularité des applications web a non seulement attiré les utilisateurs et les développeurs, mais également les pirates informatiques (souvent appelés *hackers*). Les sites spécialisés en sécurité tels que **phpsec.org**, **secunia.com** ou **www.securityfocus.com** signalent désormais quotidiennement des failles dans des outils tels que le forum phpBB (**www.phpbb.com**), l'outil de gestion de contenu (CMS) PHP-Nuke (**phpnuke.org**), la plateforme d'e-commerce osCommerce (**www.oscommerce.com**), le gestionnaire de blog Wordpress (**wordpress.org**) et plusieurs centaines d'autres.

PHP ne présente aucun problème de sécurité. Le souci vient du fait qu'il est extrêmement facile de laisser des failles de sécurité au cœur d'applications écrites d'une part pour le Web et d'autre part en PHP. Listons quelques-uns des aspects les plus problématiques :

- PHP est un langage extrêmement facile à prendre en main. Un débutant sans connaissances en sécurité peut réaliser et mettre en ligne un applicatif en quelques jours (voire en quelques heures).
- La sécurité d'une application web impose des connaissances informatiques relativement larges : serveur web, PHP, Javascript, authentification, base de données, sessions, cookies, protocoles, systèmes d'exploitation (droits, chemins), etc.
- Pour une application en ligne, le nombre potentiel d'utilisateurs mal intentionnés est aussi important qu'incontrôlable.
- Les techniques mises en œuvre pour exploiter les failles sont souvent triviales et, par conséquent, accessibles à de jeunes gens en mal d'amusement (les *scripts kiddies*). Nous sommes loin de la décompilation et de l'assembleur qui ne permettaient qu'à un petit nombre de pirates de "cracker" des logiciels.
- Certains défauts du langage PHP ont des implications directes dans la nature imparfaite des applications dont il est à l'origine : les nombreuses façons de transmettre des données (input, sessions, cookies), l'absence de "composants", l'inconsistance des différents noms (variables, objets, fonctions, etc.), la présence de variables globales rendant la relecture du code ardue et les tests d'unité pour le moins complexes.

Ce chapitre vise à vous présenter les failles potentielles les plus répandues qui peuvent s'immiscer au sein d'une application. Il doit vous faire prendre conscience que la sécurisation d'un code est une étape indispensable et essentielle lors du développement d'un applicatif.

20.1 La sécurité avec PHP

Commençons par étudier les différents points à surveiller au sein de vos scripts PHP.

Le B.A.BA

Certains développeurs ont tendance à concevoir leurs applicatifs en pensant qu'un certain nombre de tâches pourront être réalisées à la fin du projet. Cette pratique est généralement à proscrire car, comme dans bien d'autres domaines, la fin d'un projet se déroule souvent dans l'urgence et le stress.

Il est donc conseillé de ne pas attendre l'issue du projet pour initialiser de manière cohérente vos différents mots de passe et ne pas laisser des accès de type "admin/admin", "test/test". Pour rappel, un mot de passe doit contenir au moins huit caractères et inclure des caractères numériques.

REMARQUE

Dictionnaires et brute force

N'allez surtout pas croire qu'un hacker souhaitant trouver le mot de passe de votre site essaiera successivement et péniblement plusieurs dizaines de possibilités. Il existe aujourd'hui des dictionnaires de mots et des scripts permettant en quelques minutes de tester plusieurs centaines de milliers de possibilités. Ces dictionnaires disposent également de tous les prénoms, marques d'alcools, noms de planètes et divers termes souvent utilisés en informatique pour initialiser un mot de passe.

L'échec d'une attaque lancée à l'aide d'un dictionnaire ne rebutera cependant pas un pirate motivé. L'attaque dite *brute force* consiste à tester toutes les combinaisons de caractères possibles les unes après les autres. Cette attaque peut durer des heures, voire plusieurs jours, mais n'oubliez pas que le pirate n'a pas à attendre devant sa machine. Aujourd'hui, les machines sont extrêmement puissantes et les liaisons Internet presque gratuites.

Pour interdire un trop grand nombre de tentatives d'accès successives à une zone sécurisée, il convient d'enregistrer chaque tentative (accompagnée de son adresse IP) dans une base de données et de vérifier, avant d'autoriser l'accès, qu'il n'y a pas eu plus de n tentatives depuis cette même adresse auparavant.

Mise à jour de PHP

Disposer d'un interpréteur PHP mis à jour en permanence est crucial pour votre applicatif. Chaque nouvelle version de PHP apporte en effet son lot de nouvelles fonctionnalités, de corrections de bogues et surtout de corrections de failles de sécurité. Bien que ces failles soient la plupart du temps mineures, il peut arriver que certaines soient exploitables à distance. Vous ne pourrez alors rien faire, quelles que soient vos compétences de programmeur.

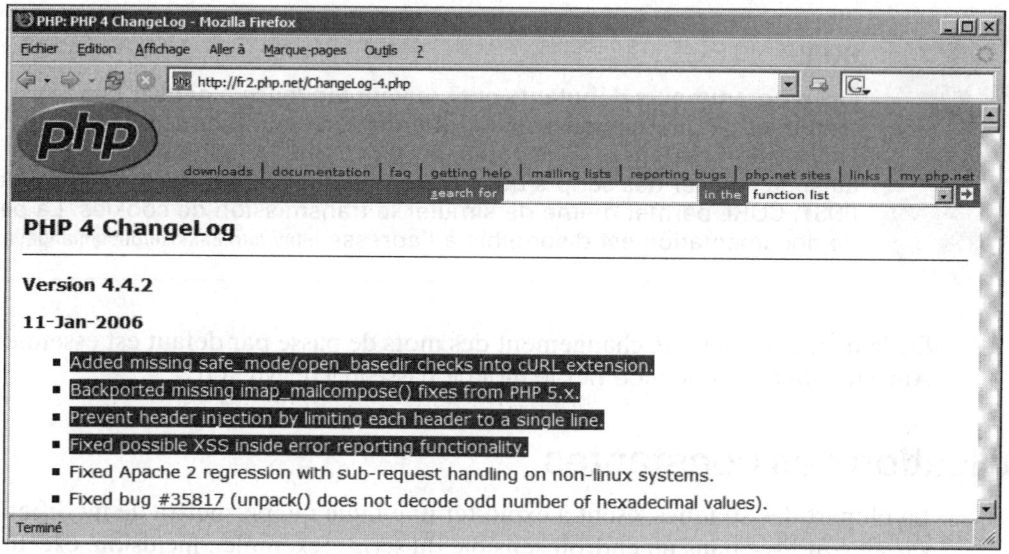

Figure 20-1 : *xemple de lignes à prendre en compte dans le apport de mises à jour d'une nouvelle version de PHP*

La fonction phpversion() ou la constante PHP_VERSION peuvent être utilisées pour obtenir la version de l'interpréteur.

Initialisation de toutes les variables

Cette pratique consiste à donner une valeur à toutes les variables que vous utilisez au sein de votre script :

```
if ($_POST['identifiant']=='sys' && $_POST['pass']=='sys') {
  $status_admin = true;
}
```

Ce code n'est pas correct dans la mesure où la variable $status_admin n'a pas été initialisée.

La version correcte est la suivante :

```
$status_admin = false;
if ($_POST['identifiant']=='sys' && $_POST['pass']=='sys') {
  $status_admin = true;
}
```

Le statut d'administrateur est faux si l'authentification n'a pas été réalisée ou si elle échoue. Dans le premier code, son statut ne serait pas défini.

> REMARQUE
>
> **CURL**
>
> Les programmeurs débutants ont souvent tendance à penser que les tentatives de piratage passent uniquement par la méthode GET. Cette supposition est fausse. Des outils tels que CURL (**curl.haxx.se**) permettent ainsi de réaliser des scripts qui simulent l'envoi de paramètres en mode POST. CURL permet même de simuler la transmission de cookies. La page de documentation est disponible à l'adresse **http://curl.haxx.se/docs/manpage.html**.

De la même manière, le changement des mots de passe par défaut est essentiel. Ainsi n'oubliez pas de modifier le mot de passe root de MySQL.

Utilisation des constantes

La plupart des attaques visent à exploiter une faille qui permettra de modifier une variable utilisée dans un endroit sensible du script (exemple : inclusion, exécution etc.). L'utilisation des constantes, dont le contenu n'est pas modifiable par définition, permet de rendre la tâche du pirate plus ardue.

Puissance de certaines fonctions

La fonction extract() permet d'importer dans la table générale des variables le tableau qui lui est passé en paramètre. Voyons un exemple qui devrait clarifier les choses :

Listing 20-1 : utilisation de la fonction extract()

```
print("bonjour : <br/>");
print("hello : <hr/>");
$tab = array('bonjour'=>'monde', 'hello'=>'world');
print_r($tab);
print("<hr/>");
extract($tab);
print("bonjour : $bonjour<br/>");
print("hello : $hello<br/>");
```

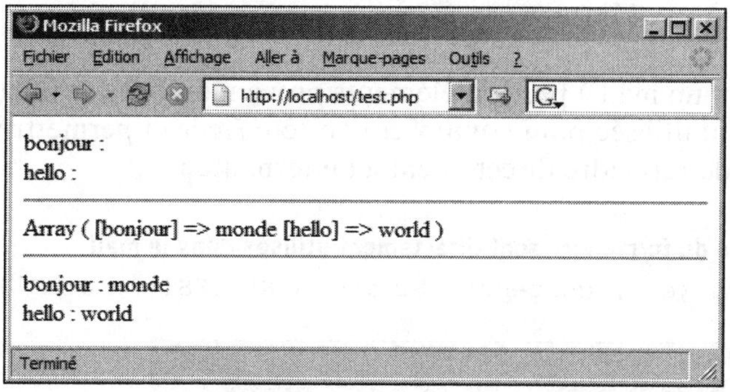

Figure 20-2 : *Les cellules du tableau deviennent accessibles en nt que variables*

Vous comprenez l'importance d'être sûr de son tableau avant d'appeler la fonction extract(). Un internaute qui parviendrait à modifier le tableau passé en paramètre pourrait écraser toutes les variables de l'application (par exemple $status_admin).

La fonction extract() peut également prendre un second paramètre qui indique le comportement à avoir quand une variable est déjà définie avant l'appel à extract(). Nous vous conseillons d'utiliser la valeur EXTR_SKIP qui interdit l'écrasement d'une variable préexistante :

```
$bonjour = 'coucou';
print("bonjour : $bonjour<br/>");
print("hello : $hello<hr/>");
$tab = array('bonjour'=>'monde', 'hello'=>'world');
print_r($tab);
print("<hr/>");
extract($tab,EXTR_SKIP);
print("bonjour : $bonjour<br/>");
print("hello : $hello<br/>");
```


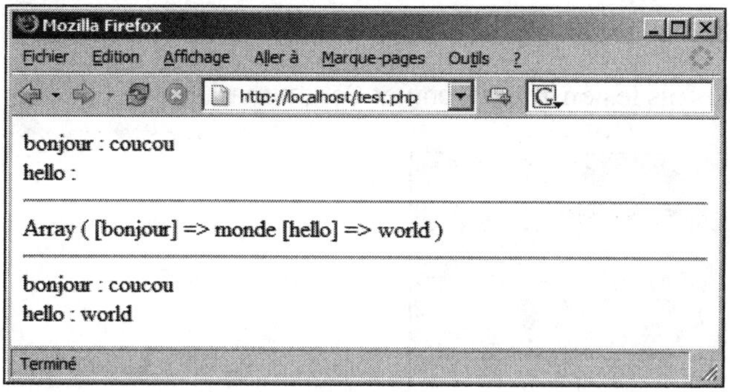

Figure 20-3 : *La variable $bonjour conserve sa valeur*

Dangers de la fonction mail

Il est courant de composer un mail à partir d'éléments provenant d'un formulaire. L'adresse email est souvent utilisée pour composer l'en-tête From: et permettre au destinataire du message, de répondre directement à l'internaute :

Listing 20-2 : Les paramètres du formulaire sont directement utilisés dans le mail

```
mail("fx@domain.fr","sujet","contenu","From: {$_REQUEST['email']}");
```

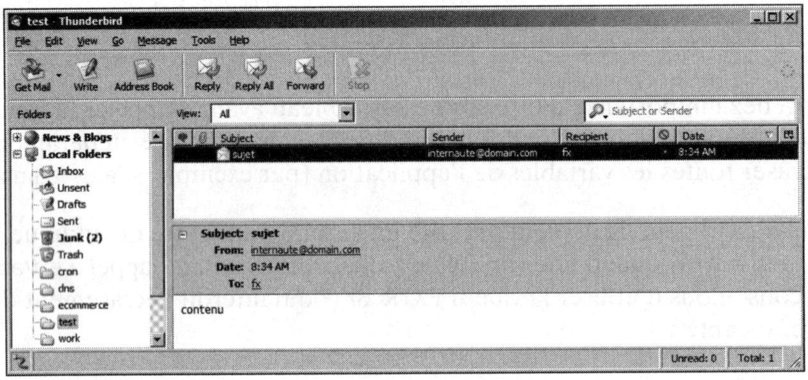

Figure 20-4 : *L'origine du destinataire apparaît bien : internaute @domain.com*

Notre erreur est ici de ne pas vérifier le paramètre avant de l'inclure dans le message. En effet, les spammeurs parviennent désormais à exploiter les millions de formulaires présents sur le Web pour envoyer des messages non sollicités. Leur technique consiste à transmettre au script PHP non pas une adresse email mais une adresse email accompagnée d'autres directives exploitables dans l'en-tête du mail.

En transmettant à notre script les paramètres suivants :

email=dest%40domain.com%0D%0ACc%3Adest2%40domain.com

Le spammeur initialise à la fois les en-têtes From: et Cc: du mail.

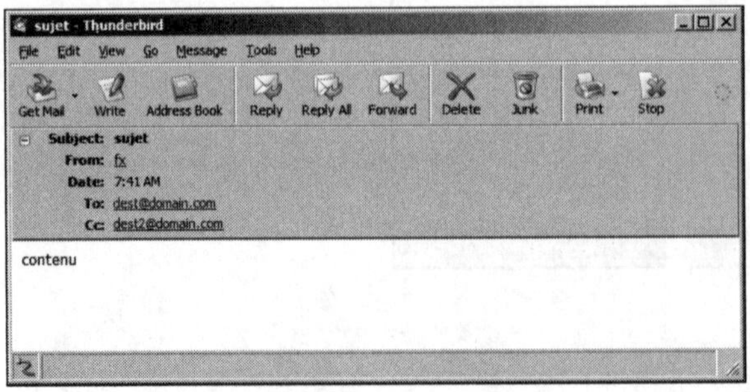

Figure 20-5 : *dest2@domain.com va recevoir un email de spam*

Pour être valide, notre script doit donc vérifier que le paramètre email ne contient pas de retour à la ligne :

Listing 20-3 : Vérification de la validité du paramètre email

```
if (strpos($_REQUEST['email'],"\n")!=false ||
    strpos($_REQUEST['email'],"\r")!=false)
  exit (1);
else
  mail("fx@domain.fr","sujet","contenu","From:
  ✂ {$_REQUEST['email']}");
```

Cookies et sessions

Les cookies comme les sessions prennent une place chaque jour plus importante dans les applications web en tant que point central du système d'authentification.

Il n'est donc pas étonnant que le cookie d'un internaute soit si convoité par les pirates. Il s'avère, en plus, que les techniques existent et qu'elles ne sont pas complexes à mettre en place.

Le fonctionnement avec un passage de l'identifiant de session en paramètre est par exemple très dangereux. Prenez l'exemple d'un webmail fonctionnant sur ce schéma. Une URL typique au sein de l'application pourrait être : **www.monmail.com/lire.php?PHPSESSID=1234-5678&num_msg=ABC**. Elle pourrait correspondre à la lecture du message ABC par le visiteur dont la session porte l'identifiant 1234-5678. Supposons maintenant que l'e-mail lu contienne un lien vers le site **monsite.com** et que l'internaute clique dessus. Si les développeurs du webmail ne sont pas vigilants, l'administrateur de **monsite.com** peut se retrouver dans ses logs avec une visite dont l'origine est précisément **www.monmail.com/lire.php?PHPSESSID=1234-5678&num_msg=ABC**. En cliquant sur ce lien qui dispose donc de l'identifiant de session, ce cher administrateur aura la surprise de pouvoir lire un e-mail qui ne lui est pas adressé. Pour pallier ce genre de faille, nous recommandons donc de passer par un script dont le rôle se limiterait à une redirection et qui prendrait en paramètre uniquement l'URL de destination et en aucun cas l'identifiant de session ; par exemple : **www.monmail.com/redir.php?url=http://www.monsite.com**.

20

Ces techniques sont souvent évoquées en tant que *session hijacking*.

REMARQUE

L'IP dans la session : une fausse bonne idée

Pour pallier les failles décrites précédemment, le programmeur peut avoir envie de mettre en œuvre un système permettant de vérifier si l'internaute qui réclame la session est le même que celui qui en est à l'origine. Une idée

> **REMARQUE**
>
> pourrait donc consister à placer dans la session l'adresse IP de l'internaute qui vient de la créer et à vérifier systématiquement si cette IP est identique à celle de l'internaute qui réclame la session. Cette idée, qui peut paraître bonne à première vue, est à écarter. Il convient en effet de savoir qu'un visiteur ne garde pas obligatoirement la même IP durant toute la durée de sa visite. Certains routeurs permettent la connexion à deux fournisseurs d'accès et autorisent ainsi un passage alterné par l'un ou l'autre des fournisseurs. Si le routeur est connecté à Free ADSL et à Noos, l'internaute, d'une page à l'autre, apparaîtra tour à tour avec une IP Free et une IP Noos. Même si cette donnée concerne 1 % des internautes, elle est à prendre en compte.

Transferts de fichiers

Le fait de demander une photo n'implique pas nécessairement que l'internaute choisira un fichier de type image. S'il envoie au contraire un fichier PHP, il pourra exécuter son script de manière distante au sein même de votre compte et provoquer de véritables catastrophes.

Le test suivant permet de vérifier que le fichier transmis se termine par *.jpeg*, *.jpg*, *.gif* ou *.png* :

Listing 20-4 : le fichier est-il de type image ?

```
if (eregi("\.(jpeg|jpg|gif|png)$",
          $_FILES['userfile']['tmp_name'])) {
    echo "ok";
}
else {
    echo "ko";
}
```

Inclusion de fichier

Soyez extrêmement prudent avec les inclusions de fichier faisant intervenir des données passées en paramètres. L'exemple suivant est à proscrire :

```
if ($_REQUEST['action']!='accueil') include($_REQUEST['action']);
else include("index.php");
```

Un pirate peut transmettre la valeur action=../../WINDOWS/win.ini et obtenir le contenu de n'importe quel fichier présent sur le disque dur.

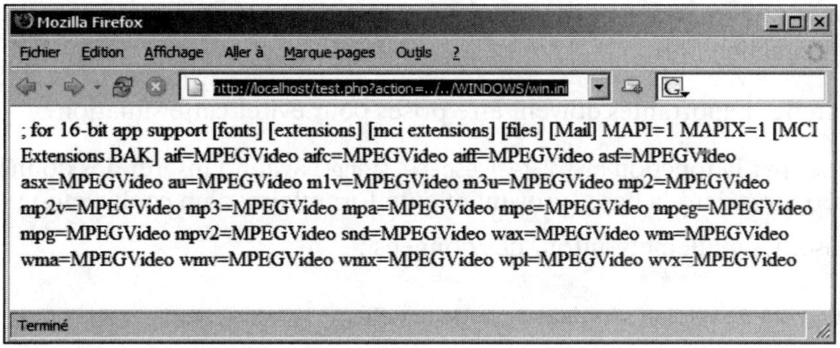

Figure 20-6 : *Contenu du fichier win.ini présent dans C:\WINDOWS*

L'inclusion d'un fichier avec la fonction include() ne doit donc jamais exploiter directement une donnée transmise en paramètre.

20.2 Sécuriser les bases de données

Les failles liées aux bases de données sont aujourd'hui les plus répandues.

Injections SQL

Le programmeur débutant ne réalise pas à quel point l'utilisation des bases de données impose une extrême prudence.

Étudiez le code suivant :

```
mysql_query("DELETE FROM matable WHERE ID =
✂ ".$_REQUEST['monid']);
```

Cette ligne vise à supprimer de la table *matable* la ligne dont la clé est égale au paramètre monid. Si la variable $_GET['monid'] contient la valeur 22, la requête équivaut à ceci :

```
mysql_query("DELETE FROM matable WHERE ID = 22");
```

Supposons qu'une personne mal intentionnée transmette l'URL suivante : **http://127.0.0.1/supprime.php?monid=22+OR+ID+ %3E+0.**

Vous pouvez vous inquiéter car la requête devient :

```
mysql_query("DELETE FROM matable WHERE ID = 22 OR ID > 0");
```

Elle entraîne une suppression complète de la table *matable*. Cette attaque est qualifiée d'injection SQL.

Deux habitudes importantes doivent être prises pour éviter cette situation :

- passer par la fonction mysql_real_escape_string() avant d'insérer des données extérieures dans la base (provenant d'un formulaire, d'un cookie etc.) ;
- utiliser les guillemets autour des données :

Listing 20-5 : version sécurisée de notre requête

```
mysql_query("DELETE FROM matable WHERE ID = '".
             mysql_real_escape_string($_REQUEST['monid']).
             "'");
```

Cross Site Scripting

Ces attaques sont plus connues sous le terme générique de XSS. Le principe d'une attaque XSS est le suivant :

- Le pirate remplit un formulaire en y incluant des balises nocives. Les données du formulaire sont stockées dans une base de données sans être nettoyées préalablement.
- Un internaute accède au site (par exemple un forum), visualise l'article transmis par le pirate et subit l'assaut du pirate.

Les balises nocives dont nous parlons correspondent le plus souvent à des liens. Ces derniers sont écrits de manière à récupérer le cookie de l'internaute et à le transmettre au pirate.

Illustrons cela à l'aide d'un exemple. Le premier script enregistre les données dans une table *article* :

Listing 20-6 : ajout.php

```
<?php

if (!empty($_REQUEST['contenu'])) {
  $contenu = $_REQUEST['contenu'];
  $liendb = mysql_connect("localhost", "root", "");
  mysql_select_db("test");
  mysql_query("INSERT INTO article (contenu) VALUES ('$contenu')");
  print("enregistrement ok");
  return (true);
}
```

```
?>

<form method='post' action='ajout.php'>
<textarea style='width:100%' name='contenu'>
</textarea><br/>
<input type='submit' value='enregistrer'>
</form>
```

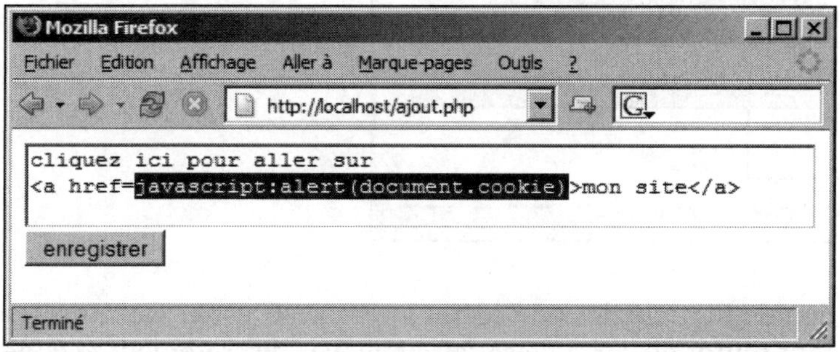

Figure 20-7 : *Texte renseigné par le pirate*

Le second script permet d'afficher un article enregistré dans la base et de placer un cookie secret sur la machine de l'internaute :

Listing 20-7 : visualisation de l'article

```
<?php

setcookie('secret',rand(100,999));

$liendb = mysql_connect("localhost", "root", "");
mysql_select_db("test");
$sql = "SELECT * FROM article";
$resultat = mysql_query ($sql);
$article = mysql_fetch_array ($resultat);

?>

<div style='width:200px; border:2px solid black;
padding:6px; height:200px'>

<?php print($article['contenu']); ?>

</div>
```

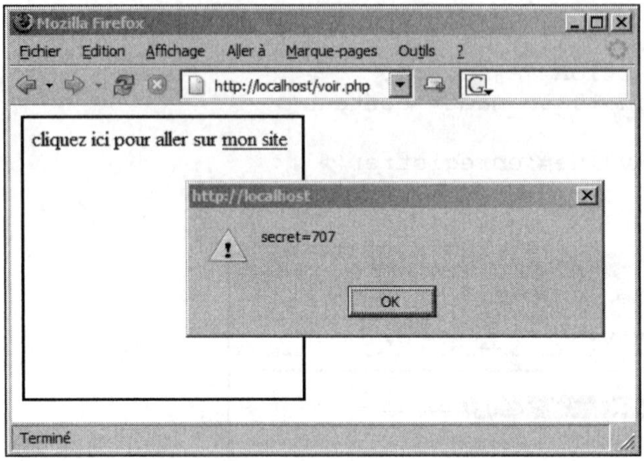

Figure 20-8 : *Apparition du cookie*

En cliquant sur le lien de l'article, le code secret apparaît. C'est grave car dans la réalité, les pirates font plutôt en sorte de se faire envoyer discrètement le code secret.

La parade classique pour ces attaques XSS consiste à protéger les données envoyées par les internautes à l'aide de la fonction htmspecialchars(). Cette fonction convertit les caractères &, ", ', < et > en leur équivalent HTML : &, ", ', < et >. Cela vous permet de ne pas altérer le contenu tout en vous protégeant.

Le script *ajout.php* doit être modifié de la façon suivante :

```
if (!empty($_REQUEST['contenu'])) {
  $contenu = htmlspecialchars($_REQUEST['contenu']);
  $liendb = mysql_connect("localhost", "root", "");
  mysql_select_db("test");
  mysql_query("INSERT INTO article (contenu) VALUES
  ✂ ('$contenu')");
  print("enregistrement ok");
  return (true);
}
```

Le même message est désormais enregistré de la manière suivante :

```
cliquez ici pour aller sur &lt;a href=javascript:alert(document
✂ .cookie)&gt;mon site&lt;/a&gt;
```

Visuellement, vous obtenez un affichage correct et vous ne subissez plus cette attaque.

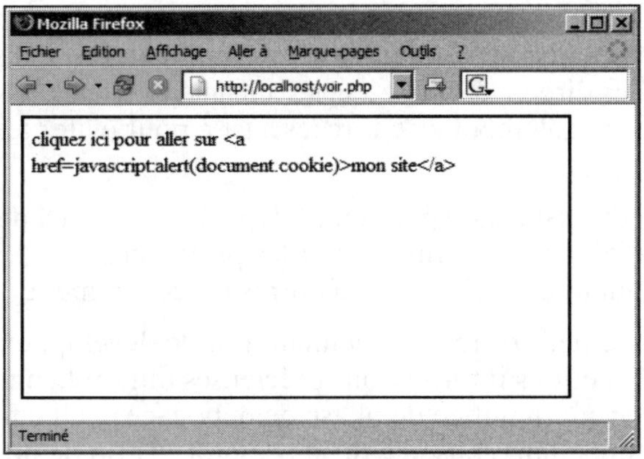

Figure 20-9 : *L'attaque apparaît au grand jour*

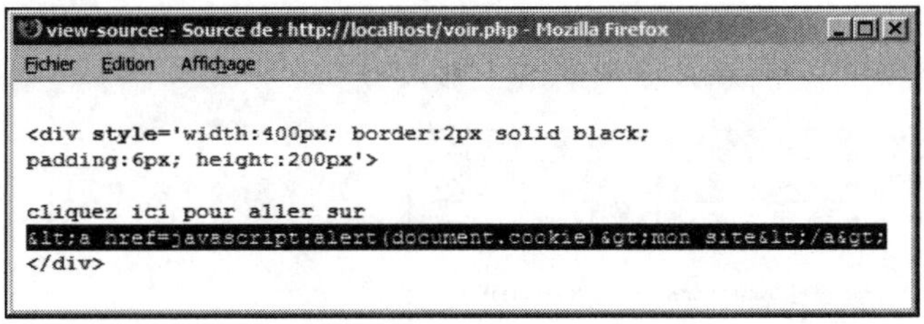

Figure 20-10 : *Les caractères dangereux ont été remplacés par leur équivalent HTML*

20.3 Sécurisation du serveur web

Le serveur web peut être assimilé au socle de votre application web. Un serveur web mal configuré, et l'ensemble de votre outil peut en pâtir. Inversement, certains paramètres peuvent accroître largement la sécurité globale.

20

Directives PHP

La plupart des directives de configuration de PHP peuvent être initialisées au sein du fichier *php.ini* ainsi qu'au niveau des fichiers de configuration d'Apache. Chaque site web du serveur peut ainsi disposer d'un environnement qui lui est propre.

Si certains paramètres par défaut ne vous conviennent pas, il est possible de demander un changement de configuration à votre administrateur système.

Un certain nombre de paramètres doivent être particulièrement contrôlés :

- magic_quotes_gpc. Ce paramètre permet d'ajouter les fameux caractères d'échappement (\', \") pour les données transmises via les méthodes GET, POST ou via les cookies. Bien que cela soit a priori très pratique, cette fonctionnalité est risquée dans la mesure où elle ne conduit pas à un systématisme dans la protection des données. Les directives magic_quotes_runtime et magic_quotes_sybase peuvent également être forcées à false pour éviter les mêmes écueils.

- register_globals. Cette directive est à false par défaut depuis la version 4 de PHP. Il est conseillé de la laisser ainsi afin d'éviter les problèmes d'initialisation et d'écrasement de variables rencontrés précédemment.
- display_errors. Cette directive peut rester à on pendant tout le développement car elle vous permet d'afficher des informations précieuses durant la phase de correction des bogues (souvent qualifiée de phase de débogage) . Une fois le site en production, il est cependant conseillé de la passer à off afin de ne pas transmettre d'informations stratégiques à un éventuel pirate. Une erreur sur une inclusion de script donnera des informations sur l'organisation des répertoires et des scripts (il saura alors où frapper).

Figure 20-11 : *L'internaute sait désormais que test.php se situe dans C:\wamp\www*

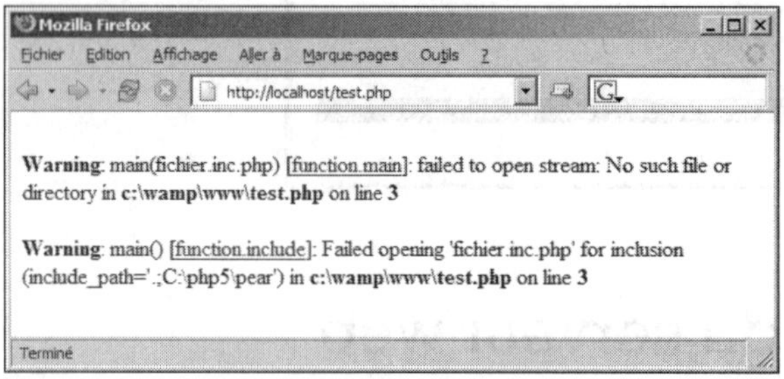

Une erreur sur une connexion MySQL permettra quant à elle d'obtenir des informations sur le serveur SGBD (caché jusqu'à présent) et d'orienter certaines attaques sur celui-ci. Encore une fois, plus votre ennemi aura d'informations à exploiter, plus sa capacité à nuire sera importante et rapide.

Figure 20-12 : *Erreur de connexion au SGBD*

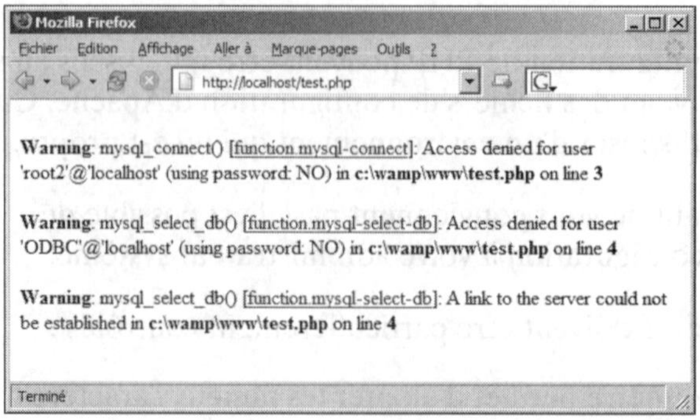

> REMARQUE
>
> **De la discrétion**
>
> Le fichier de log créé par le serveur web ne doit pas être accessible en ligne (par exemple **www.toto.com/logs/access.log**). Un tel fichier contiendrait en effet les mêmes informations que celles affichées en mode display_errors on.

La directive display_errors est liée à error_reporting qui définit le niveau de précision des affichages d'erreur. Il est ainsi possible d'indiquer à PHP de n'afficher que les erreurs ou de les afficher accompagnées d'avertissements (notice).

1. Considérez le script suivant :

```
print($tmp);
$tmp = 3;
print("ici");
```

2. Placez-vous dans un environnement où error_reporting n'affiche pas les avertissements :

```
error_reporting = E_ALL & ~E_NOTICE
```

Figure 20-13 : *Rien à signaler a priori*

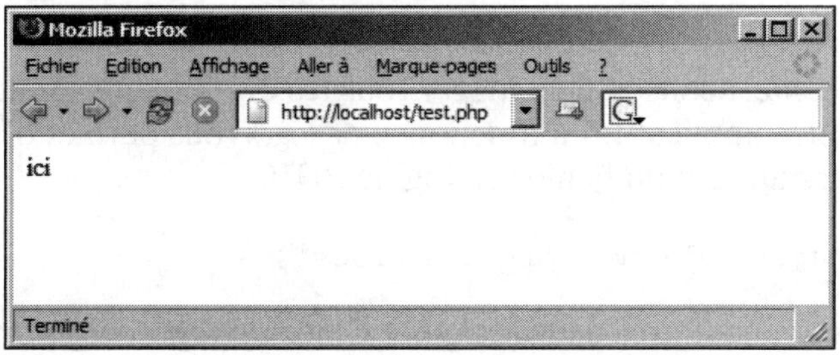

3. Affichez les avertissements en plus des erreurs :

```
error_reporting = E_ ALL & E_NOTICE
```

Vous obtenez le résultat suivant :

Figure 20-14 : *Vous êtes prévenu que la variable $tmp n'a pas été initialisée*

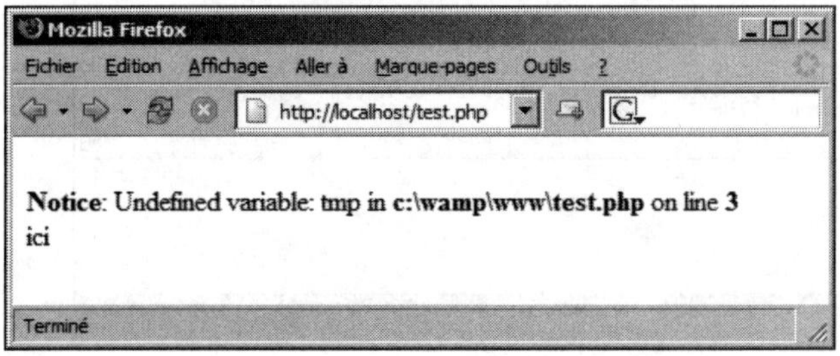

En augmentant le degré d'affichage des erreurs, vous augmentez instantanément le taux de "capture" d'erreurs et la qualité globale du code.

REMARQUE

La directive error_reporting

Cette directive peut prendre une multitude d'autres valeurs dont voici la liste :

- E_ALL, E_ERROR ;
- E_WARNING ;
- E_PARSE, E_NOTICE ;
- E_CORE_ERROR ;
- E_CORE_WARNING ;
- E_COMPILE_ERROR ;
- E_COMPILE_WARNING ;
- E_USER_ERROR ;
- E_USER_WARNING ;
- E_USER_NOTICE.

En jouant sur ces valeurs, vous obtiendrez un niveau de report en adéquation avec votre style de programmation.

Dans la même lignée, il est conseillé de logger tous les événements inhabituels qui ont lieu au sein de votre applicatif. La fonction error_log() vous permet d'ajouter vos propres commentaires au sein du fichier de log de PHP.

```
error_log_test("ajout de mes propres logs");
```

Vous retrouvez ces commentaires dans le fichier *C:\wamp\logs\php_error.log*.

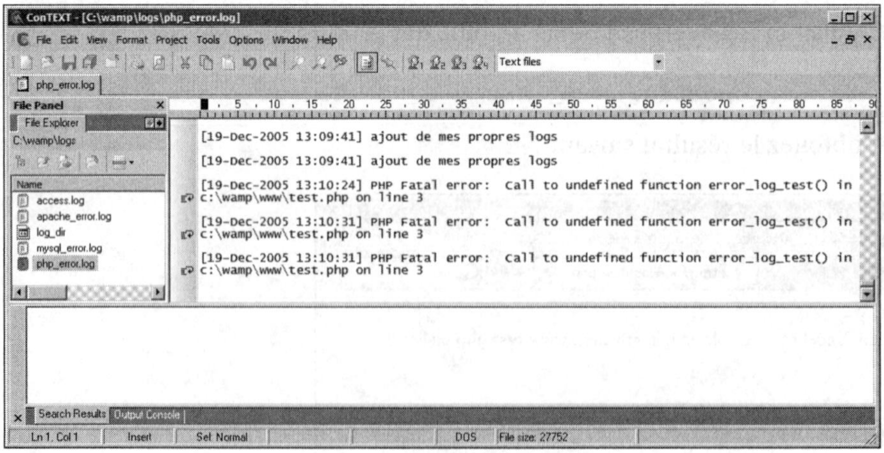

Figure 20-15 : *Vos logs apparaissent au milieu d'autres lignes d'erreur*

Cette fonction est particulièrement adaptée pour signaler des comportements anormaux. Voyez des exemples d'événements pouvant être loggés :

- un échec répété lors de l'authentification ;
- un internaute qui souhaite régler un panier qui n'existe pas ;
- une erreur dans une requête SQL.

REMARQUE

Fonction error_log() et débogage

L'avantage de l'utilisation de la fonction error_log() par rapport à une simple fonction print() pendant une phase de débogage est qu'elle n'entre pas en conflit avec les fonctions setcookie(), header() ou session_start(). En effet, l'utilisation de print() avant ces fonctions entraînerait l'affichage d'un message d'erreur. La fonction error_log() qui n'affiche rien à l'écran, mais qui écrit dans le fichier de log, ne rencontre pas ce problème.

En plus du message, il peut être intéressant d'ajouter l'adresse IP de l'internaute à l'origine de l'événement :

```
error_log_test($_SERVER['REMOTE_ADDR']" : bizarre !");
```

S'il s'agit d'un applicatif où l'internaute est identifié, l'ajout de l'identifiant à la ligne de log est également pertinent.

Directives Apache

La présence d'un répertoire contenant tous les fichiers inclus (include()) est une situation extrêmement courante. Nous avons évoqué, dans un chapitre précédent, un moyen d'éviter l'appel direct de ces fichiers en les protégeant avec indentification.inc.php. Une solution moins portable, mais largement plus sûre, consiste à faire en sorte qu'Apache refuse l'accès direct à ce répertoire. Si vous souhaitez protéger le répertoire *includes* situé dans *C:/wamp/www*, la directive est la suivante :

```
<Directory "C:/wamp/www/includes">
   order deny,allow
   deny  from all
</Directory>
```

Figure 20-16 : *Message renvoyé par Apache*

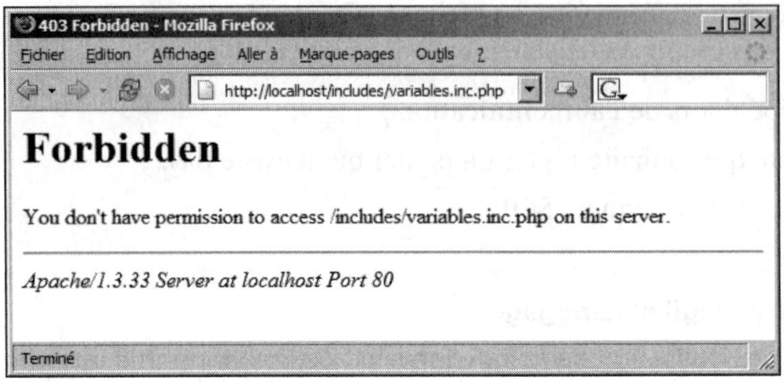

L'accès direct aux fichiers inclus est particulièrement dangereux lorsque le développeur utilise une extension non reconnue par Apache. Imaginez que le répertoire *includes* contienne le fichier de configuration général de l'application : *config.inc*. Si Apache n'a pas été paramétré pour considérer les extensions **.inc* comme des fichiers PHP, vous obtenez ce résultat catastrophique :

Figure 20-17 : *Le fichier include non protégé*

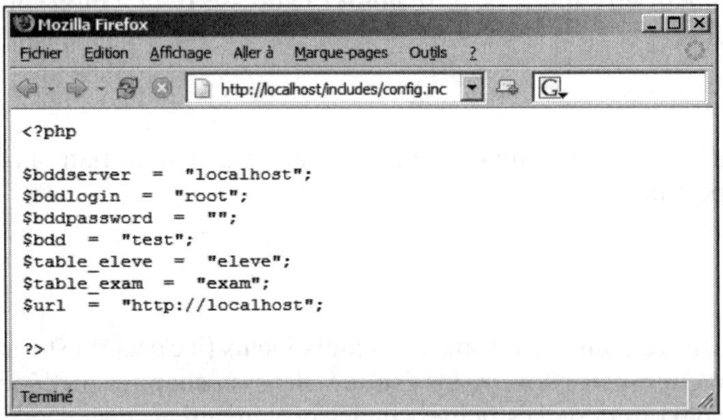

ATTENTION

Accès en clair

La recherche suivante "mysql filetype:inc" sur Google vous montre à quel point il peut être simple de découvrir les identifiants et les mots de passe d'accès à une multitude de bases de données.

Il convient donc de vérifier auprès de votre administrateur système si l'extension choisie pour les includes peut convenir.

REMARQUE

Ajout d'extensions dans Apache

La directive AddHandler **permet de définir les extensions des scripts PHP :** AddHandler application/x−httpd−php .php .php3 .inc.

Il conviendra également de vérifier qu'aucun répertoire sensible ne soit listé. Apache permet en effet de lister l'ensemble des fichiers contenus dans un répertoire si ce répertoire contient l'option Indexes :

```
<Directory "C:/wamp/www/testindexes">
 Options Indexes
</Directory>
```

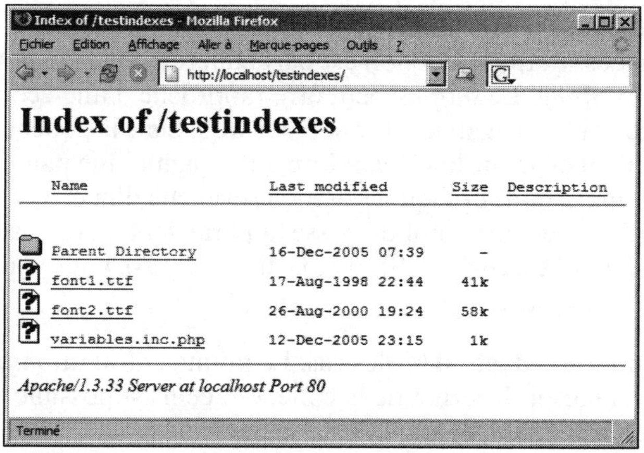

Figure 20-18 : *Exemple de liste de fichiers*

20

REMARQUE

Fichier index

La liste des fichiers est proposée uniquement si le répertoire ne contient pas de fichier *index* (par exemple *index.html*, *index.htm*, *index.php*, etc.). La liste de ces fichiers peut être modifiée dans le fichier *httpd.conf* avec la directive DirectoryIndex.

L'ajout des directives suivantes, en bas du fichier de configuration d'Apache (*httpd.conf*), permet d'interdire l'accès au répertoire *testindexes* :

```
<Directory "C:/wamp/www/testindexes">
 Options -Indexes
</Directory>
```

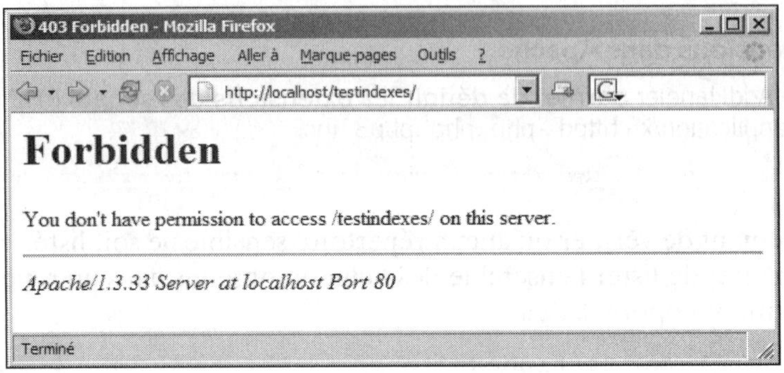

Figure 20-19 : *Le répertoire ne peut plus être "listé"*

Sécurité HTTPS

HTTPS correspond au protocole HTTP complété d'une couche SSL (Secure Socket Layer) de cryptage des données. Cette protection est particulièrement utile pour lutter contre les attaques de *sniffing*. Le *sniffing* peut être rapproché d'une écoute des données transitant entre votre navigateur et le serveur web. Sans la couche SSL, ces mêmes données circulent en clair sur le réseau. Lorsqu'il s'agit d'une page d'informations, le risque est inexistant. Lorsqu'il s'agit en revanche d'une authentification, votre identifiant et votre mot de passe apparaissent en clair sur l'écran du pirate. En configurant l'extension SSL d'Apache (mod_ssl), vous vous assurez de l'anonymat de vos échanges.

Cette technique se révèle superflue dans 90 % des cas. Le point central du *sniffing* consiste à se "brancher" sur la liaison Internet de la cible. Or, ce n'est possible que si l'attaquant se trouve dans un réseau local, non loin de la machine cible.

20.4 Outils d'analyse

Compte tenu de l'importance que prennent les applications web dans l'économie moderne, certains éditeurs ont sauté sur l'occasion pour proposer des outils permettant de les auditer.

Le logiciel Acunetix Web Vulnerability Scanner (**www.acunetix.com/wvs**) par exemple, permet à partir d'une simple adresse web, de tester les attaques sur des failles du langage, les injections SQL, les attaques de type XSS (Cross Site Scripting), les attaques concernant les passages de paramètres, les formulaires d'authentification (en veillant à ce que les identifiants et les mots de passe ne soient pas trop simples à trouver), ainsi qu'une dizaine d'autres attaques classiques.

Figure 20-20 : *Exemple d'interface du logiciel Acunetix Web Vulnerability Scanner*

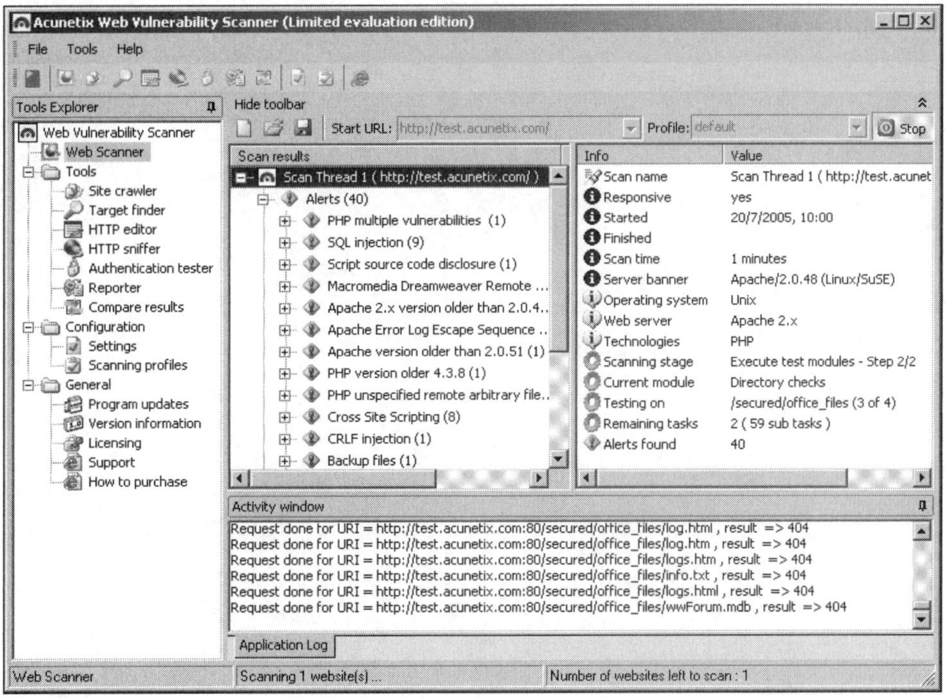

20.5 En bref

La sécurité est un domaine complexe. Vous devez garder plusieurs règles à l'esprit durant la phase de développement :

- Les paramètres reçus dans un script peuvent être forcés par un utilisateur malicieux qui composerait sa propre *Query String* ou modifierait ses cookies. Les paramètres reçus dans un script doivent donc toujours être vérifiés avant d'être exploités.
- La vérification doit être encore plus poussée lorsqu'il s'agit de composer une requête SQL à partir de paramètres.
- Il est important de logger les événements étranges et incohérents qui ont lieu au sein de votre applicatif. Cela sera votre première source d'information en cas d'attaque.
- Les rapports d'erreur doivent être les plus complets possible durant la phase de développement. Ils vous permettront notamment de détecter les variables non initialisées.

CHAPITRE

21

Les fonctions PHP

CHAPITRE

21

Les fonctions PHP

Comme tous les nouveaux langages de haut niveau (C, C++, Java, C#, etc.), PHP est fourni par défaut avec un grand nombre de fonctionnalités. Cette bibliothèque de fonctions peut être assimilée à la librairie standard d'un langage de programmation (la *libc* pour le C, par exemple). Quel que soit l'endroit du script où vous vous trouvez, quel que soit l'interpréteur PHP utilisé, il vous est notamment possible d'appeler des fonctions de manipulation de numériques, de chaînes de caractères, de tableaux, etc.

En plus de ces fonctions fondamentales, il est également possible de faire appel à des fonctions plus « exotiques », qui permettent, par exemple, de gérer des bases de données, d'utiliser le protocole FTP, de générer des images ou des fichiers *.pdf*. Ce sont ainsi plusieurs dizaines d'extensions (aussi appelées « modules » ou « librairies ») qui sont venues se greffer à PHP au cours du temps. La fonction phpinfo()permet d'obtenir la liste des modules disponibles ainsi que leur version.

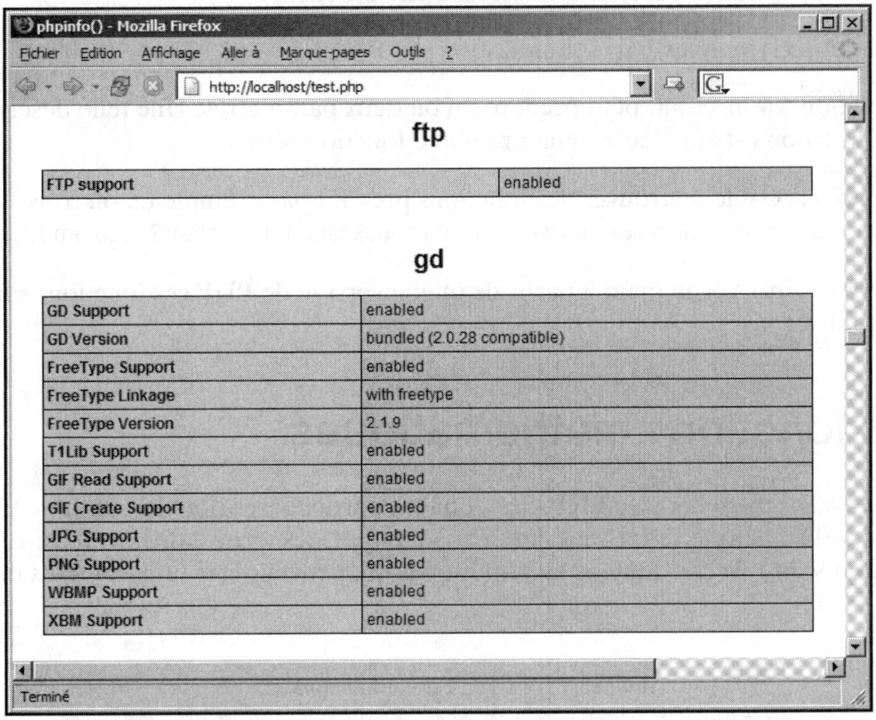

Figure 21-1 : *La distribution PHP contient notamment des modules de génération d'images (GD) et de gestion de protocole FTP*

Dans ce chapitre, nous nous intéresserons particulièrement aux fonctions permettant :

- le traitement des variables numériques ;
- le traitement des variables de type chaîne de caractères ;

- la manipulation des expressions régulières ;
- le traitement des tableaux et des tables de hachage (tableaux associatifs) ;
- la manipulation des dates et des heures ;
- la manipulation des fichiers et des répertoires ;
- la gestion des bases de données MySQL ;
- la génération d'images ;
- la manipulation des variables.

La liste des fonctions présentées ici n'est pas exhaustive, mais elle permet de répondre à 95 % des besoins d'un programmeur PHP.

Pour certaines fonctions, le nombre de paramètres peut être variable. Ces paramètres optionnels seront alors notés entre crochets :

```
ma_fonction($param1[, $param2])
```

La fonction ma_fonction() peut prendre un ou deux paramètres. Une telle description d'une fonction est appelée « signature d'une fonction ».

Il est aussi possible de trouver des fonctions prenant par exemple un ou trois paramètres. La notation sera alors : ma_fonction($param1[, $param2, $param3]).

Nous préciserons également à partir de quelle version de PHP ces fonctions sont disponibles.

21.1 Les fonctions mathématiques

Il existe, au sein du langage PHP, des données particulières dont la valeur ne peut être modifiée dans le script : ces données sont appelées « constantes ». Il existe un certain nombre de constantes mathématiques qui peuvent être utilisées dans un script PHP.

Tableau 21-1 : Les constantes numériques

Constante	Valeur	Description
M_PI	3.14159265358979323846	pi
M_E	2.7182818284590452354	e

Tableau 21-1 : Les constantes numériques

Constante	Valeur	Description
M_LOG2E	1.4426950408889634074	log_2 e
M_LOG10E	0.43429448190325182765	log_10 e
M_LN2	0.69314718055994530942	log_e 2
M_LN10	2.30258509299404568402	log_e 10
M_PI_2	1.57079632679489661923	pi/2
M_PI_4	0.78539816339744830962	pi/4
M_1_PI	0.31830988618379067154	1/pi
M_2_PI	0.63661977236758134308	2/pi
M_SQRTPI	1.77245385090551602729	sqrt(pi) [4.0.2]
M_2_SQRTPI	1.12837916709551257390	2/sqrt(pi)
M_SQRT2	1.41421356237309504880	sqrt(2)
M_SQRT3	1.73205080756887729352	sqrt(3) [4.0.2]
M_SQRT1_2	0.70710678118654752440	1/sqrt(2)
M_LNPI	1.14472988584940017414	log_e(pi) [4.0.2]
M_EULER	0.57721566490153286061	Euler constant [4.0.2]

Exemple d'utilisation de constantes :

```
$x = M_E * 4;
print(M_PI);  // affiche 3.1415926535898
```

abs()

- Signature : abs ($x).
- Versions : PHP 3, PHP 4, PHP 5.

Cette fonction retourne la valeur absolue d'un nombre, quel qu'il soit :

```
print(abs(-12));   // affiche 12
print(abs(-2.12));   // affiche 2.12
```

base_convert()

- Signature : base_convert ($x, $bo, $ba).
- Versions : PHP 3, PHP 4, PHP 5.

Cette fonction convertit une valeur $x d'une base ($bo) dans une autre ($ba). Les valeurs de bases sont comprises entre 2 et 36 :

```
print(base_convert(13,10,2));
// conversion de la valeur 13 de la base décimale (10) dans
// la base binaire la valeur affichée est : 1101

print(base_convert("CC",16,10));
// affiche 204
// l'équivalent décimal de la couleur HTML #CCCCCC (gris)
// est donc (204,204,204)
```

bindec()

- Signature : bindec ($ch).
- Versions : PHP 3, PHP 4, PHP 5.

Cette fonction convertit en une valeur décimale une chaîne de caractères représentant une valeur codée en binaire. La plus grande valeur décimale que l'on puisse atteindre est 2 147 483 647 :

```
print(bindec("1101"));  // affiche 13
```

ceil()

- Signature : ceil ($x).
- Versions : PHP 3, PHP 4, PHP 5.

Cette fonction retourne l'entier supérieur :

```
print(ceil(4.25));  // affiche 5
print(ceil(4.9));  // affiche 5
print(ceil(-2.45));  // affiche -2
```

cos()

- Signature : cos ($x).
- Versions : PHP 3, PHP 4, PHP 5.

Cette fonction retourne le cosinus de la valeur $x (en radians) :

```
print(cos(M_PI));   // affiche -1
```

D'autres fonctions trigonométriques sont disponibles : acos(), acosh(), asin(), asinh(), atan(), atanh(), atan2(), sin(), sinh(), tan(), tanh().

decbin()

- Signature : decbin ($x).
- Versions : PHP 3, PHP 4, PHP 5.

Cette fonction retourne la valeur convertie en binaire d'une valeur décimale $x :

```
print(decbin(2));
// affiche 10 en effet : 2 = 1 * 2^1 + 0 * 2^0
```

dechex()

- Signature : dechex ($x).
- Versions : PHP 3, PHP 4, PHP 5.

Cette fonction retourne la valeur convertie en hexadécimal (base 16) d'une valeur décimale $x :

```
print(dechex(204));   // affiche cc
```

decoct()

- Signature : decoct ($x).
- Versions : PHP 3, PHP 4, PHP 5.

Cette fonction retourne la valeur octale (base 8) d'une valeur décimale $x :

```
print(decoct(12));   // affiche 14
```

deg2rad()

- Signature : deg2rad ($x).
- Versions : PHP 3 à partir de la 3.0.4, PHP 4, PHP 5.

Cette fonction convertit des degrés en radians :

```
print(deg2rad(45));  // affiche 0.78539816339745
```

L'inverse est réalisé par la fonction rad2deg() :

```
print(rad2deg(M_PI));  // affiche 180
```

exp()

- Signature : exp ($n).
- Versions : PHP 3, PHP 4, PHP 5.

Cette fonction retourne la puissance $n de la constante e :

```
print(exp(2));  // affiche 7.3890560989307
```

floor()

- Signature : floor ($x).
- Versions : PHP 3, PHP 4, PHP 5.

Cette fonction retourne l'entier inférieur :

```
print(floor(4.25));  // affiche 4
print(floor(-2.45));  // affiche -3
```

getrandmax()

- Signature : getrandmax().
- Versions : PHP 3, PHP 4, PHP 5.

Cette fonction retourne la valeur aléatoire la plus grande qui puisse être générée sur le système qui interprète votre script :

```
print(getrandmax());
// affiche 2147483647 sur un PC sous Linux
```

Cette valeur dépend essentiellement de l'architecture de votre ordinateur (PC, Mac).

hexdec()

- Signature : hexdec ($x).
- Versions : PHP 3, PHP 4, PHP 5.

Cette fonction convertit une valeur hexadécimale en valeur décimale :

```
print(hexdec("A"));  // affiche 10
```

log()

- Signature : log ($x).
- Versions : PHP 3, PHP 4, PHP 5.

Cette fonction retourne le logarithme d'une variable :

```
print(log(M_E));  // affiche 1
```

log10()

- Signature : log10($x).
- Versions : PHP 3, PHP 4, PHP 5.

Cette fonction retourne le logarithme décimal d'une variable :

```
print(log10(M_E));  // affiche 0.43429448190325
```

max()

- Signature : max($x1 [, $x2…]).
- Versions : PHP 3, PHP 4, PHP 5.

La fonction max() peut avoir deux types d'arguments.

- Un tableau : il retourne alors la valeur la plus grande du tableau.
- Deux nombres : il retourne alors le plus grand.

```
$tab = array (10,-2,4,2);
print(max($tab));  // affiche 10
```

```
print(max(3,5,2));  // affiche 5
```

Si une des valeurs au moins est un nombre flottant (float), la valeur retournée sera un nombre flottant.

La fonction inverse de max() est la fonction min() : elle fonctionne exactement sur le même modèle.

mt_rand()

- Signature : mt_rand ([$min, $max]).
- Versions : PHP 3 à partir de la 3.0.6, PHP 4, PHP 5.

Cette fonction permet de générer des nombres aléatoires de « meilleure qualité », et quatre fois plus rapidement qu'avec la fonction standard rand(). Si les valeurs optionnelles $min et $max ne sont pas précisées, la valeur aléatoire sera comprise entre 0 et RAND_MAX, sinon entre $min et $max.

La fonction mt_srand(), qui initialise le générateur de nombres aléatoires, doit être exécutée avant que mt_rand() soit utilisée :

```
mt_srand ((float) microtime() * 1000000);
// initialisation du générateur de nombres aléatoires

print(mt_rand(10,15));
// affiche, par exemple, 14
```

number_format()

- Signature : number_format ($x [, $dec [, $chdec , $chmille]]).
- Versions : PHP 3, PHP 4, PHP 5.

Cette fonction retourne une chaîne de caractères correspondant au nombre $x formaté suivant certains paramètres.

La fonction number_format() peut prendre plusieurs paramètres…

- Un paramètre : un chiffre. Il place alors une virgule entre les milliers, et les décimales ne sont pas prises en compte.

```
print(number_format(1234567890));
// affiche 1,234,567,890
print(number_format(1234567890.234));
// affiche 1,234,567,890
```

- Deux paramètres : un chiffre et le nombre de décimales à afficher. Il place alors une virgule entre les milliers du nombre, et un point devant les décimales.

```
print(number_format(1234.987654321,5));
// affiche 1,234.98765
```

- Quatre paramètres. Les deux derniers paramètres permettent de modifier les caractères de séparation des décimales et des milliers.

```
print(number_format(1234.987654321,5,"#","/"));
// affiche 1/234#98765
```

Cette fonction est extrêmement pratique pour afficher les nombres selon les normes des pays :

```
$n = 12345.60;

// affichage à la française
print(number_format($n, 2, ',', ' '));
// affiche 12 345,60

// affichage à l'anglaise
print(number_format($n,2));
// affiche 12,345.60
```

octdec()

- Signature : octdec ($x).
- Versions : PHP 3, PHP 4, PHP 5.

Cette fonction convertit une valeur octale en valeur décimale :

```
print(octdec(17));  // affiche 15
```

pi()

- Signature : pi ()
- Versions : PHP 3, PHP 4, PHP 5.

Cette fonction retourne la valeur de pi :

```
print(pi());  // affiche 3.1415926535898
```

pow()

- Signature : pow ($x,$y).
- Versions : PHP 3, PHP 4, PHP 5.

Cette fonction retourne la puissance $y du nombre $x. Les valeurs $x et $y peuvent être des nombres flottants :

```
print(pow(4,2));  // affiche 16

print(pow(4,0.5));
// affiche 2, il s'agit de la racine carrée
```

rand()

- Signature : rand ([$min, $max]).
- Versions : PHP 3, PHP 4, PHP 5.

Sans paramètre, cette fonction retourne une valeur aléatoire.

Avec deux paramètres, $min et $max, elle retourne une valeur aléatoire comprise entre ces deux valeurs.

Avant d'utiliser cette fonction, il est nécessaire d'utiliser la fonction srand() afin d'initialiser le générateur de nombres aléatoires :

```
srand ((double) microtime() * 1000000);

print(rand());
// affiche une valeur aléatoire
print(rand(3,15));
// affiche une valeur aléatoire entre 3 et 15
```

round()

- Signature : round ($x [, $precision]).
- Versions : PHP 3, PHP 4, PHP 5.

Cette fonction arrondit un nombre flottant. La précision peut être passée en paramètre :

```
print(round("10.1"));  // affiche : 10

print(round("10.6"));  // affiche : 11

print(round("10.129",2));  // affiche : 10.13
```

srand()

- Signature : srand ($seed).
- Versions : PHP 3, PHP 4, PHP 5.

Cette fonction permet d'initialiser le générateur de nombres aléatoires. Pour que le hasard soit maximal, il est préférable de n'appeler cette fonction qu'une fois dans le script.

La valeur (double)microtime()*1000000 est très courante pour le paramètre $seed.

Voyez aussi la fonction rand() pour la génération effective de nombres aléatoires, et les fonctions mt_rand() et mt_srand() comme des alternatives supérieures à rand() et srand().

sqrt()

- Signature : sqrt ($x).
- Versions : PHP 3, PHP 4, PHP 5.

Cette fonction retourne la racine carrée d'un nombre :

```
print(sqrt(121));  // affiche : 11
```

21.2 Les chaînes de caractères

Nous allons nous intéresser, dans cette partie, aux fonctions concernant les chaînes de caractères. En informatique, une chaîne de caractères est généralement appelée *string*. Nous utiliserons donc régulièrement le paramètre $str quand nous voudrons faire référence à une variable de type chaîne de caractères.

addslashes()

- Signature : addslashes ($str).
- Versions : PHP 3, PHP 4, PHP 5.

Cette fonction ajoute des barres obliques inversées (*antislashs*) devant les caractères (', ", \, NUL) de la chaîne $str :

```
print(addslashes("bon'jour\"monde"));
// affiche  bon\'jour\"monde
```

bin2hex()

- Signature : bin2hex ($str).
- Versions : PHP 3 à partir de la 3.0.9, PHP 4, PHP 5.

Cette fonction convertit des données binaires dans leur représentation hexadécimale (le bit de poids fort en premier).

chop()

- Signature : chop ($str).
- Versions : PHP 3, PHP 4, PHP 5.

Cette fonction retourne la chaîne sans les blancs de fin de ligne. On regroupe, parmi les caractères dits blancs : les espaces, les tabulations (\t), les sauts de ligne (\n), les retours chariot (\n \r) et le caractère nul (\0) :

```
$str = " bonjour monde    ";

print("|" . $str . "|");
// affiche | bonjour monde    |

print("|" . chop($str) . "|");
// affiche | bonjour monde|
```

chr()

- Signature : chr ($n).
- Versions : PHP 3, PHP 4, PHP 5.

Cette fonction retourne le caractère ayant pour code ASCII $n :

```
print(chr(169));  // affiche : ©
```

chunk_split()

- Signature : chunk_split ($str [, $n [, $sep]]).
- Versions : PHP 3 à partir de la 3.0.6, PHP 4, PHP 5.

Cette fonction découpe une chaîne $str en plusieurs morceaux, de taille $n, séparés par la chaîne $sep :

```
print(chunk_split("abcde",2,"--<br>"));
/* affiche :
ab--
```

```
cd--
e--
*/

print(chunk_split("0921310571",2);
// affiche : 09 21 31 05 71
// pratique pour afficher un numéro de téléphone
```

Si seul le paramètre $str est fourni, $n a pour valeur par défaut 76 et $sep (\r\n).

À titre d'information, la valeur 76 représente le nombre maximal de caractères conseillé par ligne pour le corps d'un e-mail.

count_chars()

- Signature : count_chars ($str, $mode).
- Versions : PHP 4, PHP 5.

Cette fonction permet d'obtenir des informations sur les caractères contenus dans $sr.

Les modes 1 et 3 sont particulièrement intéressants.

- Mode 1 : la fonction retourne un tableau avec comme clé le code ASCII du caractère et comme valeur le nombre d'occurrences de ce caractère dans $str.

```
$tab = count_chars("azeerrrty",1);
while (list ($clef, $val) = each ($tab))
{
  print("$clef : " . chr($clef) . " : [$val]<br>");
}
/* affiche :
97 : a : [1]
101 : e : [2]
114 : r : [3]
116 : t : [1]
121 : y : [1]
122 : z : [1]
*/
```

- Mode 3 : la fonction retourne une chaîne de caractères contenant tous les caractères différents présents dans $str.

```
print(count_chars("azeerrrty",3));
// affiche : aertyz
```

crc32()

- Signature : crc32 ($str).
- Versions : PHP 4, PHP5.

Cette fonction calcule le code à redondance cyclique d'une chaîne.

À titre d'information, les valeurs utilisées dans l'algorithme sont 0xEDB88320 et 0xFFFFFFFF.

crypt()

- Signature : crypt ($str [, $salt]).
- Versions : PHP 3, PHP 4, PHP 5.

Cette fonction crypte la chaîne $str en utilisant l'algorithme DES.

> ATTENTION
>
> **La fonction uncrypt()**
>
> Cette fonction est à sens unique. La fonction uncrypt() n'existe pas (et n'est pas près d'exister !).

echo()

- Signature : echo ($str1 [, $str2...]).

Cette fonction permet d'afficher une ou plusieurs chaînes de caractères :

```
$a = "toto";
$b = "titi";
echo $a, "-", "$b";  // affiche : toto-titi
echo ($i > 5) ? "i supérieur à 5" : "i inférieur ou égal à 5";
// affiche : i inférieur ou égal à 5
```

> ASTUCE
>
> **Le paramètre echo simplifié**
>
> Les deux lignes suivantes sont équivalentes :
>
> ```
> bonjour <?php echo "monde"; ?>
> bonjour <?="monde"?>
> ```

explode()

- **Signature :** explode ($sep, $str [, $limite]).
- **Versions :** PHP 3, PHP 4, PHP 5.

Cette fonction retourne un tableau contenant les différentes parties de la chaîne de caractères $str séparées par la chaîne de caractères $sep :

```
$tab = explode("_","bonjour_monde");
print($tab[1]);  // affiche : monde
```

```
$tab = explode(";;","a;;b;;c;;;d");
print_r($tab);
/* affiche
Array
(
    [0] => a
    [1] => b
    [2] => c
    [3] => ;d
)
*/
```

Si le paramètre $limite est transmis, le tableau contiendra le plus grand nombre d'éléments $limite, le dernier contenant le reste de la chaîne :

```
$tab = explode(";;","a;;b;;c;;;d",2);
print_r($tab);
/* affiche
Array
(
    [0] => a
    [1] => b;;c;;;d
)
*/
```

get_meta_tags()

- **Signature :** get_meta_tags ($fichier).
- **Versions :** PHP 3 à partir de la 3.0.4, PHP 4, PHP 5.

Cette fonction retourne un tableau associatif contenant les métabalises du fichier $fichier. La variable $fichier peut contenir une URL :

```
$tab = get_meta_tags ("http://www.lemonde.fr");
foreach ($tab as $nom => $valeur)
{
```

```
  print("$nom => $valeur<br>");
}
/* affiche
robots => INDEX,FOLLOW,NOARCHIVE
description => LE MONDE, Journal Le Monde, quotidien
✂ d'information francophone / Le Monde, the french quality
✂ newspaper of record
keywords => LE MONDE, INFORMATIONS, INFOS, QUOTIDIEN, DAILY NEWS,
✂ PRESSE, PRESS, etc.
*/
```

htmlentities()

- Signature : htmlentities ($str [, $mode]).
- Versions : PHP 3, PHP 4, PHP 5.

Cette fonction convertit certains caractères spéciaux d'une chaîne qui ont un équivalent en HTML. Ainsi, le caractère & peut être représenté en HTML par &amp :

```
$str = "< bonjour c'est l'été & il fait très beau >";
print(htmlentities($str));
```

Cet exemple affiche bien "< bonjour c'est l'été & il fait très beau >". Cependant, en regardant les sources de la page, on s'aperçoit que la chaîne de caractères est devenue :

```
"&lt; bonjour c'est l'&eacute;t&eacute; &amp; il fait tr&egrave;s
✂ beau &gt;"
```

Il est possible de passer un deuxième paramètre pour préciser comment les guillemets doivent être traités. Ce paramètre est une des constantes suivantes…

- ENT_COMPAT : seuls les guillemets sont convertis en &quot.
- ENT_QUOTES : primes et guillemets sont convertis.
- ENT_NOQUOTES : aucune conversion des guillemets n'est réalisée.

Cette fonction peut être très utile si vous voulez afficher un texte qui soit compatible avec le plus grand nombre de navigateurs. En effet, les vieilles générations de navigateurs avaient, par exemple, des problèmes pour afficher un caractère accentué qui n'avait pas été converti.

Il existe une fonction similaire, htmlspecialchars(), qui ne convertit qu'un certain nombre de caractères : &, ', ", <, >.

implode()

- Signature : implode ($s, $tab).
- Versions : PHP 3, PHP 4, PHP 5.

Fonction inverse de explode(), elle permet de réunir tous les éléments d'un tableau dans une chaîne en les joignant avec la chaîne de caractères $s :

```
$tab = array("www","kernix","com");
print(implode(".",$tab));   // affiche www.kernix.com
```

Il existe une fonction parfaitement identique à implode() : join().

md5()

- Signature : md5 ($str).
- Versions : PHP 3, PHP 4, PHP 5.

Cette fonction crypte la chaîne $str en utilisant l'algorithme MD5.

nl2br()

- Signature : nl2br ($str).
- Versions : PHP 3, PHP 4, PHP 5.

Cette fonction convertit les sauts de ligne texte d'une chaîne en saut de ligne HTML : <br/>. Il s'agit de <br/> et non de <br>, car le Web va de plus en plus s'orienter vers le langage XHTML (plus proche du XML) où les balises « orphelines » doivent être « fermées ».

> DÉFINITION
>
> **Balises orphelines**
>
> On entend par « balises orphelines », les balises qui n'ont pas besoin d'être fermées : <hr> <input> <img>).

```
print(nl2br("bonjour\nmonde"));
/* affiche :
bonjour<br />
monde
*/
```

BIBLIOTHÈQUE NICE SCIENCES UNIVERSITAIRE

ord()

- Signature : ord ($str).
- Versions : PHP 3, PHP 4, PHP 5.

Cette fonction retourne la valeur ASCII du premier caractère de la chaîne de caractères $str :

```
print(ord("© copyright FCB"));  // affiche : 169
```

parse_str()

- Signature : parse_str ($str [, $tab]).
- Versions : PHP 3, PHP 4, PHP 5.

Cette fonction crée les variables contenues dans la *query string* $str et les initialise à leur valeur :

```
$str = "val1=bonjour+monde&val2=coucou";
parse_str($str);
echo $val1, " - ", $val2;
// affiche : bonjour monde - coucou
```

Il est aussi possible de passer un tableau en deuxième paramètre :

```
$str = "val1=bonjour+monde&val2=coucou";
parse_str($str,$tab);
print($tab["val2"]);  // affiche : coucou
```

print()

- Signature : print ($str).
- Versions : PHP 3, PHP 4, PHP 5.

Cette fonction affiche la variable :

```
$v = 'bonjour';
print("$v monde");  // affiche : bonjour monde

print "bonjour";  // affiche : bonjour
```

printf()

- Signature : printf ($format [, $param1, $param2…]).
- Versions : PHP 3, PHP 4, PHP 5.

Cette fonction permet d'afficher une chaîne de caractères « mise en forme ».

Le premier paramètre correspond à la chaîne de caractères de mise en forme : le format. Il peut être suivi d'un ou de plusieurs paramètres qui seront les données utilisées lors de l'affichage :

```
$nom = "Fred";
printf("Bonjour %s",$nom);  // affiche : Bonjour Fred
```

La chaîne "Bonjour %s" représente le format et %s indique qu'une chaîne de caractères va être placée à cet endroit. Il existe d'autres séquences de formatage que %s :

- %% affiche le signe %.
- %c affiche la valeur ASCII d'un nombre.
- %d affiche un entier.
- %f affiche une valeur décimale à virgule.
- %o affiche une valeur décimale en octal.
- %b affiche une valeur décimale en binaire.
- %x affiche une valeur décimale en hexadécimal (les lettres sont en minuscules).
- %X affiche une valeur décimale en hexadécimal (les lettres sont en majuscules).

```
$nom = "Bob";
$annee = 2001;
$taux = "12.5";

printf("%c %d %d, %s possède %f %% du
✂ capital",169,2000,$annee,$nom,$taux);
// affiche : © 2000 2001, Bob possède 12.500000 % du capital

printf("décimal[%d] - binaire [%b] - octal[%o] -
✂ hexadécimal[%x]",29,29,29,29);
// affiche : décimal[29] - binaire [11101] - octal[35]
//           hexadécimal[1d]
```

Les paramètres suivant la chaîne de formatage ($format) doivent donc être dans le même ordre que les séquences de formatage.

Vous vous apercevez, dans le premier exemple, que la valeur 12.5 est affichée avec cinq zéros. Il s'avère que la séquence de formatage %f peut être modifiée pour afficher un nombre exactement comme on le souhaite : %.2f va, par exemple, afficher un nombre flottant avec deux chiffres après la virgule.

```
printf("prix en francs : %.2f FF, soldé à %.2f
✂ FF",132.569,112.1);
// affiche : prix en francs : 132.57 FF, soldé à 112.10 FF
```

S'il y a lieu, les décimales sont complétées avec des 0.

Il est aussi possible de formater un nombre sur une certaine longueur :

```
printf("référence %05d",13);  // affiche : référence 00013
```

La fonction sprintf() est similaire à printf(), sauf qu'elle n'affiche pas le résultat, mais retourne la chaîne formatée.

```
$val = sprintf("%.2f",12.1);
echo "prix = $val FF";  // affiche : prix = 12.100 FF
```

quotemeta()

- Signature : quotemeta ($str).
- Versions : PHP 3, PHP 4, PHP 5.

Cette fonction ajoute des barres obliques inversées devant les caractères suivants : ., \, +, *, ?, [, ^,], (, $,).

```
print(quotemeta("+*("));  // affiche : \+\*\(
```

sscanf()

- Signature : sscanf ($str, $format, [$var1, $var2...]).
- Versions : PHP 4 à partir de la 4.0.1, PHP 5.

Cette fonction permet de lire une chaîne de caractères et d'en extraire les différentes valeurs grâce à une chaîne de formatage similaire à celle de printf() :

```
$naissance = "11/03/1977";
```

```
$tab = sscanf($naissance,"%d/%d/%d");
print("année de la naissance : " . $tab[2]);
// affiche : 1977

$ligne = "PRIX|2134.3000 REFERENCE|bzr0145";
list ($prix,$ref) = sscanf($ligne,"PRIX|%f REFERENCE|%s");
print("prix du produit [$ref] : $prix FF");
// affiche : prix du produit [bzr0145] : 2134.3 FF
```

Si les paramètres $var1, $var2, etc., sont transmis, la fonction assigne ces variables et retourne le nombre de variables qui ont été assignées. Ces paramètres optionnels doivent être passés par référence :

```
$naissance = "11/03/1977";

echo sscanf($naissance,"%d/%d/%d",&$jour,&$mois,&$annee);
// affiche 3

echo "année = $annee";
// affiche : année = 1977
```

strcmp()

- Signature : strcmp ($str1, $str2).
- Versions : PHP 3, PHP 4, PHP 5.

Cette fonction compare deux chaînes de caractères et retourne :

- une valeur négative si $str1 est inférieure à $str2 ;
- une valeur positive si $str1 est supérieure à $str2 ;
- 0 si elles sont égales.

Attention, ce ne sont pas les longueurs des chaînes qui sont comparées, mais les caractères qu'elles contiennent ! Si vous voulez comparer les chaînes "abcxwtr" et "ac", l'algorithme effectue ceci :

- Premier caractère : a = a.
- Deuxième caractère : c > b.

L'algorithme s'arrête alors et déclare que la chaîne "ac" est supérieure à "abcxwtr".

Les comparaisons se font donc sur les valeurs (codes) ASCII des caractères. Or, dans la table ASCII, l'ordre est établi ainsi : 0 < 9 < A < Z < a < z.

```
$str1 = "aa";
$str2 = "b";
$n = strcmp($str1,$str2);
if ($n < 0) print("str1 < str2");
elseif ($n > 0) print("str1 > str2");
else print("str1 = str2");
// affiche : str1 < str2
```

Si seule l'égalité vous intéresse, il est souvent plus simple d'utiliser l'opérateur de comparaison == :

```
$str1 = "hello";
if ($str1 == "hello") print("OK");
else print("KO");
// affiche : OK
```

Dans les deux exemples précédents, les chaînes "bonjour" et "BonJour" ne seraient pas identiques, car les comparaisons sont sensibles à la différence majuscules/minuscules (les comparaisons sont dites *case sensitive*).

La fonction strcasecmp() peut être utilisée si vous ne voulez pas vous soucier de la différence majuscules/minuscules :

```
$str1 = "HELLO";
if (strcasecmp($str1,"hello") == 0) print("OK");
else print("KO");
// affiche : OK
```

Il est aussi possible de limiter les portions de chaînes à comparer avec les fonctions strncmp() ou strncasecmp() :

```
if (strncasecmp("HELIOS","hello",3) == 0) print("OK");
else print("KO");
// affiche : OK
```

La comparaison s'est faite ici sur les trois premiers caractères et de manière *insensitive*.

Avec ces types de fonctions, la chaîne "image2" est supérieure à "image10". Or, il est souvent utile pour classer des images ou des fichiers de faire en sorte d'avoir "image1" < "image2" < "image12" < "image21". Il faut, pour cela, utiliser un algorithme de comparaison dit naturel. Deux fonctions implémentent cet algorithme : strnatcmp() et strnatcasecmp().

Pour classer un tableau en utilisant cet ordre, la fonction natsort() peut être utilisée.

strcspn()

- **Signature** : strcspn ($str1, $str2).
- **Versions** : PHP 3 à partir de la 3.0.3, PHP 4, PHP 5.

Cette fonction retourne la longueur de la partie initiale de $str1 qui ne contient aucun caractère de $str2 :

```
print(strcspn ("aeiouy", "bdcdf"));  // affiche 6
print(strcspn ("aeiouy", "bdcdfi"));  // affiche 2
```

strip_tags()

- **Signature** : strip_tags($str [, $balises]).
- **Versions** : PHP 3 à partir de la 3.0.8, PHP 4 à partir de la 4.0b2, PHP 5.

Cette fonction retourne une chaîne privée des balises HTML et PHP :

```
$data = "Bonjour <b>monde</b><br>hello <font>world</font>";
$str = strip_tags($data);
// la variable $str contient alors "Bonjour mondehello world"
```

C'est très pratique quand vous voulez empêcher un internaute d'inclure des balises HTML dans des données qui seront stockées dans votre base de données.

Il est cependant possible d'autoriser certaines balises en transmettant un deuxième paramètre à la fonction strip_tags(). On peut, par exemple, n'autoriser que la mise en gras (<b>) et les sauts de ligne (<br>) :

```
$data = "Bonjour <b>monde</b><br>hello <font>world</font>";
$str = strip_tags($data,"<b><br>");
// la variable $str contient alors "Bonjour <b>monde</b>
// <br>hello world"
```

stripslashes()

- **Signature** : stripslashes ($str).
- **Versions** : PHP 3, PHP 4, PHP 5.

Cette fonction réalise l'opération inverse de la fonction addslashes() ; par exemple, \' devient ' :

```
print(stripslashes("l\'aventure"));
// affiche : l'aventure
```

strlen()

- Signature : strlen ($str).
- Versions : PHP 3, PHP 4, PHP 5.

Cette fonction retourne la longueur d'une chaîne de caractères :

```
$password = "jkw6d";
if (strlen($password) < 8)
 print("le mot de passe doit contenir au moins 8 caractères");
else
 print("longueur valide");
// affiche : le mot de passe doit contenir au moins 8 caractères
```

str_pad()

- Signature : str_pad ($str, $ln [,$s ,$mode]).
- Versions : PHP 4 à partir de la 4.0.1, PHP 5.

Cette fonction permet de formater une chaîne de caractères à l'intérieur d'une plus grande chaîne, en précisant la longueur, l'alignement (gauche, milieu, droit) et les caractères de remplissage (s'il y a lieu) :

```
$str = "bonjour";

print(str_pad($str, 10));
// affiche : "bonjour   "

print(str_pad($str, 10, "-+", STR_PAD_LEFT));
// affiche : "-+-bonjour"

print(str_pad($str, 10, "_", STR_PAD_BOTH));
// affiche : "_bonjour__"

print(str_pad($str, 10, ".", STR_PAD_RIGHT));
// affiche : "bonjour..."
```

STR_PAD_RIGHT est le mode d'alignement par défaut, il est donc souvent inutile de le spécifier.

strpbrk()

- Signature : strpbrk ($str, $list).
- Version : PHP 5.

Cette fonction retourne une partie de $str commençant par l'un des caractères présents dans $list.

```
$str = "Bonjour Jean Dupont";

print(strpbrk($str,"ijq"));
// affiche "jour Jean Dupont" car le caractère 'i' n'est pas
// trouvé à la différence de 'j'

print(strpbrk($str,"iJq"));
// affiche " Jean Dupont" car cette fonction est sensible à
// la casse
```

strpos()

- Signature : strpos ($str1, $str2).
- Versions : PHP 3, PHP 4, PHP 5.

Cette fonction retourne la position de la variable $str2 dans la variable $str2 :

```
$str1 = "bonjour";
$str2 = "on";
print(strpos($str1,$str2));  // affiche : 1
```

Si $str2 n'est pas présente dans $str1, la valeur booléenne false est retournée, ce qui peut conduire à une erreur assez courante :

```
$str1 = "bonjour";
$str2 = "bon";
if (strpos($str1,$str2) == false)
  print("$str2 n'a pas été trouvé dans $str1");
else
  print("OK");
// ce code affiche "bon n'a pas été trouvé dans bonjour"
```

Le résultat de cet exemple est donc erroné. Le problème vient du test ==, qui ne fait pas la différence entre les valeurs false et 0. Il est donc nécessaire d'utiliser l'opérateur ===, qui compare à la fois la valeur et le type. La valeur false étant un booléen et 0 un numérique, le test ne passera pas :

```
$str1 = "bonjour";
$str2 = "bon";
if (strpos($str1,$str2) === false)
  print("$str2 n'a pas été trouvé dans $str1");
else
  print("OK");
// affiche : OK
```

La fonction strrpos() retourne, quant à elle, la dernière position de la variable $str2 dans $str1 :

```
echo strrpos("bonbon","on");  // affiche : 4
```

strrchr()

- Signature : strrchr($str, $c).
- Versions : PHP 3, PHP 4, PHP 5.

Cette fonction retourne la partie de $str qui commence là où l'on trouve pour la dernière fois la première lettre de la chaîne de caractères $c. En cas d'erreur, la valeur false est retournée :

```
$str = "www.toto.fr";
print("extension : " . strrchr($str,"."));
// affiche : extension : .fr
```

str_repeat()

- Signature : str_repeat ($str, $n).
- Versions : PHP 4 à partir de la 4.0b4, PHP 5.

Cette fonction répète une chaîne plusieurs fois :

```
print(str_repeat ("--", 4));
// affiche : --------
```

strrev()

- Signature : strrev ($str).
- Versions : PHP 3, PHP 4, PHP 5.

Cette fonction inverse une chaîne de caractères :

```
print(strrev("abc"));
// affiche : "cba"
```

strrpos()

- Signature : strrpos ($str1, $str2).
- Versions : PHP 3, PHP 4, PHP 5.

Cette fonction retourne la position de la dernière occurrence de la chaîne $str2 au sein de $str1 :

```
print(strrpos("hellohello","lo"));
// affiche : 8
```

strspn()

- Signature : strspn ($str1, $str2).
- Versions : PHP 3 à partir de la 3.0.3, PHP 4, PHP 5.

Cette fonction retourne la longueur du segment initial de $str1, qui n'est composé que de caractères de $str2 :

```
print(strspn("bonjour","bonsoir"));
// affiche : 3
print(strspn("bonjour","on"));
// affiche : 0, car "on" n'est pas au début de "bonjour"
```

strstr()

- Signature : strstr ($str1, $str2).
- Versions : PHP 3, PHP 4, PHP 5.

Cette fonction retourne la partie de $str1 qui commence là où l'on trouve pour la première fois la chaîne de caractères $str2. En cas d'erreur, le booléen false est retourné :

```
$email = "bob@toto.fr";
print("domaine : " . strstr($email,"@"));
// affiche : domaine : @toto.fr
```

La fonction strchr() est un alias de strstr().

La fonction stristr() a le même comportement que strstr(), sans être sensible à la casse.

strtolower()

- Signature : strtolower ($str).
- Versions : PHP 3, PHP 4, PHP 5.

Cette fonction retourne la chaîne convertie entièrement en minuscules :

```
$str = "Bonjour MONDE";
print(strtolower($str));
// affiche : "bonjour monde"
```

Il existe d'autres fonctions permettant de jouer sur les minuscules et les majuscules.

- strtoupper() : la chaîne passe en majuscules.
- ucfisrst() : le premier caractère de la chaîne passe en majuscule.
- ucwords() : le premier caractère de chacun des mots passe en majuscule.

```
$str = "bonjour monde";

print(strtoupper($str));  // affiche : BONJOUR MONDE
print(ucfirst($str));  // affiche : Bonjour monde
print(ucwords($str));  // affiche : Bonjour Monde
```

str_replace()

- Signature : str_replace ($str1,$str2,$str).
- Versions : PHP 3, PHP 4, PHP 5.

Cette fonction permet de remplacer la chaîne de caractères $str1 par la chaîne de caractères $str2 dans la chaîne de caractères $str :

```
print(str_replace("#PRENOM#","Paul","Prénom : #PRENOM#"));
// affiche : Prénom : Paul
```

Il est aussi possible de remplacer $str1 et $str2 par des tableaux :

```
$s = str_replace(array("#PRENOM#","#NOM#"),
                 array("Paul","Dupont"),
                 "Nom : #NOM#<br>Prénom : #PRENOM#");
print($s);
// affiche :
// Nom : Dupont
// Prénom : Paul
```

Cette fonction peut être très utile pour travailler avec des pages modèles (*templates*).

str_split()

- Signature : str_split ($str,$n).
- Version : PHP 5.

Cette fonction convertit la chaîne $str en un tableau. Le tableau est composé de parties de chaînes de longueur $n.

```
$tab = str_plit ("bonjour");
// $tab contient "b","o","n","j","o","u","r"

$tab = str_plit ("bonjour",4);
// $tab contient "bonj","our"
```

strtr()

- **Signature** : strtr ($str, $chars1, $chars2).
- **Versions** : PHP 3, PHP 4, PHP 5.

Cette fonction permet de substituer, dans la chaîne $str, les caractères de $chars1 par les caractères de $chars2 :

```
$str = "cet élève est bête";
print(strtr($str, "éèêë", "eeee"));
// affiche : "cet eleve est bete"
```

substr()

- **Signature** : substr ($str, $deb [, $long]).
- **Versions** : PHP 3, PHP 4, PHP 5.

Cette fonction permet d'extraire une partie d'une chaîne de caractères.

Le premier paramètre est la chaîne de caractères en question, le deuxième la position à partir de laquelle l'extraction va être faite, le troisième (optionnel) indique la longueur de la partie à extraire.

Si le deuxième paramètre est négatif, la position est à considérer à partir de la fin de la chaîne.

Si le troisième paramètre est négatif (–n), la partie extraite s'arrêtera n caractères avant la fin de la chaîne :

```
// toute la chaîne sauf le premier caractère
print  substr("abcdef", 1);  // affiche : "bcdef"

// une chaîne de 3 caractères à partir du deuxième caractère
print  substr("abcdef", 1, 3);  // affiche : "bcd"

// les 2 derniers caractères
print  substr("abcdef", -2);  // affiche : "ef"

// toute la chaîne sauf les 2 derniers caractères
```

```
print  substr("abcdef", 0, -2);  // affiche : "abcd"

// toute la chaîne sauf le premier et le dernier caractère
print  substr("abcdef", 1, -1);  // affiche : "bcde"
```

substr_compare()

- Signature : substr_compare ($str1,$str2, $deb [, $long [, $nocase]]).
- Version : PHP 5.

Cette fonction permet de comparer la chaîne $str1 (à partir de la position $deb) avec $str2, sur une longueur (optionnelle) de $long caractères. Si le paramètre $nocase est précisé et qu'il est égal à true, la fonction devient insensible à la casse.

```
echo substr_compare("abcde", "bc", 1, 2); // 0
echo substr_compare("abcde", "bcg", 1, 2); // 0
echo substr_compare("abcde", "BC", 1, 2, true); // 0
echo substr_compare("abcde", "bc", 1, 3); // 1
```

substr_count()

- Signature : substr_count ($str1,$str2).
- Versions : PHP 4 à partir de la 4.0RC2, PHP 5.

Cette fonction permet de compter le nombre de fois où apparaît une chaîne ($str2) dans une autre ($str1) :

```
$n = substr_count("bonjour monde","on");
print $n;  // affiche : 2
```

substr_replace()

- Signature : substr_replace ($str1, $str2, $deb [, $long]).
- Versions : PHP 4 à partir de la 4.0b4, PHP 5.

Cette fonction remplace une partie d'une chaîne de caractères $str1 par une autre $str2.

Une position de départ ($deb) et une longueur optionnelle ($long) peuvent être précisées. Le mode de fonctionnement est alors le même que pour la fonction substr() :

```
$str = "bonjour monde";
```

```
// remplace $str par "--"
print substr_replace ($str, "--", 0);  // affiche : "--"

// insère "--" au début de $str
print substr_replace ($str, "--", 0, 0);
// affiche : "--bonjour monde"

// remplace la deuxième lettre de $str par "--"
print substr_replace ($str, "--", 1, 1);
// affiche : "b--njour monde"

// remplace les 4 premiers caractères de $str par "--"
print substr_replace ($str, "--", 0, 4);
// affiche : "--our monde"

// remplace la dernière de $str lettre par "--"
print substr_replace ($str, "--", -1, 1);
// affiche : "bonjour mond--"

// remplace par "--" tous les caractères de $str
// sauf les 2 derniers
print substr_replace ($str, "--", 0, -2);
// affiche : "--de"

// remplace par "-" tous les caractères de $str
// sauf le premier et le dernier
print substr_replace ($str, "--", 1, -1);
// affiche : "b--e"
```

trim()

- Signature : trim ($str).
- Versions : PHP 3, PHP 4, PHP 5.

Cette fonction supprime les caractères blancs de début et de fin de chaîne. Les caractères blancs sont les mêmes que pour la fonction chop() : \n, \r, \t, \0.

```
$str = " bonjour monde ";

print("|". $str . "|");
// affiche : | bonjour monde |

print("|". trim($str) . "|");
// affiche : |bonjour monde|
```

Il existe des variantes à trim() :

- ltrim() ne supprime que les caractères blancs à gauche.

- rtrim() ne supprime que les caractères blancs à droite (comme la fonction chop()).

wordwrap()

- Signature : wordwrap ($str, [, $long [, $sep [, $coup]]]).
- Versions : PHP 4 à partir de la 4.0.2, PHP 5.

Cette fonction permet de séparer une chaîne de caractères $str en plusieurs parties de longueur $long, séparées par une chaîne de caractères $sep.

Par défaut, la valeur de $long est 75 et celle de $sep est \n.

Par défaut, wordwrap() garde les mots en entier, sauf si $coup vaut 1 :

```
$str = "bonjour à tous";

print wordwrap($str,4,"<br>");
/* affiche :
bonjour
à
tous
*/

$str = "bonjour à tous";
print wordwrap($str,4,"<br>",1);
/* affiche :
bonj
our
à
tous
*/
```

21.3 Les expressions régulières

Dans cette partie, le paramètre $motif correspond à la REGEXP.

ereg()

- Signature : ereg ($motif, $str [, $tab]).
- Versions : PHP 3, PHP 4, PHP 5.

Cette fonction permet de tester si le motif $motif est présent dans la chaîne $str. Elle retourne la valeur booléenne true si le motif est trouvé, sinon elle renvoie false :

```
if (ereg("important",$str))
// permet de tester si $str contient le mot "important"
```

Le motif peut contenir des expressions régulières :

```
if (ereg("^[[:alpha:]]*$", $str))
// permet de tester si $str ne contient que des lettres
```

Si le motif contient des expressions entre parenthèses, il est possible de placer les expressions qui correspondent dans un tableau (le premier élément du tableau contient une copie de $str) :

```
if (ereg ("([[:digit:]]*)-([[:digit:]]*)-([[:digit:]]*)",
✂ "2000-03-11", $tab))
{
  echo "$tab[3]/$tab[2]/$tab[1]";  // affiche 11/03/2000
}
if (ereg ("Mr ([[:alpha:]]*), ([[:alpha:]]*)", "Deuxième place Mr
✂ Durant, Paul", $tab))
{
  echo "nom = $tab[2], prénom = $tab[1]";  // affiche "nom =
  ✂ Paul, prénom = Durant"
}
```

La fonction eregi() fonctionne comme ereg(), sans être sensible à la casse.

ereg_replace()

- Signature : ereg_replace ($motif, $modele, $str).
- Versions : PHP 3, PHP 4, PHP 5.

Cette fonction balaie la chaîne $str pour trouver des zones de correspondance avec le motif $motif et remplace les zones en correspondance avec la chaîne $modele :

```
print ereg_replace("c","aaa","cqsdc");
// affiche : aaaqsdaaa

$str = ereg_replace("\r\n","\n",$str);
// permet de remplacer \r\n par \n dans la chaîne $str

print ereg_replace("[[:alpha:]]","C","telephone 02 03 01 05 56");
// tous les caractères de type alphabétique correspondent
// et sont remplacés par 'C'
```

```
// le script affiche donc : CCCCCCCC 02 03 01 05 56
```

Si le motif contient des expressions entre parenthèses, le modèle $modele peut faire référence à la énième expression entre parenthèses matchée par l'intermédiaire de l'expression \\i :

```
print ereg_replace("site ([[:alpha:]]*)",
                   "site http://www.\\1.com",
                   "allez sur le site google");
// affiche : allez sur le site http://www.google.com

print ereg_replace("\[([[:alnum:]]*)-([[:digit:]]*)\]",
                   "de référence \\1,
                   construite en \\2",
                   "machine [BT303X8-1996]");
// affiche : "machine de référence BT303X8, construite en 1996"
```

La fonction eregi_replace() fonctionne comme ereg_replace() sans être sensible à la casse.

split()

- Signature : split ($motif, $str [, $limite]).
- Versions : PHP 3, PHP 4, PHP 5.

Cette fonction permet de découper une chaîne à partir d'un motif de séparation. Les éléments issus de la « découpe » sont placés dans un tableau :

```
$tab = split("[ \.]","03.21.52.68.41");
// permet de découper un numéro de téléphone
// le caractère de séparation pouvant être un espace
// ou un point
print "indicatif : $tab[0]";  // indicatif : 03
```

Si le paramètre optionnel $limite est précisé, le tableau contiendra un grand nombre de $limite éléments, le dernier élément contenant la chaîne entière.

Si le motif $motif est un simple caractère (ou une simple chaîne), il est préférable d'utiliser la fonction explode() :

```
$tab = explode(",",$str);
```

21.4 Les tableaux

Les fonctions suivantes peuvent également être intéressantes dans le cadre de l'utilisation de tableaux : is_array(), explode(), implode(), split() et unset().

array()

- Signature: array().
- Versions : PHP 3, PHP 4, PHP 5.

Cette fonction permet de créer un tableau.

Il est possible de créer :

- des tableaux scalaires ;

```
$tab = array("rouge","jaune","bleu");
print $tab[1];  // affiche : "jaune"
```

- des tableaux associatifs.

```
$tab = array("nom"=>"dupont","prenom"=>"paul");
print $tab["nom"];  // affiche : "dupont"
```

Il est aussi possible de créer des tableaux à plusieurs dimensions :

```
$toile = array (
"dimensions" => array ("longueur"=>"160", "largeur"=>"400"),
"peintre" => array ("prenom"=>"paul", "nom"=>"cezanne"),
);
print $toile["peintre"]["nom"];  // affiche : "cezanne"
```

array_combine()

- Signature: array_combine ($tabindices, $tabvaleurs).
- Version : PHP 5.

Cette fonction retourne un tableau dont les indices sont les éléments de $tabindices et les valeurs, les éléments de $tabvaleurs.

Elle retourne FALSE si le nombre d'éléments ne correspond pas entre $tabindices et $tabvaleurs.

```
$tab1 = array ("a", "b", "c");
$tab2 = array ("x","y","z");
$tab = array_combine($tab1, $tab2);
// $tab contient : Array ( [a] => x [b] => y [c] => z )
```

array_count_values()

- Signature: array_count_values ($tab).
- Versions : PHP 4 à partir de la 4.0b4, PHP 5.

Cette fonction retourne un tableau dont les indices sont les éléments du tableau $tab et dont les valeurs correspondent à la fréquence d'apparition de ces éléments dans $tab.

```
$tab = array ("bonjour","monde","bonjour");
$tab2 = array_count_values ($array);
print $tab2["bonjour"];  // affiche : 2
print $tab2["monde"];  // affiche : 1
```

array_diff()

- Signature : array_diff($tab1,$tab2).
- Versions : PHP 4 à partir de la 4.0.1, PHP 5.

Cette fonction retourne un tableau qui contient toutes les valeurs de $tab1 qui ne sont pas présentes dans $tab2 (peu importe le type d'indice) :

```
$tab1 = array ("rouge", "jaune", "aa"=>"bleu");
$tab2 = array ("bb"=>"jaune","bleu");
$tab = array_diff($tab1,$tab2);
// $tab contient :  Array ( [0] => rouge )
```

array_filter()

- Signature : array_filter($tab, $fct).
- Versions : PHP 4 à partir de la 4.0.6, PHP 5.

Cette fonction retourne un tableau qui ne contient que les éléments $tab qui ont été validés par la fonction $fct :

```
function primaire($val)
{
  if (($val == "rouge") || ($val == "jaune") || ($val == "bleu"))
    return (1);
}

$tab = array ("rouge","orange","marron","bleu");
$tab2 = array_filter($tab,"primaire");
// seules les couleurs primaires sont conservées
```

```
// $tab2 contient :
// Array ( [0] => rouge [3] => bleu )


function pair($val)
{
  if (($val % 2))
    return (1);
}

$tab = array (1,2,3,4,5,6,7);
$tab2 = array_filter($tab,"pair");
// seuls les nombres impairs sont conservés
// $tab2 contient :
// Array ( [0] => 1 [2] => 3 [4] => 5 [6] => 7 )
```

Une fonction interne à PHP peut également être utilisée en tant que *callback* :

```
$tab = array ("bonjour",3,3.2,0,false);
$tab2 = array_filter($tab,"is_int");
// seuls les entiers sont conservés
// $tab2 contient :
// Array ( [1] => 3 [3] => 0 )
```

array_flip()

- Signature : array_flip ($tab).
- Versions : PHP 4 à partir de la 4.0b4, PHP 5.

Cette fonction retourne un tableau dont les indices sont devenus les valeurs, et inversement :

```
$tab = array ("rouge","aa"=>"orange","marron","bleu");
$tab2 = array_flip($tab);
print $tab["aa"];  // affiche : "orange"
print $tab2["orange"];  // affiche : "aa"
```

array_intersect()

- Signature : array_intersect ($tab1,$tab2).
- Versions : PHP 4 à partir de la 4.0.1, PHP 5.

Cette fonction retourne un tableau contenant les valeurs présentes à la fois dans $tab1 et dans $tab2 :

```
$tab1 = array ("rouge", "jaune", "aa"=>"bleu");
$tab2 = array ("bb"=>"jaune","bleu");
$tab = array_intersect($tab1,$tab2);
// $tab contient :  Array ( [1] => jaune [aa] => bleu )
```

array_keys()

- Signature : array_keys ($tab).
- Versions : PHP 4, PHP 5.

Cette fonction retourne un tableau contenant les indices de $tab :

```
$tab = array ("rouge","aa"=>"orange","marron","bleu");
$tab2 = array_keys($tab);
// $tab2 contient les valeurs 0, "aa", 1, 2
```

Il est possible de préciser en paramètre la valeur dont on veut récupérer les indices :

```
$tab = array ("rouge","aa"=>"orange","marron","bleu","orange");
$tab2 = array_keys($tab,"orange");
// $tab2 contient les valeurs "aa" et 3
```

array_map()

- Signature : array_map ($fct,$tab [, $tab2]).
- Versions : PHP 4 à partir de la 4.0.6, PHP 5.

Cette fonction permet d'appliquer une fonction $fct à tous les éléments d'un tableau $tab :

```
function double($val)
{
  return $val * $val;
}

$tab = array ( 1, 2, 3);
$tab2 = array_map("double",$tab);
// $tab2 contient : 1, 4, 9
```

Il est aussi possible de transmettre plusieurs tableaux à array_map(). La fonction *callback* $fct doit alors avoir autant de paramètres qu'il y a de tableaux :

```
function sup ($x, $y)
{
  if ($x > $y) return $x;
```

```
  return $y;
}

$tab1 = array (2,18,-10,2,6);
$tab2 = array (12, 2, 4, 34, -3);
$max = array_map("sup",$tab1,$tab2);
// le tableau $max contient les plus grandes valeurs de
// $tab1 et de $tab2 :
// Array ( [0] => 12 [1] => 18 [2] => 4 [3] => 34 [4] => 6 )
```

array_merge()

- **Signature** : array_merge ($tab1, $tab2...).
- **Versions** : PHP 4, PHP 5.

Cette fonction retourne un tableau composé des éléments des différents tableaux passés en paramètres :

```
$tab1 = array ("rouge", "jaune", "bleu");
$tab2 = array ("vert", "blanc");
$tab = array_merge($tab1,$tab2);
// $tab contient :
// Array ( [0] => rouge [1] => jaune [2] => bleu [3]
//         => vert [4] => blanc )
```

array_merge_recursive()

- **Signature** : array_merge_recursive ($tab1, $tab2...).
- **Versions** : PHP 4 à partir de la 4.0.1, PHP 5.

Comme array_merge(), cette fonction fusionne des tableaux. Cependant, si l'un des tableaux contient d'autres tableaux, les éléments de ces derniers seront pris en compte dans la fusion :

```
$tab1 = array ("rouge", "jaune", "aa"=>array("bleu", "violet"));
$tab2 = array ("vert", "aa"=>array("cyan"), "blanc");
$tab = array_merge_recursive($tab1,$tab2);
// $tab contient :
// Array ( [0] => rouge [1] => jaune [aa] =>
//   Array ( [0] => bleu [1] => violet [2] => cyan )
//   [2] => vert [3] => blanc )
```

array_pad()

- Signature : array_pad ($tab, $tailler, $val).
- Versions : PHP 4 à partir de la 4.0b4, PHP 5.

Cette fonction permet d'augmenter la taille d'un tableau en comblant les espaces avec la valeur $val. Si la variable $taille est négative, l'insertion des nouvelles valeurs se fait au début :

```
$tab = array (1, 2 ,3);

$tab2 = array_pad($tab,5,9);
// $tab2 contient : 1, 2, 3, 9, 9

$tab3 = array_pad($tab,-5,9);
// $tab3 contient : 9, 9, 1, 2, 3
```

array_pop()

- Signature : array_pop ($tab).
- Versions : PHP 4, PHP 5.

Cette fonction retourne la dernière valeur du tableau $tab. Le paramètre $tab est alors écourté de cette dernière valeur :

```
$tab = array ("rouge","jaune","bleu");
$dernier = array_pop($tab);
// la variable $dernier vaut "bleu"
// et $tab ne contient plus que "rouge", "jaune"
```

array_push()

- Signature : array_push ($tab, $val1, $val2...).
- Versions : PHP 4, PHP 5.

Cette fonction ajoute des éléments à un tableau :

```
$tab = array ("rouge", "jaune");
array_push($tab,"bleu","vert");
// $tab contient rouge, jaune, bleu, vert
```

Il aurait également été possible d'ajouter les deux derniers éléments de la manière suivante :

```
$tab = array ("rouge", "jaune");
$tab[] = "bleu";
$tab[] = "vert";
```

array_rand ($tab)

- Signature : array_rand ($tab).
- Versions : PHP 4, PHP 5.

Cette fonction retourne un indice aléatoire du tableau $tab.

La fonction srand() doit être appelée préalablement :

```
srand ((double) microtime() * 10000000);
$tab = array ("rouge","jaune","bleu");
$indice = array_rand($tab);
print $tab[$indice];
// affiche une des valeurs de $tab
```

array_reverse()

- Signature : array_reverse ($tab).
- Versions : PHP 4 à partir de la 4.0b4, PHP 5.

Cette fonction retourne un tableau contenant les éléments de $tab dans l'ordre inverse :

```
$tab = array ("rouge","jaune","bleu");
$tab2 = array_reverse($tab);
// $tab2 contient bleu, jaune, rouge
```

array_reduce()

- Signature : array_reduce ($tab,$func).
- Versions : PHP 4 à partir de la 4.0.5, PHP 5.

Cette fonction permet de réduire le tableau à une seule valeur en appliquant la fonction $func itérativement à tous les éléments du tableau $tab :

```
function mult($a,$b)
{
  $a *= $b;
  return $a;
}
$tab = array(2,4,6);
echo array_reduce($tab,$mult);
// affiche 48 : 2 * 4 * 6
```

array_shift()

- Signature : array_shift ($tab).
- Versions : PHP 4, PHP 5.

Cette fonction permet d'extraire le premier élément du tableau $tab et de le retourner :

```
$tab = array("www","kernix","com");
echo array_shift($tab);
// affiche "www", $tab ne contient plus que "kernix" et "com"
```

array_slice()

- Signature : array_slice ($tab,$deb[,$n]).
- Versions : PHP 4, PHP 5.

Cette fonction permet d'extraire un sous-tableau du tableau $tab.

Si $deb est positif, $tab2 contient les éléments commençant à l'indice $deb du tableau $tab ; si $deb est négatif, l'indice est à considérer à partir de la fin de $tab.

Si $n est positif, le sous-tableau contiendra $n éléments.

Si $n est négatif, les $n derniers éléments de $tab ne feront pas partie du sous-tableau.

Si $n n'est pas précisé, tous les éléments, à partir de l'indice $deb, seront retournés.

```
$tab = array(1,2,3,4,5,6,7,8,9);
$tab2 = array_slice($tab,2);  // $tab2 contient 3,4,5,6,7,8,9
$tab2 = array_slice($tab,2,2);  // $tab2 contient 3,4
$tab2 = array_slice($tab,2,-2);  // $tab2 contient 3,4,5,6,7
$tab2 = array_slice($tab,-2,2);  // $tab2 contient 8,9
```

array_splice()

- Signature : array_splice ($tab, $offset [, $ln, $remplacement]).
- Versions : PHP 4, PHP 5.

Cette fonction supprime une partie d'un tableau et la remplace par un autre élément.

Si $offset est positif, la portion à supprimer commence à l'index $offset. Si $offset est négatif l'index est à prendre à partir de la fin du tableau :

```
$tab = array ("a","b","c","d","e");
$r = array_splice($tab, 3);
// $tab contient : Array ( [0] => a [1] => b [2] => c )
// $r contient : Array ( [0] => d [1] => e )

$tab = array ("a","b","c","d","e");
$r = array_splice($tab, -3);
// $tab contient : Array ( [0] => a [1] => b )
// $r contient : Array ( [0] => c [1] => d [2] => e )
```

Si le paramètre $ln est précisé et est positif, seuls $ln éléments de $tab seront supprimés. S'il est négatif, la portion supprimée s'arrête $ln éléments avant la fin de $tab :

```
$tab = array ("a", "b", "c", "d", "e", "f");
$r = array_splice($tab, 2, 1);
// $tab contient : Array ( [0] => a [1] => b [2] => d
//                         [3] => e [4] => f )
// $r contient : Array ( [0] => c )

$tab = array ("a", "b", "c", "d", "e", "f");
$r = array_splice($tab, 2, -1);
// $tab contient : Array ( [0] => a [1] => b [2] => f )
// $r contient : Array ( [0] => c [1] => d [2] => e )
```

Si le paramètre $remplacement est précisé, les éléments retirés de $tab sont remplacés par les éléments de $remplacement :

```
$tab = array ("a", "b", "c", "d", "e", "f");
$remplacement = array (1, 2);
$r = array_splice($tab, 2, 1, $remplacement);
// $tab contient : Array ( [0] => a [1] => b [2] => 1 [3] => 2
                          [4] => d [5] => e [6] => f )
// $r contient : Array ( [0] => c )
```

Si juste un élément de $tab doit être remplacé par un seul élément, $remplacement peut être une valeur simple.

Si les valeurs de $offset et de $ln font qu'aucun élément ne doit être remplacé dans $tab, $remplacement est alors inséré à la position $offset :

```
$tab = array ("a", "b", "c", "d", "e", "f");
$remplacement = array (1, 2);
$r = array_splice($tab, 2, -50, $remplacement);
```

```
// $tab contient : Array ( [0] => a [1] => b [2] => 1 [3] => 2
                            [4] => c [5] => d [6] => e [7] => f )
// $r est vide
```

array_sum()

- Signature : array_sum ($tab).
- Versions : PHP 4 à partir de la 4.0.4, PHP 5.

Cette fonction additionne les valeurs de $tab :

```
$tab = array ("1", 2, 3);
print array_sum ($tab); // affiche 6
```

array_unique()

- Signature : array_unique ($tab).
- Versions : PHP 4, PHP 5.

Cette fonction supprime les doublons d'un tableau :

```
$tab = array ("1", 2, "coucou", 1, 'coucou', 1.0);
print_r(array_unique ($tab));
// affiche : Array ( [0] => 1 [1] => 2 [2] => coucou )
```

array_unshift()

- Signature : array_unshift ($tab, $elem1 [, $elem2...]).
- Versions : PHP 4, PHP 5.

Cette fonction permet d'ajouter des éléments au début d'un tableau :

```
$tab = array ("a","b");
array_unshift ($tab, "c", array ("d", "e"));
/* $tab contient
Array
(
    [0] => c
    [1] => Array
        (
            [0] => d
            [1] => e
        )
    [2] => a
```

```
    [3] => b
)
*/
```

La fonction retourne le nouveau nombre d'éléments dans le tableau.

array_values()

- Signature : array_values ($tab).
- Versions : PHP 4, PHP 5.

Cette fonction retourne les valeurs contenues dans $tab :

```
$tab = array ("a", "b"=>"c", 1);
print_r(array_values($tab));
/* affiche :
Array
(
    [0] => a
    [1] => c
    [2] => 1
)
*/
```

array_walk()

- Signature : array_walk ($tab, $fct).
- Versions : PHP 3 à partir de la 3.0.3, PHP 4, PHP 5.

Cette fonction permet d'appliquer la fonction $fct à tous les éléments de $tab. La fonction $fct reçoit en premier paramètre la valeur, et en deuxième la clé (l'index) de l'élément :

```
function nbcar ($valeur, $clef)
{
  echo strlen($valeur), "<br>";
}

$tab = array ("BonJour", "BONJ");
array_walk($tab,"nbcar");
/* affiche :
7
4
*/
```

Pour modifier directement les valeurs de $tab, il est nécessaire que le premier paramètre de $fct soit passé par référence :

```
function minuscule (&$valeur, $clef)
{
  $valeur = strtolower($valeur);
}

$tab = array ("BonJour", "BONJOUR");
array_walk($tab,"minuscule");
/* $tab contient :
Array
(
    [0] => bonjour
    [1] => bonjour
)
*/
```

asort()

- Signature : asort ($tab).
- Versions : PHP 3, PHP 4, PHP 5.

Cette fonction trie les éléments d'un tableau (en conservant l'association indice/valeur) :

```
$tab = array ("a" => "hello", "bonjour", "b" => "ola");
asort($tab);
/* $tab contient :
Array
(
    [0] => bonjour
    [a] => hello
    [b] => ola
)
*/
```

La fonction arsort() trie, quant à elle, les éléments en ordre inverse :

```
$tab = array ("a" => "hello", "bonjour", "b" => "ola");
arsort($tab);
/* $tab contient :
Array
(
    [b] => ola
    [a] => hello
    [0] => bonjour
)
*/
```

compact()

- Signature : compact ($var1 [, $var2...]).
- Versions : PHP 4, PHP 5.

Cette fonction permet de créer un tableau associatif à partir des noms de variables :

```
$prenom = "Paul";
$nom = "Dupont";
$tab = compact("nom","prenom");
/* $tab contient :
Array
(
    [nom] => Dupont
    [prenom] => Paul
)
*/
```

count()

- Signature : count ($tab).
- Versions : PHP 3, PHP 4, PHP 5.

Cette fonction retourne le nombre d'éléments d'un tableau :

```
$tab = array ("a", "b", "c");
echo count($tab); // affiche 3
$tab[1] = "a";
$tab[5] = "b";
$tab[6] = "c";
echo count($tab); // affiche 5
```

La fonction sizeof() est un alias de count().

current()

- Signature : current ($tab).
- Versions : PHP 3, PHP 4, PHP 5.

Cette fonction retourne l'élément « courant » du tableau $tab. Cet élément est celui qui est associé au pointeur interne du tableau.

Ce pointeur peut être modifié par les fonctions suivantes :

- end() place le pointeur interne à la fin du tableau.

- next() avance d'une position le pointeur interne du tableau.
- prev() recule d'une position le pointeur interne du tableau.
- reset() place le pointeur interne au début du tableau.

Le script suivant permet d'afficher tous les éléments d'un tableau :

```
$tab = array ("a", "b", "c", "d");
while ($val = current($tab))
{
  echo "$val - ";
  next ($tab);
}
// affiche : a - b - c - d -
```

Ce script affiche, quant à lui, les valeurs de $tab dans l'ordre inverse :

```
$tab = array ("a", "b", "c", "d");
end ($tab);
while ($val = current($tab))
{
  echo "$val - ";
  prev ($tab);
}
// affiche : d - c - b - a -
```

ATTENTION

Élément vide

Si un des éléments du tableau contient les valeurs 0 ou "", la fonction current() retourne alors false.

La fonction pos() est un alias de current().

each()

- Signature : each ($tab).
- Versions : PHP 3, PHP 4, PHP 5.

Cette fonction retourne un tableau contenant l'index et la valeur courante du tableau $tab, puis avance le pointeur d'une position :

```
$tab = array ("prenom" => "Claire", "nom" => "Fulchiron");
next ($tab);
print_r(each ($tab));
```

```
/* affiche
Array
(
    [1] => Fulchiron
    [value] => Fulchiron
    [0] => nom
    [key] => nom
)
*/
```

Cette fonction permet de traverser tout un tableau sans se soucier des valeurs contenues dans ce dernier :

```
$tab = array ("prenom" => "Paul", "nom" => "Dupont", 0, "annee"
✂ => 1977, "Paris");
while (list ($clef, $valeur) = each ($tab))
{
   echo "$clef > $valeur<br>";
}
/* affiche
prenom > Paul
nom > Dupont
0 > 0
annee > 1977
1 > Paris
*/
```

extract()

- Signature : extract ($tab [, $mode [, $prefixe]]).
- Versions : PHP 3 à partir de la 3.0.7, PHP 4, PHP 5.

Cette fonction permet de créer et d'initialiser des variables à partir des clés et des valeurs des éléments d'un tableau associatif.

Quatre modes sont disponibles…

- EXTR_OVERWRITE : si une variable du même nom existe, son contenu est remplacé (mode par défaut).
- EXTR_SKIP : si une variable de même nom existe, elle n'est pas modifiée.
- EXTR_PREFIX_SAME : si une variable de même nom existe, une nouvelle variable est créée (en utilisant le préfixe $prefixe).
- EXTR_PREFIX_ALL : préfixe toutes nouvelles variables avec $prefixe.

La fonction extract() retourne le nombre de variables importées avec succès :

```
$nom = "Durand";
$tab = array ("prenom" => "Paul", "nom" => "Dupont");
extract($tab);
echo $nom;  // affiche : Dupont

$nom = "Durand";
$tab = array ("prenom" => "Paul", "nom" => "Dupont");
extract($tab,EXTR_SKIP);
echo $nom;  // affiche : Durand

$nom = "Durand";
$tab = array ("prenom" => "Paul", "nom" => "Dupont");
extract($tab, EXTR_PREFIX_SAME, "var_");
echo $nom;  // affiche : Durand
echo $var_nom;  // affiche : Dupont

$nom = "Durand";
$tab = array ("prenom" => "Paul", "nom" => "Dupont");
extract($tab, EXTR_PREFIX_SAME, "var");
echo $nom;  // affiche : Durand
echo $var_nom;  // affiche : Dupont

$nom = "Durand";
$tab = array ("prenom" => "Paul", "nom" => "Dupont");
extract($tab, EXTR_PREFIX_ALL, "var");
echo $nom;  // affiche : Durand
echo $var_nom;  // affiche : Dupont
echo $var_prenom;  // affiche : Paul
```

in_array()

- Signature : in_array ($var, $tab [, $strict]).
- Versions : PHP 4, PHP 5.

Cette fonction retourne true si la variable $var est présente dans le tableau $tab :

```
$tab = array ("prenom" => "Paul", "nom" => "Dupont", "annee" => 1977);
if (in_array("1977", $tab)) echo "élément trouvé";
else echo "élément absent";
// affiche : "élément trouvé"
```

Si le paramètre $strict (booléen) est précisé, les types doivent aussi correspondre :

```
$tab = array ("prenom" => "Paul", "nom" => "Dupont", "annee" => 1977);
if (in_array("1977", $tab, true)) echo "élément trouvé";
else echo "élément absent";
// affiche : "élément absent" car vous avez un numérique et une chaîne
```

array_search()

- Signature : array_search ($var, $tab [, $strict]).
- Versions : PHP 4 à partir de la 4.0.5, PHP 5.

Cette fonction recherche une valeur ($var) dans un tableau et retourne, en cas de succès, l'indice de l'élément trouvé.

Si le paramètre booléen $strict est précisé, une comparaison de type est effectuée :

```
$tab = array ("prenom" => "Paul", "nom" => "Dupont", "annee" => 1977);
echo array_search ("1977",$tab);   // affiche : annee
```

key()

- Signature : key ($tab).
- Versions : PHP 3, PHP 4, PHP 5.

Cette fonction retourne l'indice de la position courante :

```
$tab = array ("prenom" => "Paul", "nom" => "Dupont", "annee" => 1977);
next($tab);
echo key($tab);  // affiche : nom
```

ksort()

- Signature : ksort ($tab).
- Versions : PHP 3, PHP 4, PHP 5.

Cette fonction permet de classer un tableau par clés (la corrélation clé/valeur est maintenue) :

```
$tab = array ("prenom" => "Paul", "nom" => "Dupont", "annee" => 1977);
ksort($tab);
/* $tab contient :
Array
(
    [annee] => 1977
    [nom] => Dupont
    [prenom] => Paul
)
*/
```

La fonction krsort() classe en ordre inversé :

```
$tab = array ("prenom" => "Paul", "nom" => "Dupont", "annee" => 1977);
krsort($tab);
/* $tab contient :
Array
(
    [prenom] => Paul
    [nom] => Dupont
    [annee] => 1977
)
*/
```

list()

- Signature : list ().

Cette fonction permet, en une ligne, d'assigner des valeurs à plusieurs variables :

```
$tab = array ("prenom" => "Paul", "nom" => "Dupont", "annee" => 1977);
list ($prenom, $nom) = array_values ($tab);
echo $nom;
```

natsort()

- Signature : natsort ($tab).
- Versions : PHP 4, PHP 5.

Cette fonction permet de classer les éléments d'un tableau en utilisant l'ordre naturel :

```
$tab = array ("img21.png","img12.png","img1.png","img2.png");
natsort($tab);
/* $tab contient :
Array
(
    [2] => img1.png
    [3] => img2.png
    [1] => img12.png
    [0] => img21.png
)
*/

$tab = array ("img21.png","img12.png","img1.png","img2.png");
sort($tab);
/* $tab contient :
Array
```

```
(
    [0] => img1.png
    [1] => img12.png
    [2] => img2.png
    [3] => img21.png
)
*/
```

natcasesort() fonctionne sur le même modèle que natsort(), sans être sensible à la casse.

range()

- Signature : range ($min, $max).
- Versions : PHP 3 à partir de la 3.0.8, PHP 4, PHP 5.

Cette fonction permet de remplir un tableau à partir d'un intervalle :

```
$tab = range (12, 16);
echo $tab[1];  // affiche 13
```

Avec une version de PHP supérieure ou égale à 4.1.0, il est possible d'écrire range ('a', 'z').

shuffle()

- Signature : shuffle ($tab).
- Versions : PHP 3 à partir de la 3.0.8, PHP 4, PHP 5.

Cette fonction permet de mélanger les éléments d'un tableau.

Le générateur de nombres aléatoires doit être initialisé auparavant :

```
$tab = range (1, 10);
srand ((float)microtime()*1000000);
shuffle ($tab);
while (list ($clef, $valeur) = each ($tab)) print("$valeur - ");
// affiche : 4 - 6 - 5 - 10 - 8 - 2 - 3 - 1 - 9 - 7 -
```

sort()

- Signature : sort ($tab [, $mode]).
- Versions : PHP 3, PHP 4, PHP 5.

Cette fonction permet de classer les éléments d'un tableau.

La fonction rsort() classe, quant à elle, en ordre inverse.

Le paramètre optionnel $mode (ajouté aux versions de PHP supérieures ou égales à 4) permet de spécifier le type de comparaison qui est utilisée pour le tri.

- SORT_REGULAR : comparaison normale.
- SORT_NUMERIC : comparaison numérique.
- SORT_STRING : comparaison de chaînes.

```
$tab = array (2, "1", 3.0, -12, "12", "-5");
sort($tab, SORT_STRING);
/* $tab contient
Array
(
    [0] => -12
    [1] => -5
    [2] => 1
    [3] => 12
    [4] => 2
    [5] => 3
)
*/

$tab = array (2, "1", 3.0, -12, "12", "-5");
sort($tab, SORT_NUMERIC);
/* $tab contient
Array
(
    [0] => -12
    [1] => -5
    [2] => 1
    [3] => 2
    [4] => 3
    [5] => 12
)
*/
```

uasort()

- Signature : uasort ($tab, $fct).
- Versions : PHP 3 à partir de la 3.0.4, PHP 4, PHP 5.

Cette fonction permet de trier un tableau en précisant la fonction de comparaison $fct.

Dans l'exemple suivant, vous classez les éléments du tableau par longueur de chaîne :

```
function comp_long($x, $y)
{
  if (strlen($x) > strlen($y)) return 1;
  return -1;
}

$tab = ("z" => "11", 9,  "b" => "aaaa", "q" => "zzz");
usort($tab, "comp_long");

/* $tab contient :
Array
(
    [0] => 9
    [1] => 11
    [2] => zzz
    [3] => aaaa
)
*/
```

La fonction uasort() maintient l'association clé/valeur :

```
function comp_long($x, $y)
{
  if (strlen($x) > strlen($y)) return 1;
  return -1;
}

$tab = ("z" => "11", 9,  "b" => "aaaa", "q" => "zzz");
usort($tab, "comp_long");

/* $tab contient :
Array
(
    [0] => 9
    [z] => 11
    [q] => zzz
    [b] => aaaa
)
*/
```

La fonction uksort() trie, quant à elle, les clés.

21.5 Les fonctions de dates et d'heures

Il est courant en informatique de faire référence à un *timestamp*. Il s'agit d'un nombre entier qui correspond au nombre de secondes entre le 1er janvier 1970 et une date donnée.

checkdate()

- Signature : checkdate ($mois, $jour, $annee).
- Versions : PHP 3, PHP 4, PHP 5.

Cette fonction retourne true si la date est valide, sinon false.

- L'année doit être comprise entre 1 et 32767.
- Le mois doit être compris entre 1 et 12.
- Le jour doit être une valeur autorisée pour le mois donné (les années bissextiles sont prises en compte).

date()

- Signature : date ($format [, $timestamp]).
- Versions : PHP 3, PHP 4, PHP 5.

Cette fonction permet d'afficher une date (*timestamp*) suivant un certain format.

Si le paramètre $timestamp n'est pas précisé, c'est la date courante qui est prise en compte.

- a : "am" (matin) ou "pm" (après-midi).
- A : "AM" (matin) ou "PM" (après-midi).
- B : heure Internet Swatch.
- d : jour du mois, sur deux chiffres (éventuellement avec un zéro), c'est-à-dire "01" à "31".
- D : jour de la semaine, en trois lettres (et en anglais), par exemple "Fri" (pour vendredi).
- F : mois, textuel, version longue, en anglais, c'est-à-dire "January" (pour janvier).
- g : heure, au format 12 h, sans les zéros initiaux, c'est-à-dire de "1" à "12".

- G : heure, au format 24 h, sans les zéros initiaux, c'est-à-dire de "0" à "23".
- h : heure, au format 12 h, de "01" à "12".
- H : heure, au format 24 h, de "00" à "23".
- i : minutes, de "00" à "59".
- I (majuscule) : "1" si l'heure d'été est activée, "0" si c'est l'heure d'hiver.
- j : jour du mois sans les zéros initiaux, c'est-à-dire de "1" à "31".
- l (minuscule) : jour de la semaine, textuel, version longue, en anglais, c'est-à-dire "Friday" (pour vendredi).
- L : booléen, pour savoir si l'année est bissextile ("1") ou pas ("0").
- m : mois, c'est-à-dire de "01" à "12".
- M : mois, en trois lettres et en anglais, par exemple "Apr" (pour avril).
- n : mois sans les zéros initiaux, c'est-à-dire de "1" à "12".
- r : format de date RFC 822, c'est-à-dire "Thu, 21 Dec 2000 16:01:07 +0200" (ajouté en PHP 4.0.4).
- s : secondes, c'est-à-dire de "00" à "59".
- S : suffixe ordinal d'un nombre, en anglais, sur deux lettres, c'est-à-dire "th", "nd".
- t : nombre de jours dans le mois donné, c'est-à-dire de "28" à "31".
- T : fuseau horaire de la machine, c'est-à-dire "MET".
- U : secondes depuis une époque.
- w : jour de la semaine, numérique, c'est-à-dire de "0" (dimanche) à "6" (samedi).
- Y : année à quatre chiffres, c'est-à-dire "1999".
- y : année à deux chiffres, c'est-à-dire "99".
- z : jour de l'année, c'est-à-dire de "0" à "365".
- Z : décalage horaire en secondes, c'est-à-dire de "– 43200" à "43200".

```
print (date("s"));  // affiche le nombre de secondes de la
✂ date actuelle
echo date("d/m/Y");  // affiche la date à la française, par
✂ exemple 12/03/2001
```

Il est courant d'utiliser la fonction date() avec la fonction mktime() :

```
$demain  = mktime (0, 0, 0, date("m"), date("d") + 1, date("Y"));
$moisdernier = mktime (0, 0, 0, date("m")-1, date("d"),
✂ date("Y"));
```

```
$anneeprochaine  = mktime(0, 0, 0, date("m"), date("d"), date("Y") + 1);
$demain = mktime (0, 0, 0, date("m"), date("d") + 1, date("Y"));
echo "demain nous serons le " . date("j",$demain);
// si nous sommes le 31, affiche : "demain nous serons le 1"
```

Pour travailler avec un temps GMT (Greenwich Mean Time), la fonction gmdate() doit être utilisée.

getdate()

- Signature : getdate ([$timestamp]).
- Versions : PHP 3, PHP 4, PHP 5.

Cette fonction retourne un tableau associatif contenant des informations sur la date courante (ou sur le *timestamp* si le paramètre est précisé).

- "seconds" : secondes.
- "minutes" : minutes.
- "hours" : heures.
- "mday" : jour du mois.
- "wday" : jour de la semaine, numérique, de 0 (dimanche) à 6 (samedi).
- "mon" : mois, numérique.
- "year" : année, numérique.
- "yday" : jour de l'année, numérique, c'est-à-dire "299".
- "weekday" : jour de la semaine, texte complet (en anglais), c'est-à-dire "Friday".
- "month" : mois, texte complet, en anglais, c'est-à-dire "January".

```
$aujourdhui = getdate();
$mois = $aujourdhui['month'];
$mjour = $aujourdhui['mday'];
$annee = $aujourdhui['year'];
echo "$mjour/$mois/$annee";  // affiche la date à la française
```

microtime()

- Signature : microtime ().
- Versions : PHP 3, PHP 4, PHP 5.

Cette fonction retourne le *timestamp* de la date courante avec les microsecondes. La fonction retourne, en fait, une chaîne de caractères formatée : "msec sec", où "sec" correspond au *timestamp* en secondes de la date courante et "msec" aux millisecondes.

mktime()

- Signature : mktime ($heure, $minute, $seconde, $mois, $jour, $annee).
- Versions : PHP 3, PHP 4, PHP 5.

Cette fonction permet de retourner le *timestamp* d'une date :

```
echo date ("l", mktime (0,0,0,1,1,2000));  // affiche "Saturday"
✂ et permet ainsi de savoir que le 1er janvier 2000 était un
✂ samedi
```

Les paramètres transmis à mktime() ne sont pas obligatoirement « valides » (le mois n'est pas obligatoirement compris entre 1 et 12). Tous les exemples suivants affichent "01/Jan/1998" :

```
echo date ("d/M/Y", mktime (0,0,0,12,32,1997));
echo date ("d/M/Y", mktime (0,0,0,13,1,1997));
echo date ("d/M/Y", mktime (0,0,0,1,1,1998));
echo date ("d/M/Y", mktime (0,0,0,1,1,98));
```

La fonction gmmktime() permet de travailler avec des dates GMT.

strftime()

- Signature : strftime ($format [, $timestamp]).
- Versions : PHP 3, PHP 4, PHP 5.

Cette fonction permet de formater une date selon la langue locale.

Les caractères de conversion qui peuvent être contenus dans le format sont…

- %a : nom abrégé du jour de la semaine (local).
- %A : nom complet du jour de la semaine (local).
- %b : nom abrégé du mois (local).
- %B : nom complet du mois (local).
- %c : représentation préférée pour les dates et les heures, en local.
- %C : numéro de siècle (l'année, divisée par 100 et arrondie entre 00 et 99).

- %d : jour du mois en numérique (intervalle de 01 à 31).
- %D : identique à %m/%d/%y.
- %e : numéro du jour du mois, les chiffres sont précédés d'un espace (de '1' à '31').
- %h : identique à %b.
- %H : heure de la journée en numérique et sur 24 heures (intervalle de 00 à 23).
- %I : heure de la journée en numérique et sur 12 heures (intervalle de 01 à 12).
- %j : jour de l'année, en numérique (intervalle de 001 à 366).
- %m : mois en numérique (intervalle de 1 à 12).
- %M : minute en numérique.
- %n : *newline character*.
- %p : soit 'am' ou 'pm', en fonction de l'heure absolue ou en fonction des valeurs enregistrées en local.
- %r : l'heure au format AM et PM.
- %R : l'heure au format 24 h.
- %S : secondes en numérique.
- %t : tabulation.
- %T : l'heure actuelle (égale à %H:%M:%S).
- %u : le numéro du jour dans la semaine de 1 à 7 (1 représente lundi).
- %U : numéro de semaine dans l'année, en considérant le premier dimanche de l'année comme le premier jour de la première semaine.
- %V : le numéro de semaine comme défini dans la norme ISO 8601 (1988), sous forme décimale, de 01 à 53. La semaine 1 est la première semaine qui a plus de quatre jours dans l'année courante et dont lundi est le premier jour.
- %W : numéro de semaine dans l'année, en considérant le premier lundi de l'année comme le premier jour de la première semaine.
- %w : jour de la semaine, numérique (0 représente dimanche).
- %x : format préféré de représentation de la date sans l'heure.
- %X : format préféré de représentation de l'heure sans la date.
- %y : l'année, numérique, sur deux chiffres (de 00 à 99).
- %Y : l'année, numérique, sur quatre chiffres.
- %Z : fuseau horaire, ou nom ou abréviation.

- %% : un caractère '%' littéral.

L'exemple suivant permet d'écrire le jour courant dans trois langues différentes :

```
print (strftime ("Le jour %A se dit en :<br><br>"));

setlocale ("LC_TIME", "fi_FI");
print (strftime ("- finlandais : %A<br>"));

setlocale ("LC_TIME", "fr_CA");
print (strftime ("- français : %A<br>"));

setlocale ("LC_TIME", "de_DE");
print (strftime ("- allemand : %A<br>"));

/* affiche par exemple :
Le jour Sunday se dit en :
- finlandais : sunnuntai
- français : dimanche
- allemand : Sonntag
*/
```

La fonction gmstrftime() permet de travailler avec des dates GMT.

time()

- Signature : time ().
- Versions : PHP 3, PHP 4, PHP 5.

Cette fonction retourne le *timestamp* de la date courante.

strtotime()

- Signature : strtotime ($str).
- Versions : PHP 3 à partir de la 3.0.12, PHP 4, PHP 5.

Cette fonction essaie de convertir une date exprimée en anglais usuel :

```
echo date ("l", strtotime ("1 January 3000"));
// le 1er janvier 3000 sera un jeudi
```

21.6 Les fichiers et les répertoires

PHP permet de manipuler les fichiers, qu'ils soient locaux ou distants (sur d'autres serveurs).

Dans cette partie, le paramètre $fichier correspond à un nom de fichier ("toto.txt", "/tmp/toto.txt", "http://www.site.com/toto.txt") et $pfichier correspond, lui, à un pointeur sur fichier (un identifiant de fichier).

Il en va de même pour les paramètres $repertoire et $prep.

basename()

- Signature : basename ($chemin [, $suffixe]).
- Versions : PHP 3, PHP 4, PHP 5.

Cette fonction retourne le nom du fichier contenu dans le chemin $chemin. Si le paramètre $suffixe est précisé, le suffixe du nom de fichier n'est pas indiqué.

```
$chemin = "/sites/monsite/images/titre.gif";
echo basename ($chemin);  // affiche : titre.gif
echo basename ($chemin, ".gif");  // affiche : titre
```

Attention, un répertoire peut être considéré comme un fichier ! Il est donc possible d'écrire :

```
$chemin = "/sites/monsite/images";
echo basename ($chemin);  // affiche : images
```

Les barres obliques inversées ou non peuvent être utilisées sous Windows comme caractères de séparation dans le chemin d'accès. Seule la barre oblique simple est acceptée sur les autres systèmes d'exploitation.

chdir()

- Signature : chdir ($repertoire).
- Versions : PHP 3, PHP 4, PHP 5.

Cette fonction permet de changer de répertoire courant. Elle retourne false en cas d'erreur, sinon true.

chgrp()

- **Signature** : chgrp ($fichier, $groupe).
- **Versions** : PHP 3, PHP 4, PHP 5.

Cette fonction permet de changer le groupe d'un fichier. Si vous n'êtes pas super-utilisateur, vous devez à la fois être membre du groupe de départ (celui du fichier) et d'arrivée ($groupe) pour pouvoir le modifier.

La fonction retourne true en cas de succès, sinon false. La variable $groupe peut contenir l'id du groupe. Cette fonction ne fonctionne pas sous Windows.

chmod()

- **Signature** : chmod ($fichier, $droits).
- **Versions** : PHP 3, PHP 4, PHP 5.

Cette fonction permet de changer les droits d'un fichier :

```
chmod ("/sites/monsite/images/titre.gif", 0644);
/* les droits du fichier passent en :
- lecture, écriture pour le propriétaire du fichier [6 : 110]
- lecture pour le groupe du propriétaire [4 : 100]
- lecture pour tout le monde [4 : 100]
*/
```

La fonction retourne true en cas de succès, sinon false. Elle ne fonctionne pas sous Windows.

chown()

- **Signature** : chown ($fichier, $utilisateur).
- **Versions** : PHP 3, PHP 4, PHP 5.

Cette fonction permet de changer le propriétaire du fichier. Seul le super-utilisateur peut modifier le propriétaire d'un fichier.

La fonction retourne true en cas de succès, sinon false. Elle ne fonctionne pas sous Windows.

clearstatcache()

- Signature : clearstatcache ().
- Versions : PHP 3, PHP 4, PHP 5.

Cette fonction permet de vider le cache système qui a été mis en place lors de l'accès à un fichier. Cette fonction est particulièrement utile lorsque vous travaillez sur des fichiers susceptibles de changer très souvent.

Les fonctions qui peuvent avoir besoin d'être suivies de clearstatcache() sont : stat(), lstat(), file_exists(), is_writable(), is_readable(), is_executable(), is_file(), is_dir(), is_link(), filectime(), fileatime(), filemtime(), fileinode(), filegroup(), fileowner(), filesize(), filetype() et fileperms().

closedir()

- Signature : closedir ($prep).
- Versions : PHP 3, PHP 4, PHP 5.

Cette fonction permet de fermer l'identifiant de répertoire $prep.

copy()

- Signature : copy ($fichierorig, $fichierdest).
- Versions : PHP 3, PHP 4, PHP 5.

Cette fonction permet de copier un fichier d'un emplacement de départ vers un emplacement d'arrivée.

La fonction retourne true en cas de succès, sinon false.

```
if (!copy("/sites/monsite/images/titre.gif","/sites/monsite/titre.gif"))
{
  print("la copie a échoué");
}
else
{
  print("le fichier a été déplacé dans le répertoire
  ✂ /sites/monsite");
}
```

delete()

RENVOI **Reportez-vous à la fonction** unlink().

dirname()

- Signature : dirname ($chemin).
- Versions : PHP 3, PHP 4, PHP 5.

Cette fonction retourne le répertoire contenu dans $chemin :

```
$chemin = "/sites/monsite/images";
echo dirname ($chemin);  // affiche : /sites/monsite
```

unlink()

- Signature : unlink ($fichier).
- Versions : PHP 3, PHP 4, PHP 5.

Cette fonction permet d'effacer un fichier.

La fonction delete() est un alias de la fonction unlink().

Cette fonction retourne 0 ou false en cas d'erreur. Elle n'est pas prise en charge sous Windows.

disk_free_space()

- Signature : disk_free_space($repertoire).
- Versions : PHP 4 à partir de la 4.0.7RC1, PHP 5.

Cette fonction retourne la place disponible sur la partition où se trouve le répertoire (en octets).

La fonction diskfreespace() est un alias de disk_free_space().

disk_total_space()

- Signature : disk_total_space($repertoire).
- Versions : PHP 4 à partir de la 4.0.7RC1, PHP 5.

Cette fonction retourne la taille totale de la partition où se trouve le répertoire.

fclose()

- Signature : fclose ($pfichier).
- Versions : PHP 3, PHP 4, PHP 5.

Cette fonction permet de fermer un pointeur sur fichier (un identifiant de fichier). Elle retourne true en cas de succès, sinon false.

feof()

- Signature : feof ($pfichier).
- Versions : PHP 3, PHP 4, PHP 5.

Cette fonction retourne true si le pointeur du fichier $pfichier est à la fin du fichier (le caractère EOF, ou *end of file*, est rencontré), sinon false.

fflush()

- Signature : fflush ($pfichier).
- Versions : PHP 4, PHP 5.

Cette fonction force l'écriture de toutes les données mémorisées dans le fichier pointé par $pfichier. Elle retourne true en cas de succès, sinon false.

fgetc()

- Signature : fgetc ($pfichier).
- Versions : PHP 3, PHP 4, PHP 5.

Cette fonction retourne une chaîne d'un caractère lue dans le fichier pointé par $pfichier. La valeur false est retournée si le caractère de fin de fichier (EOF) est rencontré.

fgetcsv()

- Signature : fgetcsv ($pfichier, $longueur [, $delimiteur]).
- Versions : PHP 3 à partir de la 3.0.8, PHP 4, PHP 5.

Cette fonction permet de lire des données ligne par ligne dans un fichier CSV pointé par $pfichier. Pour chaque ligne, la fonction renvoie un tableau contenant toutes les données de la ligne. Si le caractère de séparation n'est pas la virgule, il est possible de la spécifier avec le paramètre $delimiteur.

Supposez que le fichier *test.csv* contienne les données suivantes :

```
paul,dupont,1982
eric,mullier,1981
marc,rissin,1982
```

Le script suivant permet d'afficher toutes les données ligne par ligne :

```
$ligne = 1;
$pfichier = fopen ("test.csv","r");
while ($tab = fgetcsv ($pfichier, 64))
{
  $num = count ($tab);
  print "<p> $num champs sur la ligne $row: <br>";
  $ligne++;
  for ($c=0; $c < $num; $c++)
  {
    print $tab[$c] . "<br>";
  }
}
fclose ($pfichier);
```

fgets()

- Signature : fgets ($pfichier, $ln).
- Versions : PHP 3, PHP 4, PHP 5.

Cette fonction permet de lire, ligne par ligne, le fichier pointé par $pfichier. Le fichier est lu par blocs de $ln caractères :

```
$ligne = 1;
$pfichier = fopen ("test.csv","r");
while ($ch = fgets ($pfichier, 64))
{
  print "ligne [$ligne] -> $ch<br>";
  $ligne++;
}
fclose ($pfichier);
```

Avec la fonction fgetss(), la ligne reçue est « vidée » de toute balise HTML.

file()

- Signature : file ($fichier).
- Versions : PHP 3, PHP 4, PHP 5.

Cette fonction lit le contenu d'un fichier et place chaque ligne dans un tableau qu'elle retourne. Le fichier peut être local ou distant :

```
$tab = file ("http://www.google.fr");
$tab = file ("/sites/monsite/readme.txt");
```

file_exists()

- Signature : file_exists ($fichier).
- Versions : PHP 3, PHP 4, PHP 5.

Cette fonction retourne true si le fichier $fichier existe, sinon false. Cette fonction ne peut être utilisée qu'avec les fichiers locaux :

```
if (file_exists($fichier))
{
// actions sur le fichier
}
```

fileatime()

- Signature : fileatime ($fichier).
- Versions : PHP 3, PHP 4, PHP 5.

Cette fonction retourne la date à laquelle le fichier a été ouvert pour la dernière fois.

Les fonctions filectime() et filemtime() retournent la date à laquelle le fichier a été modifié pour la dernière fois. Pour filectime(), une modification correspond aussi à un changement de permission.

Ces fonctions ne peuvent être utilisées qu'avec des fichiers locaux.

filegroup()

- Signature : filegroup ($fichier).
- Versions : PHP 3, PHP 4, PHP 5.

Cette fonction retourne le groupe ID du propriétaire du fichier (ou false en cas d'erreur). La valeur retournée est numérique.

Cette fonction n'accepte que des fichiers locaux et ne fonctionne pas sous Windows.

fileinode()

- Signature : fileinode ($fichier).
- Versions : PHP 3, PHP 4, PHP 5.

Cette fonction renvoie le numéro inode d'un fichier.

Elle n'accepte que des fichiers locaux et ne fonctionne pas sous Windows.

fileowner()

- Signature : fileowner ($fichier).
- Versions : PHP 3, PHP 4, PHP 5.

Cette fonction retourne l'ID du propriétaire du fichier (ou false en cas d'erreur). La valeur retournée est numérique.

Cette fonction n'accepte que des fichiers locaux et ne peut être utilisée sous Windows.

fileperms()

- Signature : fileperms ($fichier).
- Versions : PHP 3, PHP 4, PHP 5.

Cette fonction retourne les permissions d'un fichier sous forme d'un entier.

Pour voir si un fichier est en lecture publique et pour le groupe, on utilise les opérateurs sur les bits :

```
$permissions = fileperms("fichier.txt");
if (($permissions & 4) && ($permissions & 32)) ...
```

Cette fonction n'accepte que des fichiers locaux et ne peut être utilisée sous Windows.

filesize()

- Signature : filesize ($fichier).
- Versions : PHP 3, PHP 4 à partir de la 4.0.0, PHP 5.

Cette fonction retourne la taille d'un fichier.

Elle n'accepte que des fichiers locaux.

filetype()

- Signature : filetype ($fichier).
- Versions : PHP 3, PHP 4, PHP 5.

Cette fonction retourne le type du fichier. Les valeurs possibles sont : fifo, lien, répertoire, fichier, etc.

Cette fonction n'accepte que des fichiers locaux.

flock()

- Signature : flock ($pfichier, $operation).
- Versions : PHP 3 à partir de la 3.0.7, PHP 4, PHP 5.

Cette fonction permet de bloquer un fichier pointé par $pfichier. Les différentes valeurs possibles de la fonction $operation sont :

- LOCK_SH pour obtenir un blocage partagé (lecture) ;
- LOCK_EX pour obtenir un blocage exclusif (écriture) ;
- LOCK_UN pour libérer les blocages.

La fonction retourne true en cas de succès, sinon false.

fopen()

- Signature : fopen ($fichier, $mode).
- Versions : PHP 3, PHP 4, PHP 5.

Cette fonction permet d'ouvrir un fichier et de créer un pointeur sur fichier, qui pourra par la suite être utilisé, par exemple, pour lire ou écrire dans le fichier.

La fonction retourne false si l'ouverture a échoué.

Il est possible d'ouvrir un fichier dans différents modes :

- 'r' ouvre le fichier en lecture et place le pointeur au début du fichier.
- 'r+' ouvre le fichier en lecture et en écriture et place le pointeur au début du fichier.
- 'w' ouvre le fichier en écriture et place le pointeur au début du fichier. Si le fichier existe, son contenu est effacé ; s'il n'existe, pas le fichier est créé.
- 'w+' ouvre le fichier en lecture et en écriture et place le pointeur au début du fichier. Si le fichier existe, son contenu est effacé ; s'il n'existe pas, le fichier est créé.
- 'a' ouvre le fichier en écriture et place le pointeur à la fin du fichier. Si le fichier n'existe pas, il est créé.
- 'a+' ouvre le fichier en lecture et en écriture et place le pointeur à la fin du fichier. Si le fichier n'existe pas, il est créé.

La fonction fopen() peut ouvrir des fichiers locaux et distants :

```
$pfichier = fopen("http://www.google.fr/index.html","r");
$pfichier = fopen("/sites/monsite/test.txt","w");
// si nous écrivons dans le fichier les données sont ajoutées au
✂ début

$pfichier = fopen("/sites/monsite/test.txt","w");
// si nous écrivons dans le fichier les données sont ajoutées à
✂ la fin
```

fpassthru()

- Signature : fpassthru ($pfichier).
- Versions : PHP 3, PHP 4, PHP 5.

Cette fonction lit le fichier pointé par $pfichier et affiche le résultat. Seules les données situées en dessous de l'endroit où pointe le fichier sont renvoyées.

La fonction readfile() est à préférer si vous souhaitez afficher tout un fichier.

fputs()

RENVOI

Reportez-vous à la fonction fwrite().

fread()

- Signature : fread ($pfichier, $ln).
- Versions : PHP 3, PHP 4, PHP 5.

Cette fonction permet de lire dans un fichier pointé par $pfichier par blocs de $ln octets. La lecture s'arrête quand le caractère de fin de fichier est rencontré (EOF).

Certains systèmes comme Windows font une différence entre les fichiers binaires et les fichiers texte. Dans le cas d'un fichier binaire, le mode 'b' doit être ajouté au mode $mode :

```
$fichier = "c:\\tmp\\image.gif";
$pfichier = fopen ($fichier, "rb");
$contenu = fread ($pfichier, filesize ($fichier));
fclose ($pfichier);
```

fscanf()

- Signature : fscanf ($pfichier, $format).
- Versions : PHP 3, PHP 4, PHP 5.

Cette fonction permet de lire dans un fichier en utilisant un format, à la manière de sscanf().

Si vous avez un fichier de personnes *.txt* présenté de cette manière :

```
M Paul Dupont [1982]
M Eric Mullier [1981]
M Marc Rissin [1982]
```

Il est possible d'extraire les données ligne par ligne de la manière suivante :

```
$pfichier = fopen ("personnes.txt","r");
while (list ($prenom, $nom, $annee) = fscanf ($pfichier, "M %s %s
✂ [%d]\n"))
{
  print("$nom,$prenom,$annee<br>");
}
fclose($pfichier);
```

fseek()

- Signature : fseek ($pfichier, $offset [, $origine]).
- Versions : PHP 3, PHP 4, PHP 5.

Cette fonction permet de déplacer le pointeur sur fichier. La nouvelle position mesurée en octets, par rapport au début du fichier, est obtenue en ajoutant la valeur $offset à la position indiquée par $origine :

Le paramètre $origine peut prendre différentes valeurs :

- SEEK_SET : la nouvelle position vaut $offset octets.
- SEEK_CUR : la nouvelle position vaut la position courante ajoutée à $offset octets.
- SEEK_END : la nouvelle position vaut la position de fin de fichier ajoutée à $offset octets ($offset a donc intérêt à être négatif !).

Si le paramètre $origine n'est pas précisé, la valeur par défaut est SEEK_SET.

La fonction retourne 0 en cas de succès, sinon -1.

fstat()

- Signature : fstat ($pfichier).
- Versions : PHP 4, PHP 5.

Cette fonction permet d'obtenir des informations sur un fichier ouvert. Ces informations sont regroupées dans un tableau. Le tableau contient les valeurs suivantes…

- 0 : volume.
- 1 : inode.
- 2 : nombre de liens.
- 3 : nombre de liens.
- 4 : ID de l'utilisateur propriétaire.
- 5 : ID du groupe propriétaire.
- 6 : type du volume de l'inode.
- 7 : taille en octets.
- 8 : date de dernier accès.

- 9 : date de dernière modification.
- 10 : date du dernier changement.
- 11 : taille de bloc du système pour les entrées et sorties.
- 12 : nombre de blocs alloués.

La fonction stat() permet d'obtenir les mêmes informations en passant un nom de fichier plutôt qu'un identifiant.

ftell()

- Signature : ftell ($pfichier).
- Versions : PHP 3, PHP 4, PHP 5.

Cette fonction retourne la position du pointeur $pfichier et retourne false en cas d'erreur.

ftruncate()

- Signature : ftruncate ($pfichier,$taille).
- Versions : PHP 4, PHP 5.

Cette fonction prend le pointeur sur fichier $pfichier et tronque le fichier à la taille $taille.

La fonction retourne true en cas de succès, sinon false.

fwrite()

- Signature : fwrite ($pfichier, $ch [, $ln]).
- Versions : PHP 3, PHP 4, PHP 5.

Cette fonction permet d'écrire la chaîne de caractères $ch dans le fichier pointé par $pfichier. Si le paramètre $ln est transmis, seuls $ln octets seront écrits.

La fonction retourne le nombre d'octets écrits en cas de succès, sinon −1.

getcwd()

- Signature : getcwd ().
- Versions : PHP 4, PHP 5.

Cette fonction retourne le répertoire courant.

header()

- Signature : header(string $chaine [, bool $replace [, int $response_code]])
- Versions : PHP 3, PHP 4, PHP 5.

Cette fonction permet de spécifier l'en-tête HTTP lors de l'envoi de données à un navigateur en PHP. Le premier argument est une chaîne suivant les spécifications du protocole HTTP.

```
header("Content-type: text/x-csv");
header('Content-Disposition: attachement; filename="test.csv"');
```

is_dir()

- Signature : is_dir ($fichier).
- Versions : PHP 3, PHP 4, PHP 5.

Cette fonction retourne true si le fichier $fichier est un répertoire.

D'autres fonctions permettent de tester un fichier…

- is_executable() : indique qu'il s'agit d'un fichier exécutable.
- is_file() : indique qu'il s'agit d'un fichier et non un répertoire.
- is_link() : indique un lien symbolique.
- is_readable() : le fichier est accessible en lecture.
- is_writable(), is_writeable() : le fichier est accessible en écriture.
- is_uploaded_file() : le fichier est envoyé via la méthode HTTP POST.

Ces fonctions n'acceptent que les fichiers locaux.

link()

- Signature : link ($cible, $lien).
- Versions : PHP 3, PHP 4, PHP 5.

Cette fonction permet de créer un lien physique.

Elle ne peut pas être utilisée sous Windows.

mkdir()

- Signature : mkdir ($repertoire, $mode).
- Versions : PHP 3, PHP 4, PHP 5.

Cette fonction permet de créer un répertoire. Le mode doit être précisé en octal et est modifié par la valeur courante du paramètre umask :

```
mkdir ("/sites/monsite/contact", 0700);
// crée le répertoire contact dans le répertoire /sites/monsite
```

Retourne true en cas de succès, sinon false.

move_uploaded_file()

- Signature : move_uploaded_file ($fichier, $destination).
- Versions : PHP 4 à partir de la 4.0.3, PHP 5.

Cette fonction permet de déplacer un fichier téléchargé en *upload*.

opendir()

- Signature : opendir ($chemin).
- Versions : PHP 3, PHP 4, PHP 5.

Cette fonction permet d'ouvrir un identifiant de répertoire, à l'aide duquel il sera possible de lister les fichiers contenus dans ce répertoire.

Elle retourne false en cas d'erreur :

```
// le code ci-dessous permet de lister les fichiers (répertoires
✂ inclus)
// contenus dans le répertoire /tmp
if ($rep = @opendir("/tmp")) {
  while (($nomfichier = readdir($rep)) !== false) {
    echo "$nomfichier\n";
  }
  closedir($rep);
}
```

L'exemple suivant permet de parcourir de manière récursive une arborescence de fichiers :

```
<?php

function parcours($path)
{
  if ($rep = @opendir($path)) {
    while (($fichier = readdir($rep))!== false) {
      if (is_dir($fichier)) {
        if ($fichier=='.' || $fichier=='..') continue;
        parcours("$path/$fichier");
        print("REP : $path/$fichier<br/>\n");
      }
      else print("FICHIER : $path/$fichier<br/>\n");
    }
  }
  closedir($rep);
}

parcours(".");

?>
```

parse_ini_file()

- Signature : parse_ini_file ($fichier [, $section]).
- Versions : PHP 4, PHP 5.

Cette fonction retourne un tableau contenant les données stockées dans un fichier *.ini*.

Si $section vaut true, les sections sont prises en compte.

Le fichier *test.ini* contient :

```
[section1]
val1 = 1
val2 = 2
[section2]
nom = toto

$tabini = parse_ini_file("test.ini");
print_r($tabini);
/* affiche :
Array
(
```

```
    [val1] => 1
    [val2] => 2
    [nom] => toto
)
*/

$tabini = parse_ini_file("test.ini", TRUE);
print_r($tabini);
/* affiche :
Array
(
    [section1] => Array
        (
            [val1] => 1
            [val2] => 2
        )
    [section2] => Array
        (
            [nom] => toto
        )
)
*/
```

pathinfo()

- Signature : pathinfo ($chemin).
- Versions : PHP 4 à partir de la 4.0.3, PHP 5.

Cette fonction retourne un tableau associatif contenant des informations sur le chemin : dirname, basename et extension.

```
$tab = pathinfo("/sites/monsite/index.html");
echo $tab["dirname"] . "\n";  // affiche : /sites/monsite
echo $tab["basename"] . "\n";  // affiche : index.html
echo $tab["extension"] . "\n";  // affiche : html
```

popen()

- Signature : popen ($commande, $mode).
- Versions : PHP 3, PHP 4, PHP 5.

Cette fonction permet de créer un processus fils correspondant à l'exécution de la commande $commande (les plus érudits peuvent faire l'analogie avec le fork() du langage C).

```
$pfichier = popen ("/bin/ls", "r");
```

La fonction retourne un pointeur sur fichier similaire à ceux qui ont été créés avec fopen(), à la différence que celui-ci est unidirectionnel (il est possible soit d'y écrire, soit d'y lire) et qu'il doit être fermé avec la fonction pclose().

Les fonctions fgets(), fwrite(), etc., peuvent être utilisées avec un tel pointeur.

La fonction retourne false en cas d'erreur.

readdir()

- Signature : readdir ($prep).
- Versions : PHP 3, PHP 4, PHP 5.

Cette fonction retourne le nom du fichier selon le contenu dans le répertoire identifié par $prep :

```
// liste les fichiers contenus dans le répertoire courant (les
✂ répertoires . et .. sont exclus)
$prep = opendir('.');
while (false !== ($nomfichier = readdir($prep))) {
    if ($nomfichier != "." && $file != "..") {
        echo "$nomfichier\n";
    }
}
closedir($prep);
```

readfile()

- Signature : readfile ($fichier).
- Versions : PHP 3, PHP 4, PHP 5.

Cette fonction permet d'afficher le contenu d'un fichier. Elle peut être utilisée avec des fichiers distants :

```
readfile("ftp://ftp.monserver.com/readme.txt");
// le serveur ftp doit supporter le mode passif !
```

readlink()

- Signature : readlink ($lien).
- Versions : PHP 3, PHP 4, PHP 5.

Cette fonction retourne la cible d'un lien symbolique.

rename()

- Signature : rename ($vieuxnom, $nouveaunom).
- Versions : PHP 3, PHP 4, PHP 5.

Cette fonction permet de renommer un fichier.

```
rename ("fichiers/toto.txt","fichiers/titi.txt");
// renomme toto.txt en titi.txt

rename ("rep1/toto.txt","rep2/toto.txt");
// déplace toto.txt du répertoire rep1 vers celui rep2
```

Retourne true en cas de succès, sinon false.

rewind()

- Signature : rewind ($pfichier).
- Versions : PHP 3, PHP 4, PHP 5.

Cette fonction permet de faire pointer $pfichier sur le début du fichier.

rewinddir()

- Signature : rewinddir ($prep).
- Versions : PHP 3, PHP 4, PHP 5.

Cette fonction permet de réinitialiser l'identifiant de répertoire et de le faire pointer sur le premier fichier.

rmdir()

- Signature : rmdir ($repertoire).
- Versions : PHP 3, PHP 4, PHP 5.

Cette fonction permet d'effacer un répertoire si celui-ci est vide.

Pour pouvoir effacer un répertoire non vide, il est nécessaire d'écrire une petite fonction, qui se chargera d'aller effacer le contenu du répertoire avant d'appeler la fonction rmdir() sur ce même répertoire :

```
function supprim_rep($rep, $flag=0)
{
  $tab_rep = array();
  $tab_fichiers = array();

  $prep = opendir ($rep);
  if (!$prep)
  {
    return null;
  }
  while ($fichier = readdir ($prep))
  {
    if (ereg ( "^\.$",$fichier) || ereg ("^\.\.$", $fichier))
    ✂ continue;
    if (is_dir ("$rep/$fichier"))
     {
      $tab_rep[] = $fichier;
    }
    else
    {
      $tab_fichiers[] = $fichier;
    }
  }
  $i = 0;
  while ($tab_rep[$i])
  {
    supprim_rep ("$rep/$tab_rep[$i]",1);
    rmdir ("$rep/" . $tab_rep[$i]);
    $i++;
  }
  $i = 0;
  while ($tab_fichiers[$i])
  {
    unlink ("$rep/$tab_fichiers[$i]");
    $i++;
  }
  if ($flag == 0) rmdir ($rep);
  closedir($prep);
  return 1;
}
```

La fonction s'appelle de la manière suivante :

```
supprim_rep($nom_repertoire)
```

Le deuxième paramètre n'est utilisé qu'en interne au sein de la fonction.

set_file_buffer()

- Signature : set_file_buffer ($pfichier, $buffer).
- Versions : PHP 3 à partir de la 3.0.8, PHP 4, PHP 5.

Cette fonction permet de modifier la taille des *buffers* qui sont utilisés pour écrire dans le fichier pointé par $pfichier. La taille par défaut est de 8 ko.

En transmettant 0 comme valeur pour $buffer, l'écriture n'est plus mémorisée. L'avantage est que l'on est sûr que les données sont bien écrites ; l'inconvénient est que l'on réduit considérablement les performances du système.

stat()

- Signature : stat ($fichier).
- Versions : PHP 3, PHP 4, PHP 5.

Cette fonction donne des informations sur un fichier, comme fstat().

- 0 : volume.
- 1 : inode.
- 2 : mode de protection de l'inode.
- 3 : nombre de liens.
- 4 : ID de l'utilisateur propriétaire.
- 5 : ID du groupe propriétaire.
- 6 : type du volume de l'inode.
- 7 : taille en octets.
- 8 : date du dernier accès.
- 9 : date de la dernière modification.
- 10 : date du dernier changement.
- 11 : taille de bloc du système pour les entrées et sorties.
- 12 : nombre de blocs alloués.

lstat()

- Signature : lstat ($fichier).
- Versions : PHP 3 à partir de la 3.0.4, PHP 4, PHP 5.

Cette fonction est identique à stat(), sauf si le fichier est un lien symbolique. Dans ce cas, c'est le statut de ce lien qui est retourné.

realpath()

- Signature : realpath ($chemin).
- Versions : PHP 4, PHP 5.

Cette fonction retourne le véritable chemin, déterminé à partir du paramètre $chemin. Les liens symboliques et les composantes (., ..) disparaissent.

symlink()

- Signature : symlink ($cible, $lien).
- Versions : PHP 3, PHP 4, PHP 5.

Cette fonction crée un lien symbolique.

tempnam()

- Signature : tempnam ($repertoire, $prefixe).
- Versions : PHP 3, PHP 4, PHP 5.

Cette fonction crée un fichier avec un nom unique dans le répertoire $repertoire. Le nom du fichier est préfixé avec $prefixe. Le nom du fichier est retourné.

tmpfile()

- Signature : tmpfile ().
- Versions : PHP 3 à partir de la 3.0.13, PHP 4, PHP 5.

Cette fonction crée un fichier temporaire et retourne un pointeur sur ce fichier :

```
$temp = tmpfile();
fwrite($temp, "ce fichier est temporaire");
fclose($temp);
```

touch()

- Signature : touch ($fichier [, $date]).
- Versions : PHP 3, PHP 4, PHP 5.

Cette fonction permet de changer la date de modification du fichier $fichier. Si la date n'est pas précisée, c'est la date actuelle qui est utilisée.

Si le fichier n'existe pas, il est créé.

La fonction retourne true en cas de succès, sinon false.

umask()

- Signature : umask ($masque).
- Versions : PHP 3, PHP 4, PHP 5.

Cette fonction permet de modifier le paramètre umask courant.

unlink()

- Signature : unlink ($fichier).
- Versions : PHP 3, PHP 4, PHP 5.

```
Cette fonction permet de supprimer un fichier.
```

21.7 Les images

Pour toutes les fonctions qui suivent, l'origine de l'image (*0,0*) est située dans l'angle supérieur gauche de l'image.

$img correspond à un identifiant d'image, créé par exemple avec *ImageCreate()*.

getimagesize()

- Signature : getimagesize ($fichier).
- Versions : PHP 3, PHP 4, PHP 5.

Cette fonction retourne un tableau contenant les dimensions d'une image. Le fichier peut être local ou distant :

```
$tab = getimagesize("http://www.php.net/gifs/logo.gif");
echo "largeur : ".$tab[0]; // affiche 130
echo "longueur : ".$tab[1]; // affiche 67
```

Deux autres éléments sont présents dans le tableau :

- le type de l'image (1 représente le format GIF, 2 JPEG, 3 PNG, 4 SWF, 5 PSD, 6 BMP) ;
- une chaîne du type height=xxx width=xxx, qui peut être utilisée directement dans une balise <IMG>.

Image2wbmp()

- Signature : image2wbmp ($img [, $fichier]).
- Versions : PHP 4 à partir de la 4.0.5, PHP 5.

Cette fonction permet de convertir une image au format WBMP (format d'image pour le WAP, par exemple).

Si le paramètre $fichier n'est pas transmis, le contenu est affiché directement à l'écran.

imagealphablending()

- Signature : imagealphablending($img, $mode).
- Versions : PHP 4 à partir de la 4.0.6, PHP 5.

Cette fonction permet de passer en mode alpha pour les fonctions d'affichage. Cela signifie que les couleurs disposeront d'une dimension en plus : la transparence. Le paramètre $mode doit prendre la valeur true pour passer en mode de transparence. Cette fonction doit être utilisée avec des images créées en mode True Color. La fonction imagecreatetruecolor($dimX,$dimY) permet de créer une telle image.

```
<?php
$imOrigine = @imagecreatefrompng("logo.png");
$im = imagecreatetruecolor(276, 110);

// Copie de l'image dans une image en TrueColor
imagecopy($im, $imOrigine, 0, 0, 0, 0, 276, 110);
imagefilledrectangle($im, 0, 0, 92, 110, 0x00ff1111);

// Passage en mode transparence
imagealphablending($im, true);
imagefilledrectangle($im, 92, 0, 184, 110, 0x20ff1111);
```

```
imagefilledrectangle($im, 184, 0, 276, 110, 0x60ff1111);
header('Content-type: image/png');
imagepng($im);
?>
```

imagearc()

- Signature : imagearc ($img, $cx, $cy, $larg, $haut, $deb, $fin, $coul).
- Versions : PHP 3, PHP 4, PHP 5.

Cette fonction permet de dessiner une ellipse partielle, centrée sur le point de coordonnées ($cx, $cy) dans l'image identifiée par $img. L'ellipse a pour largeur $larg et pour hauteur $haut. Les points de départ et d'arrivée sont spécifiés par $deb et $fin, et sont indiqués en degrés (dans le sens des aiguilles d'une montre).

$coul est un identifiant de couleur.

```
<?php
header("Content-type: image/png");
$img = imagecreate(250, 250);

$blanc = imagecolorallocate($img, 255, 255, 255);
$noir = imagecolorallocate($img, 0, 0, 0);

// Ellipse partielle
imagearc($img, 125, 125, 120, 90, 0, 230, $noir);

// Cercle central
imagearc($img, 125, 125, 50, 50, 0, 360, $noir);

imagepng($img);
imagedestroy($img);
?>
```

imagechar()

- Signature : imagechar ($img, $font, $x, $y, $c, $coul).
- Versions : PHP 3, PHP 4, PHP 5.

Cette fonction dessine dans l'image identifiée par $img le premier caractère de la chaîne $c. Le point ($x,$y) correspond à l'angle supérieur gauche du caractère. Si la valeur de $font est 1, 2, 3, 4 ou 5, une des polices par défaut sera utilisée.

La fonction imagecharup() permet d'afficher le caractère verticalement.

imagecolorallocate()

- **Signature** : imagecolorallocate ($img, $rouge, $ver, $bleu).
- **Versions** : PHP 3, PHP 4, PHP 5.

Cette fonction permet de créer un nouvel identifiant de couleur, qui pourra être utilisé dans l'image $img. Les paramètres $rouge, $vert, $bleu sont compris entre 0 et 255 :

```
$blanc = imagecolorallocate($img, 255, 255, 255);
$noir = imagecolorallocate($img, 0, 0, 0);
```

En multipliant le nombre de couleurs allouées, vous obtiendrez facilement un dégradé :

```
<?php
$im = imagecreate(300, 256);
for($r=0;$r<256;$r++) {
  $col = imagecolorallocate($im, $r, 0, 0);
  imageline($im, 0, $r, 100, $r, $col);
}
for($g=0;$g<256;$g++) {
  $col = imagecolorallocate($im, 0, $g, 0);
  imageline($im, 100, 255-$g, 200, 255-$g, $col);
}
for($b=0;$b<256;$b++) {
  $col = imagecolorallocate($im, 0, 0, $b);
  imageline($im, 200, $b, 300, $b, $col);
}
header('Content-type: image/png');
imagepng($im);
?>
```

imagecolordeallocate()

- **Signature** : imagecolordeallocate ($img, $coul).
- **Versions** : PHP 3 à partir de la 3.0.6, PHP 4, PHP 5.

Cette fonction permet de supprimer l'attribution une couleur d'une image.

imagecolorat()

- **Signature** : imagecolorat ($img, $x, $y).
- **Versions** : PHP 3, PHP 4, PHP 5.

Cette fonction permet de récupérer l'identifiant de couleur du pixel de coordonnées ($x, $y).

imagecolorclosest()

- Signature : imagecolorclosest ($img, $rouge, $vert, $bleu).
- Versions : PHP 3, PHP 4, PHP 5.

Cette fonction retourne l'identifiant de couleur de la palette de l'image $img, qui est la plus proche de la couleur définie par les composantes ($rouge, $vert, $bleu).

imagecolorexact()

- Signature : imagecolorexact ($img, $rouge, $vert, $bleu).
- Versions : PHP 3, PHP 4, PHP 5.

Cette fonction retourne l'identifiant de couleur spécifié par les composantes ($rouge, $vert, $bleu).

La valeur −1 est retournée si la couleur n'est pas présente dans la palette.

imagegammacorrect()

- Signature : imagegammacorrect ($img, $inputgamma, $outgamma).
- Versions : PHP 3 à partir de la 3.0.13, PHP 4, PHP 5.

Cette fonction applique une correction gamma à l'image identifiée par $img.

imagecolorstotal()

- Signature : imagecolorstotal ($img).
- Versions : PHP 3, PHP 4, PHP 5.

Cette fonction retourne le nombre de couleurs présentes dans la palette de l'image.

imagecolortransparent()

- Signature : imagecolortransparent ($img, $coul).
- Versions : PHP 3, PHP 4, PHP 5.

Cette fonction permet de définir quel est l'identifiant de couleur qui correspond au transparent dans l'image.

imagecopy()

- Signature : imagecopy ($dest_img, $orig_img, $dest_x, $dest_y, $orig_x, $orig_y, $orig_larg, $orig_haut).
- Versions : PHP 3 à partir de la 3.0.6, PHP 4, PHP 5.

Cette fonction copie une partie d'une image d'origine ($orig_img) vers une image de destination ($dest_img). Pour l'image de départ, les coordonnées de l'angle supérieur gauche de la partie à extraire sont précisées, ainsi que la largeur et la hauteur de cette même partie. Pour l'image de destination, seules les coordonnées de l'endroit où va être copiée la zone sont précisées.

imagecreate()

- Signature : imagecreate ($larg, $haut).
- Versions : PHP 3, PHP 4, PHP 5.

Cette fonction crée une image de largeur $larg et de longueur $long. Un identifiant d'image est retourné.

imagecreatefromgif()

- Signature : imagecreatefromgif ($fichier).
- Versions : PHP 3, PHP 4, PHP 5.

Cette fonction permet de créer un identifiant d'image à partir d'une image GIF (présente localement ou à distance).

D'autres fonctions permettent de faire exactement la même chose pour d'autres formats : imagecreatefromjpeg(), imagecreatefrompng(), imagecreatefromwbmp(), imagecreatefromstring() (l'image est créée à partir d'une chaîne de caractères), imagecreatefromxbm(), imagecreatefromxpm().

imagedestroy()

- Signature : imagedestroy ($img).
- Versions : PHP 3, PHP 4, PHP 5.

Cette fonction permet de détruire toute la mémoire associée à l'identifiant d'image $img.

imagefill()

- Signature : imagefill ($img, $x, $y, $coul).
- Versions : PHP 3, PHP 4, PHP 5.

Cette fonction permet de remplir une région de l'image avec la couleur reconnue par l'identifiant de couleur $coul. L'angle supérieur gauche de la région a pour coordonnées ($x, $y).

imagefilledpolygon()

- Signature : imagefilledpolygon ($img, $tabpoints, $nbpoints, $coul).
- Versions : PHP 3, PHP 4, PHP 5.

Cette fonction permet de dessiner dans $img un polygone plein, de couleur $coul. Le tableau doit être conçu de la manière suivante : $tabpoints[0] correspond à x0, $tabpoints[1] à y0, $tabpoints[2] à x1, $tabpoints[3] à y1, etc. Le paramètre $nbpoints contient le nombre de sommets du polygone.

imagefilledrectangle()

- Signature : imagefilledrectangle ($img, $x1, $y1, $x2, $y2, $coul).
- Versions : PHP 3, PHP 4, PHP 5.

Cette fonction permet de dessiner un rectangle plein.

imagefilltoborder()

- Signature : imagefilltoborder ($img, $x, $y, $coulbord, $coul).
- Versions : PHP 3, PHP 4, PHP 5.

Cette fonction remplit avec la couleur $coul toute la région limitée par la couleur $coulbord. Le point de départ est ($x,$y) :

```
<?php
header("Content-type: image/png");
$img = imagecreate(250, 250);
```

```
$gris = imagecolorallocate($img, 204, 204, 204);
$bleu = imagecolorallocate($img, 0, 0, 255);
$bleugris = imagecolorallocate ($img, 173, 173, 205);
imageline($img, 0, 150, 150, 0, $bleu);
imagefilltoborder($img, 10, 10, $bleu, $bleugris);
imagepng($img);
imagedestroy($img);
?>
```

imagefontheight()

- Signature : imagefontheight ($font).
- Versions : PHP 3, PHP 4, PHP 5.

Cette fonction retourne la hauteur (en pixels) d'un caractère de la fonte $font.

imagefontwidth()

- Signature : imagefontwidth ($font).
- Versions : PHP 3, PHP 4, PHP 5.

Cette fonction retourne la largeur (en pixels) d'un caractère de la fonte $font.

imagegif()

- Signature : imagegif ($img [, $fichierimage]).
- Versions : PHP 3, PHP 4, PHP 5.

Cette fonction permet de générer le contenu de l'image identifiée par $img au format GIF. Si le paramètre $fichierimage n'est pas précisé, le contenu est affiché directement à l'écran.

Cette fonction n'est plus disponible avec les versions de la libGD supérieures ou égales à 1.6.

D'autres formats peuvent être générés avec les fonctions suivantes…

- imagepng() : génération au format PNG.
- imagejpeg() : génération au format JPEG.
- imagewbmp() : génération au format WBM.

```
header("Content-type: image/png");
$img = imagecreate (180, 125);
```

```
$bleu = imagecolorallocate($img, 0, 0, 255);
$blanc = imagecolorallocate($img, 255, 255, 255);

// génération d'un carré blanc dans un rectangle blanc
imagefilledrectangle($img, 50, 50, 105, 105, $blanc);
imagepng($img);
```

imageinterlace()

- Signature : imageinterlace ($img [, $interlace]).
- Versions : PHP 3, PHP 4, PHP 5.

Cette fonction permet d'activer ou de désactiver le bit d'entrelacement. Si le paramètre $interlace vaut 1, un entrelacement sera appliqué à l'image ; s'il vaut 0, aucun entrelacement ne sera appliqué.

Si le bit d'entrelacement est activé et que le format de l'image est JPEG, l'image sera créée en tant que JPEG progressif.

imageline()

- Signature : imageline ($img, $x1, $y1, $x2, $y2, $coul).
- Versions : PHP 3, PHP 4, PHP 5.

Cette fonction permet de tracer une ligne de couleur $coul entre un point d'origine ($x1,$y1) et un point final ($x2,$y2).

imageloadfont()

- Signature : imageloadfont ($fichierfont).
- Versions : PHP 3, PHP 4, PHP 5.

Cette fonction permet de charger un fichier de police de caractères. La fonction retourne un identifiant de fonte.

imagepalettecopy()

- Signature : imagepalettecopy ($imgsrc, $imgdest).
- Versions : PHP 4, PHP 5.

Cette fonction permet de copier la palette d'une image $imgsrc vers une image $imgdest.

imagepolygon()

- Signature : imagepolygon ($img, $tabpoints, $nbpoints, $coul).
- Versions : PHP 3, PHP 4, PHP 5.

Cette fonction permet de dessiner dans $img un polygone de couleur $coul. Le tableau doit être conçu de la manière suivante : $tabpoints[0] correspond à x0, $tabpoints[1] à y0, $tabpoints[2] à x1, $tabpoints[3] à y1, etc. Le paramètre $nbpoints contient le nombre de sommets du polygone :

```
<?php
header("content-type: image/png");
$img = imagecreate(250, 250);

// Couleur du fond de l'image
$gris = imagecolorallocate($img, 204, 204, 204);
$bleu = imagecolorallocate($img, 0, 0, 255);

// Définition des sommets
$tab_sommets = array(
  "20",         // abscisse point 1
  "100",    // ordonnée point 1
  "80",         // abscisse point 2
  "20",         // ordonnée point 2
  "180",    // abscisse point 3
  "20",         // ordonnée point 3
  "230",    // abscisse point 4
  "100",    // ordonnée point 4
  "150",    // abscisse point 5
  "220",    // ordonnée point 5
);
imagepolygon($img, $tab_sommets, 5, $bleu);
imagepng($img);
imagedestroy($img);
?>
```

imagerectangle()

- Signature : imagerectangle ($img, $x1, $y1, $x2, $y2, $coul).
- Versions : PHP 3, PHP 4, PHP 5.

Cette fonction permet de dessiner un rectangle.

imagesetpixel()

- Signature : imagesetpixel ($img, $x, $y, $coul).
- Versions : PHP 3, PHP 4, PHP 5.

Cette fonction permet de changer la couleur d'un pixel.

imagestring()

- Signature : imagestring ($img, $font, $x, $y, $str, $coul).
- Versions : PHP 3, PHP 4, PHP 5.

Cette fonction permet de dessiner la chaîne de caractères $str dans l'image $img. Si $font vaut 1, 2, 3, 4 ou 5, une police par défaut est utilisée.

imagestringup() permet de dessiner la chaîne en vertical.

imagesx()

- Signature : imagesx ($img).
- Versions : PHP 3, PHP 4, PHP 5.

Cette fonction retourne la largeur d'une image représentée par l'identifiant d'image $img.

imagesy() retourne la hauteur.

fonctionimagettfbbox()

- Signature : imagettfbbox ($taille, $angle, $fichierfont, $str).
- Versions : PHP 3 à partir de la 3.0.1, PHP 4, PHP 5.

Cette fonction retourne un tableau contenant les coordonnées de la région qui entoure la zone de texte dessinée avec les paramètres suivants…

- $taille : taille de la fonte.
- $angle : angle, en degrés, fait par le texte par rapport à l'horizontal.
- $fichierfont : chemin d'accès à la fonte.
- $str : texte à dessiner.

Les éléments du tableau sont les suivants…

- 0 : abscisse de l'angle inférieur gauche.
- 1 : ordonnée de l'angle inférieur gauche.
- 2 : abscisse de l'angle inférieur droit.
- 3 : ordonnée de l'angle inférieur droit.
- 4 : abscisse de l'angle supérieur droit.
- 5 : ordonnée de l'angle supérieur droit.
- 6 : abscisse de l'angle supérieur gauche.
- 7 : ordonnée de l'angle supérieur gauche.

imagettftext()

- Signature : imagettftext ($img, $taille, $angle, $x, $y, $coul, $fichierfont, $str).
- Versions : PHP 3, PHP 4, PHP 5.

Cette fonction permet de dessiner la chaîne de caractères $str dans l'image $img. Le point de coordonnées ($x, $y) correspond à l'angle inférieur gauche. Le nom, la couleur et la taille de la fonte peuvent être précisés avec les paramètres $taille, $coul, et $fichierfont. L'angle (en degrés) que fait le texte avec l'horizontal est précisé par $angle (la valeur 90 permet d'afficher le texte verticalement) :

```
header("Content-type: image/png");
$img = imagecreate(180, 125);
$blue = imagecolorallocate($img, 0, 0, 255);
$white = imagecolorallocate($img, 255, 255, 255);
imagettftext ($img, 8, 0, 10, 20, $white, "./verdana.ttf",
✂ "test");
imagepng($img);
```

La fonction retourne les coordonnées de la région entourant le texte.

imagetypes()

- Signature : imagetypes().
- Versions : PHP 3 CVS seulement, PHP 4 à partir de la 4.0.2, PHP 5.

Cette fonction permet de savoir quels formats d'image sont pris en charge. Cette fonction renvoie un champ de bits.

Les différents paramètres de format possibles sont : img_gif, img_jpg, img_png, img_wbmp.

```
if(imagetypes() & img_png) echo "Le format png est supporté !";
```

jpeg2wbmp()

- Signature : jpeg2wbmp ($fichierjpeg, $fichierwbm, $haut, $larg).
- Versions : PHP 4 à partir de la 4.0.5, PHP 5.

Cette fonction permet de convertir une image JPEG en une image WBM de largeur $larg et de hauteur $haut.

png2wbmp() fonctionne sur le même modèle.

21.8 Les fichiers Flash

Il s'agit ici de vous présenter les principales classes et leur constructeur de la bibliothèque Ming. Elles sont accessibles une fois l'extension installée et activée. Nous vous invitons à consulter la documentation en ligne pour avoir les dernières informations sur les fonctions, leur syntaxe et exemples de mise en œuvre.

Sound()

- Signature : Sound(int $fichier_son, int $option).
- Classe : Sound.

Cette fonction est le constructeur de la classe Sound et retourne un objet Sound. Elle prend un premier argument de type entier qui est un descripteur de fichier $fichier_son, retourné par exemple par la fonction fopen(), sur un fichier au format WAV. Le second argument permet de préciser des propriétés que le son devra adopter au sein du Flash. Cette classe permet de créer un objet $son à ajouter à jouer dans l'animation Flash.

```
$fichier_son = fopen("mon_son.wav", "r");
$son = new Sound($fichier_son,
✂ SWF_SOUND_22KHZ|SWF_SOUND_16BITS|SWF_SOUND_MONO);
```

SWFAction()

- Signature : SWFAction(string $instruction).
- Classe : SWFAction.

Cette fonction est le constructeur de la classe SWFAction et retourne un objet SWFAction. Elle prend un argument de type chaîne contenant une ou plusieurs instructions en ActionScript. Cette classe permet de créer un objet $action à ajouter à l'animation Flash.

```
$action = new SWFAction("stop();");
```

SWFBitmap()

- Signature : SWFBitmap(int $fichier_image).
- Classe : SWFBitmap.

Cette fonction est le constructeur de la classe SWFBitmap et retourne un objet SWFBitmap. Elle prend un argument de type entier qui est un descripteur de fichier $fichier_image, retourné par exemple par la fonction fopen(), sur une image. Cette classe permet de créer un objet $image à ajouter à l'animation Flash.

```
$fichier_image = fopen("mon_image.png", "r");
$image = new SWFBitmap($fichier_image);
```

SWFFont()

- Signature : SWFFont(string $nom_police).
- Classe : SWFFont.

Cette fonction est le constructeur de la classe SWFFont et retourne un objet SWFFont. Elle prend un argument de type chaîne $nom_police pour désigner la police à laquelle elle se réfère. Cette classe permet de créer un objet $police à ajouter à un objet $texte.

```
$police = new SWFFont("Verdana");
$texte->SetFont($police);
```

SWFGradient()

- Signature : SWFGradient().
- Classe : SWFGradient.

Cette fonction est le constructeur de la classe SWFGradient et retourne un objet SWFGradient. Cette classe permet de créer un objet $degrade à ajouter à une forme $forme.

```
$degrade = new SWFGradient();
$fill = $forme->addFill($degrade);
```

SWFMovie()

- Signature : SWFMovie().
- Classe : SWFMovie.

Cette fonction est le constructeur de la classe SWFMovie et retourne un objet SWFMovie. Il s'agit de la classe principale de Ming contenant l'animation Flash $movie.

```
$movie = new SWFMovie();
```

SWFTextField()

- Signature : SWFTextField().
- Classe : SWFTextField.

Cette fonction est le constructeur de la classe SWFTextField et retourne un objet SWFTextField. Cette classe permet de créer un objet $texte à ajouter à l'animation Flash.

```
$texte = new SWFTextField();
```

SWFShape()

- Signature : SWFShape().
- Classe : SWFShape.

Cette fonction est le constructeur de la classe SWFShape et retourne un objet SWFShape. Cette classe permet de créer un objet $forme à ajouter à l'animation Flash. Les objets $forme peuvent servir pour dessiner ou pour définir une zone sensible pour une action d'interactivité.

```
$forme = new SWFShape();
```

21.9 Les fichiers Excel

Il s'agit ici de vous présenter quelques classes, fonctions et méthodes du composant PEAR Spreadsheet_Excel_Writer-0.9.0. Il faut que cette extension soit installée et activée.

Tous vos scripts faisant appel aux fonctions de Spreadsheet_Excel_Writer doivent inclure en début de fichier l'instruction suivante :

```
include("Spreadsheet/Excel/Writer.php");
```

La fonction include() peut être remplacée par require(), include_once() ou require_once().

Nous vous invitons à consulter la documentation en ligne pour avoir les dernières informations sur les classes, leurs méthodes et syntaxes.

addFormat()

- Signature : addFormat().
- Classe : Spreadsheet_Excel_Writer.

Cette fonction ou méthode permet d'ajouter un format à un classeur. Elle retourne un objet Spreadsheet_Excel_Writer_Format qui peut ensuite être utilisé avec la méthode write().

```
$format = $classeur->addFormat();
```

addWorksheet ()

- Signature : addWorksheet([string $nom = '']).
- Classe : Spreadsheet_Excel_Writer_Workbook.

Cette fonction ou méthode permet d'ajouter une feuille de calcul à un classeur. Elle retourne un objet Spreadsheet_Excel_Writer_Worksheet. Le nom de la feuille de calcul est optionnel. S'il n'est pas indiqué, le nom attribué par défaut est Sheet$n, où $n est le numéro de la feuille de calcul.

```
$feuilledecalcul = $classeur->addWorksheet('feuille 1');
```

close()

- Signature : close().
- Classe : Spreadsheet_Excel_Writer.

Cette fonction ou méthode permet de fermer le document Excel.

```
$classeur->close();
```

hideScreenGridlines()

- Signature : hideScreenGridlines().
- Classe : Spreadsheet_Excel_Writer_Worksheet.

Cette fonction ou méthode permet de cacher le quadrillage de la feuille de calcul Excel à l'écran.

```
$feuilledecalcul->hideScreenGridlines();
```

send()

- Signature : send(string $fichier).
- Classe : Spreadsheet_Excel_Writer.

Cette fonction ou méthode permet d'envoyer le document Excel vers le flux HTTP.

```
$classeur->send("fichier.xls");
```

setBold()

- Signature : setBold().
- Classe : Spreadsheet_Excel_Writer_Format.

Cette fonction ou méthode permet d'indiquer que la police d'un format doit s'afficher en gras.

```
$format->setBold();
```

setBorderColor()

- **Signature** : setBorderColor(string $couleur).
- **Classe** : Spreadsheet_Excel_Writer_Format.

Cette fonction ou méthode permet d'indiquer la couleur d'une bordure via un format.

```
$format->setBorderColor("orange");
```

setColor()

- **Signature** : setColor(string $couleur).
- **Classe** : Spreadsheet_Excel_Writer_Format.

Cette fonction ou méthode permet d'indiquer la couleur de la police d'un format.

```
$format->setColor("black");
```

setColumn()

- **Signature** : setColumn(int $colonne1, int $colonne2, int $largeur).
- **Classe** : Spreadsheet_Excel_Writer_Worksheet.

Cette fonction ou méthode permet de préciser la largeur $largeur des colonnes $colonne1 à $colonne2.

```
$feuilledecalcul->setColumn(1,3,20);
```

setFontFamily()

- **Signature** : setFontFamily(string $police).
- **Classe** : Spreadsheet_Excel_Writer_Format.

Cette fonction ou méthode permet d'indiquer la police $police d'un format.

```
$format->setFontFamily("Arial");
```

setLandscape()

- Signature : setLandscape().
- Classe : Spreadsheet_Excel_Writer_Worksheet.

Cette fonction ou méthode permet d'indiquer que la mise en page de l'impression de la feuille de calcul se fait selon l'orientation *Paysage*.

```
$feuilledecalcul->setLandscape();
```

setMerge()

- Signature : setMerge(int $ligne1, int $colonne1, int $ligne2, int $colonne2).
- Classe : Spreadsheet_Excel_Writer_Worksheet.

Cette fonction ou méthode permet de fusionner l'ensemble des cellules situées entre celle qui est repérée par les coordonnées *$ligne1*, *$colonne1* et celle qui est repérée par les coordonnées *$ligne2*, *$colonne2*.

```
$feuilledecalcul->setMerge(0,0,0,7);
```

setRow()

- Signature : setRow(int $ligne, int $hauteur).
- Classe : Spreadsheet_Excel_Writer_Worksheet.

Cette fonction ou méthode permet de préciser la hauteur $hauteur de la ligne $ligne.

```
$feuilledecalcul->setRow(9,25);
```

Spreadsheet_Excel_Writer()

- Signature : Spreadsheet_Excel_Writer([string $fichier = '']).
- Classe : Spreadsheet_Excel_Writer.

Cette fonction est le constructeur de la classe Spreadsheet_Excel_Writer et retourne un objet Spreadsheet_Excel_Writer_Workbook. Le nom du fichier est optionnel.

```
$classeur = new Spreadsheet_Excel_Writer();
```

write()

- **Signature** : write(int $ligne, int $colonne, mixed $valeur, [mixed $format = 0]).
- **Classe** : Spreadsheet_Excel_Writer_Worksheet.

Cette fonction ou méthode permet d'écrire une valeur $valeur dans une cellule repérée par les coordonnées du numéro de ligne $ligne [0... 65235] et du numéro de colonne $colonne [0... 255]. Le quatrième argument $format est optionnel et correspond à un objet de type XF pour Excel Format.

```
$feuilledecalcul->write(0, 0, "Bonjour le monde");
```

writeBlank()

- **Signature** : writeBlank(int $ligne, int $colonne, [mixed $format = 0]).
- **Classe** : Spreadsheet_Excel_Writer_Worksheet.

Cette fonction ou méthode permet de mettre à vide une cellule repérée par les coordonnées numéro de ligne $ligne [0... 65235] et numéro de colonne $colonne [0... 255]. Le quatrième argument $format est optionnel et correspond à un objet de type XF pour Excel Format.

```
$feuilledecalcul->writeBlank(0, 0, $format);
```

writeCol()

- **Signature** : writeCol(int $ligne, int $colonne, array $tableau, [mixed $format = 0]).
- **Classe** : Spreadsheet_Excel_Writer_Worksheet.

Cette fonction ou méthode permet d'écrire une série de valeurs contenues dans le tableau $tableau dans les cellules d'une même colonne à partir de celle qui est repérée par les coordonnées $ligne, $colonne. Le quatrième argument $format est optionnel et correspond à un objet de type XF pour Excel Format.

```
$tableau = array("Pierre", "Paul", "Jacques","René");
$feuilledecalcul->writeCol(2, 2, $tableau, $format);
```

writeFormula()

- **Signature** : writeFormula(int $ligne, int $colonne, string $formule).
- **Classe** : Spreadsheet_Excel_Writer_Worksheet.

Cette fonction ou méthode permet d'écrire une formule $formule dans la cellule repérée par les coordonnées $ligne, $colonne.

```
$feuilledecalcul->writeFormula(1, 1, "=SUM(12;43)");
```

21.10 Les fichiers XML

Il s'agit ici de vous présenter les fonctions de l'extension Simplexml.

asxml()

- Signature : asxml().
- Version : PHP 5.

Cette fonction ou méthode permet de régénérer un flux XML valide et optimisé à partir de l'objet $xml. Cette méthode renvoie un sous-objet de $xml.

```
$flux_xml = $xml->asxml();
```

attributes()

- Signature : attributes().
- Version : PHP 5.

Cette fonction ou méthode permet de récupérer tous les attributs d'une balise. Cette méthode renvoie un tableau.

```
$tableau = $xml->title->attributes();
```

children()

- Signature : children(string $balise).
- Version : PHP 5.

Cette fonction ou méthode permet de récupérer toutes les sous-balises d'une balise $balise. L'argument $balise peut être une balise ou un espace de noms. Cette méthode renvoie un sous-objet de $xml.

```
$xml = $xml->children("balise");
```

simplexml_load_file()

- Signature : simplexml_load_file(string $ficher).
- Version : PHP 5.

Cette fonction ou méthode permet de charger le flux XML contenu dans un fichier $fichier et renvoie un objet doublé d'un tableau qui permet de parcourir simplement le flux.

```
$xml = simplexml_load_file("test.xml");
```

simplexml_load_string()

- Signature : simplexml_load_string(string $flux).
- Version : PHP 5.

Cette fonction ou méthode permet de charger le flux XML $flux et renvoie un objet doublé d'un tableau qui permet de parcourir simplement le flux.

```
$xml = simplexml_load_string($source_xml);
```

xpath()

- Signature : xpath(string $recherche).
- Version : PHP 5.

Cette fonction ou méthode permet de rechercher tous les éléments d'un flux correspondant à $recherche. L'argument peut indiquer un chemin XPath, */balise1/balise2*, ou une occurrence de balise, *//balise2*. Cette méthode renvoie un sous-objet de $xml.

```
$xml = $xml->xpath("/item/title");
```

21.11 Les variables

empty ($var)

- Signature : empty ($var).
- Versions : PHP 3, PHP 4, PHP 5.

Cette fonction retourne FALSE si la variable $var est définie ou bien si sa valeur est différente de 0.

gettype ($var)

- Signature : gettype ($var).
- Versions : PHP 3, PHP 4, PHP 5.

Cette fonction retourne le type de la variable $var.

Les différents types sont : boolean, integer, double, string, array, object, resource, NULL.

Les fonctions de test du type sont les suivantes…

- is_array ($var) : permet de tester si la variable $var est un tableau.
- is_bool ($var) : teste si $var est un booléen.
- is_double() : alias de la fonction is_float().
- is_float ($var) : teste si $var est un nombre à virgule (flottant).
- is_int ($var) : teste si $var est un entier.
- is_integer() : alias de la fonction is_int().
- is_long() : alias de la fonction is_int().
- is_null ($var) : teste si $var a une valeur égale à NULL.
- is_numeric ($var) : teste si $var est un nombre ou une chaîne de caractères contenant un nombre.
- is_object ($var) : teste si $var est un objet.
- is_real() : alias de la fonction is_float().
- is_resource ($var) : teste si $var est de type ressource (pointeur sur fichier, identifiant de connexion, etc.).
- is_scalar ($var) : teste si $var est un scalaire (c'est-à-dire un entier, un nombre flottant, un booléen ou une chaîne de caractères).
- is_string ($var) : teste si $var est une chaîne de caractères.

```
<?php

$x = '1';

if (is_string($x)) echo "string"; // affiche string
if (is_numeric($x)) echo "numeric"; // affiche numeric
if (is_bool($x)) echo "booléen";
```

```
if (is_double($x)) echo "double";
if (is_float($x)) echo "float";
if (is_int($x)) echo "int";


$x = '1' + 0;

if (is_string($x)) echo "string";
if (is_numeric($x)) echo "numeric"; // affiche numeric
if (is_bool($x)) echo "booléen";
if (is_double($x)) echo "double";
if (is_float($x)) echo "float";
if (is_int($x)) echo "int"; // affiche int

?>
```

isset()

- Signature : isset ($var).
- Versions : PHP 3, PHP 4, PHP 5.

Cette fonction renvoie true si la variable $var est définie.

print_r()

- Signature : print_r($tab).
- Versions : PHP 4, PHP 5.

Cette fonction permet d'afficher le contenu d'un tableau.

Il est intéressant d'entourer la fonction des balises <pre> et </pre> pour rendre l'affichage du tableau plus lisible :

```
$tab = array ("a" => array ("b","c"), "d" => 1, "e" => array
✂ (2,3));
echo "<pre>";
print_r($tab);
echo "</pre>";
/* affiche :
Array
(
    [a] => Array
        (
            [0] => b
            [1] => c
```

```
        )
    [d] => 1
    [e] => Array
        (
            [0] => 2
            [1] => 3
        )
)
*/
```

settype()

- Signature : settype ($var, $type).
- Versions : PHP 3, PHP 4, PHP 5.

Cette fonction permet de forcer le type d'une variable :

```
$var1 = "5toto";  // string
$var2 = true;    // boolean

settype($var1, "integer");
// $var1 vaut maintenant 5   (integer)

settype($var2, "string");
// $var2 vaut maintenant "1" (string)
```

unset()

- Signature : unset ($var).
- Versions : PHP 3, PHP 4, PHP 5.

Cette fonction permet de supprimer une variable.

Elle peut être utilisée pour effacer un élément d'un tableau :

```
$tab = array ("a" => array ("b","c"), "d" => 1, "e" => 2);
unset($tab['d']);
echo "<pre>";
print_r($tab);
echo "</pre>";
/* affiche :
Array
(
    [a] => Array
        (
            [0] => b
```

```
                [1] => c
            )
    [e] => 2
)
*/
```

Si le tableau est de type scalaire, prenez garde à ne pas utiliser une boucle pour parcourir tout le tableau :

```
$tab = array ('a','b','c','d');
unset($tab[2]);
$i = 0;
while ($tab[$i])
{
  echo "$tab[$i] - ";
  $i++;
}
// affiche a - b -
// en effet l'élément 2 n'existe plus, $tab[2] est
// équivalent à false
echo "<pre>";
print_r($tab);
echo "</pre>";
/* affiche
Array
(
    [0] => a
    [1] => b
    [3] => d
)
*/
```

var_dump()

- Signature : var_dump ($var1 [,$var2…]).
- Versions : PHP 3 à partir de la 3.0.5, PHP 4, PHP 5.

Cette fonction permet d'afficher des informations sur une ou plusieurs variables :

```
$var1 = 10.5;
$var2 = true;
var_dump($var1,$var2);
/* affiche :
float(10.5)
bool(true)
*/
```

21.12 La configuration PHP

dl()

- **Signature** : dl ($extension).
- Versions : PHP 3, PHP 4, PHP 5.

Cette fonction permet de charger une extension :

```
dl("xml.so");  // pour charger l'extension XML sous UNIX
dl("xml.dll");  // pour charger l'extension XML sous windows
```

getenv()

- **Signature** : getenv ($var).
- Versions : PHP 3, PHP 4, PHP 5.

Cette fonction permet de récupérer le contenu d'une variable d'environnement :

```
echo getenv ("HOSTTYPE");  // affiche par exemple : i386
```

get_cfg_var()

- **Signature** : get_cfg_var ($var).
- Versions : PHP 3, PHP 4, PHP 5.

Cette fonction permet de récupérer le contenu d'une variable de configuration PHP :

```
echo get_cfg_var ("file_uploads");
// affiche par exemple : 1 , il est donc possible
// d'uploader des fichiers
```

get_current_user()

- **Signature** : get_current_user().
- Versions : PHP 3, PHP 4, PHP 5.

Cette fonction retourne le nom du propriétaire du script en cours d'exécution :

```
echo get_current_user();  // affiche par exemple : nobody
```

Avec la fonction getmyuid(), c'est le *USER ID* du propriétaire qui est retourné :

```
echo getmyuid();  // affiche par exemple : 99
```

get_defined_constants()

- Signature : get_defined_constants().
- Versions : PHP 4 à partir de la 4.0.7RC1, PHP 5.

Cette fonction retourne un tableau contenant toutes les constantes définies (y compris celles qui sont définies par les extensions).

get_extension_funcs()

- Signature : get_extension_funcs ($module).
- Versions : PHP 4, PHP 5.

Cette fonction retourne la liste des fonctions présentes dans le module $module :

```
print_r (get_extension_funcs ("gd"));
```

getmygid()

- Signature : getmygid().
- Versions : PHP 4 à partir de la 4.0.7RC1, PHP 5.

Cette fonction retourne le *GROUP ID* du propriétaire du script courant.

get_loaded_extensions()

- Signature : get_loaded_extensions().
- Versions : PHP 4, PHP 5.

Cette fonction retourne un tableau contenant le nom de toutes les extensions chargées.

get_magic_quotes_gpc()

- Signature : get_magic_quotes_gpc().
- Versions : PHP 3 à partir de la 3.0.6, PHP 4, PHP 5.

Cette fonction permet de savoir si les *magic quotes* fonctionnent.

L'abréviation *gpc* (*get/post/cookie*) signifie que les variables provenant d'un formulaire ou d'un cookie sont échappées.

```
if (get_magic_quotes_gpc())
  echo "le système utilise les 'magic quotes'";
else
  echo "le système n'utilise pas le système des
  'magic quotes'";
```

ini_alter()

- Signature : ini_alter ($var, $val).
- Versions : PHP 4, PHP 5.

Cette fonction permet de modifier le contenu d'une variable de configuration.

ini_get()

- Signature : ini_get ($var).
- Versions : PHP 4, PHP 5.

Cette fonction retourne le contenu d'une variable de configuration :

```
echo ini_get ("file_uploads")
```

ini_restore()

- Signature : ini_restore ($var).
- Versions : PHP 4, PHP 5.

Cette fonction permet de remettre une variable de configuration à sa valeur initiale.

ini_set()

RENVOI

Reportez-vous à la fonction init_alter().

phpversion()

- Signature : phpversion().
- Versions : PHP 3, PHP 4, PHP 5.

Cette fonction retourne la version de PHP.

putenv()

- Signature : putenv ($str).
- Versions : PHP 3, PHP 4, PHP 5.

Cette fonction permet d'initialiser une variable d'environnement :

```
putenv ("UNIQID=$uniqid");
```

21.13 Fonctions diverses

constant()

- Signature : constant($cst).
- Versions : PHP 4 à partir de la 4.0.4, PHP 5.

Cette fonction retourne la valeur de la constante $cst :

```
define("MAXINFO",200);
echo MAXINFO;
echo constant("MAXINFO");
// même résultat que précédemment
```

define()

- Signature : define ($cst, $val).
- Versions : PHP 3, PHP 4, PHP 5.

Cette fonction permet de définir une constante.

defined()

- Signature : defined ($cst).
- Versions : PHP 3, PHP 4, PHP 5.

Cette fonction retourne true si la constante $cst existe.

die()

RENVOI

Reportez-vous à la fonction exit().

eval()

- Signature : eval ($str).
- Versions : PHP 3, PHP 4, PHP 5.

Cette fonction permet d'évaluer une expression :

```
eval ("\$n = 1;");
eval ("\$ch = \"hello\";");
echo $n;  // affiche : 1
echo $ch;  // affiche : hello
```

exit()

- Signature : exit ($status).
- Versions : PHP 3, PHP 4, PHP 5.

Cette fonction affiche la variable $status et arrête l'exécution du script :

```
if ($n != 2)
   exit("valeur non conforme");
$pfichier = fopen ($fichier, 'r')
            or exit("le fichier ne peut être ouvert");
```

highlight_file()

- Signature : highlight_file ($fichier).
- Versions : PHP 4, PHP 5.

Cette fonction permet d'afficher le contenu d'un script en mettant le code en couleur :

```
echo "voici le contenu du script : graph.php<hr/>";
highlight_file("graph.php");
```

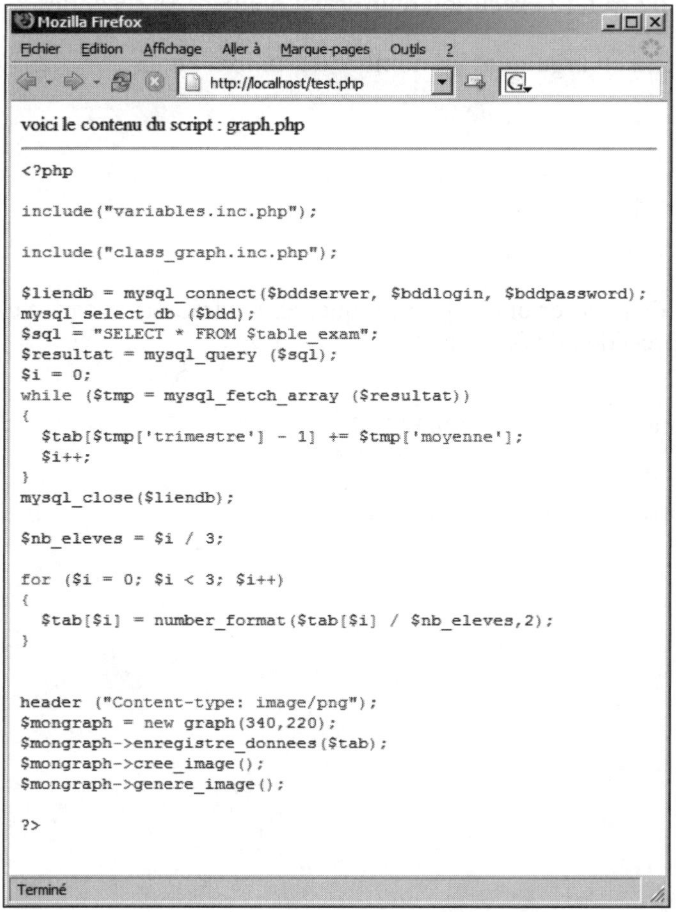

Figure 21-2 : *ffichage colorisé du contenu du script graph.php*

La fonction highlight_string() ne colorise que la chaîne transmise en paramètre :

```
highlight_string ("<?php \$str = \"toto\"; ?>");
```

sleep()

- Signature : sleep ($n).
- Versions : PHP 3, PHP 4, PHP 5.

Cette fonction permet d'arrêter l'exécution d'un script pendant $n secondes.

La fonction usleep() prend en argument un nombre de millisecondes.

uniqid()

- Signature : uniqid ($refixe).
- Versions : PHP 3, PHP 4, PHP 5.

Cette fonction permet de générer une valeur unique. Si le paramètre $prefixe est transmis la valeur est précédée de $prefixe :

```
echo uniqid("");
// affiche par exemple : 3c05f028546e6

echo uniqid("CODE");
// affiche par exemple : CODE3c05f028594cb
```

CHAPITRE

22

Les fonctions MySQL

BIBLIOTHEQUE
NICE
SCIENCES
UNIVERSITAIRE

CHAPITRE

22

Les fonctions MySQL

Ce chapitre ne fournit pas la liste exhaustive des fonctions de MySQL. Elles sont bien trop nombreuses. Si vous voulez toutes les connaître et surtout voir leurs spécificités selon le contexte d'utilisation, reportez-vous à la documentation en ligne de MySQL : **http://dev.mysql.com/doc/refman/5.0/fr/control-flow-functions.html**

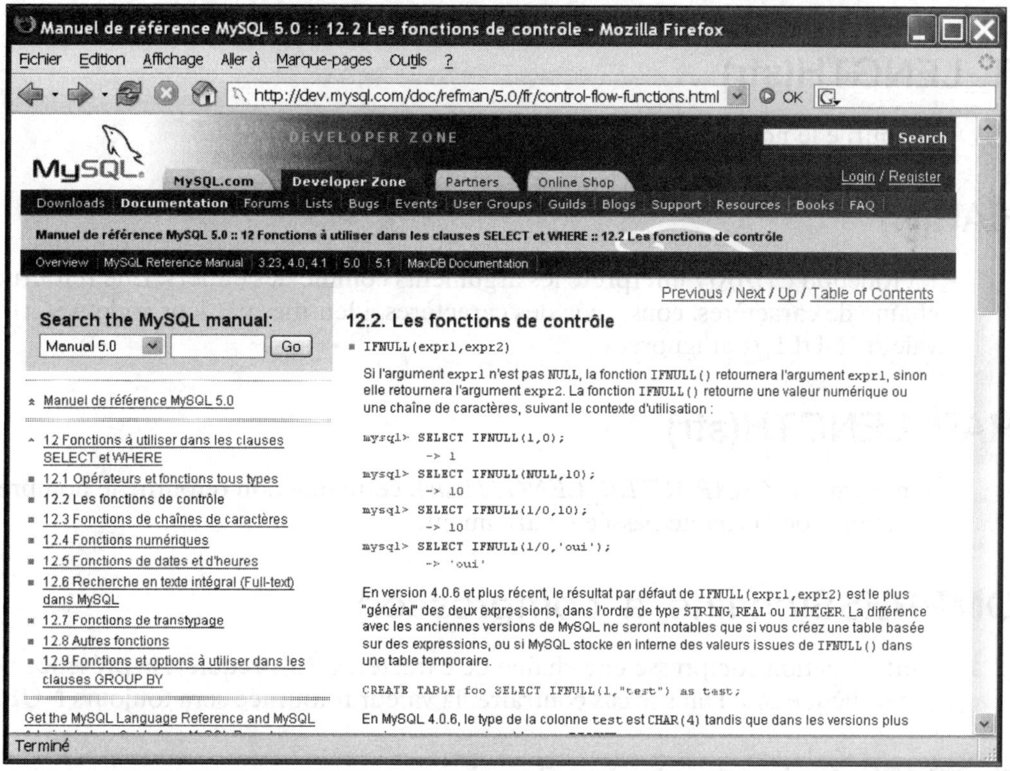

Figure 22-1 : *Les fonctions de contrôle dans la documentation en ligne de MySQL*

22.1 Fonctions de chaînes de caractères

ASCII(str)

Retourne le code ASCII du premier caractère de la chaîne de caractères *str* passée en argument. Retourne 0 si la chaîne de caractères est vide et NULL si la chaîne est à NULL. *ASCII()* fonctionne avec des valeurs numériques comprises entre 0 et 255.

BIN(N)

Retourne une chaîne de caractères représentant la valeur binaire de l'argument N. N est un nombre de type BIGINT. Cette fonction retourne NULL si l'argument N est lui aussi à NULL.

BIT_LENGTH(str)

Retourne le nombre de bits de la chaîne de caractères *str*.

CHAR(N)

La fonction *CHAR()* interprète les arguments comme des entiers. Elle retourne une chaîne de caractères, constituée des caractères, identifiés par leur code ASCII. Les valeurs NULL sont ignorées.

CHAR_LENGTH(str)

Synonyme de *CHARACTER_LENGTH(str)*, cette fonction retourne le nombre de caractères de la chaîne passée en argument.

COMPRESS(chaine_a_compresser)

Cette fonction compresse une chaîne de caractères. Elle requiert la présence de la bibliothèque *zlib*. Dans le cas contraire, la valeur retournée sera toujours NULL.

CONCAT(chaine1, chaine2, ...)

CONCAT retourne une chaîne issue de la concaténation des arguments passés en paramètres. Elle retourne NULL si l'un des arguments est lui aussi à NULL. Si l'un des arguments passés est un nombre, il est automatiquement converti en son équivalent sous la forme d'une chaîne de caractères.

CONCAT_WS(separateur, chaine1, chaine2, ...)

Cette fonction signifie CONCAT With Separator, littéralement concaténation avec séparateur. Le premier argument est le séparateur qui sera inséré entre chaque argument. Il peut s'agir d'une chaîne de caractères. Il en va de même pour les autres arguments. Si le séparateur est NULL, le résultat renvoyé sera NULL.

CONV(N, from_base, to_base)

CONV convertit des nombres d'une base vers une autre. Elle retourne sous forme de chaîne de caractères le nombre N converti de sa base de départ (from_base) vers celle de votre choix (to_base). La fonction retourne NULL si un des arguments est à NULL. Les valeurs de bases possibles vont de 2 à 36. Cette fonction travaille avec une précision de 64 bits.

FIND_IN_SET(str, strlist)

Retourne une valeur de 1 à N si la chaîne *str* se trouve dans la liste *strlist* constituée de N chaînes. Une liste de chaînes est une chaîne composée de sous-chaînes séparées par une virgule.

HEX(N_OR_S)

Si l'argument passé est un nombre, la fonction retournera une chaîne de caractères représentant sa valeur hexadécimale. Elle est équivalente à la fonction *CONV(N, 10, 16)*.

Si *N_OR_S* est une chaîne de caractères, la fonction retournera une chaîne de caractères hexadécimale dans laquelle chaque caractère de l'argument sera converti en 2 chiffres hexadécimaux. C'est l'inverse exact de la chaîne *0xff*.

INSERT(str, pos, len, newstr)

Retourne une chaîne de caractères après avoir remplacé la portion de la chaîne commençant à la position *pos* et sur un nombre de caractères *len* par la nouvelle chaîne (*newstr*).

LEFT(str, len)

Retourne les (*len*) caractères de la chaîne en partant de la gauche.

LENGTH (str)

Renvoie la taille de la chaîne passée en argument en octets. Un caractère multioctet comptera comme plusieurs caractères. Si vous passez en argument une chaîne contenant 5 caractères de 2 octets, la fonction retournera 10.

LOAD_FILE(nom_fichier)

Lit le fichier passé en argument et retourne son contenu sous la forme d'une chaîne de caractères. Le fichier doit impérativement se trouver sur le serveur qui exécute MySQL. Il faut en spécifier le chemin d'accès. Vous devez, de plus, posséder les droits en lecture dessus. La taille de ce fichier ne doit pas dépasser *max_allowed_packet*.

LOCATE(substr,str), LOCATE(substr,str,pos)

Retourne la position de la première occurrence de la chaîne *substr* dans la chaîne de caractères *str*. Si la chaîne *substr* ne se trouve pas dans la chaîne de caractères *str*, la fonction retourne 0.

LOWER(str)

Renvoie la chaîne *str* après avoir transformé tous ses caractères en minuscules.

LPAD(str,len,padstr)

Retourne la chaîne de caractères *str*, complétée à gauche par la chaîne de caractères *padstr* sur *len* caractères de long.

LTRIM(str)

Renvoie la chaîne de caractères passée en argument en enlevant les espaces à gauche.

MID(str,pos,len)

Fonction équivalente à *SUBSTRING(str,pos,len)*.

OCT(N)

Retourne une chaîne de caractères représentant la valeur octal de l'argument passé. Cette fonction est équivalente à *CONV(N,10,8)*. Retourne NULL si l'argument est à NULL.

OCTET_LENGTH(str)

Fonction identique à *LENGTH()*.

POSITION(substr IN str)

Fonction identique à *LOCATE(substr,str)*.

REPEAT(str,count)

Retourne une chaîne de caractères constituée de la répétition de (count) fois la chaîne *str*. Si l'argument *count* est inférieur ou égal à 0, elle retournera une chaîne vide et NULL si un des deux arguments, *str* ou *count*, est NULL.

REPLACE(str,from_str,to_str)

Retourne une chaîne de caractères *str* dont toutes les occurrences de la chaîne *from_str* sont remplacées par la chaîne *to_str*.

REVERSE(str)

Renvoie une chaîne de caractères inversée par rapport à la chaîne passée en argument.

RIGHT(str,len)

Retourne les (*len*) caractères de la chaîne en partant de la droite.

RPAD(str,len,padstr)

Retourne la chaîne de caractères *str* complétée à droite sur (*len*) caractères par la chaîne de caractères *padstr*.

RTRIM(str)

Retourne la chaîne initiale en enlevant les espaces situés à droite.

SPACE(N)

Retourne une chaîne constituée de N espaces.

SUBSTRING(str,pos), SUBSTRING(str FROM pos), SUBSTRING(str,pos,len), SUBSTRING(str FROM pos FOR len)

Retourne une chaîne de *len* caractères de long (jusqu'à la fin de la chaîne si *len* n'est pas précisé) extraite de la chaîne *str* en partant de la position représentée par *pos*.

TRIM([[BOTH | LEADING | TRAILING] [remstr] FROM] str)

Retourne la chaîne de caractères *str* après l'avoir nettoyée de tous ses préfixes et/ou suffixes (*remstr*).

UCASE(str)

UCASE() est un synonyme de *UPPER()*.

UNCOMPRESS(string_to_uncompress)

Décompresse une chaîne compressée avec la fonction *COMPRESS()*. Si l'argument n'est pas une valeur compressée, le résultat sera NULL. *UNCOMPRESS* requiert la bibliothèque *zlib*. Autrement, la valeur retournée sera toujours NULL.

UNCOMPRESSED_LENGTH(compressed_string)

Retourne la taille qu'avait la chaîne avant d'être compressée.

UNHEX(str)

Cette fonction est l'antithèse de la fonction *HEX(string)*. Les paires de chiffres hexadécimaux sont interprétées comme des nombres et convertis en un caractère représenté par le nombre. Le tout est retourné sous la forme d'une chaîne binaire.

UPPER(str)

Retourne la chaîne *str* en majuscules en appliquant le jeu de caractères courant. Le jeu par défaut est *ISO-8859-1 Latin1*.

22.2 Fonctions mathématiques

De manière générale, toutes les fonctions mathématiques retournent NULL en cas d'erreur.

ABS(X)

Retourne la valeur absolue de X.

ACOS(X)

Retourne l'arc cosinus de X (cosinus inverse). Retourne NULL si X n'est pas compris dans l'intervalle -1 - 1.

ASIN(X)

Retourne l'arc sinus de X (sinus inverse). Retourne NULL si X n'est pas compris dans l'intervalle -1 - 1.

ATAN(X)

Retourne l'arc tangente de X (tangente inverse).

ATAN(Y,X), ATAN2(Y,X)

Retourne l'arc tangente des variables X et Y.

CEILING(X), CEIL(X)

Retourne la valeur entière supérieure de X.

COS(X)

Retourne le cosinus de X, avec X en radians.

COT(X)

Retourne la cotangente de X.

CRC32(expr)

Calcule la somme de contrôle de redondance cyclique et retourne un entier non signé sur 32 bits. L'argument attendu en retour est une chaîne de caractères.

DEGREES(X)

Convertit X de radians en degrés et retourne le résultat.

EXP(X)

Retourne la valeur de e (la base des logarithmes naturels ou népériens) élevée à la puissance X.

FLOOR(X)

Retourne la valeur entière inférieure de X.

LN(X)

Retourne le logarithme naturel (népérien) de X.

LOG(X), LOG(B,X)

La première version, avec un seul paramètre, retourne le logarithme naturel (népérien) de X. Si elle est passée avec deux paramètres, cette fonction retourne le logarithme naturel de X pour une base B donnée. *LOG(B,X)* est en fait équivalent à *LOG(X)/LOG(B)*.

LOG2(X)

Retourne le logarithme en base 2 de X.

LOG10(X)

Retourne le logarithme en base 10 de X.

MOD(N,M), N % M, N MOD M

3 syntaxes différentes pour une seule fonction, Modulo. Retourne le reste de la division de N par M.

PI()

Retourne la valeur du nombre pi avec par défaut 5 chiffres après la virgule. Cela n'empêche pas MySQL d'utiliser la double précision pour stocker la valeur pi.

POW(X,Y), POWER(X,Y)

Retourne la valeur de X élevée à la puissance Y.

RADIANS(X)

Retourne l'argument X converti de degrés en radians.

RAND(), RAND(N)

Retourne un nombre aléatoire à virgule flottante compris dans l'intervalle 0 - 1. Si vous précisez un argument entier (N), il sera employé pour initialiser le générateur de nombres aléatoires.

ROUND(X), ROUND(X,D)

Arrondit l'argument passé en paramètre. Si un deuxième argument est spécifié (D), la valeur sera arrondie à un nombre à D décimales.

SIGN(X)

Retourne le signe de l'argument sous la forme -1, 0, ou 1, selon que X est inférieur, égal ou supérieur à zéro.

SIN(X)

Retourne le sinus de X, X étant en radians.

SQRT(X)

Retourne la racine carrée de X.

TAN(X)

Retourne la tangente de X, X étant donné en radians.

TRUNCATE(X,D)

Retourne l'argument passé tronqué à D décimales.

CURDATE(), CURRENT_DATE

Retourne la date courante au format 'YYYY-MM-DD' ou YYYYMMDD, sous forme d'un numérique ou d'une chaîne de caractères, en fonction du contexte.

CURRENT_DATE, CURRENT_DATE()

Synonymes de *CURDATE()*.

CURTIME()

Retourne l'heure courante au format 'HH:MM:SS' ou HHMMSS, toujours en fonction du contexte.

CURRENT_TIME, CURRENT_TIME()

Synonymes de *CURTIME()*.

CURRENT_TIMESTAMP, CURRENT_TIMESTAMP()

Synonymes de *NOW()*.

DATE(expr)

Extrait la partie date de l'expression passée en paramètre (expr) de type DATE ou DATETIME.

DATEDIFF(expr,expr2)

Retourne le nombre de jours compris entre la date de début (expr) et la date de fin (expr2). *expr* et *expr2* doivent être des expressions de type DATE ou DATETIME. Dans tous les cas, seule la partie DATE sera utilisée dans le calcul.

DATE_ADD(date,INTERVAL expr type), DATE_SUB(date,INTERVAL expr type)

Ces fonctions effectuent des calculs arithmétiques sur les dates.

DATE_FORMAT(date,format)

Formate la date passée en argument au format spécifié (dans format).

DAY(date), DAYNAME(date)

Retourne le nom du jour de la semaine.

DAYOFMONTH(date)

Retourne le jour du mois de la date spécifiée.

DAYOFWEEK(date)

Retourne l'index du jour de la semaine pour la date passée en argument selon cette nomenclature : 1 = Dimanche, 2 = Lundi, 3 = Mardi, 7 = Samedi).

DAYOFYEAR(date)

Retourne le jour de la date dans un intervalle de 1 à 366.

EXTRACT(type FROM date)

La fonction *EXTRACT()* utilise les mêmes types d'intervalles que les fonctions *DATE_ADD()* ou *DATE_SUB()*. Par contre, elle extrait des parties de date et non des opérations.

FROM_DAYS(N)

Retourne la date correspondant au nombre de jours écoulés (paramètre N) depuis la date 0. Méfiez-vous de cette fonction si vous devez travailler avec des dates antérieures à l'avènement du calendrier Grégorien (1582). Elle ne prend pas en compte les jours perdus lors du changement de calendrier.

FROM_UNIXTIME(unix_timestamp)

Retourne une représentation de l'argument *unix_timestamp* sous la forme 'YYYY-MM-DD HH:MM:SS' ou YYYYMMDDHHMMSS.

GET_FORMAT(DATE | TIME | TIMESTAMP, 'EUR' | 'USA' | 'JIS' | 'ISO' | 'INTERNAL')

Retourne une chaîne de format. Cette fonction peut s'avérer pratique employée conjointement avec les fonctions *DATE_FORMAT()* et *STR_TO_DATE()*.

HOUR(time)

Retourne le nombre d'heures (time) dans un intervalle de 0 à 23.

LAST_DAY(date)

Prend en entrée une valeur de format DATE ou DATETIME et renvoie le dernier jour du mois correspondant.

LOCALTIME, LOCALTIME(),LOCALTIMESTAMP, LOCALTIMESTAMP()

Ces fonctions sont toutes synonymes de *NOW()*.

MAKEDATE(year, dayofyear)

Retourne une valeur au format DATE découlant de l'année et du numéro de jour passés en paramètres. *dayofyear* doit être supérieur à 0 sinon le résultat sera NULL.

MAKETIME(hour,minute,second)

Retourne une valeur de format TIME calculée à partir des arguments passés.

MICROSECOND(expr)

Retourne le nombre de microsecondes dans l'expression de type TIME ou DATETIME sous la forme d'un nombre compris entre 0 et 999999.

MINUTE(time)

Retourne le nombre de minutes pour l'heure donnée dans un intervalle de 0 à 59.

MONTH(date)

Retourne le numéro du mois de la date passée en argument, compris dans un intervalle allant de 1 à 12.

MONTHNAME(date)

Retourne le nom du mois de la date.

NOW()

Retourne la date courante au format 'YYYY-MM-DD HH:MM:SS' ou YYYYMMDDHHMMSS.

PERIOD_ADD(P,N)

Ajoute N mois à la période P (au format YYMM ou YYYYMM). Retourne une valeur au format YYYYMM.

PERIOD_DIFF(P1,P2)

Retourne le nombre de mois compris entre les périodes P1 et P2. Les périodes doivent être passées au format YYMM ou YYYYMM.

QUARTER(date)

Retourne le numéro du trimestre de la date, dans un intervalle compris entre 1 et 4.

SECOND(time)

Retourne le nombre de secondes pour l'heure donnée, dans un intervalle de 0 à 59.

SEC_TO_TIME(seconds)

Retourne l'argument passé en paramètre (un nombre de secondes) converti en heures, minutes et secondes au format 'HH:MM:SS' ou HHMMSS.

STR_TO_DATE(str,format)

STR_TO_DATE est la fonction inverse de *DATE_FORMAT()*. Elle transforme une chaîne de caractères en valeur de type date.

SUBDATE(date,INTERVAL expr type), SUBDATE(expr,days)

Employée avec la forme INTERVAL du second argument, l'action de *SUBDATE()* est identique à celle de la fonction *DATE_SUB()*.

SUBTIME(expr,expr2)

SUBTIME() soustrait le deuxième paramètre (*expr2*) du premier (*expr*) et renvoie le tout. *expr* doit être au format DATE ou DATETIME et *expr2* au format TIME.

SYSDATE()

La fonction *SYSDATE()* est identique à la fonction *NOW()*.

TIME(expr)

Extrait la partie horaire de l'expression *expr*, de type TIME ou DATETIME.

TIMEDIFF(expr,expr2)

TIMEDIFF() retourne la durée calculée entre l'heure de début (*expr*) et l'heure de fin (*expr2*). *expr* et *expr2* peuvent être au format TIME ou DATETIME, mais ils doivent forcément être de même type.

TIMESTAMP(expr), TIMESTAMP(expr,expr2)

Si vous ne passez qu'un argument, cette fonction retourne l'expression de type DATE ou DATETIME sous la forme d'une valeur DATETIME. Passée avec deux arguments, elle ajoute l'expression *expr2* à l'expression *expr* et retourne le tout au format DATETIME.

TIMESTAMPADD(interval,int_expr,datetime_expr)

Ajoute une expression entière (paramètre *int_expr*) à l'expression *datetime_expr* au format DATE ou DATETIME. L'unité de *int_expr* est spécifiée par l'argument interval. Ce pourra être l'une des valeurs suivantes : FRAC_SECOND, SECOND, MINUTE, HOUR, DAY, WEEK, MONTH, QUARTER, ou YEAR.

TIMESTAMPDIFF(interval,datetime_expr1,datetime_expr2)

Retourne la différence entière entre les expressions *datetime_expr1* et *datetime_expr2* au format DATE et DATETIME passées en paramètres. L'unité du résultat sera encore donnée par l'argument interval. Les valeurs courantes de interval sont les mêmes que pour la fonction décrite précédemment, *TIMESTAMPADD()*.

TIME_FORMAT(time,format)

Cette fonction s'utilise exactement comme la fonction *DATE_FORMAT()*. La chaîne format ne doit employer que des spécificateurs d'heures, qui vont gérer les heures, minutes et secondes. Si l'argument *time* contient une valeur supérieure à 23, les formats %H et %k produiront une valeur qui sera en dehors de l'intervalle 0..23. L'autre format d'heure produira lui une heure ... modulo 12.

TIME_TO_SEC(time)

Retourne l'argument (*time*) converti en secondes.

TO_DAYS(date)

Retourne le nombre de jours en partant de la date 0 jusqu'à la date spécifiée. *TO_DAYS()* n'est pas recommandé si vous travaillez avec des dates pouvant précéder l'avènement du calendrier Grégorien (1582). Il ne prend pas en compte les jours perdus lors du changement de calendrier.

UNIX_TIMESTAMP(), UNIX_TIMESTAMP(date)

Sans argument, *UNIX_TIMESTAMP()* retourne un timestamp de type Unix (nombre de secondes écoulées depuis '1970-01-01 00:00:00' GMT). Si cette fonction est appelée avec un argument date, elle retournera la valeur *timestamp* correspondante à cette date. L'argument date peut être une chaîne de type DATE, DATETIME, TIMESTAMP, un nombre au format YYMMDD ou YYYYMMDD.

UTC_DATE, UTC_DATE()

Retourne la date UTC courante au format 'YYYY-MM-DD' ou YYYYMMDD .

UTC_TIME, UTC_TIME()

Retourne l'heure UTC courante au format 'HH:MM:SS' ou HHMMSS .

UTC_TIMESTAMP, UTC_TIMESTAMP()

Retourne l'heure et la date UTC courante au format 'YYYY-MM-DD HH:MM:SS' ou YYYYMMDDHHMMSS.

WEEK(date [,mode])

Passée seulement avec l'argument date, retourne le numéro de la semaine dans l'année de l'attribut date compris dans un intervalle de 0 à 53 et en considérant que Dimanche est le premier jour de la semaine. Si deux arguments sont spécifiés, la fonction *WEEK()* permet alors de déterminer si les semaines commencent le dimanche ou le lundi et si la valeur retournée sera dans l'intervalle 0-53 ou 1-52.

WEEKDAY(date)

Renvoie l'index du jour de la semaine avec la conversion suivante : 0 = Lundi, 1 = Mardi, ... 6 = Dimanche.

WEEKOFYEAR(date)

Retourne le numéro de semaine dans l'année, sous forme d'un nombre compris entre 1 et 53.

YEAR(date)

Retourne l'année de la date passée en paramètre dans un intervalle de 1 000 à 9 999:

YEARWEEK(date), YEARWEEK(date,start)

Retourne l'année et la semaine d'une date. L'argument start fonctionne exactement comme l'argument start de la fonction *WEEK()*. L'année du résultat peut différer de l'année passée en argument s'il s'agit de la première ou de la dernière semaine de l'année.

Fonctions de transtypage

Les fonctions de transtypage de MySQL sont *CAST()* et *CONVERT()*. Elles servent à convertir une donnée d'un type en un autre. Elles s'utilisent avec les arguments suivants :

- CAST(expr AS type) ;
- CONVERT(expr,type) ;
- CONVERT(expr USING transcoding_name).

L'argument représentant le type cible peut être de l'un des types prédéfinis suivants :

- BINARY ;
- CHAR ;
- DATE ;

- DATETIME ;
- SIGNED {INTEGER} ;
- TIME ;
- UNSIGNED {INTEGER} ;

22.3 UDF (User Defined Fonctions)

Définition

Les UDF (User Defined Functions) ou fonctions définies par l'utilisateur sont des fonctions pouvant être appelées dans des requêtes SQL. Elles permettent d'intégrer une fonction que vous avez codée vous-même exactement comme s'il s'agissait d'une fonction native de MySQL. Leur intérêt réside dans la possibilité d'ajouter des fonctions spécifiques puissantes et surtout particulièrement adaptées à vos besoins. Si vous savez les utiliser, elles vous aideront à combler les manquements du dialecte SQL de votre SGBDR. Elles présentent aussi un autre intérêt, même s'il paraît moins évident, si vous êtes amené à développer des applications multiserveurs, c'est-à-dire des applications susceptibles de tourner sur différents SGBDR. Supposons que ces SGBDR cibles implémentent les UDF. Vous pourrez alors définir sur chaque serveur une bibliothèque d'UDF afin d'uniformiser toutes les requêtes qui pourront alors s'adresser à l'un ou l'autre des SGBDR cible sans distinction.

CHAPITRE

23

Annexes

CHAPITRE

23 Annexes

23.1 PHP

Les opérateurs

Les opérateurs arithmétiques

Tableau 23-1 : Opérateurs arithmétiques		
Opérateur	**Nom**	**Résultat**
+	Addition	Somme de $x et $y
–	Soustraction	Différence de $x et $y
*	Multiplication	Multiplication de $x et $y
/	Division	Division de $x et $y
%	Modulo	Modulo de $x et $y

Les opérateurs sur les bits

Tableau 23-2 : Opérateurs sur les bits		
Opérateur	**Nom**	**Résultat**
$x & $y	ET (AND)	Les bits définis à 1 dans $x ET dans $y sont placés à 1.
$x | $y	OU (OR)	Les bits définis à 1 dans $x OU dans $y sont placés à 1.
$x ^ $y	Xor	Les bits définis à 1 dans $x OU dans $y sont placés à 1.
~ $x	NON (Not)	Les bits définis à 1 dans $x sont placés à 0, et vice-versa.
$x << $y	Décalage à gauche	Décale les bits de $x dans $y par la gauche (chaque décalage équivaut à une multiplication par 2).
$x >> $y	Décalage à droite	Décale les bits de $x dans $y par la droite (chaque décalage équivaut à une division par 2).

Opérateurs de comparaison

Tableau 23-3 : Opérateurs de comparaison	
Opérateur	**Résultat**
$x == $y	Vrai si la valeur $x est égale à $y.
$x === $y	Vrai si la valeur $x est égale à $y et si elles sont de même type.
$x != $y	Vrai si $x est différente de $y.
$x <> $y	Vrai si $x est différente de $y.
$x !== $y	Vrai si $x est différente de $y ou si elles sont de type différent.
$x > $y	Vrai si $x est supérieure à $y.
$x < $y	Vrai si $x est inférieure à $y.
$x >= $y	Vrai si $x est supérieure ou égale à $y.
$x <= $y	Vrai si $x est inférieure ou égale à $y.

Opérateurs arithmétiques

<table>
<tr><th colspan="2">Tableau 23-4 : Opérateurs arithmétiques</th></tr>
<tr><td>Opérateur</td><td>Résultat</td></tr>
<tr><td>$x and $y</td><td>Vrai si $x ET $y sont vraies.</td></tr>
<tr><td>$x && $y</td><td>Vrai si $x ET $y sont vraies (identique à and).</td></tr>
<tr><td>$x or $y</td><td>Vrai si $x OU $y sont vraies.</td></tr>
<tr><td>$x || $y</td><td>Vrai si $x OU $y sont vraies (identique à or).</td></tr>
<tr><td>$x xor $y</td><td>Vrai si $x OU $y sont vraies, mais pas les deux.</td></tr>
<tr><td>! $x</td><td>Vrai si $x est fausse.</td></tr>
</table>

Priorité des opérateurs

Ce tableau est conçu dans l'ordre croissant de priorité.

Dans l'exemple suivant, l'opérateur == est en dessous de l'opérateur or ; il est donc prioritaire :

```
if ($a == b$ or $c)
```

L'expression est donc équivalente à :

```
if (($a == $b) or $c)
```

Tableau 23-5 : Associativité des opérateurs	
Associativité	**Opérateur**
Gauche	,
Gauche	Or
Gauche	Xor
Gauche	And
Droite	print
Gauche	= += −= *= /= .= %= &= |= ^= ~= <<=>>=
Gauche	? :
Gauche	||
Gauche	&&
Gauche	|
Gauche	^
Gauche	&
Non associatif	== != ===
Non associatif	< <= > >=
Gauche	<< >>
Gauche	+ − .
Gauche	* / %

Tableau 23-5 : Associativité des opérateurs	
Associativité	**Opérateur**
Droite	! ~ ++ -- (int) (double) (string) (array) (object) @
Droite	[
Non associatif	new

Les variables prédéfinies

Un script PHP peut accéder à tout moment à un certain nombre de variables prédéfinies. Nous allons lister dans cette partie deux types de variables :

- les variables Apache, qui sont disponibles uniquement si vos scripts tournent sur un serveur web Apache ;
- les variables PHP, qui sont toujours accessibles.

La fonction phpinfo() peut être utilisée pour obtenir un aperçu rapide de toutes ces variables. Elle vous permettra aussi de savoir si votre serveur web est Apache.

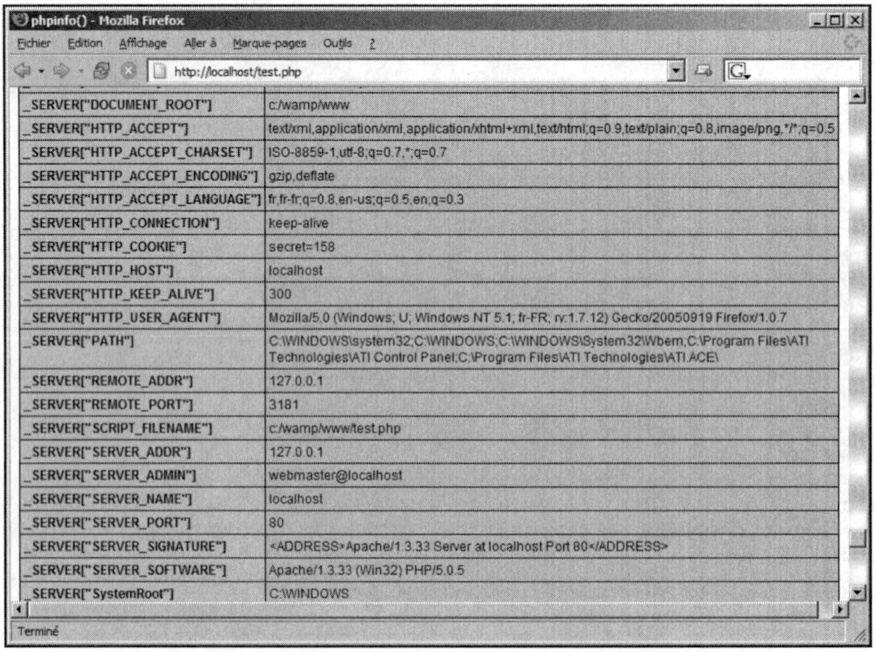

Figure 23-1 : *Liste de variables proposées par Apache*

Les variables Apache

En fonctionnant avec le serveur web Apache, vous êtes sûr de pouvoir accéder à ces variables. D'autres serveurs web peuvent aussi vous y donner accès. Vous n'avez cependant aucune garantie du pourcentage de variables qui seront disponibles. Il se peut également que certaines d'entre elles portent un nom différent. Quoi qu'il en soit, Apache est, aujourd'hui et de loin, le serveur web le plus utilisé pour faire fonctionner des scripts PHP. Il y a fort à parier que votre hébergeur ait fait ce choix.

$_SERVER['GATEWAY_INTERFACE']

Cette variable contient la version de la spécification CGI utilisée par le serveur web ; par exemple : `CGI/1.1`.

$_SERVER['SERVER_NAME']

Cette variable contient le nom du serveur web sur lequel le script est exécuté. S'il s'agit d'une machine qui fonctionne en *virtual host* (plusieurs domaines sur la même machine), c'est le nom du *virtual host* qui est retourné ; par exemple : `localhost`.

$_SERVER['SERVER_SOFTWARE']

Cette variable contient une identification technique du serveur web sur lequel le script est exécuté ; par exemple : `Apache/1.3.14 (Unix) (Red-Hat/Linux) mod_perl/1.23`.

Grâce à cette identification, on devine que le serveur web est Apache, que sa version est 1.3.14 et que le système d'exploitation sur lequel il fonctionne est un Linux (distribution Red Hat).

$_SERVER['SERVER_PROTOCOL']

Cette variable contient le nom et la version du protocole utilisé pour récupérer la page ; par exemple : `HTTP/1.1`.

$_SERVER['REQUEST_METHOD']

Cette variable contient le nom de la méthode utilisée pour accéder à la page. Les différentes valeurs possibles sont `GET`, `HEAD`, `POST` et `PUT`.

$_SERVER['QUERY_STRING']

Cette variable contient la *query string* transmise au script. Si l'URL d'appel est http://localhost/test.PHP 3?var1=2&var2=3, la variable $_SERVER['QUERY_STRING'] contiendra var1=2&var2=3.

$_SERVER['DOCUMENT_ROOT']

Cette variable contient le répertoire racine de votre compte. Elle est définie dans le fichier de configuration d'Apache. Il y a de fortes chances pour que cette valeur ne vous soit d'aucune utilité ; par exemple : c:/wamp/www.

$_SERVER['HTTP_ACCEPT']

Cette variable contient la partie Accept: de l'en-tête HTTP de la requête courante (si elle existe) ; par exemple : text/xml, application/xml, application/xhtml+xml, text/html;q=0.9, image/png, image/jpeg, image/gif;q=0.2, text/plain;q=0.8, text/css, */*;q=0.1.

Certains navigateurs acceptent plus ou moins de formats de fichiers. L'exemple précédent correspond à Netscape. Pour Internet Explorer, la variable contient image/gif, image/x-xbitmap, image/jpeg, image/pjpeg, application/vnd.ms-powerpoint, application/vnd.ms-excel, application/msword et */*.

Internet Explorer est donc capable de lire directement des fichiers PowerPoint, Excel ou Word. Cette variable est rarement complète. On sait en effet qu'Internet Explorer accepte le format PNG.

$_SERVER['HTTP_ACCEPT_CHARSET']

Cette variable contient la partie Accept-Charset: de l'en-tête HTTP de la requête courante (si elle existe) ; par exemple : ISO-8859-1, utf-8;q=0.66, *;q=0.66.

$_SERVER['HTTP_ACCEPT_ENCODING']

Cette variable contient la partie Accept-Encoding: de l'en-tête HTTP de la requête courante (si elle existe) ; par exemple : gzip,deflate,compress,identity.

Cette variable est utilisée par le serveur web pour savoir comment il peut répondre au navigateur. Une fonctionnalité des navigateurs souvent inconnue est de pouvoir recevoir des données compressées et les décompresser à la volée. Le fait qu'il y ait moins de données à transmettre équivaut évidemment à une accélération du chargement de la page.

L'exemple suivant envoie de manière compressée une page contenant un poème :

Listing 23-1 : envoi d'un contenu compressé

```
<?php

if (!ereg("gzip",$_SERVER['HTTP_ACCEPT_ENCODING']))
  die("votre navigateur n'accepte pas les pages compressées");

ob_start();

?>

<html>

<head>
<title>Le Corbeau et le Renard</title>
</head>

<body>

<pre>
Maître Corbeau, sur un arbre perché,
Tenait en son bec un fromage.
Maître Renard, par l'odeur alléché,
Lui tint à peu près ce langage :
"Hé ! bonjour, Monsieur du Corbeau.
Que vous êtes joli ! que vous me semblez beau !
Sans mentir, si votre ramage
Se rapporte à votre plumage,
Vous êtes le Phénix des hôtes de ces bois. "
A ces mots le Corbeau ne se sent pas de joie ;
Et pour montrer sa belle voix,
Il ouvre un large bec, laisse tomber sa proie.
Le Renard s'en saisit, et dit : "Mon bon Monsieur,
Apprenez que tout flatteur
Vit aux dépens de celui qui l'écoute :
Cette leçon vaut bien un fromage, sans doute. "
Le Corbeau, honteux et confus,
Jura, mais un peu tard, qu'on ne l'y prendrait plus.
</pre>

</body>
</html>

<?php

$contenu = ob_get_contents();
```

```
$gzdata  = "\x1f\x8b\x08\x00\x00\x00\x00\x00";
$taille     = strlen($contenu);
$crc       = crc32($contenu);
$gzdata .= gzcompress($contenu, 5);
$gzdata  = substr($gzdata, 0, strlen($gzdata) - 4);
$gzdata .= pack("V",$crc) . pack("V", $taille);

ob_end_clean();

Header('Content-Encoding: gzip');
Header('Vary: Accept-Encoding');
Header('Content-Length: ' . strlen($gzdata));

echo $gzdata;

?>
```

Si vous commentez la ligne Header('Content–Encoding: gzip') (directive HTTP qui indique au navigateur que le contenu est compressé), vous obtenez le résultat suivant :

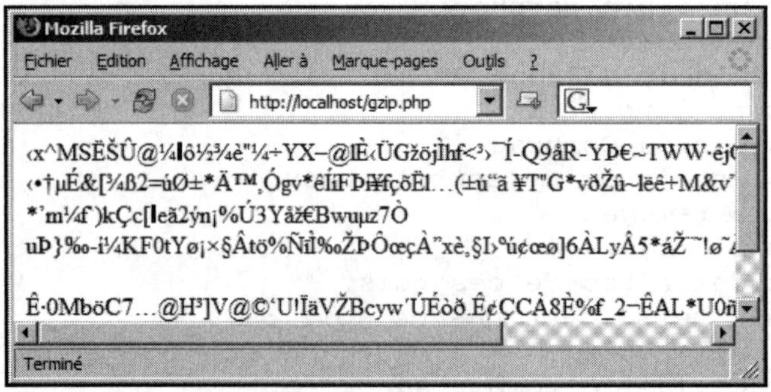

Figure 23-2 : *Sans la fonction header(), le navigateur a l'impression de recevoir du texte brut*

$_SERVER['HTTP_ACCEPT_LANGUAGE']

Cette variable contient la partie Accept–Language: de l'en-tête HTTP de la requête courante (si elle existe) ; par exemple : en–us.

$_SERVER['HTTP_CONNECTION']

Cette variable contient la partie Connection: de l'en-tête HTTP de la requête courante (si elle existe) ; par exemple : Keep–Alive.

$_SERVER['HTTP_HOST']

Cette variable contient la partie Host: de l'en-tête HTTP de la requête courante (si elle existe) ; par exemple : localhost.

$_SERVER['HTTP_REFERER']

Cette variable contient l'adresse de la page qui a mené à la page actuelle. Cette variable n'est pas toujours transmise par le navigateur. Par exemple, supposons qu'une page **http://localhost/liens.html** pointe sur la page **http://localhost/test.php**. Si un internaute passe par *liens.html* pour aller sur *test.php*, le script *test.php* aura la possibilité d'accéder à la variable $_SERVER['HTTP_REFERER'], qui contiendra http://localhost/liens.html. Cette variable est donc très intéressante lorsque vous voulez savoir par où sont passés les visiteurs pour arriver sur votre page.

$_SERVER['HTTP_USER_AGENT']

Cette variable contient la partie User_Agent: de l'en-tête HTTP de la requête courante (si elle existe). Elle donne des indications très précises sur le type de navigateur qui a été utilisé pour accéder à la page.

Étudions certaines valeurs possibles et les informations qu'elles donnent :

```
Mozilla/5.0 (Windows; U; Windows NT 5.1;
en-US; rv:1.8) Gecko/20051111 Firefox/1.5
```

Navigateur : Firefox 1.5 en anglais ; système d'exploitation : Windows NT 5.1 (correspondant à Windows XP).

```
Mozilla/4.0 (compatible ; MSIE 5.5 ; Windows NT 5.0)
```

Navigateur : Internet Explorer 5.5 ; système d'exploitation : Microsoft Windows NT 5.0.

```
Mozilla/4.0 (compatible ; MSIE 6.0 ; Windows NT 5.0 ;
KITV4.7 Wanadoo ; .NET CLR 1.0.2914)
```

Navigateur : Internet Explorer 6.0 ; système d'exploitation : Microsoft Windows NT 5.0 ; fournisseur d'accès : Wanadoo.

```
Mozilla/4.75 [fr] (Win98 ; U)
```

Navigateur : Netscape 4.75 ; système d'exploitation : Microsoft Windows 98.

```
Mozilla/4.5 [fr] (Macintosh ; I ; PPC)
```

Navigateur : Netscape 4.5 ; Type de machine : Macintosh Power PC.

```
Mozilla/3.01-C-MACOS8 (Macintosh ; I ; PPC)
```

Navigateur : Netscape 3.01 ; système d'exploitation : Mac OS 8 ; type de machine : Macintosh Power PC.

```
Mozilla/4.77 [en] (X11 ; U ; Linux 2.0.38 i386)
```

Navigateur : Netscape 4.77 ; système d'exploitation : Linux ; noyau (kernel) : 2.0.38 ; type de machine : PC avec un processeur au moins compatible 386.

```
Mozilla/5.0 (X11 ; U ; Linux i386 ; en-US ; rv:0.9.4) Gecko/
✂ 20011019 Netscape6/6.2
```

Navigateur : Netscape 6.2 (compatible Netscape 5.0) ; moteur de rendu HTML : Gecko compilé le 19 octobre 2001 ; système d'exploitation : Linux ; système de fenêtrage : X11 ; type de machine : PC avec un processeur au moins compatible 386.

```
Mozilla/4.0 (compatible ; MSIE 5.0 ; Linux 2.2.16 i586)
Opera 5.0 [en]
```

Navigateur : Opera ; système d'exploitation : Linux ; noyau (kernel) : 2.2.16 ; type de machine : PC avec un processeur Pentium (au moins 1).

```
Mozilla/4.7 [en] (X11; U; SunOS 5.7 sun4u)
```

Navigateur : Netscape 4.7 ; système d'exploitation : SunOS ; système de fenêtrage : X11 ; type de machine : machine de la marque Sun.

Cette variable, couplée à un petit script utilisant les regexp, peut donc être très intéressante pour obtenir des statistiques sur les systèmes des internautes qui viennent sur votre page. Ces statistiques pourront être utilisées pour savoir avec quel navigateur votre site doit être compatible en priorité (parions toutefois qu'il s'agira d'Internet Explorer 4 sous PC).

PHP fournit aussi la fonction get_browser() pour donner des informations sur l'internaute à partir d'une chaîne de type $_SERVER['HTTP_USER_AGENT']. Cette fonction retourne un objet contenant un certain nombre de propriétés :

- le nom du navigateur ;
- la plateforme ;
- le comportement du navigateur (gère-t-il les frames, les cookies, etc. ?).

```
<?php
```

```
function prop_navig ($tab)
{
  while (list ($clef, $valeur) = each ($tab))
  {
    $str .= "<b>$clef:</b> $valeur<br>\n";
  }
  return $str;
}

echo $_SERVER['HTTP_USER_AGENT']."<hr/>\n";
$navigateur = get_browser();
echo prop_navig ((array) $navigateur);

return 0;

?>
```

Cette fonction nécessite toutefois de récupérer un fichier (browscap.ini) et de changer un paramètre de configuration dans *php.ini* (browscap = "C:/wamp/browscap.ini"). La base de données *browscap.ini* n'étant plus réellement mise à jour, cette fonction a perdu une grande partie de son intérêt. Le fichier *browscap.ini* peut être récupéré sur le site **www.garykeith.com/browsers/downloads.asp**.

$_SERVER['REMOTE_ADDR']

Cette variable contient l'adresse IP de l'internaute qui a demandé la page.

Pour des applicatifs sensibles (paiement sécurisé, zone d'administration), il peut être intéressant de logger cette information (ainsi que l'heure) dans une base de données ou un fichier. En cas d'intrusion, cette IP peut vous permettre de remonter jusqu'au fautif. Les fournisseurs d'accès sont en effet dans l'obligation de conserver les logs de connexion de leurs abonnés afin de les identifier à partir d'une IP et d'une heure.

$_SERVER['REMOTE_PORT']

Cette variable contient le port qu'utilise la machine cliente pour se connecter au serveur web. Dans le protocole TCP/IP, le client et le serveur communiquent par port. C'est de cette manière qu'une machine est capable de savoir que la requête qu'elle vient de recevoir est une requête HTTP, FTP, etc. Par exemple : 1242.

$_SERVER['SCRIPT_FILENAME']

Cette variable contient le chemin absolu du script actuellement exécuté ; par exemple : c:/wamp/www/test.php.

$_SERVER['SERVER_ADMIN']

Cette variable contient l'adresse e-mail du responsable du site. Elle est initialisée uniquement si les fichiers de configuration d'Apache sont complets ; par exemple : fx@micro.com.

$_SERVER['SERVER_PORT']

Cette variable contient le numéro de port utilisé pour communiquer avec le serveur. Le port du protocole HTTP est 80. Il est cependant possible de demander au serveur web d'écouter sur un autre port (par exemple 8080). L'URL pour accéder à ce site sera: http://localhost:8080. Si 80 est le port par défaut, vous pouvez toujours ajouter 80 à la fin d'une URL : http://www.google.fr:80.

L'avantage de pouvoir jouer sur les ports est de permettre d'avoir plusieurs sites web hébergés sur la même IP et sur le même nom de domaine. Globalement, si l'IP correspond à l'adresse du bâtiment (12, rue carnot) et le nom de domaine à sa dénomination (bureau de poste paris 15), le port pourrait permettre d'accéder à un service (service des contentieux).

$_SERVER['SCRIPT_NAME']

Cette variable contient le chemin relatif du script en cours. Par exemple, si vous tapez l'URL http://localhost/infos.php?param=b, cette variable contient /infos.php.

$_SERVER['REQUEST_URI']

Cette variable contient l'URL (relative) qui a été utilisée pour appeler cette page. Par exemple, si vous tapez l'URL http://localhost/infos.php?param=b, cette variable contient /infos.php?param=b.

Les variables PHP

$_SERVER['argv']

Cette variable contient un tableau des arguments qui ont été passés au script si celui-ci a été exécuté en ligne de commandes. Si le script a été appelé avec la méthode GET, cette variable contient la *Query String*.

$_SERVER['argc']

Cette variable contient le nombre d'arguments passés sur la ligne de commandes.

$_SERVER['PHP_SELF']

Cette variable contient le chemin relatif du script en cours. Par exemple, si vous appelez l'URL **http://localhost/datas/index.php**, $_SERVER['PHP_SELF'] contient /datas/index.php.

$_COOKIE

Cette variable contient un tableau associatif des variables passées au script par les cookies.

$_GET

Cette variable contient un tableau associatif des variables passées au script par la méthode GET.

$_POST

Cette variable contient un tableau associatif des variables passées au script par la méthode POST.

$_FILES

Cette variable contient un tableau associatif des fichiers qui ont été envoyés sur le serveur par la méthode POST.

Si dans votre formulaire, le champ file porte le nom userfile, les propriétés suivantes deviennent disponibles :

- $_FILES['userfile']['name'] contient le nom du fichier que vous avez sélectionné sur votre disque.
- $_FILES['userfile']['type'] contient le type du fichier (par exemple image/gif).
- $_FILES['userfile']['size'] contient la taille du fichier en bytes.
- $_FILES['userfile']['tmp_name'] contient le nom temporaire du fichier au moment du transfert.
- $_FILES['userfile']['error'] contient un code d'erreur (0 si tout s'est bien déroulé).

$_ENV

Cette variable contient un tableau associatif des variables d'environnement accessibles par un script PHP.

Les mots réservés

PHP contient un certain nombre de mots réservés, qui ne doivent pas être utilisés pour créer des variables, des fonctions ou des constantes.

Tableau 23-6 : Mots réservés de PHP

and	or	xor	FILE	exception
LINE	array	as	break	case
class	const	continue	declare	default
die	do	echo	else	elseif
empty	enddeclare	endfor	endforeach	endif
endswitch	endwhile	eval	exit	extends
for	foreach	function	global	if
include()	include_once	isset	list	new
print	require	require_once	return	static
switch	unset	use	var	while
FUNCTION	CLASS	METHOD	final	php_user_filter
interface	implements	extends	public	private
protected	abstract	clone	try	catch
throw	cfunction	old_function		

Les différences entre PHP 3 et PHP 4

Aujourd'hui, PHP 4 est la version de PHP la plus aboutie et la plus stable. Les gains en termes de fonctionnalités et de rapidité sont énormes.

Certains hébergeurs continuent à proposer la version 3. Il est donc intéressant de connaître les différences entre ces deux versions. En effet, si vous ne connaissez pas la version de l'interpréteur qui sera utilisé pour faire fonctionner votre script, il vaut mieux écrire un code compatible PHP 3 et 4. Au contraire, si vous êtes sûr qu'il s'agit de la version 4, vous pouvez profiter au maximum des nouvelles fonctionnalités et optimiser votre code en ce sens.

Le parseur

Avec PHP 4, un script est d'abord intégralement parsé avant d'être exécuté. Un script ne doit contenir aucune erreur de syntaxe pour être exécuté.

De plus, il est désormais impossible d'avoir une structure de contrôle qui s'étend sur plusieurs fichiers (le case dans un fichier et les switch dans un autre). Il est, par contre, possible d'inclure (include()) d'autres fichiers au sein d'une structure de contrôle.

L'affichage d'erreurs

PHP 4 est beaucoup moins permissif en ce qui concerne les erreurs de syntaxe. Ne soyez pas étonné qu'un code apparemment "sain" avec PHP 3 génère des avertissements avec PHP 4.

L'initialisation des variables

Alors qu'il était possible, en PHP 3, d'initialiser un attribut avec n'importe quel type de données, PHP 4 n'autorise, quant à lui, que des valeurs statiques :

```
class test
{
  var maintenant = time();
  // valide en PHP 3 mais pas en PHP 4
  var pays = "france";
  // valide en PHP 3 et 4
}
```

Il est donc préférable d'utiliser les constructeurs pour initialiser ces attributs.

Comportement des fonctions empty() et isset()

Une variable qui ne contient que le caractère 0 est désormais considérée comme vide :

```
$str = "0";

if (empty($str)) echo "OK";
else echo "KO";
// PHP 3  affiche KO
// PHP 4 affiche OK
```

Une variable contenant la valeur "" vide est considérée comme initialisée avec PHP 4 mais pas avec PHP 3 :

```
$str = "";

if (isset($str)) echo "OK";
else echo "KO";
// PHP 3  affiche KO
// PHP 4 affiche OK
```

Substitution de variables complexes dans les chaînes de caractères

Il est désormais possible, avec PHP 4, de substituer, au sein de chaînes de caractères, des éléments complexes : attribut d'une classe, élément d'un tableau multidimensionnel.

Version PHP 3 (obligatoire) :

```
$str =  "monsieur " . $personne->nom
. " possède " . $compte["pea"]["nb"] . "actions";
```

Version PHP 4 (possible) :

```
$str =  "monsieur $personne->nom possède
        {$compte["pea"]["nb"]} actions";
```

La notation entre parenthèses est utilisée pour l'élément du tableau $compte.

Les extensions

Les extensions écrites pour PHP 3 ne fonctionneront pas avec PHP 4. Quand vous téléchargez une extension sur le Net, veillez à récupérer la version qui correspond à votre système.

La création des cookies

PHP 3 créait les cookies dans l'ordre inverse de leur initialisation (setcookie()) dans le code. Ce n'est plus le cas avec PHP 4.

Ce qu'apporte PHP 4

- plus de rapidité, moins de consommation de mémoire ;
- l'affichage tampon (*ouput buffering*) ;
- la comparaison de type ;
- la syntaxe du *here printing* ;
- la gestion des sessions ;
- le support du protocole FTP ;
- le fonctionnement par comptage de référence (*reference counting*) ;
- l'assignation de variables par référence (deux variables pointent sur la même donnée, la modification de l'une entraînant la modification de l'autre) : `$var1 &= $var2;` (`$var2` n'est qu'un alias de `$var1`).

Les différences entre PHP 4 et PHP 5

Les nouveautés

Les apports de PHP 5 sont nombreux :

- la présence d'un SGBD au sein de l'environnement (SQLite) ;
- l'extension PDO qui permet d'utiliser les mêmes fonctions pour accéder à tout type de base de données ;
- des technologies majeures dans le domaine de l'entreprise (SOAP, XML) ;
- une dimension objet plus aboutie.

Les incompatibilités

La fonction `array_merge()` n'autorise désormais que les tableaux en paramètres.

La syntaxe suivante de déclaration de fonction n'est plus valide :

```
function double $n {
  return ($n * 2);
};
```

23.2 MySQL

Les types

Tableau 23-7 : Les types de MySQL		
Nom	**Définition**	**Espace**
TINYINT	Entier compris entre -128 et 127 (ou entre 0 et 255 si UNSIGNED)	1 octet
SMALLINT	Entier compris entre -32 768 et 32 767 (ou entre 0 et 65 535 si UNSIGNED)	2 octets
MEDIUMINT	Entier compris entre -8 388 608 et 8 388 607 (ou entre 0 et 16 777 215 si UNSIGNED)	3 octets
INT	Entier compris entre -2 147 483 648 et 2 147 483 647 (ou entre 0 et 4 294 967 295 si UNSIGNED)	4 octets
INTEGER	Synonyme de INT	4 octets
BIGINT	Entier compris entre -9 223 372 036 854 775 808 et 9 223 372 036 854 775 807 (ou entre 0 et 18 446 744 073 709 551 615 si UNSIGNED)	8 octets
FLOAT(M,D)	Nombre à virgule (M correspond à la taille d'affichage et D au nombre de décimales)	4 octets
DOUBLE(M,D)	Nombre à virgule (double précision)	8 octets
REAL(M,D)	Synonyme de DOUBLE	8 octets
DECIMAL(M,D)	Permet de stocker un nombre à virgule dans une chaîne de caractères	M octets
NUMERIC(M,D)	Synonyme de DECIMAL	M octets
DATE	Date comprise entre 1000-01-01 et 9999-12-31	3 octets

Tableau 23-7 : Les types de MySQL		
Nom	**Définition**	**Espace**
DATE	Date et heure comprises entre 1000-01-01 00:00:00 et 9999-12-31 23:59:59	8 octets
TIMESTAMP	Un *timestamp* compris entre 1970-01-01 00:00:00 et une date en 2037	4 octets
TIME	Une heure comprise entre -838:59:59 et 838:59:59	3 octets
YEAR	Année comprise entre 1901 et 2155	1 octet
CHAR	Permet de stocker de 1 à 255 caractères.	
VARCHAR / TINYBLOB / TINYTEXT	Permet de stocker de 1 à 255 caractères.	
BLOB / TEXT	Permet de stocker au maximum 65 535 caractères.	
MEDIUMBLOB / MEDIUMTEXT	Permet de stocker au maximum 16 777 215 caractères.	
LONGBLOB / LONGTEXT	Permet de stocker au maximum 4 294 967 295 caractères.	

Les fonctions

MySQL dispose d'un certain nombre de fonctions qui peuvent être appelées au sein d'une requête.

Cette ligne permet de calculer 5 modulo 2 et de placer le résultat dans `n` :

```
SELECT mod(5,2) AS n;
```

Cette ligne permet d'obtenir un nombre aléatoire :

```
SELECT RAND();
```

Cette ligne permet de lister les élèves nés en février :

```
SELECT * FROM eleve WHERE MONTH(date) = '2'
```

Ce code permet de mettre à jour la colonne *nomprenom* de la table *matable* en regroupant pour chaque ligne le nom et le prénom séparés par le caractère – :

```
UPDATE matable SET nomprenom = CONCAT(nom,"-",prenom)
```

Avant la requête, la table contient :

Tableau 23-8 : Table avant la requête		
nomprenom	**nom**	**prenom**
	jean	dutour
	paul	bernager

Après la requête, elle contient :

Tableau 23-9 : Table après la requête		
nomprenom	**nom**	**prenom**
jean-dutour	jean	dutour
paul-beranger	paul	beranger

Chaque paramètre d'une fonction peut être une valeur fixe ou le nom d'une colonne :

```
UPDATE matable SET moyenneannee = (moyenne1 + moyenne2 + moyenne3) / 3;
```

Cette requête permet de calculer la moyenne annuelle de tous les élèves.

Les fonctions mathématiques

Tableau 23-10 : Fonctions mathématiques de MySQL	
Nom	**Fonction**
ABS(X)	Retourne la valeur absolue de X.
SIGN(X)	Retourne –1, 0 ou 1 selon que X est négatif, nul ou positif.

Tableau 23-10 : Fonctions mathématiques de MySQL	
Nom	**Fonction**
MOD(N,M)	Retourne le reste de la division de N avec M (l'opérateur modulo % peut aussi être utilisé).
FLOOR(X)	Retourne l'entier inférieur ou égal à X.
CEILING(X)	Retourne l'entier supérieur ou égal à X.
ROUND(X)	Retourne l'entier le plus proche.
EXP(X)	Retourne l'exponentielle de X.
LOG(X)	Retourne le logarithme de X.
LOG10(X)	Retourne le logarithme décimal de X.
POW(X,Y)	Retourne X à la puissance Y.
SQRT(X)	Retourne la racine carrée de X.
PI()	Retourne la valeur de PI.
COS(X)	Retourne le cosinus de X (en radians). Les autres fonctions trigonométriques sont également disponibles.
RAND()	Retourne une valeur aléatoire.
MIN(X,Y,...)	Retourne la plus petite valeur de la liste.
MAX(X,Y,...)	Retourne la plus grande valeur de la liste.
DEGREES(X)	Permet de convertir des radians en degrés.
RADIANS(X)	Permet de convertir des degrés en radians.
TRUNCATE(X,D)	Permet de conserver uniquement D décimales de X.

Les fonctions de manipulation de chaînes

Tableau 23-11 : Fonctions de manipulation de chaînes de MySQL	
Nom	**Fonction**
ASCII(str)	Retourne le code ASCII du premier caractère de la chaîne.

Tableau 23-11 : Fonctions de manipulation de chaînes de MySQL

Nom	Fonction
CONV(N,from_base,to_base)	Permet de convertir un nombre d'une base dans une autre.
CHAR(N,...)	Permet de construire une chaîne à partir de codes ASCII.
CONCAT(str1,str2,...)	Permet de concaténer plusieurs chaînes.
CONCAT_WS(separator, str1, str2,...)	Permet de concaténer plusieurs chaînes en les joignant avec la chaîne separator.
LENGTH(str)	Retourne la longueur de la chaîne.
LOCATE(substr,str)	Retourne la position de la première occurrence de la chaîne substr dans la chaîne str.
INSTR(str,substr)	Synonyme de LOCATE
LPAD(str,len,padstr)	Permet d'augmenter la longueur de str et de combler l'espace vide (à gauche) avec la chaîne padstr.
RPAD(str,len,padstr)	Permet d'augmenter la longueur de str et de combler l'espace vide (à droite) avec la chaîne padstr.
LEFT(str,len)	Permet de récupérer la sous-partie gauche de str (la sous-partie contient len caractères).
RIGHT(str,len)	Permet de récupérer la sous-partie droite de str (la sous-partie contient len caractères).
SUBSTRING(str,pos,len)	Permet d'extraire une sous-chaîne de str (la sous-chaîne fait len caractères et commence à la position pos).
LTRIM(str)	Permet de supprimer les caractères blancs à gauche de str.
RTRIM(str)	Permet de supprimer les caractères blancs à droite de str.
TRIM(str)	Permet de supprimer les caractères blancs aux extrémités de str.
SPACE(N)	Retourne une chaîne contenant N espaces.
REPLACE(str,from_str,to_str)	Permet de remplacer une chaîne dans une autre.
REPEAT(str,count)	Permet de répéter une même chaîne count fois.
REVERSE(str)	Permet d'inverser l'ordre des caractères.
INSERT(str,pos,len,newstr)	Permet d'insérer une chaîne dans une autre.

Tableau 23-11 : Fonctions de manipulation de chaînes de MySQL	
Nom	**Fonction**
ELT(N,str1,str2,str3,...)	Retourne le énième élément de la liste.
FIELD(str,str1,str2,str3,...)	Retourne la position de str sur la liste composée par (str1, str2, str3,...).
LOWER(str)	Retourne la chaîne str en minuscules.
UPPER(str)	Retourne la chaîne str en majuscules.
LOAD_FILE(file_name)	Permet de lire le contenu d'un fichier et de le retourner en tant que chaîne.

Les fonctions de manipulation de dates

Tableau 23-12 : Fonctions de manipulation de dates de MySQL	
Nom	**Fonction**
DAYOFWEEK(date)	Retourne le jour de la semaine (0 correspond à dimanche).
WEEKDAY(date)	Retourne le jour de la semaine (6 correspond à dimanche).
DAYOFMONTH(date)	Retourne le jour du mois.
DAYOFYEAR(date)	Retourne le jour de l'année.
MONTH(date)	Retourne le mois.
DAYNAME(date)	Retourne le nom du jour.
MONTHNAME(date)	Retourne le nom du mois.
QUARTER(date)	Retourne le trimestre.
WEEK(date)	Retourne la semaine.
YEAR(date)	Retourne l'année.
YEARWEEK(date)	Retourne le jour dans l'année.
HOUR(time)	Retourne l'heure.
MINUTE(time)	Retourne la minute.

Tableau 23-12 : Fonctions de manipulation de dates de MySQL	
Nom	**Fonction**
SECOND(time)	Retourne la seconde.
TO_DAYS(date)	Convertit une date en nombre de jours.
FROM_DAYS(N)	Convertit un nombre de jours en date.
CURDATE()	Retourne la date actuelle.
CURTIME()	Retourne l'heure actuelle.
NOW()	Retourne la date et l'heure actuelles.
SEC_TO_TIME(time)	Convertit des secondes en heures.
TIME_TO_SEC(time)	Convertit une heure en secondes.

23.3 Les caractères HTML spéciaux

Tableau 23-13 : Caractères HTML spéciaux			
Résultat	**Description (anglaise)**	**Code HTML**	**Code caractère**
"	Guillemet	"	"
&	Et commercial (esperluette)	&	&
<	Inférieur à	<	<
>	Supérieur à	>	>
	Espace non sécable		
¡	Point d'exclamation inversé	¡	¡
€	Devise	¤	¤
¢	Centime	¢	¢
£	Livre	£	£
¥	Yen	¥	¥

Tableau 23-13 : Caractères HTML spéciaux			
Résultat	**Description (anglaise)**	**Code HTML**	**Code caractère**
¦	Barre verticale brisée	¦	¦
§	Section	§	§
	Tréma (dieresis)	¨	¨
©	Copyright	©	©
a	Indicateur ordinal féminin	ª	ª
«	Chevron gauche	«	«
	Négation	¬	¬
	Trait d'union		
®	Marque déposée	®	®
	Accent macron	¯	¯
°	Degré	°	°
±	Plus ou moins	±	±
	Puissance carrée	²	²
	Puissance cubique	³	³
´	Accent aigu	´	´
	Micro	µ	µ
¶	Paragraphe	¶	¶
·	Point centré	·	·
	Cédille	¸	¸
	Exposant 1	¹	¹
o	Indicateur ordinal masculin	º	º
»	Chevron droit	»	»
¼	Fraction 1/4	¼	¼
½	Fraction 1/2	½	½
[n|]P	Fraction 3/4	¾	¾

Tableau 23-13 : Caractères HTML spéciaux			
Résultat	**Description (anglaise)**	**Code HTML**	**Code caractère**
¿	Point d'interrogation inversé	¿	¿
×	Multiplication	×	×
÷	Division	÷	÷
À	A accent grave	À	À
Á	A accent aigu	Á	Á
Â	A accent circonflexe	Â	Â
Ã	A tilde	Ã	Ã
Ä	A tréma	Ä	Ä
Æ	AE collé	Æ	Æ
Ç	C cédille majuscule	Ç	Ç
È	E accent grave	È	È
É	E accent aigu	É	É
Ê	E accent circonflexe	Ê	Ê
[f\]	E tréma	Ë	Ë
Ø	O barré	Ø	Ø
[f|]P	U accent grave	Ù	Ù
Ú	U accent aigu	Ú	Ú
Û	U accent circonflexe	Û	Û
Ü	U tréma	Ü	Ü
ß	Beta	ß	ß
à	a accent grave	à	à
á	a accent aigu	á	á
â	a accent circonflexe	â	â
ã	a tilde	ã	ã
ä	a tréma	ä	ä

Tableau 23-13 : Caractères HTML spéciaux

Résultat	Description (anglaise)	Code HTML	Code caractère
å	a rond en chef	å	å
æ	ae collé	æ	æ
ç	c cédille	ç	ç
è	e accent grave	è	è
é	e accent aigu	é	é
ê	e accent circonflexe	ê	ê
ë	e tréma	ë	ë
î	i accent circonflexe	î	î
ï	i tréma	ï	ï
ñ	n tilde	ñ	ñ
ô	o accent circonflexe	ô	ô
[f\]-	o tréma	ö	ö
ø	o barré	ø	ø
ù	u accent grave	ù	ù
ú	u accent aigu	ú	ú
û	u accent circonflexe	û	û
ü	u tréma	ü	ü
ÿ	y tréma	ÿ	ÿ
Œ	OE collé	Œ	Œ
œ	oe collé	œ	œ
⊞	Accent circonflexe	ˆ	ˆ
~	Tilde	˜	˜
–	Tiret demi-cadratin	–	–
—	Tiret cadratin	—	—

Tableau 23-13 : Caractères HTML spéciaux			
Résultat	**Description (anglaise)**	**Code HTML**	**Code caractère**
‘	Apostrophe à gauche	‘	‘
’	Apostrophe à droite	’	’
‚	Virgule	‚	‚
“	Guillemets à gauche	“	“
”	Guillemets à droite	”	”
„	Double virgule inférieure	„	„
‰	Pour mille	‰	‰
	Guillemet simple gauche	‹	‹
	Guillemet simple droit	›	›
€	Euro	€	€
™	Marque commerciale	™	™

CHAPITRE

24

Webographie

CHAPITRE

24 Webographie

24.1 PHP

Les sites officiels

- **www.php.net** : site officiel du langage PHP. L'espace de téléchargement de PHP fournit des sources ou des binaires pour différentes plateformes. Un espace est consacré à la documentation la plus à jour. Possibilité de la télécharger dans différents formats : HTML, PDF, HLP (fichiers d'aide Windows).
- **http://snaps.php.net** : permet de récupérer les versions les plus récentes de PHP (généralement compilées pendant la nuit). Ce sont des versions de développement par définition instables.
- **www.zend.com** : site de la société Zend. Zone de téléchargement : la librairie Zend Optimizer et une version de démonstration de l'outil de développement Zend IDE. Toutes les semaines, deux articles présentant les dernières avancées au sein de PHP et du Zend Engine sont mis en ligne. Beaucoup d'articles, de codes et de documentations, toujours bien mis en page.

Les sites français

- **www.nexen.net** : la documentation de PHP en français.
- **www.phpindex.com**, **www.phpinfo.net**, **www.phpfrance.com** : documentation, FAQ, exemples, liens.
- **www.commentcamarche.net** : site de vulgarisation informatique d'une richesse rare.
- **www.ofphp.com** : l'observatoire français du PHP.
- **www.developpez.com** : exemples et forum actif sur le développement.

Les documentations et articles

- **www.phpbuilder.com** : beaucoup d'articles de qualité. Forums très actifs.
- **www.devshed.com/c/b/PHP** : articles et exemples.
- **www.alt-php-faq.org**, **www.faqts.com/knowledge_base/index.phtml/fid/51** : des sites qui permettent de trouver des réponses à des problèmes plus ou moins courants (ce sont, en fait, des FAQ).
- **www.codedemons.net/tutorials/PHP** : tutoriaux PHP.

- **www.linuxdoc.org** : site central pour toute la documentation de l'open source. On y trouve quelques HOWTO consacrés à PHP et à Apache.
- **http://marc.theaimsgroup.com** : site proposant une archive gigantesque d'outils open source.
- **www.sitepoint.com/subcat/php-tutorials** : exemples et tutoriaux PHP et MySQL
- **http://developpeur.journaldunet.com** : articles et exemples très intéressants.

Les bibliothèques de scripts

- **http://px.sklar.com** : PX, PHP Code Exchange, la référence en la matière.
- **www.hotscripts.com/PHP/Scripts_and_Programs/index.html** : Hot Scripts.
- **http://php.resourceindex.com** : index de ressources PHP.
- **http://freshmeat.net** : le site de référence permettant de trouver tous les logiciels open source possibles et imaginables. Les logiciels sont organisés par catégories (*Communication*, *Database*, *Environnement*, *Langage de programmation…*).

Les modules

- **www.opaque.net/ming** : génération de Flash en PHP.
- **www.pdflib.com** : bibliothèque permettant de générer des fichiers PDF.
- **www.fpdf.org/?lang=fr**, **http://pear.php.net/package/File_PDF** : bibliothèque concurrente de PDFLib pour la manipulation de fichiers PDF.
- **www.boutell.com/gd** : bibliothèque qui permet de générer des images.
- **http://mcrypt.sourceforge.net** : bibliothèque qui permet d'accéder à tous les principaux algorithmes de cryptage.
- **http://pear.php.net/package/Spreadsheet_Excel_Writer** : composant PEAR permettant de manipuler des fichiers Excel.

PHP et Windows

- **www.wampserver.com** : téléchargement de Wamp, ainsi que des forums et FAQ.
- **www.easyphp.org** : site proposant le fantastique logiciel EasyPHP, qui permet de faire fonctionner Apache, PHP, MySQL, phpMyAdmin sous Windows.

Les éditeurs

- **www.context.cx** : excellent éditeur de codes gratuits.
- **www.editplus.com** : éditeur fonctionnant sous Windows.
- **www.ultraedit.com** : UltraEdit, éditeur fonctionnant sous Windows (présent sur le CD-Rom).
- **www.gnu.org/software/emacs/emacs.html**, **www.gnu.org/software/emacs/windows/ntemacs.html** : l'éditeur par excellence pour Unix/Linux, et qui peut également fonctionner sous Windows.
- **www.emacswiki.org/cgi-bin/emacs-fr**, **www.linux-france.org/article/appli/emacs/index.html** : des sites en français consacrés à Emacs.
- **www.dotemacs.de** : une formidable source d'informations pour personnaliser Emacs.

La sécurité

- **http://phpsec.org/projects/vulnerabilities/securityfocus.html** : failles de sécurité de logiciels écrits en PHP.
- **http://blog.php-security.org** : blog consacré à la sécurité autour de PHP.
- **www.hardened-php.net** : projet visant à inclure des extensions de sécurité au sein du projet PHP.
- **http://news.netcraft.com** : site dédié à la veille des serveurs web.

24.2 MySQL

- **http://dev.mysql.com/doc/mysql/fr/myisampack.html** : la documentation en ligne de MySQL.
- **www.mysql.com** : site officiel du SGBD MySQL. Téléchargement des sources ou des binaires. Documentation récente et téléchargeable dans différents formats.
- **www-fr.mysql.com** : le site officiel de MySQL, encore, mais en version française cette fois.
- **www.nexen.net** : la documentation de MySQL.
- **http://phpmyadmin.sourceforge.net** : site désormais officiel du logiciel phpMyAdmin. Possibilité de télécharger la version stable et la version bêta.
- **www.phpmyadmin.net/home_page/index.php** : le site du projet phpMyAdmin.

- **http://dmoz.org/Computers/Software/Databases/MySQL/** : le site de l'Open Directory Project, dmoz.org, où vous trouverez entre autres des outils d'éditeurs tiers pour MySQL.
- **www.synametrics.com** : site de l'éditeur de WinSQL.
- **www.quest.com/toad_for_mysql/index.asp** : site de l'éditeur de Toad.

24.3 SQL et le modèle relationnel

SQL

- **http://sqlpro.developpez.com** : le site de SQLPro, où vous trouverez de nombreuses ressources sur le langage SQL en général et ses diverses implémentations.
- **www.laltruiste.com/courssql/sommaire.html** : un cours de SQL intéressant.
- **www.dbazine.com/gulutzan3.html** : un article de Peter Gulutzan bien détaillé sur ce qui est un tant soit peu normalisé chez les principaux éditeurs de SGBDR SQL.
- **www.tdan.com/i016hy01.htm** : un article de Michael M. Gorman sur l'incompatibilité inhérente entre le respect des standards et les intérêts mercantiles des éditeurs.

Le modèle relationnel

- **www.acm.org/classics/nov95/toc.html** : l'article de Edgar F. Codd à l'origine du langage SQL et du modèle relationnel ("A Relational Model of Data for Large Shared Data Banks").
- **www.research.ibm.com/resources/** : articles, ressources et news diverses pour développeurs sur le site de la recherche d'IBM.
- **http://bit.csc.lsu.edu/~chen/display.html** : la page personnelle de Peter Chen, inventeur du modèle entité/association.
- **www.mcjones.org/System_R/** : le site du projet System R d'IBM.

24.4 Apache

- **www.apache.org, http://httpd.apache.org/docs/2.0/mod/** : site officiel. Téléchargement, documentation, FAQ.
- **www.apacheweek.com** : news et articles réguliers sur Apache et les modules environnants (notamment PHP).

24.5 Internet et le Web

Généralités

- **http://fr.wikipedia.org/wiki/Internet** : l'histoire d'Internet.
- **http://sunsite.dk/RFC** : un moteur de recherche de RFC (Request for Comments). L'accès à une RFC peut être réalisé par numéro ou mot-clé. Quelques RFC importantes : HTTP (2616 2617), MAIL (1521 2821 2822).
- **www.w3.org** : le site du World Wide Web Consortium, référence pour tout ce qui touche au monde du Web. Documentations précises et techniques sur les différentes technologies du Web d'aujourd'hui et de demain.

Les navigateurs

- **www.mozilla.org** : Mozilla est un excellent navigateur gratuit fonctionnant sur une multitude de plateformes.
- **www.mozillazine.org** : site de news concernant Mozilla et les projets environnants.
- **www.mozdev.org** : site consacré à des applicatifs fondés sur le framework Mozilla.

HTML, CSS et JavaScript

- **www.htmlhelp.com** : tout ce qu'il faut savoir sur HTML et les CSS (bonnes documentations à télécharger).
- **www.htmldog.com/reference/cssproperties** : beaucoup d'informations sur les CSS.
- **http://javascript.internet.com** : de très nombreux exemples.
- **www.w3schools.com/html/html_colors.asp** : site qui permet de voir, en un coup d'œil, les codes couleur HTML.
- **http://developer.mozilla.org/en/docs/Main_Page** : le site Mozilla consacré aux développeurs. Un must !

24.6 Les web services

- **www.google.com/apis/** : site officiel des web services Google.
- **http://developer.yahoo.com** : site officiel des web services Yahoo!.

24.7 Les CMS

- **www.spip.net** : site officiel du CMS SPIP.
- **http://typo3.org** : site officiel du CMS Typo3.

24.8 Les blogs

- **www.planet-php.net** : blogs consacrés à PHP.
- **www.planetmysql.org** : blogs consacrés à MySQL.
- **www.planetapache.org** : blogs consacrés à Apache.
- **http://planet.mozilla.org** : blogs consacrés au navigateur Firefox.
- **http://andigutmans.blogspot.com**, **www.suraski.net/blog**, **http://blog.360.yahoo.com/rlerdorf** : les blogs des créateurs de PHP.

24.9 Divers

- **www.ucc.ie/cgi-bin/acronym** : un moteur de recherche consacré aux abréviations. Un bon outil pour savoir ce que veulent dire HTTP, FTP, etc.
- **www.dafont.com**, **www.fontfreak.com**, **www.1001freefonts.com** : sites proposant des fontes gratuites.

CHAPITRE

25

Index

CHAPITRE

25

Index

!

A

B

25

D

25

N

O

P

Q

R

S

T

U

BIBLIOTHEQUE NICE SCIENCES UNIVERSITAIRE

Notes

Notes

Notes

Notes

Notes

Composé en France par Jouve
11, bd de Sébastopol - 75001 Paris

Achevé d'imprimer par

CPI
Imprimerie France QUERCY
46090 Mercuès

N° d'impression : 72082/
Dépôt légal : septembre 2007

Imprimé en France